D1672159

MÉMOIRES D'OUTRE-TOMBE

LIVRE I : TOMES I À II
Édition intégrale et annotée

FRANÇOIS-RENÉ DE CHATEAUBRIAND

Tome I

PREMIÈRE PARTIE
LIVRE PREMIER

MÉMOIRES

Sicut nubes… quasi naves… velut umbra
JOB.

ANNÉES DE JEUNESSE. — LE SOLDAT ET LE VOYAGEUR
1 7 6 8 - 1 8 0 0

LIVRE PREMIER[1]

Naissance de mes frères et sœurs. — Je viens au monde. — Plancoët. — Vœu. — Combourg. — Plan de mon père pour mon éducation. — La Villeneuve. — Lucile. — Mesdemoiselles Couppart. — Mauvais écolier que je suis. — Vie de ma grand'mère maternelle et de sa sœur, à Plancoët. — Mon oncle, le comte de Bedée, à Manchoix. — Relèvement du vœu de ma nourrice. — Gesril. — Hervine Magon. — Combat contre les deux mousses.

Il y a quatre ans qu'à mon retour de la Terre Sainte, j'achetai près du hameau d'Aulnay, dans le voisinage de Sceaux et de Châtenay, une maison de jardinier, cachée parmi les collines couvertes de bois. Le terrain inégal et sablonneux dépendant de cette maison n'était qu'un verger sauvage au bout duquel se trouvait une ravine et un taillis de châtaigniers. Cet étroit espace me parut propre à renfermer mes longues espérances ; *spatio brevi spem longam reseces*[2]. Les arbres que j'y ai plantés prospèrent, ils sont encore si petits que je leur donne de l'ombre quand je me place entre eux et le soleil. Un jour, en me rendant cette ombre, ils protégeront mes vieux ans comme j'ai protégé leur jeunesse. Je les ai choisis autant que je l'ai pu des divers climats où j'ai erré, ils rappellent mes voyages et nourrissent au fond de mon cœur d'autres illusions.

---

[1] Ce livre a été écrit, à la Vallée-aux-Loups, près d'Aulnay, d'octobre 1811 à juin 1812.
[2] Horace, Odes, liv. Ier, XI.

Si jamais les Bourbons remontent sur le trône, je ne leur demanderai, en récompense de ma fidélité, que de me rendre assez riche pour joindre à mon héritage la lisière des bois qui l'environnent : l'ambition m'est venue ; je voudrais accroître ma promenade de quelques arpents : tout chevalier errant que je suis, j'ai les goûts sédentaires d'un moine : depuis que j'habite cette retraite, je ne crois pas avoir mis trois fois les pieds hors de mon enclos. Mes pins, mes sapins, mes mélèzes, mes cèdres tenant jamais ce qu'ils promettent, la Vallée-aux-Loups deviendra une véritable chartreuse. Lorsque Voltaire naquit à Châtenay, le 20 février 1694[3], quel était l'aspect du coteau où se devait retirer, en 1807, l'auteur du *Génie du Christianisme* ?

Ce lieu me plaît ; il a remplacé pour moi les champs paternels ; je l'ai payé du produit de mes rêves et de mes veilles ; c'est au grand désert d'Atala que je dois le petit désert d'Aulnay ; et, pour me créer ce refuge, je n'ai pas, comme le colon américain, dépouillé l'Indien des Florides. Je suis attaché à mes arbres ; je leur ai adressé des élégies, des sonnets, des odes. Il n'y a pas un seul d'entre eux que je n'aie soigné de mes propres mains, que je n'aie délivré du ver attaché à sa racine, de la chenille collée à sa feuille ; je les connais tous par leurs noms, comme mes enfants : c'est ma famille, je n'en ai pas d'autre, j'espère mourir auprès d'elle.

Ici, j'ai écrit les *Martyrs*, les *Abencerages*, l'*Itinéraire* et *Moïse* ; que ferai-je maintenant dans les soirées de cet automne ? Ce 4 octobre 1811, anniversaire de ma fête et de mon entrée à Jérusalem[4], me tente à commencer l'histoire de ma vie. L'homme qui ne donne aujourd'hui l'empire du monde à la France que pour la fouler à ses pieds, cet homme, dont j'admire le génie et dont j'abhorre le despotisme, cet homme m'enveloppe de sa tyrannie comme d'une autre solitude ; mais s'il écrase le présent, le passé le brave, et je reste libre dans tout ce qui a précédé sa gloire.

---

[3] Voltaire n'est pas né le 20 février 1694, et il n'est pas né à Châtenay. Il y a là une double erreur, qui était du reste acceptée par tout le monde à la date où écrivait Chateaubriand. Chacun tenait alors pour exact le dire de Condorcet, dans sa Vie de Voltaire : « François-Marie Arouet, qui a rendu le nom de Voltaire si célèbre, naquit à Châtenay le 20 de février 1694. M. A. Jal, en 1864 (Dictionnaire critique de biographie et d'histoire, pages 1283 et suivantes), a établi d'une façon certaine, à l'aide des registres de la paroisse de Saint-André-des-Arcs, que Voltaire était né à Paris, le dimanche 21 novembre 1694. Voltaire, du reste, avait dit lui-même, dans sa lettre du 17 juin 1768 à M. de Parcieux : « Que puis-je faire, sinon plaindre la ville où je suis né ?... Je vous remercie en qualité de Parisien, et quand mes compatriotes cesseront d'être Welches, je les louerai tant que je pourrai. » L'année suivante, dans son Épître à Boileau, il disait à l'auteur des Satires :
Dans la cour du Palais je naquis ton voisin.
[4] Le 4 octobre, l'Église célèbre la fête de saint François d'Assises. Chateaubriand avait reçu au baptême les prénoms de François-René. — Il était entré à Jérusalem le 4 octobre 1806. (Itinéraire de Paris à Jérusalem, Tome I, p. 286.)

La plupart de mes sentiments sont demeurés au fond de mon âme, ou ne se sont montrés dans mes ouvrages que comme appliqués à des êtres imaginaires. Aujourd'hui que je regrette encore mes chimères sans les poursuivre, je veux remonter le penchant de mes belles années : ces *Mémoires* seront un temple de la mort élevé à la clarté de mes souvenirs[5].

Commençons donc, et parlons d'abord de ma famille ; c'est essentiel, parce que le caractère de mon père a tenu en grande partie à sa position et que ce caractère a beaucoup influé sur la nature de mes idées, en décidant du genre de mon éducation[6].

Je suis né gentilhomme. Selon moi, j'ai profité du hasard de mon berceau, j'ai gardé cet amour plus ferme de la liberté qui appartient principalement à l'aristocratie dont la dernière heure est sonnée. L'aristocratie a trois âges successifs : l'âge des supériorités, l'âge des privilèges, l'âge des vanités ; sortie du premier, elle dégénère dans le second et s'éteint dans le dernier.

On peut s'enquérir de ma famille, si l'envie en prend, dans le dictionnaire de Moréri, dans les diverses histoires de Bretagne de d'Argentré, de dom Lobineau, de dom Morice, dans l'*Histoire généalogique de plusieurs maisons illustres de Bretagne* du P. Du Paz, dans Toussaint de Saint-Luc, Le Borgne, et enfin dans l'*Histoire des grands officiers de la Couronne* du P. Anselme[7].

Les preuves de ma descendance furent faites entre les mains de Chérin[8], pour l'admission de ma sœur Lucile comme chanoinesse au chapitre de l'Argentière, d'où elle devait passer à celui de Remiremont ; elles furent reproduites pour ma présentation à Louis XVI, reproduites

---

[5] Voir, à l'Appendice, le No II : Le Manuscrit de 1826.

[6] Ce paragraphe, que nous empruntons au Manuscrit de 1826, nous a paru devoir être préféré à celui qui se trouve dans toutes les éditions des Mémoires et dont voici le texte : « De la naissance de mon père et des épreuves de sa première position, se forma en lui un des caractères les plus sombres qui aient été. Or, ce caractère a influé sur mes idées en effrayant mon enfance, contristant ma jeunesse et décidant du genre de mon éducation. » Selon la très juste remarque du comte de Marcellus (Chateaubriand et son temps, p. 6), ces lignes interrompent plus qu'elles n'aident le récit. « C'était sans doute, ajoute M. de Marcellus, un de ces feuillets supplémentaires dont l'auteur, aux derniers moments de sa vie, renversait continuellement l'ordre, de telle façon qu'il ne s'y reconnaissait plus lui-même, comme il le disait à son dernier secrétaire, M. Daniélo. » (Voir, Tome XII de la première édition des Mémoires d'outre-tombe, les pages auxquelles M. J. Daniélo a donné pour titre : M. et Mme de Chateaubriand ; quelques détails sur leurs habitudes, leurs conversations.)

[7] Cette généalogie est résumée dans l'Histoire généalogique et héraldique des Pairs de France, etc., par M. le chevalier de Courcelles. Ch.

[8] Bernard Chérin (1718-1785), généalogiste et historiographe des Ordres de Saint-Lazare, de Saint-Michel et du Saint-Esprit.

pour mon affiliation à l'ordre de Malte, et reproduites une dernière fois quand mon frère fut présenté au même infortuné Louis XVI.

Mon nom s'est d'abord écrit *Brien*, ensuite *Briant* et *Briand*, par l'invasion de l'orthographe française. Guillaume le Breton dit *Castrum-Briani*. Il n'y a pas un nom en France qui ne présente ces variations de lettres. Quelle est l'orthographe de Du Guesclin ?

Les *Brien* vers le commencement du onzième siècle communiquèrent leur nom à un château considérable de Bretagne, et ce château devint le chef-lieu de la baronnie de Chateaubriand. Les armes de Chateaubriand étaient d'abord des pommes de pin avec la devise : *Je sème l'or.* Geoffroy, baron de Chateaubriand, passa avec saint Louis en Terre Sainte. Fait prisonnier à la bataille de la Massoure, il revint, et sa femme Sibylle mourut de joie et de surprise en le revoyant. Saint Louis, pour récompenser ses services, lui concéda à lui et à ses héritiers, en échange de ses anciennes armoiries, un écu de gueules, semé de fleurs de lis d'or : *Cui et ejus hœredibus*, atteste un cartulaire du prieuré de Bérée, *sanctus Ludovicus tum Francorum rex, propter ejus probitatem in armis, flores lilii auri, loco pomorum pini auri, contulit.*

Les Chateaubriand se partagèrent dès leur origine en trois branches : la première, dite *barons de Chateaubriand*, souche des deux autres et qui commença l'an 1000 dans la personne de Thiern, fils de Brien, petit-fils d'Alain III, comte ou chef de Bretagne ; la seconde, surnommée *seigneurs des Roches Baritaut*, ou du *Lion d'Angers ;* la troisième paraissant sous le titre de *sires de Beaufort.*

Lorsque la lignée des sires de Beaufort vint à s'éteindre dans la personne de dame Renée, un Christophe II, branche collatérale de cette lignée, eut en partage la terre de la Guerrande en Morbihan[9]. À cette époque, vers le milieu du XVIIe siècle, une grande confusion s'était répandue dans l'ordre de la noblesse ; des titres et des noms avaient été usurpés. Louis XIV prescrivit une enquête, afin de remettre chacun dans son droit. Christophe fut maintenu, sur preuve de sa noblesse d'ancienne extraction, dans son titre et dans la possession de ses armes, par arrêt de la Chambre établie à Rennes pour la réformation de la noblesse de Bretagne. Cet arrêt fut rendu le 16 septembre 1669 ; en voici le texte :

« Arrêt de la Chambre établie par le Roi (Louis XIV) pour la réformation de la noblesse en la province de Bretagne, rendu le 16 septembre 1669 : entre le procureur général du Roi, et M. Christophe de Chateaubriand, sieur de La Guerrande ; lequel déclare ledit Christophe issu d'ancienne extraction noble, lui permet de prendre la qualité de chevalier, et le maintient dans le droit de porter pour armes de gueules semé de fleurs

---

[9] La terre de la Guerrande était située, non dans le Morbihan, mais dans la paroisse de Hénan-Bihen, aujourd'hui l'une des communes du canton de Matignon, arrondissement de Dinan (Côtes-du-Nord).

de lys d'or sans nombre, et ce après production par lui faite de ses titres authentiques, desquels il appert, etc., etc., ledit arrêt signé Malescot. »

Cet arrêt constate que Christophe de Chateaubriand de La Guerrande descendait directement des Chateaubriand, sires de Beaufort ; les sires de Beaufort se rattachaient par documents historiques aux premiers barons de Chateaubriand. Les Chateaubriand de Villeneuve, du Plessis et de Combourg étaient cadets des Chateaubriand de La Guerrande, comme il est prouvé par la descendance d'Amaury, frère de Michel, lequel Michel était fils de ce Christophe de La Guerrande maintenu dans son extraction par l'arrêt ci-dessus rapporté de la réformation de la noblesse, du 16 septembre 1669.

Après ma présentation à Louis XVI, mon frère songea à augmenter ma fortune de cadet en me nantissant de quelques-uns de ces bénéfices appelés *bénéfices simples*. Il n'y avait qu'un seul moyen praticable à cet effet, puisque j'étais laïque et militaire, c'était de m'agréger à l'ordre de Malte. Mon frère envoya mes preuves à Malte, et bientôt après il présenta requête, en mon nom, au chapitre du grand-prieuré d'Aquitaine, tenu à Poitiers, aux fins qu'il fût nommé des commissaires pour prononcer d'urgence. M. Pontois était alors archiviste, vice-chancelier et généalogiste de l'ordre de Malte, au Prieuré.

Le président du chapitre était Louis-Joseph des Escotais, bailli, grand-prieur d'Aquitaine, ayant avec lui le bailli de Freslon, le chevalier de La Laurencie, le chevalier de Murat, le chevalier de Lanjamet, le chevalier de La Bourdonnaye-Montluc et le chevalier du Bouëtiez. La requête fut admise les 9, 10 et 11 septembre 1789. Il est dit, dans les termes d'admission du *Mémorial*, que je méritais *à plus d'un titre* la grâce que je sollicitais, et que des *considérations du plus grand poids* me rendaient digne de la satisfaction que je réclamais.

Et tout cela avait lieu après la prise de la Bastille, à la veille des scènes du 6 octobre 1789 et de la translation de la famille royale à Paris ! Et, dans la séance du 7 août de cette année 1789, l'Assemblée nationale avait aboli les titres de noblesse ! Comment les chevaliers et les examinateurs de mes preuves trouvaient-ils aussi que je méritais *à plus d'un titre la grâce que je sollicitais*, etc., moi qui n'étais qu'un chétif sous-lieutenant d'infanterie, inconnu, sans crédit, sans faveur et sans fortune ?

Le fils aîné de mon frère (j'ajoute ceci en 1831 à mon texte primitif écrit en 1811), le comte Louis de Chateaubriand[10], a épousé mademoiselle d'Orglandes, dont il a eu cinq filles et un garçon, celui-ci nommé Geoffroy. Christian, frère cadet de Louis, arrière-petit-fils et filleul de M. de Malesherbes, et lui ressemblant d'une manière frappante, servit avec distinction en Espagne comme capitaine dans les dragons de la garde, en

---

[10] Sur le comte Louis de Chateaubriand et sur son frère Christian, voir l'Appendice, No III.

1823. Il s'est fait jésuite à Rome. Les jésuites suppléent à la solitude à mesure que celle-ci s'efface de la terre. Christian vient de mourir à Chieri, près Turin : vieux et malade, je le devais devancer ; mais ses vertus l'appelaient au ciel avant moi, qui ai encore bien des fautes à pleurer.

Dans la division du patrimoine de la famille, Christian avait eu la terre de Malesherbes, et Louis la terre de Combourg. Christian, ne regardant pas le partage égal comme légitime, voulut, en quittant le monde, se dépouiller des biens qui ne lui appartenaient pas et les rendre à son frère aîné.

À la vue de mes parchemins, il ne tiendrait qu'à moi, si j'héritais de l'infatuation de mon père et de mon frère, de me croire cadet des ducs de Bretagne, venant de Thiern, petit-fils d'Alain III.

Cesdits Chateaubriand auraient mêlé deux fois leur sang au sang des souverains d'Angleterre, Geoffroy IV de Chateaubriand ayant épousé en secondes noces Agnès de Laval, petite fille du comte d'Anjou et de Mathilde, fille de Henri Ier ; Marguerite de Lusignan, veuve du roi d'Angleterre et petite-fille de Louis le Gros, s'étant mariée à Geoffroy V, douzième baron de Chateaubriand. Sur la race royale d'Espagne, on trouverait Brien, frère puîné du neuvième baron de Chateaubriand, qui se serait uni à Jeanne, fille d'Alphonse, roi d'Aragon. Il faudrait croire encore, quant aux grandes familles de France, qu'Édouard de Rohan prit à femme Marguerite de Chateaubriand ; il faudrait croire encore qu'un Croï épousa Charlotte de Chateaubriand. Tinténiac, vainqueur au combat des Trente[11], Du Guesclin le connétable, auraient eu des alliances avec nous dans les trois branches. Tiphaine Du Guesclin, petite-fille du frère de Bertrand, céda à Brien de Chateaubriand, son cousin et son héritier, la propriété du Plessis-Bertrand. Dans les traités, des Chateaubriand sont donnés pour caution de la paix aux rois de France, à Clisson, au baron de Vitré. Les ducs de Bretagne envoient à des Chateaubriand copie de leurs assises. Les Chateaubriand deviennent grands officiers de la couronne, et des *illustres* dans la cour de Nantes ; ils reçoivent des commissions pour veiller à la sûreté de leur province contre les Anglais. Brien Ier se trouve à la bataille d'Hastings : il était fils d'Eudon, comte de Penthièvre. Guy de Chateaubriand est du nombre des seigneurs qu'Arthur de Bretagne donna à son fils pour l'accompagner dans son ambassade auprès du Pape, en 1309.

Je ne finirais pas si j'achevais ce dont je n'ai voulu faire qu'un court résumé : la note[12] à laquelle je me suis enfin résolu, en considération de mes deux neveux, qui ne font pas sans doute aussi bon marché que moi de ces vieilles misères, remplacera ce que j'omets dans ce texte. Toutefois, on

---

[11] Jean de Tinténiac, le héros du combat des Trente, était fils d'Olivier, IIIe du nom, seigneur de Tinténiac, et d'Eustaice de Chasteaubrient, seconde fille de Geoffroy, VIe du nom, baron de Chasteau-brient, et d'Isabeau de Machecoul. (Le P. Aug. Du Paz, Histoire généalogique de plusieurs maisons illustres de Bretagne.)

[12] Voyez cette note à la fin de ces Mémoires. Ch.

passe aujourd'hui un peu la borne ; il devient d'usage de déclarer que l'on est de race corvéable, qu'on a l'honneur d'être fils d'un homme attaché à la glèbe. Ces déclarations sont-elles aussi fières que philosophiques ? N'est-ce pas se ranger du parti du plus fort ? Les marquis, les comtes, les barons de maintenant, n'ayant ni privilèges ni sillons, les trois quarts mourant de faim, se dénigrant les uns les autres, ne voulant pas se reconnaître, se contestant mutuellement leur naissance ; ces nobles, à qui l'on nie leur propre nom, ou à qui on ne l'accorde que sous bénéfice d'inventaire, peuvent-ils inspirer quelque crainte ? Au reste, qu'on me pardonne d'avoir été contraint de m'abaisser à ces puériles récitations, afin de rendre compte de la passion dominante de mon père, passion qui fit le nœud du drame de ma jeunesse. Quant à moi, je ne me glorifie ni ne me plains de l'ancienne ou de la nouvelle société. Si dans la première j'étais le chevalier ou le vicomte de Chateaubriand, dans la seconde je suis François de Chateaubriand ; je préfère mon nom à mon titre.

Monsieur mon père aurait volontiers, comme un grand terrien du moyen âge[13], appelé Dieu *le Gentilhomme de là-haut*, et surnommé Nicodème (le Nicodème de L'Évangile) un *saint gentilhomme*. Maintenant, en passant par mon géniteur, arrivons de Christophe, seigneur suzerain de la Guerrande, et descendant en Ligne directe des barons de Chateaubriand, jusqu'à moi, François, seigneur sans vassaux et sans argent de la Vallée-aux-Loups.

En remontant la lignée des Chateaubriand, composée de trois branches, les deux premières étant faillies, la troisième, celle des sires de Beaufort, prolongée par un rameau (les Chateaubriand de La Guerrande), s'appauvrit, effet inévitable de la loi du pays : les aînés nobles emportaient les deux tiers des biens, en vertu de la coutume de Bretagne ; les cadets divisaient entre eux tous un seul tiers de l'héritage paternel. La décomposition du chétif estoc de ceux-ci s'opérait avec d'autant plus de rapidité, qu'ils se mariaient ; et comme la même distribution des deux tiers au tiers existait aussi pour leurs enfants, ces cadets des cadets arrivaient promptement au partage d'un pigeon, d'un lapin, d'une canardière et d'un chien de chasse, bien qu'ils fussent toujours *chevaliers hauts et puissants seigneurs* d'un colombier, d'une crapaudière et d'une garenne. On voit dans les anciennes familles nobles une quantité de cadets ; on les suit pendant deux ou trois générations, puis ils disparaissent, redescendus peu à peu à la charrue ou absorbés par les classes ouvrières, sans qu'on sache ce

---

[13] Les éditions précédentes portent, toutes, « comme un grand terrier du moyen-âge ». Chateaubriand avait dû certainement écrire terrien. Le Dictionnaire de Furetière (1690) porte : « Terrien. — Qui possède grande étendue de terre. — Le roy d'Espagne est le plus grand terrien du monde depuis la découverte des Indes occidentales. — Cette duchesse est grande terrienne en Bretagne, elle y possède beaucoup de terres. » — Littré dit aussi : « Grand terrien, seigneur qui possède beaucoup de terres. »

qu'ils sont devenus.

Le chef de nom et d'armes de ma famille était, vers le commencement du dix-huitième siècle, Alexis de Chateaubriand, seigneur de la Guerrande, fils de Michel, lequel Michel avait un frère, Amaury. Michel était fils de ce Christrophe maintenu dans son extraction des sires de Beaufort et des barons de Chateaubriand par l'arrêt ci-dessus rapporté. Alexis de la Guerrande était veuf ; ivrogne décidé, il passait ses jours à boire, vivait dans le désordre avec ses servantes, et mettait les plus beaux titres de sa maison à couvrir des pots de beurre.

En même temps que ce chef de nom et d'armes, existait son cousin François, fils d'Amaury, puîné de Michel. François, né le 19 février 1683, possédait les petites seigneuries des Touches et de La Villeneuve. Il avait épousé, le 27 août 1713, Pétronille-Claude Lamour, dame de Lanjégu[14], dont il eut quatre fils : François-Henri, René (mon père), Pierre, seigneur du Plessis, et Joseph, seigneur du Parc. Mon grand-père, François, mourut le 28 mars 1729 ; ma grand'mère, je l'ai connue dans mon enfance, avait encore un beau regard qui souriait dans l'ombre de ses années. Elle habitait, au décès de son mari, Le manoir de La Villeneuve, dans les environs de Dinan. Toute la fortune de mon aïeule ne dépassait pas 5 000 livres de rente, dont l'aîné de ses fils emportait les deux tiers, 3 333 livres : restaient 1 666 livres de rente pour les trois cadets, sur laquelle somme l'aîné prélevait encore le préciput.

Pour comble de malheur, ma grand'mère fut contrariée dans ses desseins par le caractère de ses fils : l'aîné, François-Henri, à qui le magnifique héritage de la seigneurie de La Villeneuve était dévolu, refusa de se marier et se fit prêtre ; mais au lieu de quêter les bénéfices que son nom lui aurait pu procurer, et avec lesquels il aurait soutenu ses frères, il ne sollicita rien par fierté et par insouciance. Il s'ensevelit dans une cure de campagne et fut successivement recteur de Saint-Launeuc et de Merdrignac[15], dans le diocèse de Saint-Malo. Il avait la passion de la poésie ; j'ai vu bon nombre de ses vers. Le caractère joyeux de cette espèce de noble Rabelais, le culte que ce prêtre chrétien avait voué aux Muses dans un presbytère, excitaient la curiosité. Il donnait tout ce qu'il avait et mourut insolvable[16].

---

[14] Grand'mère paternelle de Chateaubriand. Les actes de l'état civil où elle figure lui donnent tous pour premier prénom, au lieu de Pétronille, celui de Perronnelle. Ce dernier nom était très fréquent en Bretagne : on le traduisait en latin par Petronilla, d'où il arrivait que, dans les familles, on écrivait indifféremment Pétronille ou Perronnelle. sans y attacher d'importance.

[15] Avant d'être recteur de Saint-Launeuc et de Merdrignac, il avait été prieur de Bécherel (en 1747).

[16] Le Manuscrit de 1826 entrait ici, sur François-Henri de Chateaubriand, seigneur de la Villeneuve, dans les détails qui suivent : « Ce singulier curé fut adoré par ses paroissiens. Son nom, illustre en Bretagne, excitait d'abord l'étonnement ; ensuite

Le quatrième frère de mon père, Joseph, se rendit à Paris et s'enferma dans une bibliothèque : on lui envoyait tous les ans les 416 livres, son lopin de cadet. Il passa inconnu au milieu des livres ; il s'occupait de recherches historiques. Pendant sa vie, qui fut courte, il écrivait chaque premier de janvier à sa mère, seul signe d'existence qu'il ait jamais donné. Singulière destinée ! Voilà mes deux oncles, l'un érudit et l'autre poète ; mon frère aîné faisait agréablement des vers ; une de mes sœurs, madame de Farcy, avait un vrai talent pour la poésie : une autre de mes sœurs, la comtesse Lucile, chanoinesse, pourrait être connue par quelques pages admirables ; moi, j'ai barbouillé force papier. Mon frère a péri sur l'échafaud, mes deux sœurs ont quitté une vie de douleur après avoir langui dans les prisons ; mes deux oncles ne laissèrent pas de quoi payer les quatre planches de leur cercueil ; les lettres ont causé mes joies et mes peines, et je ne désespère pas, Dieu aidant, de mourir à l'hôpital.

Ma grand'mère, s'étant épuisée pour faire quelque chose de son fils aîné et de son fils cadet, ne pouvait plus rien pour les deux autres, René, mon père, et Pierre, mon oncle. Cette famille, qui avait *semé l'or*, selon sa devise, voyait de sa gentilhommière les riches abbayes qu'elle avait fondées et qui entombaient[17] ses aïeux. Elle avait présidé les états de Bretagne, comme possédant une des neuf baronnies ; elle avait signé au traité des souverains, servi de caution à Clisson, et elle n'aurait pas eu le crédit d'obtenir une sous-lieutenance pour l'héritier de son nom.

Il restait à la pauvre noblesse bretonne une ressource, la marine royale : on essaya d'en profiter pour mon père ; mais il fallait d'abord se rendre à Brest, y vivre, payer les maîtres, acheter l'uniforme, les armes, les livres, les instruments de mathématique : comment subvenir à tous ces frais ? Le brevet demandé au ministre de la marine n'arriva point faute de protecteur pour en solliciter l'expédition : la châtelaine de Villeneuve tomba malade de chagrin.

Alors mon père donna la première marque du caractère décidé que je lui ai connu. Il avait environ quinze ans : s'étant aperçu des inquiétudes de sa mère, il s'approcha du lit où elle était couchée et lui dit : « Je ne veux

---

son caractère joyeux, le culte que cette autre espèce de Rabelais avait voué aux Muses dans un presbytère attirait à lui, on venait le voir de toute parts ; il donnait tout ce qu'il avait, et n'était, à la lettre, pas maître chez lui ; il mourut insolvable, et ma grand'mère n'osa prendre sa chétive succession que sous bénéfice d'inventaire. Les paysans s'assemblèrent, déclarèrent qu'on faisait injure à la mémoire de leur curé, et se chargèrent d'acquitter ses dettes ; en conséquence, ils l'enterrèrent à leurs frais, liquidèrent sa succession et envoyèrent à sa famille le peu qu'il avait laissé. »

[17] Chateaubriand a francisé ici un vers de Shakespeare, qui a dit dans un de ses sonnets :
When you entombed, in men' eyes, shall lie
Your monument shall be my gentle verse.

plus être un fardeau pour vous. » Sur ce, ma grand'mère se prit à pleurer (j'ai vingt-fois entendu mon père raconter cette scène). « René, répondit-elle, que veux-tu faire ? Laboure ton champ. — Il ne peut pas nous nourrir ; laissez-moi partir. — Eh bien, dit la mère, va donc où Dieu veut que tu ailles. » Elle embrassa l'enfant en sanglotant. Le soir même mon père quitta la ferme maternelle, arriva à Dinan, où une de nos parentes lui donna une lettre de recommandation pour un habitant de Saint-Malo. L'aventurier orphelin fut embarqué comme volontaire sur une goëlette armée, qui mit à la voile quelques jours après.

La petite république malouine soutenait seule alors sur la mer l'honneur du pavillon français. La goëlette rejoignit la flotte que le cardinal de Fleury envoyait au secours de Stanislas, assiégé dans Dantzick par les Russes. Mon père mit pied à terre et se trouva au mémorable combat que quinze cents Français, commandés par le Breton de Bréhan, comte de Plélo[18], livrèrent, le 29 mai 1734, à quarante mille Moscovites commandés par Munich. De Bréhan, diplomate, guerrier et poète, fut tué et mon père blessé deux fois. Il revint en France et se rembarqua. Naufragé sur les côtes de l'Espagne, des voleurs l'attaquèrent et le dépouillèrent dans la Galice ; il prit passage à Bayonne sur un vaisseau et surgit encore au toit paternel. Son courage et son esprit d'ordre l'avaient fait connaître. Il passa aux Îles ; il s'enrichit dans les colonies et jeta les fondements de la nouvelle fortune de sa famille[19].

Ma grand'mère confia à son fils René son fils Pierre, M. de Chateaubriand du Plessis[20], dont le fils, Armand de Chateaubriand, fut fusillé, par ordre de Bonaparte, le vendredi saint de l'année 1809[21]. Ce fut un des derniers gentilshommes français morts pour la cause de la monarchie[22]. Mon père se chargea du sort de son frère, quoiqu'il eût contracté, par l'habitude de souffrir, une rigueur de caractère qu'il conserva toute sa vie ; le *Non ignara mali* n'est pas toujours vrai : le malheur a ses duretés comme ses tendresses.

---

[18] Louis-Robert-Hippolyte de Bréhan, comte de Plélo, né à Rennes, le 28 mars 1699, était le petit-neveu de Mme de Sévigné. Sa vie a été écrite par M. Edmond Rathery, sous ce titre : Le comte de Plélo, un volume in-8o, 1876.

[19] Voir, à l'Appendice, le No IV : le comte René de Chateaubriand armateur.

[20] Pierre-Marie-Anne de Chateaubriand, seigneur du Plessis et du Val-Guildo, né en 1727. Il commanda plusieurs des navires de son frère. (Voir à l'Appendice le No IV.) Le 12 février 1760, il épousa Marie-Jeanne-Thérèse Brignon, fille de Nicolas Brignon, seigneur de Laher, négociant, et de Marie-Anne Le Tondu. Incarcéré pendant la Terreur, il mourut dans la prison de Saint-Malo, le 3 fructidor an II (20 août 1794).

[21] Les éditions précédentes portent toutes : 1810. C'est une erreur. Armand de Chateaubriand fut fusillé le vendredi saint (31 mars) de l'année 1809. Lorsque Chateaubriand reviendra plus tard avec détails sur ce douloureux épisode, il aura bien soin de lui donner sa vraie date.

[22] Ceci était écrit en 1811 (note de 1831, Genève). Ch.

M. de Chateaubriand était grand et sec ; il avait le nez aquilin, les lèvres minces et pâles, les yeux enfoncés, petits et pers ou glauques, comme ceux des lions ou des anciens barbares. Je n'ai jamais vu un pareil regard : quand la colère y montait, la prunelle étincelante semblait se détacher et venir vous frapper comme une balle.

Une seule passion dominait mon père, celle de son nom. Son état habituel était une tristesse profonde que l'âge augmenta et un silence dont il ne sortait que par des emportements. Avare dans l'espoir de rendre à sa famille son premier éclat, hautain aux états de Bretagne avec les gentilhommes, dur avec ses vassaux à Combourg, taciturne, despotique et menaçant dans son intérieur, ce qu'on sentait en le voyant, c'était la crainte. S'il eût vécu jusqu'à la Révolution et s'il eût été plus jeune, il aurait joué un rôle important, ou se serait fait massacrer dans son château. Il avait certainement du génie : je ne doute pas qu'à la tête des administrations ou des armées, il n'eût été un homme extraordinaire.

Ce fut en revenant d'Amérique qu'il songea à se marier. Né le 23 septembre 1718, il épousa à trente-cinq ans, le 3 juillet 1753[23], Apolline-Jeanne-Suzanne de Bedée, née le 7 avril 1726, et fille de messire Ange-Annibal, comte de Bedée, seigneur de La Bouëtardais[24]. Il s'établit avec

---

[23] Le mariage des parents de Chateaubriand fut célébré à Bourseul. Bourseul est aujourd'hui l'une des communes du canton de Plancoët, arrondissement de Dinan (Côtes-du-Nord). — Voici l'extrait de l'acte de mariage, relevé sur les registres paroissiaux de Bourseul : — « Du troisième de juillet 1753, j'ay administré la bénédiction nuptiale à haut et puissant René-Auguste de Chateaubriand, chevalier seigneur du Plessis, fils majeur de haut et puissant François de Chateaubriand, chevalier seigneur de Villeneuve, et de dame Perronnelle-Claude Lamour de Lanjegu, dame de Chateaubriand, son épouse, domiciliée de la paroisse de Guitté en ce diocèse, d'une part ; et à très noble demoiselle Apolline-Jeanne-Suzanne de Bedée, dame de la Villemain, fille de haut et puissant seigneur Ange-Annibal de Bedée, chevalier seigneur de la Bouëtardays et autres lieux, et de dame Bénigne-Jeanne-Marie de Ravenel du Boistilleul, son épouse, d'autre part... Ont été présents à la cérémonie : messire Ange-Annibal de Bedée et dame Bénigne-Jeanne-Marie de Ravenel, père et mère de l'épouse ; demoiselle Anne de Bedée et demoiselle Suzanne-Apolline de Ravenel, tantes de l'épouse : messire Théodore-Jean-Baptiste de Ravenel de Boistilleul, cousin germain de l'épouse, conseiller au Parlement de Bretagne, et autres soussignants. — Suivent les signatures : Apoline de Bedée de Vilmain, B. de Chateaubriand, Bénigne J.-M. de Ravenel de la Bouëtardaye, de Bedée de la Bouëtardaye, Suzanne de Ravenel, Anne de Bedée, Angélique Bedée du Boisrioux, Jeanne Le Mintier du Boistilleul, Marie-Antoine de Bedée, Théodore J.-B. de Ravenel du Boistilleul, du Breil pontbriand, F. de Chateaubriand, frère de L'époux, et Guillemot, curé de Bourseul.

[24] Ange-Annibal de Bedée, seigneur de La Bouëtardais, de la Mettrie et de Boisriou, né à La Bouëtardais, en Bourseul, Le 11 septembre 1696, était fils de Jean-Marc de Bedée de la Bouëtardais, seigneur des mêmes lieux, et de Jeanne de Bégaignon. Il mourut le 14 janvier 1761 et fut inhumé dans l'église de Bourseul. La famille de Bedée, qui a compté des branches nombreuses, tire son nom d'une paroisse, aujourd'hui commune du canton et de l'arrondissement de Montfort (Ille-

elle à Saint-Malo, dont ils étaient nés l'un et l'autre à sept ou huit lieues, de sorte qu'ils apercevaient de leur demeure l'horizon sous lequel ils étaient venus au monde. Mon aïeule maternelle, Marie-Anne de Ravenel de Boisteilleul, dame de Bedée, née à Rennes le 16 octobre 1698[25] avait été élevée à Saint-Cyr dans les dernières années de madame de Maintenon : son éducation s'était répandue sur ses filles.

Ma mère douée de beaucoup d'esprit et d'une imagination prodigieuse, avait été formée à la lecture de Fénélon, de Racine, de madame de Sévigné, et nourrie des anecdotes de la cour de Louis XIV ; elle savait tout *Cyrus* par cœur. Apolline de Bedée, avec de grands traits, était noire, petite et laide ; l'élégance de ses manières, l'allure vive de son humeur, contrastaient avec la rigidité et le calme de mon père. Aimant la société autant qu'il aimait la solitude, aussi pétulante et animée qu'il était immobile et froid, elle n'avait pas un goût qui ne fût opposé à ceux de son mari. La contrariété qu'elle éprouva la rendit mélancolique, de légère et gaie qu'elle était. Obligée de se taire quand elle eût voulu parler, elle s'en dédommageait par une espèce de tristesse bruyante entrecoupée de soupirs qui interrompaient seuls la tristesse muette de mon père. Pour la piété, ma mère était un ange.

Ma mère accoucha à Saint-Malo d'un premier garçon qui mourut au berceau, et qui fut nommé Geoffroy, comme presque tous les aînés de ma famille. Ce fils fut suivi d'un autre et de deux filles qui ne vécurent que quelques mois.

Ces quatre enfants périrent d'un épanchement de sang au cerveau. Enfin, ma mère mit au monde un troisième garçon qu'on appela Jean-Baptiste : c'est lui qui dans la suite devint le petit-gendre de M. de Malesherbes. Après Jean-Baptiste naquirent quatre filles : Marie-Anne, Bénigne, Julie et Lucile, toute quatre d'une rare beauté, et dont les deux aînées ont seules survécu aux orages de la Révolution. La beauté, frivolité sérieuse, reste quand toutes les autres sont passées. Je fus le dernier de ces dix enfants[26]. Il est probable que mes quatre sœurs durent leur existence au

---

et-Vilaine). La seigneurie de Bedée a cessé depuis longtemps d'appartenir à la famille de ce nom : au siècle dernier, elle était aux mains des Visdelou, qui se qualifiaient de marquis de Bedée.

[25] Bénigne-Jeanne-Marie (et non Marie-Anne) de Ravenel du Boisteilleul, née à Rennes, en la paroisse Saint-Jean, le 15 octobre 1698 (et non le 16 octobre), était fille d'écuyer Benjamin de Ravenel, seigneur de Boisteilleul, et de Catherine-Françoise de Farcy. Elle avait épousé, le 24 février 1720, en l'église de Toussaint, à Rennes, Ange-Annibal de Bedée. — Je dois ces indications, ainsi que la plupart de celles qui vont suivre et qui ont trait aux parents de Chateaubriand, à M. Frédéric Saulnier, conseiller à la Cour d'appel de Rennes. Sans son utile et si dévoué concours, je n'aurais pu mener à bonne fin cette partie de mon travail.

[26] Chateaubriand fixe à dix le nombre des enfants issus du mariage de ses père et mère. Les registres de la ville de Saint-Malo n'en accusent que neuf :
1o Geoffroy-René-Marie, né le 4 mai 1758 (mort au berceau).

désir de mon père d'avoir son nom assuré par l'arrivée d'un second garçon ; je résistais, j'avais aversion pour la vie.

Voici mon extrait de baptême[27] :

« Extrait des registres de l'état civil de la commune de Saint-Malo pour l'année 1768.

« François-René de Chateaubriand, fils de René de Chateaubriand et de Pauline-Jeanne-Suzanne de Bedée, son épouse, né le 4 septembre 1768, baptisé le jour suivant par nous Pierre-Henri Nouail, grand vicaire de l'évêque de Saint-Malo. A été parrain Jean-Baptiste de Chateaubriand, son frère, et marraine Françoise-Gertrude de Contades, qui signent et le père. Ainsi signé au registre : Contades de Plouër, Jean-Baptiste de Chateaubriand, Brignon de Chateaubriand, de Chateaubriand et Nouail, vicaire général[28] »

On voit que je m'étais trompé dans mes ouvrages : je me fais naître le 4 octobre[29] et non le 4 septembre ; mes prénoms sont : François-René, et non pas François-*Auguste*[30].

2o Jean-Baptiste-Auguste, né le 23 juin 1759 (celui qui sera le petit-gendre de Malesherbes).

3o Marie-Anne-Françoise, née le 4 juillet 1760 (plus tard Mme de Marigny).

4o Bénigne-Jeanne, née le 31 août 1761 (qui épousera plus tard M. de Québriac, puis M. de Châteaubourg).

5o Julie-Marie-Agathe, née le 2 septembre 1763 (plus tard Mme de Farcy).

6o Lucile-Angélique, née le 7 août 1764 (plus tard Mme de Caux).

7o Auguste, né le 28 mai 1766 (mort au bout de quelques mois).

8o Calixte-Anne-Marie, née le 3 juin 1767 (morte en bas âge).

9o François-René, né le 4 septembre 1768 (l'auteur du Génie du Christianisme).
Le chiffre de dix enfants, donné par Chateaubriand, n'en est pas moins exact. Un dixième enfant — qui fut en réalité le premier — était né à Plancoët, où M. et Mme de Chateaubriand habitèrent pendant quelque temps à la suite de leur mariage. Ce premier enfant, né et mort à Plancoët, n'a pu figurer sur les registres de Saint-Malo. (Recherches sur plusieurs des circonstances relatives aux origines, à la naissance et à l'enfance de M de Chateaubriand, par M. Ch. Cunat, 1850.)

[27] Le texte complet de l'acte de baptême de Chateaubriand est ainsi conçu :
« François-René de Chateaubriand, fils de haut et puissant René de Chateaubriand, chevalier, comte de Combourg, et de haute et puissante dame, Apolline-Jeanne-Suzanne de Bedée, dame de Chateaubriand, son épouse, né le 4 septembre 1768, baptisé le jour suivant par nous, Messire Pierre-Henry Nouail, grand chantre et chanoine de l'Église cathédrale, official et grand vicaire de Monseigneur l'évêque de Saint-Malo. A été parrain haut et puissant Jean-Baptiste de Chateaubriand, son frère, et marraine haute et puissante dame Françoise-Marie-Gertrude de Contade, dame et comtesse de Plouër, qui signent et le Père. Ont signé : Jean-Baptiste de Chateaubriand, Brignon de Chateaubriand, Contades de Plouër, de Chateaubriand, Nouail, vicaire général. »

[28] Vingt jours avant moi, le 15 août 1768, naissait dans une autre île, à l'autre extrémité de la France, l'homme qui a mis fin à l'ancienne société, Bonaparte. Ch.

[29] On lit, dans l'Itinéraire de Paris à Jérusalem, tome I, p. 295 : « Tandis que j'attendais l'instant du départ, les religieux se mirent à chanter dans l'église du

La maison qu'habitaient alors mes parents est située dans une rue sombre et étroite de Saint-Malo, appelée la rue des Juifs[31] : cette maison est aujourd'hui transformée en auberge[32]. La chambre où ma mère accoucha domine une partie déserte des murs de la ville, et à travers les fenêtres de cette chambre on aperçoit une mer qui s'étend à perte de vue, en se brisant sur des écueils. J'eus pour parrain, comme on le voit dans mon extrait de baptême, mon frère, et pour marraine la comtesse de Plouër, fille du maréchal de Contades[33]. J'étais presque mort quand je vins au jour. Le mugissement des vagues, soulevées par une bourrasque annonçant l'équinoxe d'automne, empêchait d'entendre mes cris : on m'a souvent conté ces détails ; leur tristesse ne s'est jamais effacée de ma mémoire. Il n'y a pas de jour où, rêvant à ce que j'ai été, je ne revoie en pensée le rocher sur lequel je suis né, la chambre où ma mère m'infligea la vie, la tempête dont le bruit berça mon premier sommeil[34], le frère infortuné

---

monastère. Je demandai la cause de ces chants et j'appris que l'on célébrait la fête du patron de l'ordre. Je me souvins alors que nous étions au 4 octobre, jour de la Saint-François, jour de ma naissance et de ma fête. Je courus au chœur et j'offris des vœux pour le repos de celle qui m'avait autrefois donné la vie à pareil jour. »

[30] « Je fus nommé François du jour où j'étais né, et René à cause de mon père. » Manuscrit de 1826. — Atala, le Génie du Christianisme, les Martyrs et l'Itinéraire sont signés : François-Auguste de Chateaubriand. En supprimant ainsi, en tête de ses premiers ouvrages, l'appellation de René, Chateaubriand voulait éviter les fausses interprétations de ceux qui auraient été tentés de le reconnaître dans l'immortel épisode de ses œuvres qui ne porte d'autre titre que ce nom.

[31] En 1768, les parents de Chateaubriand habitaient rue des Juifs (aujourd'hui rue de Chateaubriand), une maison appartenant à M. Magon de Boisgarein. On la distinguait alors sous le nom d'Hôtel de la Gicquelais, nom du père de M. Magon.

[32] En 1780, M. Magon de Boisgarein vendit cette maison à M. Dupuy-Fromy, et peu de temps après elle fut occupée par M. Chenu, qui en fit une auberge. Sa destination, depuis plus d'un siècle, n'a pas changé. L'un des trois corps de logis dont est actuellement composé l'Hôtel de France et de Chateaubriand, celui qui est le plus avancé dans la rue, est la maison natale du grand écrivain.

[33] Françoise-Gertrude de Contades, fille de Louis-Georges-Erasme de Contades, maréchal de France, et de Nicole Magon de la Lande. Elle avait épousé en 1747 Jean-Pierre de la Haye, comte de Plouër, colonel de dragons.

[34].Chateaubriand n'a point imaginé cette tempête romantique, qui éclate pourtant si à propos à l'heure même de sa naissance. M. Charles Cunat, le savant et consciencieux archiviste de Saint-Malo, confirme de la façon la plus précise, dans son écrit de 1850, l'exactitude de tous les détails donnés par le grand poète : « En effet, dit-il, une pluie opiniâtre durait depuis près de deux mois ; plusieurs coups de vent qu'on avait éprouvés n'avaient pas changé l'état de l'atmosphère ; ce temps pluvieux jetait l'alarme dans le pays ; ce fut dans la nuit de samedi à dimanche, à l'approche du dernier quartier de la lune, qu'eut lieu la tempête horrible qui accompagna la naissance de Chateaubriand et dont les terribles effets se firent sentir dans le pays, et notamment à la chaussée du Sillon. » Cette nuit du samedi au dimanche, où la tempête fut particulièrement horrible, était précisément celle du 3 au 4 septembre, et c'est le 4 septembre que naquit Chateaubriand. — La continuité et la violence des tempêtes, en ces premiers jours de septembre 1768,

qui me donna un nom que j'ai presque toujours traîné dans le malheur. Le ciel sembla réunir ces diverses circonstances pour placer dans mon berceau une image de mes destinées.

En sortant du sein de ma mère, je subis mon premier exil ; on me relégua à Plancoët, joli village situé entre Dinan, Saint-Malo et Lamballe. L'unique frère de ma mère, le comte de Bedée, avait bâti près de ce village le château de *Monchoix*. Les biens de mon aïeule maternelle s'étendaient dans les environs jusqu'au bourg de Courseul, les *Curiosolites* des *Commentaires de César*. Ma grand'mère, veuve depuis longtemps, habitait avec sa sœur, mademoiselle de Boisteilleul, un hameau séparé de Plancoët par un pont, et qu'on appelait l'Abbaye, à cause d'une abbaye de Bénédictins[35], consacrée à Notre-Dame de Nazareth.

Ma nourrice se trouva stérile ; une autre pauvre chrétienne me prit à son sein. Elle me voua à la patronne du hameau, Notre-Dame de Nazareth, et lui promit que je porterais en son honneur le bleu et le blanc jusqu'à l'âge de sept ans. Je n'avais vécu que quelques heures, et la pesanteur du temps était déjà marquée sur mon front. Que ne me laissait-on mourir ? Il entrait dans les conseils de Dieu d'accorder au vœu de l'obscurité et de l'innocence la conservation des jours qu'une vaine renommée menaçait d'atteindre.

Ce vœu de la paysanne bretonne n'est plus de ce siècle : c'était toutefois une chose touchante que l'intervention d'une Mère divine placée entre l'enfant et le ciel, et partageant les sollicitudes de la mère terrestre.

Au bout de trois ans, on me ramena à Saint-Malo ; il y en avait déjà sept que mon père avait recouvré la terre de Combourg. Il désirait rentrer dans les biens où ses ancêtres avaient passé ; ne pouvant traiter ni pour la seigneurie de Beaufort, échue à la famille de Goyon, ni pour la baronnie de Chateaubriand, tombée dans la maison de Condé, il tourna ses yeux sur Combourg que Froissart écrit *Combour*[36] : plusieurs branches de ma

---

furent telles que l'évêque et le chapitre firent exposer pendant neuf jours, comme aux époques des plus grandes calamités, les reliques de Saint Malo dans le chœur de la cathédrale ; les voûtes de l'antique basilique ne cessèrent de retentir des chants de la pénitence et des appels à la miséricorde divine. Enfin, l'orage s'apaisa, le ciel reprit sa sérénité, et, le dimanche 18 septembre, on porta processionnellement les restes du saint à travers les rues de la ville et autour des remparts, au milieu d'un concours immense de la population. Les reliques, précédées du clergé, étaient portées par des chanoines et suivies par Mgr. Jean-Joseph Fogasse de la Bastie, évêque du diocèse. (Ch. Cunat, op. cit.)

[35] Il n'y eut jamais à Plancoët d'abbaye de Bénédictins. Il existait seulement, au hameau de l'Abbaye, une maison de Dominicains, dont les bâtiments, aujourd'hui transformés en ferme, joignent la partie nord-est de la modeste chapelle où le futur pèlerin de Paris à Jérusalem fut relevé de son premier vœu.

[36] Longtemps encore après Froissart, on a continué d'écrire Combour, ce qui était suivre l'ancienne forme du nom, Comburnium. C'est seulement de 1660 à 1680 que le g a été ajouté.

famille l'avaient possédé par des mariages avec les Coëtquen. Combourg défendait la Bretagne dans les marches normande et anglaise : Junken, évêque de Dol, le bâtit en 1016 ; la grande tour date de 1100. Le maréchal de Duras[37], qui tenait Combourg de sa femme, Maclovie de Coëtquen[38], née d'une Chateaubriand, s'arrangea avec mon père. Le marquis du Hallay[39], officier aux grenadiers à cheval de la garde royale, peut-être trop connu par sa bravoure, est le dernier des Coëtquen-Chateaubriand : M. du Hallay a un frère[40]. Le même maréchal de Duras, en qualité de notre allié, nous présenta dans la suite à Louis XVI, mon frère et moi.

Je fus destiné à la marine royale : l'éloignement pour la cour était naturel à tout Breton, et particulièrement à mon père. L'aristocratie de nos États fortifiait en lui ce sentiment.

Quand je fus rapporté à Saint-Malo, mon père était à Combourg, mon frère au collège de Saint-Brieuc ; mes quatre sœurs vivaient auprès de ma mère.

Toutes les affections de celle-ci s'étaient concentrées dans son fils aîné ; non qu'elle ne chérît ses autres enfants, mais elle témoignait une préférence aveugle au jeune comte de Combourg. J'avais bien, il est vrai, comme garçon, comme le dernier venu, comme *le chevalier* (ainsi m'appelait-on), quelques privilèges sur mes sœurs ; mais, en définitive, j'étais abandonné aux mains des gens. Ma mère d'ailleurs, pleine d'esprit et de vertu, était préoccupée par les soins de la société et les devoirs de la religion. La comtesse de Plouër, ma marraine, était son intime amie ; elle voyait aussi les parents de Maupertuis[41] et de l'abbé Trublet[42]. Elle aimait

---

[37] Emmanuel-Félicité de Durfort, duc de Duras (1715-1789), pair et maréchal de France, premier gentilhomme de la Chambre, membre de l'Académie française. Choisi par le roi pour aller commander en Bretagne au milieu des troubles qu'avait fait naître l'affaire de La Chalotais, il réussit à concilier les esprits et à rétablir la tranquillité.

[38] Louise-Françoise-Maclovie-Céleste de Coëtquen, mariée en 1736 au duc de Duras, décédée le 17 nivôse an X (7 janvier 1802).

[39] Hallay-Coëtquen (Jean-Georges-Charles-Frédéric-Emmanuel, marquis du), né le 5 octobre 1799, mort le 10 mars 1867. Il avait été, sous la Restauration, capitaine au 1er régiment de grenadiers à cheval de la garde royale et gentilhomme ordinaire de la chambre du roi. Le marquis du Hallay a eu une grande réputation comme juge du point d'honneur et arbitre en matière de duel. Il a publié des Nouvelles et Souvenirs, Paris, 1835 et 1836, 2 tomes en 1 vol. in-8o.

[40] Le comte du Hallay-Coëtquen, frère cadet du précédent, a été page de Louis XVIII en 1814, puis garde du corps de Monsieur, et lieutenant au 4e régiment de chasseurs à cheval.

[41] Pierre-Louis Moreau de Maupertuis (1698-1759) ; membre de l'Académie des sciences et de l'Académie française ; président perpétuel de l'Académie des sciences et belles-lettres de Berlin. Il était né à Saint-Malo.

[42] Nicolas-Charles-Joseph Trublet (1697-1770) ; parent et ami de Maupertuis et, comme lui, né à Saint-Malo. Il avait été reçu membre de l'Académie française le 13 avril 1761.

la politique, le bruit, le monde : car on faisait de la politique à Saint-Malo, comme les moines de Saba dans le ravin du Cédron[43] ; elle se jeta avec ardeur dans l'affaire La Chalotais. Elle rapportait chez elle une humeur grondeuse, une imagination distraite, un esprit de parcimonie, qui nous empêchèrent d'abord de reconnaître ses admirables qualités. Avec de l'ordre, ses enfants étaient tenus sans ordre ; avec de la générosité, elle avait l'apparence de l'avarice ; avec de la douceur d'âme, elle grondait toujours : mon père était la terreur des domestiques, ma mère le fléau.

De ce caractère de mes parents sont nés les premiers sentiments de ma vie. Je m'attachai à la femme qui prit soin de moi, excellente créature appelée *la Villeneuve*, dont j'écris le nom avec un mouvement de reconnaissance et les larmes aux yeux. La Villeneuve était une espèce de surintendante de la maison, me portant dans ses bras, me donnant, à la dérobée, tout ce qu'elle pouvait trouver, essuyant mes pleurs, m'embrassant, me jetant dans un coin, me reprenant et marmottant toujours : « C'est celui-là qui ne sera pas fier ! qui a bon cœur ! qui ne rebute point les pauvres gens ! Tiens, petit garçon ; » et elle me bourrait de vin et de sucre.

Mes sympathies d'enfant pour la Villeneuve furent bientôt dominées par une amitié plus digne.

Lucile, la quatrième de mes sœurs, avait deux ans de plus que moi[44]. Cadette délaissée, sa parure ne se composait que de la dépouille de ses sœurs. Qu'on se figure une petite fille maigre, trop grande pour son âge, bras dégingandés, air timide, parlant avec difficulté et ne pouvant rien apprendre ; qu'on lui mette une robe empruntée à une autre taille que la sienne ; renfermez sa poitrine dans un corset piqué dont les pointes lui faisaient des plaies aux côtés ; soutenez son cou par un collier de fer garni de velours brun ; retroussez ses cheveux sur le haut de sa tête, rattachez-les avec une toque d'étoffe noire ; et vous verrez la misérable créature qui me frappa en rentrant sous le toit paternel. Personne n'aurait soupçonné dans

---

[43] C'est un souvenir du voyage de l'auteur en Palestine et de son séjour au couvent de Saint-Saba : « On montre aujourd'hui dans ce monastère trois ou quatre mille têtes de morts, qui sont celles des religieux massacrés par les infidèles. Les moines me laissèrent un quart d'heure tout seul avec ces reliques : ils semblaient avoir deviné que mon dessein était de peindre un jour la situation de l'âme des solitaires de la Thébaïde. Mais je ne me rappelle pas encore sans un sentiment pénible qu'un caloyer voulut me parler de politique et me raconter les secrets de la cour de Russie. « Hélas ! mon père, lui dis-je, où chercherez-vous la paix, si vous ne la trouvez pas ici ? » Itinéraire de Paris à Jérusalem, tome I, p. 313.

[44] Lucile avait, non pas deux ans, mais quatre ans de plus que son frère. Elle était née le 7 août 1764. — Voir son acte de naissance à la page 7 de la remarquable étude de M. Frédéric Saulnier sur Lucile de Chateaubriand et M. de Caux, d'après des documents inédits, 1885. M. Anatole France s'est donc trompé, lui aussi, lorsque, dans son petit volume, d'ailleurs si charmant, sur Lucile de Chateaubriand, sa vie et ses œuvres, il l'a fait naître « en l'an 1766 ».

la chétive Lucile les talents et la beauté qui devaient un jour briller en elle.

Elle me fut livrée comme un jouet ; je n'abusai point de mon pouvoir ; au lieu de la soumettre à mes volontés, je devins son défenseur. On me conduisait tous les matins avec elle chez les sœurs Couppart, deux vieilles bossues habillées de noir, qui montraient à lire aux enfants. Lucile lisait fort mal ; je lisais encore plus mal. On la grondait ; je griffais les sœurs : grandes plaintes portées à ma mère. Je commençais à passer pour un vaurien, un révolté, un paresseux, un âne enfin. Ces idées entraient dans la tête de mes parents : mon père disait que tous les chevaliers de Chateaubriand avaient été des fouetteurs de lièvres, des ivrognes et des querelleurs. Ma mère soupirait et grognait en voyant le désordre de ma jaquette. Tout enfant que j'étais, le propos de mon père me révoltait ; quand ma mère couronnait ses remontrances par l'éloge de mon frère qu'elle appelait un Caton, un héros, je me sentais disposé à faire tout le mal qu'on semblait attendre de moi.

Mon maître d'écriture, M. Després, à perruque de matelot, n'était pas plus content de moi que mes parents ; il me faisait copier éternellement, d'après un exemple de sa façon, ces deux vers que j'ai pris en horreur, non à cause de la faute de langue qui s'y trouve :

> C'est à vous, mon esprit, à qui je veux parler :
> Vous avez des défauts que je ne puis celer.

Il accompagnait ses réprimandes de coups de poing qu'il me donnait dans le cou, en m'appelant *tête d'achôcre ;* voulait-il dire *achore*[45] ? Je ne sais pas ce que c'est qu'une tête d'*achôcre*, mais je la tiens pour effroyable.

Saint-Malo n'est qu'un rocher. S'élevant autrefois au milieu d'un marais salant, il devint une île par l'irruption de la mer qui, en 709, creusa le golfe et mit le mont Saint-Michel au milieu des flots. Aujourd'hui, le rocher de Saint-Malo ne tient à la terre ferme que par une chaussée appelée poétiquement le Sillon. Le Sillon est assailli d'un côté par la pleine mer, de l'autre est lavé par le flux qui tourne pour entrer dans le port. Une tempête le détruisit presque entièrement en 1730. Pendant les heures de reflux, le port reste à sec, et, à la bordure est et nord de la mer, se découvre une grève du plus beau sable. On peut faire alors le tour de mon nid paternel. Auprès et au loin, sont semés des rochers, des forts, des îlots inhabités : le Fort-Royal, la Conchée, Césembre et le Grand-Bé, où sera mon tombeau ; j'avais bien choisi sans le savoir : *bé*, en breton, signifie *tombe*.

Au bout du Sillon, planté d'un calvaire, on trouve une butte de sable au bord de la grande mer. Cette butte s'appelle la Hoguette ; elle est surmontée d'un vieux gibet : les piliers nous servaient à jouer aux quatre

---

[45] Ἀχώρ, gourme. Ch.

coins ; nous les disputions aux oiseaux de rivage. Ce n'était pourtant pas sans une sorte de terreur que nous nous arrêtions dans ce lieu.

Là se rencontrent aussi les *Miels*, dunes où pâturaient les moutons ; à droite sont des prairies au bas du Paramé, le chemin de poste de Saint-Servan, le cimetière neuf, un calvaire et des moulins sur des buttes, comme ceux qui s'élèvent sur le tombeau d'Achille à l'entrée de l'Hellespont.

Je touchais à ma septième année ; ma mère me conduisit à Plancoët, afin d'être relevée du vœu de ma nourrice ; nous descendîmes chez ma grand'mère. Si j'ai vu le bonheur, c'était certainement dans cette maison.

Ma grand'mère occupait, dans la rue du Hameau-de-l'Abbaye, une maison dont les jardins descendaient en terrasse sur un vallon, au fond duquel on trouvait une fontaine entourée de saules. Madame de Bedée ne marchait plus, mais à cela près, elle n'avait aucun des inconvénients de son âge : c'était une agréable vieille, grasse, blanche, propre, l'air grand, les manières belles et nobles, portant des robes à plis à l'antique et une coiffe noire de dentelle, nouée sous le menton. Elle avait l'esprit orné, la conversation grave, l'humeur sérieuse. Elle était soignée par sa sœur, mademoiselle de Boisteilleul, qui ne lui ressemblait que par la bonté. Celle-ci était une petite personne maigre, enjouée, causeuse, railleuse. Elle avait aimé un comte de Trémigon, lequel comte, ayant dû l'épouser, avait ensuite violé sa promesse. Ma tante s'était consolée en célébrant ses amours, car elle était poète. Je me souviens de l'avoir souvent entendue chantonner en nasillant, lunettes sur le nez, tandis qu'elle brodait pour sa sœur des manchettes à deux rangs, un apologue qui commençait ainsi :

Un épervier aimait une fauvette
Et, ce dit-on, il en était aimé,

ce qui m'a paru toujours singulier pour un épervier. La chanson finissait par ce refrain :

Ah ! Trémigon, la fable est-elle obscure ?
Ture lure.

Que de choses dans ce monde finissent comme les amours de ma tante, ture, lure !

Ma grand'mère se reposait sur sa sœur des soins de la maison. Elle dînait à onze heures du matin, faisait la sieste ; à une heure elle se réveillait ; on la portait au bas des terrasses du jardin, sous les saules de la fontaine, où elle tricotait, entourée de sa sœur, de ses enfants et petits-enfants[46]. En ce temps-là, la vieillesse était une dignité ; aujourd'hui elle est une charge. À quatre heures, on reportait ma grand'mère dans son salon ; Pierre, le domestique, mettait une table de jeu ; mademoiselle de Boisteilleul[47] frappait avec les pincettes contre la plaque de la cheminée, et quelques instants après on voyait entrer trois autres vieilles filles qui sortaient de la maison voisine à l'appel de ma tante.

Ces trois sœurs se nommaient les demoiselles Vildéneux[48] ; filles d'un pauvre gentilhomme, au lieu de partager son mince héritage, elles en avaient joui en commun, ne s'étaient jamais quittées, n'étaient jamais sorties de leur village paternel. Liées depuis leur enfance avec ma grand'mère, elles logeaient à sa porte et venaient tous les jours, au signal convenu dans la cheminée, faire la partie de quadrille de leur amie. Le jeu commençait ; les bonnes dames se querellaient : c'était le seul événement de leur vie, le seul moment où l'égalité de leur humeur fût altérée. À huit heures, le souper ramenait la sérénité. Souvent mon oncle de Bedée[49], avec son fils et ses trois filles, assistait au souper de l'aïeule. Celle-ci faisait mille récits du vieux temps ; mon oncle, à son tour, racontait la bataille de Fontenoy, où il s'était trouvé, et couronnait ses vanteries par des histoires un peu franches, qui faisaient pâmer de rire les honnêtes demoiselles. À neuf heures, le souper fini, les domestiques entraient ; on se mettait à genoux, et mademoiselle de Boisteilleul disait à haute voix la prière. À dix heures, tout dormait dans la maison, excepté ma grand'mère, qui se faisait faire la lecture par sa femme de chambre jusqu'à une heure du matin.

Cette société, que j'ai remarquée la première dans ma vie, est aussi la première qui ait disparu à mes yeux. J'ai vu la mort entrer sous ce toit de paix et de bénédiction, le rendre peu à peu solitaire, fermer une chambre et puis une autre qui ne se rouvrait plus. J'ai vu ma grand'mère forcée de renoncer à son quadrille, faute des partners accoutumés ; j'ai vu diminuer le nombre de ces constantes amies, jusqu'au jour où mon aïeule tomba la dernière. Elle et sa sœur s'étaient promis de s'entre-appeler aussitôt que l'une aurait devancé l'autre ; elles se tinrent parole, et madame de Bedée

---

[46] « Dans les jardins en terrasse de cette maison, qui sert maintenant de presbytère à la paroisse de Nazareth, se voit encore la fontaine entourée de saules, où l'aïeule de Chateaubriand venait respirer le frais en tricotant au milieu de ses enfants et petits-enfants. » Du Breil de Marzan, Impressions bretonnes sur les funérailles de Chateaubriand et sur les Mémoires d'outre-tombe, 1850.

[47] Suzanne-Emilie de Ravenel, demoiselle du Boisteilleul, sœur cadette de madame de Bedée de la Bouëtardais, née à Rennes le 12 mai 1700.

[48] La véritable orthographe du nom des trois vieilles filles était : Loisel de la Villedeneu. (Du Breil de Marzan, op. cit.)

[49] Marie-Antoine-Bénigne de Bedée, comte de la Bouëtardais, baron de Plancoët, fils de Ange-Annibal de Bedée et de Bénigne-Jeanne-Marie de Ravenel de Boisteilleul, frère de madame de Chateaubriand et d'un an plus jeune qu'elle ; il était né dans la paroisse de Bourseul, le 5 avril 1727. Il mourut à Dinan, le 24 juillet 1807.

ne survécut que peu de mois à mademoiselle de Boisteilleul. Je suis peut-être le seul homme au monde qui sache que ces personnes ont existé. Vingt fois, depuis cette époque, j'ai fait la même observation ; vingt fois des sociétés se sont formées et dissoutes autour de moi. Cette impossibilité de durée et de longueur dans les liaisons humaines, cet oubli profond qui nous suit, cet invincible silence qui s'empare de notre tombe et s'étend de là sur notre maison, me ramènent sans cesse à la nécessité de l'isolement. Toute main est bonne pour nous donner le verre d'eau dont nous pouvons avoir besoin dans la fièvre de la mort. Ah ! qu'elle ne nous soit pas trop chère ! car comment abandonner sans désespoir la main que l'on a couverte de baisers et que l'on voudrait tenir éternellement sur son cœur ?

Le château du comte de Bedée[50] était situé à une lieue de Plancoët, dans une position élevée et riante. Tout y respirait la joie ; l'hilarité de mon oncle était inépuisable. Il avait trois filles, Caroline, Marie et Flore, et un fils, le comte de La Bouëtardais, conseiller au Parlement[51], qui partageaient son épanouissement de cœur. Monchoix était rempli des cousins du voisinage ; on faisait de la musique, on dansait, on chassait, on était en liesse du matin au soir. Ma tante, madame de Bedée[52], qui voyait mon oncle manger gaiement son fonds et son revenu, se fâchait assez justement ; mais on ne l'écoutait pas, et sa mauvaise humeur augmentait la bonne humeur de sa famille ; d'autant que ma tante était elle-même sujette à bien des manies : elle avait toujours un grand chien de chasse hargneux couché dans son giron, et à sa suite un sanglier privé qui remplissait le château de ses grognements. Quand j'arrivais de la maison paternelle, si sombre et si silencieuse, à cette maison de fêtes et de bruit, je me trouvais

---

[50] Le château de Monchoix, dans la paroisse de Pluduno, aujourd'hui l'une des communes du canton de Plancoët, arrondissement de Dinan. Monchoix est actuellement habité par M. du Boishamon, arrière-petit-fils du comte de Bedée.

[51] Le comte de Bedée avait eu huit enfants, dont quatre morts en bas âge. Chateaubriand n'a donc connu que les quatre dont il parle : 1o Charlotte-Suzanne-Marie (celle qu'il appelle Caroline), née en la paroisse de Pluduno, le 24 avril 1762, décédée à Dinan, non mariée, le 28 avril 1849 ; — 2o Marie-Jeanne-Claude ou Claudine, née le 21 avril 1765, mariée en émigration à René-Hervé du Hecquet, seigneur de Rauville. Revenue en France, elle s'est fixée à Valognes et a dû y mourir. Ce sont ses héritiers qui ont hérité de la Bouëtardais. — 3o Flore-Anne, née le 5 octobre 1766, mariée au château de Monchoix, le 28 octobre 1788, à Charles-Augustin-Jean-Baptiste Locquet, chevalier de Château-d'Assy, d'une famille d'origine malouine ; elle est décédée, veuve, à Dinan, le 7 janvier 1851. — 4o Marie-Joseph-Annibal de Bedée, comte de la Bouëtardais, conseiller au Parlement de Rennes. Il fut, à Londres, le compagnon d'émigration de Chateaubriand et nous renvoyons à ce moment les détails que nous aurons à fournir sur lui.

[52] Marie-Angélique-Fortunée-Cécile Ginguené, fille de écuyer François Ginguené et de dame Thérèse-Françoise Jean. Elle était née à Rennes le 23 novembre 1729. Mariée, le 23 novembre 1756, à Marie-Antoine-Bénigne de Bedée. Décédée à Dinan, le 22 novembre 1823.

dans un véritable paradis. Ce contraste devint plus frappant lorsque ma famille fut fixée à la campagne : passer de Combourg à Monchoix, c'était passer du désert dans le monde, du donjon d'un baron du moyen âge à la villa d'un prince romain.

Le jour de l'Ascension de l'année 1775, je partis de chez ma grand'mère, avec ma mère, ma tante de Boisteilleul, mon oncle de Bedée et ses enfants, ma nourrice et mon frère de lait, pour Notre-Dame de Nazareth. J'avais une lévite blanche, des souliers, des gants, un chapeau blancs, et une ceinture de soie bleue[53]. Nous montâmes à l'Abbaye à dix heures du matin. Le couvent, placé au bord du chemin, s'envieillissait[54] d'un quinconce d'ormes du temps de Jean V de Bretagne. Du quinconce, on entrait dans le cimetière ; le chrétien ne parvenait à l'église qu'à travers la région des sépulcres : c'est par la mort qu'on arrive à la présence de Dieu.

Déjà les religieux occupaient les stalles ; l'autel était illuminé d'une multitude de cierges : des lampes descendaient des différentes voûtes : il y a, dans les édifices gothiques[55], des lointains et comme des horizons successifs. Les massiers vinrent me prendre à la porte, en cérémonie, et me conduisirent dans le chœur. On y avait préparé trois sièges : je me plaçai dans celui du milieu ; ma nourrice se mit à ma gauche, mon frère de lait à ma droite[56].

---

[53] « C'était la première fois de ma vie que j'étais décemment habillé. Je devais tout devoir à la religion, même la propreté, que saint Augustin appelle une demi-vertu. » Manuscrit de 1826.

[54] À propos de cette expression et de quelques autres (me jouer emmi les vagues qui se retiraient ; — à l'orée d'une plaine ; — des nuages qui projettent leur ombre faitive, etc.), Sainte-Beuve écrivait, dans son article du 15 avril 1834, après les premières lectures des Mémoires : « L'effet est souvent heureux de ces mots gaulois rajeunis mêlés à de fraîches importations latines (Le vaste du ciel, les blandices des sens, etc.) et encadrés dans des lignes d'une pureté grecque, au tour grandiose, mais correct et défini. Le vocabulaire de M. de Chateaubriand dans ces Mémoires comprend toute la langue française imaginable et ne la dépasse guère que parfois en quelque demi-douzaine de petits mots que je voudrais retrancher. Cet art d'écrire qui ne dédaigne rien, avide de toute fleur et de toute couleur assortie, remonte jusqu'au sein de Ducange pour glaner un épi d'or oublié, ou ajouter un antique bleuet à la couronne. » Portraits contemporains, I, 30.

[55] La chapelle de Notre-Dame de Nazareth n'était aucunement un édifice gothique. Elle datait du milieu du xviie siècle et avait été fondée par dame Catherine de Rosmadec, épouse de Guy de Rieux, comte de Châteauneuf, qui en fit don au couvent des religieux Dominicains de Dinan. La première pierre fut posée en présence de Ferdinand de Neufville, évêque de Saint-Malo, le 2 mai 1649, et, à cette date, on ne construisait plus, même en Bretagne, ni églises ni chapelles gothiques. (Voir Dictionnaire d'Ogée, article Corseul, et l'Histoire de la découverte de la Sainte image de Notre Dame de Nazareth, copiée sur l'ancien original du père Guillouzou, et publiée par M. L. Prud'homme, de Saint-Brieuc).

[56] « La religion, qui ne connaît pas les rangs et qui donne toujours des leçons, ne voyait dans cette cérémonie que la pauvre femme qui m'avait sauvé de la mort, et

La messe commença : à l'offertoire, le célébrant se tourna vers moi et lut des prières ; après quoi on m'ôta mes habits blancs, qui furent attachés en *ex voto* au-dessous d'une image de la Vierge. On me revêtit d'un habit couleur violette. Le prieur prononça un discours sur l'efficacité des vœux ; il rappela l'histoire du baron de Chateaubriand, passé dans l'Orient avec saint Louis ; il me dit que je visiterais peut-être aussi, dans la Palestine, cette Vierge de Nazareth à qui je devais la vie par l'intercession des prières du pauvre, toujours puissantes auprès de Dieu[57]. Ce moine, qui me racontait l'histoire de ma famille, comme le grand-père de Dante lui faisait l'histoire de ses aïeux, aurait pu aussi, comme Cacciaguida, y joindre la prédiction de mon exil.

> Tu proverai si come sà di sale
> Lo pane altrui, e com' è duro calle
> Lo scendere e il salir per l'altrui scale.
> E quel che più ti graverà le spalle,
> Sarà la compagnia malvagia e scempia,
> Con la qual tu cadrai in questa valle ;
> Che tutta ingrata, tutta matta ed empia
> Si farà contra te . . . .
>
> . . . .
> Di sua bestialitate il suo processo
> Farà la pruova : si ch'a te fia bello
> Averti fatta parte, per te stesso[58].

« Tu sauras combien le pain d'autrui a le goût du sel, combien est dur le degré du monter et du descendre de l'escalier d'autrui. Et ce qui pèsera encore davantage sur tes épaules sera la compagnie mauvaise et insensée avec laquelle tu tomberas et qui, tout ingrate, toute folle, tout impie, se tournera contre toi . . . .

. . . .
De sa stupidité sa conduite fera preuve ; tant qu'à toi il sera beau de t'être fait un parti de toi-même. »

Depuis l'exhortation du bénédictin, j'ai toujours rêvé le pèlerinage de Jérusalem, et j'ai fini par l'accomplir.

---

l'enfant qui avait sucé le même lait que moi ; la grande dame ma mère était à la porte, la paysanne dans le sanctuaire. » Manuscrit de 1826.

[57] « La religion, qui ne connaît pas les rangs et qui donne toujours des leçons, ne voyait dans cette cérémonie que la pauvre femme qui m'avait sauvé de la mort, et l'enfant qui avait sucé le même lait que moi ; la grande dame ma mère était à la porte, la paysanne dans le sanctuaire. » Manuscrit de 1826.

[58] Dante, Le Paradis, Chant XVII.

J'ai été consacré à la religion, la dépouille de mon innocence a reposé sur ses autels : ce ne sont pas mes vêtements qu'il faudrait suspendre aujourd'hui à ses temples, ce sont mes misères.

On me ramena à Saint-Malo[59]. Saint-Malo n'est point l'Aleth de la *Notitia imperii* : Aleth était mieux placée par les Romains dans le faubourg Saint-Servan, au port militaire appelé *Solidor*, à l'embouchure de la Rance. En face d'Aleth était un rocher, *est in conspectu Tenedos*, non le refuge des perfides Grecs, mais la retraite de l'ermite Aaron, qui, l'an 507[60], établit dans cette île sa demeure ; c'est la date de la victoire de Clovis sur Alaric ; l'un fonda un petit couvent, l'autre une grande monarchie, édifices également tombés.

Malo, en latin *Maclovius, Macutus, Machutes*, devenu en 541 évêque d'Aleth[61], attiré qu'il fut par la renommée d'Aaron, le visita. Chapelain de l'oratoire de cet ermite, après la mort du saint il éleva une église cénobiale, *in prædio Machutis*. Ce nom de Malo se communiqua à l'île, et ensuite à la ville, *Maclovium, Maclopolis*.

De saint Malo, premier évêque d'Aleth, au bienheureux Jean surnommé *de la Grille*, sacré en 1140 et qui fit élever la cathédrale, on compte quarante-cinq évêques. Aleth étant déjà presque entièrement abandonnée, Jean de la Grille transféra le siège épiscopal de la ville romaine dans la ville bretonne qui croissait sur le rocher d'Aaron.

Saint-Malo eut beaucoup à souffrir dans les guerres qui survinrent entre les rois de France et d'Angleterre.

Le comte de Richemont, depuis Henri VII d'Angleterre, en qui se terminèrent les démêlés de la Rose blanche et de la Rose rouge, fut conduit à Saint-Malo. Livré par le duc de Bretagne aux ambassadeurs de Richard, ceux-ci l'emmenaient à Londres pour le faire mourir. Échappé à ses gardes,

---

[59] « Au mois d'octobre de l'année 1775, nous retournâmes à Saint-Malo. » Manuscrit de 1826.

[60] Saint Aaron vivait bien au vie siècle, mais on ignore absolument la date à laquelle il s'établit sur le rocher qui porte aujourd'hui la ville de Saint-Malo. La date de 507, donnée ici par Chateaubriand, ne repose sur aucune autorité sérieuse. On ne la trouve même pas dans l'ouvrage, plus Légendaire qu'historique, du P. Albert Le Grand, la vie, gestes, mort et miracles des saints de la Bretagne-Armorique.

[61] Cette date de 541, que Chateaubriand a prise cette fois dans Albert Le Grand (édition de 1680, p. 583), n'est rien moins qu'exacte. Malo fut bien le premier titulaire de l'évêché d'Aleth, fondé par Judaël, roi de Domnonée, mais cette fondation eut lieu, non en 541, mais près d'un demi-siècle plus tard. Né vers 520 dans la Cambrie méridionale, Malo ne passa en Armorique que vers 550. Il aborda dans l'île de Césembre, avec une trentaine de disciples et se mit aussitôt à évangéliser les campagnes aléthiennes et curiosolites. Il comptait déjà dans la péninsule armoricaine, et spécialement dans le pays d'Aleth, quarante ans d'apostolat, lorsqu'il fut honoré de la dignité épiscopale, vers 585-590. Saint Malo mourut en Saintonge, le dimanche 16 décembre 621, âgé d'environ cent ans. (Voir l'Histoire de Bretagne, par Arthur de la Borderie, tome I, p. 421, 465, 475.)

il se réfugia dans la cathédrale, *asylum quod in eâ urbe est inviolatissimum :* ce droit d'asile remontait aux Druides, premiers prêtres de l'île d'Aaron.

Un évêque de Saint-Malo fut l'un des trois favoris (les deux autres étaient Arthur de Montauban et Jean Hingant) qui perdirent l'infortuné Gilles de Bretagne : c'est ce que l'on voit dans l'*Histoire lamentable de Gilles, seigneur de Chateaubriand et de Chantocé, prince du sang de France et de Bretagne, étranglé en prison par les ministres du favori, le 24 avril 1450.*

Il y a une belle capitulation entre Henri IV et Saint-Malo : la ville traite de puissance à puissance, protège ceux qui se sont réfugiés dans ses murs, et demeure libre, par une ordonnance de Philibert de La Guiche, grand maître de l'artillerie de France, de faire fondre cent pièces de canon. Rien ne ressemblait davantage à Venise (au soleil et aux arts près) que cette petite république malouine par sa religion, sa richesse et sa chevalerie de mer. Elle appuya l'expédition de Charles-Quint en Afrique et secourut Louis XIII devant La Rochelle. Elle promenait son pavillon sur tous les flots, entretenait des relations avec Moka, Surate, Pondichéry, et une compagnie formée dans son sein explorait la mer du Sud.

À compter du règne de Henri IV, ma ville natale se distingua par son dévouement et sa fidélité à la France. Les Anglais la bombardèrent en 1693 ; ils y lancèrent, le 29 novembre de cette année, une machine infernale, dans les débris de laquelle j'ai souvent joué avec mes camarades. Ils la bombardèrent de nouveau en 1758.

Les Malouins prêtèrent des sommes considérables à Louis XIV pendant la guerre de 1701 : en reconnaissance de ce service, il leur confirma le privilège de se garder eux-mêmes ; il voulut que l'équipage du premier vaisseau de la marine royale fût exclusivement composé de matelots de Saint-Malo et de son territoire.

En 1771, les Malouins renouvelèrent leur sacrifice et prêtèrent trente millions à Louis XV. Le fameux amiral Anson[62] descendit à Cancale, en 1758, et brûla Saint-Servan. Dans le château de Saint-Malo, La Chalotais écrivit sur du linge, avec un cure-dent, de l'eau et de la suie, les mémoires qui firent tant de bruit et dont personne ne se souvient[63]. Les événements

---

[62] Anson (Georges), amiral anglais, né en 1697, mort en 1762.

[63] La Chalotais (Louis-René de Caradeuc de), procureur-général au Parlement de Bretagne, né à Rennes le 6 mars 1701, mort le 12 juillet 1785. — Le premier Mémoire, écrit sous le nom de M. de La Chalotais, et reconnu par lui comme son œuvre, se terminait par ces lignes : « Fait au château de Saint-Malo, 15 janvier 1766, écrit avec une plume faite d'un cure-dent, et de l'encre faite avec de la suie de cheminée, du vinaigre et du sucre, sur des papiers d'enveloppe de sucre et de chocolat. » La vérité est que La Chalotais, dans sa prison, avait tout ce qu'il faut pour écrire et qu'il écrivait par toutes les postes à sa famille. Voir, dans l'ouvrage de M. Henri Carré, La Chalotais et le duc d'Aiguillon (1893), la correspondance du

effacent les événements ; inscriptions gravées sur d'autres inscriptions, ils font des pages de l'histoire des palimpsestes.

Saint-Malo fournissait les meilleurs matelots de notre marine ; on peut en voir le rôle général dans le volume in-folio publié en 1682 sous ce titre : *Rôle général des officiers, mariniers et matelots de Saint-Malo*. Il y a une *Coutume de Saint-Malo*, imprimée dans le recueil du Coutumier général. Les archives de la ville sont assez riches en chartes utiles à l'histoire et au droit maritime.

Saint-Malo est la patrie de Jacques Cartier[64], le Cristophe Colomb de la France, qui découvrit le Canada. Les Malouins ont encore signalé à l'autre extrémité de l'Amérique les îles qui portent leur nom : *Îles Malouines*.

Saint-Malo est la ville natale de Duguay-Trouin[65], l'un des plus grands hommes de mer qui aient paru, et, de nos jours, elle a donné à la France Surcouf[66]. Le célèbre Mahé de La Bourdonnais[67], gouverneur de l'Île de France, naquit à Saint-Malo, de même que La Mettrie[68], Maupertuis, l'abbé Trublet dont Voltaire a ri : tout cela n'est pas trop mal pour une enceinte qui n'égale pas celle du jardin des Tuileries.

L'abbé de Lamennais[69] a laissé loin derrière lui ces petites illustrations littéraires de ma patrie.

Broussais[70] est également né à Saint-Malo, ainsi que mon noble ami, le comte de La Ferronnays[71].

---

chevalier de Fontette, commandant du château de Saint-Malo, et en particulier la lettre du 28 avril 1766.

[64] Jacques Cartier naquit à Saint-Malo le 31 décembre 1494, l'année même où Christophe Colomb découvrait la Jamaïque. On ne sait pas exactement la date de sa mort. Le savant annaliste de Saint-Malo, M. Ch. Cunat, croit pouvoir la fixer aux environs de 1654.

[65] René Dugay-Trouin, né le 10 juin 1673 ; mort le 27 septembre 1736.

[66] Robert Surcouf, le célèbre corsaire (1773-1827). M. Ch. Cunat a écrit son Histoire.

[67] Bertrand-François *Mahé de La Bourdonnais*, (1699-1753).

[68] Julien Offraye de La Mettrie, né à Saint-Malo Le 19 décembre 1709, mort le 11 novembre 1751 à Berlin, où ses ouvrages ouvertement matérialistes lui avaient valu d'être nommé lecteur du roi. Frédéric II a composé son Éloge.

[69] Hugues-Félicité Robert de la Mennais, né le 19 juin 1782, mort le 27 février 1854. Presque tous ses biographes le font naître dans la même rue que Chateaubriand. C'est une erreur. L'hôtel de la Mennais, où naquit l'auteur de l'Essai sur l'Indifférence, était situé, non rue des Juifs, mais rue Saint-Vincent.

[70] François-Joseph-Victor Broussais (1772-1832). Comme son compatriote La Mettrie, mais avec plus d'éclat et de talent, il se montra, dans tous ses ouvrages, un ardent adversaire des doctrines psychologiques et spiritualistes.

[71] Pierre-Louis-Auguste Ferron, comte de La Ferronnays, né le 17 décembre 1772. Il émigra avec son père, lieutenant général des armées du roi, servit sous le prince de Condé et devint aide de camp du duc de Berry. Maréchal de camp (4 juin 1814) ; pair de France (17 août 1815) ; ministre à Copenhague en 1817 ; ambassadeur à Saint-Pétersbourg en 1819 ; ministre des Affaires étrangères du 4 janvier 1828 au

Enfin, pour ne rien omettre, je rappellerai les dogues qui formaient la garnison de Saint-Malo : ils descendaient de ces chiens fameux, enfants de régiment dans les Gaules, et qui, selon Strabon, livraient avec leurs maîtres des batailles rangées aux Romains. Albert le Grand, religieux de l'ordre de Saint-Dominique, auteur aussi grave que le géographe grec, déclare qu'à Saint-Malo « la garde d'une place si importante était commise toutes les nuits à la fidélité de certains dogues qui faisaient bonne et sûre patrouille ». Ils furent condamnés à la peine capitale pour avoir eu le malheur de manger inconsidérément les jambes d'un gentilhomme ; ce qui a donné lieu de nos jours à la chanson : *Bon voyage. On se moque de tout.* On emprisonna les criminels ; l'un d'eux refusa de prendre la nourriture des mains de son gardien qui pleurait ; le noble animal se laissa mourir de faim : les chiens, comme les hommes, sont punis de leur fidélité. Au surplus, le Capitole était, de même que ma Délos, gardé par des chiens, lesquels n'aboyaient pas lorsque Scipion l'Africain venait à l'aube faire sa prière.

Enclos de murs de diverses époques qui se divisent en *grands* et *petits*, et sur lesquels on se promène, Saint-Malo est encore défendu par le château dont j'ai parlé, et qu'augmenta de tours, de bastions et de fossés, la duchesse Anne. Vue du dehors, la cité insulaire ressemble à une citadelle de granit.

C'est sur la grève de la pleine mer, entre le château et le Fort-Royal, que se rassemblent les enfants ; c'est là que j'ai été élevé, compagnon des flots et des vents. Un des premiers plaisirs que j'aie goûtés était de lutter contre les orages, de me jouer avec les vagues qui se retiraient devant moi, ou couraient après moi sur la rive. Un autre divertissement était de construire, avec l'arène de la plage, des monuments que mes camarades appelaient des *fours*. Depuis cette époque, j'ai souvent vu bâtir pour l'éternité des châteaux plus vite écroulés que mes palais de sable.

Mon sort étant irrévocablement fixé, on me livra à une enfance oisive. Quelques notions de dessin, de langue anglaise, d'hydrographie et de mathématiques, parurent plus que suffisantes à l'éducation d'un garçonnet destiné d'avance à la rude vie d'un marin.

Je croissais sans étude dans ma famille ; nous n'habitions plus la maison où j'étais né : ma mère occupait un hôtel, place Saint-Vincent[72], presque en face de la porte qui communique au Sillon. Les polissons de la ville étaient devenus mes plus chers amis : j'en remplissais la cour et les

---

14 mai 1829 ; ambassadeur à Rome du mois de février au mois d'août 1830. Il mourut en cette ville le 17 janvier 1842, laissant une mémoire honorée de tous les partis.

[72] Peu d'années après la naissance de Chateaubriand, sa famille avait quitté l'hôtel de la Gicquelais et était venue habiter le premier étage de la belle maison de M. White de Boisglé, maire de Saint-Malo, maison située sur la rue et la place Saint-Vincent presque en face de la porte Saint Vincent. (Ch. Cunat, op. cit.)

escaliers de la maison. Je leur ressemblais en tout ; je parlais leur langage ; j'avais leur façon et leur allure ; j'étais vêtu comme eux, déboutonné et débraillé comme eux ; mes chemises tombaient en loques ; je n'avais jamais une paire de bas qui ne fût largement trouée ; je traînais de méchants souliers éculés, qui sortaient à chaque pas de mes pieds ; je perdais souvent mon chapeau et quelquefois mon habit. J'avais le visage barbouillé, égratigné, meurtri, les mains noires. Ma figure était si étrange, que ma mère, au milieu de sa colère, ne se pouvait empêcher de rire et de s'écrier : « Qu'il est laid ! »

J'aimais pourtant et j'ai toujours aimé la propreté, même l'élégance. La nuit, j'essayais de raccommoder mes lambeaux ; la bonne Villeneuve et ma Lucile m'aidaient à réparer ma toilette, afin de m'épargner des pénitences et des gronderies ; mais leur rapiécetage ne servait qu'à rendre mon accoutrement plus bizarre. J'étais surtout désolé quand je paraissais déguenillé au milieu des enfants, fiers de leurs habits neufs et de leur braverie.

Mes compatriotes avaient quelque chose d'étranger, qui rappelait l'Espagne. Des familles malouines étaient établies à Cadix ; des familles de Cadix résidaient à Saint-Malo. La position insulaire, la chaussée, l'architecture, les maisons, les citernes, les murailles de granit de Saint-Malo, lui donnent un air de ressemblance avec Cadix : quand j'ai vu la dernière ville, je me suis souvenu de la première.

Enfermés le soir sous la même clé dans leur cité, les Malouins ne composaient qu'une famille. Les mœurs étaient si candides que de jeunes femmes qui faisaient venir des rubans et des gazes de Paris, passaient pour des mondaines dont leurs compagnes effarouchées se séparaient. Une faiblesse était une chose inouïe : une comtesse d'Abbeville ayant été soupçonnée, il en résulta une complainte que l'on chantait en se signant. Cependant le poète, fidèle malgré lui aux traditions des troubadours, prenait parti contre le mari qu'il appelait *un monstre barbare*.

Certains jours de l'année, les habitants de la ville et de la campagne se rencontraient à des foires appelées *assemblées*, qui se tenaient dans les îles et sur des forts autour de Saint-Malo ; ils s'y rendaient à pied quand la mer était basse, en bateau lorsqu'elle était haute. La multitude de matelots et de paysans ; les charrettes entoilées ; les caravanes de chevaux, d'ânes et de mulets ; le concours des marchands ; les tentes plantées sur le rivage ; les processions de moines et de confréries qui serpentaient avec leurs bannières et leurs croix au milieu de la foule ; les chaloupes allant et venant à la rame ou à la voile ; les vaisseaux entrant au port, ou mouillant en rade ; les salves d'artillerie, le branle des cloches, tout contribuait à répandre dans ces réunions le bruit, le mouvement et la variété.

J'étais le seul témoin de ces fêtes qui n'en partageât pas la joie. J'y paraissais sans argent pour acheter des jouets et des gâteaux. Évitant le mépris qui s'attache à la mauvaise fortune, je m'asseyais loin de la foule, auprès de ces flaques d'eau que la mer entretient et renouvelle dans les concavités des rochers. Là, je m'amusais à voir voler les pingouins et les mouettes, à béer aux lointains bleuâtres, à ramasser des coquillages, à écouter le refrain des vagues parmi les écueils. Le soir, au logis, je n'étais guère plus heureux ; j'avais une répugnance pour certains mets : on me forçait d'en manger. J'implorais des yeux La France qui m'enlevait adroitement mon assiette, quand mon père tournait la tête. Pour le feu, même rigueur : il ne m'était pas permis d'approcher de la cheminée. Il y a loin de ces parents sévères aux gâte-enfants d'aujourd'hui.

Mais si j'avais des peines qui sont inconnues de l'enfance nouvelle, j'avais aussi quelques plaisirs qu'elle ignore.

On ne sait plus ce que c'est que ces solennités de religion et de famille où la patrie entière et le Dieu de cette patrie avaient l'air de se réjouir ; Noël, le premier de l'an, les Rois, Pâques, la Pentecôte, la Saint-Jean, étaient pour moi des jours de prospérité. Peut-être l'influence de mon rocher natal a-t-elle agi sur mes sentiments et sur mes études. Dès l'année 1015, les Malouins firent vœu d'aller aider à bâtir *de leurs mains et de leurs moyens* les clochers de la cathédrale de Chartres : n'ai-je pas aussi travaillé de mes mains à relever la flèche abattue de la vieille basilique chrétienne ? « Le soleil, dit le père Maunoir, n'a jamais éclairé canton où ait paru une plus constante et invariable fidélité dans la vraie foi que la Bretagne. Il y a treize siècles qu'aucune infidélité n'a souillé la langue qui a servi d'organe pour prêcher Jésus-Christ, et il est à naître qui ait vu Breton bretonnant prêcher autre religion que la catholique. »

Durant les jours de fête que je viens de rappeler, j'étais conduit en station avec mes sœurs aux divers sanctuaires de la ville, à la chapelle de Saint-Aaron, au couvent de la Victoire ; mon oreille était frappée de la douce voix de quelques femmes invisibles : l'harmonie de leurs cantiques se mêlait aux mugissements des flots. Lorsque, dans l'hiver, à l'heure du salut, la cathédrale se remplissait de la foule ; que de vieux matelots à genoux, de jeunes femmes et des enfants lisaient, avec de petites bougies, dans leurs Heures ; que la multitude, au moment de la bénédiction, répétait en chœur le *Tantum ergo* ; que, dans l'intervalle de ces chants, les rafales de Noël frôlaient les vitraux de la basilique, ébranlaient les voûtes de cette nef que fit résonner la mâle poitrine de Jacques Cartier et de Duguay-Trouin, j'éprouvais un sentiment extraordinaire de religion. Je n'avais pas besoin que la Villeneuve me dît de joindre les mains pour invoquer Dieu par tous les noms que ma mère m'avait appris ; je voyais les cieux ouverts, les anges offrant notre encens et nos vœux ; je courbais mon front : il n'était point encore chargé de ces ennuis qui pèsent si horriblement sur nous, qu'on est tenté de ne plus relever la tête lorsqu'on l'a inclinée au pied des autels.

Tel marin, au sortir de ces pompes, s'embarquait tout fortifié contre la nuit, tandis que tel autre rentrait au port en se dirigeant sur le dôme éclairé de l'église : ainsi la religion et les périls étaient continuellement en présence, et leurs images se présentaient inséparables à ma pensée. À peine étais-je né, que j'ouïs parler de mourir : le soir, un homme allait avec une sonnette de rue en rue, avertissant les chrétiens de prier pour un de leurs frères décédé. Presque tous les ans, des vaisseaux se perdaient sous mes yeux, et, lorsque je m'ébattais le long des grèves, la mer roulait à mes pieds les cadavres d'hommes étrangers, expirés loin de leur patrie. Madame de Chateaubriand me disait, comme sainte Monique disait à son fils : *Nihil longe est a Deo :* « Rien n'est loin de Dieu » On avait confié mon éducation à la Providence : elle ne m'épargnait pas les leçons.

Voué à la Vierge, je connaissais et j'aimais ma protectrice que je confondais avec mon ange gardien : son image, qui avait coûté un demi-sou à la bonne Villeneuve, était attachée avec quatre épingles à la tête de mon lit. J'aurais dû vivre dans ces temps où l'on disait à Marie : « Doulce dame du ciel et de la terre, mère de pitié, fontaine de tous biens, qui portastes Jésus-Christ en vos prétieulx flancz, belle très-doulce Dame, je vous mercye et vous prye. »

La première chose que j'ai sue par cœur est un cantique de matelot commençant ainsi :

> Je mets ma confiance,
> Vierge, en votre secours ;
> Servez-moi de défense,
> Prenez soin de mes jours ;
> Et quand ma dernière heure
> Viendra finir mon sort,
> Obtenez que je meure
> De la plus sainte mort.

J'ai entendu depuis chanter ce cantique dans un naufrage. Je répète encore aujourd'hui ces méchantes rimes avec autant de plaisir que des vers d'Homère ; une madone coiffée d'une couronne gothique, vêtue d'une robe de soie bleue, garnie d'une frange d'argent, m'inspire plus de dévotion qu'une Vierge de Raphaël.

Du moins, si cette pacifique *Étoile des mers* avait pu calmer les troubles de ma vie ! Mais je devais être agité, même dans mon enfance ; comme le dattier de l'Arabe, à peine ma tige était sortie du rocher qu'elle fut battue du vent.

J'ai dit que ma révolte prématurée contre les maîtresses de Lucile commença ma mauvaise renommée ; un camarade l'acheva.

Mon oncle, M. de Chateaubriand du Plessis, établi à Saint-Malo comme son frère, avait, comme lui, quatre filles et deux garçons[73]. De mes deux cousins (Pierre et Armand), qui formaient d'abord ma société, Pierre devint page de la reine, Armand fut envoyé au collège comme étant destiné à l'état ecclésiastique. Pierre, au sortir des pages, entra dans la marine et se noya à la côte d'Afrique. Armand, depuis longtemps enfermé au collège, quitta la France en 1790, servit pendant toute l'émigration, fit intrépidement dans une chaloupe vingt voyages à la côte de Bretagne, et vint enfin mourir pour le roi à la plaine de Grenelle, le vendredi saint de l'année 1809[74], ainsi que je l'ai déjà dit et que je le répéterai encore en racontant sa catastrophe[75].

Privé de la société de mes deux cousins, je la remplaçai par une liaison nouvelle.

Au second étage de l'hôtel que nous habitions, demeurait un gentilhomme nommé Gesril : il avait un fils et deux filles. Ce fils était élevé autrement que moi ; enfant gâté, ce qu'il faisait était trouvé charmant : il ne se plaisait qu'à se battre, et surtout qu'à exciter des querelles dont il s'établissait le juge. Jouant des tours perfides aux bonnes qui menaient promener les enfants, il n'était bruit que de ses espiègleries que l'on transformait en crimes noirs. Le père riait de tout, et *Joson* n'était que plus chéri. Gesril devint mon intime ami et prit sur moi un ascendant incroyable : je profitai sous un tel maître, quoique mon caractère fût entièrement l'opposé du sien. J'aimais les jeux solitaires, je ne cherchais querelle à personne : Gesril était fou de plaisirs, de cohue, et jubilait au milieu des bagarres d'enfants. Quand quelque polisson me parlait, Gesril me disait : « Tu le souffres ? » À ce mot, je croyais mon honneur compromis et je sautais aux yeux du téméraire ; la taille et l'âge n'y faisaient rien. Spectateur du combat, mon ami applaudissait à mon courage, mais ne faisait rien pour me servir. Quelquefois il levait une armée de tous les sautereaux qu'il rencontrait, divisait ses conscrits en deux bandes, et nous escarmouchions sur la plage à coups de pierres.

---

[73] De ces six enfants, cinq figurent sur les registres de naissance de Saint-Malo : Adélaïde, née en 1762 ; Emilie-Thérèse-Rosalie, née le 12 septembre 1763 ; Pierre, né en 1767 ; Armand-Louis-Marie, né le 16 mars 1768 ; Modeste, née en 1772.

[74] Ici encore, dans toutes les éditions, on a imprimé à tort : 1810.

[75] Il a laissé un fils, Frédéric, que je plaçai d'abord dans les gardes de Monsieur, et qui entra depuis dans un régiment de cuirassiers. Il a épousé, à Nancy, mademoiselle de Gastaldi, dont il a eu deux fils, et s'est retiré du service. La sœur aînée d'Armand, ma cousine, est, depuis de longues années, supérieure des religieuses Trappistes. (Note de 1831, Genève.) Ch. — Frédéric de Chateaubriand, dont il est parlé dans cette note, était né à Jersey le 11 novembre 1798. Il est mort le 8 juin 1849, au château de la Ballue, près Saint-Servan, laissant un fils, Henri-Frédéric-Marie-Geoffroy de Chateaubriand, né à la Ballue le 11 mai 1835 et marié en 1869 à Françoise-Madeleine-Anne Regnault de Parcieu.

Un autre jeu, inventé par Gesril, paraissait encore plus dangereux : lorsque la mer était haute et qu'il y avait tempête, la vague, fouettée au pied du château, du côté de la grande grève, jaillissait jusqu'aux grandes tours. À vingt pieds d'élévation au-dessus de la base d'une de ces tours, régnait un parapet en granit, étroit, glissant, incliné, par lequel on communiquait au ravelin qui défendait le fossé : il s'agissait de saisir l'instant entre deux vagues, de franchir l'endroit périlleux avant que le flot se brisât et couvrît la tour. Voici venir une montagne d'eau qui s'avançait en mugissant, laquelle, si vous tardiez d'une minute, pouvait ou vous entraîner, ou vous écraser contre le mur. Pas un de nous ne se refusait à l'aventure, mais j'ai vu des enfants pâlir avant de la tenter.

Ce penchant à pousser les autres à des rencontres dont il restait spectateur, induirait à penser que Gesril ne montra pas dans la suite un caractère fort généreux ; c'est lui néanmoins qui, sur un plus petit théâtre, a peut être effacé l'héroïsme de Régulus ; il n'a manqué à sa gloire que Rome et Tite-Live. Devenu officier de marine, il fut pris à l'affaire de Quiberon ; l'action finie et les Anglais continuant de canonner l'armée républicaine, Gesril se jette à la nage, s'approche des vaisseaux, dit aux Anglais de cesser le feu, leur annonce le malheur et la capitulation des émigrés. On le voulut sauver, en lui filant une corde et le conjurant de monter à bord : « Je suis prisonnier sur parole, » s'écrie-t-il du milieu des flots, et il retourne à terre à la nage : il fut fusillé avec Sombreuil et ses compagnons[76].

Gesril a été mon premier ami ; tous deux mal jugés dans notre enfance, nous nous liâmes par l'instinct de ce que nous pouvions valoir un

---

[76] Gesril du Papeu (Joseph-Francois-Anne) avait un an de plus que son ami Chateaubriand ; il était né à Saint-Malo le 23 février 1767. Entré dans la marine, comme garde, à quatorze ans, il prit part à la guerre de l'Indépendance américaine et fit ensuite une campagne de trois ans dans les mers de l'Inde et de la Chine. Lieutenant de vaisseau, le 9 octobre 1789, il ne tarda pas à émigrer, fit la campagne des Princes en 1792, comme simple soldat, et se rendit ensuite à Jersey. Le 21 juillet 1795, il était à Quiberon, cette fois comme lieutenant de la compagnie noble des élèves de la marine, dans le régiment du comte d'Hector. L'épisode dont il fut le héros dans cette tragique journée suffirait seul à prouver que Sombreuil et ses soldats n'ont mis bas les armes qu'à la suite d'une capitulation. Ceux qui nient l'existence de cette capitulation l'ont bien compris : ils ont essayé de contester l'acte même de Gesril et son généreux sacrifice. Mais ce sacrifice et les circonstances qui l'accompagnèrent sont attestés par trop de témoins pour qu'on puisse les mettre en doute. Ces témoins sont de ceux dont la parole ne se peut récuser : En voici la liste : 1o Chaumereix ; 2o Berthier de Grandry ; 3o La Bothelière, capitaine d'artillerie ; 4o Cornulier-Lucinière ; 5o La Tullaye ; 6o Du Fort ; 7o le contre-amiral Vossey ; 8o le baron de Gourdeau ; 9o le capitaine républicain Rottier, de la légion nantaise. Le fait, d'ailleurs, est consigné dans une lettre écrite des prisons de Vannes par Gesril du Papeu à son père. Le jeune héros fut fusillé à Vannes, le 10 fructidor (27 août 1795).

jour[77].

Deux aventures mirent fin à cette première partie de mon histoire, et produisirent un changement notable dans le système de mon éducation.

Nous étions un dimanche sur la grève, à l'*éventail* de la porte Saint-Thomas et le long du *Sillon* ; de gros pieux enfoncés dans le sable protègent les murs contre la houle. Nous grimpions ordinairement au haut de ces pieux pour voir passer au-dessous de nous les premières ondulations du flux. Les places étaient prises comme de coutume ; plusieurs petites filles se mêlaient aux petits garçons. J'étais le plus en pointe vers la mer, n'ayant devant moi qu'une jolie mignonne, Hervine Magon, qui riait de plaisir et pleurait de peur. Gesril se trouvait à l'autre bout du côté de la terre.

Le flot arrivait, il faisait du vent ; déjà les bonnes et les domestiques criaient : « Descendez, mademoiselle ! descendez, monsieur ! » Gesril attend une grosse lame : lorsqu'elle s'engouffre entre les pilotis, il pousse l'enfant assis auprès de lui ; celui-là se renverse sur un autre ; celui-ci sur un autre : toute la file s'abat comme des moines de cartes, mais chacun est retenu par son voisin ; il n'y eut que la petite fille de l'extrémité de la ligne sur laquelle je chavirai et qui, n'étant appuyée par personne, tomba. Le jusant l'entraîne ; aussitôt mille cris, toutes les bonnes retroussant leurs robes et tripotant dans la mer, chacune saisissant son marmot et lui donnant une tape. Hervine fut repêchée ; mais elle déclara que François l'avait jetée bas. Les bonnes fondent sur moi ; je leur échappe ; je cours me barricader dans la cave de la maison : l'armée femelle me pourchasse. Ma mère et mon père étaient heureusement sortis. La Villeneuve défend vaillamment la porte et soufflette l'avant-garde ennemie. Le véritable auteur du mal, Gesril, me prête secours : il monte chez lui, et, avec ses deux sœurs, jette par les fenêtres des potées d'eau et des pommes cuites aux assaillantes. Elles levèrent le siège à l'entrée de la nuit ; mais cette nouvelle se répandit dans la ville, et le chevalier de Chateaubriand, âgé de neuf ans, passa pour un homme atroce, un reste de ces pirates dont saint Aaron avait purgé son rocher.

Voici l'autre aventure :

J'allais avec Gesril à Saint-Servan, faubourg séparé de Saint-Malo par le port marchand. Pour y arriver à basse mer, on franchit des courants d'eau sur des ponts étroits de pierres plates, que recouvre la marée montante. Les domestiques qui nous accompagnaient étaient restés assez

---

[77] « Je pense avec orgueil que cet homme a été mon premier ami, et que tous les deux, mal jugés dans notre enfance, nous nous liâmes par l'instinct de ce que nous pouvions valoir un jour, et que c'est dans le coin le plus obscur de la monarchie, sur un misérable rocher, que sont nés ensemble et presque sous le même toit deux hommes dont les noms ne seront peut-être pas tout à fait inconnus dans les annales de l'honneur et de la fidélité. » Manuscrit de 1826.

loin derrière nous. Nous apercevons à l'extrémité d'un de ces ponts deux mousses qui venaient à notre rencontre ; Gesril me dit : « Laisserons-nous passer ces gueux-là ? » et aussitôt il leur crie : « À l'eau, canards ! » Ceux-ci, en qualité de mousses, n'entendent pas raillerie, avancent ; Gesril recule ; nous nous plaçons au bout du pont, et, saisissant des galets, nous les jetons à la tête des mousses. Ils fondent sur nous, nous obligent à lâcher pied, s'arment eux-mêmes de cailloux, et nous mènent battant jusqu'à notre corps de réserve, c'est-à-dire jusqu'à nos domestiques. Je ne fus pas, comme Horatius, frappé à l'œil : une pierre m'atteignit si rudement que mon oreille gauche, à moitié détachée, tombait sur mon épaule.

Je ne pensai point à mon mal, mais à mon retour. Quand mon ami rapportait de ses courses un œil poché, un habit déchiré, il était plaint, caressé, choyé, rhabillé : en pareil cas, j'étais mis en pénitence. Le coup que j'avais reçu était dangereux, mais jamais La France ne me put persuader de rentrer, tant j'étais effrayé. Je m'allai cacher au second étage de la maison, chez Gesril, qui m'entortilla la tête d'une serviette. Cette serviette le mit en train : elle lui représenta une mitre ; il me transforma en évêque, et me fit chanter la grand'messe avec lui et ses sœurs jusqu'à l'heure du souper. Le pontife fut alors obligé de descendre : le cœur me battait. Surpris de ma figure débiffée et barbouillée de sang, mon père ne dit pas un mot ; ma mère poussa un cri ; La France conta mon cas piteux, en m'excusant ; je n'en fus pas moins rabroué. On pansa mon oreille, et monsieur et madame de Chateaubriand résolurent de me séparer de Gesril le plus tôt possible[78].

Je ne sais si ce ne fut point cette année que le comte d'Artois vint à Saint-Malo[79] : on lui donna le spectacle d'un combat naval. Du haut du bastion de la poudrière, je vis le jeune prince dans la foule au bord de la mer : dans son éclat et dans mon obscurité, que de destinées inconnues ! Ainsi, sauf erreur de mémoire, Saint-Malo n'aurait vu que deux rois de France, Charles IX et Charles X.

Voilà le tableau de ma première enfance. J'ignore si la dure éducation que je reçus est bonne en principe, mais elle fut adoptée de mes proches sans dessein et par une suite naturelle de leur humeur. Ce qu'il y a de sûr,

---

[78] J'avais déjà parlé de Gesril dans mes ouvrages. Une de ses sœur, Angélique Gesril de La Trochardais, m'écrivit en 1818 pour me prier d'obtenir que le nom de Gesril fut joint à ceux de son mari et du mari de sa sœur : j'échouai dans ma négociation. (Note de 1831, Genève.) Ch.
Gesril avait trois sœurs : M*mes* Colas de la Baronnais, Le Roy de la Trochardais et Le Metaër de la Racillais. Les deux dernières seules ont laissé des enfants : la famille Gesril se trouve éteinte et fondue dans Le Metaër et, par Le Roy, dans Boisguéhéneuc et du Raquet.

[79] Le comte d'Artois vint, en effet, à Saint-Malo le 11 mai 1777 et y séjourna trois jours. De grandes fêtes eurent lieu en son honneur. (Ch. Cunat, op. cit.)

c'est qu'elle a rendu mes idées moins semblables à celles des autres hommes ; ce qu'il y a de plus sûr encore, c'est qu'elle a imprimé à mes sentiments un caractère de mélancolie née chez moi de l'habitude de souffrir à l'âge de la faiblesse, de l'imprévoyance et de la joie.

Dira-t-on que cette manière de m'élever m'aurait pu conduire à détester les auteurs de mes jours ? Nullement ; le souvenir de leur rigueur m'est presque agréable ; j'estime et honore leurs grandes qualités. Quand mon père mourut, mes camarades au régiment de Navarre furent témoins de mes regrets. C'est de ma mère que je tiens la consolation de ma vie, puisque c'est d'elle que je tiens ma religion ; je recueillais les vérités chrétiennes qui sortaient de sa bouche, comme Pierre de Langres étudiait la nuit dans une église, à la lueur de la lampe qui brûlait devant le Saint Sacrement. Aurait-on mieux développé mon intelligence en me jetant plus tôt dans l'étude ? J'en doute : ces flots, ces vents, cette solitude qui furent mes premiers maîtres, convenaient peut-être mieux à mes dispositions natives ; peut-être dois-je à ces instituteurs sauvages quelques vertus que j'aurais ignorées. La vérité est qu'aucun système d'éducation n'est en soi préférable à un autre système : les enfants aiment-ils mieux leurs parents aujourd'hui qu'ils les tutoient et ne les craignent plus ? Gesril était gâté dans la maison où j'étais gourmandé : nous avons été tous deux d'honnêtes gens et des fils tendres et respectueux. Telle chose que vous croyez mauvaise met en valeur les talents de votre enfant ; telle chose qui vous semble bonne étoufferait ces mêmes talents. Dieu fait bien ce qu'il fait : c'est la Providence qui nous dirige, lorsqu'elle nous destine à jouer un rôle sur la scène du monde.

LIVRE II[80]

Billet de M. Pasquier. — Dieppe. — Changement de mon éducation. — Printemps en Bretagne. — Forêt historique. — Campagnes Pélagiennes. — Coucher de la lune sur la mer. — Départ pour Combourg. — Description du château. — Collège de Dol. — Mathématiques et langues. — Trait de mémoire. — Vacances à Combourg. — Vie de château en province. — Mœurs féodales. — Habitants de Combourg. — Secondes vacances à Combourg. — Régiment de Conti. — Camp à Saint Malo. — Une abbaye. — Théâtre. — Mariage de mes deux sœurs aînées. — Retour au collège. — Révolution commencée dans mes idées. — Aventure de la pie. — Troisièmes vacances à Combourg. — Le charlatan. — Rentrée au collège. — Invasion de la France. — Jeux. — L'abbé de Chateaubriand. — Première communion. — Je quitte le collège de Dol. — Mission à Combourg. — Collège de Rennes. — Je retrouve Gesril. — Moreau. — Limoëlan. — Mariage de ma troisième sœur. — Je suis envoyé à Brest pour subir

---

[80] Ce livre a été écrit à Dieppe (septembre et octobre 1812 (Sur cet exil à Dieppe, voyez le tome III, page 52, et à la Vallée-aux-Loups, (décembre 1813 et janvier 1814). Il a été revu en juin 1846.

l'examen de garde de marine. — Le port de Brest. — Je retrouve encore Gesril. — Lapeyrouse. — Je reviens à Combourg.

Le 4 septembre 1812[81], j'ai reçu ce billet de M. Pasquier, préfet de police[82] :

CABINET DU PRÉFET.

« M. le préfet de police invite M. de Chateaubriand à prendre la peine de passer à son cabinet, soit aujourd'hui sur les quatre heures de l'après-midi, soit demain à neuf heures du matin. »

C'était un ordre de m'éloigner de Paris que M. le préfet de police voulait me signifier. Je me suis retiré à Dieppe, qui porta d'abord le nom de *Bertheville*, et fut ensuite appelé Dieppe, il y a déjà plus de quatre cents ans, du mot anglais *deep*, profond (mouillage). En 1788, je tins garnison ici avec le second bataillon de mon régiment : habiter cette ville, de brique dans ses maisons, d'ivoire dans ses boutiques, cette ville à rues propres et à belle lumière, c'était me réfugier auprès de ma jeunesse. Quand je me promenais, je rencontrais les ruines du château d'Arques, que mille débris accompagnent. On n'a point oublié que Dieppe fut la patrie de Duquesne. Lorsque je restais chez moi, j'avais pour spectacle la mer ; de la table où j'étais assis, je contemplais cette mer qui m'a vu naître, et qui baigne les côtes de la Grande-Bretagne, où j'ai subi un si long exil : mes regards parcouraient les vagues qui me portèrent en Amérique, me rejetèrent en Europe et me reportèrent aux rivages de l'Afrique et de l'Asie. Salut, ô mer, mon berceau et mon image ! Je te veux raconter la suite de mon histoire : si je mens, tes flots, mêlés à tous mes jours, m'accuseront d'imposture chez les hommes à venir.

Ma mère n'avait cessé de désirer qu'on me donnât une éducation classique. L'état de marin auquel on me destinait « ne serait peut-être pas de mon goût », disait-elle ; il lui semblait bon à tout événement de me rendre capable de suivre une autre carrière. Sa piété la portait à souhaiter que je me décidasse pour l'Église. Elle proposa donc de me mettre dans un collège où j'apprendrais les mathématiques, le dessin, les armes et la langue anglaise ; elle ne parla point du grec et du latin, de peur d'effaroucher mon père ; mais elle me les comptait faire enseigner, d'abord en secret, ensuite à découvert lorsque j'aurais fait des progrès. Mon père agréa la proposition : il fut convenu que j'entrerais au collège de Dol. Cette ville eut la préférence parce qu'elle se trouvait sur la route de Saint-Malo à Combourg.

---

[81] C'était précisément le jour anniversaire de la naissance de Chateaubriand.
[82] Étienne-Denis Pasquier (1767-1842). Il était préfet de police depuis le 14 octobre 1810. Chateaubriand et M. Pasquier devaient se retrouver à la Chambre des pairs et à l'Académie française.

Pendant l'hiver très froid qui précéda ma réclusion scolaire, le feu prit à l'hôtel où nous demeurions[83] : je fus sauvé par ma sœur aînée, qui m'emporta à travers les flammes. M. de Chateaubriand, retiré dans son château, appela sa femme auprès de lui : il le fallut rejoindre au printemps.

Le printemps, en Bretagne, est plus doux qu'aux environs de Paris, et fleurit trois semaines plus tôt. Les cinq oiseaux qui l'annoncent, l'hirondelle, le loriot, le coucou, la caille et le rossignol, arrivent avec des brises qui hébergent dans les golfes de la péninsule armoricaine. La terre se couvre de marguerites, de pensées, de jonquilles, de narcisses, d'hyacinthes, de renoncules, d'anémones, comme les espaces abandonnés qui environnent Saint-Jean-de-Latran et Sainte-Croix-de-Jérusalem, à Rome. Des clairières se panachent d'élégantes et hautes fougères ; des champs de genêts et d'ajoncs resplendissent de leurs fleurs qu'on prendrait pour des papillons d'or. Les haies, au long desquelles abondent la fraise, la framboise et la violette, sont décorées d'aubépines, de chèvrefeuille, de ronces dont les rejets bruns et courbés portent des feuilles et des fruits magnifiques. Tout fourmille d'abeilles et d'oiseaux ; les essaims et les nids arrêtent les enfants à chaque pas. Dans certains abris, le myrte et le laurier-rose croissent en pleine terre, comme en Grèce ; la figue mûrit comme en Provence ; chaque pommier, avec ses fleurs carminées, ressemble à un gros bouquet de fiancée de village.

Au XIIᵉ siècle, les cantons de Fougères, Rennes, Bécherel, Dinan, Saint-Malo et Dol, étaient occupés par la forêt de Brécheliant ; elle avait servi de champ de bataille aux Francs et aux peuples de la Domnonée. Wace raconte qu'on y voyait l'homme sauvage, la fontaine de Berenton et un bassin d'or. Un document historique du XVᵉ siècle, *les Usemens et coutumes de la forêt de Brécilien*, confirme le roman de *Rou*[84] : elle est,

---

[83] Cet incendie eut lieu dans la nuit du 16 au 17 février 1776. Le feu prit dans les magasins qui occupaient le rez-de-chaussée de la maison de M. White, dont le premier étage, ainsi que nous l'avons dit, était habité par la famille Chateaubriand. Ces magasins servaient d'entrepôt à un marchand épicier et renfermaient beaucoup de matières combustibles. Les progrès du feu furent rapides, et la maison toute entière serait sans doute devenue la proie des flammes, si le cocher du Carrosse public, qui partait cette nuit-là pour Rennes, n'avait heureusement donné l'alarme. (Ch. Cunat, op. cit.)

[84] Le roman de Rou (Rollon, duc de Normandie), fut composé au xiie siècle par le trouvère normand Robert Wace. L'immense forêt qui couvrait la partie centrale de la péninsule armoricaine y est, en effet, appelée la forêt de Brecheliant. Chez d'autres poètes du moyen-âge, ce nom devient Brecilien ou Brecelien, Breseliand, Bersillant, ou plus généralement Broceliande. L'un d'eux en donne cette explication:
E ce fu en Broceliande,
Une broce (une forêt) en une lande.
(Voir Brocéliande et ses chevaliers, par M. Baron du Taya, p. 6, et Histoire de Bretagne, par Arthur de la Borderie, tome I. p. 44, 45.)

disent les *Usemens*, de grande et spacieuse étendue ; « il y a quatre châteaux, fort grand nombre de beaux étangs, belles chasses où n'habitent aucunes bêtes vénéneuses, ni nulles mouches, deux cents futaies, autant de fontaines, nommément la fontaine de *Belenton*, auprès de laquelle le chevalier Pontus fit ses armes. »

Aujourd'hui, le pays conserve des traits de son origine : entrecoupé de fossés boisés, il a de loin l'air d'une forêt et rappelle l'Angleterre ; c'était le séjour des fées, et vous allez voir qu'en effet j'y ai rencontré une sylphide. Des vallons étroits sont arrosés par de petites rivières non navigables. Ces vallons sont séparés par des landes et par des futaies à cépées de houx. Sur les côtes, se succèdent phares, vigies, dolmens, constructions romaines, ruines de châteaux du moyen âge, clochers de la renaissance : la mer borde le tout. Pline dit de la Bretagne : *Péninsule spectatrice de l'Océan*[85].

Entre la mer et la terre s'étendent des campagnes pélagiennes, frontières indécises des deux éléments : l'alouette de champ y vole avec l'alouette marine ; la charrue et la barque, à un jet de pierre l'une de l'autre, sillonnent la terre et l'eau. Le navigateur et le berger s'empruntent mutuellement leur langue : le matelot dit *les vagues moutonnent*, le pâtre dit *des flottes de moutons*. Des sables de diverses couleurs, des bancs variés de coquillages, des varechs, des franges d'une écume argentée, dessinent la lisière blonde ou verte des blés. Je ne sais plus dans quelle île de la Méditerranée j'ai vu un bas-relief représentant les Néréides attachant des festons au bas de la robe de Cérès[86].

Mais ce qu'il faut admirer en Bretagne, c'est la lune se levant sur la terre et se couchant sur la mer.

Établie par Dieu gouvernante de l'abîme, la lune a ses nuages, ses

---

[85] À la suite de la lecture d'une partie de ses Mémoires, faite en 1834 chez Mme Récamier, Chateaubriand communiqua aux journaux divers fragments de son ouvrage. Les pages sur le Printemps en Bretagne furent publiées dans le Panorama littéraire de l'Europe (tome II, ive livraison ; avril 1834). Les deux paragraphes qu'on a lus plus haut n'en formaient alors qu'un seul, dont le texte, assez différent du texte actuel, mérite d'être conservé. Voici cette première version: « L'aspect du pays, entrecoupé de fossés boisés, est celui d'une continuelle forêt, et rappelle l'Angleterre. Des vallons étroits et profonds où coulent, parmi des saulaies et des chenevières, de petites rivières non navigables, présentent des perspectives riantes et solitaires. Les futaies à fond de bruyères et à cépées de houx, habitées par des sabotiers, des charbonniers et des verriers tenant du gentilhomme, du commerçant et du sauvage ; les landes nues, les plateaux pelés, les champs rougeâtres de sarrasin qui séparent ces vallons entre eux, en font mieux sentir la fraîcheur et l'agrément. Sur les côtes se succèdent les tours à fanaux, des clochers de la renaissance, des vigies, des ouvrages romains, des monuments druidiques, des ruines de châteaux : la mer borde le tout. »
[86] « J'ai vu dans l'île de Céos un bas-relief antique qui représentait les Néréides attachant des festons au bas de la robe de Cérès. » Manuscrit de 1834.

vapeurs, ses rayons, ses ombres portées comme le soleil ; mais comme lui elle ne se retire pas solitaire : un cortège d'étoiles l'accompagne. À mesure que sur mon rivage natal elle descend au bout du ciel, elle accroît son silence qu'elle communique à la mer ; bientôt elle tombe à l'horizon, l'intersecte, ne montre plus que la moitié de son front qui s'assoupit, s'incline et disparaît dans la molle intumescence des vagues. Les astres voisins de leur reine, avant de plonger à sa suite, semblent s'arrêter, suspendus à la cime des flots. La lune n'est pas plutôt couchée, qu'un souffle venant du large brise l'image des constellations, comme on éteint les flambeaux après une solennité.

Je devais suivre mes sœurs jusqu'à Combourg : nous nous mîmes en route dans la première quinzaine de mai. Nous sortîmes de Saint-Malo au lever du soleil, ma mère, mes quatre sœurs et moi, dans une énorme berline à l'antique, panneaux surdorés, marchepieds en dehors, glands de pourpre aux quatre coins de l'impériale. Huit chevaux parés comme les mulets en Espagne, sonnettes au cou, grelots aux brides, housses et franges de laine de diverses couleurs, nous traînaient. Tandis que ma mère soupirait, mes sœurs parlaient à perdre haleine, je regardais de mes deux yeux, j'écoutais de mes deux oreilles, je m'émerveillais à chaque tour de roue : premier pas d'un Juif errant qui ne se devait plus arrêter. Encore si l'homme ne faisait que changer de lieux ! mais ses jours et son cœur changent.

Nos chevaux reposèrent à un village de pêcheurs sur la grève de Cancale. Nous traversâmes ensuite les marais et la fiévreuse ville de Dol : passant devant la porte du collège où j'allais bientôt revenir, nous nous enfonçâmes dans l'intérieur du pays.

Durant quatre mortelles lieues, nous n'aperçûmes que des bruyères guirlandées de bois, des friches à peine écrêtées, des semailles de blé noir, court et pauvre, et d'indigentes avénières. Des charbonniers conduisaient des files de petits chevaux à crinière pendante et mêlée ; des paysans à sayons de peau de bique, à cheveux longs, pressaient des bœufs maigres avec des cris aigus et marchaient à la queue d'une lourde charrue, comme des faunes labourant. Enfin, nous découvrîmes une vallée au fond de laquelle s'élevait, non loin d'un étang, la flèche de l'église d'une bourgade ; les tours d'un château féodal montaient dans les arbres d'une futaie éclairée par le soleil couchant.

J'ai été obligé de m'arrêter : mon cœur battait au point de repousser la table sur laquelle j'écris. Les souvenirs qui se réveillent dans ma mémoire m'accablent de leur force et de leur multitude : et pourtant, que sont-ils pour le reste du monde ?

Descendus de la colline, nous guéâmes un ruisseau ; après avoir cheminé une demi-heure, nous quittâmes la grande route, et la voiture roula au bord d'un quinconce, dans une allée de charmilles dont les cimes s'entrelaçaient au-dessus de nos têtes : je me souviens encore du moment où j'entrai sous cet ombrage et de la joie effrayée que j'éprouvai.

En sortant de l'obscurité du bois, nous franchîmes une avant-cour plantée de noyers, attenante au jardin et à la maison du régisseur ; de là nous débouchâmes, par une porte bâtie, dans une cour de gazon, appelée la *Cour Verte*. À droite étaient de longues écuries et un bouquet de marronniers ; à gauche, un autre bouquet de marronniers. Au fond de la cour, dont le terrain s'élevait insensiblement, le château se montrait entre deux groupes d'arbres. Sa triste et sévère façade présentait une courtine portant une galerie à mâchicoulis, denticulée et couverte. Cette courtine liait ensemble deux tours inégales en âge, en matériaux, en hauteur et en grosseur, lesquelles tours se terminaient par des créneaux surmontés d'un toit pointu, comme un bonnet posé sur une couronne gothique.

Quelques fenêtres grillées[87] apparaissaient çà et là sur la nudité des murs. Un large perron, roide et droit, de vingt-deux marches, sans rampes, sans garde-fou, remplaçait sur les fossés comblés l'ancien pont-levis ; il atteignait la porte du château, percée au milieu de la courtine. Au-dessus de cette porte on voyait les armes des seigneurs de Combourg, et les taillades à travers lesquelles sortaient jadis les bras et les chaînes du pont-levis.

La voiture s'arrêta au pied du perron ; mon père vint au-devant de nous. La réunion de la famille[88] adoucit si fort son humeur pour le moment, qu'il nous fit la mine la plus gracieuse. Nous montâmes le perron ; nous pénétrâmes dans un vestibule sonore, à voûte ogive, et de ce vestibule dans une petite cour intérieure[89].

De cette cour, nous entrâmes dans le bâtiment regardant au midi sur l'étang, et jointif des deux petites tours. Le château entier avait la figure d'un char à quatre roues. Nous nous trouvâmes de plain-pied dans une salle jadis appelée la *salle des Gardes*. Une fenêtre s'ouvrait à chacune de ses extrémités ; deux autres coupaient la ligne latérale. Pour agrandir ces quatre fenêtres, il avait fallu excaver des murs de huit à dix pieds d'épaisseur. Deux corridors à plan incliné, comme le corridor de la grande Pyramide, partaient des deux angles extérieurs de la salle et conduisaient aux petites tours. Un escalier, serpentant dans l'une de ces tours, établissait des relations entre la salle des Gardes et l'étage supérieur : tel était ce corps de logis.

---

[87] « Quelques fenêtres grillées, d'un goût mauresque... » Manuscrit de 1826 et Manuscrit de 1834.
[88] « L'arrivée de sa famille dans un lieu où il vivait selon ses goûts... » Manuscrit de 1826. — « La réunion de la famille dans le lieu de son choix... » Manuscrit de 1834.
[89] « Cette cour était formée par le corps de logis d'entrée, par un autre corps de logis parallèle, qui réunissait également deux tours plus petites que les premières, et par deux autres courtines qui rattachaient la grande et la grosse tour aux deux petites tours. Le château entier avait la figure d'un char à quatre roues. » Manuscrits de 1826 et de 1834.

Celui de la façade de la grande et de la grosse tour, dominant le nord, du côté de la Cour Verte, se composait d'une espèce de dortoir carré et sombre, qui servait de cuisine ; il s'accroissait du vestibule, du perron et d'une chapelle. Au-dessus de ces pièces était le salon des *Archives*, ou des *Armoiries*, ou des *Oiseaux*, ou des *Chevaliers*, ainsi nommé d'un plafond semé d'écussons coloriés et d'oiseaux peints. Les embrasures des fenêtres étroites et tréflées étaient si profondes, qu'elles formaient des cabinets autour desquels régnait un banc de granit. Mêlez à cela, dans les diverses parties de l'édifice, des passages et des escaliers secrets, des cachots et des donjons, un labyrinthe de galeries couvertes et découvertes, des souterrains murés, dont les ramifications étaient inconnues ; partout silence, obscurité et visage de pierre : voilà le château de Combourg.

Un souper servi dans la salle des Gardes, et où je mangeai sans contrainte, termina pour moi la première journée heureuse de ma vie. Le vrai bonheur coûte peu ; s'il est cher, il n'est pas d'une bonne espèce.

À peine fus-je réveillé le lendemain que j'allai visiter les dehors du château, et célébrer mon avènement à la solitude. Le perron faisait face au nord-ouest. Quand on était assis sur le diazome de ce perron, on avait devant soi la Cour Verte, et, au delà de cette cour, un potager étendu entre deux futaies : l'une, à droite (le quinconce par lequel nous étions arrivés), s'appelait le *petit Mail* ; l'autre, à gauche, le *grand Mail* : celle-ci était un bois de chênes, de hêtres, de sycomores, d'ormes et de châtaigniers. Madame de Sévigné vantait de son temps ces vieux ombrages[90] ; depuis cette époque, cent quarante années avaient été ajoutées à leur beauté.

Du côté opposé, au midi et à l'est, le paysage offrait un tout autre tableau : par les fenêtres de la grand'salle, on apercevait les maisons de Combourg[91], un étang, la chaussée de cet étang sur laquelle passait le grand chemin de Rennes, un moulin à eau, une prairie couverte de troupeaux de vaches et séparée de l'étang par la chaussée. Au bord de cette prairie s'allongeait un hameau dépendant d'un prieuré fondé en 1149 par Rivallon, seigneur de Combourg, et où l'on voyait sa statue mortuaire, couchée sur le dos, en armure de chevalier. Depuis l'étang, le terrain s'élevant par degrés formait un amphithéâtre d'arbres, d'où sortaient des campaniles de villages et des tourelles de gentilhommières. Sur un dernier plan de l'horizon, entre l'occident et le midi, se profilaient les hauteurs de Bécherel. Une terrasse bordée de grands buis taillés circulait au pied du château de ce côté, passait derrière les écuries, et allait, à diverses reprises, rejoindre le jardin des bains qui communiquait au grand Mail.

---

[90] « Mme de Sévigné vantait en 1669 ces vieux ombrages. » — Manuscrit de 1826.
[91] « On apercevait le haut clocher de la paroisse et les maisons confuses de Combourg… » Manuscrit de 1826.

Si, d'après cette trop longue description, un peintre prenait son crayon, produirait-il une esquisse ressemblant au château[92] ? Je ne le crois pas ; et cependant ma mémoire voit l'objet comme s'il était sous mes yeux ; telle est dans les choses matérielles l'impuissance de la parole et la puissance du souvenir ! En commençant à parler de Combourg, je chante les premiers couplets d'une complainte qui ne charmera que moi ; demandez au pâtre du Tyrol pourquoi il se plaît aux trois ou quatre notes qu'il répète à ses chèvres, notes de montagne, jetées d'écho en écho pour retentir du bord d'un torrent au bord opposé ?

Ma première apparition à Combourg fut de courte durée. Quinze jours s'étaient à peine écoulés que je vis arriver l'abbé Porcher, principal du collège de Dol ; on me remit entre ses mains, et je le suivis malgré mes pleurs.

Je n'étais pas tout à fait étranger à Dol ; mon père en était *chanoine*, comme descendant et représentant de la maison de Guillaume de Chateaubriand, sire de Beaufort, fondateur en 1529 d'une première stalle dans le chœur de la cathédrale. L'évêque de Dol était M. de Hercé, ami de ma famille, prélat d'une grande modération politique, qui, à genoux, le crucifix à la main, fut fusillé avec son frère l'abbé de Hercé, à Quiberon, dans le Champ du Martyre[93]. En arrivant au collège, je fus confié aux soins particuliers de M. l'abbé Leprince, qui professait la rhétorique et possédait à fond la géométrie : c'était un homme d'esprit, d'une belle figure, aimant les arts, peignant assez bien le portrait. Il se chargea de m'apprendre mon *Bezout ;* l'abbé Égault, régent de troisième, devint mon maître de latin ; j'étudiais les mathématiques dans ma chambre, le latin dans la salle commune.

Il fallut quelque temps à un hibou de mon espèce pour s'accoutumer à la cage d'un collège et régler sa volée au son d'une cloche. Je ne pouvais avoir ces prompts amis que donne la fortune, car il n'y avait rien à gagner avec un pauvre polisson qui n'avait pas même d'argent de semaine ; je ne m'enrôlai point non plus dans une clientèle, car je hais les protecteurs.

---

[92] Le château qui fut comme la seconde patrie de Chateaubriand appartient toujours à sa famille. Mme la comtesse de Chateaubriand, née Bernon de Rochetaillée, veuve du comte Geoffroy de Chateaubriand, petit-neveu de l'auteur du Génie du Christianisme, habite Combourg la plus grande partie de l'année et y conserve avec un soin pieux tout ce qui rappelle la mémoire du grand écrivain.

[93] Urbain-René De Hercé, né à Mayenne le 6 février 1726, sacré évêque de Dol le 5 juillet 1757. Il fut fusillé, le 28 juillet 1795, non à Quiberon, dans le Champ du martyre, mais à Vannes, sur la promenade de la Garenne, en même temps que Sombreuil et quatorze autres victimes, parmi lesquelles était son frère, François de Hercé, grand-vicaire de Dol, né à Mayenne, le 8 mai 1733. (Voir les Débris de Quiberon, par Eugène de la Gournerie, p. 13. — Consulter aussi, dans l'Histoire de la persécution révolutionnaire en Bretagne, par l'abbé Tresvaux, la notice sur Mgr. de Hercé. Il était le cinquième des dix-neuf enfants vivants de Jean-Baptiste de Hercé et de Françoise Tanquerel.)

Dans les jeux, je ne prétendais mener personne, mais je ne voulais pas être mené : je n'étais bon ni pour tyran ni pour esclave, et tel je suis demeuré.

Il arriva pourtant que je devins assez vite un centre de réunion ; j'exerçai dans la suite, à mon régiment, la même puissance : simple sous-lieutenant que j'étais, les vieux officiers passaient leurs soirées chez moi et préféraient mon appartement au café. Je ne sais d'où cela venait, n'était peut-être ma facilité à entrer dans l'esprit et à prendre les mœurs des autres. J'aimais autant chasser et courir que lire et écrire. Il m'est encore indifférent de deviser des choses les plus communes, ou de causer des sujets les plus relevés[94]. Très peu sensible à l'esprit, il m'est presque antipathique, bien que je ne sois pas une bête. Aucun défaut ne me choque, excepté la moquerie et la suffisance que j'ai grand'peine à ne pas morguer ; je trouve que les autres ont toujours sur moi une supériorité quelconque, et si je me sens par hasard un avantage, j'en suis tout embarrassé[95].

Des qualités que ma première éducation avait laissées dormir s'éveillèrent au collège. Mon aptitude au travail était remarquable, ma mémoire extraordinaire. Je fis des progrès rapides en mathématiques où j'apportai une clarté de conception qui étonnait l'abbé Leprince. Je montrai en même temps un goût décidé pour les langues. Le rudiment, supplice des écoliers, ne me coûta rien à apprendre ; j'attendais l'heure des leçons de latin avec une sorte d'impatience, comme un délassement de mes chiffres et de mes figures de géométrie. En moins d'un an, je devins fort cinquième. Par une singularité, ma phrase latine se transformait si naturellement en pentamètre que l'abbé Égault m'appelait l'*Élégiaque*, nom qui me pensa rester parmi mes camarades.

Quant à ma mémoire, en voici deux traits. J'appris par cœur mes tables de logarithmes : c'est-à-dire qu'un nombre étant donné dans la proportion géométrique, je trouvais de mémoire son exposant dans la proportion arithmétique, et *vice versâ*.

Après la prière du soir que l'on disait en commun à la chapelle du collège, le principal faisait une lecture. Un des enfants, pris au hasard, était obligé d'en rendre compte. Nous arrivions fatigués de jouer et mourants de sommeil à la prière ; nous nous jetions sur les bancs, tâchant de nous

---

[94] Après avoir cité ce passage, M. de Marcellus ajoute : « J'ai eu bien des fois l'occasion de constater l'exactitude de ces traits si habilement tirés du caractère de M. de Chateaubriand, si justes et si vrais sous sa main, qu'on croirait impossible de les dessiner soi-même. » (*Chateaubriand et son temps*, p. 15.)

[95] « Depuis que j'ai acquis une malheureuse célébrité, il m'est arrivé de passer des jours, des mois entiers avec des personnes qui ne se souvenaient plus que j'avais fait des livres ; moi-même je l'oubliais, si bien que cela nous paraissait à tous une chose de l'autre monde. Écrire aujourd'hui m'est odieux, non que j'affecte un sot dédain pour les lettres, mais c'est que je doute plus que jamais de mon talent, et que les lettres ont si cruellement troublé ma vie que j'ai pris mes ouvrages en aversion. » Manuscrit de 1826.

enfoncer dans un coin obscur, pour n'être pas aperçus et conséquemment interrogés. Il y avait surtout un confessionnal que nous nous disputions comme une retraite assurée. Un soir, j'avais eu le bonheur de gagner ce port et je m'y croyais en sûreté contre le principal ; malheureusement, il signala ma manœuvre et résolut de faire un exemple. Il lut donc lentement et longuement le second point d'un sermon ; chacun s'endormit. Je ne sais par quel hasard je restai éveillé dans mon confessionnal. Le principal, qui ne me voyait que le bout des pieds, crut que je dodinais comme les autres, et tout à coup, m'apostrophant, il me demanda ce qu'il avait lu.

Le second point du sermon contenait une énumération des diverses manières dont on peut offenser Dieu. Non seulement je dis le fond de la chose, mais je repris les divisions dans leur ordre, et répétai presque mot à mot plusieurs pages d'une prose mystique, inintelligible pour un enfant. Un murmure d'applaudissement s'éleva dans la chapelle : le principal m'appela, me donna un petit coup sur la joue et me permit, en récompense, de ne me lever le lendemain qu'à l'heure du déjeuner. Je me dérobai modestement à l'admiration de mes camarades et je profitai bien de la grâce accordée.

Cette mémoire des mots, qui ne m'est pas entièrement restée, a fait place chez moi à une autre sorte de mémoire plus singulière, dont j'aurai peut-être occasion de parler.

Une chose m'humilie : la mémoire est souvent la qualité de la sottise ; elle appartient généralement aux esprits lourds, qu'elle rend plus pesants par le bagage dont elle les surcharge. Et néanmoins, sans la mémoire, que serions-nous ? Nous oublierions nos amitiés, nos amours, nos plaisirs, nos affaires ; le génie ne pourrait rassembler ses idées ; le cœur le plus affectueux perdrait sa tendresse s'il ne se souvenait plus ; notre existence se réduirait aux moments successifs d'un présent qui s'écoule sans cesse ; il n'y aurait plus de passé. Ô misère de nous ! notre vie est si vaine qu'elle n'est qu'un reflet de notre mémoire.

J'allai passer le temps des vacances à Combourg. La vie de château aux environs de Paris ne peut donner une idée de la vie de château dans une province reculée.

La terre de Combourg n'avait pour tout domaine que des landes, quelques moulins et les deux forêts, Bourgouët et Tanoërn, dans un pays où le bois est presque sans valeur. Mais Combourg était riche en droits féodaux ; ces droits étaient de diverses sortes : les uns déterminaient certaines redevances pour certaines concessions, ou fixaient des usages nés de l'ancien ordre politique ; les autres ne semblaient avoir été dans l'origine que des divertissements.

Mon père avait fait revivre quelques-uns de ces derniers droits, afin de prévenir la prescription. Lorsque toute la famille était réunie, nous prenions part à ces amusements gothiques : les trois principaux étaient le *Saut des poissonniers*, la *Quintaine*, et une foire appelée l'*Angevine*. Des paysans en sabots et en braies, hommes d'une France qui n'est plus, regardaient ces jeux d'une France qui n'était plus. Il y avait prix pour le vainqueur, amende pour le vaincu.

La Quintaine conservait la tradition des tournois : elle avait sans doute quelque rapport avec l'ancien service militaire des fiefs. Elle est très bien décrite dans du Cange (*voce* QUINTANA)[96]. On devait payer les amendes en ancienne monnaie de cuivre, jusqu'à la valeur de *deux moutons d'or à la couronne* de 25 *sols parisis* chacun.

La foire appelée l'*Angevine* se tenait dans la prairie de l'Étang, le 4 septembre de chaque année, jour de ma naissance. Les vassaux étaient obligés de prendre les armes, ils venaient au château lever la bannière du seigneur ; de là ils se rendaient à la foire pour établir l'ordre et prêter force à la perception d'un péage dû aux comtes de Combourg par chaque tête de bétail, espèce de droit régalien. À cette époque, mon père tenait table ouverte. On ballait pendant trois jours : les maîtres dans la grande salle, au raclement d'un violon ; les vassaux, dans la Cour Verte, au nasillement d'une musette. On chantait, on poussait des huzzas, on tirait des arquebusades. Ces bruits se mêlaient aux mugissements des troupeaux de la foire ; la foule vaguait dans les jardins et les bois, et du moins une fois l'an, on voyait à Combourg quelque chose qui ressemblait à de la joie.

Ainsi, j'ai été placé assez singulièrement dans la vie pour avoir assisté aux courses de la *Quintaine* et à la proclamation des *Droits de l'Homme ;* pour avoir vu milice bourgeoise d'un village de Bretagne et la garde nationale de France, la bannière des seigneurs de Combourg et le drapeau de la révolution. Je suis comme le dernier témoin des mœurs féodales.

Les visiteurs que l'on recevait au château se composaient des habitants de la bourgade et de la noblesse de la banlieue : ces honnêtes gens furent mes premiers amis. Notre vanité met trop d'importance au rôle que nous jouons dans le monde. Le bourgeois de Paris rit du bourgeois d'une petite ville ; le noble de cour se moque du noble de province ; l'homme connu dédaigne l'homme ignoré, sans songer que le temps fait également justice de leurs prétentions, et qu'ils sont tous également ridicules ou indifférents aux yeux des générations qui se succèdent.

Le premier habitant du lieu était un M. Potelet, ancien capitaine de

---

[96] Le Manuscrit de 1826 renferme ici une courte description du jeu de la quintaine. « Tous les nouveaux mariés de l'année dans la mouvance de Combourg étaient obligés, au mois de mai, de venir rompre une lance de bois contre un poteau placé dans un chemin creux qui passait au haut du grand mail ; les jouteurs étaient à cheval ; le baillif, juge du camp, examinait la lance, déclarait qu'il n'y avait ni fraude ni dol dans les armes : on pouvait courir trois fois contre le poteau, mais au troisième tour, si la lance n'était pas rompue, les gabeurs du tournoi champêtre accablaient de plaisanteries le joutier maladroit, qui payait un petit écu au seigneur.»

vaisseau de la compagnie des Indes[97], qui redisait de grandes histoires de Pondichéry. Comme il les racontait les coudes appuyés sur la table, mon père avait toujours envie de lui jeter son assiette au visage. Venait ensuite l'entrepositaire des tabacs, M. Launay de La Billardière[98], père de famille qui comptait douze enfants, comme Jacob, neuf filles et trois garçons, dont le plus jeune, David, était mon camarade de jeux[99]. Le bonhomme s'avisa de vouloir être noble en 1789 : il prenait bien son temps ! Dans cette maison, il y avait force joie et beaucoup de dettes. Le sénéchal Gesbert[100], le procureur fiscal Petit[101], le receveur Corvaisier[102], le chapelain l'abbé Chalmel[103], formaient la société de Combourg. Je n'ai pas rencontré à Athènes des personnages plus célèbres.

MM. du Petit-Bois[104], de Château d'Assie[105], de Tinténiac[106], un ou deux autres gentilshommes, venaient, le dimanche, entendre la messe à la

---

[97] Dans cette peinture de la petite société de Combourg, Chateaubriand a été scrupuleusement exact, comme il le sera du reste en toute circonstance, ainsi qu'on le verra de plus en plus en avançant dans la lecture des Mémoires. — Noble Me François-Jean-Baptiste Potelet, seigneur de Saint-Mahé et de la Durantais, après avoir servi dans la marine de la compagnie des Indes, épousa, le 6 octobre 1767, à Combourg, Marie-Marguerite de Lormel. Sa fille aînée, Marie-Marguerite, née en 1768, la même année que Chateaubriand, se maria en 1789 à Pierre-Emmanuel-Vincent-Marie de Freslon de Saint-Aubin, président des requêtes au Parlement de Bretagne.

[98] Gilles-Marie de Launay, sieur de la Bliardière, d'abord procureur fiscal de Bécherel, puis sénéchal des juridictions du Vauruffier, de la vicomté de Besso et du marquisat de Caradenc, était devenu plus tard entreposeur des fermes du roi à Combourg. Né à Bécherel, il avait épousé à Bain, le 17 juillet 1750, Marie-Anne Nogues, dont étaient nés, de 1752 à 1769, treize enfants (et non douze), cinq garçons et huit filles. David, le compagnon de jeux de Chateaubriand, était bien, comme il le dit, le plus jeune des fils.

[99] J'ai retrouvé mon ami David : je dirai quand et comment. (Note de Genève, 1832.) Ch.

[100] Jean-Baptiste Gesbert, Sr de la Noé-Sécho, sénéchal de la juridiction seigneuriale de Combourg, originaire de Rostrenen, marié à Bécherel, le 22 octobre 1782, à Marie-Jeanne Faisant de la Gautraye.

[101] Me René Petit, né à la Guerche, procureur fiscal du comté de Combourg. Il devint en 1791 juge au district de Dinan. Son fils René-Marie Lucil, né le 29 mars 1783, a été tenu sur les fonds baptismaux par Lucile de Chateaubriand.

[102] Me Julien Corvaisier ou le Corvaisier, notaire et procureur de la juridiction.

[103] L'abbé Chalmel (Jean-François), chapelain du château de Combourg, était petit-fils de Me Noël Chalmel, notaire à Rennes.

[104] Jean-Anne Pinot du Petitbois, né à Rennes le 10 janvier 1737, était le fils aîné de Maurille-Anne Pinot, écuyer, seigneur du Petitbois, et de Jeanne-Perrine Guybert. D'abord sous-aide major au régiment de la Reine, puis capitaine de dragons au régiment de Belzunce, il habitait le château du Grandval en Combourg et y mourut, le 10 octobre 1789, en grande odeur de piété (acte d'inhumation). Il avait épousé en Saint-Aubin de Rennes, le 7 mars 1769, Anne-Marc de la Chénardais, décédée à Rennes le 26 vendémiaire an III (17 octobre 1794). — Le château du Grandval est encore habité aujourd'hui par la famille du Petitbois.

paroisse, et dîner ensuite chez le châtelain. Nous étions plus particulièrement liés avec la famille Trémaudan, composée du mari[107], de la femme extrêmement belle, d'une sœur naturelle et de plusieurs enfants. Cette famille habitait une métairie, qui n'attestait sa noblesse que par un colombier. Les Trémaudan vivent encore. Plus sages et plus heureux que moi, ils n'ont point perdu de vue les tours du château que j'ai quitté depuis trente ans ; ils font encore ce qu'ils faisaient lorsque j'allais manger le pain bis à leur table ; ils ne sont point sortis du port dans lequel je ne rentrerai plus. Peut-être parlent-ils de moi au moment même où j'écris cette page : je me reproche de tirer leur nom de sa protectrice obscurité. Ils ont douté longtemps que l'homme dont ils entendaient parler fût le *petit chevalier*. Le recteur ou curé de Combourg, l'abbé Sévin[108], celui-là même dont j'écoutais le prône, a montré la même incrédulité ; il ne se pouvait persuader que le polisson, camarade des paysans, fût le défenseur de la religion ; il a fini par le croire, et il me cite dans ses sermons, après m'avoir tenu sur ses genoux. Ces dignes gens, qui ne mêlent à mon image aucune idée étrangère, qui me voient tel que j'étais dans mon enfance et dans ma jeunesse, me reconnaîtraient-ils aujourd'hui sous les travestissements du temps ? Je serais obligé de leur dire mon nom avant qu'ils me voulussent presser dans leurs bras.

Je porte malheur à mes amis. Un garde-chasse, appelé Raulx, qui s'était attaché à moi, fut tué par un braconnier. Ce meurtre me fit une impression extraordinaire. Quel étrange mystère dans le sacrifice humain ! Pourquoi faut-il que le plus grand crime et la plus grande gloire soient de verser le sang de l'homme ? Mon imagination me représentait Raulx tenant ses entrailles dans ses mains et se traînant à la chaumière où il expira. Je conçus l'idée de la vengeance ; je m'aurais voulu battre contre l'assassin.

---

[105] Michel-Charles Locquet, comte de Château-d'Assis, né à Saint-Malo le 14 janvier 1748. Il appartenait à une famille très honorée dans le pays malouin : sa mère était une Trublet. Marié en 1774 à Jeanne-Anne-Joséphine de Boisbaudry, il demeurait au château de Triaudin, en Combourg, qui est aujourd'hui habité par le vicomte Roger du Petitbois.

[106] Des Tinténiac, en résidence momentanée chez des amis habitant le pays, auront sans doute fait au château de Combourg des visites dont Chateaubriand avait gardé le souvenir ; mais il n'y avait pas de Tinténiac établis à Combourg ou dans les paroisses environnantes.

[107] Nicolas-Pierre Philippes, seigneur de Trémaudan, ancien officier de dragons au régiment de la Ferronnais, était né à Pontorson le 19 septembre 1749, fils d'écuyer Pierre Philippes, seigneur de Villeneuve Torrens, et d'Augustine de Lantivy. Il avait épousé, à Saint-Malo, le 24 janvier 1769, Marie-Louise Mazin, dont il eut plusieurs enfants nés à Combourg de 1770 à 1786.

[108] René-Malo Sévin fut nommé recteur de la paroisse de Combourg en 1776. Il refusa de prêter serment à la constitution civile du clergé, et passa à Jersey en 1792. Rentré en 1797, il fut réinstallé en 1803 à la cure de Combourg et y mourut en 1817.

Sous ce rapport je suis singulièrement né : dans le premier moment d'une offense, je la sens à peine ; mais elle se grave dans ma mémoire ; son souvenir, au lieu de décroître, s'augmente avec le temps ; il dort dans mon cœur des mois, des années entières, puis il se réveille à la moindre circonstance avec une force nouvelle, et ma blessure devient plus vive que le premier jour. Mais si je ne pardonne point à mes ennemis, je ne leur fais aucun mal ; je suis rancunier et ne suis point vindicatif. Ai-je la puissance de me venger, j'en perds l'envie ; je ne serais dangereux que dans le malheur. Ceux qui m'ont cru faire céder en m'opprimant se sont trompés ; l'adversité est pour moi ce qu'était la terre pour Antée : je reprends des forces dans le sein de ma mère. Si jamais le bonheur m'avait enlevé dans ses bras, il m'eût étouffé.

Je retournai à Dol, à mon grand regret. L'année suivante, il y eut un projet de descente à Jersey, et un camp s'établit auprès de Saint-Malo. Des troupes furent cantonnées à Combourg ; M. de Chateaubriand donna, par courtoisie, successivement asile aux colonels des régiments de Touraine et de Conti : l'un était le duc de Saint-Simon[109], et l'autre le marquis de Causans[110]. Vingt officiers étaient tous les jours invités à la table de mon

---

[109] Claude-Anne, vicomte, puis marquis, puis duc de Saint-Simon, de la branche de Montbléru, fils de Louis-Gabriel, marquis de Saint-Simon, et de Catherine-Marguerite-Jaquette Pineau de Viennay, naquit au château de la Faye (Charente). Entré très jeune au service militaire, il fut nommé, le 3 janvier 1770, brigadier, puis, le 29 juin 1775, colonel du régiment de Touraine. Il prit part à la guerre d'Amérique, fut élu, en 1789, par le bailliage d'Angoulême, député de la noblesse aux États-Généraux, émigra en Espagne, y prit du service et devint capitaine-général de la Vieille-Castille. Le roi Charles IV le nomma grand d'Espagne en 1803. En 1808, lors de la prise de Madrid par les Français, il fut blessé et fait prisonnier ; condamné à mort par un conseil de guerre, il obtint une commutation de peine et fut enfermé dans la citadelle de Besançon, où il resta jusqu'à la chute de l'Empire. Il retourna alors en Espagne et fut créé duc par Ferdinand VII. Il mourut à Madrid le 3 janvier 1819.

[110] J'ai éprouvé un sensible plaisir en retrouvant, depuis la Restauration, ce galant homme, distingué par sa fidélité et ses vertus chrétiennes. (Note de Genève, 1831.) Ch.

Cette note de 1831, relative au marquis de Causans, remplace les lignes suivantes du Manuscrit de 1826, écrites au lendemain de l'ordonnance du 5 septembre 1816, qui prononçait la dissolution de la Chambre introuvable : « J'ai éprouvé un sensible plaisir en retrouvant ce dernier, distingué par ses vertus chrétiennes, dans cette chambre des députés qui fera à jamais l'honneur et les regrets de la France, quand le temps des factions sera passé et celui de la justice venu ; dans cette Chambre que la Providence avait envoyée pour sauver la France et l'Europe, qui n'a pu être cassée que par un véritable crime politique, et dont la gloire survivra à la renommée des misérables ministres qui s'en firent les persécuteurs. » — Causans de Mauléon (Jacques Vincent, marquis de), né le 31 juillet 1751, était colonel du régiment de Conti, lorsqu'il fut élu député de la noblesse aux États-Généraux pour la principauté d'Orange. Le 17 avril 1790, il fut promu maréchal de camp. La Restauration le nomma lieutenant-général le 23 août 1814. Élu député de Vaucluse

père. Les plaisanteries de ces étrangers me déplaisaient ; leurs promenades troublaient la paix de mes bois. C'est pour avoir vu le colonel en second du régiment de Conti, le marquis de Wignacourt[111], galoper sous des arbres, que des idées de voyage me passèrent pour la première fois par la tête.

Quand j'entendais nos hôtes parler de Paris et de la cour, je devenais triste ; je cherchais à deviner ce que c'était que la société : je découvrais quelque chose de confus et de lointain ; mais bientôt je me troublais. Des tranquilles régions de l'innocence, en jetant les yeux sur le monde, j'avais des vertiges, comme lorsqu'on regarde la terre du haut de ces tours qui se perdent dans le ciel.

Une chose me charmait pourtant, la parade. Tous les jours, la garde montante défilait, tambour et musique en tête, au pied du perron, dans la Cour Verte. M. de Causans proposa de me montrer le camp de la côte : mon père y consentit.

Je fus conduit à Saint-Malo par M. de La Morandais, très bon gentilhomme, mais que la pauvreté avait réduit à être régisseur de la terre de Combourg[112]. Il portait un habit de camelot gris, avec un petit galon d'argent au collet, une têtière ou morion de feutre gris à oreilles, à une seule corne en avant. Il me mit à califourchon derrière lui, sur la croupe de sa jument *Isabelle*. Je me tenais au ceinturon de son couteau de chasse, attaché par-dessus son habit : j'étais enchanté. Lorsque Claude de Bullion et le père du président de Lamoignon, enfants, allaient en campagne, « on les portait tous les deux sur un même âne, dans des paniers, l'un d'un côté, l'autre de l'autre, et l'on mettait un pain du côté de Lamoignon, parce qu'il était plus léger que son camarade, pour faire le contre-poids. » (*Mémoires du président de Lamoignon.*)

M. de La Morandais prit des chemins de traverse :

à la Chambre introuvable, le 24 août 1815 ; réélu le 4 octobre 1816 ; éliminé au renouvellement par cinquième de 1819, renvoyé à la Chambre des députés le 24 avril 1820, il y siégea jusqu'à sa mort, arrivée le 24 avril 1824.

111 Wignacourt (Antoine-Louis, marquis de), fils de Louis-Daniel, marquis de Wignacourt, et de Marie-Julie de Maizières, né le 22 janvier 1753. Il est porté sur l'État militaire de la France pour 1784 comme mestre de camp lieutenant-colonel en second du régiment de Conti, chevalier de Saint-Louis.

112 François-Placide Maillard, seigneur de la Morandais, marié en 1757 à Gillette Dastin et père de quinze enfants, dont le dernier, né à Combourg en 1777, eut pour parrain M. de Chateaubriand, père du grand écrivain. Les Maillard de la Morandais étaient d'ancienne noblesse, et de la même famille que les Maillard de Belestre et des Portes, de l'évêché de Nantes, qui ont été maintenus en 1670, après avoir fait preuve de huit générations nobles. Seulement, ceux qui s'étaient établis à Combourg avaient singulièrement dérogé, à raison de leur pauvreté. Les actes paroissiaux qui les concernent ne leur donnent que des qualifications bourgeoises. François-Placide de la Morandais est décédé à Combourg le 30 août 1779.

Moult volontiers, de grand'manière,
Alloit en bois et en rivière ;
Car nulles gens ne vont en bois
Moult volontiers comme François.

Nous nous arrêtâmes pour dîner à une abbaye de bénédictins qui, faute d'un nombre suffisant de moines, venait d'être réunie à un chef-lieu de l'ordre. Nous n'y trouvâmes que le père procureur, chargé de la disposition des biens meubles et de l'exploitation des futaies. Il nous fit servir un excellent dîner maigre, à l'ancienne bibliothèque du prieur : nous mangeâmes quantité d'œufs frais, avec des carpes et des brochets énormes. À travers l'arcade d'un cloître, je voyais de grands sycomores qui bordaient un étang. La cognée les frappait au pied, leur cime tremblait dans l'air, et ils tombaient pour nous servir de spectacle. Des charpentiers, venus de Saint-Malo, sciaient à terre des branches vertes, comme on coupe une jeune chevelure, ou équarrissaient des troncs abattus. Mon cœur saignait à la vue de ces forêts ébréchées et de ce monastère déshabité. Le sac général des maisons religieuses m'a rappelé depuis le dépouillement de l'abbaye qui en fut pour moi le pronostic.

Arrivé à Saint-Malo, j'y trouvai le marquis de Causans ; je parcourus sous sa garde les rues du camp. Les tentes, les faisceaux d'armes, les chevaux au piquet, formaient une belle scène avec la mer, les vaisseaux, les murailles et les clochers lointains de la ville. Je vis passer, en habit de hussard, au grand galop sur un barbe, un de ces hommes en qui finissait un monde, le duc de Lauzun. Le prince de Carignan, venu au camp, épousa la fille de M. de Boisgarin, un peu boiteuse, mais charmante[113] : cela fit grand

---

[113] Le prince Eugène de Savoie-Carignan, né le 22 septembre 1753, était le fils cadet du prince Louis-Victor de Savoie-Carignan et de la princesse Christine-Henriette de Hesse-Rhinfelds-Rothembourg. Frère de la princesse de Lamballe, il entra au service de France sous le nom de comte de Villefranche (Villafranca) et fut placé à la tête du régiment de son nom. Le 22 septembre 1781, il épousa, dans la chapelle du château du Parc, en la paroisse de Saint-Méloir-des-Ondes, à quelques lieues de Saint-Malo, Elisabeth-Anne Magon de Boisgarein, fille de Jean-François-Nicolas Magon, seigneur de Boisgarein, et de Louise de Karuel. Ce mariage fut annulé par le Parlement, à la requête des parents du prince. Celui-ci lutta désespérément pour faire reviser cet arrêt. Les tristesses de cette lutte abrégèrent sans doute ses jours, car une mort prématurée l'enleva, le 30 juin 1785. — Un fils était né de cette union, le 30 septembre 1783 : il se fit soldat sous Napoléon et fut nommé, pendant la campagne de Russie, colonel d'un régiment de hussards. Des lettres-patentes de 1810 lui conférèrent le titre de baron. Louis XVIII, en 1814, lui rendit son ancien titre de comte de Villefranche. Il devint officier-général et mourut le 15 octobre 1825. — Il avait épousé, le 9 octobre 1810, Pauline-Antoinette-Bénédictine-Marie de Quélen d'Estuer de Caussade, fille du duc de la Vauguyon ; le fils issu de ce mariage, Eugène-Emmanuel-Joseph-Marie-Paul-François, reprit le rang de ses ancêtres, lorsque la branche de Carignan monta sur le trône de Sardaigne avec le roi Charles-Albert, petit-neveu du mari de Mlle de

bruit, et donna matière à un procès que plaide encore aujourd'hui M. Lacretelle l'aîné[114]. Mais quel rapport ces choses ont-elles avec ma vie ? « À mesure que la mémoire de mes privés amis, dit Montaigne, leur fournit la chose entière, ils reculent si arrière leur narration, que si le conte est bon, ils en étouffent la bonté ; s'il ne l'est pas, vous êtes à maudire ou l'heur de leur mémoire ou le malheur de leur jugement. J'ai vu des récits bien plaisans devenir très ennuyeux en la bouche d'un seigneur. » J'ai peur d'être ce seigneur.

Mon frère était à Saint-Malo lorsque M. de La Morandais m'y déposa. Il me dit un soir : « Je te mène au spectacle : prends ton chapeau. » Je perds la tête : je descends droit à la cave pour chercher mon chapeau qui était au grenier. Une troupe de comédiens ambulants venait de débarquer. J'avais rencontré des marionnettes ; je supposais qu'on voyait au théâtre des polichinelles beaucoup plus beaux que ceux de la rue.

J'arrive, le cœur palpitant, à une salle bâtie en bois, dans une rue déserte de la ville. J'entre par des corridors noirs, non sans un certain mouvement de frayeur. On ouvre une petite porte, et me voilà avec mon frère dans une loge à moitié pleine.

Le rideau était levé, la pièce commencée : on jouait *le Père de famille*[115]. J'aperçois deux hommes qui se promenaient sur le théâtre en causant, et que tout le monde regardait. Je les pris pour les directeurs des marionnettes, qui devisaient devant la cahute de madame Gigogne, en attendant l'arrivée du public : j'étais seulement étonné qu'ils parlassent si haut de leurs affaires et qu'on les écoutât en silence. Mon ébahissement redoubla lorsque d'autres personnages, arrivant sur la scène, se mirent à faire de grands bras, à larmoyer, et lorsque chacun se mit à pleurer par contagion. Le rideau tomba sans que j'eusse rien compris à tout cela. Mon frère descendit au foyer entre les deux pièces. Demeuré dans la loge au milieu des étrangers dont ma timidité me faisait un supplice, j'aurais voulu

---

Boisgarein. Le petit-fils de cette dernière, par décret royal du 18 avril 1834, fut reconnu héritier présomptif de la couronne, en cas d'extinction de la branche régnante. À plusieurs reprises, pendant que le roi était à la tête de son armée, lors des guerres de l'indépendance italienne, le prince Eugène de Savoie-Carignan remplit les fonctions de lieutenant-général du royaume. Il est mort le 15 décembre 1886, laissant de son mariage morganatique avec Dlle Félicité Crosic, contracté le 25 novembre 1863, six enfants, dont trois fils, qui sont aujourd'hui les derniers descendants par les mâles du mariage romanesque célébré, le 22 septembre 1781, dans la chapelle du château du Parc. Le roi d'Italie leur a accordé, en 1888, le nom de Villafranca-Soissons, avec le titre de comte.

114 Lacretelle (Pierre-Louis) dit l'Aîné (1751-1824), membre de l'Académie française. Avocat à Metz, puis à Paris, il plaida peu, mais ses mémoires judiciaires lui valurent une assez grande célébrité.

115 Le Père de famille, de Diderot, imprimé dès 1758, ne fut représenté à la Comédie Française que le 18 février 1768. Le succès du reste fut médiocre. La pièce n'eut que sept représentations.

être au fond de mon collège. Telle fut la première impression que je reçus de l'art de Sophocle et de Molière.

La troisième année de mon séjour à Dol fut marquée par le mariage de mes deux sœurs aînées : Marianne épousa le comte de Marigny, et Bénigne le comte de Québriac. Elles suivirent leurs maris à Fougères : signal de la dispersion d'une famille dont les membres devaient bientôt se séparer. Mes sœurs reçurent la bénédiction nuptiale à Combourg le même jour, à la même heure, au même autel, dans la chapelle du château[116]. Elles pleuraient, ma mère pleurait ; je fus étonné de cette douleur : je la comprends aujourd'hui. Je n'assiste pas à un baptême ou à un mariage sans sourire amèrement ou sans éprouver un serrement de cœur. Après le malheur de naître, je n'en connais pas de plus grand que celui de donner le jour à un homme.

Cette même année commença une révolution dans ma personne comme dans ma famille. Le hasard fit tomber entre mes mains deux livres bien divers, un *Horace* non châtié et une histoire des *Confessions mal faites*. Le bouleversement d'idées que ces deux livres me causèrent est incroyable : un monde étrange s'éleva autour de moi. D'un côté, je soupçonnai des secrets incompréhensibles à mon âge, une existence différente de la mienne, des plaisirs au delà de mes jeux, des charmes d'une nature ignorée dans un sexe où je n'avais vu qu'une mère et des sœurs ; d'un autre côté, des spectres traînant des chaînes et vomissant des flammes m'annonçaient les supplices éternels pour un seul péché dissimulé. Je perdis le sommeil ; la nuit, je croyais voir tour à tour des mains noires et des mains blanches passer à travers mes rideaux : je vins à me figurer que ces dernières mains étaient maudites par la religion, et cette idée accrut mon épouvante des ombres infernales. Je cherchais en vain dans le ciel et dans l'enfer l'explication d'un double mystère. Frappé à la fois au moral et au physique, je luttais encore avec mon innocence contre les orages d'une passion prématurée et les terreurs de la superstition.

Dès lors je sentis s'échapper quelques étincelles de ce feu qui est la transmission de la vie. J'expliquais le quatrième livre de l'*Énéide* et lisais le *Télémaque* : tout à coup je découvris dans Didon et dans Eucharis des beautés qui me ravirent ; je devins sensible à l'harmonie de ces vers admirables et de cette prose antique. Je traduisis un jour à livre ouvert l'*Æneadum genitrix, hominum divûmque voluptas* de Lucrèce avec tant de vivacité, que M. Égault m'arracha le poème et me jeta dans les racines grecques. Je dérobai un *Tibulle* : quand j'arrivai au *Quam juvat immites ventos audire cubantem*, ces sentiments de volupté et de mélancolie

---

[116] Le double mariage des deux sœurs aînées de Chateaubriand eut lieu le 11 janvier 1780. Marie-Anne-Françoise épousait Jean-Joseph Geffelot, comte de Marigny. Bénigne-Jeanne épousait Jean-François-Xavier, comte de Québriac, seigneur de Patrion.

semblèrent me révéler ma propre nature. Les volumes de Massillon qui contenaient les sermons de la *Pécheresse* et de l'*Enfant prodigue* ne me quittaient plus. On me les laissait feuilleter, car on ne se doutait guère de ce que j'y trouvais. Je volais de petits bouts de cierges dans la chapelle pour lire la nuit ces descriptions séduisantes des désordres de l'âme. Je m'endormais en balbutiant des phrases incohérentes, où je tâchais de mettre la douceur, le nombre et la grâce de l'écrivain qui a le mieux transporté dans la prose l'euphonie racinienne.

Si j'ai, dans la suite, peint avec quelque vérité les entraînements du cœur mêlés aux syndérèses chrétiennes, je suis persuadé que j'ai dû ce succès au hasard qui me fit connaître au même moment deux empires ennemis. Les ravages que porta dans mon imagination un mauvais livre eurent leur correctif dans les frayeurs qu'un autre livre m'inspira, et celles-ci furent comme alanguies par les molles pensées que m'avaient laissées des tableaux sans voile.

Ce qu'on dit d'un malheur, qu'il n'arrive jamais seul, on le peut dire des passions : elles viennent ensemble, comme les muses ou comme les furies. Avec le penchant qui commençait à me tourmenter, naquit en moi l'honneur ; exaltation de l'âme, qui maintient le cœur incorruptible au milieu de la corruption ; sorte de principe réparateur placé auprès d'un principe dévorant, comme la source inépuisable des prodiges que l'amour demande à la jeunesse et des sacrifices qu'il impose.

Lorsque le temps était beau, les pensionnaires du collège sortaient le jeudi et le dimanche. On nous menait souvent au Mont Dol, au sommet duquel se trouvaient quelques ruines gallo-romaines : du haut de ce tertre isolé, l'œil plane sur la mer et sur des marais où voltigent pendant la nuit des feux follets, lumière des sorciers qui brûle aujourd'hui dans nos lampes. Un autre but de nos promenades était les prés qui environnaient un séminaire d'*Eudistes*, d'Eudes, frère de l'historien Mézeray, fondateur de leur congrégation.

Un jour du mois de mai, l'abbé Égault, préfet de semaine, nous avait conduits à ce séminaire : on nous laissait une grande liberté de jeux, mais il était expressément défendu de monter sur les arbres. Le régent, après nous avoir établis dans un chemin herbu, s'éloigna pour dire son bréviaire.

Des ormes bordaient le chemin : tout à la cime du plus grand brillait un nid de pie ; nous voilà en admiration, nous montrant mutuellement la mère assise sur ses œufs, et pressés du plus vif désir de saisir cette superbe proie. Mais qui oserait tenter l'aventure ? L'ordre était si sévère, le régent si près, l'arbre si haut ! Toutes les espérances se tournent vers moi ; je grimpais comme un chat. J'hésite, puis la gloire l'emporte : je me dépouille de mon habit, j'embrasse l'orme et je commence à monter. Le tronc était sans branches, excepté aux deux tiers de sa crue, où se formait une fourche dont une des pointes portait le nid.

Mes camarades, assemblés sous l'arbre, applaudissaient à mes efforts, me regardant, regardant l'endroit d'où pouvait venir le préfet, trépignant de joie dans l'espoir des œufs, mourant de peur dans l'attente du châtiment. J'aborde au nid ; la pie s'envole ; je ravis les œufs, je les mets dans ma chemise et redescends. Malheureusement, je me laisse glisser entre les tiges jumelles et j'y reste à califourchon. L'arbre étant élagué, je ne pouvais appuyer mes pieds ni à droite ni à gauche pour me soulever et reprendre le limbe extérieur ; je demeure suspendu en l'air à cinquante pieds.

Tout à coup un cri : « Voici le préfet ! » et je me vois incontinent abandonné de mes amis, comme c'est l'usage. Un seul, appelé Le Gobbien, essaya de me porter secours, et fut tôt obligé de renoncer à sa généreuse entreprise. Il n'y avait qu'un moyen de sortir de ma fâcheuse position, c'était de me suspendre en dehors par les mains à l'une des deux dents de la fourche, et de tâcher de saisir avec mes pieds le tronc de l'arbre au-dessous de sa bifurcation. J'exécutai cette manœuvre au péril de ma vie. Au milieu de mes tribulations, je n'avais pas lâché mon trésor ; j'aurais pourtant mieux fait de le jeter, comme depuis j'en ai jeté tant d'autres. En dévalant le tronc, je m'écorchai les mains, je m'éraillai les jambes et la poitrine, et j'écrasai les œufs : ce fut ce qui me perdit. Le préfet ne m'avait point vu sur l'orme ; je lui cachai assez bien mon sang, mais il n'y eut pas moyen de lui dérober l'éclatante couleur d'or dont j'étais barbouillé. « Allons, me dit-il, monsieur, vous aurez le fouet. »

Si cet homme m'eût annoncé qu'il commuait cette peine en celle de mort, j'aurais éprouvé un mouvement de joie. L'idée de la honte n'avait point approché de mon éducation sauvage : à tous les âges de ma vie, il n'y a point de supplice que je n'eusse préféré à l'horreur d'avoir à rougir devant une créature vivante. L'indignation s'éleva dans mon cœur ; je répondis à l'abbé Égault, avec l'accent non d'un enfant, mais d'un homme, que jamais ni lui ni personne ne lèverait la main sur moi. Cette réponse l'anima ; il m'appela rebelle et promit de faire un exemple. « Nous verrons, » répliquai-je, et je me mis à jouer à la balle avec un sang-froid qui le confondit.

Nous retournâmes au collège ; le régent me fit entrer chez lui et m'ordonna de me soumettre. Mes sentiments exaltés firent place à des torrents de larmes. Je représentai à l'abbé Égault qu'il m'avait appris le latin ; que j'étais son écolier, son disciple, son enfant ; qu'il ne voudrait pas déshonorer son élève, et me rendre la vue de mes compagnons insupportable ; qu'il pouvait me mettre en prison, au pain et à l'eau, me priver de mes récréations, me charger de *pensums ;* que je lui saurais gré de cette clémence et l'en aimerais davantage. Je tombai à ses genoux, je joignis les mains, je le suppliai par Jésus-Christ de m'épargner : il demeura sourd à mes prières. Je me levai plein de rage et lui lançai dans les jambes un coup de pied si rude qu'il en poussa un cri. Il court en clochant à la porte de sa chambre, la ferme à double tour et revient sur moi. Je me retranche derrière son lit ; il m'allonge à travers le lit des coups de férule. Je m'entortille dans la couverture, et m'animant au combat, je m'écrie :

Macte animo, generose puer !

Cette érudition de grimaud fit rire malgré lui mon ennemi ; il parla d'armistice : nous conclûmes un traité ; je convins de m'en rapporter à l'arbitrage du principal. Sans me donner gain de cause, le principal me voulut bien soustraire à la punition que j'avais repoussée. Quand l'excellent prêtre prononça mon acquittement, je baisai la manche de sa robe avec une telle effusion de cœur et de reconnaissance, qu'il ne se put empêcher de me donner sa bénédiction. Ainsi se termina le premier combat qui me fit rendre cet honneur devenu l'idole de ma vie, et auquel j'ai tant de fois sacrifié repos, plaisir et fortune.

Les vacances où j'entrai dans ma douzième année furent tristes ; l'abbé Leprince m'accompagna à Combourg. Je ne sortais qu'avec mon précepteur ; nous faisions au hasard de longues promenades. Il se mourait de la poitrine ; il était mélancolique et silencieux ; je n'étais guère plus gai. Nous marchions des heures entières à la suite l'un de l'autre sans prononcer une parole. Un jour, nous nous égarâmes dans des bois ; M. Leprince se tourna vers moi et me dit : « Quel chemin faut-il prendre ? » je répondis sans hésiter : « Le soleil se couche ; il frappe à présent la fenêtre de la grosse tour : marchons par-là. » M. Leprince raconta le soir la chose à mon père : le futur voyageur se montra dans ce jugement. Maintes fois, en voyant le soleil se coucher dans les forêts de l'Amérique, je me suis rappelé les bois de Combourg : mes souvenirs se font écho.

L'abbé Leprince désirait que l'on me donnât un cheval ; mais, dans les idées de mon père, un officier de marine ne devait savoir manier que son vaisseau. J'étais réduit à monter à la dérobée deux grosses juments de carrosse ou un grand cheval pie. La *Pie* n'était pas, comme celle de Turenne, un de ces destriers nommés par les Romains *desultorios equos*, et façonnés à secourir leur maître ; c'était un Pégase lunatique qui ferrait en trottant, et qui me mordait les jambes quand je le forçais à sauter des fossés. Je ne me suis jamais beaucoup soucié de chevaux, quoique j'aie mené la vie d'un Tartare, et, contre l'effet que ma première éducation aurait dû produire, je monte à cheval avec plus d'élégance que de solidité.

La fièvre tierce, dont j'avais apporté le germe des marais de Dol, me débarrassa de M. Leprince. Un marchand d'orviétan passa dans le village ; mon père, qui ne croyait point aux médecins, croyait aux charlatans : il envoya chercher l'empirique, qui déclara me guérir en vingt-quatre heures. Il revint le lendemain, habit vert galonné d'or, large tignasse poudrée, grandes manchettes de mousseline sale, faux brillants aux doigts, culotte de satin noir usé, bas de soie d'un blanc bleuâtre, et souliers avec des boucles énormes.

Il ouvre mes rideaux, me tâte le pouls, me fait tirer la langue, baragouine avec un accent italien quelques mots sur la nécessité de me purger, et me donne à manger un petit morceau de caramel. Mon père approuvait l'affaire, car il prétendait que toute maladie venait d'indigestion, et que pour toute espèce de maux il fallait purger son homme jusqu'au sang.

Une demi-heure après avoir avalé le caramel, je fus pris de vomissements effroyables ; on avertit M. de Chateaubriand, qui voulait faire sauter le pauvre diable par la fenêtre de la tour. Celui-ci, épouvanté, met habit bas, retrousse les manches de sa chemise en faisant les gestes les plus grotesques. À chaque mouvement, sa perruque tournait en tous sens ; il répétait mes cris et ajoutait après « *Che ? monsou Lavandier !* » Ce monsieur Lavandier était le pharmacien du village[117], qu'on avait appelé au secours. Je ne savais, au milieu de mes douleurs, si je mourrais des drogues de cet homme ou des éclats de rire qu'il m'arrachait.

On arrêta les effets de cette trop forte dose d'émétique, et je fus remis sur pied. Toute notre vie se passe à errer autour de notre tombe ; nos diverses maladies sont des souffles qui nous approchent plus ou moins du port. Le premier mort que j'aie vu était un chanoine de Saint-Malo ; il gisait expiré sur son lit, le visage distors par les dernières convulsions. La mort est belle, elle est notre amie : néanmoins, nous ne la reconnaissons pas, parce qu'elle se présente à nous masquée et que son masque nous épouvante.

On me renvoya au collège à la fin de l'automne.

De Dieppe où l'injonction de la police m'avait obligé de me réfugier, on m'a permis de revenir à la Vallée-aux-Loups, où je continue ma narration. La terre tremble sous les pas du soldat étranger, qui dans ce moment même envahit ma patrie ; j'écris, comme les derniers Romains, au bruit de l'invasion des Barbares. Le jour, je trace des pages aussi agitées que les événements de ce jour[118] ; la nuit, tandis que le roulement du canon lointain expire dans mes bois, je retourne au silence des années qui dorment dans la tombe, à la paix de mes plus jeunes souvenirs. Que le passé d'un homme est étroit et court, à côté du vaste présent des peuples et de leur avenir immense !

Les mathématiques, le grec et le latin occupèrent tout mon hiver au collège. Ce qui n'était pas consacré à l'étude était donné à ces jeux du commencement de la vie, pareils en tous lieux. Le petit Anglais, le petit Allemand, le petit Italien, le petit Espagnol, le petit Iroquois, le petit

---

[117] Maître Noël Le Lavandier, apothicaire, marié à Dingé, près de Combourg, le 7 juillet 1751, était originaire de la paroisse de Vieuvel, où sa famille, venue de Normandie, s'était établie au xviie siècle.
[118] De Buonaparte et des Bourbons. (Note de Genève, 1831.) Ch.

Bédouin roulent le cerceau et lancent la balle. Frères d'une grande famille, les enfants ne perdent leurs traits de ressemblance qu'en perdant l'innocence, la même partout. Alors les passions, modifiées par les climats, les gouvernements et les mœurs, font les nations diverses ; le genre humain cesse de s'entendre et de parler le même langage : c'est la société qui est la véritable tour de Babel.

Un matin, j'étais très animé à une partie de barres dans la grande cour du collège ; on me vint dire qu'on me demandait. Je suivis le domestique à la porte extérieure. Je trouve un gros homme, rouge de visage, les manières brusques et impatientes, le ton farouche, ayant un bâton à la main, portant une perruque noire mal frisée, une soutane déchirée retroussée dans ses poches, des souliers poudreux, des bas percés au talon : « Petit polisson, me dit-il, n'êtes-vous pas le chevalier de Chateaubriand de Combourg ? — Oui, monsieur, répondis-je tout étourdi de l'apostrophe. — Et moi, reprit-il presque écumant, je suis le dernier aîné de votre famille, je suis l'abbé de Chateaubriand de la Guerrande[119] : regardez-moi bien. » Le fier abbé met la main dans le gousset d'une vieille culotte de panne, prend un écu de six francs moisi, enveloppé dans un papier crasseux, me le jette au nez et continue à pied son voyage, en marmottant ses matines d'un air furibond. J'ai su depuis que le prince de Condé avait fait offrir à ce hobereau-vicaire le préceptorat du duc de Bourbon. Le prêtre outrecuidé répondit que le prince, possesseur de la baronnie de Chateaubriand, devait savoir que les héritiers de cette baronnie pouvaient avoir des précepteurs, mais n'étaient les précepteurs de personne. Cette hauteur était le défaut de ma famille ; elle était odieuse dans mon père ; mon frère la poussait jusqu'au ridicule ; elle a un peu passé à son fils aîné. — Je ne suis pas bien sûr, malgré mes inclinations républicaines, de m'en être complètement affranchi, bien que je l'aie soigneusement cachée.

L'époque de ma première communion approchait, moment où l'on décidait dans la famille de l'état futur de l'enfant. Cette cérémonie religieuse remplaçait parmi les jeunes chrétiens la prise de la robe virile chez les Romains. Madame de Chateaubriand était venue assister à la première communion d'un fils qui, après s'être uni à son Dieu, allait se séparer de sa mère.

Ma piété paraissait sincère ; j'édifiais tout le collège ; mes regards étaient ardents ; mes abstinences répétées allaient jusqu'à donner de l'inquiétude à mes maîtres. On craignait l'excès de ma dévotion ; une

---

[119] Charles-Hilaire de Chateaubriand, né en 1708, successivement recteur de Saint-Germain-de-la-mer au diocèse de Saint-Brieuc, de Saint-Étienne de Rennes en 1748, de Bazouge-du-Désert en 1767, et de Toussaint de Rennes en 1770. Il résigna en 1776 et mourut au Val des Bretons en Pleine-Fougères, le 12 août 1782. (Pouillé de Rennes, iv, 120 ; v, 557, 655, 658 ; Paris-Jallobert, Bazouge, p.27, Pleine-Fougères, p. 15 et 55.)

religion éclairée cherchait à tempérer ma ferveur.

J'avais pour confesseur le supérieur du séminaire des Eudistes, homme de cinquante ans, d'un aspect rigide. Toutes les fois que je me présentais au tribunal de la pénitence, il m'interrogeait avec anxiété. Surpris de la légèreté de mes fautes, il ne savait comment accorder mon trouble avec le peu d'importance des secrets que je déposais dans son sein. Plus le jour de Pâques s'avoisinait, plus les questions du religieux étaient pressantes. « Ne me cachez-vous rien ? » me disait-il. Je répondais : « Non, mon père. — N'avez-vous pas fait telle faute ? — Non, mon père. » Et toujours : « Non, mon père. » Il me renvoyait en doutant, en soupirant, en me regardant jusqu'au fond de l'âme, et moi, je sortais de sa présence, pâle et défiguré comme un criminel.

Je devais recevoir l'absolution le mercredi saint. Je passai la nuit du mardi au mercredi en prières, et à lire avec terreur le livre des *Confessions mal faites*. Le mercredi, à trois heures de l'après-midi, nous partîmes pour le séminaire ; nos parents nous accompagnaient. Tout le vain bruit qui s'est depuis attaché à mon nom n'aurait pas donné à madame de Chateaubriand un seul instant de l'orgueil qu'elle éprouvait comme chrétienne et comme mère, en voyant son fils prêt à participer au grand mystère de la religion.

En arrivant à l'église, je me prosternai devant le sanctuaire et j'y restai comme anéanti. Lorsque je me levai pour me rendre à la sacristie, où m'attendait le supérieur, mes genoux tremblaient sous moi. Je me jetai aux pieds du prêtre ; ce ne fut que de la voix la plus altérée que je parvins à prononcer mon *Confiteor*. « Eh bien, n'avez-vous rien oublié ? » me dit l'homme de Jésus-Christ. Je demeurai muet. Ses questions recommencèrent, et le fatal *non, mon père*, sortit de ma bouche. Il se recueillit, il demanda des conseils à Celui qui conféra aux apôtres le pouvoir de lier et de délier les âmes. Alors, faisant un effort, il se prépare à me donner l'absolution.

La foudre que le Ciel eût lancée sur moi m'aurait causé moins d'épouvante, je m'écriai : « Je n'ai pas tout dit ! » Ce redoutable juge, ce délégué du souverain Arbitre, dont le visage m'inspirait tant de crainte, devient le pasteur le plus tendre ; il m'embrasse et fond en larmes : « Allons, me dit-il, mon cher fils, du courage ! »

Je n'aurai jamais un tel moment dans ma vie. Si l'on m'avait débarrassé du poids d'une montagne, on ne m'eût pas plus soulagé : je sanglotais de bonheur. J'ose dire que c'est de ce jour que j'ai été créé honnête homme ; je sentis que je ne survivrais jamais à un remords : quel doit donc être celui du crime, si j'ai pu tant souffrir pour avoir tu les faiblesses d'un enfant ! Mais combien elle est divine cette religion qui se peut emparer ainsi de nos bonnes facultés ! Quels préceptes de morale suppléeront jamais à ces institutions chrétiennes ?

Le premier aveu fait, rien ne me coûta plus : mes puérilités cachées, et qui auraient fait rire le monde, furent pesées au poids de la religion. Le supérieur se trouva fort embarrassé ; il aurait voulu retarder ma communion ; mais j'allais quitter le collège de Dol et bientôt entrer au service dans la marine. Il découvrit avec une grande sagacité, dans le caractère même de mes *juvéniles*, tout insignifiantes qu'elles étaient, la nature de mes penchants ; c'est le premier homme qui ait pénétré le secret de ce que je pouvais être. Il devina mes futures passions ; il ne me cacha pas ce qu'il croyait voir de bon en moi, mais il me prédit aussi mes maux à venir. « Enfin, ajouta-t-il, le temps manque à votre pénitence ; mais vous êtes lavé de vos péchés par un aveu courageux, quoique tardif. » Il prononça, en levant la main, la formule de l'absolution. Cette seconde fois, ce bras foudroyant ne fit descendre sur ma tête que la rosée céleste ; j'inclinai mon front pour la recevoir ; ce que je sentais participait de la félicité des anges. Je m'allai précipiter dans le sein de ma mère qui m'attendait au pied de l'autel. Je ne parus plus le même à mes maîtres et à mes camarades ; je marchais d'un pas léger, la tête haute, l'air radieux, dans tout le triomphe du repentir.

Le lendemain, jeudi saint, je fus admis à cette cérémonie touchante et sublime dont j'ai vainement essayé de tracer le tableau dans le *Génie du christianisme*[120]. J'y aurais pu retrouver mes petites humiliations accoutumées : mon bouquet et mes habits étaient moins beaux que ceux de mes compagnons ; mais ce jour-là tout fut à Dieu et pour Dieu. Je sais parfaitement ce que c'est que la Foi : la présence réelle de la victime dans le saint sacrement de l'autel m'était aussi sensible que la présence de ma mère à mes côtés. Quand l'hostie fut déposée sur mes lèvres, je me sentis comme tout éclairé en dedans. Je tremblais de respect, et la seule chose matérielle qui m'occupât était la crainte de profaner le pain sacré.

> Le pain que je vous propose
> Sert aux anges d'aliment,
> Dieu lui-même le compose
> De la fleur de son froment.
>
> (RACINE.)

Je conçus encore le courage des martyrs ; j'aurais pu dans ce moment confesser le Christ sur le chevalet ou au milieu des lions.

J'aime à rappeler ces félicités qui précédèrent de peu d'instants dans mon âme les tribulations du monde. En comparant ces ardeurs aux transports que je vais peindre ; en voyant le même cœur éprouver, dans l'intervalle de trois ou quatre années, tout ce que l'innocence et la religion ont de plus doux et de plus salutaire, et tout ce que les passions ont de plus séduisant et de plus funeste, on choisira des deux joies ; on verra de quel

---

[120] Génie du Christianisme, première partie, livre I, chapitre vii : De la Communion.

côté il faut chercher le bonheur et surtout le repos.

Trois semaines après ma première communion, je quittai le collège de Dol. Il me reste de cette maison un agréable souvenir : notre enfance laisse quelque chose d'elle-même aux lieux embellis par elle, comme une fleur communique un parfum aux objets qu'elle a touchés. Je m'attendris encore aujourd'hui en songeant à la dispersion de mes premiers camarades et de mes premiers maîtres. L'abbé Leprince, nommé à un bénéfice auprès de Rouen, vécut peu ; l'abbé Égault obtint une cure dans le diocèse de Rennes, et j'ai vu mourir le bon principal, l'abbé Porcher, au commencement de la Révolution : il était instruit, doux et simple de cœur. La mémoire de cet obscur Rollin me sera toujours chère et vénérable.

Je trouvai à Combourg de quoi nourrir ma piété, une mission ; j'en suivis les exercices. Je reçus la confirmation sur le perron du manoir, avec les paysans et les paysannes, de la main de l'évêque de Saint-Malo. Après cela, on érigea une croix ; j'aidai à la soutenir tandis qu'on la fixait sur sa base. Elle existe encore[121] : elle s'élève devant la tour où est mort mon père. Depuis trente années elle n'a vu paraître personne aux fenêtres de cette tour ; elle n'est plus saluée des enfants du château ; chaque printemps elle les attend en vain ; elle ne voit revenir que les hirondelles, compagnes de mon enfance, plus fidèles à leur nid que l'homme à sa maison. Heureux si ma vie s'était écoulée au pied de la croix de la mission, si mes cheveux n'eussent été blanchis que par le temps qui a couvert de mousse les branches de cette croix !

Je ne tardai pas à partir pour Rennes : j'y devais continuer mes études et clore mon cours de mathématiques, afin de subir ensuite à Brest l'examen de garde-marine.

M. de Fayolle était principal du collège de Rennes. On comptait dans ce Juilly de la Bretagne trois professeurs distingués, l'abbé de Chateaugiron pour la seconde, l'abbé Germé pour la rhétorique, l'abbé Marchand pour la physique. Le pensionnat et les externes étaient nombreux, les classes fortes. Dans les derniers temps, Geoffroy[122] et Ginguené[123], sortis de ce collège, auraient fait honneur à Sainte-Barbe et au

---

[121] « De tout ce que j'ai planté à Combourg, une croix seule est restée debout, comme si je ne pouvais rien créer de durable que pour la douleur, ni marquer mon passage sur la terre autrement que par des monuments de tristesse. » Manuscrit de 1826.

[122] Geoffroy (Julien-Louis), né à Rennes le 17 août 1743, mort à Paris le 24 février 1814. Créateur du feuilleton littéraire, il fut, de 1800 à 1814, le prince des critiques. Ses articles ont été réunis en six volumes, sous le titre de Cours de littérature dramatique. Il avait été élève du collège de Rennes, de 1750 à 1758. — Geoffroy et la critique dramatique sous le Consulat et l'Empire, par Charles-Marc Des Granges, un vol. in-8o 1897.

[123] Ginguené (Pierre-Louis), né à Rennes le 25 avril 1748, mort à Paris le 16 novembre 1816. Placé au collège de Rennes, il y commença ses études sous les jésuites et les termina, après leur expulsion (en 1762), sous les prêtres séculiers

Plessis. Le chevalier de Parny[124] avait aussi étudié à Rennes ; j'héritai de son lit dans la chambre qui me fut assignée.

Rennes me semblait une Babylone, le collège un monde. La multitude des maîtres et des écoliers, la grandeur des bâtiments, du jardin et des cours, me paraissaient démesurées[125] : je m'y habituai cependant. À la fête du principal, nous avions des jours de congé ; nous chantions à tue-tête à sa louange de superbes couplets de notre façon, où nous disions :

> Ô Terpsichore, ô Polymnie,
> Venez, venez remplir nos vœux ;
> La raison même vous convie.

Je pris sur mes nouveaux camarades l'ascendant que j'avais eu à Dol sur mes anciens compagnons : il m'en coûta quelques horions. Les babouins bretons sont d'une humeur hargneuse ; on s'envoyait des cartels pour les jours de promenade, dans les bosquets du jardin des Bénédictins, appelé *le Thabor :* nous nous servions de compas de mathématiques attachés au bout d'une canne, ou nous en venions à une lutte corps à corps plus ou moins félone ou courtoise, selon la gravité du défi. Il y avait des juges du camp qui décidaient s'il échéait gage, et de quelle manière les champions mèneraient des mains. Le combat ne cessait que quand une des deux parties s'avouait vaincue. Je retrouvai au collège mon ami Gesril, qui présidait, comme à Saint-Malo, à ces engagements. Il voulait être mon second dans une affaire que j'eus avec Saint-Riveul, jeune gentilhomme

---

qui leur succédèrent. Son ouvrage le plus important est l'Histoire littéraire d'Italie (Paris, 1811-1824, 9 vol. in-8o).

[124] Parny (Évariste-Désiré De Forges de), né à l'Île Bourbon le 6 février 1753, mort à Paris le 5 décembre 1814. À l'âge de 9 ans, il fut envoyé en France et mis au collège de Rennes ; il y fit ses études avec Ginguené, lequel plus tard a publiquement payé sa dette à ses souvenirs par une agréable épître de 1790, et par son zèle à défendre la Guerre des Dieux dans la Décade. (Sainte-Beuve, Portraits contemporains et divers, tome III, p. 124.)

[125] Le collège de Rennes était un des plus importants de France. Il avait été fondé par les Jésuites en 1607. Lorsqu'ils le quittèrent, en 1762, un collège communal, aussitôt organisé, fut installé dans les bâtiments qu'ils venaient de quitter. C'est encore dans le même local que se trouve aujourd'hui le lycée de Rennes, mais l'étendue en a été fort réduite. Il faut, pour avoir une idée de ce qu'était, au xviiie siècle, ce collège qui semblait « un monde » à Chateaubriand, consulter les plans que l'autorité royale fit dresser pendant sa procédure contre les Jésuites, plans qui furent envoyés à la cour de Rome et dont le Cabinet des estampes possède un double, en 5 vol. in-fo. En 1761, le collège de Rennes comptait 4 000 élèves. (Histoire de Rennes, par Ducrest et Maillet, p. 229 ; — Rennes ancien et moderne, par Ogée et Marteville, tome I, p. 204, 235, 237. — Geoffroy, par Charles-Marc Des Granges, p. 3 et suivantes.)

qui devint la première victime de la Révolution[126]. Je tombai sous mon adversaire, refusai de me rendre et payai cher ma superbe. Je disais, comme Jean Desmarest[127] allant à l'échafaud : « Je ne crie merci qu'à Dieu. »

Je rencontrai à ce collège deux hommes devenus depuis différemment célèbres : Moreau le général[128], et Limoëlan, auteur de la machine infernale, aujourd'hui prêtre en Amérique[129]. Il n'existe qu'un portrait de

---

[126] « … Saint-Riveul, jeune gentilhomme qui eut l'honneur d'être la première victime de la Révolution. Il fut tué dans les rues de Rennes en se rendant avec son père à la Chambre de la noblesse. » Manuscrit de 1826. — André-François-Jean du Rocher de Saint-Riveul, né à Plénée, fils de Henri du Rocher, comte de Saint-Riveul, et de Anne-Bernardine Roger. Il n'était âgé que de 17 ans, lorsqu'il fut tué, le 27 janvier 1789.

[127] Jean Desmarets, avocat général au Parlement de Paris, décapité en 1383. On l'accusait d'avoir encouragé par sa faiblesse l'année précédente, la révolte et les excès des Maillotins.

[128] Moreau (Jean-Victor), né à Morlaix le 11 août 1763, mort à Lauen le 2 septembre 1813.

[129] Joseph-Pierre Picot de Limoëlan de Clorivière était exactement du même âge que Chateaubriand. Il était né à Broons le 4 novembre 1768. Après avoir été camarades de collège à Rennes, ils se retrouvèrent à l'école ecclésiastique de la Victoire à Dinan. Entré dans l'armée à l'âge de quinze ans, Limoëlan était officier du roi Louis XVI lorsqu'éclata la Révolution. Il émigra, puis rentra bientôt en Bretagne, chouanna dans les environs de Saint-Méen et de Gaël et devint adjudant-général de Georges Cadoudal. En 1798, il remplaça temporairement Aimé du Boisguy dans le commandement de la division de Fougères. À la fin de 1799, alors que la plupart des autres chefs royalistes se voyaient contraints de déposer les armes, il refusa d'adhérer à la pacification et vint à Paris. Il était à la veille d'épouser une charmante jeune fille de Versailles, Mlle Julie d'Albert, à laquelle il était fiancé depuis plusieurs années, lorsqu'eut lieu, rue Saint-Nicaise, l'explosion de la machine infernale (3 nivôse an VIII — 24 décembre 1799). Limoëlan avait été l'un des principaux agents du complot. Grâce au dévouement de sa fiancée, il put échapper aux recherches de la police, gagner la Bretagne et s'embarquer pour l'Amérique. Son premier soin, en arrivant à New-York, fut d'écrire à la famille de Mlle d'Albert, lui demandant de venir le rejoindre aux États-Unis, où le mariage serait célébré. La réponse fut terrible pour Limoëlan. Mlle d'Albert, au moment où il courait les plus grands dangers, avait fait vœu de se consacrer à Dieu, si son fiancé parvenait à s'échapper. Fidèle à sa promesse, elle le suppliait d'oublier le passé pour ne songer qu'à l'avenir éternel. Le jeune officier entra en 1808 au séminaire de Baltimore. Commençant une vie nouvelle, il abandonna le nom de Limoëlan pour prendre celui de Clorivière, sous lequel il est uniquement connu aux États-Unis. Il fut ordonné prêtre au mois d'août 1812 et devint curé de Charleston. Lorsque, deux ans plus tard, l'abbé de Clorivière apprit la restauration des Bourbons, le chef royaliste se retrouva sous le prêtre, et il entonna avec enthousiasme dans son église un Te Deum d'actions de grâces. En 1815, il se rendit en France, mais dans l'unique but de liquider ce qui lui restait de sa fortune, afin d'en rapporter le produit en Amérique et de l'employer tout entier à l'avantage de la religion. En 1820, il fut nommé directeur du couvent de la visitation de Georgetown. Ce couvent avait été fondé, en 1805, par une pieuse dame irlandaise, miss Alice Lalor, et un assez grand nombre de saintes filles y avaient pris le voile à

Lucile, et cette méchante miniature a été faite par Limoëlan, devenu peintre pendant les détresses révolutionnaires. Moreau était externe, Limoëlan pensionnaire. On a rarement trouvé à la même époque, dans une même province, dans une même petite ville, dans une même maison d'éducation, des destinées aussi singulières. Je ne puis m'empêcher de raconter un tour d'écolier que joua au préfet de semaine mon camarade Limoëlan.

Le préfet avait coutume de faire sa ronde dans les corridors, après la retraite, pour voir si tout était bien : il regardait à cet effet par un trou pratiqué dans chaque porte. Limoëlan, Gesril, Saint-Riveul et moi nous couchions dans la même chambre :

D'animaux malfaisants c'était un fort bon plat.

Vainement avions-nous plusieurs fois bouché le trou avec du papier ; le préfet poussait le papier et nous surprenait sautant sur nos lits et cassant nos chaises.

Un soir Limoëlan, sans nous communiquer son projet, nous engage à nous coucher et à éteindre la lumière. Bientôt nous l'entendons se lever, aller à la porte, et puis se remettre au lit. Un quart d'heure après, voici

---

son exemple. Mais, en 1820, l'établissement, privé de toutes ressources financières, végétait péniblement, et les bonnes sœurs se voyaient menacées chaque année d'être dispersées. L'abbé de Clorivière se chargea d'assurer l'avenir de cette utile fondation. Il construisit à ses frais un pensionnat pour l'éducation des jeunes personnes, et une élégante chapelle, dédiée au Sacré-Cœur de Jésus. Il contribua aussi par de larges donations à l'établissement d'un externat gratuit pour les enfants pauvres. C'est dans le monastère même dont il est le second fondateur que l'abbé de Clorivière mourut, le 29 septembre 1826, laissant une mémoire qui est encore en vénération aux États-Unis. — Mlle Julie d'Albert lui survécut longtemps. Elle resta fidèle à son vœu de célibat et elle refusa les nombreux partis qui se présentèrent à elle dans sa jeunesse. Mais elle ne se sentit pas la vocation d'entrer au couvent, et après plusieurs tentatives, qui montrèrent que la vie religieuse ne lui convenait pas, elle obtint, à l'âge de cinquante ans, du pape Grégoire XVI, d'être relevée du vœu imprudent qu'elle avait formé. Elle est morte à Versailles, dans un âge avancé, après une vie consacrée tout entière à l'exercice de la piété et de la charité. — L'abbé de Clorivière avait écrit, sur les événements auxquels il avait pris part en France, de volumineux mémoires. Arrivé à la fin de la relation de chaque année, il cachetait le cahier et ne l'ouvrait plus. « Ces cahiers, dit-il plus d'une fois aux bonnes sœurs de Georgetown, contiennent beaucoup de faits intéressants et importants pour l'histoire et la religion. » Par son testament, il ordonna de brûler ses cahiers. Cette clause a été fidèlement observée à sa mort, et on doit le regretter vivement pour l'histoire. Au moment de mourir, l'abbé de Clorivière ne voulait pas qu'il restât rien de ce qui avait été Limoëlan. Limoëlan pourtant vivra. Dans le temps même où il donnait l'ordre de détruire ses Mémoires, Chateaubriand écrivait les siens et assurait ainsi l'immortalité à son camarade de collège. (Voir dans la Revue de Bretagne et de Vendée, tome VIII, p. 343, la notice sur l'Abbé de Clorivière, par C. de Laroche-Héron (Henry de Courcy.)

venir le préfet sur la pointe du pied. Comme avec raison nous lui étions suspects, il s'arrête à la porte, écoute, regarde, n'aperçoit point de lumière[130]. . . . .

« Qui est-ce qui a fait cela ? » s'écrie-t-il en se précipitant dans la chambre. Limoëlan d'étouffer de rire et Gesril de dire en nasillant, avec son air moitié niais, moitié goguenard : « Qu'est-ce donc, monsieur le préfet ? » Voilà Saint-Riveul et moi à rire comme Limoëlan et à nous cacher sous nos couvertures.

On ne put rien tirer de nous : nous fûmes héroïques. Nous fûmes mis tous quatre en prison au *caveau* : Saint-Riveul fouilla la terre sous une porte qui communiquait à la basse-cour ; il engagea la tête dans cette taupinière, un porc accourut, et lui pensa manger la cervelle ; Gesril se glissa dans les caves du collège et mit couler un tonneau de vin ; Limoëlan démolit un mur, et moi, nouveau Perrin Dandin, grimpant dans un soupirail, j'ameutai la canaille de la rue par mes harangues. Le terrible auteur de la machine infernale, jouant cette niche de polisson à un préfet de collège, rappelle en petit Cromwell barbouillant d'encre la figure d'un autre régicide, qui signait après lui l'arrêt de mort de Charles Ier.

Quoique l'éducation fût très religieuse au collège de Rennes, ma ferveur se ralentit : le grand nombre de mes maîtres et de mes camarades multipliait les occasions de distraction. J'avançai dans l'étude des langues ; je devins fort en mathématiques, pour lesquelles j'ai toujours eu un penchant décidé : j'aurais fait un bon officier de marine ou de génie. En tout j'étais né avec des dispositions faciles : sensible aux choses sérieuses comme aux choses agréables, j'ai commencé par la poésie, avant d'en venir à la prose ; les arts me transportaient ; j'ai passionnément aimé la musique et l'architecture. Quoique prompt à m'ennuyer de tout, j'étais capable des plus petits détails ; étant doué d'une patience à toute épreuve, quoique fatigué de l'objet qui m'occupait, mon obstination était plus forte que mon dégoût. Je n'ai jamais abandonné une affaire quand elle a valu la peine d'être achevée ; il y a telle chose que j'ai poursuivie quinze et vingt ans de ma vie, aussi plein d'ardeur le dernier jour que le premier.

---

[130] Chateaubriand glisse ici sur cette petite aventure de collège ; dans le Manuscrit de 1826, il avait un peu plus appuyé, n'omettant aucun détail. Voici cette première version : « Un quart d'heure après, voici venir le préfet sur la pointe du pied. Comme avec raison nous lui étions fort suspects, il s'arrête à notre porte, écoute, regarde, n'aperçoit point de lumière, croit le trou bouché, y enfonce imprudemment le doigt... Qu'on juge de sa colère ? « Qui a fait cela ? » s'écrie-t-il en se précipitant dans la chambre. Limoëlan d'éclater de rire et Gesril de dire en nasillant avec un air moitié niais, moitié goguenard : « Qu'est-donc, monsieur le préfet ? » Quand nous sûmes ce que c'était, nous voilà, Saint-Riveul et moi, à nous pâmer de rire comme Limoëlan, à nous boucher le nez et à nous coucher sous nos couvertures, tandis que Gesril, se levant en chemise, offrit gravement au préfet sa cuvette et son pot à l'eau. »

Cette souplesse de mon intelligence se retrouvait dans les choses secondaires. J'étais habile aux échecs, adroit au billard, à la chasse, au maniement des armes ; je dessinais passablement ; j'aurais bien chanté, si l'on eût pris soin de ma voix. Tout cela, joint au genre de mon éducation, à une vie de soldat et de voyageur, fait que je n'ai point senti mon pédant, que je n'ai jamais eu l'air hébété ou suffisant, la gaucherie, les habitudes crasseuses des hommes de lettres d'autrefois, encore moins la morgue et l'assurance, l'envie et la vanité fanfaronne des nouveaux auteurs.

Je passai deux ans au collège de Rennes ; Gesril le quitta dix-huit mois avant moi. Il entra dans la marine. Julie, ma troisième sœur, se maria dans le cours de ces deux années : elle épousa le comte de Farcy, capitaine au régiment de Condé, et s'établit avec son mari à Fougères, où déjà habitaient mes deux sœurs aînées, mesdames de Marigny et de Québriac. Le mariage de Julie eut lieu à Combourg, et j'assistai à la noce[131]. J'y rencontrai cette comtesse de Tronjoli[132] qui se fit remarquer par son intrépidité à l'échafaud : cousine et intime amie du marquis de La Rouërie, elle fut mêlée à sa conspiration. Je n'avais encore vu la beauté qu'au milieu de ma famille ; je restai confondu en l'apercevant sur le visage d'une femme étrangère. Chaque pas dans la vie m'ouvrait une nouvelle perspective ; j'entendais la voix lointaine et séduisante des passions qui venaient à moi ; je me précipitais au-devant de ces sirènes,

---

[131] Le mariage de la troisième sœur de Chateaubriand avec Annibal-Pierre-François de Farcy de Montavalon eut lieu en 1782. Le comte de Farcy était capitaine au régiment de Condé, infanterie.

[132] Il s'agit ici de Thérèse-Josèphe de Moëlien, fille de Sébastien-Marie-Hyacinthe de Moëlien, chevalier seigneur de Trojolif (et non Tronjoli), Kermoisan, Kerguelenet et autres lieux, conseiller au Parlement de Bretagne, et de Périnne-Josèphe de la Belinaye. Elle était née à Rennes le 14 juillet 1759. Elle avait donc vingt-trois ans, lorsque Chateaubriand la vit à Combourg. Quand il écrivit ses Mémoires, il la revoyait encore avec ses yeux de collégien ; mais les témoignages contemporains s'accordent à dire qu'elle n'était ni belle ni jolie. Les mots du texte : et intime amie du marquis de la Rouërie, ne se trouvent pas dans le Manuscrit de 1826. Chateaubriand ici a trop facilement accepté un bruit sans fondement. Thérèse de Moëlien aimait — non la Rouërie — mais le major américain Chafner, qu'elle devait épouser, si elle survivait à la conspiration, où tous deux jouaient un rôle si actif. Le courageux Chafner, en apprenant les dangers dont le trône de Louis XVI était entouré, était accouru d'Amérique pour mettre son dévouement au service du roi qui avait assuré l'indépendance de sa patrie. Thérèse de Moëlien, traduite devant le tribunal révolutionnaire de Paris, avec vingt-six autres accusés, impliqués, comme elle, dans ce qu'on appela la Conjuration de Bretagne, fut guillotinée, le 18 juin 1793. Le major Chafner, qui n'avait pu être arrêté, se trouvant à Londres au moment où la conspiration fut découverte, revint en Bretagne et périt à Nantes, sous le proconsulat de Carrier, après avoir, au milieu des Vendéens, bravement vengé la mort de Mlle de Moëlien. (Biographie bretonne, tome II, article La Rouërie ; — Crétineau-Joly, Histoire de la Vendée militaire, tome III, chapitre II ; — Théodore Muret, Histoire des guerres de l'Ouest, tome III ; — Frédéric de Pioger, la Conspiration de La Rouarie ; — G. Lenotre.)

attiré par une harmonie inconnue. Il se trouva que, comme le grand-prêtre d'Éleusis, j'avais des encens divers pour chaque divinité. Mais les hymnes que je chantais, en brûlant ces encens, pouvaient-ils s'appeler *baumes*[133], ainsi que les poésies de l'hiérophante ?

Après le mariage de Julie, je partis pour Brest. En quittant le grand collège de Rennes, je ne sentis point le regret que j'éprouvai en sortant du petit collège de Dol ; peut-être n'avais-je plus cette innocence qui nous fait un charme de tout ; le temps commençait à la déclore. J'eus pour mentor dans ma nouvelle position un de mes oncles maternels, le comte Ravenel de Boisteilleul, chef d'escadre[134], dont un des fils[135] officier très distingué d'artillerie dans les armées de Bonaparte, a épousé la fille unique[136] de ma sœur la comtesse de Farcy.

Arrivé à Brest, je ne trouvai point mon brevet d'aspirant ; je ne sais quel accident l'avait retardé. Je restai ce qu'on appelait *soupirant*, et, comme tel, exempt d'études régulières. Mon oncle me mit en pension dans la rue de Siam, à une table d'hôte d'aspirants, et me présenta au commandant de la marine, le comte Hector[137].

---

[133] Allusion au titre des hymnes mystiques d'Orphée qui s'appelaient parfums (Thymiamata). (Comte de Marcellus, Chateaubriand et son temps, p. 17.)

[134] Ravenel du Boisteilleul (Jean-Baptiste-Joseph-Eugène de), fils de messire Théodore-François de Ravenel, seigneur du Boisteilleul, du Boisfaroye, etc., et de dame Angélique-Julie de Broise, né à Amanlis (diocèse de Rennes) le 13 septembre 1738, décédé à Rennes le 20 juin 1815. Il fut promu capitaine de vaisseau le 13 mars 1779. L'année suivante, dans un combat près le Cap Français (capitale de l'île Saint-Domingue) contre la frégate anglaise l'Unicorn, il réussit à s'emparer de ce bâtiment. Il se retira du service, pour cause de santé, non avec le grade de chef d'escadre, mais avec celui de capitaine de vaisseau, brigadier des armées navales. (Archives du Ministère de la Marine.) Cousin-germain de la mère de Chateaubriand, le comte de Ravenel du Boisteilleul était par conséquent l'oncle à la mode de Bretagne du grand écrivain. Il avait épousé à Saint-Germain de Rennes, le 11 avril 1780, Demoiselle Marie-Thérèse Mahé de Kerouan, fille d'un ancien capitaine au régiment de Piémont, qui lui survécut de longues années et mourut à Rennes le 25 avril 1837.

[135] Hyacinthe-Eugène-Pierre de Ravenel du Boisteilleul, né le 17 mars 1784, capitaine d'artillerie, décoré sur le champ de bataille de Smolensk, décédé à la Tricaudais en Guichen le 13 juin 1868.

[136] Pauline-Zoé-Marie de Farcy de Montavallon, née à Fougères le 15 juin 1784, mariée le 16 novembre 1814 à Hyacinthe de Ravenel du Boisteilleul, décédée à Rennes le 24 décembre 1850.

[137] Charles-Jean, comte d'Hector, né à Fontenay-le-Comte, en Poitou, le 22 juillet 1722. Chef d'escadre le 4 mai 1779, après les plus glorieux services de mer, il fut nommé, l'année suivante, commandant du port de Brest et remplit ces hautes fonctions jusqu'au mois de février 1791. Obéissant à la voix des princes qui l'appelaient à Coblentz, il se rendit près d'eux et reçut le commandement du Corps de la marine royale, exclusivement composé d'officiers de marine. À la fin de la campagne, ce corps fut licencié ; mais il fut réorganisé deux ans plus tard, en Angleterre, et le comte d'Hector en fut de nouveau nommé colonel, ce qui fit donner à ce régiment, formé tout entier d'officiers de marine, comme en 1792, le

Abandonné à moi-même pour la première fois, au lieu de me lier avec mes futurs camarades, je me renfermai dans mon instinct solitaire. Ma société habituelle se réduisit à mes maîtres d'escrime, de dessin et de mathématiques.

Cette mer que je devais rencontrer sur tant de rivages baignait à Brest l'extrémité de la péninsule armoricaine : après ce cap avancé, il n'y avait plus rien qu'un océan sans bornes et des mondes inconnus ; mon imagination se jouait dans ces espaces. Souvent, assis sur quelque mât qui gisait le long du quai de Recouvrance, je regardais les mouvements de la foule : constructeurs, matelots, militaires, douaniers, forçats, passaient et repassaient devant moi. Des voyageurs débarquaient et s'embarquaient, des pilotes commandaient la manœuvre, des charpentiers équarrissaient des pièces de bois, des cordiers filaient des câbles, des mousses allumaient des feux sous des chaudières d'où sortaient une épaisse fumée et la saine odeur du goudron. On portait, on reportait, on roulait de la marine aux magasins, et des magasins à la marine, des ballots de marchandises, des sacs de vivres, des trains d'artillerie. Ici des charrettes s'avançaient dans l'eau à reculons pour recevoir des chargements ; là, des palans enlevaient des fardeaux, tandis que des grues descendaient des pierres, et que des cure-môles creusaient des atterrissements. Des forts répétaient des signaux, des chaloupes allaient et venaient, des vaisseaux appareillaient ou rentraient dans les bassins.

Mon esprit se remplissait d'idées vagues sur la société, sur ses biens et ses maux. Je ne sais quelle tristesse me gagnait ; je quittais le mât sur lequel j'étais assis ; je remontais le Penfeld, qui se jette dans le port ; j'arrivais à un coude où ce port disparaissait. Là ne voyant plus rien qu'une vallée tourbeuse, mais entendant encore le murmure confus de la mer et la voix des hommes, je me couchais au bord de la petite rivière. Tantôt regardant couler l'eau, tantôt suivant des yeux le vol de la corneille marine, jouissant du silence autour de moi, ou prêtant l'oreille aux coups de marteau du calfat, je tombais dans la plus profonde rêverie. Au milieu de cette rêverie, si le vent m'apportait le son du canon d'un vaisseau qui mettait à la voile, je tressaillais et des larmes mouillaient mes yeux.

---

nom de régiment d'Hector. Nous avons vu, dans la note sur Gesril, que ce dernier en faisait partie. Lorsque ce régiment fut appelé à faire partie de l'expédition de Quiberon, il se trouva que les intrigues de Puysaie avaient fait écarter le comte d'Hector. Ses instances furent telles qu'à la fin il lui fut accordé d'aller rejoindre son poste de combat. Mais comme il faisait route pour la Bretagne, il apprit le désastre de l'expédition (21 juillet 1793). D'Hector avait alors 73 ans, et il lui fallait renoncer à l'espoir qu'il avait eu de mourir sur le champ de bataille ; il se renferma dans la retraite, près de la ville de Reading, à treize lieues de Londres, et c'est là qu'il mourut, le 18 août 1808, à l'âge de 86 ans. — Le comte d'Hector a laissé des Mémoires, encore inédits, mais qui, nous l'espérons, verront bientôt le jour.

Un jour, j'avais dirigé ma promenade vers l'extrémité extérieure du port, du côté de la mer : il faisait chaud ; je m'étendis sur la grève et m'endormis. Tout à coup je suis réveillé par un bruit magnifique ; j'ouvre les yeux, comme Auguste pour voir les trirèmes dans les mouillages de la Sicile, après la victoire sur Sextus Pompée ; les détonations de l'artillerie se succédaient ; la rade était semée de navires : la grande escadre française rentrait après la signature de la paix. Les vaisseaux manœuvraient sous voile, se couvraient de feux, arboraient des pavillons, présentaient la poupe, la proue, le flanc, s'arrêtaient en jetant l'ancre au milieu de leur course, ou continuaient à voltiger sur les flots. Rien ne m'a jamais donné une plus haute idée de l'esprit humain ; l'homme semblait emprunter dans ce moment quelque chose de Celui qui a dit à la mer : « Tu n'iras pas plus loin. *Non procedes amplius.* »

Tout Brest accourut. Des chaloupes se détachent de la flotte et abordent au môle. Les officiers dont elles étaient remplies, le visage brûlé par le soleil, avaient cet air étranger qu'on apporte d'un autre hémisphère, et je ne sais quoi de gai, de fier, de hardi, comme des hommes qui venaient de rétablir l'honneur du pavillon national. Ce corps de la marine, si méritant, si illustre, ces compagnons des Suffren, des Lamothe-Piquet, des du Couëdic, des d'Estaing, échappés aux coups de l'ennemi, devaient tomber sous ceux des Français !

Je regardais défiler la valeureuse troupe, lorsqu'un des officiers se détache de ses camarades et me saute au cou : c'était Gesril. Il me parut grandi, mais faible et languissant d'un coup d'épée qu'il avait reçu dans la poitrine. Il quitta Brest le soir même pour se rendre dans sa famille. Je ne l'ai vu qu'une fois depuis, peu de temps avant sa mort héroïque ; je dirai plus tard en quelle occasion. L'apparition et le départ subit de Gesril me firent prendre une résolution qui a changé le cours de ma vie : il était écrit que ce jeune homme aurait un empire absolu sur ma destinée.

On voit comment mon caractère se formait, quel tour prenaient mes idées, quelles furent les premières atteintes de mon génie, car j'en puis parler comme d'un mal, quel qu'ait été ce génie, rare ou vulgaire, méritant ou ne méritant pas le nom que je lui donne, faute d'un autre mot pour m'exprimer. Plus semblable au reste des hommes, j'eusse été plus heureux : celui qui, sans m'ôter l'esprit, fût parvenu à tuer ce qu'on appelle mon talent, m'aurait traité en ami.

Lorsque le comte de Boisteilleul me conduisait chez M. d'Hector, j'entendais les jeunes et les vieux marins raconter leurs campagnes et causer des pays qu'ils avaient parcourus : l'un arrivait de l'Inde, l'autre de l'Amérique ; celui-là devait appareiller pour faire le tour du monde, celui-ci allait rejoindre la station de la Méditerranée, visiter les côtes de la Grèce.

Mon oncle me montra La Pérouse[138] dans la foule, nouveau Cook dont la mort est le secret des tempêtes. J'écoutais tout, je regardais tout, sans dire une parole ; mais la nuit suivante, plus de sommeil : je la passais à livrer en imagination des combats, ou à découvrir des terres inconnues.

Quoi qu'il en soit, en voyant Gesril retourner chez ses parents, je pensai que rien ne m'empêchait d'aller rejoindre les miens. J'aurais beaucoup aimé le service de la marine, si mon esprit d'indépendance ne m'eût éloigné de tous les genres de service : j'ai en moi une impossibilité d'obéir. Les voyages me tentaient, mais je sentais que je ne les aimerais que seul, en suivant ma volonté. Enfin, donnant la première preuve de mon inconstance, sans en avertir mon oncle Ravenel, sans écrire à mes parents, sans en demander permission à personne, sans attendre mon brevet d'aspirant, je partis un matin pour Combourg où je tombai comme des nues.

Je m'étonne encore aujourd'hui qu'avec la frayeur que m'inspirait mon père, j'eusse osé prendre une pareille résolution, et ce qu'il y a d'aussi étonnant, c'est la manière dont je fus reçu. Je devais m'attendre aux transports de la plus vive colère, je fus accueilli doucement. Mon père se contenta de secouer la tête comme pour dire : « Voilà une belle équipée ! » Ma mère m'embrassa de tout son cœur en grognant, et ma Lucile avec un ravissement de joie.

LIVRE III[139]

Depuis la dernière date de ces Mémoires, Vallée-aux-Loups, janvier 1814, jusqu'à la date d'aujourd'hui, Montboissier, juillet 1817, trois ans et dix mois se sont passés. Avez-vous entendu tomber l'Empire ? Non : rien n'a troublé le repos de ces lieux. L'Empire s'est abîmé pourtant ; l'immense ruine s'est écroulée dans ma vie, comme ces débris romains renversés dans le cours d'un ruisseau ignoré. Mais à qui ne les compte pas, peu importent les événements : quelques années échappées des mains de l'Éternel feront justice de tous ces bruits par un silence sans fin.

Le livre précédent fut écrit sous la tyrannie expirante de Bonaparte et à la lueur des derniers éclairs de sa gloire : je commence le livre actuel sous le règne de Louis XVIII. J'ai vu de près les rois, et mes illusions

---

[138] La Pérouse (Jean-François de Galaup, comte de), né au Gua, près d'Albi, en 1741, mort près de l'île Vanikoro à une époque incertaine, mais vraisemblablement dans le courant de l'année 1788. C'est à Brest qu'il prit la mer, le 1er août 1785, avec les frégates la Boussole et l'Astrolabe, emportant les instructions que Louis XVI, d'une main savante, avait rédigées pour lui. Tous deux, hélas ! allaient périr et disparaître presque à la même heure : le marin au sein de la nuit et des tempêtes de l'Océan, le roi au milieu des orages plus terribles encore de la Révolution.
[139] Ce livre a été écrit composé au château de Montboissier (juillet-août 1817) et à la Vallée-aux-Loups (novembre 1817). — Il a été revu en décembre 1846.

politiques se sont évanouies, comme ces chimères plus douces dont je continue le récit. Disons d'abord ce qui me fait reprendre la plume : le cœur humain est le jouet de tout, et l'on ne saurait prévoir quelle circonstance frivole cause ses joies et ses douleurs. Montaigne l'a remarqué : « Il ne faut point de cause, dit-il, pour agiter notre âme : une resverie sans cause et sans subject la régente et l'agite. »

Je suis maintenant à Montboissier, sur les confins de la Beauce et du Perche[140]. Le château de cette terre, appartenant à madame la comtesse de Colbert-Montboissier[141], a été vendu et démoli pendant la révolution ; il ne reste que deux pavillons, séparés par une grille et formant autrefois le logement du concierge. Le parc, maintenant à l'anglaise, conserve des traces de son ancienne régularité française : des allées droites, des taillis encadrés dans des charmilles, lui donnent un air sérieux ; il plaît comme une ruine.

Hier au soir je me promenais seul ; le ciel ressemblait à un ciel d'automne ; un vent froid soufflait par intervalles. À la percée d'un fourré, je m'arrêtai pour regarder le soleil : il s'enfonçait dans des nuages au-dessus de la tour d'Alluye, d'où Gabrielle, habitante de cette tour, avait vu comme moi le soleil se coucher il y a deux cents ans. Que sont devenus Henri et Gabrielle ? Ce que je serai devenu quand ces Mémoires seront publiés.

Je fus tiré de mes réflexions par le gazouillement d'une grive perchée sur la plus haute branche d'un bouleau. À l'instant, ce son magique fit reparaître à mes yeux le domaine paternel ; j'oubliai les catastrophes dont je venais d'être le témoin, et, transporté subitement dans le passé, je revis ces campagnes où j'entendis si souvent siffler la grive. Quand je l'écoutais alors, j'étais triste de même qu'aujourd'hui ; mais cette première tristesse était celle qui naît d'un désir vague de bonheur, lorsqu'on est sans expérience ; la tristesse que j'éprouve actuellement vient de la connaissance des choses appréciées et jugées. Le chant de l'oiseau dans les bois de Combourg m'entretenait d'une félicité que je croyais atteindre ;

---

[140] Le château de Montboissier est situé dans la commune de Montboissier, canton de Bonneval, arrondissement de Châteaudun (Eure-et-Loir).

[141] La comtesse de Colbert-Montboissier était la petite-fille de Malesherbes. Fille du marquis de Montboissier, l'un des gendres du défenseur de Louis XVI, elle avait épousé, en 1803, le comte de Colbert de Maulevrier (Édouard-Charles-Victornien), descendant du comte de Maulevrier, lieutenant-général des armées du roi, l'un des frères du grand Colbert. Capitaine de vaisseau en 1791, le comte de Colbert avait émigré l'année suivante et avait pris part à l'expédition de Quiberon. La Restauration le fit capitaine des gardes du pavillon amiral (1814). Retiré avec le grade de contre-amiral à Montboissier, il fut élu député d'Eure-et-Loir, le 22 août 1815, et fit partie de la majorité de la Chambre introuvable. Il mourut à Paris le 2 février 1820.

le même chant dans le parc de Montboissier me rappelait des jours perdus à
la poursuite de cette félicité insaisissable. Je n'ai plus rien à apprendre ; j'ai
marché plus vite qu'un autre, et j'ai fait le tour de la vie. Les heures fuient
et m'entraînent ; je n'ai pas même la certitude de pouvoir achever ces
Mémoires. Dans combien de lieux ai-je déjà commencé à les écrire et dans
quel lieu les finirai-je ? Combien de temps me promènerai-je au bord des
bois ? Mettons à profit le peu d'instants qui me restent ; hâtons-nous de
peindre ma jeunesse, tandis que j'y touche encore : le navigateur,
abandonnant pour jamais un rivage enchanté, écrit son journal à la vue de
la terre qui s'éloigne et qui va bientôt disparaître.

J'ai dit mon retour à Combourg, et comment je fus accueilli par mon
père, ma mère et ma sœur Lucile.

On n'a peut-être pas oublié que mes trois autres sœurs s'étaient
mariées, et qu'elles vivaient dans les terres de leurs nouvelles familles, aux
environs de Fougères. Mon frère, dont l'ambition commençait à se
développer, était plus souvent à Paris qu'à Rennes. Il acheta d'abord une
charge de maître des requêtes qu'il revendit afin d'entrer dans la carrière

militaire[142]. Il entra dans le régiment de Royal-Cavalerie ; il s'attacha au corps diplomatique et suivit le comte de La Luzerne à Londres, où il se rencontra avec André Chénier[143] : il était sur le point d'obtenir l'ambassade de Vienne, lorsque nos troubles éclatèrent ; il sollicita celle de Constantinople ; mais il eut un concurrent redoutable, Mirabeau, à qui cette ambassade fut promise pour prix de sa réunion au parti de la cour[144]. Mon frère avait donc à peu près quitté Combourg au moment où je vins l'habiter.

Cantonné dans sa seigneurie, mon père n'en sortait plus, pas même pendant la tenue des États. Ma mère allait tous les ans passer six semaines à Saint-Malo, au temps de Pâques ; elle attendait ce moment comme celui de sa délivrance, car elle détestait Combourg. Un mois avant ce voyage, on en parlait comme d'une entreprise hasardeuse ; on faisait des préparatifs ; on laissait reposer les chevaux. La veille du départ, on se couchait à sept heures du soir, pour se lever à deux heures du matin. Ma mère, à sa grande satisfaction, se mettait en route à trois heures, et employait toute la journée pour faire douze lieues.

Lucile, reçue chanoinesse au chapitre de l'Argentière, devait passer dans celui de Remiremont : en attendant ce changement, elle restait ensevelie à la campagne.

Pour moi, je déclarai, après mon escapade de Brest, ma volonté d'embrasser l'état ecclésiastique : la vérité est que je ne cherchais qu'à gagner du temps, car j'ignorais ce que je voulais. On m'envoya au collège de Dinan achever mes humanités. Je savais mieux le latin que mes maîtres ; mais je commençai à apprendre l'hébreu. L'abbé de Rouillac était principal du collège, et l'abbé Duhamel mon professeur[145].

---

[142] « Il acheta bientôt une charge de maître des requêtes, que M. de Malesherbes le força de vendre pour entrer au service, comme la véritable carrière d'un homme de son nom, lorsqu'il épousa mademoiselle de Rosanbo. » Manuscrit de 1826. — Le mariage du frère de Chateaubriand avec Aline-Thérèse Le Peletier de Rosanbo eut lieu en novembre 1787.

[143] M. de La Luzerne, qui prit possession de l'ambassade de Londres au mois de janvier 1788, comptait, en effet, parmi les secrétaires attachés à son ambassade, André de Chénier, alors âgé de vingt-cinq ans seulement. Le poète, qui prenait d'ailleurs de fréquents congés, revint définitivement à Paris au mois de juin 1791. (Notice sur André de Chénier, par M. Gabriel de Chénier, p. 11. — André Chénier, sa vie et ses écrits politiques, par L. Becq de Fouquières, p. 12.)

[144] Mirabeau écrivait à son ami Mauvillon, le 3 décembre 1789 : « Ce qu'on vous avait dit relativement au Bosphore (c'est-à-dire à l'ambassade de Constantinople) a été vrai, et beaucoup d'autres choses plus belles encore ; mais tout cela n'était qu'un honorable exil, et c'est ici que je suis nécessaire, si je suis nécessaire à quelque chose. » — Voir les Mirabeau, par Louis de Loménie, tome V, page 31.

[145] Sur l'abbé Duhamel et le séjour de Chateaubriand à Dinan, voir à l'Appendice, le no V : Chateaubriand et le collège de Dinan.

Dinan, orné de vieux arbres, remparé de vieilles tours, est bâti dans un site pittoresque, sur une haute colline au pied de laquelle coule la Rance, que remonte la mer ; il domine des vallées à pentes agréablement boisées. Les eaux minérales de Dinan ont quelque renom. Cette ville, tout historique, et qui a donné le jour à Duclos[146], montrait parmi ses antiquités le cœur de du Guesclin : poussière héroïque qui, dérobée pendant la Révolution, fut au moment d'être broyée par un vitrier pour servir à faire de la peinture ; la destinait-on aux tableaux des victoires remportées sur les ennemis de la patrie ?

M. Broussais, mon compatriote, étudiait avec moi à Dinan[147] ; on menait les écoliers baigner tous les jeudis, comme les clercs sous le pape Adrien Ier, ou tous les dimanches, comme les prisonniers sous l'empereur Honorius. Une fois, je pensai me noyer ; une autre fois, M. Broussais fut mordu par d'ingrates sangsues, imprévoyantes de l'avenir[148]. Dinan était à égale distance de Combourg et de Plancoët. J'allais tour à tour voir mon oncle de Bedée à Monchoix, et ma famille à Combourg.

M. de Chateaubriand, qui trouvait économie à me garder, ma mère qui désirait ma persistance dans la vocation religieuse, mais qui se serait fait scrupule de me presser, n'insistèrent plus sur ma résidence au collège, et je me trouvai insensiblement fixé au foyer paternel.

Je me complairais encore à rappeler les mœurs de mes parents, ne me fussent-elles qu'un touchant souvenir ; mais j'en reproduirai d'autant plus volontiers le tableau qu'il semblera calqué sur les vignettes des manuscrits du moyen âge : du temps présent au temps que je vais peindre, il y a des siècles.

À mon retour de Brest, quatre maîtres (mon père, ma mère, ma sœur et moi) habitaient le château de Combourg. Une cuisinière, une femme de chambre, deux laquais et un cocher composaient tout le domestique : un chien de chasse et deux vieilles juments étaient retranchés dans un coin de l'écurie. Ces douze êtres vivants disparaissaient dans un manoir où l'on aurait à peine aperçu cent chevaliers, leurs dames, leurs écuyers, leurs valets, les destriers et la meute du roi Dagobert.

Dans tout le cours de l'année aucun étranger ne se présentait au

---

146 Duclos (Charles Pinot, sieur), historiographe de France et secrétaire perpétuel de l'Académie française, né à Dinan le 12 février 1704, mort le 26 mars 1772. Maire de sa ville natale, de 1744 à 1750, il s'occupa avec sollicitude de ses intérêts et de son embellissement, encore bien qu'il résidât habituellement à Paris. C'est à lui qu'on doit les deux promenades des Grands et des Petits-Fossés, qui longent les anciennes fortifications de Dinan.

147 « Broussais fut envoyé au collège de Dinan, où il fit un séjour de huit années. » Notice sur Broussais, par le Dr de Kergaradec, membre de l'Académie de Médecine.

148 « On sait l'effroyable abus que Broussais et son école ont fait de la diète et des sangsues. » Dr de Kergaradec, op. cit.

château, hormis quelques gentilshommes, le marquis de Monlouet[149], le comte de Goyon-Beaufort[150], qui demandaient l'hospitalité en allant plaider au Parlement. Ils arrivaient l'hiver, à cheval, pistolets aux arçons, couteau de chasse au côté, et suivis d'un valet également à cheval, ayant en croupe un portemanteau de livrée.

Mon père, toujours très cérémonieux, les recevait tête nue sur le perron, au milieu de la pluie et du vent. Les campagnards introduits racontaient leurs guerres de Hanovre, les affaires de leur famille et l'histoire de leurs procès. Le soir, on les conduisait dans la tour du Nord, à l'appartement de la *reine Christine*, chambre d'honneur occupée par un lit de sept pieds en tout sens, à doubles rideaux de gaze verte et de soie cramoisie, et soutenu par quatre amours dorés. Le lendemain matin, lorsque je descendais dans la grand'salle, et qu'à travers les fenêtres je regardais la campagne inondée ou couverte de frimas, je n'apercevais que deux ou trois voyageurs sur la chaussée solitaire de l'étang : c'étaient nos hôtes chevauchant vers Rennes.

Ces étrangers ne connaissaient pas beaucoup les choses de la vie ; cependant notre vue s'étendait par eux à quelques lieues au-delà de l'horizon de nos bois. Aussitôt qu'ils étaient partis, nous étions réduits, les jours ouvrables au tête-à-tête de famille, le dimanche à la société des bourgeois du village et des gentilshommes voisins.

Le dimanche, quand il faisait beau, ma mère, Lucile et moi, nous nous rendions à la paroisse à travers le petit Mail, le long d'un chemin champêtre ; lorsqu'il pleuvait, nous suivions l'abominable rue de Combourg. Nous n'étions pas traînés, comme l'abbé de Marolles, dans un chariot léger que menaient quatre chevaux blancs, pris sur les Turcs en Hongrie[151]. Mon père ne descendait qu'une fois l'an à la paroisse pour faire

---

[149] François-Jean Raphaël de Brunes, comte (et non marquis) de Montlouet, commissaire des États de Bretagne, né à Pleine-Fougères le 13 août 1728, mort à Bains-les-Bains en Lorraine le 2 août 1787.

[150] Luc-Jean, comte de Gouyon-Beaufort (et non Goyon), chevalier de Saint-Louis, né le 15 février 1725. Il fut guillotiné à Paris le 2 messidor an II (20 juin 1794). Sur les listes de MM. Campardon et Wallon, dans leurs Histoires du Tribunal révolutionnaire, il figure sous le nom de Guyon de Beaufort.

[151] « Les cavaliers turcs, dit l'abbé de Marolles, battus par l'armée chrestienne, près de Komorre, laissèrent neuf cornettes en la puissance des victorieux avec un bon nombre de chevaux, entre lesquels se trouvèrent quatre belles cavales d'une blancheur de poil extraordinaire, qui furent envoyées à ma mère avec un petit carrosse à la mode de ce pays-là, dont elle se servit assez longtemps pour aller à l'église de la paroisse qui estait à une petite lieue de notre maison, ou faire quelques visites dans le voisinage, et quand elle nous menait avec elle, ce nous estait une joye nompareille, parce qu'avec ce qu'elle nous estait la meilleure du monde, et que nous estions ravis de la voir, ce nous estait une réjouyssance nompareille de sortir et de nous aller promener. » Les Mémoires de Michel de Marolles, abbé de Villeloin, tome I, p. 7. — 1656

ses Pâques ; le reste de l'année, il entendait la messe à la chapelle du château. Placés dans le banc du seigneur, nous recevions l'encens et les prières en face du sépulcre de marbre noir de Renée de Rohan, attenant à l'autel : image des honneurs de l'homme ; quelques grains d'encens devant un cercueil !

Les distractions du dimanche expiraient avec la journée : elles n'étaient pas même régulières. Pendant la mauvaise saison, des mois entiers s'écoulaient sans qu'aucune créature humaine frappât à la porte de notre forteresse. Si la tristesse était grande sur les bruyères de Combourg, elle était encore plus grande au château : on éprouvait, en pénétrant sous ses voûtes, la même sensation qu'en entrant à la chartreuse de Grenoble. Lorsque je visitai celle-ci en 1805, je traversai un désert, lequel allait toujours croissant ; je crus qu'il se terminerait au monastère ; mais on me montra, dans les murs mêmes du couvent, les jardins des Chartreux encore plus abandonnés que les bois. Enfin, au centre du monument, je trouvai, enveloppé dans les replis de toutes ces solitudes, l'ancien cimetière des cénobites ; sanctuaire d'où le silence éternel, divinité du lieu, étendait sa puissance sur les montagnes et dans les forêts d'alentour.

Le calme morne du château de Combourg était augmenté par l'humeur taciturne et insociable de mon père. Au lieu de resserrer sa famille et ses gens autour de lui, il les avait dispersés à toutes les aires de vent de l'édifice. Sa chambre à coucher était placée dans la petite tour de l'est, et son cabinet dans la petite tour de l'ouest. Les meubles de ce cabinet consistaient en trois chaises de cuir noir et une table couverte de titres et de parchemins. Un arbre généalogique de la famille des Chateaubriand tapissait le manteau de la cheminée, et dans l'embrasure d'une fenêtre on voyait toutes sortes d'armes, depuis le pistolet jusqu'à l'espingole. L'appartement de ma mère régnait au-dessus de la grande salle, entre les deux petites tours : il était parqueté et orné de glaces de Venise à facettes. Ma sœur habitait un cabinet dépendant de l'appartement de ma mère. La femme de chambre couchait loin de là, dans le corps de logis des grandes tours. Moi, j'étais niché dans une espèce de cellule isolée, au haut de la tourelle de l'escalier qui communiquait de la cour intérieure aux diverses parties du château. Au bas de cet escalier, le valet de chambre de mon père et le domestique gisaient dans des caveaux voûtés, et la cuisinière tenait garnison dans la grosse tour de l'ouest.

Mon père se levait à quatre heures du matin, hiver comme été : il venait dans la cour intérieure appeler et éveiller son valet de chambre, à l'entrée de l'escalier de la tourelle. On lui apportait un peu de café à cinq heures ; il travaillait ensuite dans son cabinet jusqu'à midi. Ma mère et ma sœur déjeunaient chacune dans leur chambre, à huit heures du matin. Je n'avais aucune heure fixe, ni pour me lever, ni pour déjeuner ; j'étais censé étudier jusqu'à midi : la plupart du temps je ne faisais rien.

À onze heures et demie, on sonnait le dîner que l'on servait à midi. La grand'salle était à la fois salle à manger et salon : on dînait et l'on soupait à l'une de ses extrémités du côté de l'est ; après les repas, on se venait placer à l'autre extrémité du côté de l'ouest, devant une énorme cheminée. La grand'salle était boisée, peinte en gris blanc et ornée de vieux portraits depuis le règne de François Ier jusqu'à celui de Louis XIV ; parmi ces portraits, on distinguait ceux de Condé et de Turenne : un tableau, représentant Hector tué par Achille sous les murs de Troie, était suspendu au-dessus de la cheminée.

Le dîner fait, on restait ensemble, jusqu'à deux heures. Alors, si l'été, mon père prenait le divertissement de la pêche, visitait ses potagers, se promenait dans l'étendue du vol du chapon ; si l'automne et l'hiver, il partait pour la chasse, ma mère se retirait dans la chapelle, où elle passait quelques heures en prière. Cette chapelle était un oratoire sombre, embelli de bons tableaux des plus grands maîtres, qu'on ne s'attendait guère à trouver dans un château féodal, au fond de la Bretagne. J'ai aujourd'hui en ma possession une *Sainte Famille* de l'Albane, peinte sur cuivre, tirée de cette chapelle : c'est tout ce qui me reste de Combourg.

Mon père parti et ma mère en prière, Lucile s'enfermait dans sa chambre ; je regagnais ma cellule, ou j'allais courir les champs.

À huit heures, la cloche annonçait le souper. Après le souper, dans les beaux jours, on s'asseyait sur le perron. Mon père, armé de son fusil, tirait les chouettes qui sortaient des créneaux à l'entrée de la nuit. Ma mère, Lucile et moi, nous regardions le ciel, les bois, les derniers rayons du soleil, les premières étoiles. À dix heures on rentrait et l'on se couchait.

Les soirées d'automne et d'hiver étaient d'une autre nature. Le souper fini et les quatre convives revenus de la table à la cheminée, ma mère se jetait, en soupirant, sur un vieux lit de jour de siamoise flambée ; on mettait devant elle un guéridon avec une bougie. Je m'asseyais auprès du feu avec Lucile ; les domestiques enlevaient le couvert et se retiraient. Mon père commençait alors une promenade qui ne cessait qu'à l'heure de son coucher. Il était vêtu d'une robe de ratine blanche, ou plutôt d'une espèce de manteau que je n'ai vu qu'à lui. Sa tête, demi-chauve, était couverte d'un grand bonnet blanc qui se tenait tout droit. Lorsqu'en se promenant il s'éloignait du foyer, la vaste salle était si peu éclairée par une seule bougie qu'on ne le voyait plus ; on l'entendait seulement encore marcher dans les ténèbres : puis il revenait lentement vers la lumière et émergeait peu à peu de l'obscurité, comme un spectre, avec sa robe blanche, son bonnet blanc, sa figure longue et pâle. Lucile et moi nous échangions quelques mots à voix basse quand il était à l'autre bout de la salle ; nous nous taisions quand il se rapprochait de nous. Il nous disait en passant : « De quoi parliez-vous ? » Saisis de terreur, nous ne répondions rien ; il continuait sa marche. Le reste de la soirée, l'oreille n'était plus frappée que du bruit mesuré de ses pas, des soupirs de ma mère et du murmure du vent[152].

Dix heures sonnaient à l'horloge du château : mon père s'arrêtait ; le même ressort, qui avait soulevé le marteau de l'horloge, semblait avoir suspendu ses pas. Il tirait sa montre, la montait, prenait un grand flambeau d'argent surmonté d'une grande bougie, entrait un moment dans la petite tour de l'ouest, puis revenait, son flambeau à la main, et s'avançait vers sa chambre à coucher, dépendante de la petite tour de l'est. Lucile et moi, nous nous tenions sur son passage ; nous l'embrassions en lui souhaitant une bonne nuit. Il penchait vers nous sa joue sèche et creuse sans nous répondre, continuait sa route et se retirait au fond de la tour, dont nous entendions les portes se refermer sur lui.

Le talisman était brisé ; ma mère, ma sœur et moi, transformés en statues par la présence de mon père, nous recouvrions les fonctions de la vie. Le premier effet de notre désenchantement se manifestait par un débordement de paroles : si le silence nous avait opprimés, il nous le payait cher.

Ce torrent de paroles écoulé, j'appelais la femme de chambre, et je reconduisais ma mère et ma sœur à leur appartement. Avant de me retirer, elles me faisaient regarder sous les lits, dans les cheminées, derrière les portes, visiter les escaliers, les passages et les corridors voisins. Toutes les traditions du château, voleurs et spectres, leur revenaient en mémoire. Les gens étaient persuadés qu'un certain comte de Combourg, à jambe de bois, mort depuis trois siècles, apparaissait à certaines époques, et qu'on l'avait rencontré dans le grand escalier de la tourelle ; sa jambe de bois se promenait aussi quelquefois seule avec un chat noir[153].

Ces récits occupaient tout le temps du coucher de ma mère et de ma sœur : elles se mettaient au lit mourantes de peur ; je me retirais au haut de

---

[152] « Un seul incident variait ces soirées qui figureraient dans un roman du xie siècle : Il arrivait que mon père, interrompant sa promenade, venait quelquefois s'asseoir au foyer pour nous faire l'histoire de la détresse de son enfance et des traverses de sa vie. Il racontait des tempêtes et des périls, un voyage en Italie, un naufrage sur la côte d'Espagne.

« Il avait vu Paris ; il en parlait comme d'un lieu d'abomination et comme d'un pays étranger. Les Bretons trouvaient que la Chine était dans leur voisinage, mais Paris leur paraissait au bout du monde. J'écoutais avidement mon père. Lorsque j'entendais cet homme si dur à lui-même regretter de n'avoir pas fait assez pour sa famille, se plaindre en paroles courtes mais amères de sa destinée, lorsque je le voyais à la fin de son récit se lever brusquement, s'envelopper dans son manteau, recommencer sa promenade, presser d'abord ses pas, puis les ralentir en les réglant sur les mouvements de son cœur, l'amour filial remplissait mes yeux de larmes ; je repassais dans mon esprit les chagrins de mon père, et il semblait que les souffrances endurées par l'auteur de mes jours n'auraient dû tomber que sur moi. » Manuscrit de 1826.

[153] Voir, à l'Appendice, le no VI : Histoires de voleurs et de revenants.

ma tourelle ; la cuisinière rentrait dans la grosse tour, et les domestiques descendaient dans leur souterrain.

La fenêtre de mon donjon s'ouvrait sur la cour intérieure ; le jour, j'avais en perspective les créneaux de la courtine opposée, où végétaient des scolopendres et croissait un prunier sauvage. Quelques martinets, qui durant l'été s'enfonçaient en criant dans les trous des murs, étaient mes seuls compagnons. La nuit, je n'apercevais qu'un petit morceau de ciel et quelques étoiles. Lorsque la lune brillait et qu'elle s'abaissait à l'occident, j'en étais averti par ses rayons, qui venaient à mon lit au travers des carreaux losangés de la fenêtre. Des chouettes, voletant d'une tour à l'autre, passant et repassant entre la lune et moi, dessinaient sur mes rideaux l'ombre mobile de leurs ailes. Relégué dans l'endroit le plus désert, à l'ouverture des galeries, je ne perdais pas un murmure des ténèbres. Quelquefois le vent semblait courir à pas légers ; quelquefois il laissait échapper des plaintes ; tout à coup ma porte était ébranlée avec violence, les souterrains poussaient des mugissements, puis ces bruits expiraient pour recommencer encore. À quatre heures du matin, la voix du maître du château, appelant le valet de chambre à l'entrée des voûtes séculaires, se faisait entendre comme la voix du dernier fantôme de la nuit. Cette voix remplaçait pour moi la douce harmonie au son de laquelle le père de Montaigne éveillait son fils.

L'entêtement du comte de Chateaubriand à faire coucher un enfant seul au haut d'une tour pouvait avoir quelque inconvénient ; mais il tourna à mon avantage. Cette manière violente de me traiter me laissa le courage d'un homme, sans m'ôter cette sensibilité d'imagination dont on voudrait aujourd'hui priver la jeunesse. Au lieu de chercher à me convaincre qu'il n'y avait point de revenants, on me força de les braver. Lorsque mon père me disait, avec un sourire ironique : « Monsieur le chevalier aurait-il peur ? » il m'eût fait coucher avec un mort. Lorsque mon excellente mère me disait : « Mon enfant, tout n'arrive que par la permission de Dieu ; vous n'avez rien à craindre des mauvais esprits, tant que vous serez bon chrétien ; » j'étais mieux rassuré que par tous les arguments de la philosophie. Mon succès fut si complet que les vents de la nuit, dans ma tour déshabitée, ne servaient que de jouets à mes caprices et d'ailes à mes songes. Mon imagination allumée, se propageant sur tous les objets, ne trouvait nulle part assez de nourriture et aurait dévoré la terre et le ciel. C'est cet état moral qu'il faut maintenant décrire. Replongé dans ma jeunesse, je vais essayer de me saisir dans le passé, de me montrer tel que j'étais, tel peut-être que je regrette de n'être plus, malgré les tourments que j'ai endurés.

À peine étais-je revenu de Brest à Combourg, qu'il se fit dans mon existence une révolution ; l'enfant disparut et l'homme se montra avec ses joies qui passent et ses chagrins qui restent.

D'abord, tout devint passion chez moi, en attendant les passions mêmes. Lorsque, après un dîner silencieux où je n'avais osé ni parler ni manger, je parvenais à m'échapper, mes transports étaient incroyables ; je ne pouvais descendre le perron d'une seule traite : je me serais précipité. J'étais obligé de m'asseoir sur une marche pour laisser se calmer mon agitation ; mais, aussitôt que j'avais atteint la Cour Verte et les bois, je me mettais à courir, à sauter, à bondir, à fringuer, à m'éjouir jusqu'à ce que je tombasse épuisé de forces, palpitant, enivré de folâtreries et de liberté.

Mon père me menait quant à lui à la chasse. Le goût de la chasse me saisit et je le portai jusqu'à la fureur ; je vois encore le champ où j'ai tué mon premier lièvre. Il m'est souvent arrivé, en automne, de demeurer quatre ou cinq heures dans l'eau jusqu'à la ceinture, pour attendre au bord d'un étang des canards sauvages ; même aujourd'hui, je ne suis pas de sang-froid lorsqu'un chien tombe en arrêt. Toutefois, dans ma première ardeur pour la chasse, il entrait un fonds d'indépendance ; franchir les fossés, arpenter les champs, les marais, les bruyères, me trouver avec un fusil dans un lieu désert, ayant puissance et solitude, c'était ma façon d'être naturelle. Dans mes courses, je pointais si loin que, ne pouvant plus marcher, les gardes étaient obligés de me rapporter sur des branches entrelacées.

Cependant le plaisir de la chasse ne me suffisait plus ; j'étais agité d'un désir de bonheur que je ne pouvais ni régler, ni comprendre ; mon esprit et mon cœur s'achevaient de former comme deux temples vides, sans autels et sans sacrifices ; on ne savait encore quel Dieu y serait adoré. Je croissais auprès de ma sœur Lucile ; notre amitié était toute notre vie.

Lucile était grande et d'une beauté remarquable, mais sérieuse. Son visage pâle était accompagné de longs cheveux noirs ; elle attachait souvent au ciel ou promenait autour d'elle des regards pleins de tristesse ou de feu. Sa démarche, sa voix, son sourire, sa physionomie avaient quelque chose de rêveur et de souffrant.

Lucile et moi nous nous étions inutiles. Quand nous parlions du monde, c'était de celui que nous portions au-dedans de nous et qui ressemblait bien peu au monde véritable. Elle voyait en moi son protecteur, je voyais en elle mon amie. Il lui prenait des accès de pensées noires que j'avais peine à dissiper : à dix-sept ans, elle déplorait la perte de ses jeunes années ; elle se voulait ensevelir dans un cloître. Tout lui était souci, chagrin, blessure : une expression qu'elle cherchait, une chimère qu'elle s'était faite, la tourmentaient des mois entiers. Je l'ai souvent vue, un bras jeté sur sa tête, rêver immobile et inanimée ; retirée vers son cœur, sa vie cessait de paraître au dehors ; son sein même ne se soulevait plus. Par son attitude, sa mélancolie, sa vénusté, elle ressemblait à un Génie funèbre. J'essayais alors de la consoler, et, l'instant d'après, je m'abîmais dans des désespoirs inexplicables.

Lucile aimait à faire seule, vers le soir, quelque lecture pieuse : son oratoire de prédilection était l'embranchement des deux routes champêtres, marqué par une croix de pierre et par un peuplier dont le long style s'élevait dans le ciel comme un pinceau. Ma dévote mère, toute charmée, disait que sa fille lui représentait une chrétienne de la primitive Église, priant à ces stations appelées *laures*.

De la concentration de l'âme naissaient chez ma sœur des effets d'esprit extraordinaires : endormie, elle avait des songes prophétiques ; éveillée, elle semblait lire dans l'avenir. Sur un palier de l'escalier de la grande tour, battait une pendule qui sonnait le temps au silence ; Lucile, dans ses insomnies, allait s'asseoir sur une marche, en face de cette pendule : elle regardait le cadran à la lueur de sa lampe posée à terre. Lorsque les deux aiguilles, unies à minuit, enfantaient dans leur conjonction formidable l'heure des désordres et des crimes, Lucile entendait des bruits qui lui révélaient des trépas lointains. Se trouvant à Paris quelques jours avant le 10 août, et demeurant avec mes autres sœurs dans le voisinage du couvent des Carmes, elle jette les yeux sur une glace, pousse un cri et dit : « Je viens de voir entrer la mort. » Dans les bruyères de la Calédonie, Lucile eût été une femme céleste de Walter Scott, douée de la seconde vue ; dans les bruyères armoricaines, elle n'était qu'une solitaire avantagée de beauté, de génie et de malheur.

La vie que nous menions à Combourg, ma sœur et moi, augmentait l'exaltation de notre âge et de notre caractère. Notre principal désennui consistait à nous promener côte à côte dans le grand Mail, au printemps sur un tapis de primevères, en automne sur un lit de feuilles séchées, en hiver sur une nappe de neige que brodait la trace des oiseaux, des écureuils et des hermines. Jeunes comme les primevères, tristes comme la feuille séchée, purs comme la neige nouvelle, il y avait harmonie entre nos récréations et nous.

Ce fut dans une de ces promenades que Lucile, m'entendant parler avec ravissement de la solitude, me dit : « Tu devrais peindre tout cela. » Ce mot me révéla la Muse ; un souffle divin passa sur moi. Je me mis à bégayer des vers, comme si c'eût été ma langue naturelle ; jour et nuit je chantais mes plaisirs, c'est-à-dire mes bois et mes vallons[154] ; je composais une foule de petites idylles ou tableaux de la nature[155]. J'ai écrit longtemps en vers avant d'écrire en prose : M. de Fontanes prétendait que j'avais reçu les deux instruments.

Ce talent que me promettait l'amitié s'est-il jamais levé pour moi ? Que de choses j'ai vainement attendues ! Un esclave, dans l'*Agamemnon* d'Eschyle, est placé en sentinelle au haut du palais d'Argos ;

---

[154] « Je composai alors la petite pièce sur la forêt : Forêt silencieuse, que l'on trouve dans mes ouvrages » Manuscrit de 1826. À son retour de l'émigration, en 1800, Chateaubriand fit insérer ces vers dans le Mercure de France, que dirigeait son ami Fontanes. Ils reparurent, en 1828, au tome XXII des Œuvres complètes.
[155] Voyez mes Œuvres complètes. (Paris, note de 1837.) Ch.

ses yeux cherchent à découvrir le signal convenu du retour des vaisseaux ; il chante pour solacier ses veilles, mais les heures s'envolent et les astres se couchent, et le flambeau ne brille pas. Lorsque, après maintes années, sa lumière tardive apparaît sur les flots, l'esclave est courbé sous le poids du temps ; il ne lui reste plus qu'à recueillir des malheurs, et le chœur lui dit : « qu'un vieillard est une ombre errante à la clarté du jour. » Ὄναρ ἡμερόφαντον ἀλαίνει.

Dans les premiers enchantements de l'inspiration, j'invitai Lucile à m'imiter. Nous passions des jours à nous consulter mutuellement, à nous communiquer ce que nous avions fait, ce que nous comptions faire. Nous entreprenions des ouvrages en commun ; guidés par notre instinct, nous traduisîmes les plus beaux et les plus tristes passages de Job et de Lucrèce sur la vie : le *Tædet animam meam vitæ meæ*, l'*Homo natus de muliere*, le *Tum porro puer, ut sævis projectus ab undis navita*, etc. Les pensées de Lucile n'étaient que des sentiments ; elles sortaient avec difficulté de son âme ; mais quand elle parvenait à les exprimer, il n'y avait rien au-dessus. Elle a laissé une trentaine de pages manuscrites ; il est impossible de les lire sans être profondément ému. L'élégance, la suavité, la rêverie, la sensibilité passionnée de ces pages offrent un mélange du génie grec et du génie germanique[156].

L'AURORE.

« Quelle douce clarté vient éclairer l'Orient ! Est-ce la jeune Aurore qui entr'ouvre au monde ses beaux yeux chargés des langueurs du sommeil ? Déesse charmante, hâte-toi ! quitte la couche nuptiale, prends la robe de pourpre ; qu'une ceinture moelleuse la retienne dans ses nœuds ; que nulle chaussure ne presse tes pieds délicats ; qu'aucun ornement ne profane tes belles mains faites pour entr'ouvrir les portes du jour. Mais tu te lèves déjà sur la colline ombreuse. Tes cheveux d'or tombent en boucles humides sur ton col de rose. De ta bouche s'exhale un souffle pur et parfumé. Tendre déité, toute la nature sourit à ta présence ; toi seule verses des larmes, et les fleurs naissent. »

À LA LUNE.

« Chaste déesse ! déesse si pure, que jamais même les roses de la pudeur ne se mêlent à tes tendres clartés, j'ose te prendre pour confidente de mes sentiments. Je n'ai point, non plus que toi, à rougir de mon propre

---

[156] Sous ce titre : Lucile de Chateaubriand, ses contes, ses poèmes, ses lettres, précédés d'une Étude sur sa vie, M. Anatole France a publié, en 1879, un exquis petit volume. On y trouve, à la suite des trois petits poèmes insérés ici dans les Mémoires, — L'Aurore, À la lune, l'Innocence, — deux contes publiés dans le Mercure, du vivant de Lucile, mais contre son gré : L'Arbre sensible, conte oriental, et l'Origine de la Rose, conte grec. Viennent ensuite trois lettres à M. de Chênedollé, deux lettres à madame de Beaumont, onze lettres ou fragments de lettres à son frère. C'est peu de chose sans doute, assez pourtant pour que le nom de Lucile de Chateaubriand soit immortel.

cœur. Mais quelquefois le souvenir du jugement injuste et aveugle des hommes couvre mon front de nuages, ainsi que le tien. Comme toi, les erreurs et les misères de ce monde inspirent mes rêveries. Mais plus heureuse que moi, citoyenne des cieux, tu conserves toujours la sérénité ; les tempêtes et les orages qui s'élèvent de notre globe glissent sur ton disque paisible. Déesse aimable à ma tristesse, verse ton froid repos dans mon âme ».

L'INNOCENCE.

« Fille du ciel, aimable innocence, si j'osais de quelques-uns de tes traits essayer une faible peinture, je dirais que tu tiens lieu de vertu à l'enfance, de sagesse au printemps de la vie, de beauté à la vieillesse et de bonheur à l'infortune ; qu'étrangère à nos erreurs, tu ne verses que des larmes pures, et que ton sourire n'a rien que de céleste. Belle innocence ! mais quoi ! les dangers t'environnent, l'envie t'adresse tous ses traits : trembleras-tu, modeste innocence ? chercheras-tu à te dérober aux périls qui te menacent ? Non, je te vois debout, endormie, la tête appuyée sur un autel. »

Mon frère accordait quelquefois de courts instants aux ermites de Combourg : Il avait coutume d'amener avec lui un jeune conseiller au parlement de Bretagne, M. de Malfilâtre[157], cousin de l'infortuné poète de ce nom. Je crois que Lucile, à son insu, avait ressenti une passion secrète pour cet ami de mon frère, et que cette passion étouffée était au fond de la mélancolie de ma sœur. Elle avait d'ailleurs la manie de Rousseau sans en avoir l'orgueil : elle croyait que tout le monde était conjuré contre elle. Elle vint à Paris en 1789, accompagnée de cette sœur Julie dont elle a déploré la perte avec une tendresse empreinte de sublime. Quiconque la connut l'admira, depuis M. de Malesherbes jusqu'à Chamfort. Jetée dans les cryptes révolutionnaires à Rennes[158], elle fut au moment d'être renfermée au château de Combourg, devenu cachot pendant la Terreur.

---

[157] Malfilâtre (Alexandre-Henri de), né le 19 février 1757. Pourvu d'un office de conseiller non originaire au Parlement de Bretagne, par lettres du 3 mars 1785, il fut reçu le 3 mai suivant. Pendant l'émigration, il entra dans les ordres et mourut à Somers-town, près Londres, le 18 mars 1803. (Lucile de Chateaubriand et M. de Caud, par Frédéric Saulnier, p. 7.) M. Saulnier ajoute : « Il était, croyons-nous, d'origine normande, et peut-être parent du poète du même nom. Au xviiie siècle, il y avait des Malfilâtre aux environs de Falaise. »

[158] Malfilâtre (Alexandre-Henri de), né le 19 février 1757. Pourvu d'un office de conseiller non originaire au Parlement de Bretagne, par lettres du 3 mars 1785, il fut reçu le 3 mai suivant. Pendant l'émigration, il entra dans les ordres et mourut à Somers-town, près Londres, le 18 mars 1803. (Lucile de Chateaubriand et M. de Caud, par Frédéric Saulnier, p. 7.) M. Saulnier ajoute : « Il était, croyons-nous, d'origine normande, et peut-être parent du poète du même nom. Au xviiie siècle, il y avait des Malfilâtre aux environs de Falaise. »

Délivrée de prison[159], elle se maria à M. de Caud, qui la laissa veuve au bout d'un an[160]. Au retour de mon émigration, je revis l'amie de mon enfance : je dirai comment elle disparut, quand il plut à Dieu de m'affliger.

Revenu de Montboissier, voici les dernières lignes que je trace dans mon ermitage ; il le faut abandonner tout rempli des beaux adolescents qui déjà dans leurs rangs pressés cachaient et couronnaient leur père. Je ne verrai plus le magnolia qui promettait sa rose à la tombe de ma Floridienne, le pin de Jérusalem et le cèdre du Liban consacrés à la mémoire de Jérôme, le laurier de Grenade, le platane de la Grèce, le chêne de l'Armorique, au pied desquels je peignis Blanca, chantai Cymodocée, inventai Velléda. Ces arbres naquirent et crûrent avec mes rêveries ; elles en étaient les Hamadryades. Ils vont passer sous un autre empire : leur nouveau maître les aimera-t-il comme je les aimais ? Il les laissera dépérir, il les abattra peut-être : je ne dois rien conserver sur la terre. C'est en disant adieu aux bois d'Aulnay que je vais rappeler l'adieu que je dis autrefois aux bois de Combourg : tous mes jours sont des adieux.

Le goût que Lucile m'avait inspiré pour la poésie fut de l'huile jetée sur le feu. Mes sentiments prirent un nouveau degré de force ; il me passa par l'esprit des vanités de renommée ; je crus un moment à mon *talent*, mais bientôt, revenu à une juste défiance de moi-même, je me mis à douter de ce talent, ainsi que j'en ai toujours douté. Je regardai mon travail comme une mauvaise tentation ; j'en voulus à Lucile d'avoir fait naître en moi un penchant malheureux : je cessai d'écrire, et je me pris à pleurer ma gloire à venir, comme on pleurerait sa gloire passée.

---

[159] Lucile, madame de Farcy et leur jeune belle-sœur recouvrèrent la liberté après le 9 thermidor. Elles sortirent de la prison de la Motte le 15 brumaire an III (5 novembre 1794).

[160] Le mariage de Lucile et de M. de Caud eut lieu à Rennes le 15 thermidor an IV (2 août 1796). Le chevalier de Caud (Jacques-Louis-René), fils de Pierre-Julien Caud, sieur du Basbourg, avocat au Parlement, et de dame Jeanne-Rose Baconnière, était né à Rennes le 19 juin 1727. Sur l'État militaire de France pour l'année 1787, il figure avec les qualifications suivantes : « M. le chevalier de Caud, lieutenant-colonel, chevalier de Saint-Louis, commandant le bataillon de garnison du régiment de Monsieur (Troupes provinciales) ». Il était, à la même date, commandant pour S. M. des ville et château de Fougères. En 1796, il n'est plus, sur son acte de mariage, que « Jacques-Louis-René Decaud, vivant de son bien ». Le jour des épousailles, Lucile avait 31 ans ; M. de Caud était presque septuagénaire : il avait 69 ans passés. « Il laissa sa femme, dit Chateaubriand, veuve au bout d'un an. » Il fit même mieux : il la laissa veuve au bout de sept mois et demi. Le 26 ventôse an V (16 mars 1797), l'officier public de Rennes enregistrait le décès de « Jacques-Louis-René Decaud, vivant de son bien, âgé de soixante-dix ans, décédé en sa demeure, rue de Paris, ce matin, environ six heures. » Voir l'étude si intéressante et si complète de M. Frédéric Saulnier sur Lucile de Chateaubriand et M. de Caud. — M. Anatole France a commis une double erreur, dans sa Notice sur Lucile, page 35, en donnant pour date à son mariage « cette terrible année 1793 », et en disant qu'elle épousa « le comte de Caud ».

Rentré dans ma première oisiveté, je sentis davantage ce qui manquait à ma jeunesse : je m'étais un mystère. Je ne pouvais voir une femme sans être troublé ; je rougissais si elle m'adressait la parole. Ma timidité, déjà excessive avec tout le monde, était si grande avec une femme que j'aurais préféré je ne sais quel tourment à celui de demeurer seul avec cette femme : elle n'était pas plutôt partie, que je la rappelais de tous mes vœux. Les peintures de Virgile, de Tibulle et de Massillon se présentaient bien à ma mémoire : mais l'image de ma mère et de ma sœur, couvrant tout de sa pureté, épaississait les voiles que la nature cherchait à soulever ; la tendresse filiale et fraternelle me trompait sur une tendresse moins désintéressée. Quand on m'aurait livré les plus belles esclaves du sérail, je n'aurais su que leur demander : le hasard m'éclaira.

Un voisin de la terre de Combourg était venu passer quelques jours au château avec sa femme, fort jolie. Je ne sais ce qui advint dans le village ; on courut à l'une des fenêtres de la grand'salle pour regarder. J'y arrivai le premier, l'étrangère se précipitait sur mes pas, je voulus lui céder la place et je me tournai vers elle ; elle me barra involontairement le chemin, et je me sentis pressé entre elle et la fenêtre. Je ne sus plus ce qui se passa autour de moi.

Dès ce moment, j'entrevis que d'aimer et d'être aimé d'une manière qui m'était inconnue devait être la félicité suprême. Si j'avais fait ce que font les autres hommes, j'aurais bientôt appris les peines et les plaisirs de la passion dont je portais le germe ; mais tout prenait en moi un caractère extraordinaire. L'ardeur de mon imagination, ma timidité, la solitude, firent, qu'au lieu de me jeter au dehors, je me repliai sur moi-même ; faute d'objet réel, j'évoquai par la puissance de mes vagues désirs un fantôme qui ne me quitta plus. Je ne sais si l'histoire du cœur humain offre un autre exemple de cette nature.

Je me composai donc une femme de toutes les femmes que j'avais vues : elle avait la taille, les cheveux et le sourire de l'étrangère qui m'avait pressé contre son sein ; je lui donnai les yeux de telle jeune fille du village, la fraîcheur de telle autre. Les portraits des grandes dames du temps de François Ier, de Henri IV et de Louis XIV, dont le salon était orné, m'avaient fourni d'autres traits, et j'avais dérobé des grâces jusqu'aux tableaux des Vierges suspendus dans les églises.

Cette charmeresse me suivait partout invisible ; je m'entretenais avec elle comme avec un être réel ; elle variait au gré de ma folie : Aphrodite sans voile, Diane vêtue d'azur et de rosée, Thalie au masque riant, Hébé à la coupe de la jeunesse, souvent elle devenait une fée qui me soumettait la nature. Sans cesse je retouchais ma toile ; j'enlevais un appas à ma beauté pour le remplacer par un autre. Je changeais aussi mes parures ; j'en empruntais à tous les pays, à tous les siècles, à tous les arts, à toutes les religions. Puis, quand j'avais fait un chef-d'œuvre, j'éparpillais de nouveau mes dessins et mes couleurs ; ma femme unique se transformait en une multitude de femmes dans lesquelles j'idolâtrais séparément les charmes que j'avais adorés réunis.

Pygmalion fut moins amoureux de sa statue : mon embarras était de plaire à la mienne. Ne me reconnaissant rien de ce qu'il fallait pour être aimé, je me prodiguais ce qui me manquait. Je montais à cheval comme Castor et Pollux ; je jouais de la lyre comme Apollon ; Mars maniait ses armes avec moins de force et d'adresse : héros de roman ou d'histoire, que d'aventures fictives j'entassais sur des fictions ! Les ombres des filles de Morven, les sultanes de Bagdad et de Grenade, les châtelaines des vieux manoirs ; bains, parfums, danses, délices de l'Asie, tout m'était approprié par une baguette magique.

Voici venir une jeune reine, ornée de diamants et de fleurs (c'était toujours ma sylphide) ; elle me cherche à minuit, au travers des jardins d'orangers, dans les galeries d'un palais baigné des flots de la mer, au rivage embaumé de Naples ou de Messine, sous un ciel d'amour que l'astre d'Endymion pénètre de sa lumière ; elle s'avance, statue animée de Praxitèle, au milieu des statues immobiles, des pâles tableaux et des fresques silencieusement blanchies par les rayons de la lune : le bruit léger de sa course sur les mosaïques des marbres se mêle au murmure insensible de la vague. La jalousie royale nous environne. Je tombe aux genoux de la souveraine des campagnes d'Enna ; les ondes de soie de son diadème dénoué viennent caresser mon front, lorsqu'elle penche sur mon visage sa tête de seize années et que ses mains s'appuient sur mon sein palpitant de respect et de volupté.

Au sortir de ces rêves, quand je me retrouvais un pauvre petit Breton obscur, sans gloire, sans beauté, sans talents, qui n'attirerait les regards de personne, qui passerait ignoré, qu'aucune femme n'aimerait jamais, le désespoir s'emparait de moi : je n'osais plus lever les yeux sur l'image brillante que j'avais attachée à mes pas.

Ce délire dura deux années entières, pendant lesquelles les facultés de mon âme arrivèrent au plus haut point d'exaltation. Je parlais peu, je ne parlai plus ; j'étudiais encore, je jetai là les livres ; mon goût pour la solitude redoubla. J'avais tous les symptômes d'une passion violente ; mes yeux se creusaient ; je maigrissais ; je ne dormais plus ; j'étais distrait, triste, ardent, farouche. Mes jours s'écoulaient d'une manière sauvage, bizarre, insensée, et pourtant pleine de délices.

Au nord du château s'étendait une lande semée de pierres druidiques ; j'allais m'asseoir sur une de ces pierres au soleil couchant. La cime dorée des bois, la splendeur de la terre, l'étoile du soir scintillant à travers les nuages de rose, me ramenaient à mes songes : j'aurais voulu jouir de ce spectacle avec l'idéal objet de mes désirs. Je suivais en pensée l'astre du jour ; je lui donnais ma beauté à conduire, afin qu'il la présentât radieuse avec lui aux hommages de l'univers.

Le vent du soir qui brisait les réseaux tendus par l'insecte sur la pointe des herbes, l'alouette de bruyère qui se posait sur un caillou, me rappelaient à la réalité : je reprenais le chemin du manoir, le cœur serré, le visage abattu.

Les jours d'orage, en été, je montais au haut de la grosse tour de l'ouest. Le roulement du tonnerre sous les combles du château, les torrents de pluie qui tombaient en grondant sur le toit pyramidal des tours, l'éclair qui sillonnait la nue et marquait d'une flamme électrique les girouettes d'airain, excitaient mon enthousiasme : comme Ismen sur les remparts de Jérusalem, j'appelais la foudre, j'espérais qu'elle m'apporterait Armide.

Le ciel était-il serein, je traversais le grand Mail, autour duquel étaient des prairies divisées par des haies plantées de saules. J'avais établi un siège, comme un nid, dans un de ces saules : là, isolé entre le ciel et la terre, je passais des heures avec les fauvettes ; ma nymphe était à mes côtés. J'associais également son image à la beauté de ces nuits de printemps toutes remplies de la fraîcheur de la rosée, des soupirs du rossignol et du murmure des brises.

D'autres fois je suivais un chemin abandonné, une onde ornée de ses plantes rivulaires ; j'écoutais les bruits qui sortent des lieux infréquentés ; je prêtais l'oreille à chaque arbre ; je croyais entendre la clarté de la lune chanter dans les bois : je voulais redire ces plaisirs, et les paroles expiraient sur mes lèvres. Je ne sais comment je retrouvais encore ma déesse dans les accents d'une voix, dans les frémissements d'une harpe, dans les sons veloutés ou liquides d'un cor ou d'un harmonica. Il serait trop long de raconter les beaux voyages que je faisais avec ma fleur d'amour ; comment, main en main, nous visitions les ruines célèbres, Venise, Rome, Athènes, Jérusalem, Memphis, Carthage ; comment nous franchissions les mers ; comment nous demandions le bonheur aux palmiers d'Otahiti, aux bosquets embaumés d'Amboine et de Tidor ; comment, au sommet de l'Himalaya, nous allions réveiller l'aurore ; comment nous descendions les *fleuves saints* dont les vagues épandues entourent les pagodes aux boules d'or ; comment nous dormions aux rives du Gange, tandis que le bengali, perché sur le mât d'une nacelle de bambou, chantait sa barcarolle indienne.

La terre et le ciel ne m'étaient plus rien ; j'oubliais surtout le dernier ; mais si je ne lui adressais plus mes vœux, il écoutait la voix de ma secrète misère : car je souffrais, et les souffrances prient.

Plus la saison était triste, plus elle était en rapport avec moi : le temps des frimas, en rendant les communications moins faciles, isole les habitants des campagnes : on se sent mieux à l'abri des hommes.

Un caractère moral s'attache aux scènes de l'automne : ces feuilles qui tombent comme nos ans, ces fleurs qui se fanent comme nos heures, ces nuages qui fuient comme nos illusions, cette lumière qui s'affaiblit comme notre intelligence, ce soleil qui se refroidit comme nos amours, ces fleuves qui se glacent comme notre vie, ont des rapports secrets avec nos destinées.

Je voyais avec un plaisir indicible le retour de la saison des tempêtes, le passage des cygnes et des ramiers, le rassemblement des corneilles dans la prairie de l'étang, et leur perchée à l'entrée de la nuit sur les plus hauts chênes du grand Mail. Lorsque le soir élevait une vapeur bleuâtre au carrefour des forêts, que les complaintes ou les lais du vent gémissaient dans les mousses flétries, j'entrais en pleine possession des sympathies de ma nature. Rencontrais-je quelque laboureur au bout d'un guéret, je m'arrêtais pour regarder cet homme germé à l'ombre des épis parmi lesquels il devait être moissonné, et qui, retournant la terre de sa tombe avec le soc de la charrue, mêlait ses sueurs brûlantes aux pluies glacées de l'automne : le sillon qu'il creusait était le monument destiné à lui survivre. Que faisait à cela mon élégante démone ? Par sa magie, elle me transportait au bord du Nil, me montrait la pyramide égyptienne noyée dans le sable, comme un jour le sillon armoricain caché sous la bruyère : je m'applaudissais d'avoir placé les fables de ma félicité hors du cercle des réalités humaines.

Le soir, je m'embarquais sur l'étang, conduisant seul mon bateau au milieu des joncs et des larges feuilles flottantes du nénuphar. Là se réunissaient les hirondelles prêtes à quitter nos climats. Je ne perdais pas un seul de leur gazouillis : Tavernier enfant était moins attentif au récit d'un voyageur[161]. Elles se jouaient sur l'eau au tomber du soleil, poursuivaient les insectes, s'élançaient ensemble dans les airs, comme pour éprouver leurs ailes, se rabattaient à la surface du lac, puis se venaient suspendre aux roseaux que leur poids courbait à peine, et qu'elles remplissaient de leur ramage confus.

La nuit descendait ; les roseaux agitaient leurs champs de quenouilles et de glaives, parmi lesquels la caravane emplumée, poules d'eaux, sarcelles, martins-pêcheurs, bécassines, se taisait ; le lac battait ses bords ; les grandes voix de l'automne sortaient des marais et des bois : j'échouais mon bateau au rivage et retournais au château. Dix heures sonnaient. À peine retiré dans ma chambre, ouvrant mes fenêtres, fixant mes regards au ciel, je commençais une incantation. Je montais avec ma magicienne sur les nuages : roulé dans ses cheveux et dans ses voiles, j'allais, au gré des tempêtes, agiter la cime des forêts, ébranler le sommet des montagnes, ou tourbillonner sur les mers. Plongeant dans l'espace, descendant du trône de Dieu aux portes de l'abîme, les mondes étaient livrés à la puissance de mes amours. Au milieu du désordre des éléments, je mariais avec ivresse la pensée du danger à celle du plaisir. Les souffles de l'aquilon ne

---

[161] Tavernier (Jean-Baptiste), né en 1605 à Paris, mort en 1686 à Moscou. Après avoir parcouru la plus grande partie de l'Europe, il fit six voyages dans les Indes. Les Voyages de Tavernier en Turquie, en Perse et aux Indes (Paris, 1679) ont été souvent réimprimés.

m'apportaient que les soupirs de la volupté ; le murmure de la pluie m'invitait au sommeil sur le sein d'une femme. Les paroles que j'adressais à cette femme auraient rendu des sens à la vieillesse et réchauffé le marbre des tombeaux. Ignorant tout, sachant tout, à la fois vierge et amante, Ève innocente, Ève tombée, l'enchanteresse par qui me venait ma folie était un mélange de mystères et de passions : je la plaçais sur un autel et je l'adorais. L'orgueil d'être aimé d'elle augmentait encore mon amour. Marchait-elle, je me prosternais pour être foulé sous ses pieds, ou pour en baiser la trace. Je me troublais à son sourire ; je tremblais au son de sa voix ; je frémissais de désir si je touchais ce qu'elle avait touché. L'air exhalé de sa bouche humide pénétrait dans la moelle de mes os, coulait dans mes veines au lieu de sang.

Un seul de ses regards m'eût fait voler au bout de la terre ; quel désert ne m'eût suffi avec elle ! À ses côtés, l'antre des lions se fût changé en palais, et des millions de siècles eussent été trop courts pour épuiser les feux dont je me sentais embrasé.

À cette fureur se joignait une idolâtrie morale : par un autre jeu de mon imagination, cette Phryné qui m'enlaçait dans ses bras était aussi pour moi la gloire et surtout l'honneur ; la vertu lorsqu'elle accomplit ses plus nobles sacrifices, le génie lorsqu'il enfante la pensée la plus rare, donneraient à peine une idée de cette autre sorte de bonheur. Je trouvais à la fois dans ma création merveilleuse toutes les blandices des sens et toutes les jouissances de l'âme. Accablé et comme submergé de ces doubles délices, je ne savais plus quelle était ma véritable existence ; j'étais homme et n'étais pas homme ; je devenais le nuage, le vent, le bruit ; j'étais un pur esprit, un être aérien, chantant la souveraine félicité. Je me dépouillais de ma nature pour me fondre avec la fille de mes désirs, pour me transformer en elle, pour toucher plus intimement la beauté, pour être à la fois la passion reçue et donnée, l'amour et l'objet de l'amour.

Tout à coup, frappé de ma folie, je me précipitais sur ma couche ; je me roulais dans ma douleur ; j'arrosais mon lit de larmes cuisantes que personne ne voyait et qui coulaient, misérables, pour un néant.

Bientôt, ne pouvant plus rester dans ma tour, je descendais à travers les ténèbres, j'ouvrais furtivement la porte du perron comme un meurtrier, et j'allais errer dans le grand bois.

Après avoir marché à l'aventure, agitant mes mains, embrassant les vents qui m'échappaient ainsi que l'ombre, objet de mes poursuites, je m'appuyais contre le tronc d'un hêtre ; je regardais les corbeaux que je faisais envoler d'un arbre pour se poser sur un autre, ou la lune se traînant sur la cime dépouillée de la futaie : j'aurais voulu habiter ce monde mort, qui réfléchissait la pâleur du sépulcre. Je ne sentais ni le froid, ni l'humidité de la nuit ; l'haleine glaciale de l'aube ne m'aurait pas même tiré du fond de mes pensées, si à cette heure la cloche du village ne s'était fait entendre.

Dans la plupart des villages de la Bretagne, c'est ordinairement à la pointe du jour que l'on sonne pour les trépassés. Cette sonnerie compose, de trois notes répétées, un petit air monotone, mélancolique et champêtre. Rien ne convenait mieux à mon âme malade et blessée que d'être rendue aux tribulations de l'existence par la cloche qui en annonçait la fin. Je me représentais le pâtre expiré dans sa cabane inconnue, ensuite déposé dans un cimetière non moins ignoré. Qu'était-il venu faire sur la terre ? moi-même, que faisais-je dans ce monde[162] ? Puisque enfin je devais passer, ne valait-il pas mieux partir à la fraîcheur du matin, arriver de bonne heure, que d'achever le voyage sous le poids et pendant la chaleur du jour ? Le rouge du désir me montait au visage ; l'idée de n'être plus me saisissait le cœur à la façon d'une joie subite. Au temps des erreurs de ma jeunesse, j'ai souvent souhaité ne pas survivre au bonheur : il y avait dans le premier succès un degré de félicité qui me faisait aspirer à la destruction.

De plus en plus garrotté à mon fantôme, ne pouvant jouir de ce qui n'existait pas, j'étais comme ces hommes mutilés qui rêvent des béatitudes pour eux insaisissables, et qui se créent un songe dont les plaisirs égalent les tortures de l'enfer. J'avais en outre le pressentiment des misères de mes futures destinées : ingénieux à me forger des souffrances, je m'étais placé entre deux désespoirs ; quelquefois je ne me croyais qu'un être nul, incapable de s'élever au-dessus du vulgaire ; quelquefois il me semblait sentir en moi des qualités qui ne seraient jamais appréciées. Un secret instinct m'avertissait qu'en avançant dans le monde, je ne trouverais rien de ce que je cherchais.

Tout nourrissait l'amertume de mes goûts : Lucile était malheureuse ; ma mère ne me consolait pas ; mon père me faisait éprouver les affres de la vie. Sa morosité augmentait avec l'âge ; la vieillesse roidissait son âme comme son corps ; il m'épiait sans cesse pour me gourmander. Lorsque je revenais de mes courses sauvages et que je l'apercevais assis sur le perron, on m'aurait plutôt tué que de me faire rentrer au château. Ce n'était néanmoins que différer mon supplice : obligé de paraître au souper, je m'asseyais tout interdit sur le coin de ma chaise, mes joues battues de la pluie, ma chevelure en désordre. Sous les regards de mon père, je demeurais immobile et la sueur couvrait mon front : la dernière lueur de la raison m'échappa.

Me voici arrivé à un moment où j'ai besoin de quelque force pour confesser ma faiblesse. L'homme qui attente à ses jours montre moins la vigueur de son âme que la défaillance de sa nature.

Je possédais un fusil de chasse dont la détente usée partait souvent au

---

[162] Chactas fait la même question au P. Aubry — : « Homme-prêtre, qu'es-tu venu faire dans ces forêts ? — Te sauver, dit le vieillard d'une voix terrible, dompter tes passions, et t'empêcher, blasphémateur, d'attirer sur toi la colère céleste ! » (Atala.)

repos. Je chargeai ce fusil de trois balles, et je me rendis dans un endroit écarté du grand Mail. J'armai le fusil, introduisis le bout du canon dans ma bouche, je frappai la crosse contre terre ; je réitérai plusieurs fois l'épreuve : le coup ne partit pas ; l'apparition d'un garde suspendit ma résolution. Fataliste sans le vouloir et sans le savoir, je supposai que mon heure n'était pas arrivée, et je remis à un autre jour l'exécution de mon projet. Si je m'étais tué, tout ce que j'ai été s'ensevelissait avec moi ; on ne saurait rien de l'histoire qui m'aurait conduit à ma catastrophe ; j'aurais grossi la foule des infortunés sans nom, je ne me serais pas fait suivre à la trace de mes chagrins comme un blessé à la trace de son sang.

Ceux qui seraient troublés par ces peintures et tentés d'imiter ces folies, ceux qui s'attacheraient à ma mémoire par mes chimères, se doivent souvenir qu'ils n'entendent que la voix d'un mort. Lecteur, que je ne connaîtrai jamais, rien n'est demeuré : il ne reste de moi que ce que je suis entre les mains du Dieu vivant qui m'a jugé.

Une maladie, fruit de cette vie désordonnée, mit fin aux tourments par qui m'arrivèrent les premières inspirations de la Muse et les premières attaques des passions. Ces passions dont mon âme était surmenée, ces passions vagues encore, ressemblaient aux tempêtes de mer qui affluent de tous les points de l'horizon : pilote sans expérience, je ne savais de quel côté présenter la voile à des vents indécis. Ma poitrine se gonfla, la fièvre me saisit ; on envoya chercher à Bazouges, petite ville éloignée de Combourg de cinq ou six lieues, un excellent médecin nommé Cheftel, dont le fils a joué un rôle dans l'affaire du marquis de La Rouërie[163]. Il m'examina attentivement, ordonna des remèdes et déclara qu'il était surtout nécessaire de m'arracher à mon genre de vie[164].

Je fus six semaines en péril. Ma mère vint un matin s'asseoir au bord de mon lit, et me dit : « Il est temps de vous décider ; votre frère est à même de vous obtenir un bénéfice ; mais, avant d'entrer au séminaire, il faut vous bien consulter, car si je désire que vous embrassiez l'état ecclésiastique, j'aime encore mieux vous voir homme du monde que prêtre scandaleux. »

D'après ce qu'on vient de lire, on peut juger si la proposition de ma pieuse mère tombait à propos. Dans les événements majeurs de ma vie, j'ai

---

[163] À mesure que j'avance dans la vie, je retrouve des personnages de mes Mémoires : la veuve du fils du médecin Cheftel vient d'être reçue à l'infirmerie de Marie-Thérèse ; c'est un témoin de plus de ma véracité (Note de Paris, 1834). Ch.
[164] Par pitié sans doute et par reconnaissance pour le médecin qui l'avait si bien soigné, Chateaubriand n'a pas cru devoir dire ce que fut le rôle de Cheftel fils. Il ne se contenta pas de vendre les secrets du marquis de La Rouërie, il trahit jusqu'au cadavre de celui qui avait été son ami. Ses perfides manœuvres conduisirent au tribunal révolutionnaire ceux dont il avait paru servir les desseins ; il fit monter sur l'échafaud ces trois femmes héroïques, Thérèse de Moëlien, Mme de la Motte de la Guyomarais et Mme de La Fonchais, la sœur d'André Desilles.

toujours su promptement ce que je devais éviter ; un mouvement d'honneur me pousse. Abbé, je me parus ridicule. Évêque, la majesté du sacerdoce m'imposait et je reculais avec respect devant l'autel. Ferais-je, comme évêque, des efforts afin d'acquérir des vertus, ou me contenterais-je de cacher mes vices ? Je me sentais trop faible pour le premier parti, trop franc pour le second. Ceux qui me traitent d'hypocrite et d'ambitieux me connaissent peu : je ne réussirai jamais dans le monde, précisément parce qu'il me manque une passion et un vice, l'ambition et l'hypocrisie. La première serait tout au plus chez moi de l'amour-propre piqué ; je pourrais désirer quelquefois être ministre ou roi pour me rire de mes ennemis ; mais au bout de vingt-quatre heures je jetterais mon portefeuille et ma couronne par la fenêtre.

Je dis donc à ma mère que je n'étais pas assez fortement appelé à l'état ecclésiastique. Je variais pour la seconde fois dans mes projets : je n'avais point voulu me faire marin, je ne voulais plus être prêtre. Restait la carrière militaire ; je l'aimais : mais comment supporter la perte de mon indépendance et la contrainte de la discipline européenne ? Je m'avisai d'une chose saugrenue : je déclarai que j'irais au Canada défricher des forêts, ou aux Indes chercher du service dans les armées des princes de ce pays.

Par un de ces contrastes qu'on remarque chez tous les hommes, mon père, si raisonnable d'ailleurs, n'était jamais trop choqué d'un projet aventureux. Il gronda ma mère de mes tergiversations, mais il se décida à me faire passer aux Indes. On m'envoya à Saint-Malo ; on y préparait un armement pour Pondichéry.

Deux mois s'écoulèrent : je me retrouvai seul dans mon île maternelle ; la Villeneuve y venait de mourir. En allant la pleurer au bord du lit vide et pauvre où elle expira, j'aperçus le petit chariot d'osier dans lequel j'avais appris à me tenir debout sur ce triste globe. Je me représentais ma vieille bonne, attachant du fond de sa couche ses regards affaiblis sur cette corbeille roulante : ce premier monument de ma vie en face du dernier monument de la vie de ma seconde mère, l'idée des souhaits de bonheur que la bonne Villeneuve adressait au ciel pour son nourrisson en quittant le monde, cette preuve d'un attachement si constant, si désintéressé, si pur, me brisaient le cœur de tendresse, de regrets et de reconnaissance.

Du reste, rien de mon passé à Saint-Malo : dans le port je cherchais en vain les navires aux cordes desquels je me jouais ; ils étaient partis ou dépecés ; dans la ville, l'hôtel où j'étais né avait été transformé en auberge. Je touchais presque à mon berceau et déjà tout un monde s'était écroulé. Étranger aux lieux de mon enfance, en me rencontrant on demandait qui j'étais, par l'unique raison que ma tête s'élevait de quelques lignes de plus au-dessus du sol vers lequel elle s'inclinera de nouveau dans peu d'années. Combien rapidement et que de fois nous changeons d'existence et de chimère ! Des amis nous quittent, d'autres leur succèdent ; nos liaisons varient : il y a toujours un temps où nous ne possédions rien de ce que nous possédons, un temps où nous n'avons rien de ce que nous eûmes. L'homme n'a pas une seule et même vie ; il en a plusieurs mises bout à bout, et c'est sa misère.

Désormais sans compagnon, j'explorais l'arène qui vit mes châteaux de sable : *campos ubi Troja fuit*. Je marchais sur la plage désertée de la mer. Les grèves abandonnées du flux m'offraient l'image de ces espaces désolés que les illusions laissent autour de nous lorsqu'elles se retirent. Mon compatriote Abailard[165] regardait comme moi ces flots, il y a huit cents ans, avec le souvenir de son Héloïse ; comme moi il voyait fuir quelque vaisseau (*ad horizontis undas*), et son oreille était bercée ainsi que la mienne de l'unisonance des vagues. Je m'exposais au brisement de la lame en me livrant aux imaginations funestes que j'avais apportées des bois de Combourg. Un cap, nommé Lavarde, servait de terme à mes courses : assis sur la pointe de ce cap, dans les pensées les plus amères, je me souvenais que ces mêmes rochers servaient à cacher mon enfance, à l'époque des fêtes ; j'y dévorais mes larmes, et mes camarades s'enivraient de joie. Je ne me sentais ni plus aimé, ni plus heureux. Bientôt j'allais quitter ma patrie pour émietter mes jours en divers climats. Ces réflexions me navraient à mort, et j'étais tenté de me laisser tomber dans les flots.

Une lettre me rappelle à Combourg : j'arrive, je soupe avec ma famille ; monsieur mon père ne me dit pas un mot, ma mère soupire, Lucile paraît consternée ; à dix heures on se retire. J'interroge ma sœur ; elle ne savait rien. Le lendemain à huit heures du matin on m'envoie chercher. Je descends : mon père m'attendait dans son cabinet.

« Monsieur le chevalier, me dit-il, il faut renoncer à vos folies. Votre frère a obtenu pour vous un brevet de sous-lieutenant au régiment de Navarre. Vous allez partir pour Rennes, et de là pour Cambrai. Voilà cent louis ; ménagez-les. Je suis vieux et malade ; je n'ai pas longtemps à vivre. Conduisez-vous en homme de bien et ne déshonorez jamais votre nom. »

Il m'embrassa. Je sentis ce visage ridé et sévère se presser avec émotion contre le mien : c'était pour moi le dernier embrassement paternel.

Le comte de Chateaubriand, homme redoutable à mes yeux, ne me parut dans ce moment que le père le plus digne de ma tendresse. Je me jetai sur sa main décharnée et pleurai. Il commençait d'être attaqué d'une paralysie ; elle le conduisit au tombeau ; son bras gauche avait un mouvement convulsif qu'il était obligé de contenir avec sa main droite. Ce fut en retenant ainsi son bras et après m'avoir remis sa vieille épée, que, sans me donner le temps de me reconnaître, il me conduisit au cabriolet qui m'attendait dans la Cour Verte. Il m'y fit monter devant lui. Le postillon

---

[165] Pierre Abailard (1079-1142) est né au Pallet, petit bourg à quatre lieues de Nantes.

partit, tandis que je saluais des yeux ma mère et ma sœur qui fondaient en larmes sur le perron.

Je remontai la chaussée de l'étang ; je vis les roseaux de mes hirondelles, le ruisseau du moulin et la prairie ; je jetai un regard sur le château. Alors, comme Adam après son péché, je m'avançai sur la terre inconnue : le monde était tout devant moi : *and the world was all before him*[166].

Depuis cette époque, je n'ai revu Combourg que trois fois : après la mort de mon père, nous nous y trouvâmes en deuil, pour partager notre héritage et nous dire adieu. Une autre fois j'accompagnai ma mère à Combourg : elle s'occupait de l'ameublement du château ; elle attendait mon frère, qui devait amener ma belle-sœur en Bretagne. Mon frère ne vint point ; il eut bientôt avec sa jeune épouse, de la main du bourreau, un autre chevet que l'oreiller préparé des mains de ma mère. Enfin, je traversai une troisième fois Combourg, en allant m'embarquer à Saint-Malo pour l'Amérique. Le château était abandonné, je fus obligé de descendre chez le régisseur. Lorsque, en errant dans le grand Mail, j'aperçus du fond d'une allée obscure le perron désert, la porte et les fenêtres fermées, je me trouvai mal[167]. Je regagnai avec peine le village ; j'envoyai chercher mes chevaux et je partis au milieu de la nuit.

Après quinze années d'absence, avant de quitter de nouveau la France et de passer en Terre sainte, je courus embrasser à Fougères ce qui me

---

[166] Ce sont les derniers vers du Paradis perdu, chant XIIe :
The world was all before them, where to choose
Their place of rest, and Providence their guide !

[167] Dans René, Chateaubriand a immortalisé le souvenir de cette dernière visite à Combourg : « J'arrivai au château par la longue avenue de sapins ; je traversai à pied les cours désertes ; je m'arrêtai à regarder les fenêtres fermées ou demi-brisées, le chardon qui croissait au pied des murs, les feuilles qui jonchaient le seuil des portes, et ce perron solitaire où j'avais vu si souvent mon père et ses fidèles serviteurs. Les marches étaient déjà couvertes de mousse ; le violier jaune croissait entre leurs pierres déjointes et tremblantes. Un gardien inconnu m'ouvrit brusquement les portes… J'entrai sous le toit de mes ancêtres. Je parcourus les appartements sonores où l'on n'entendait que le bruit de mes pas. Les chambres étaient à peine éclairées par la faible lumière qui pénétrait entre les volets fermés : je visitai celle où ma mère avait perdu la vie en me mettant au monde, celle où se retirait mon père, celle où j'avais dormi dans mon berceau, celle enfin où l'amitié avait reçu mes premiers vœux dans le sein d'une sœur. Partout les salles étaient détendues, et l'araignée filait sa toile dans les couches abandonnées. Je sortis précipitamment de ces lieux, je m'en éloignai à grands pas sans oser tourner la tête. Qu'ils sont doux, mais qu'ils sont rapides, les moments que les frères et les sœurs passent dans leurs jeunes années, réunis sous l'aile de leurs vieux parents ! La famille de l'homme n'est que d'un jour ; le souffle de Dieu la disperse comme une fumée. À peine le fils connaît-il le père, le père le fils, le frère la sœur, la sœur le frère ! Le chêne voit germer ses glands autour de lui ; il n'en est pas ainsi des enfants des hommes ! »

restait de ma famille. Je n'eus pas le courage d'entreprendre le pèlerinage des champs où la plus vive partie de mon existence fut attachée. C'est dans les bois de Combourg que je suis devenu ce que je suis, que j'ai commencé à sentir la première atteinte de cet ennui que j'ai traîné toute ma vie, de cette tristesse qui a fait mon tourment et ma félicité. Là, j'ai cherché un cœur qui pût entendre le mien ; là, j'ai vu se réunir, puis se disperser ma famille. Mon père y rêva son nom rétabli, la fortune de sa maison renouvelée : autre chimère que le temps et les révolutions ont dissipée. De six enfants que nous étions, nous ne restons plus que trois : mon frère, Julie et Lucile ne sont plus, ma mère est morte de douleur, les cendres de mon père ont été arrachées de son tombeau.

Si mes ouvrages me survivent, si je dois laisser un nom, peut-être un jour, guidé par ces *Mémoires*, quelque voyageur viendra visiter les lieux que j'ai peints. Il pourra reconnaître le château ; mais il cherchera vainement le grand bois : le berceau de mes songes a disparu comme ces songes. Demeuré seul debout sur son rocher, l'antique donjon pleure les chênes, vieux compagnons qui l'environnaient et le protégeaient contre la tempête. Isolé comme lui, j'ai vu comme lui tomber autour de moi la famille qui embellissait mes jours et me prêtait son abri : heureusement ma vie n'est pas bâtie sur la terre aussi solidement que les tours où j'ai passé ma jeunesse, et l'homme résiste moins aux orages que les monuments élevés par ses mains.

LIVRE IV[168]

Berlin. —— Potsdam. —— Frédéric. —— Mon frère. —— Mon cousin Moreau. —— Ma sœur, la comtesse de Farcy. —— Julie mondaine. —— Dîner. —— Pommereul. —— Mme de Chastenay. —— Cambrai. —— Le régiment de Navarre. —— La Martinière. —— Mort de mon père. —— Regrets. —— Mon père m'eut-il apprécié ? —— Retour en Bretagne. —— Séjour chez ma sœur aînée. —— Mon frère m'appelle à Paris. —— Ma vie solitaire à Paris. —— Présentation à Versailles. —— Chasse avec le roi.

Il y a loin de Combourg à Berlin, d'un jeune rêveur à un vieux ministre. Je retrouve dans ce qui précède ces paroles : « Dans combien de lieux ai-je commencé à écrire ces *Mémoires*, et dans quel lieu les finirai-je ? »

Près de quatre ans ont passé entre la date des faits que je viens de raconter et celle où je reprends ces *Mémoires*. Mille choses sont survenues ; un second homme s'est trouvé en moi, l'homme politique : j'y suis fort peu attaché. J'ai défendu les libertés de la France, qui seules peuvent faire durer le trône légitime. Avec le *Conservateur*[169] j'ai mis M.

---

[168] Ce livre a été écrit à Berlin (mars et avril 1821). Il a été revu en juillet 1846.
[169] Le Conservateur avait été fondé par Chateaubriand au mois d'octobre 1818. Il avait pour devise : Le Roi, la Charte et les Honnêtes Gens. Ses principaux rédacteurs étaient, avec Chateaubriand, qui n'a peut-être rien écrit de plus parfait que certains articles de ce recueil, l'abbé de La Mennais, le vicomte de Bonald,

de Villèle au pouvoir ; j'ai vu mourir le duc de Berry et j'ai honoré sa mémoire[170]. Afin de tout concilier, je me suis éloigné ; j'ai accepté l'ambassade de Berlin[171].

J'étais hier à Potsdam, caserne ornée, aujourd'hui sans soldats : j'étudiais le faux Julien dans sa fausse Athènes. On m'a montré à *Sans-Souci* la table où un grand monarque allemand mettait en petits vers français les maximes encyclopédiques ; la chambre de Voltaire, décorée de singes et de perroquets de bois, le moulin que se fit un jeu de respecter celui qui ravageait des provinces, le tombeau du cheval *César* et des levrettes *Diane*, *Amourette*, *Biche*, *Superbe* et *Pax*. Le royal impie se plut à profaner même la religion des tombeaux en élevant des mausolées à ses chiens ; il avait marqué sa sépulture auprès d'eux, moins par mépris des hommes que par ostentation du néant.

On m'a conduit au nouveau palais, déjà tombant. On respecte dans l'ancien château de Potsdam les taches de tabac, les fauteuils déchirés et souillés, enfin toutes les traces de la malpropreté du prince renégat. Ces lieux immortalisent à la fois la saleté du cynique, l'impudence de l'athée, la tyrannie du despote et la gloire du soldat.

Une seule chose a attiré mon attention : l'aiguille d'une pendule fixée sur la minute où Frédéric expira ; j'étais trompé par l'immobilité de l'image : les heures ne suspendent point leur fuite ; ce n'est pas l'homme qui arrête le temps, c'est le temps qui arrête l'homme. Au surplus, peu importe le rôle que nous avons joué dans la vie ; l'éclat ou l'obscurité de nos doctrines, nos richesses ou nos misères, nos joies ou nos douleurs, ne changent rien à la mesure de nos jours. Que l'aiguille circule sur un cadran d'or ou de bois, que le cadran plus ou moins large remplisse le chaton d'une bague ou la rosace d'une basilique, l'heure n'a que la même durée.

Dans un caveau de l'église protestante, immédiatement au-dessous de la chaire du schismatique défroqué, j'ai vu le cercueil du sophiste à couronne. Ce cercueil est de bronze ; quand on le frappe, il retentit. Le gendarme qui dort dans ce lit d'airain ne serait pas même arraché à son sommeil par le bruit de sa renommée ; il ne se réveillera qu'au son de la trompette, lorsqu'elle l'appellera sur son dernier champ de bataille, en face du Dieu des armées.

J'avais un tel besoin de changer d'impression que j'ai trouvé du soulagement à visiter la Maison-de-Marbre. Le roi qui la fit construire

---

Fiévée, Berryer fils, Eugène Genoude, le vicomte de Castelbajac, le marquis d'Herbouville, M. Agier, le cardinal de La Luzerne, le duc de Fitz-James, etc. Le Conservateur cessa de paraître le 29 mars 1820, à la suite du rétablissement de la censure.
[170] Les Mémoires sur la vie et la mort de Mgr le duc de Berry avaient paru dès le mois d'avril 1820.
[171] Chateaubriand fut nommé, par Ordonnance du 28 novembre 1820, envoyé extraordinaire et ministre plénipotentiaire près la cour de Prusse.

m'adressa autrefois quelques paroles honorables, quand, pauvre officier, je traversai son armée. Du moins, ce roi partagea les faiblesses ordinaires des hommes ; vulgaire comme eux, il se réfugia dans les plaisirs. Les deux squelettes se mettent-ils en peine aujourd'hui de la différence qui fut entre eux jadis, lorsque l'un était le grand Frédéric, et l'autre Frédéric-Guillaume[172] ? Sans-Souci et la Maison-de-Marbre sont également des ruines sans maître.

À tout prendre, bien que l'énormité des événements de nos jours ait rapetissé les événements passés, bien que Rosbach, Lissa, Liegnitz, Torgau, etc., etc., ne soient plus que des escarmouches auprès des batailles de Marengo, d'Austerlitz, d'Iéna, de la Moskowa, Frédéric souffre moins que d'autres personnages de la comparaison avec le géant enchaîné à Sainte-Hélène. Le roi de Prusse et Voltaire sont deux figures bizarrement groupées qui vivront : le second détruisait une société avec la philosophie qui servait au premier à fonder un royaume.

Les soirées sont longues à Berlin. J'habite un hôtel appartenant à madame la duchesse de Dino[173]. Dès l'entrée de la nuit, mes secrétaires m'abandonnent[174]. Quand il n'y a pas de fête à la cour pour le mariage du

---

[172] Frédéric-Guillaume II (1744-1797), neveu et successeur du grand Frédéric.

[173] Dorothée, princesse de Courlande, née le 21 août 1795, de Pierre, dernier duc de Courlande, et de Dorothée, comtesse de Miden. Elle épousa, le 22 avril 1810, le comte Edmond de Périgord, neveu du prince de Talleyrand. Ce dernier, à l'époque du Congrès de Vienne, dut renoncer à la principauté de Bénévent et reçut en échange le duché de Dino en Calabre : il en abandonna le titre à son neveu, et sa nièce s'appela dès lors duchesse de Dino. Ce fut à elle qu'il confia le soin de faire les honneurs de son salon. Femme éminente, d'un esprit sérieux, cultivé et indépendant, elle déploya dans cette tâche tant de charme et de tact que l'on accourait à l'hôtel de la rue Saint-Florentin pour elle peut-être plus encore que pour le maître de maison. Elle ne quitta plus le prince et entoura de soins les années de sa vieillesse. Ce fut elle qui lui parla d'une réconciliation avec l'Église ; ce fut sur ses instances qu'il signa, le 17 mai 1838, sa rétractation et sa lettre au Saint-Père. Le 3 mai, précédant de quelques jours dans la tombe son frère le prince de Talleyrand, le duc de Talleyrand-Périgord était mort à l'âge de soixante-dix-huit ans, et ce titre était passé à son fils Edmond de Talleyrand-Périgord. Madame de Dino, devenue duchesse de Talleyrand, mourut à son tour le 19 septembre 1862. (Voir, à l'Appendice du tome III des Souvenirs du baron de Barante, la Notice sur la duchesse de Dino.)

[174] Le comte Roger de Caux, premier secrétaire ; le chevalier de Cussy, deuxième secrétaire. — Le comte Roger de Caux, après avoir été secrétaire à Madrid (1814) et à la Haye (1816), était depuis 1820 secrétaire à Berlin. Lors de la guerre d'Espagne, il fut attaché à l'expédition du duc d'Angoulême avec le titre de chargé d'affaires à Madrid. Il a rempli les fonctions de ministre de France à Hanovre du 1er juin 1823 au 15 mai 1831. — Le chevalier de Cussy, né à Saint-Étienne-de-Montluc (Loire-Inférieure) le 1er décembre 1795, était deuxième secrétaire à Berlin depuis le 1er février 1820. Il devint en 1823 secrétaire à Dresde. De 1827 à 1845, il fut successivement consul à Fernambouc, à Corfou, à Rotterdam, à Dublin et à Dantzick. Consul général à Palerme (12 mars 1845), puis à Livourne (novembre

grand-duc et de la grande-duchesse Nicolas[175], je reste chez moi. Enfermé seul auprès d'un poêle à figure morne, je n'entends que le cri de la sentinelle de la porte de Brandebourg, et les pas sur la neige de l'homme qui siffle les heures. À quoi passerai-je mon temps ? Des livres ? je n'en ai guère : si je continuais mes *Mémoires* ?

Vous m'avez laissé sur le chemin de Combourg à Rennes : je débarquai dans cette dernière ville chez un de mes parents. Il m'annonça, tout joyeux, qu'une dame de sa connaissance, allant à Paris, avait une place à donner dans sa voiture, et qu'il se faisait fort de déterminer cette dame à me prendre avec elle. J'acceptai, en maudissant la courtoisie de mon parent. Il conclut l'affaire et me présenta bientôt à ma compagne de voyage, marchande de modes, leste et désinvolte, qui se prit à rire en me regardant. À minuit les chevaux arrivèrent et nous partîmes.

Me voilà dans une chaise de poste, seul avec une femme, au milieu de la nuit. Moi, qui de ma vie n'avais regardé une femme sans rougir, comment descendre de la hauteur de mes songes à cette effrayante vérité ? Je ne savais où j'étais ; je me collais dans l'angle de la voiture de peur de toucher la robe de madame Rose. Lorsqu'elle me parlait, je balbutiais sans lui pouvoir répondre. Elle fut obligée de payer le postillon, de se charger de tout, car je n'étais capable de rien. Au lever du jour, elle regarda avec un nouvel ébahissement ce nigaud dont elle regrettait de s'être emberloquée.

Dès que l'aspect du paysage commença de changer et que je ne reconnus plus l'habillement et l'accent des paysans bretons, je tombai dans un abattement profond, ce qui augmenta le mépris que madame Rose avait de moi. Je m'aperçus du sentiment que j'inspirais, et je reçus de ce premier essai du monde une impression que le temps n'a pas complètement effacée. J'étais né sauvage et non vergogneux ; j'avais la modestie de mes années, je n'en avais pas l'embarras. Quand je devinai que j'étais ridicule par mon bon côté, ma sauvagerie se changea en une timidité insurmontable. Je ne pouvais plus dire un mot : je sentais que j'avais quelque chose à cacher, et que ce quelque chose était une vertu ; je pris le parti de me cacher moi-même pour porter en paix mon innocence.

Nous avancions vers Paris. À la descente de Saint-Cyr, je fus frappé de la grandeur des chemins et de la régularité des plantations. Bientôt nous atteignîmes Versailles : l'orangerie et ses escaliers de marbre m'émerveillèrent. Les succès de la guerre d'Amérique avaient ramené des triomphes au château de Louis XIV ; la reine y régnait dans l'éclat de la

1847), il fut mis à la retraite le 13 avril 1848. Il avait épousé en 1828 Mlle Amélie Dubourg de Rosnay, fille du général de ce nom.

[175] Aujourd'hui l'empereur et l'impératrice de Russie. (Paris, note 1832.) Ch. — Nicolas Ier (1796-1855). Troisième fils de Paul Ier, il monta sur le trône en 1825, à la mort d'Alexandre Ier, son frère aîné, par l'effet de la renonciation de son autre frère, l'archiduc Constantin. Il avait épousé la princesse Charlotte de Prusse, fille du roi Frédéric-Guillaume III.

jeunesse et de la beauté ; le trône, si près de sa chute, semblait n'avoir jamais été plus solide. Et moi, passant obscur, je devais survivre à cette pompe, je devais demeurer pour voir les bois de Trianon aussi déserts que ceux dont je sortais alors.

Enfin, nous entrâmes dans Paris. Je trouvais à tous les visages un air goguenard : comme le gentilhomme périgourdin, je croyais qu'on me regardait pour se moquer de moi. Madame Rose se fit conduire rue du Mail, à l'*Hôtel de l'Europe*, et s'empressa de se débarrasser de son imbécile. À peine étais-je descendu de voiture, qu'elle dit au portier : « Donnez une chambre à ce monsieur. — Votre servante, » ajouta-t-elle, en me faisant une révérence courte. Je n'ai de mes jours revu madame Rose.

Une femme monta devant moi un escalier noir et roide, tenant une clef étiquetée à la main ; un Savoyard me suivit portant ma petite malle. Arrivée au troisième étage, la servante ouvrit une chambre ; le Savoyard posa la malle en travers sur les bras d'un fauteuil. La servante me dit : « Monsieur veut-il quelque chose ? » — Je répondis : « Non. » Trois coups de sifflet partirent ; la servante cria : « On y va ! » sortit brusquement, ferma la porte et dégringola l'escalier avec le Savoyard. Quand je me vis seul enfermé, mon cœur se serra d'une si étrange sorte qu'il s'en fallut peu que je ne reprisse le chemin de la Bretagne. Tout ce que j'avais entendu dire de Paris me revenait dans l'esprit ; j'étais embarrassé de cent manières. Je m'aurais voulu coucher, et le lit n'était point fait ; j'avais faim, et je ne savais comment dîner. Je craignais de manquer aux usages : fallait-il appeler les gens de l'hôtel ? fallait-il descendre ? à qui m'adresser ? Je me hasardai à mettre la tête à la fenêtre : je n'aperçus qu'une petite cour intérieure, profonde comme un puits, où passaient et repassaient des gens qui ne songeraient de leur vie au prisonnier du troisième étage. Je vins me rasseoir auprès de la sale alcôve où je me devais coucher, réduit à contempler les personnages du papier peint qui en tapissait l'intérieur. Un bruit lointain de voix se fait entendre, augmente, approche ; ma porte s'ouvre : entrent mon frère et un de mes cousins, fils d'une sœur de ma mère qui avait fait un assez mauvais mariage. Madame Rose avait pourtant eu pitié du benêt, elle avait fait dire à mon frère, dont elle avait su l'adresse à Rennes, que j'étais arrivé à Paris. Mon frère m'embrassa. Mon cousin Moreau[176] était un grand et gros homme, tout barbouillé de tabac, mangeant comme un ogre, parlant beaucoup, toujours trottant, soufflant, étouffant, la bouche entr'ouverte, la langue à moitié tirée, connaissant toute la terre, vivant dans les tripots, les antichambres et les salons. « Allons, chevalier, s'écria-t-il, vous voilà à Paris ; je vais vous mener chez madame de Chastenay ? » Qu'était-ce que cette femme dont j'entendais prononcer le nom pour la première fois ?

---

[176] Sur le cousin Moreau et sur sa mère Julie-Angélique-Hyacinthe de Bedée, sœur de madame de Chateaubriand, voir, à l'Appendice, le no VII : Le cousin Moreau.

Cette proposition me révolta contre mon cousin Moreau. « Le chevalier a sans doute besoin de repos, dit mon frère ; nous irons voir madame de Farcy, puis il reviendra dîner et se coucher. »

Un sentiment de joie entra dans mon cœur : le souvenir de ma famille au milieu d'un monde indifférent me fut un baume. Nous sortîmes. Le cousin Moreau tempêta au sujet de ma mauvaise chambre, et enjoignit à mon hôte de me faire descendre au moins d'un étage. Nous montâmes dans la voiture de mon frère, et nous nous rendîmes au couvent qu'habitait madame de Farcy.

Julie se trouvait depuis quelque temps à Paris pour consulter les médecins. Sa charmante figure, son élégance et son esprit l'avaient bientôt fait rechercher. J'ai déjà dit qu'elle était née avec un vrai talent pour la poésie[177]. Elle est devenue une sainte, après avoir été une des femmes les plus agréables de son siècle : l'abbé Carron a écrit sa vie[178]. Ces apôtres qui vont partout à la recherche des âmes ressentent pour elles l'amour qu'un Père de l'Église attribue au Créateur : « Quand une âme arrive au ciel, » dit ce Père, avec la simplicité de cœur d'un chrétien primitif et la naïveté du génie grec, « Dieu la prend sur ses genoux et l'appelle sa fille ».

Lucile a laissé une poignante lamentation : *À la sœur que je n'ai plus*. L'admiration de l'abbé Carron pour Julie explique et justifie les paroles de Lucile. Le récit du saint prêtre montre aussi que j'ai dit vrai dans la préface du *Génie du christianisme*, et sert de preuve à quelques parties de mes *Mémoires*.

Julie innocente se livra aux mains du repentir ; elle consacra les trésors de ses austérités au rachat de ses frères ; et, à l'exemple de l'illustre Africaine sa patronne, elle se fit martyre.

L'abbé Carron, l'auteur de la *Vie des Justes*, est cet ecclésiastique mon compatriote, le François de Paule de l'exil[179], dont la renommée,

---

[177] « Avec une figure que l'on trouvait charmante, une imagination pleine de fraîcheur et de grâce, avec beaucoup d'esprit naturel, se développèrent en elle ces talents brillants auxquels les amis de la terre et de ses vaines jouissances attachent un si puissant intérêt. Mademoiselle de Chateaubriand faisait agréablement et facilement les vers ; sa mémoire se montrait fort étendue, sa lecture prodigieuse ; c'était en elle une véritable passion. On a connu d'elle une traduction en vers du septième chant de la Jérusalem délivrée, quelques épîtres, et deux actes d'une comédie où les mœurs de ce siècle étaient peintes avec autant de finesse que de goût. » (L'abbé Carron, Vie de Julie de Chateaubriand, comtesse de Farcy.)

[178] J'ai placé la vie de ma sœur Julie au supplément de ces Mémoires. (Note B.) — Ch.

[179] L'abbé Carron (Guy-Toussaint-Joseph), né à Rennes le 25 février 1760. Réfugié en Angleterre après le 10 Août, il fonda à Somers-Town, près Londres, plusieurs établissements charitables, et notamment deux maisons d'éducation destinées à recevoir les enfants des émigrés pauvres. À la première Restauration il fut invité par Louis XVIII à revenir à Paris, amenant avec lui ses élèves et les

révélée par les affligés, perça même à travers la renommée de Bonaparte. La voix d'un pauvre vicaire proscrit n'a point été étouffée par les retentissements d'une révolution qui bouleversait la société ; il parut être revenu tout exprès de la terre étrangère pour écrire les vertus de ma sœur : il a cherché parmi nos ruines, il a découvert une victime et une tombe oubliées.

Lorsque le nouvel hagiographe fait la peinture des religieuses cruautés de Julie, on croit entendre Bossuet dans le sermon sur la profession de foi de mademoiselle de La Vallière :

« Osera-t-elle toucher à ce corps si tendre, si chéri, si ménagé ? N'aura-t-on point pitié de cette complexion délicate ? Au contraire ! c'est à lui principalement que l'âme s'en prend comme à son plus dangereux séducteur ; elle se met des bornes ; resserrée de toutes parts, elle ne peut plus respirer que du côté du ciel. »

Je ne puis me défendre d'une certaine confusion en retrouvant mon nom dans les dernières lignes tracées par la main du vénérable historien de Julie. Qu'ai-je affaire avec mes faiblesses auprès de si hautes perfections ? Ai-je tenu tout ce que le billet de ma sœur m'avait fait promettre, lorsque je le reçus pendant mon émigration à Londres ? Un livre suffit-il à Dieu ? n'est-ce pas ma vie que je devrais lui présenter ? Or, cette vie est-elle conforme au *Génie du Christianisme* ? Qu'importe que j'aie tracé des images plus ou moins brillantes de la religion, si mes passions jettent une ombre sur ma foi ! Je n'ai pas été jusqu'au bout ; je n'ai pas endossé le cilice : cette tunique de mon viatique aurait bu et séché mes sueurs. Mais, voyageur lassé, je me suis assis au bord du chemin : fatigué ou non, il faudra bien que je me relève, que j'arrive où ma sœur est arrivée.

---

dames qui s'étaient consacrées, sous sa direction, à cette œuvre de dévouement. L'Institut des nobles orphelines — tel fut alors le titre que prit l'établissement de l'abbé Carron — fut installé rue du faubourg Saint-Jacques, au no 12 de l'impasse des Feuillantines. Le retour de l'île d'Elbe obligea le saint prêtre à reprendre le chemin de l'exil ; il se trouvait, en effet, compris dans l'un des nombreux décrets de proscription que Napoléon avait lancés de Lyon. Il ne revint en France que le 8 novembre 1815. En 1816, la duchesse d'Angoulême consentit à ce que son établissement prît le nom d'Institut royal de Marie-Thérèse. C'est dans cette maison qu'il mourut le 15 mars 1821. Il avait écrit un nombre considérable d'ouvrages, dont les principaux sont : les Confesseurs de la foi dans l'Église gallicane à la fin du XVIIIe siècle, et les Vies des Justes dans les différentes conditions de la vie. Ce dernier recueil, qui ne forme pas moins de huit volumes, se divise en plusieurs séries : Vies des Justes dans l'état du mariage ; — dans l'étude des lois ou dans la Magistrature ; — dans la profession des armes ; — dans l'épiscopat et le sacerdoce ; — parmi les filles chrétiennes ; — dans les conditions ordinaires de la société ; — dans les plus humbles conditions de la société ; — dans les plus hauts rangs de la société. C'est dans cette dernière série que se trouve la vie de Mme de Farcy. — Voir la Vie de l'abbé Carron, par un Bénédictin de la congrégation de France, un volume in-8o, 1866.

Il ne manque rien à la gloire du Julie : l'abbé Carron a écrit sa vie ; Lucile a pleuré sa mort.

Quand je retrouvai Julie à Paris, elle était dans la pompe de la mondanité ; elle se montrait couverte de ces fleurs, parée de ces colliers, voilée de ces tissus parfumés que saint Clément défend aux premières chrétiennes. Saint Basile veut que le milieu de la nuit soit pour le solitaire ce que le matin est pour les autres, afin de profiter du silence de la nature. Ce milieu de la nuit était l'heure où Julie allait à des fêtes dont ses vers, accentués par elle avec une merveilleuse euphonie, faisaient la principale séduction.

Julie était infiniment plus jolie que Lucile ; elle avait des yeux bleus caressants et des cheveux bruns à gaufrures ou à grandes ondes. Ses mains et ses bras, modèles de blancheur et de forme, ajoutaient par leurs mouvements gracieux quelque chose de plus charmant encore à sa taille charmante. Elle était brillante, animée, riait beaucoup sans affectation, et montrait en riant des dents perlées. Une foule de portraits de femmes du temps de Louis XIV ressemblaient à Julie, entre autres ceux des trois Mortemart ; mais elle avait plus d'élégance que madame de Montespan.

Julie me reçut avec cette tendresse qui n'appartient qu'à une sœur. Je me sentis protégé en étant serré dans ses bras, ses rubans, son bouquet de roses et ses dentelles. Rien ne remplace l'attachement, la délicatesse et le dévouement d'une femme ; on est oublié de ses frères et de ses amis ; on est méconnu de ses compagnons : on ne l'est jamais de sa mère, de sa sœur ou de sa femme. Quand Harold fut tué à la bataille d'Hastings, personne ne le pouvait indiquer dans la foule des morts ; il fallut avoir recours à une jeune fille, sa bien-aimée. Elle vint, et l'infortuné prince fut retrouvé par Édith au cou de cygne : « *Editha swaneshales, quod sonat collum cycni.* »

Mon frère me ramena à mon hôtel ; il donna des ordres pour mon dîner et me quitta. Je dînai solitaire, je me couchai triste. Je passai ma première nuit à Paris à regretter mes bruyères et à trembler devant l'obscurité de mon avenir.

À huit heures, le lendemain matin, mon gros cousin arriva ; il était déjà à sa cinquième ou sixième course. « Eh bien ! chevalier, nous allons déjeuner ; nous dînerons avec Pommereul, et ce soir je vous mène chez madame de Chastenay. » Ceci me parut un sort, et je me résignai. Tout se passa comme le cousin l'avait voulu. Après déjeuner, il prétendit me montrer Paris, et me traîna dans les rues les plus sales des environs du Palais-Royal, me racontant les dangers auxquels était exposé un jeune homme. Nous fûmes ponctuels au rendez-vous du dîner, chez le restaurateur. Tout ce qu'on servit me parut mauvais. La conversation et les convives me montrèrent un autre monde. Il fut question de la cour, des projet de finances, des séances de l'Académie, des femmes et des intrigues du jour, de la pièce nouvelle, des succès des acteurs, des actrices et des auteurs.

Plusieurs Bretons étaient au nombre des convives, entre autres le chevalier de Guer[180] et Pommereul. Celui-ci était un beau parleur, lequel a écrit quelques campagnes de Bonaparte, et que j'étais destiné à retrouver à la tête de la librairie[181].

Pommereul, sous l'Empire, a joui d'une sorte de renom par sa haine pour la noblesse. Quand un gentilhomme s'était fait chambellan, il s'écriait plein de joie : « Encore un pot de chambre sur la tête de ces nobles ! » Et pourtant Pommereul prétendait, et avec raison, être gentilhomme. Il signait *Pommereux*, se faisant descendre de la famille Pommereux des Lettres de madame de Sévigné[182].

Mon frère, après le dîner, voulu me mener au spectacle, mais mon cousin me réclama pour madame de Chastenay, et j'allai avec lui chez ma destinée.

Je vis une belle femme qui n'était plus de la première jeunesse, mais qui pouvait encore inspirer un attachement. Elle me reçut bien, tâcha de me mettre à l'aise, me questionna sur ma province et sur mon régiment. Je fus

---

[180] Julien-Hyacinthe de Marnière, chevalier de Guer, fils cadet de Joseph-Julien de Marnière, marquis de Guer, et d'Angélique-Olive de Chappedelaine, né à Rennes le 25 mars 1748. Il émigra en 1791, fit une campagne à l'armée des princes et passa ensuite en Angleterre. En 1795, il rentra en France, et on le retrouve alors à Lyon, où il est un des agents les plus actifs du parti royaliste. Obligé de repasser en Angleterre, il ne revint que sous le Consulat et publia, de 1801 à 1815, plusieurs écrits sur des matières financières, économiques et politiques. Préfet du Lot-et-Garonne sous la Restauration, il venait d'être appelé à la préfecture du Morbihan, lorsqu'il mourut à Paris, le 26 juin 1816.

[181] Pommereul (François-René-Jean, baron de), né à Fougères le 12 décembre 1745. Général de division (1796) ; préfet d'Indre-et-Loire (1800-1805) ; préfet du Nord (1805-1810) ; directeur-général de l'imprimerie et de la librairie (1811-1814) ; commissaire extraordinaire, durant les Cent-Jours, dans la 5e division militaire (Haut et Bas-Rhin). Il fut proscrit par l'ordonnance du 24 juillet 1815, mais, dès 1819, il obtint de rentrer en France. Il mourut à Paris le 5 janvier 1823. On lui doit un grand nombre d'ouvrages et, en particulier, celui auquel fait allusion Châteaubriand : Campagnes du général Bonaparte en Italie pendant les années IV et V de la République Française, in-8o, avec cartes ; Paris, l'an VI (1797). Le baron de Pommereul était un homme de rare mérite. Un contemporain, dont les jugements ne pèchent pas d'habitude par excès d'indulgence, le général Thiébault, parle de lui en ces termes : « Quant au général Pommereul, ce que j'avais appris de ses travaux scientifiques et littéraires, des missions qu'il avait remplies, de sa capacité enfin, était fort au-dessous de ce que je trouvai en lui. Peu d'hommes réunissaient à une instruction aussi variée et aussi complète une élocution plus nerveuse. Sa répartie était toujours vive, juste et ferme, et, lorsqu'il entreprenait une discussion, il la soutenait avec une haute supériorité, de même que, lorsqu'il s'emparait d'un sujet, il le développait avec autant d'ordre et de profondeur que de clarté ; et tous ces avantages, il les complétait par une noble prestance et une figure qui ne révélait pas moins son caractère que sa sagacité. C'est un des hommes les plus remarquables que j'aie connus. » Mémoires du général baron Thiébault, T. III, p. 280.

[182] Lettres de Mme de Sévigné, des 4, 11 et 18 décembre 1675.

gauche et embarrassé ; je faisais des signes à mon cousin pour abréger la visite. Mais lui, sans me regarder, ne tarissait point sur mes mérites, assurant que j'avais fait des vers dans le sein de ma mère, et m'invitant à célébrer madame de Chastenay. Elle me débarrassa de cette situation pénible, me demanda pardon d'être obligée de sortir, et m'invita à revenir la voir le lendemain matin, avec un son de voix si doux que je promis involontairement d'obéir.

Je revins le lendemain seul chez elle : je la trouvai couchée dans une chambre élégamment arrangée. Elle me dit qu'elle était un peu souffrante, et qu'elle avait la mauvaise habitude de se lever tard. Je me trouvais pour la première fois au bord du lit d'une femme qui n'était ni ma mère ni ma sœur. Elle avait remarqué la veille ma timidité, elle la vainquit au point que j'osai m'exprimer avec une sorte d'abandon. J'ai oublié ce que je lui dis ; mais il me semble que je vois encore son air étonné. Elle me tendit un bras demi-nu et la plus belle main du monde, en me disant avec un sourire : « Nous vous apprivoiserons. » Je ne baisai pas même cette belle main ; je me retirai tout troublé. Je partis le lendemain pour Cambrai. Qui était cette dame de Chastenay[183] ? Je n'en sais rien : elle a passé comme une ombre charmante dans ma vie.

Le courrier de la malle me conduisit à ma garnison. Un de mes beaux-frères, le vicomte de Chateaubourg (il avait épousé ma sœur Bénigne, restée veuve du comte de Québriac[184]), m'avait donné des lettres de recommandation pour des officiers de mon régiment. Le chevalier de Guénan, homme de fort bonne compagnie, me fit admettre à une table où mangeaient des officiers distingués par leurs talents, MM. Achard, des Mahis, La Martinière[185]. Le marquis de Mortemart était colonel du

---

[183] Ce n'était pas la comtesse Victorine de Chastenay, l'auteur des très spirituels Mémoires publiés en 1896 par M. Alphonse Roserot. Mme Victorine de Chastenay n'avait que quinze ans en 1786. Elle a raconté elle-même comment elle vit Chateaubriand, pour la première fois, non chez elle en 1786, mais beaucoup plus tard, sous le Consulat, à un dîner chez Mme de Coislin, auquel assistait : « l'auteur du Génie du Christianisme », alors dans tout l'éclat de sa jeune gloire. Mémoires de Mme de Chastenay, T. II, p. 76.

[184] La comtesse de Québriac, Bénigne-Jeanne de Chateaubriand, avait épousé en secondes noces, à Saint-Léonard de Fougères, le 24 avril 1786, Paul-François de la Celle, vicomte de Chateaubourg, capitaine au régiment de Condé, chevalier de Saint-Louis, né à Rennes le 29 février 1752. — De ce dernier mariage sont nés plusieurs enfants, et notamment un fils, Paul-Marie-Charles, devenu chef de nom et armes, né en 1789, décédé en 1859, laissant plusieurs fils qui ont continué la postérité.

[185] L'État militaire de la France pour 1787, à l'article Régiment de Navarre, donne sur ces officiers les indications suivantes : M. de Guénan, lieutenant en premier ; M. Berbis des Maillis (et non des Mahis), lieutenant en second ; La Martinière, lieutenant en second ; Achard, sous-lieutenant.

régiment[186] ; le comte d'Andrezel, major[187] : j'étais particulièrement placé sous la tutelle de celui-ci. Je les ai retrouvés tous dans la suite : l'un est devenu mon collègue à la chambre des pairs, l'autre s'est adressé à moi pour quelques services que j'ai été heureux de lui rendre. Il y a un plaisir triste à rencontrer des personnes que l'on a connues à diverses époques de la vie, et à considérer le changement opéré dans leur existence et dans la nôtre. Comme des jalons laissés en arrière, ils nous tracent le chemin que nous avons suivi dans le désert du passé.

Arrivé en habit bourgeois au régiment, vingt-quatre heures après j'avais pris l'habit de soldat ; il me semblait l'avoir toujours porté. Mon uniforme était bleu et blanc, comme jadis la jaquette de mes vœux : j'ai marché sous les mêmes couleurs, jeune homme et enfant. Je ne subis aucune des épreuves à travers lesquelles les sous-lieutenants étaient dans l'usage de faire passer un nouveau venu ; je ne sais pourquoi on n'osa se livrer avec moi à ces enfantillages militaires. Il n'y avait pas quinze jours que j'étais au corps, qu'on me traitait comme un *ancien*. J'appris facilement le maniement des armes et la théorie ; je franchis mes grades de caporal et de sergent aux applaudissements de mes instructeurs. Ma chambre devint le rendez-vous des vieux capitaines comme des jeunes sous-lieutenants : les premiers me faisaient faire leurs campagnes, les autres me confiaient leurs amours.

La Martinière me venait chercher pour passer avec lui devant la porte d'une belle Cambrésienne qu'il adorait ; cela nous arrivait cinq à six fois le jour. Il était très laid et avait le visage labouré par la petite vérole. Il me racontait sa passion en buvant de grands verres d'eau de groseille, que je payais quelquefois.

---

[186] Victurnien-Bonaventure-Victor de Rochechouart, marquis de Mortemart (1753-1823), entra en 1768 à l'École d'artillerie de Strasbourg, devint ensuite capitaine, puis lieutenant-colonel au régiment de Navarre, fut, en 1778, colonel en second du régiment de Brie, et, en 1784, colonel-commandant du régiment de Navarre. Député aux États-Généraux de 1789 par la noblesse du bailliage de Rouen, il fut promu maréchal de camp le 1er mars 1791, émigra en 1792 et servit à l'armée des princes, où Chateaubriand le retrouva. À la première Restauration, il fut fait lieutenant général le 3 mars 1815, et, après les Cent-jours, il fit partie, ainsi que son ancien sous-lieutenant au régiment de Navarre, de la promotion de Pairs du 17 août 1815.

[187] Christophe-François-Thérèse Picon, comte d'Andrezel, né à Paris en 1746, était le petit-fils de Jean-Baptiste-Louis Picon, marquis d'Andrezel, ambassadeur de France à Constantinople, et de Françoise-Thérèse de Bassompierre. D'abord page, il entra dans l'armée et fut promu, en 1784, major au régiment de Navarre. Il émigra et fit la campagne des princes. Au retour des Bourbons, il fut nommé maréchal de camp et admis à la retraite. Il entra alors, quoique âgé de 69 ans, dans la carrière administrative et remplit, de 1815 à 1821, les fonctions de sous-préfet de l'arrondissement de Saint-Dié (Vosges).

Tout aurait été à merveille sans ma folle ardeur pour la toilette ; on affectait alors le rigorisme de la tenue prussienne : petit chapeau, petites boucles serrées à la tête, queue attachée roide, habit strictement agrafé. Cela me déplaisait fort ; je me soumettais le matin à ces entraves, mais le soir, quand j'espérais n'être pas vu des chefs, je m'affublais d'un plus grand chapeau ; le barbier descendait les boucles de mes cheveux et desserrait ma queue ; je déboutonnais et croisais les revers de mon habit ; dans ce tendre négligé, j'allais faire ma cour pour La Martinière, sous la fenêtre de sa cruelle Flamande. Voilà qu'un jour je me rencontre nez à nez avec M. d'Andrezel : « Qu'est-ce que cela, monsieur ? me dit le terrible major : vous garderez trois jours les arrêts. » Je fus un peu humilié ; mais je reconnus la vérité du proverbe, qu'à quelque chose malheur est bon ; il me délivra des amours de mon camarade.

Auprès du tombeau de Fénelon, je relus *Télémaque* : je n'étais pas trop en train de l'historiette philanthropique de la vache et du prélat.

Le début de ma carrière amuse mes ressouvenirs. En traversant Cambrai avec le roi, après les Cent-Jours, je cherchai la maison que j'avais habitée et le café que je fréquentais : je ne les pus retrouver ; tout avait disparu, hommes et monuments.

L'année même où je faisais à Cambrai mes premières armes, on apprit la mort de Frédéric II[188] ; je suis ambassadeur auprès du neveu de ce grand roi, et j'écris à Berlin cette partie de mes *Mémoires*. À cette nouvelle importante pour le public succéda une autre nouvelle douloureuse pour moi : Lucile m'annonça que mon père avait été emporté d'une attaque d'apoplexie, le surlendemain de cette fête de l'Angevine, une des joies de mon enfance.

Parmi les pièces authentiques qui me servent de guide, je trouve les actes de décès de mes parents. Ces actes marquant aussi d'une façon particulière le *décès du siècle*, je les consigne ici comme une page d'histoire.

« Extrait du registre de décès de la paroisse de Combourg, pour 1786, où est écrit ce qui suit, folio 8, verso :

« Le corps de haut et puissant messire René de Chateaubriand, chevalier, comte de Combourg, seigneur de Gaugres, le Plessis-l'Épine, Boulet, Malestroit en Dol et autres lieux, époux de haute et puissante dame Apolline-Jeanne-Suzanne de Bedée de La Bouëtardais, dame comtesse de Combourg, âgé de soixante-neuf ans environ, mort en son château de Combourg, le six septembre, environ les huit heures du soir, a été inhumé le huit, dans le caveau de ladite seigneurie, placé dans le chasseau de notre église de Combourg, en présence de messieurs les gentilshommes, de messieurs les officiers de la juridiction et autres notables bourgeois

---

[188] Frédéric II mourut le 17 août 1786

soussignants. Signé au registre : le comte du Petitbois, de Monlouët, de Chateaudassy, Delaunay, Morault, Noury de Mauny, avocat ; Hermer, procureur ; Petit, avocat et procureur fiscal ; Robiou, Portal, Le Douarin, de Trevelec, recteur doyen de Dingé ; Sévin, recteur. »

Dans le *collationné* délivré en 1812 par M. Lodin, maire de Combourg, les dix-neuf mots portant titres : *haut et puissant messire*. etc., sont biffés.

« Extrait du registre des décès de la ville de Saint-Servan, premier arrondissement du département d'Ille-et-Vilaine, pour l'an VI de la République, folio 35, recto, où est écrit ce qui suit :

« Le douze prairial an six[189] de la République française, devant moi, Jacques Bourdasse, officier municipal de la commune de Saint-Servan, élu officier public le quatre floréal dernier[190], sont comparus Jean Baslé, jardinier, et Joseph Boulin, journalier, lesquels m'ont déclaré qu'Apolline-Jeanne-Suzanne de Bedée, veuve de René-Auguste de Chateaubriand, est décédée au domicile de la citoyenne Gouyon, situé à La Ballue, en cette commune, ce jour, à une heure après-midi. D'après cette déclaration, dont je me suis assuré de la vérité, j'ai rédigé le présent acte, que Jean Baslé a seul signé avec moi, Joseph Boulin ayant déclaré ne le savoir faire, de ce interpellé.

« Fait en la maison commune lesdits jour et an. Signé : Jean Baslé et Bourdasse. »

Dans le premier extrait, l'ancienne société subsiste : M. de Chateaubriand est un *haut et puissant seigneur*, etc., etc. ; les témoins sont des *gentilhommes* et de *notables bourgeois ;* je rencontre parmi les signataires ce marquis de Monlouët, qui s'arrêtait l'hiver au château de Combourg, le curé Sévin, qui eut tant de peine à me croire l'auteur du *Génie du Christianisme*, hôtes fidèles de mon père jusqu'à sa dernière demeure. Mais mon père ne coucha pas longtemps dans son linceul : il en fut jeté hors quand on jeta la vieille France à la voirie.

Dans l'extrait mortuaire de ma mère, la terre roule sur d'autres pôles : nouveau monde, nouvelle ère ; le comput des années et les noms même des mois sont changés. Madame de Chateaubriand n'est plus qu'une pauvre femme qui obite au domicile de la *citoyenne* Gouyon ; un jardinier, et un journalier qui ne sait pas signer, attestent seuls la mort de ma mère : de parents et d'amis, point ; nulle pompe funèbre ; pour tout assistant, la Révolution[191].

---

[189] Le 12 prairial an VI correspondait au 31 mai 1798.
[190] 23 avril 1798.
[191] Mon neveu à la mode de Bretagne, Frédéric de Chateaubriand, fils de mon cousin Armand, a acheté La Ballue, où mourut ma mère. Ch.

Je pleurai M. de Chateaubriand : sa mort me montra mieux ce qu'il valait ; je ne me souvins ni de ses rigueurs ni de ses faiblesses. Je croyais encore le voir se promener le soir dans la salle de Combourg ; je m'attendrissais à la pensée de ces scènes de famille. Si l'affection de mon père pour moi se ressentait de la sévérité du caractère, au fond elle n'en était pas moins vive. Le farouche maréchal de Montluc qui, rendu camard par des blessures effrayantes, était réduit à cacher, sous un morceau de suaire, l'horreur de sa gloire, cet homme de carnage se reproche sa dureté envers un fils qu'il venait de perdre.

« Ce pauvre garçon, disait-il, n'a rien veu de moy qu'une contenance refroignée et pleine de mespris ; il a emporté cette créance, que je n'ay sceu n'y l'aymer, ni l'estimer selon son mérite. À qui garday-je à descouvrir cette singulière affection que je luy portay dans mon âme ? Estoit-ce pas luy qui en devait avoir tout le plaisir et toute l'obligation ? Je me suis contraint et gehenné pour maintenir ce vain masque, et y ay perdu le plaisir de sa conversation, et sa volonté, quant et quant, qu'il ne me peut avoir portée autre que bien froide, n'ayant jamais receu de moy que rudesse, ny senti qu'une façon tyrannique. »

Ma *volonté ne fut point portée bien froide* envers mon père, et je ne doute point que, malgré sa *façon tyrannique*, il ne m'aimât tendrement : il m'eût, j'en suis sûr, regretté, la Providence m'appelant avant lui. Mais lui, restant sur la terre avec moi, eût-il été sensible au bruit qui s'est élevé de ma vie ? Une renommée littéraire aurait blessé sa gentilhommerie ; il n'aurait vu dans les aptitudes de son fils qu'une dégénération ; l'ambassade même de Berlin, conquête de la plume, non de l'épée, l'eût médiocrement satisfait. Son sang breton le rendait d'ailleurs frondeur en politique, grand opposant des taxes et violent ennemi de la cour. Il lisait la *Gazette de Leyde*, le *Journal de Francfort*, le *Mercure de France* et l'*Histoire philosophique des deux Indes*, dont les déclamations le charmaient ; il appelait l'abbé Raynal *un maître homme*. En diplomatie il était antimusulman ; il affirmait que quarante mille *polissons russes* passeraient sur le ventre des janissaires et prendraient Constantinople. Bien que turcophage, mon père avait nonobstant rancune au cœur contre les *polissons russes*, à cause de ses rencontres à Dantzick.

Je partage le sentiment de M. de Chateaubriand sur les réputations littéraires ou autres, mais par des raisons différentes des siennes. Je ne sache pas dans l'histoire une renommée qui me tente : fallût-il me baisser pour ramasser à mes pieds et à mon profit la plus grande gloire du monde, je ne m'en donnerais pas la fatigue. Si j'avais pétri mon limon, peut-être me fussé-je créé femme, en passion d'elles ; ou si je m'étais fait homme, je me serais octroyé d'abord la beauté ; ensuite, par précaution contre l'ennui mon ennemi acharné, il m'eût assez convenu d'être un artiste supérieur, mais inconnu, et n'usant de mon talent qu'au bénéfice de ma solitude. Dans la vie pesée à son poids léger, aunée à sa courte mesure, dégagée de toute piperie, il n'est que deux choses vraies : la religion avec l'intelligence, l'amour avec la jeunesse, c'est-à-dire l'avenir et le présent : le reste n'en vaut pas la peine.

Avec mon père finissait le premier acte de ma vie ; les foyers paternels devenaient vides ; je les plaignais, comme s'ils eussent été capables de sentir l'abandon et la solitude. Désormais j'étais sans maître et jouissant de ma fortune : cette liberté m'effraya. Qu'en allais-je faire ? À qui la donnerais-je ? Je me défiais de ma force : je reculais devant moi.

J'obtins un congé. M. d'Andrezel, nommé lieutetenant-colonel du régiment de Picardie, quittait Cambrai : je lui servis de courrier. Je traversai Paris, où je ne voulus pas m'arrêter un quart d'heure ; je revis les landes de ma Bretagne avec plus de joie qu'un Napolitain banni dans nos climats ne reverrait les rives de Portici, les campagnes de Sorrente. Ma famille se rassembla à Combourg ; on régla les partages ; cela fait, nous nous dispersâmes, comme des oiseaux s'envolent du nid paternel. Mon frère arrivé de Paris y retourna ; ma mère se fixa à Saint-Malo ; Lucile suivit Julie ; je passai une partie de mon temps chez mesdames de Marigny, de Chateaubourg et de Farcy. Marigny, château de ma sœur aînée, à trois lieues de Fougères, était agréablement situé entre deux étangs parmi des bois, des rochers et des prairies[192]. J'y demeurai quelques mois tranquille ; une lettre de Paris vint troubler mon repos.

Au moment d'entrer au service et d'épouser mademoiselle de Rosanbo, mon frère n'avait point encore quitté la robe ; par cette raison il ne pouvait monter dans les carrosses. Son ambition pressée lui suggéra l'idée de me faire jouir des honneurs de la cour afin de mieux préparer les voies à son élévation. Les preuves de noblesse avaient été faites pour Lucile lorsqu'elle fut reçue au chapitre de l'Argentière ; de sorte que tout était prêt : le maréchal de Duras devait être mon patron. Mon frère m'annonçait que j'entrais dans la route de la fortune ; que déjà j'obtenais le rang de capitaine de cavalerie, rang honorifique et de courtoisie ; qu'il serait aisé de m'attacher à l'ordre de Malte, au moyen de quoi je jouirais de gros bénéfices.

---

[192] Le château de Marigny est situé dans la commune de Saint-Germain-en-Coglès, canton de Saint-Brice-en-Coglès, arrondissement de Fougères (Ille-et-Vilaine). C'est, on le sait, dans les environs de Fougères que Balzac a placé le théâtre de son roman des Chouans ou la Bretagne en 1799, et il l'écrivit précisément au château de Marigny, où il était l'hôte du général baron de Pommereul. Il aurait pu y faire un rôle à la sœur de Chateaubriand, car la comtesse de Marigny, royaliste ardente, ne laissa pas de prendre à la chouannerie une part assez active ; son château servait aux chefs de lieu de rendez-vous. On la trouve de même mêlée à la pacification de 1800. (Le Maz, Un district breton, p. 338.) La comtesse de Marigny est morte à Dinan le 18 juillet 1860, dans sa cent et unième année.

Cette lettre me frappa comme un coup de foudre : retourner à Paris, être présenté à la cour, — et je me trouvais presque mal quand je rencontrais trois ou quatre personnes inconnues dans un salon ! Me faire comprendre l'ambition, à moi qui ne rêvais que de vivre oublié !

Mon premier mouvement fut de répondre à mon frère qu'étant l'aîné, c'était à lui de soutenir son nom ; que, quant à moi, obscur cadet de Bretagne, je ne me retirerais pas du service, parce qu'il y avait des chances de guerre ; mais que si le roi avait besoin d'un soldat dans son armée, il n'avait pas besoin d'un pauvre gentilhomme à sa cour.

Je m'empressai de lire cette réponse romanesque à madame de Marigny, qui jeta les hauts cris ; on appela madame de Farcy, qui se moqua de moi ; Lucile m'aurait bien voulu soutenir, mais elle n'osait combattre ses sœurs. On m'arracha ma lettre, et, toujours faible quand il s'agit de moi, je mandai à mon frère que j'allais partir.

Je partis en effet ; je partis pour être présenté à la première cour de l'Europe, pour débuter dans la vie de la manière la plus brillante, et j'avais l'air d'un homme que l'on traîne aux galères ou sur lequel on va prononcer une sentence de mort.

J'entrai dans Paris par le chemin que j'avais suivi la première fois ; j'allai descendre au même hôtel, rue du Mail : je ne connaissais que cela. Je fus logé à la porte de mon ancienne chambre, mais dans un appartement un peu plus grand et donnant sur la rue.

Mon frère, soit qu'il fût embarrassé de mes manières, soit qu'il eût pitié de ma timidité, ne me mena point dans le monde et ne me fit faire connaissance avec personne. Il demeurait rue des Fossés-Montmartre ; j'allais tous les jours dîner chez lui à trois heures ; nous nous quittions ensuite, et nous ne nous revoyions que le lendemain. Mon gros cousin Moreau n'était plus à Paris. Je passai deux ou trois fois devant l'hôtel de madame de Chastenay, sans oser demander au suisse ce qu'elle était devenue.

L'automne commençait. Je me levais à six heures ; je passais au manège ; je déjeunais. J'avais heureusement alors la rage du grec : je traduisais l'*Odyssée* et la *Cyropédie* jusqu'à deux heures, en entremêlant mon travail d'études historiques. À deux heures je m'habillais, je me rendais chez mon frère ; il me demandait ce que j'avais fait, ce que j'avais vu ; je répondais : « Rien. » Il haussait les épaules et me tournait le dos.

Un jour, on entend du bruit au dehors ; mon frère court à la fenêtre et m'appelle : je ne voulus jamais quitter le fauteuil dans lequel j'étais étendu au fond de la chambre. Mon pauvre frère me prédit que je mourrais inconnu, inutile à moi et à ma famille.

À quatre heures, je rentrais chez moi ; je m'asseyais derrière ma croisée. Deux jeunes personnes de quinze ou seize ans venaient à cette heure dessiner à la fenêtre d'un hôtel bâti en face, de l'autre côté de la rue. Elles s'étaient aperçues de ma régularité, comme moi de la leur. De temps en temps elles levaient la tête pour regarder leur voisin ; je leur savais un gré infini de cette marque d'attention : elles étaient ma seule société à Paris.

Quand la nuit approchait, j'allais à quelque spectacle ; le désert de la foule me plaisait, quoiqu'il m'en coûtât toujours un peu de prendre mon billet à la porte et de me mêler aux hommes. Je rectifiai les idées que je m'étais formées du théâtre à Saint-Malo. Je vis madame Saint-Huberti[193] dans le rôle d'Armide ; je sentis qu'il avait manqué quelque chose à la magicienne de ma création. Lorsque je ne m'emprisonnais pas dans la salle de l'Opéra ou des Français, je me promenais de rue en rue ou le long des quais, jusqu'à dix ou onze heures du soir. Je n'aperçois pas encore aujourd'hui la file des réverbères de la place Louis XV à la barrière des Bons-Hommes sans me souvenir des angoisses dans lesquelles j'étais quand je suivis cette route pour me rendre à Versailles lors de ma présentation.

Rentré au logis, je demeurais une partie de la nuit la tête penchée sur mon feu qui ne me disait rien : je n'avais pas, comme les Persans, l'imagination assez riche pour me figurer que la flamme ressemblait à l'anémone, et la braise à la grenade. J'écoutais les voitures allant, venant, se croisant ; leur roulement lointain imitait le murmure de la mer sur les grèves de ma Bretagne, ou du vent dans les bois de Combourg. Ces bruits du monde qui rappelaient ceux de la solitude réveillaient mes regrets ; j'évoquais mon ancien mal, ou bien mon imagination inventait l'histoire des personnages que ces chars emportaient : j'apercevais des salons radieux, des bals, des amours, des conquêtes. Bientôt, retombé sur moi-même, je me retrouvais, délaissé dans une hôtellerie, voyant le monde par la fenêtre et l'entendant aux échos de mon foyer.

Rousseau croit devoir à sa sincérité, comme à l'enseignement des hommes, la confession des voluptés suspectes de sa vie ; il suppose même qu'on l'interroge gravement et qu'on lui demande compte de ses péchés avec les *donne pericolanti* de Venise. Si je m'étais prostitué aux courtisanes de Paris, je ne me croirais pas obligé d'en instruire la postérité ; mais j'étais trop timide d'un côté, trop exalté de l'autre, pour me laisser séduire à des filles de joie. Quand je traversais les troupeaux de ces

---

[193] Saint-Huberti (Marie-Antoinette Clavel, dite), première chanteuse de l'Opéra, née à Strasbourg vers 1756. Point belle, mais d'une physionomie fort expressive, elle était sans rivale dans les opéras de Gluck, et particulièrement dans le rôle d'Armide, pour l'expression de son chant, la largeur de son jeu et la noblesse de ses attitudes. Mariée d'abord à un aventurier nommé Saint-Huberti, elle épousa, le 29 décembre 1790, le comte d'Antraigues, député aux États-Généraux. Ils périrent tous deux tragiquement, le 22 juillet 1812, en leur cottage de Barnes Terrace, près Londres, assassinés par un domestique italien nommé Lorenzo, congédié de la veille. — Voir le volume de M. Léonce Pingaud : Un agent secret sous la Révolution et l'Empire. Le comte d'Antraigues. 1893.

malheureuses attaquant les passants pour les hisser à leurs entresols, comme les cochers de Saint-Cloud pour faire monter les voyageurs dans leurs voitures, j'étais saisi de dégoût et d'horreur. Les plaisirs d'aventure ne m'auraient convenu qu'aux temps passés.

Dans les XIVe, XVe, XVIe et XVIIe siècles, la civilisation imparfaite, les croyances superstitieuses, les usages étrangers et demi-barbares, mêlaient le roman partout : les caractères étaient forts, l'imagination puissante, l'existence mystérieuse et cachée. La nuit, autour des hauts murs des cimetières et des couvents, sous les remparts déserts de la ville, le long des chaînes et des fossés des marchés, à l'orée des quartiers clos, dans les rues étroites et sans réverbères, où des voleurs et des assassins se tenaient embusqués, où des rencontres avaient lieu tantôt à la lumière des flambeaux, tantôt dans l'épaisseur des ténèbres, c'était au péril de sa tête qu'on cherchait le rendez-vous donné par quelque Héloïse. Pour se livrer au désordre, il fallait aimer véritablement ; pour violer les mœurs générales, il fallait faire de grands sacrifices. Non seulement il s'agissait d'affronter des dangers fortuits et de braver le glaive des lois, mais on était obligé de vaincre en soi l'empire des habitudes régulières, l'autorité de la famille, la tyrannie des coutumes domestiques, l'opposition de la conscience, les terreurs et les devoirs du chrétien. Toutes ces entraves doublaient l'énergie des passions.

Je n'aurais pas suivi en 1788 une misérable affamée qui m'eût entraîné dans son bouge sous la surveillance de la police ; mais il est probable que j'eusse mis à fin, en 1606, une aventure du genre de celle qu'a si bien racontée Bassompierre.

« Il y avoit cinq ou six mois, dit le maréchal, que toutes les fois que je passois sur le Petit-Pont (car en ce temps-là le Pont-Neuf n'était point bâti), une belle femme, lingère à l'enseigne des *Deux-Anges*, me faisoit de grandes révérences et m'accompagnoit de la vue tant qu'elle pouvoit ; et comme j'eus pris garde à son action, je la regardois aussi et la saluois avec plus de soin.

« Il advint que lorsque j'arrivai de Fontainebleau à Paris, passant sur le Petit-Pont, dès qu'elle m'aperçut venir, elle se mit sur l'entrée de sa boutique et me dit, comme je passois : — Monsieur je suis votre servante. — Je lui rendis son salut, et, me retournant de temps en temps, je vis qu'elle me suivoit de la vue aussi longtemps qu'elle pouvoit. »

Bassompierre obtient un rendez vous : « Je trouvai, dit-il, une très belle femme, âgée de vingt ans, qui étoit coiffée de nuit, n'ayant qu'une très fine chemise sur elle et une petite jupe de revesche verte, et des mules aux pieds, avec un peignoir sur elle. Elle me plut bien fort. Je lui demandai si je ne pourrois pas la voir encore une autre fois. — Si vous voulez me voir une autre fois, me répondit-elle, ce sera chez une de mes tantes, qui se tient en la rue Bourg-l'Abbé, proche des Halles, auprès de la rue aux Ours, à la troisième porte du côté de la rue Saint-Martin ; je vous y attendrai depuis dix heures jusqu'à minuit, et plus tard encore ; je laisserai la porte ouverte. À l'entrée, il y a une petite allée que vous passerez vite, car la porte de la chambre de ma tante y répond, et trouverez un degré qui vous mènera à ce second étage. — Je vins à dix heures, et trouvai la porte qu'elle m'avoit marquée, et de la lumière bien grande, non seulement au second étage, mais au troisième et au premier encore ; mais la porte était fermée. Je frappai pour avertir de ma venue ; mais j'ouïs une voix d'homme qui me demanda qui j'étois. Je m'en retournai à la rue aux Ours, et étant retourné pour la deuxième fois, ayant trouvé la porte ouverte, j'entrai jusques au second étage, où je trouvai que cette lumière étoit la paille du lit que l'on y brûloit, et deux corps nus étendus sur la table de la chambre. Alors, je me retirai bien étonné, et en sortant je rencontrai des corbeaux (*enterreurs de morts*) qui me demandèrent ce que je cherchois ; et moi, pour les faire écarter, mis l'épée à la main et passai outre, m'en revenant à mon logis, un peu ému de ce spectacle inopiné[194]. »

Je suis allé, à mon tour, à la découverte, avec l'adresse donnée, il y a deux cent quarante ans, par Bassompierre. J'ai traversé le Petit-Pont, passé les Halles, et suivi la rue Saint-Denis jusqu'à la rue aux Ours, à main droite ; la première rue à main gauche, aboutissant rue aux Ours, est la rue Bourg-l'Abbé. Son inscription, enfumée comme par le temps et un incendie, m'a donné bonne espérance. J'ai retrouvé la *troisième petite porte* du côté de la rue Saint-Martin, tant les renseignements de l'historien sont fidèles. Là, malheureusement, les deux siècles et demi, que j'avais cru d'abord restés dans la rue, ont disparu. La façade de la maison est moderne ; aucune clarté ne sortait ni du premier, ni du second, ni du troisième étage. Aux fenêtres de l'attique, sous le toit, régnait une guirlande de capucines et de pois de senteur ; au rez-de-chaussée, une boutique de coiffeur offrait une multitude de tours de cheveux accrochés derrière les vitres.

Tout déconvenu, je suis entré dans ce musée des Éponines : depuis la conquête des Romains, les Gauloises ont toujours vendu leurs tresses blondes à des fronts moins parés ; mes compatriotes bretonnes se font tondre encore à certains jours de foire et troquent le voile naturel de leur tête pour un mouchoir des Indes. M'adressant à un merlan, qui filait une perruque sur un peigne de fer : « Monsieur, n'auriez-vous pas acheté les cheveux d'une jeune lingère, qui demeurait à l'enseigne des *Deux-Anges*, près du Petit-Pont » Il est resté sous le coup, ne pouvant dire ni oui, ni non. Je me suis retiré, avec mille excuses, à travers un labyrinthe de toupets.

J'ai ensuite erré de porte en porte : point de lingère de vingt ans, me faisant *grandes révérences ;* point de jeune femme franche, désintéressée, passionnée, *coiffée de nuit, n'ayant qu'une très fine chemise, une petite*

---

194 Mémoires du maréchal de Bassompierre, contenant l'histoire de sa vie et ce qui s'est fait de plus remarquable à la cour de France jusqu'en 1640, tome I, p. 305.

jupe de revesche verte, et des mules aux pieds, avec un peignoir sur elle.
Une vieille grognon, prête à rejoindre ses dents dans la tombe, m'a pensé
battre avec sa béquille : c'était peut-être la tante du rendez-vous.

Quelle belle histoire que cette histoire de Bassompierre ! il faut
comprendre une des raisons pour laquelle il avait été si résolûment aimé. À
cette époque, les Français se séparaient en deux classes distinctes, l'une
dominante, l'autre demi-serve. La lingère pressait Bassompierre dans ses
bras, comme un demi-dieu descendu au sein d'une esclave : il lui faisait
l'illusion de la gloire, et les Françaises, seules de toutes les femmes, sont
capables de s'enivrer de cette illusion.

Mais qui nous révélera les causes inconnues de la catastrophe ? Était-
ce la gentille grisette des *Deux-Anges*, dont le corps gisait sur la table avec
un autre corps ? Quel était l'autre corps ? Celui du mari, ou de l'homme
dont Bassompierre entendit la voix ? La peste (car il y avait peste à Paris)
ou la jalousie étaient-elles accourues dans la rue Bourg-l'Abbé avant
l'amour ? L'imagination se peut exercer à l'aise sur un tel sujet. Mêlez aux
inventions du poète le chœur populaire, les fossoyeurs arrivant,
les *corbeaux* et l'épée de Bassompierre, un superbe mélodrame sortira de
l'aventure.

Vous admirerez aussi la chasteté et la retenue de ma jeunesse à Paris :
dans cette capitale, il m'était loisible de me livrer à tous mes caprices,
comme dans l'abbaye de Thélème où chacun agissait à sa volonté ; je
n'abusai pas néanmoins de mon indépendance : je n'avais de commerce
qu'avec une courtisane âgée de deux cent seize ans, jadis éprise d'un
maréchal de France, rival du Béarnais auprès de mademoiselle de
Montmorency, et amant de mademoiselle d'Entragues, sœur de la marquise
de Verneuil, qui parle si mal de Henri IV. Louis XVI, que j'allais voir, ne
se doutait pas de mes rapports secrets avec sa famille.

Le jour fatal arriva ; il fallut partir pour Versailles plus mort que vif.
Mon frère m'y conduisit la veille de ma présentation et me mena chez le
maréchal de Duras, galant homme dont l'esprit était si commun qu'il
réfléchissait quelque chose de bourgeois sur ses belles manières : ce bon
maréchal me fit pourtant une peur horrible.

Le lendemain matin, je me rendis seul au château. On n'a rien vu
quand on n'a pas vu la pompe de Versailles, même après le licenciement
de l'ancienne maison du roi : Louis XIV était toujours là.

La chose alla bien tant que je n'eus qu'à traverser les salles des
gardes : l'appareil militaire m'a toujours plu et ne m'a jamais imposé. Mais
quand j'entrai dans l'Œil-de-bœuf[195] et que je me trouvai au milieu des
courtisans, alors commença ma détresse. On me regardait ; j'entendais
demander qui j'étais. Il se faut souvenir de l'ancien prestige de la royauté

---

[195] Nom d'une salle d'attente dans le château de Versailles, lorsque la Cour s'y
trouvait ; elle était éclairée par un œil-de-bœuf.

pour se pénétrer de l'importance dont était alors une présentation. Une destinée mystérieuse s'attachait au *débutant* ; on lui épargnait l'air protecteur méprisant qui composait, avec l'extrême politesse, les manières inimitables du grand seigneur. Qui sait si ce débutant ne deviendra pas le favori du maître ? On respectait en lui la domesticité future dont il pouvait être honoré. Aujourd'hui, nous nous précipitons dans le palais avec encore plus d'empressement qu'autrefois et, ce qu'il y a d'étrange, sans illusion : un courtisan réduit à se nourrir de vérités est bien près de mourir de faim.

Lorsqu'on annonça le lever de roi, les personnes non présentées se retirèrent ; je sentis un mouvement de vanité : je n'étais pas fier de rester, j'aurais été humilié de sortir. La chambre à coucher du roi s'ouvrit ; je vis le roi, selon l'usage, achever sa toilette, c'est-à-dire prendre son chapeau de la main du premier gentilhomme de service. Le roi s'avança allant à la messe ; je m'inclinai ; le maréchal de Duras me nomma : « Sire, le chevalier de Chateaubriand. » Le roi me regarda, me rendit mon salut, hésita, eut l'air de vouloir m'adresser la parole. J'aurais répondu d'une contenance assurée : ma timidité s'était évanouie. Parler au général de l'armée, au chef de l'État, me paraissait tout simple, sans que je me rendisse compte de ce que j'éprouvais. Le roi plus embarrassé que moi, ne trouvant rien à me dire, passa outre. Vanité des destinées humaines ! ce souverain que je voyais pour la première fois, ce monarque si puissant était Louis XVI à six ans de son échafaud ! Et ce nouveau courtisan qu'il regardait à peine, chargé de démêler les ossements parmi les ossements, après avoir été sur preuves de noblesse présenté aux grandeurs du fils de saint Louis, le serait un jour à sa poussière sur preuves de fidélité ! double tribut de respect à la double royauté du sceptre et de la palme ! Louis XVI pouvait répondre à ses juges comme le Christ aux Juifs : « Je vous ai fait voir beaucoup de bonnes œuvres ; pour laquelle me lapidez-vous ? »

Nous courûmes à la galerie pour nous trouver sur le passage de la reine lorsqu'elle reviendrait de la chapelle. Elle se montra bientôt entourée d'un radieux et nombreux cortège ; elle nous fit une noble révérence ; elle semblait enchantée de la vie. Et ces belles mains, qui soutenaient alors avec tant de grâce le sceptre de tant de rois, devaient, avant d'être liées par le bourreau, ravauder les haillons de la veuve, prisonnière à la Conciergerie !

Si mon frère avait obtenu de moi un sacrifice, il ne dépendait pas de lui de me le faire pousser plus loin. Vainement il me supplia de rester à Versailles, afin d'assister le soir au jeu de la reine : « Tu seras, me dit-il, nommé à la reine, et le roi te parlera. » Il ne me pouvait pas donner de meilleures raisons pour m'enfuir. Je me hâtai de venir cacher ma gloire dans mon hôtel garni, heureux d'être échappé à la cour, mais voyant encore devant moi la terrible journée des carrosses, du 19 février 1787.

Le duc de Coigny[196] me fit prévenir que je chasserais avec le roi dans la forêt de Saint-Germain. Je m'acheminai de grand matin vers mon supplice, en uniforme de *débutant*, habit gris, veste et culottes rouges, manchettes de bottes, bottes à l'écuyère, couteau de chasse au côté, petit chapeau français à galon d'or. Nous nous trouvâmes quatre *débutants* au château de Versailles, moi, les deux messieurs de Saint-Marsault et le comte d'Hautefeuille[197]. Le duc de Coigny nous donna nos instructions : il nous avisa de ne pas couper la chasse, le roi s'emportant lorsqu'on passait entre lui et la bête. Le duc de Coigny portait un nom fatal à la reine. Le rendez-vous était au Val, dans la forêt de Saint-Germain, domaine engagé par la couronne au maréchal de Beauvau[198]. L'usage voulait que les chevaux de la première chasse à laquelle assistaient les hommes présentés fussent fournis des écuries du roi[199].

On bat aux champs : mouvement d'armes, voix de commandement. On crie : *Le roi !* Le roi sort, monte dans son carrosse : nous roulons dans les carrosses à la suite. Il y avait loin de cette course et de cette chasse avec le roi de France à mes courses et à mes chasses dans les landes de la Bretagne ; et plus loin encore à mes courses et à mes chasses avec les

---

[196] Coigny (Marie-Henry-François Franquetot, duc de), né à Paris le 28 mars 1737. Il était, depuis 1774, premier écuyer du roi. En 1789, il fut élu député de la noblesse aux États-Généraux par le bailliage de Caen et siégea au côté droit. Sous la Restauration, il fut nommé successivement pair de France (4 juin 1814), gouverneur du château de Fontainebleau, premier écuyer du roi, gouverneur de Cambrai, gouverneur des Invalides (10 janvier 1816) et maréchal de France (3 juillet suivant). Il est mort à Paris le 19 mai 1821.

[197] J'ai retrouvé M. le comte d'Hautefeuille ; il s'occupe de la traduction de morceaux choisis de Byron ; madame la comtesse d'Hautefeuille est l'auteur, plein de talent, de l'Âme exilée, etc., etc. Ch.
Hautefeuille (Charles-Louis-Félicité-Texier, comte d'), né à Caen le 7 janvier 1770. Capitaine de cavalerie en 1789, il fut des premiers à émigrer (1791), et, après avoir fait à l'armée des princes la campagne de 1792, il prit du service en Suède, dans la garde royale, et ne rentra en France qu'en 1811. Le département du Calvados l'envoya en 1815 à la Chambre des députés, où il siégea jusqu'en 1824. Nommé gentilhomme de la chambre du roi, il assista, en cette qualité, au sacre de Charles X. Il est mort à Versailles le 21 septembre 1865. Il avait épousé, en 1823, Mlle de Beaurepaire, fille de l'un des plus vaillants officiers de l'armée vendéenne. La comtesse d'Hautefeuille a publié, sous le pseudonyme d'Anna-Marie, plusieurs ouvrages remarquables, dont les principaux sont l'Âme exilée, la Famille Cazotte et les Cathelineau.

[198] Beauvau (Charles-Juste, duc de), né à Lunéville le 10 septembre 1720. Membre de l'Académie française en 1771, maréchal de France en 1783, ministre de Louis XVI en 1789. Il mourut, le 19 mai 1793, au Val, près de Saint-Germain.

[199] Dans la Gazette de France, du mardi 27 février 1787, on lit ce qui suit : « Le comte Charles d'Hautefeuille, le baron de Saint-Marsault, le baron de Saint-Marsault-Chatelaillon et le chevalier de Chateaubriand, qui précédemment avaient eu l'honneur d'être présentés au roi, ont eu, le 19, celui de monter dans les voitures de Sa Majesté, et de la suivre à la chasse. » Ch.

sauvages de l'Amérique : ma vie devait être remplie de ces contrastes.

Nous arrivâmes au point de ralliement, où de nombreux chevaux de selle, tenus en main sous les arbres, témoignaient leur impatience. Les carrosses arrêtés dans la forêt avec les gardes ; les groupes d'hommes et de femmes ; les meutes à peine contenues par les piqueurs ; les aboiements des chiens, le hennissement des chevaux, le bruit des cors, formaient une scène très animée. Les chasses de nos rois rappelaient à la fois les anciennes et les nouvelles mœurs de la monarchie, les rudes passe-temps de Clodion, de Chilpéric, de Dagobert, la galanterie de François Ier, de Henri IV et de Louis XIV.

J'étais trop plein de mes lectures pour ne pas voir partout des comtesses de Chateaubriand, des duchesses d'Étampes, des Gabrielles d'Estrées, des La Vallière, des Montespan. Mon imagination prit cette chasse historiquement, et je me sentis à l'aise : j'étais d'ailleurs dans une forêt, j'étais chez moi.

Au descendu des carrosses, je présentai mon billet aux piqueurs. On m'avait destiné une jument appelée l'*Heureuse*, bête légère, mais sans bouche, ombrageuse et pleine de caprices ; assez vive image de ma fortune, qui chauvit sans cesse des oreilles. Le roi mis en selle partit ; la chasse le suivit, prenant diverses routes. Je restai derrière à me débattre avec l'*Heureuse*, qui ne voulait pas se laisser enfourcher par son nouveau maître ; je finis cependant par m'élancer sur son dos : la chasse était déjà loin.

Je maîtrisai d'abord assez bien l'*Heureuse ;* forcée de raccourcir son galop, elle baissait le cou, secouait le mors blanchi d'écume, s'avançait de travers à petits bonds ; mais lorsqu'elle approcha du lieu de l'action, il n'y eut plus moyen de la retenir. Elle allonge le chanfrein, m'abat la main sur le garrot, vient au grand galop donner dans une troupe de chasseurs, écartant tout sur son passage, ne s'arrêtant qu'au heurt du cheval d'une femme qu'elle faillit culbuter, au milieu des éclats de rire des uns, des cris de frayeur des autres. Je fais aujourd'hui d'inutiles efforts pour me rappeler le nom de cette femme, qui reçut poliment mes excuses. Il ne fut plus question que de l'*aventure* du débutant.

Je n'étais pas au bout de mes épreuves. Environ une demi-heure après ma déconvenue, je chevauchais dans une longue percée à travers des parties de bois désertes ; un pavillon s'élevait au bout : voilà que je me mis à songer à ces palais répandus dans les forêts de la couronne, en souvenir de l'origine des rois chevelus et de leurs mystérieux plaisirs : un coup de fusil part ; l'*Heureuse* tourne court, brosse tête baissée dans le fourré, et me porte juste à l'endroit où le chevreuil venait d'être abattu : le roi paraît.

Je me souvins alors, mais trop tard, des injonctions du duc de Coigny : la maudite *Heureuse* avait tout fait. Je saute à terre, d'une main poussant en arrière ma cavale, de l'autre tenant mon chapeau bas. Le roi regarde, et ne voit qu'un débutant arrivé avant lui aux fins de la bête ; il avait besoin de parler ; au lieu de s'emporter, il me dit avec un ton de bonhomie et un gros rire : « Il n'a pas tenu longtemps. » C'est le seul mot que j'aie jamais obtenu de Louis XVI. On vint de toutes parts ; on fut étonné de me trouver *causant* avec le roi. Le débutant Chateaubriand fit du bruit par ses deux *aventures ;* mais, comme il lui est toujours arrivé depuis, il ne sut profiter ni de la bonne ni de la mauvaise fortune.

Le roi força trois autres chevreuils. Les débutants ne pouvant courre que la première bête, j'allai attendre au Val avec mes compagnons le retour de la chasse.

Le roi revint au Val ; il était gai et contait les accidents de la chasse. On reprit le chemin de Versailles. Nouveau désappointement pour mon frère : au lieu d'aller m'habiller pour me trouver au débotté, moment de triomphe et de faveur, je me jetai au fond de ma voiture et rentrai dans Paris plein de joie d'être délivré de mes honneurs et de mes maux. Je déclarai à mon frère que j'étais déterminé à retourner en Bretagne.

Content d'avoir fait connaître son nom, espérant amener un jour à maturité, par sa présentation, ce qu'il y avait d'avorté dans la mienne, il ne s'opposa pas au départ d'un esprit aussi biscornu[200].

Telle fut ma première vue de la ville et de la cour. La société me parut plus odieuse encore que je ne l'avais imaginé ; mais si elle m'effraya, elle ne me découragea pas ; je sentis confusément que j'étais supérieur à ce que j'avais aperçu. Je pris pour la cour un dégoût invincible ; ce dégoût, ou plutôt ce mépris que je n'ai pu cacher, m'empêchera de réussir ou me fera tomber du plus haut point de ma carrière.

Au reste, si je jugeais le monde sans le connaître, le monde, à son tour, m'ignorait. Personne ne devina à mon début ce que je pouvais valoir, et quand je revins à Paris, on ne le devina pas davantage. Depuis ma triste célébrité, beaucoup de personnes m'ont dit : « Comme nous vous eussions remarqué, si nous vous avions rencontré dans votre jeunesse ! » Cette obligeante prétention n'est que l'illusion d'une renommée déjà faite. Les hommes se ressemblent à l'extérieur ; en vain Rousseau nous dit qu'il possédait deux petits yeux tout charmants : il n'en est pas moins certain, témoin ses portraits, qu'il avait l'air d'un maître d'école ou d'un cordonnier grognon.

Pour en finir avec la cour, je dirai qu'après avoir revu la Bretagne et m'être venu fixer à Paris avec mes sœurs cadettes, Lucile et Julie, je m'enfonçai plus que jamais dans mes habitudes solitaires. On me demandera ce que devint l'histoire de ma présentation. Elle resta là. —

---

[200] Le Mémorial historique de la Noblesse a publié un document inédit annoté de la main du roi, tiré des Archives du royaume, section historique, registre M 813 et carton M 814 ; il contient les Entrées. On y voit mon nom et celui de mon frère : il prouve que ma mémoire m'avait bien servi pour les dates. (Notes de Paris, 1840.) Ch.

Vous ne chassâtes donc plus avec le roi ? — Pas plus qu'avec l'empereur de la Chine. — Vous ne retournâtes donc plus à Versailles ? — J'allai deux fois jusqu'à Sèvres ; le cœur me faillit, et je revins à Paris. — Vous ne tirâtes donc aucun parti de votre position ? — Aucun. — Que faisiez-vous donc ? — Je m'ennuyais. — Ainsi, vous ne vous sentiez aucune ambition ? — Si fait : à force d'intrigues et de soucis, j'arrivai à la gloire d'insérer dans l'*Almanach des Muses* une idylle dont l'apparition me pensa tuer d'espérance et de crainte[201]. J'aurais donné tous les carrosses du roi pour avoir composé la romance : *Ô ma tendre musette !* ou : *De mon berger volage*.

Propre à tout pour les autres, bon à rien pour moi : me voilà.

LIVRE V[202]

Tout ce qu'on vient de lire dans le livre précédent a été écrit à Berlin. Je suis revenu à Paris pour le baptême du duc de Bordeaux[203], et j'ai donné la démission de mon ambassade par fidélité politique à M. de Villèle sorti du ministère[204]. Rendu à mes loisirs, écrivons. À mesure que ces *Mémoires* se remplissent de mes années écoulées, ils me représentent le globe inférieur d'un sablier constatant ce qu'il y a de tombé de ma vie : quand tout le sable sera passé, je ne retournerais pas mon horloge de verre, Dieu m'en eût-il donné la puissance.

La nouvelle solitude dans laquelle j'entrai en Bretagne, après ma présentation, n'était plus celle de Combourg ; elle n'était ni aussi entière, ni aussi sérieuse, et, pour tout dire, ni aussi forcée : il m'était loisible de la quitter ; elle perdait de sa valeur. Une vieille châtelaine armoriée, un vieux baron blasonné, gardant dans un manoir féodal leur dernière fille et leur dernier fils, offraient ce que les Anglais appellent des *caractères :* rien de provincial, de rétréci dans cette vie, parce qu'elle n'était pas la vie commune.

Chez mes sœurs, la province se retrouvait au milieu des champs : on allait dansant de voisins en voisins, jouant la comédie dont j'étais quelquefois un mauvais acteur. L'hiver, il fallait subir à Fougères la société

---

[201] Cette idylle figure, dans l'Almanach des Muses de 1790, à la page 205, sous ce titre : L'Amour de la campagne, et avec cette signature : par le chevalier de C***. Chateaubriand lui a donné place dans ses Œuvres complètes, tome XXI, p. 321.

[202] Ce livre a été écrit à Paris de juin à décembre 1821. — Il a été revu en décembre 1846.

[203] On lit dans le Moniteur du dimanche 29 avril 1821, sous la rubrique : Paris, 28 avril : « M. le vicomte de Chateaubriand, ministre plénipotentiaire de France à Berlin, est arrivé avant-hier à Paris. » Le baptême du duc de Bordeaux eut lieu à Notre-Dame le 1er mai 1821.

[204] M. de Villèle sortit du ministère le 27 juillet 1821 ; Chateaubriand donna sa démission d'ambassadeur le 31 juillet.

d'une petite ville, les bals, les assemblées, les dîners, et je ne pouvais pas, comme à Paris, être oublié.

D'un autre côté, je n'avais pas vu l'armée, la cour, sans qu'un changement se fût opéré dans mes idées : en dépit de mes goûts naturels, je ne sais quoi se débattant en moi contre l'obscurité me demandait de sortir de l'ombre. Julie avait la province en détestation ; l'instinct du génie et de la beauté poussait Lucile sur un plus grand théâtre.

Je sentais donc dans mon existence un malaise par qui j'étais averti que cette existence n'était pas ma destinée.

Cependant, j'aimais toujours la campagne, et celle de Marigny était charmante[205]. Mon régiment avait changé de résidence : le premier bataillon tenait garnison au Havre, le second à Dieppe ; je rejoignis celui-ci : ma présentation faisait de moi un personnage. Je pris goût à mon métier ; je travaillais à la manœuvre ; on me confia des recrues que j'exerçais sur les galets au bord de la mer : cette mer a formé le fond du tableau dans presque toutes les scènes de ma vie.

La Martinière ne s'occupait à Dieppe ni de son homonyme *Lamartinière*[206], ni du P. Simon, lequel écrivait contre Bossuet, Port-Royal et les Bénédictins[207], ni de l'anatomiste Pecquet, que madame de Sévigné appelle le petit Pecquet[208] ; mais La Martinière était amoureux à Dieppe comme à Cambrai : il dépérissait aux pieds d'une forte

---

[205] Marigny a beaucoup changé depuis l'époque où ma sœur l'habitait. Il a été vendu et appartient aujourd'hui à MM. de Pommereul, qui l'ont fait rebâtir et l'ont fort embelli. Ch.
C'est la nièce de Chateaubriand, Mme Élisabeth-Cécile Geffelot de Marigny, mariée à Joseph-Louis-Mathurin Gouyquet de Bienassis, qui vendit le château de Marigny au baron de Pommereul, par contrat du 30 juin 1810. Le propriétaire actuel est M. Henri-Charles-Jean, baron de Pommereul, petit-fils de l'acquéreur de 1810, marié le 9 juillet 1849 à Mlle Marie-Thérèse Macdonald de Tarente, petite-fille du maréchal duc de Tarente.
[206] La Martinière (Antoine-Augustin Bruzen de), né à Dieppe en 1673, mort à La Haye le 19 juin 1749. Il a laissé un grand nombre d'ouvrages, dont le principal : Grand Dictionnaire géographique et critique (La Haye, 1726-1730) ne forme pas moins de 10 vol. in-fol. Il était neveu du P. Simon, dont la notice suit.
[207] Simon (Richard), introducteur du rationalisme dans l'exégèse ; né le 13 mai 1638 à Dieppe, où il est mort le 11 avril 1712. Il était membre de l'Oratoire. Après avoir enseigné la philosophie à Juilly et à Paris, il fut exclu de son ordre pour avoir soutenu, dans son Histoire critique du Vieux Testament (1678), des opinions qui suscitèrent les critiques de Bossuet et des solitaires de Port-Royal et le firent condamner par le Saint-Siège. Voir Port-Royal, par Sainte-Beuve, tome IV, p. 380, 509.
[208] Jean Pecquet (1622-1674), né à Dieppe comme les deux précédents. On lui doit plusieurs découvertes importantes, entre autres celle du réservoir du chyle, dit Réservoir de Pecquet. Il était membre de l'Académie des sciences. Médecin et ami de Fouquet, il était aussi l'ami de Mme de Sévigné, qui l'appela pour donner ses soins à Mme de Grignan. Voir les Lettres de Mme de Sévigné des 22 décembre 1664, de janvier 1665, du 19 novembre 1670 et du 11 juillet 1672.

Cauchoise, dont la coiffe et le toupet avaient une demi-toise de haut. Elle n'était pas jeune : par un singulier hasard, elle s'appelait Cauchie, petite-fille apparemment de cette Dieppoise, Anne Cauchie, qui en 1645 était âgée de cent cinquante ans.

C'était en 1647 qu'Anne d'Autriche, voyant comme moi la mer par les fenêtres de sa chambre, s'amusait à regarder les brûlots se consumer pour la divertir. Elle laissait les peuples qui avaient été fidèles à Henri IV garder le jeune Louis XIV ; elle donnait à ces peuples des bénédictions infinies, *malgré leur vilain langage normand*.

On retrouvait à Dieppe quelques redevances féodales que j'avais vu payer à Combourg : il était dû au bourgeois Vauquelin trois têtes de porc ayant chacun une orange entre les dents, et trois sous marqués de la plus ancienne monnaie connue.

Je revins passer un semestre à Fougères. Là régnait une fille noble, appelée mademoiselle de La Belinaye[209], tante de cette comtesse de Tronjoli, dont j'ai déjà parlé. Une agréable laide, sœur d'un officier au régiment de Condé, attira mes admirations : je n'aurais pas été assez téméraire pour élever mes vœux jusqu'à la beauté ; ce n'est qu'à la faveur des imperfections d'une femme que j'osais risquer un respectueux hommage.

Madame de Farcy, toujours souffrante, prit enfin la résolution d'abandonner la Bretagne. Elle détermina Lucile à la suivre ; Lucile, à son tour, vainquit mes répugnances : nous prîmes la route de Paris ; douce association des trois plus jeunes oiseaux de la couvée.

Mon frère était marié ; il demeurait chez son beau-père, le président de Rosanbo, rue de Bondy[210]. Nous convînmes de nous placer dans son voisinage : par l'entremise de M. Delisle de Sales, logé dans les pavillons de Saint-Lazare, au haut du faubourg Saint-Denis, nous arrêtâmes un appartement dans ces mêmes pavillons.

Madame de Farcy s'était accointée, je ne sais comment, avec Delisle de Sales[211], lequel avait été mis jadis à Vincennes pour des niaiseries philosophiques. À cette époque, on devenait un personnage quand on avait

---

[209] Renée-Élisabeth de la Belinaye, fille aînée d'Armand Magdelon, comte de la Belinaye, et de Marie-Thérèse Frain de la Villegontier, née à Fougères le 28 janvier 1728, morte en la même ville le 19 juin 1816. — Sa sœur, Thérèse de la Belinaye, mariée à Anne-Joseph-Jacques Tuffin de la Rouërie, a été la mère du marquis Armand, le célèbre conspirateur.

[210] Je relève sur l'Almanach royal de 1789, p. 294, la mention suivante : « Cour de Parlement. Grand'Chambre. Président… Messire Louis Le Peletier de Rosanbo, rue de Bondy. »

[211] Delisle de Sales (Jean-Baptiste Isoard, dit), né en 1743 à Lyon, mort le 22 septembre 1816. Quelques-unes de ses compilations ne laissèrent pas d'avoir un assez grand succès. Sa Philosophie de la nature, ou Traité de morale pour l'espèce humaine (1769) a obtenu sept éditions. La dernière, publiée en 1804, forme 10 vol. in-8o.

barbouillé quelques lignes de prose ou inséré un quatrain dans l'*Almanach des Muses*. Delisle de Sales, très brave homme, très cordialement médiocre, avait un grand relâchement d'esprit, et laissait aller sous lui ses années ; ce vieillard s'était composé une belle bibliothèque avec ses ouvrages, qu'il brocantait à l'étranger et que personne ne lisait à Paris. Chaque année, au printemps, il faisait ses remontes d'idées en Allemagne. Gras et débraillé, il portait un rouleau de papier crasseux que l'on voyait sortir de sa poche : il y consignait au coin des rues sa pensée du moment. Sur le piédestal de son buste en marbre, il avait tracé de sa main cette inscription, empruntée au buste de Buffon : *Dieu, l'homme, la nature, il a tout expliqué*. Delisle de Sales tout expliqué ! Ces orgueils sont bien plaisants, mais bien décourageants. Qui se peut flatter d'avoir un talent véritable ? Ne pouvons-nous pas être, tous tant que nous sommes, sous l'empire d'une illusion semblable à celle de Delisle de Sales ? Je parierais que tel auteur qui lit cette phrase se croit un écrivain de génie, et n'est pourtant qu'un sot.

Si je me suis trop longuement étendu sur le compte du digne homme des pavillons de Saint-Lazare, c'est qu'il fut le premier littérateur que je rencontrai : il m'introduisit dans la société des autres.

La présence de mes deux sœurs me rendit le séjour de Paris moins insupportable ; mon penchant pour l'étude affaiblit encore mes dégoûts. Delisle de Sales me semblait un aigle. Je vis chez lui Carbon Flins des Oliviers[212], qui tomba amoureux de madame de Farcy. Elle s'en moquait ; il prenait bien la chose, car il se piquait d'être de bonne compagnie. Flins me fit connaître Fontanes, son ami, qui est devenu le mien.

Fils d'un maître des eaux et forêts de Reims, Flins avait reçu une éducation négligée ; au demeurant, homme d'esprit et parfois de talent. On ne pouvait voir quelque chose de plus laid : court et bouffi, de gros yeux saillants, des cheveux hérissés, des dents sales, et malgré cela l'air pas trop ignoble. Son genre de vie, qui était celui de presque tous les gens de lettres de Paris à cette époque, mérite d'être raconté.

Flins occupait un appartement rue Mazarine, assez près de La Harpe, qui demeurait rue Guénégaud. Deux Savoyards, travestis en laquais par la vertu d'une casaque de livrée, le servaient ; le soir, ils le suivaient, et

---

[212] Flins des Oliviers (Claude-Marie-Louis-Emmanuel Carbon de), né en 1757 à Reims, mort en 1806. La multiplicité de ses noms lui attira cette épigramme de Lebrun :
Carbon de Flins des Oliviers
A plus de noms que de lauriers.
Ami de Fontanes, il rédigea avec lui, en 1789, le Journal de la Ville et des Provinces, ou le Modérateur. Il a fait jouer, non sans succès, plusieurs comédies en vers. L'une d'elles, le Réveil d'Épiménide à Paris ou les Étrennes de la liberté, représentée sur le Théâtre-Français, le 1er janvier 1790, obtint une vogue considérable, justifiée d'ailleurs par le mérite de la pièce et par son excellent esprit.

introduisaient les visites chez lui le matin. Flins allait régulièrement au Théâtre-Français, alors placé à l'Odéon[213], et excellent surtout dans la comédie. Brizard venait à peine de finir[214] ; Talma commençait[215] ; Larive, Saint-Phal, Fleury, Molé, Dazincourt, Dugazon, Grandmesnil, mesdames Contat, Saint-Val[216], Desgarcins, Olivier[217], étaient dans toute la force du talent, en attendant mademoiselle Mars, fille de Monvel, prête à débuter au théâtre Montansier[218]. Les actrices protégeaient les auteurs et devenaient quelquefois l'occasion de leur fortune.

Flins, qui n'avait qu'une petite pension de sa famille, vivait de crédit. Vers les vacances du Parlement, il mettait en gage les livrées de ses Savoyards, ses deux montres, ses bagues et son linge, payait avec le prêt ce qu'il devait, partait pour Reims, y passait trois mois, revenait à Paris, retirait, au moyen de l'argent que lui donnait son père, ce qu'il avait déposé au mont-de-piété, et recommençait le cercle de cette vie, toujours gai et bien reçu.

Dans le cours des deux années qui s'écoulèrent depuis mon établissement à Paris jusqu'à l'ouverture des états généraux, cette société s'élargit. Je savais par cœur les élégies du chevalier de Parny, et je les sais

---

[213] Le Théâtre-Français occupait, depuis 1782, la salle construite par ordre de Louis XVI, d'après les plans des architectes Peyre et de Wailly, près le Luxembourg, à l'extrémité du terrain qu'occupait le jardin de l'hôtel Condé. En 1798, ce théâtre reçut le nom d'Odéon, parce que des opéras devaient former le fond de son répertoire. C'était un souvenir classique du théâtre couvert de ce nom (Ὠδεῖον) bâti à Athènes par Périclès pour les concours de musique. La salle de 1782 fut incendiée dans la nuit du 18 au 19 mars 1799. Reconstruit sur ses anciennes fondations par décision du premier Consul, ce théâtre fut détruit une seconde fois par le feu le 20 avril 1818. Louis XVIII le fit rebâtir. C'est l'Odéon actuel.

[214] Brizard (Jean-Baptiste Britard, dit), né en 1721 à Orléans, mort le 30 janvier 1791. Après avoir remporté, comme tragédien, de très grands succès dans les pères nobles et les rois, il s'était retiré, le 1er avril 1786, le même soir que le couple Préville et Mlle Fanier. Tous parurent dans la Partie de chasse de Henri IV, au milieu des bravos et de l'émotion générale. (G. Monval et P. Porel, l'Odéon, tome I, p. 249.)

[215] Talma avait débuté, le 21 novembre 1787, en jouant le rôle de Séide, dans le Mahomet, de Voltaire. (G. Monval et P. Porel, op. cit., tome I, page 57.)

[216] Mlle Saint-Val cadette. Son aînée avait quitté la Comédie-Française en 1779.

[217] Mlle Olivier (Jeanne-Adélaïde-Gérardine), née à Londres en 1765. Toute jeune encore, charmante avec sa chevelure blonde et ses yeux noirs, elle avait créé, le 27 avril 1784, le rôle de Chérubin dans le Mariage de Figaro, et son succès avait presque égalé celui de Mlle Contat, qui jouait Suzanne.

[218] Mars (Anne-Françoise-Hippolyte Boutet, dite Mlle), née à Paris le 9 février 1779, morte le 20 mars 1847. Elle était fille de l'acteur Boutet dit Monvel et d'une actrice de province, Marguerite Salvetat. Ne pouvant prendre, au théâtre, le nom de Monvel, elle prit celui de sa mère, qui se faisait appeler Madame Mars. Dès l'âge de treize ans, en 1792, elle débuta dans des rôles d'enfants au Théâtre de mademoiselle Montansier, auquel était attaché son père. — La salle de Mlle Montansier est actuellement le Théâtre du Palais-Royal.

encore. Je lui écrivis pour lui demander la permission de voir un poète dont les ouvrages faisaient mes délices ; il me répondit poliment : je me rendis chez lui rue de Cléry.

Je trouvai un homme assez jeune encore, de très bon ton, grand, maigre, le visage marqué de petite vérole[219]. Il me rendit ma visite ; je le présentai à mes sœurs. Il aimait peu la société et il en fut bientôt chassé par la politique : il était alors du vieux parti. Je n'ai point connu d'écrivain qui fût plus semblable à ses ouvrages : poète et créole, il ne lui fallait que le ciel de l'Inde, une fontaine, un palmier et une femme. Il redoutait le bruit, cherchait à glisser dans la vie sans être aperçu, sacrifiait tout à sa paresse, et n'était trahi dans son obscurité que par ses plaisirs qui touchaient en passant sa lyre :

> Que notre vie heureuse et fortunée
> Coule en secret, sous l'aile des amours,
> Comme un ruisseau qui, murmurant à peine,
> Et dans son lit resserrant tous ses flots,
> Cherche avec soin l'ombre des arbrisseaux,
> Et n'ose pas se montrer dans la plaine.

C'est cette impossibilité de se soustraire à son indolence qui, de furieux aristocrate, rendit le chevalier de Parny misérable révolutionnaire, insultant la religion persécutée et les prêtres à l'échafaud, achetant son repos à tout prix, et prêtant à la muse qui chanta Éléonore le langage de ces lieux où Camille Desmoulins allait marchander ses amours.

L'auteur de l'*Histoire de la littérature italienne*[220], qui s'insinua dans la Révolution à la suite de Chamfort, nous arriva par ce cousinage que tous les Bretons ont entre eux. Ginguené vivait dans le monde sur la réputation d'une pièce de vers assez gracieuse, *la Confession de Zulmé,* qui lui valut une chétive place dans les bureaux de M. de Necker ; de là sa pièce sur son entrée au contrôle général. Je ne sais qui disputait à Ginguené son titre de gloire, *la Confession de Zulmé ;* mais dans le fait il lui appartenait.

Le poète rennais savait bien la musique et composait des romances. D'humble qu'il était, nous vîmes croître son orgueil, à mesure qu'il s'accrochait à quelqu'un de connu. Vers le temps de la convocation des états généraux, Chamfort l'employa à barbouiller des articles pour des

---

[219] « Le chevalier de Parny est grand, mince, le teint brun, les yeux noirs enfoncés et fort vifs. Nous étions liés. Il n'a pas de douceur dans la conversation… Il m'a dit que les sites décrits par Saint-Pierre dans Paul et Virginie étaient faux ; mais Parny enviait Bernardin. » (Note manuscrite de Chateaubriand, écrite en 1798 sur un exemplaire de l'Essai.) Ce curieux exemplaire, donné un jour par Chateaubriand à J.-B. Soulié, rédacteur de la Quotidienne, après avoir passé dans la bibliothèque de M. Aimé-Martin, dans celle de M. Tripier et enfin dans celle de Sainte-Beuve, est possédé aujourd'hui par Mme la comtesse de Chateaubriand.
[220] Guinguené. — Voir sur lui la note 2 de la page 107.

journaux et des discours pour des clubs : il se fit superbe. À la première fédération il disait : « Voilà une belle fête ! on devrait pour mieux l'éclairer brûler quatre aristocrates aux quatre coins de l'autel. » Il n'avait pas l'initiative de ces vœux ; longtemps avant lui, le ligueur Louis Dorléans avait écrit dans son *Banquet du comte d'Arête* : « qu'il falloit attacher en guise de fagots les ministres protestants à l'arbre du feu de Saint-Jean et mettre le roy Henry IV dans le muids où l'on mettoit les chats. »

Ginguené eut une connaissance anticipée des meurtres révolutionnaires. Madame Ginguené prévint mes sœurs et ma femme du massacre qui devait avoir lieu aux Carmes, et leur donna asile : elle demeurait *cul-de-sac Férou,* dans le voisinage du lieu où l'on devait égorger.

Après la Terreur, Ginguené devint quasi chef de l'instruction publique ; ce fut alors qu'il chanta *l'Arbre de la liberté* au Cadran-Bleu, sur l'air : *Je l'ai planté, je l'ai vu naître.* On le jugea assez béat de philosophie pour une ambassade auprès d'un de ces rois qu'on découronnait. Il écrivait de Turin à M. de Talleyrand qu'il avait *vaincu un préjugé :* il avait fait recevoir sa femme *en pet-en-l'air* à la cour[221]. Tombé de la médiocrité dans l'importance, de l'importance dans la niaiserie, et de la niaiserie dans le ridicule, il a fini ses jours littérateur distingué comme critique, et, ce qu'il y a de mieux, écrivain indépendant dans la *Décade*[222] :

---

[221] Guinguené fut nommé, au commencement de 1798, ambassadeur de la République française à Turin. « C'était, dit M. Ludovic Sciout (le Directoire, tome III, p. 532), c'était un vrai Trissotin, un révolutionnaire aussi sot qu'insolent. » Par affectation de simplicité, et sans doute aussi par économie, car il tenait beaucoup à l'argent, il fit dispenser sa femme de paraître en habit de cour aux audiences. Sans perdre une heure, il dépêcha au ministre des relations extérieures un courrier extraordinaire, porteur de la grande nouvelle : la citoyenne ambassadrice est allée à la cour en pet-en-l'air ! Ce pauvre Guinguené avait compté sans son hôte : le ministre (c'était Talleyrand) glissa aussitôt dans le Moniteur la note suivante : « Un ambassadeur de la République a écrit, dit-on, au ministre des relations extérieures qu'il venait de remporter une victoire signalée sur l'étiquette d'une vieille monarchie, en y faisant recevoir l'ambassadrice en habits bourgeois. Le ministre lui a répondu que la République n'envoyait que des ambassadeurs, parce qu'il n'y avait chez elle que des directeurs et qu'on n'y connaissait de directrices que celles qui se trouvaient à la tête de quelques spectacles. » (Moniteur du 26 juin 1798.) — À quelques jours de là, Guinguené était rappelé.

[222] La Décade philosophique, fondée le 10 floréal an II (29 avril 1794). Guinguené en fut le principal rédacteur. Il était secondé par une « société de républicains » devenue en l'an V « une société de gens de lettres ». On remarquait, dans le nombre, J.-B. Say, Amaury Duval, Lebreton, Andrieux, etc. Peu après l'établissement de l'empire, le 10 vendémiaire an XIII (2 octobre 1804), la Décade changea son titre en celui de Revue philosophique, littéraire et politique. Elle cessa de paraître en 1807. Lors de la publication du Génie du christianisme, la Décade n'avait pas manqué de l'attaquer très vivement dans trois articles dus à la plume de Guinguené et réunis aussitôt en brochure sous ce titre : Coup d'œil rapide sur le Génie du christianisme, ou quelques pages sur les cinq volumes in-8o publiées

la nature l'avait remis à la place d'où la société l'avait mal à propos tiré. Son savoir est de seconde main, sa prose lourde, sa poésie correcte et quelquefois agréable.

Ginguené avait un ami, le poète Le Brun[223]. Ginguené protégeait Le Brun, comme un homme de talent, qui connaît le monde, protège la simplicité d'un homme de génie ; Le Brun, à son tour, répandait ses rayons sur les hauteurs de Ginguené. Rien n'était plus comique que le rôle de ces deux compères, se rendant, par un doux commerce, tous les services que se peuvent rendre deux hommes supérieurs dans des genres divers.

Le Brun était tout bonnement un faux monsieur de l'Empyrée ; sa verve était aussi froide que ses transports étaient glacés. Son Parnasse, chambre haute dans la rue Montmartre, offrait pour tout meuble des livres entassés pêle-mêle sur le plancher, un lit de sangle dont les rideaux, formés de deux serviettes sales, pendillaient sur un tringle de fer rouillé, et la moitié d'un pot à l'eau accotée contre un fauteuil dépaillé. Ce n'est pas que Le Brun ne fût à son aise, mais il était avare et adonné à des femmes de mauvaise vie[224].

Au souper *antique* de M. de Vaudreuil, il joua le personnage de Pindare[225]. Parmi ses poésies lyriques, on trouve des strophes énergiques ou élégantes, comme dans l'ode sur le vaisseau *le Vengeur* et dans l'ode sur *les Environs de Paris*. Ses élégies sortent de sa tête, rarement de son âme ; il a l'originalité recherchée, non l'originalité naturelle ; il ne crée rien qu'à force d'art ; il se fatigue à pervertir le sens des mots et à les conjoindre par des alliances monstrueuses. Le Brun n'avait de vrai talent que pour le satire ; son épître sur *la bonne et la mauvaise plaisanterie* a joui d'un renom mérité. Quelques-unes de ses épigrammes sont à mettre auprès de celles de J.-B. Rousseau ; La Harpe surtout l'inspirait. Il faut

---

sous ce titre par François-Auguste Chateaubriand. — Paris, de l'imprimerie de la Décade, etc., an X (1802), in-8o de 92 pages.

[223] Le Brun (Ponce-Denis Escouchard) dit Lebrun-Pindare ; né le 11 août 1729 à Paris, où il est mort le 2 septembre 1807.

[224] Déjà, en 1798, dans une note manuscrite de son exemplaire de l'Essai, Chateaubriand avait tracé de Le Brun ce joli croquis : « Le Brun a toutes les qualités du lyrique. Ses yeux sont âpres, ses tempes chauves, sa taille élevée. Il est maigre, pâle, et quand il récite son Exegi monumentum, on croirait entendre Pindare aux Jeux olympiques. Le Brun ne s'endort jamais qu'il n'ait composé quelques vers, et c'est toujours dans son lit, entre trois et quatre heures du matin, que l'esprit divin le visite. Quand j'allais le voir le matin, je le trouvais entre trois ou quatre pots sales avec une vieille servante qui faisait son ménage : « Mon ami, me disait-il, ah ! j'ai fait cette nuit quelque chose ! oh ! si vous l'entendiez ! » Et il se mettait à tonner sa strophe, tandis que son perruquier, qui enrageait, lui disait : « Monsieur, tournez donc la tête ! » et avec ses deux mains il inclinait la tête de Le Brun, qui oubliait bientôt le perruquier et recommençait à gesticuler et déclamer. »

[225] Sur le souper antique de M. de Vaudreuil, voyez les Souvenirs de Mme Lebrun-Vigée. Le Brun, coiffé du laurier de Pindare, y récita des imitations d'Anacréon.

encore lui rendre une autre justice : il fut indépendant sous Bonaparte, et il reste de lui, contre l'oppresseur de nos libertés, des vers sanglants[226].

Mais, sans contredit, le plus bilieux des gens de lettres que je connus à Paris à cette époque était Chamfort[227] ; atteint de la maladie qui a fait les Jacobins, il ne pouvait pardonner aux hommes le hasard de sa naissance. Il trahissait la confiance des maisons où il était admis ; il prenait le cynisme de son langage pour la peinture des mœurs de la cour. On ne pouvait lui contester de l'esprit et du talent, mais de cet esprit et de ce talent qui n'atteignent point la postérité. Quand il vit que sous la Révolution il n'arrivait à rien, il tourna contre lui-même les mains qu'il avait levées sur la société. Le bonnet rouge ne parut plus à son orgueil qu'une autre espèce de couronne, le sans-culottisme qu'une sorte de noblesse, dont les Marat et les Robespierre étaient les grands seigneurs. Furieux de retrouver l'inégalité des rangs jusque dans le monde des douleurs et des larmes, condamné à n'être encore qu'un *vilain* dans la féodalité des bourreaux, il se voulut tuer pour échapper aux supériorités du crime ; il se manqua : la mort se rit de ceux qui l'appellent et qui la confondent avec le néant[228].

---

[226] Il est bien vrai que Le Brun a écrit des vers sanglants contre Bonaparte ; mais ces vers, il les a tenus secrets, tandis qu'il avait bien soin de publier ceux où il célébrait ce même Bonaparte. « Il s'était tout à fait, et dès le premier jour, dit Sainte-Beuve, rallié à Bonaparte, qui lui avait accordé une grosse pension 6 000 francs. Il a loué le héros, comme il avait déjà loué indifféremment Louis XVI, Calonne, Vergennes, Robespierre, sans préjudice des petites épigrammes qu'il se passait dans l'intervalle et qui ne comptaient pas. » Causeries du lundi V, 134.

[227] Chamfort (Sébastien-Roch Nicolas, dit), né près de Clermont en Auvergne en 1741, mort à Paris, sous la Terreur, victime de cette révolution dont il avait été l'un des adeptes les plus fanatiques.

[228] Arrêté une première fois et enfermé aux Madelonnettes, ramené bientôt dans son appartement de la Bibliothèque nationale, mais placé sous la surveillance d'un gendarme, le jour où on avait voulu le conduire en prison, pour la seconde fois, Chamfort avait voulu se tuer. Il s'était tiré un coup de pistolet, qui lui avait seulement fracassé le bout du nez et crevé un œil. Il avait pris alors un rasoir, essayant de se couper la gorge, y revenant à plusieurs reprises et se mettant en lambeaux toutes les chairs ; enfin cette seconde tentative ayant manqué comme la première, il s'était porté plusieurs coups vers le cœur ; puis par un dernier effort, il avait tâché de se couper les deux jarrets et de s'ouvrir toutes les veines. La mort s'était ri de lui, selon le mot de Chateaubriand, et elle le vint prendre seulement quelques semaines plus tard, le 13 avril 1794. — En 1797, dans son Essai sur les Révolutions, Chateaubriand avait tracé de Chamfort un portrait qui doit être rapproché de celui des Mémoires. « Chamfort, écrivait-il, était d'une taille au-dessus de la médiocre, un peu courbé, d'une figure pâle, d'un teint maladif. Son œil bleu, souvent froid et couvert dans le repos, lançait l'éclair quand il venait à s'animer. Des narines un peu ouvertes donnaient à sa physionomie l'expression de la sensibilité et de l'énergie. Sa voix était flexible, ses modulations suivaient les mouvements de son âme ; mais dans les derniers temps de mon séjour à Paris, elle avait pris de l'aspérité, et on y démêlait l'accent agité et impérieux des factions… Ceux qui ont approché M. Chamfort savent qu'il avait dans la conversation tout le mérite qu'on retrouve dans ses écrits. Je l'ai souvent vu chez

Je n'ai connu l'abbé Delille[229] qu'en 1798 à Londres, et n'ai vu ni Rulhière, qui vit par madame d'Egmont et qui la fait vivre[230], ni Palissot[231], ni Beaumarchais[232], ni Marmontel[233]. Il en est ainsi de Chénier[234] que je n'ai jamais rencontré, qui m'a beaucoup attaqué, auquel je n'ai jamais répondu, et dont la place à l'Institut devait produire une des crises de ma vie.

Lorsque je relis la plupart des écrivains du XVIIIe siècle, je suis confondu et du bruit qu'ils ont fait et de mes anciennes admirations. Soit que la langue ait avancé, soit qu'elle ait rétrogradé, soit que nous ayons marché vers la civilisation, ou battu en retraite vers la barbarie, il est certain que je trouve quelque chose d'usé, de passé, de grisaillé, d'inanimé, de froid dans les auteurs qui firent les délices de ma jeunesse. Je trouve même dans les plus grands écrivains de l'âge voltairien des choses pauvres de sentiment, de pensée et de style.

À qui m'en prendre de mon mécompte ? J'ai peur d'avoir été le premier coupable ; novateur né, j'aurai peut-être communiqué aux générations nouvelles la maladie dont j'étais atteint. Épouvanté, j'ai beau crier à mes enfants : « N'oubliez pas le français ! » Ils me répondent

---

M. Guinguené, et plus d'une fois il m'a fait passer d'heureux moments, lorsqu'il consentait, avec une petite société choisie, à accepter un souper dans ma famille. » Essai, livre I, première partie, chapitre XXIV.

[229] Delille (Jacques), né le 22 juin 1738 à Aigueperse (Auvergne), mort le 1er mai 1813.

[230] Rulhière (Claude-Carloman de), né en 1735 à Bondy, près Paris, mort le 30 janvier 1791. Mme d'Egmont était la fille du maréchal de Richelieu. Ce fut elle, en effet, qui mit à Rulhière la plume à la main. En 1760, il avait suivi, en qualité de secrétaire, le baron de Breteuil, qui venait d'être nommé ministre plénipotentiaire en Russie. « Il assista de près, dit Sainte-Beuve, à la révolution qui, en 1762, précipita Pierre III et mit Catherine II sur le trône. Il s'appliqua, suivant la nature de son esprit observateur, à tout deviner, à tout démêler dans cet événement extraordinaire, et il en fit, à son retour à Paris, des récits qui charmèrent la société. La comtesse d'Egmont, qui était la divinité de Rulhière, lui demanda d'écrire ce qu'il contait si bien : il lui obéit, et, une fois la relation écrite, l'amour-propre d'auteur l'emportant sur la prudence du diplomate, les lectures se multiplièrent. Elles firent événement. » Causeries du lundi, tome IV, p. 436.

[231] Palissot de Montenoy (Charles), né le 3 janvier 1730 à Nancy, mort le 15 juin 1814 ; auteur de la comédie des Philosophes (1760) et du poème de la Dunciade ou la guerre des sots (1764).

[232] Beaumarchais (Pierre-Augustin Caron de), né le 24 janvier 1732, mort le 19 mai 1799.

[233] Marmontel (Jean-François), né le 11 juillet 1723 à Bort (Limousin), mort le 31 décembre 1799.

[234] Chénier (Marie-Joseph de), né le 28 août 1764 à Constantinople, mort le 10 janvier 1811. Chateaubriand fut appelé à le remplacer comme membre de la seconde classe de l'Institut ; l'Académie française n'avait pas encore recouvré son titre, que la Restauration allait bientôt lui rendre (Ordonnance royale du 21 mars 1816).

comme le Limousin à Pantagruel : « qu'ils viennent de l'alme, inclyte et célèbre académie que l'on vocite Lutèce[235] ».

Cette manière de gréciser et de latiniser notre langue n'est pas nouvelle, comme on le voit : Rabelais la guérit, elle reparut dans Ronsard ; Boileau l'attaqua. De nos jours elle a ressuscité par la science ; nos révolutionnaires, grands Grecs par nature, ont obligé nos marchands et nos paysans à apprendre les hectares, les hectolitres, les kilomètres, les millimètres, les décagrammes : la politique a *ronsardisé*.

J'aurais pu parler ici de M. de La Harpe, que je connus alors, et sur lequel je reviendrai ; j'aurais pu ajouter à la galerie de mes portraits celui de Fontanes ; mais, bien que mes relations avec cet excellent homme prissent naissance en 1789, ce ne fut qu'en Angleterre que je me liai avec lui d'une amitié toujours accrue par la mauvaise fortune, jamais diminuée par la bonne ; je vous en entretiendrai plus tard dans toute l'effusion de mon cœur. Je n'aurai à peindre que des talents qui ne consolent plus la terre. La mort de mon ami est survenue au moment où mes souvenirs me conduisaient à retracer le commencement de sa vie[236]. Notre existence est d'une telle fuite, que si nous n'écrivons pas le soir l'événement du matin, le travail nous encombre et nous n'avons plus le temps de le mettre à jour. Cela ne nous empêche pas de gaspiller nos années, de jeter au vent ces heures qui sont pour l'homme les semences de l'éternité.

Si mon inclination et celle de mes deux sœurs m'avaient jeté dans cette société littéraire, notre position nous forçait d'en fréquenter une autre ; la famille de la femme de mon frère fut naturellement pour nous le centre de cette dernière société.

Le président Le Peletier de Rosanbo, mort depuis avec tant de courage[237], était, quand j'arrivai à Paris, un modèle de légèreté. À cette époque, tout était dérangé dans les esprits et dans les mœurs, symptôme d'une révolution prochaine. Les magistrats rougissaient de porter la robe et tournaient en moquerie la gravité de leurs pères. Les Lamoignon, les Molé, les Séguier, les d'Aguesseau voulaient combattre et ne voulaient plus juger. Les présidentes, cessant d'être de vénérables mères de famille, sortaient de leurs sombres hôtels pour devenir femmes à brillantes aventures. Le prêtre, en chaire, évitait le nom de Jésus-Christ et ne parlait que du *législateur des chrétiens ;* les ministres tombaient les uns sur les autres ; le pouvoir glissait de toutes les mains. Le suprême bon ton était d'être Américain à la ville, Anglais à la cour, Prussien à l'armée ;

---

[235] Rabelais, livre II, chapitre VI : Comment Pantagruel rencontra un Limousin qui contrefaisait le langaige françois.

[236] Chateaubriand écrivait cette page au mois de juin 1821 : Fontanes était mort le 17 mars précédent.

[237] Il fut guillotiné le 1er floréal an II (20 avril 1794).

d'être tout, excepté Français. Ce que l'on faisait, ce que l'on disait, n'était qu'une suite d'inconséquences. On prétendait garder des abbés commendataires, et l'on ne voulait point de religion ; nul ne pouvait être officier s'il n'était gentilhomme, et l'on déblatérait contre la noblesse ; on introduisait l'égalité dans les salons et les coups de bâton dans les camps.

M. de Malesherbes avait trois filles[238], mesdames de Rosanbo, d'Aulnay, de Montboissier : il aimait de préférence madame de Rosanbo, à cause de la ressemblance de ses opinions avec les siennes. Le président de Rosanbo avait également trois filles, mesdames de Chateaubriand, d'Aunay, de Tocqueville[239], et un fils dont l'esprit brillant s'est recouvert de la perfection chrétienne[240]. M. de Malesherbes se plaisait au milieu de ses enfants, petits-enfants et arrière-petits-enfants. Mainte fois, au commencement de la Révolution, je l'ai vu arriver chez madame de Rosanbo, tout échauffé de politique, jeter sa perruque, se coucher sur le tapis de la chambre de ma belle-sœur, et se laisser lutiner avec un tapage affreux par les enfants ameutés. Ç'aurait été du reste un homme assez vulgaire dans ses manières, s'il n'eût eu certaine brusquerie qui le sauvait de l'air commun : à la première phrase qui sortait de sa bouche, on sentait l'homme d'un vieux nom et le magistrat supérieur. Ses vertus naturelles

---

[238] Il doit y avoir là une erreur de plume. Malesherbes n'a eu que deux filles : Marie-Thérèse, née le 6 février 1756, mariée le 30 mai 1769 à Louis Le Peletier, seigneur de Rosanbo ; — Françoise-Pauline, née le 15 juillet 1758, mariée le 22 janvier 1775 à Charles-Philippe-Simon de Montboissier-Beaufort-Canillac, mestre de camp du régiment d'Orléans dragons.

[239] Les trois filles du président de Rosanbo épousèrent le frère de Chateaubriand, le comte Lepelletier d'Aunay et le comte de Tocqueville. Né le 3 août 1772, d'abord sous-lieutenant au régiment de Vexin, puis soldat dans la garde constitutionnelle de Louis XVI, M. de Tocqueville quitta la France pendant la période révolutionnaire. Sous la Restauration, il administra successivement, comme préfet, les départements de Maine-et-Loire, de l'Oise, de la Côte-d'Or, de la Moselle, de la Somme et de Seine-et-Oise. Charles X le nomma gentilhomme de la Chambre et pair de France (5 septembre 1827). Il fut exclu de la Chambre haute en 1830, en vertu de l'article 68 de la nouvelle charte. Il a publié divers ouvrages : Histoire philosophique du règne de Louis XV ; Coup d'œil sur le règne de Louis XVI, etc. Il est mort à Clairoix (Oise) le 9 juin 1856. De son mariage avec Mlle de Rosanbo naquit, le 29 juillet 1805, à Verneuil (Seine-et-Oise), le futur auteur de la Démocratie en Amérique, Alexis de Tocqueville. — Le comte de Tocqueville et sa femme avaient été emprisonnés en même temps que Malesherbes. On lit à ce sujet dans un article de Chateaubriand (le Conservateur, mars 1819) : « M. de Tocqueville, qui a épousé une autre petite-fille de M. de Malesherbes, m'a raconté que cet homme admirable, la veille de sa mort, lui dit : « Mon ami, si vous avez des enfants, élevez-les pour en faire des chrétiens ; il n'y a que cela de bon. »

[240] Louis Le Peletier, vicomte de Rosanbo, né à Paris le 23 juin 1777. Nommé pair de France le 17 août 1815, le même jour que Chateaubriand, il se retira comme lui de la Chambre haute, au mois d'août 1830, ne voulant pas prêter serment de fidélité au nouveau roi. D'une piété très vive, il était entré dans la Congrégation en 1814. Il est mort au château de Saint-Marcel (Ardèche), le 30 septembre 1858.

s'étaient un peu entachées d'affectation par la philosophie qu'il y mêlait. Il était plein de science, de probité et de courage ; mais bouillant, passionné au point qu'il me disait un jour en parlant de Condorcet : « Cet homme a été mon ami ; aujourd'hui, je ne me ferais aucun scrupule de le tuer comme un chien[241] ». Les flots de la Révolution le débordèrent, et sa mort a fait sa gloire. Ce grand homme serait demeuré caché dans ses mérites, si le malheur ne l'eût décelé à la terre. Un noble Vénitien perdit la vie en retrouvant ses titres dans l'éboulement d'un vieux palais.

Les franches façons de M. de Malesherbes m'ôtèrent toute contrainte. Il me trouva quelque instruction ; nous nous touchâmes par ce premier point : nous parlions de botanique et de géographie, sujets favoris de ses conversations. C'est en m'entretenant avec lui que je conçus l'idée de faire un voyage dans l'Amérique du Nord, pour découvrir la mer vue par Hearne et depuis par Mackenzie[242]. Nous nous entendions aussi en politique : les sentiments généreux du fond de nos premiers troubles allaient à l'indépendance de mon caractère ; l'antipathie naturelle que je ressentais pour la cour ajoutait force à ce penchant. J'étais du côté de M. de Malesherbes et de madame de Rosanbo, contre M. de Rosanbo et contre mon frère, à qui l'on donna le surnom de *l'enragé* Chateaubriand. La Révolution m'aurait entraîné, si elle n'eût débuté par des crimes : je vis la première tête portée au bout d'une pique, et je reculai. Jamais le meurtre ne sera à mes yeux un objet d'admiration et un argument de liberté ; je ne connais rien de plus servile, de plus méprisable, de plus lâche, de plus borné qu'un terroriste. N'ai-je pas rencontré en France toute cette race de Brutus au service de César et de sa police ? Les niveleurs, régénérateurs, égorgeurs, étaient transformés en valets, espions, sycophantes, et moins naturellement encore en ducs, comtes et barons : quel moyen âge !

Enfin, ce qui m'attacha davantage à l'illustre vieillard, ce fut sa prédilection pour ma sœur : malgré la timidité de la comtesse Lucile, on parvint, à l'aide d'un peu de vin de Champagne, à lui faire jouer un rôle dans une petite pièce, à l'occasion de la fête de M. de Malesherbes ; elle se montra si touchante que le bon et grand homme en avait la tête tournée. Il poussait plus que mon frère même à sa translation du chapitre d'Argentière à celui de Remiremont, où l'on exigeait les preuves rigoureuses et difficiles *des seize quartiers.*

---

[241] À propos de ces paroles, Sainte-Beuve a dit, dans son article sur Condorcet : « Dans sa colère d'honnête homme, Malesherbes a proféré sur Condorcet des paroles d'exécration qu'on a retenues. Noble vieillard, ces paroles n'étaient pas dignes d'une bouche telle que la vôtre ; mais le vrai coupable est celui qui a pu vous les arracher ! » Causeries du lundi, tome III, p. 274.

[242] Dans ces dernières années, naviguée par le capitaine Franklin et le capitaine Parry. (Note de Genève, 1831.) Ch.

Tout philosophe qu'il était, M. de Malesherbes avait à un haut degré les principes de la naissance[243].

Il faut étendre dans l'espace d'environ deux années cette peinture des hommes et de la société à mon apparition dans le monde, entre la clôture de la première assemblée des Notables, le 25 mai 1787, et l'ouverture des états généraux, le 5 mai 1789. Pendant ces deux années, mes sœurs et moi nous n'habitâmes constamment ni Paris, ni le même lieu dans Paris. Je vais maintenant rétrograder et ramener mes lecteurs en Bretagne.

Du reste, j'étais toujours affolé de mes illusions ; si mes bois me manquaient, les temps passés, au défaut des lieux lointains, m'avaient ouvert une autre solitude. Dans le vieux Paris, dans les enceintes de Saint-Germain-des-Prés, dans les cloîtres des couvents, dans les caveaux de Saint-Denis, dans la Sainte-Chapelle, dans Notre-Dame, dans les petites rues de la Cité, à la porte obscure d'Héloïse, je revoyais mon enchanteresse ; mais elle avait pris, sous les arches gothiques et parmi les tombeaux, quelque chose de la mort : elle était pâle, elle me regardait avec des yeux tristes ; ce n'était plus que l'ombre ou les mânes du rêve que j'avais aimé.

Mes différentes résidences en Bretagne, dans les années 1787 et 1788, commencèrent mon éducation politique. On retrouvait dans les états de province le modèle des états généraux : aussi les troubles particuliers qui annoncèrent ceux de la nation éclatèrent-ils dans deux pays d'états, la Bretagne et le Dauphiné.

La transformation qui se développait depuis deux cents ans touchait à son terme : la France passée de la monarchie féodale à la monarchie des états généraux, de la monarchie des états généraux à la monarchie des parlements, de la monarchie des parlements à la monarchie absolue, tendait à la monarchie représentative, à travers la lutte de la magistrature contre la puissance royale.

Le parlement Maupeou, l'établissement des assemblées provinciales, avec le vote par tête, la première et la seconde assemblée des Notables, la Cour plénière, la formation des grands bailliages, la réintégration civile des protestants, l'abolition partielle de la torture, celle des corvées, l'égale répartition du payement de l'impôt, étaient des preuves successives de la révolution qui s'opérait. Mais alors on ne voyait pas l'ensemble des faits : chaque événement paraissait un accident isolé. À toutes les périodes historiques, il existe un esprit-principe. En ne regardant qu'un point, on n'aperçoit pas les rayons convergeant au centre de tous les autres points ;

---

[243] Dans l'Essai sur les Révolutions, sous l'impression encore récente du supplice de Malesherbes et de presque tous les siens, Chateaubriand avait tracé du défenseur de Louis XVI un éloquent et admirable portrait, que ne fait point pâlir celui des Mémoires. On trouvera ce premier portrait de Malesherbes à l'Appendice, No VIII : M. de Malesherbes.

on ne remonte pas jusqu'à l'agent caché qui donne la vie et le mouvement général, comme l'eau ou le feu dans les machines : c'est pourquoi, au début des révolutions, tant de personnes croient qu'il suffirait de briser telle roue pour empêcher le torrent de couler ou la vapeur de faire explosion.

Le XVIIIe siècle, siècle d'action intellectuelle, non d'action matérielle n'aurait pas réussi à changer si promptement les lois, s'il n'eût rencontré son véhicule : les parlements, et notamment le parlement de Paris, devinrent les instruments du système philosophique. Toute opinion meurt impuissante ou frénétique, si elle n'est logée dans une assemblée qui la rend pouvoir, la munit d'une volonté, lui attache une langue et des bras. C'est et ce sera toujours par des corps légaux ou illégaux qu'arrivent et arriveront les révolutions.

Les parlements avaient leur cause à venger : la monarchie absolue leur avait ravi une autorité usurpée sur les états généraux. Les enregistrements forcés, les lits de justice, les exils, en rendant les magistrats populaires, les poussaient à demander des libertés dont au fond ils n'étaient pas sincères partisans. Ils réclamaient les états généraux, n'osant avouer qu'ils désiraient pour eux-mêmes la puissance législative et politique ; ils hâtaient de la sorte la résurrection d'un corps dont ils avaient recueilli l'héritage, lequel, en reprenant la vie, les réduirait tout d'abord à leur propre spécialité, la justice. Les hommes se trompent presque toujours dans leur intérêt, qu'ils se meuvent par sagesse ou passion : Louis XVI rétablit les parlements qui le forcèrent à appeler les états généraux ; les états généraux, transformés en assemblée nationale et bientôt en Convention, détruisirent le trône et les parlements, envoyèrent à la mort et les juges et le monarque de qui émanait la justice. Mais Louis XVI et les parlements en agirent de la sorte, parce qu'ils étaient, sans le savoir, les moyens d'une révolution sociale.

L'idée des états généraux était donc dans toutes les têtes, seulement on ne voyait pas où cela allait. Il était question, pour la foule, de combler un déficit que le moindre banquier aujourd'hui se chargerait de faire disparaître. Un remède si violent, appliqué à un mal si léger, prouve qu'on était emporté vers des régions politiques inconnues. Pour l'année 1786, seule année dont l'état financier soit bien avéré, la recette était de 412 924 000 livres, la dépense de 593 542 000 livres ; déficit 180 618 000 livres, réduit à 140 millions, par 40 618 000 livres d'économie. Dans ce budget, la maison du roi est portée à l'immense somme de 37 200 000 livres : les dettes des princes, les acquisitions de châteaux et les déprédations de la cour étaient la cause de cette surcharge.

On voulait avoir les états généraux dans leur forme de 1614. Les historiens citent toujours cette forme, comme si, depuis 1614, on n'avait jamais ouï parler des états généraux, ni réclamer leur convocation. Cependant, en 1651, les ordres de la noblesse et du clergé, réunis à Paris, demandèrent les états généraux. Il existe un gros recueil des actes et des discours faits et prononcés alors. Le parlement de Paris, tout-puissant à cette époque, loin de seconder le vœu des deux premiers ordres, cassa leurs assemblées comme illégales ; ce qui était vrai.

Et puisque je suis sur ce chapitre, je veux noter un autre fait grave échappé à ceux qui se sont mêlés et qui se mêlent d'écrire l'histoire de France, sans la savoir. On parle des *trois ordres*, comme constituant essentiellement les états dits généraux. Eh bien, il arrivait souvent que des bailliages ne nommaient des députés que pour *un* ou *deux* ordres. En 1614, le bailliage d'Amboise n'en nomma ni pour le clergé ni pour la noblesse ; le bailliage de Châteauneuf-en-Thimerais n'en envoya ni pour le clergé ni pour le tiers état ; Le Puy, La Rochelle, Le Lauraguais, Calais, la Haute-Marche, Châtellerault, firent défaut pour le clergé, et Montdidier et Roye pour la noblesse. Néanmoins, les états de 1614 furent appelés *états généraux*. Aussi les anciennes chroniques, s'exprimant d'une manière plus correcte, disent, en parlant de nos assemblées nationales, ou les *trois états*, ou les *notables bourgeois*, ou les *barons et les évêques*, selon l'occurrence, et elles attribuent à ces assemblées ainsi composées la même force législative. Dans les diverses provinces, souvent le tiers, tout convoqué qu'il était, ne députait pas, et cela par une raison inaperçue, mais fort naturelle. Le tiers s'était emparé de la magistrature, il en avait chassé les gens d'épée ; il y régnait d'une manière absolue, excepté dans quelques parlements nobles, comme juge, avocat, procureur, greffier, clerc, etc. ; il faisait les lois civiles et criminelles, et, à l'aide de l'usurpation parlementaire, il exerçait même le pouvoir politique. La fortune, l'honneur et la vie des citoyens relevaient de lui : tout obéissait à ses arrêts, toute tête tombait sous le glaive de ses justices. Quand donc il jouissait isolément d'une puissance sans bornes, qu'avait-il besoin d'aller chercher une faible portion de cette puissance dans des assemblées où il n'avait paru qu'à genoux ?

Le peuple, métamorphosé en moine, s'était réfugié dans les cloîtres, et gouvernait la société par l'opinion religieuse ; le peuple, métamorphosé en collecteur et en banquier, s'était réfugié dans la finance, et gouvernait la société par l'argent ; le peuple, métamorphosé en magistrat, s'était réfugié dans les tribunaux, et gouvernait la société par la loi. Ce grand royaume de France, aristocrate dans ses parties ou ses provinces, était démocrate dans son ensemble, sous la direction de son roi, avec lequel il s'entendait à merveille et marchait presque toujours d'accord. C'est ce qui explique sa longue existence. Il y a toute une nouvelle histoire de France à faire, ou plutôt l'histoire de France n'est pas faite.

Toutes les grandes questions mentionnées ci-dessus étaient particulièrement agitées dans les années 1786, 1787 et 1788. Les têtes de mes compatriotes trouvaient dans leur vivacité naturelle, dans les privilèges de la province, du clergé et de la noblesse, dans les collisions du parlement et des états, abondante matière d'inflammation. M. de Calonne, un moment intendant de la Bretagne[244], avait augmenté les divisions en favorisant la cause du tiers état. M. de Montmorin[245] et M. de Thiard étaient des commandants trop faibles pour faire dominer le parti de la cour. La noblesse se coalisait avec le parlement, qui était noble ; tantôt elle résistait à M. Necker[246], à M. de Calonne, à l'archevêque de Sens[247] ; tantôt elle repoussait le mouvement populaire, que sa résistance première avait favorisé. Elle s'assemblait, délibérait, protestait ; les communes ou municipalités s'assemblaient, délibéraient, protestaient en sens contraire. L'affaire particulière du *fouage*, en se mêlant aux affaires générales, avait accru les inimitiés. Pour comprendre ceci, il est nécessaire d'expliquer la constitution du duché de Bretagne.

Les états de Bretagne ont plus ou moins varié dans leur forme, comme tous les états de l'Europe féodale, auxquels ils ressemblaient.

Les rois de France furent substitués aux droits des ducs de Bretagne. Le contrat de mariage de la duchesse Anne, de l'an 1491, n'apporta pas seulement la Bretagne en dot à la couronne de Charles VIII et de Louis XII, mais il stipula une transaction, en vertu de laquelle fut terminé un

---

[244] Charles-Alexandre de Calonne (1734-1802), contrôleur général des finances de 1783 à 1785. Il avait été en 1766 procureur général de la commission instituée pour examiner la conduite de La Chalotais.

[245] Montmorin-Saint-Hérem (Armand-Marc, comte de), né le 13 octobre 1746. Menin du Dauphin, depuis Louis XVI, il avait débuté dans la carrière politique comme diplomate et avait rempli auprès du roi d'Espagne le poste d'ambassadeur. De retour en France, il fut nommé commandant pour le roi en Bretagne (4 avril 1784). Il conserva ces fonctions jusqu'au commencement de 1787. Ministre des affaires étrangères, du 18 février 1787 au 11 juillet 1789, et du 17 juillet 1789 au 20 novembre 1791, dénoncé par les journalistes du parti de la Gironde comme l'un des membres du prétendu comité autrichien, emprisonné à l'Abbaye après le 10 août, il fut égorgé le 2 septembre 1792. Le comte de Montmorin était le père de Mme de Beaumont, qui a tenu une si grande place dans la vie de Chateaubriand.

[246] Necker (Jacques), contrôleur général des finances, né à Genève le 30 septembre 1732, mort à Coppet le 9 avril 1814.

[247] Étienne-Charles de Loménie de Brienne, archevêque de Sens (1727-1794) ; il était premier ministre lors de la Convocation des États-Généraux, mais fut forcé de donner sa démission, le 25 août 1789. Arrêté à Sens le 9 novembre 1793 et jeté en prison, il fut, au mois de février 1794, remis chez lui avec des gardes qui ne le perdaient pas de vue. Son frère, le comte de Brienne, ancien ministre de la guerre, l'étant venu voir, on arrêta le ci-devant comte, et, du même coup, l'archevêque, les trois Loménie ses neveux, dont l'un son coadjuteur, et Mme de Canisy, sa nièce. Ils devaient tous, en vertu d'un ordre du Comité de sûreté générale, être conduits le lendemain à Paris. Le lendemain au matin, quand on entra dans la chambre de l'archevêque, on le trouva mort. (Voir les Mémoires de Morellet, tome II, p. 15.) — Le comte de Loménie de Brienne ; ses trois neveux, l'abbé Martial de Loménie, François de Loménie, capitaine de chasseurs, Charles de Loménie, chevalier de Saint-Louis et de Cincinnatus ; sa nièce, Mme de Canisy, furent guillotinés tous les cinq, le 21 floréal an II (10 mai 1794).

différend qui remontait à Charles de Blois et au comte de Montfort. La Bretagne prétendait que les filles héritaient au duché ; la France soutenait que la succession n'avait lieu qu'en ligne masculine ; que celle-ci venant à s'éteindre, la Bretagne, comme grand fief, faisait retour à la couronne. Charles VIII et Anne, ensuite Anne et Louis XII, se cédèrent mutuellement leurs droits ou prétentions. Claude, fille d'Anne et de Louis XII, qui devint femme de François Ier, laissa en mourant le duché de Bretagne à son mari. François Ier, d'après la prière des états assemblés à Vannes, unit, par édit publié à Nantes en 1532, le duché de Bretagne à la couronne de France, garantissant à ce duché ses libertés et privilèges.

À cette époque, les états de Bretagne étaient réunis tous les ans : mais en 1630 la réunion devint bisannuelle. Le gouverneur proclamait l'ouverture des états. Les trois ordres s'assemblaient selon les lieux, dans une église ou dans les salles d'un couvent. Chaque ordre délibérait à part : c'étaient trois assemblées particulières avec leurs diverses tempêtes, qui se convertissaient en ouragan général quand le clergé, la noblesse et le tiers venaient à se réunir. La cour soufflait la discorde, et dans ce champ resserré, comme dans une plus vaste arène, les talents, les vanités et les ambitions étaient en jeu.

Le père Grégoire de Rostrenen, capucin, dans la dédicace de son *Dictionnaire français-breton*[248], parle de la sorte à nos seigneurs les états de Bretagne :

« S'il ne convenait qu'à l'orateur romain de louer dignement l'auguste assemblée du sénat de Rome, me convenait-il de hasarder l'éloge de votre auguste assemblée, qui nous retrace si dignement l'idée de ce que l'ancienne et la nouvelle Rome avaient de majestueux et de respectable ? »

Rostrenen prouve que le celtique est une de ces langues primitives que Gomer, fils aîné de Japhet, apporta en Europe, et que les Bas-Bretons, malgré leur taille, descendent des géants. Malheureusement, les enfants bretons de Gomer, longtemps séparés de la France, ont laissé dépérir une partie de leurs vieux titres : leurs chartes, auxquelles ils ne mettaient pas une assez grande importance comme les liant à l'histoire générale, manquent trop souvent de cette authenticité à laquelle les déchiffreurs de diplômes attachent de leur côté beaucoup trop de prix.

Le temps de la tenue des états en Bretagne était un temps de galas et

---

[248] Rostrenen (Grégoire de), capucin et prédicateur. Le savant éditeur de la Biographie bretonne, M. Paul Levot, n'a pu découvrir ni la date et le lieu de sa naissance, ni la date et le lieu de sa mort. Il est l'auteur du dictionnaire paru en 1732 à Rennes, chez l'imprimeur Julien Vatar, sous ce titre : Dictionnaire françois-celtique ou françois-breton, nécessaire à tous ceux qui veulent traduire le françois en celtique, ou en langage breton, pour prêcher, catéchiser et confesser, selon les différents dialectes de chaque diocèse ; utile et curieux pour s'instruire à fond de la langue bretonne, et pour trouver l'étymologie de plusieurs mots françois et bretons, de noms propres de villes et de maisons.

de bals : on mangeait chez M. le commandant, on mangeait chez M. le président de la noblesse, on mangeait chez M. le président du clergé, on mangeait chez M. le trésorier des états, on mangeait chez M. l'intendant de la province, on mangeait chez M. le président du parlement ; on mangeait partout : et l'on buvait ! À de longues tables de réfectoires se voyaient assis des Du Guesclin laboureurs, des Duguay-Trouin matelots, portant au côté leur épée de fer à vieille garde ou leur petit sabre d'abordage. Tous les gentilshommes assistant aux états en personne ne ressemblaient pas mal à une diète de Pologne, de la Pologne à pied, non à cheval, diète de Scythes, non de Sarmates.

Malheureusement, on jouait trop. Les bals ne discontinuaient. Les Bretons sont remarquables par leurs danses et par les airs de ces danses. Madame de Sévigné a peint nos ripailles politiques au milieu des landes, comme ces festins des fées et des sorciers qui avaient lieu la nuit sur les bruyères :

« Vous aurez maintenant, écrit-elle, des nouvelles de nos états pour votre peine d'être Bretonne. M. de Chaulnes arriva dimanche au soir, au bruit de tout ce qui peut en faire à Vitré : le lundi matin il m'écrivit une lettre ; j'y fis réponse par aller dîner avec lui. On mange à deux tables dans le même lieu ; il y a quatorze couverts à chaque table ; Monsieur en tient une, et Madame l'autre. La bonne chère est excessive, on remporte les plats de rôti tout entiers ; et pour les pyramides de fruits, il faut faire hausser les portes. Nos pères ne prévoyaient pas ces sortes de machines, puisque même ils ne comprenaient pas qu'il fallût qu'une porte fût plus haute qu'eux... Après le dîner, MM. de Lomaria et Coëtlogon dansèrent avec deux Bretonnes des passe-pieds merveilleux et des menuets, d'un air que les courtisans n'ont pas à beaucoup près : ils y font des pas de Bohémiens et de Bas-Bretons avec une délicatesse et une justesse qui charment... C'est un jeu, une chère, une liberté jour et nuit qui attirent tout le monde. Je n'avais jamais vu les états ; c'est une assez belle chose. Je ne crois pas qu'il y ait une province rassemblée qui ait aussi grand air que celle-ci ; elle doit être bien pleine, du moins, car il n'y en a pas un seul à la guerre ni à la cour ; il n'y a que le petit guidon (M. de Sévigné le fils) qui peut-être y reviendra un jour comme les autres... Une infinité de présents, des pensions, des réparations de chemins et de villes, quinze ou vingt grandes tables, un jeu continuel, des bals éternels, des comédies trois fois la semaine, une grande braverie : voilà les états. J'oublie trois ou quatre cents pipes de vin qu'on y boit[249]. »

Les Bretons ont de la peine à pardonner à madame de Sévigné ses moqueries. Je suis moins rigoureux ; mais je n'aime pas qu'elle dise : « Vous me parlez bien plaisamment de nos misères ; nous ne sommes plus

---

[249] Lettre du 5 août 1671.

si *roués* : *un* en huit jours seulement, pour entretenir la justice. Il est vrai que la penderie me paraît maintenant un rafraîchissement. » C'est pousser trop loin l'agréable langage de cour : Barère parlait avec la même grâce de la guillotine. En 1793, les noyades de Nantes s'appelaient des *mariages républicains* : le despotisme populaire reproduisait l'aménité de style du despotisme royal.

Les fats de Paris, qui accompagnaient aux états messieurs les gens du roi, racontaient que nous autres hobereaux nous faisions doubler nos poches de fer-blanc, afin de porter à nos femmes les fricassées de poulet de M. le commandant. On payait cher ces railleries. Un comte de Sabran était naguère resté sur la place, en échange de ses mauvais propos. Ce descendant des troubadours et des rois provençaux, grand comme un Suisse, se fit tuer par un petit chasse-lièvre du Morbihan, de la hauteur d'un Lapon[250]. Ce *Ker* ne le cédait point à son adversaire en généalogie : si saint Elzéar de Sabran était proche parent de Saint Louis, saint Corentin, grand-oncle du très noble *Ker*, était évêque de Quimper sous le roi Gallon II, trois cents ans avant Jésus-Christ[251].

---

[250] La date de ce duel, resté légendaire en Bretagne, se place aux environs de 1735. Celui qui en fut le héros n'était pas « un petit chasse-lièvre du Morbihan », mais un cadet de Cornouaille, Jean-François de Kératry, qui fut plus tard, après le décès de son aîné, chef de nom et armes, présida en 1776 l'ordre de la noblesse aux États de la province, et mourut à Quimper le 7 février 1779. L'un de ses fils, le plus jeune, Auguste-Hilarion, comte de Kératry, après avoir été plusieurs fois député, fut élevé à la pairie en 1837 et laissa deux fils, dont l'un, le comte Émile de Kératry, a été le premier préfet de police de la troisième République. — Sur le duel lui-même, voici les détails que je trouve dans une curieuse et rarissime brochure, publiée en 1788 à Rennes, à l'occasion des troubles de Bretagne, et intitulée : Lettre de Mme la comtesse de Kératry au maréchal de Stainville : « Tout le monde, en Bretagne, sait l'affaire du comte de Kératry avec le marquis de Sabran. Ce dernier, qui avait accompagné la maréchale d'Estrées aux États, se permit quelques propos indiscrets contre les Bretons, en présence du comte de Kératry. Le marquis de Sabran était brave et n'avait point de dignité qui le dispensât de rendre raison à un gentilhomme d'une insulte faite à tous les habitants d'une province. Tous les deux se rencontrent et mettent l'épée à la main. M. de Kératry est le premier atteint. « Vous êtes blessé », lui crie M. de Sabran. — « Un Breton blessé tue son adversaire », répond le comte de Kératry. Le combat recommence avec plus de fureur, le marquis de Sabran est percé et meurt. »

[251] Saint Corentin fut le premier titulaire de l'évêché de Cornouaille (ou de Quimper), créé par le fondateur même du comté ou royaume de Cornouaille, le roi Grallon, qui a reçu de la postérité le nom de Mur ou Grand, et auquel de son vivant ses peuples décernèrent, à cause de son exacte justice, celui de laun, c'est-à-dire la Loi, le Droit ou la Règle. L'érection de l'évêché de Quimper se place, non trois cents ans avant Jésus-Christ, mais vers la fin du ve siècle après Jésus-Christ, de 495 à 500. (Annuaire historique et archéologique de Bretagne, par Arthur de la Borderie, tome II, p. 12 et 134.)

Le revenu du roi, en Bretagne, consistait dans le don gratuit, variable selon les besoins ; dans le produit du domaine de la couronne, qu'on pouvait évaluer de trois à quatre cent mille francs ; dans la perception du timbre, etc.

La Bretagne avait ses revenus particuliers, qui lui servaient à faire face à ses charges : le *grand* et le *petit devoir*, qui frappaient les liquides et le mouvement des liquides, fournissant deux millions annuels ; enfin, les sommes rentrant par le *fouage*. On ne se doute guère de l'importance du fouage dans notre histoire ; cependant il fut à la révolution de France, ce que fut le timbre à la révolution des États-Unis.

Le fouage *(census pro singulis FOCIS exactus)* était un cens, ou une espèce de taille, exigé par chaque feu sur les biens roturiers. Avec le fouage graduellement augmenté, se payaient les dettes de la province. En temps de guerre, les dépenses s'élevaient à plus de sept millions d'une session à l'autre, somme qui primait la recette. On avait conçu le projet de créer un capital des deniers provenus du fouage, et de le constituer en rentes au profit des fouagistes : le fouage n'eut plus alors été qu'un emprunt. L'injustice (bien qu'injustice *légale* au terme du droit coutumier) était de le faire porter sur la seule propriété roturière. Les communes ne cessaient de réclamer ; la noblesse, qui tenait moins à son argent qu'à ses privilèges, ne voulait pas entendre parler d'un impôt qui l'aurait rendue taillable. Telle était la question, quand se réunirent les sanglants états de Bretagne du mois de décembre 1788.

Les esprits étaient alors agités par diverses causes : l'assemblée des Notables, l'impôt territorial, le commerce des grains, la tenue prochaine des états généraux et l'affaire du collier, la Cour plénière et *le Mariage de Figaro*, les grands bailliages et Cagliostro et Mesmer, mille autres incidents graves ou futiles, étaient l'objet des controverses dans toutes les familles.

La noblesse bretonne, de sa propre autorité, s'était convoquée à Rennes pour protester contre l'établissement de la Cour plénière. Je me rendis à cette diète : c'est la première réunion politique où je me sois trouvé de ma vie. J'étais étourdi et amusé des cris que j'entendais. On montait sur les tables et sur les fauteuils ; on gesticulait, on parlait tous à la fois. Le marquis de Trémargat, Jambe de bois[252], disait d'une voix de

---

[252] Louis-Anne-Pierre Geslin, comte (et non marquis) de Trémargat, né à Bain-de-Bretagne le 24 décembre 1749. Fils d'un président au Parlement de Bretagne, il avait servi dans la marine et était devenu lieutenant de vaisseau et chevalier de Saint-Louis. En 1776, il avait épousé Anne-Françoise de Caradenc de Launay, parente du célèbre procureur général et veuve de M. de Quénétain. Un fils lui naquit à Rennes, le 18 janvier 1785, pendant la tenue des États. On lit, à cette occasion, dans la Gazette de France du 4 février 1785 : « On mande de Rennes que la comtesse de Trémargat, épouse du comte de Trémargat, Jambe-de-bois, président de l'ordre de la noblesse, étant accouchée d'un fils, les États ont arrêté

stentor : « Allons tous chez le commandant, M. de Thiard ; nous lui dirons : La noblesse bretonne est à votre porte ; elle demande à vous parler : le roi même ne la refuserait pas ! » À ce trait d'éloquence les bravos ébranlaient les voûtes de la salle. Il recommençait : « Le roi même ne la refuserait pas ! » Les huchées et les trépignements redoublaient. Nous allâmes chez M. le comte de Thiard[253], homme de cour, poète érotique, esprit doux et frivole, mortellement ennuyé de notre vacarme ; il nous regardait comme des *houhous*, des sangliers, des bêtes fauves ; il brûlait d'être hors de notre Armorique et n'avait nulle envie de nous refuser l'entrée de son hôtel. Notre orateur lui dit ce qu'il voulut, après quoi nous vînmes rédiger cette déclaration : « Déclarons infâmes ceux qui pourraient accepter quelques places, soit dans l'administration nouvelle de la justice, soit dans l'administration des états, qui ne seraient pas avouées par les lois constitutives de la Bretagne. » Douze gentilshommes furent choisis pour porter cette pièce au roi : à leur arrivée à Paris, on les coffra à la Bastille, d'où ils sortirent bientôt en façon de héros[254] ; ils furent reçus à leur retour avec des branches de laurier. Nous portions des habits avec de grands boutons de nacre semés d'hermine, autour desquels boutons était écrite en latin cette devise : « Plutôt mourir que de se déshonorer. » Nous triomphions de la cour dont tout le monde triomphait, et nous tombions avec elle dans le même abîme.

Ce fut à cette époque que mon frère, suivant toujours ses projets, prit le parti de me faire agréger à l'ordre de Malte. Il fallait pour cela me faire entrer dans la cléricature : elle pouvait m'être donnée par M. Cortois de Pressigny, évêque de Saint-Malo. Je me rendis donc dans ma ville natale, où mon excellente mère s'était retirée ; elle n'avait plus ses enfants avec

---

de donner à cet enfant le nom de Bretagne et d'envoyer à la comtesse de Montmorin (femme du Commandant de la province) une députation pour la prier de le présenter au baptême. » — Le comte de Trémargat émigra à Jersey, où il perdit sa femme le 25 novembre 1790. Nous ignorons le lieu et la date de sa mort.

[253] Thiard-Bissy (Henri-Charles, comte de), né en 1726. Lieutenant-général et premier écuyer du duc d'Orléans, il avait succédé à M. de Montmorin, au mois de février 1787, en qualité de commandant pour le roi en Bretagne. Chateaubriand le juge peut-être ici avec trop de sévérité. S'il fut « homme de cour », il sut aussi, à l'heure du péril, noblement défendre le roi. Il fut blessé dans la journée du 10 août ; le 26 juillet 1794, il porta sa tête sur l'échafaud. — Maton de la Varenne a publié en l'an VII (1799) les Œuvres posthumes du comte de Thiard, 2 vol. in-12.

[254] Les douze gentilhommes mis à la Bastille, le 15 juillet 1788, pour l'affaire de Bretagne, étaient : le marquis de la Rouërie, le comte de La Fruglaye, le marquis de La Bourdonnaye de Montluc, le comte de Trémorgat, le marquis de Corné, le comte Godet de Châtillon, le vicomte de Champion de Cicé, le marquis Alexis de Bedée, le chevalier de Guer, le marquis du Bois de la Feronnière, le comte Hay des Nétumières et le comte de Bec-delièvre-Penhouët. — Sur leur captivité, qui fut d'ailleurs la plus douce du monde et qui ne dura que deux mois, du 15 juillet au 12 septembre 1788, voir la Bastille sous Louis XVI, dans les Légendes révolutionnaires, par Edmond Biré.

elle ; elle passait le jour à l'église, la soirée à tricoter. Ses distractions étaient inconcevables : je la rencontrai un matin dans la rue, portant une de ses pantoufles sous son bras, en guise de livre de prières. De fois à autre pénétraient dans sa retraite quelques vieux amis, et ils parlaient du bon temps. Lorsque nous étions tête à tête, elle me faisait de beaux contes en vers, qu'elle improvisait. Dans un de ces contes le diable emportait une cheminée avec un mécréant, et le poète s'écriait :

> Le diable en l'avenue
> Chemina tant et tant,
> Qu'on en perdit la vue
> En moins d'une heur' de temps.

« Il me semble, dis-je, que le diable ne va pas bien vite. »

Mais madame de Chateaubriand me prouva que je n'y entendais rien : elle était charmante, ma mère.

Elle avait une longue complainte sur le *Récit véritable d'une cane sauvage, en la ville de Montfort-la-Cane-lez-Saint-Malo*. Certain seigneur avait renfermé une jeune fille d'une grande beauté dans le château de Montfort, à dessein de lui ravir l'honneur. À travers une lucarne, elle apercevait l'église de Saint-Nicolas ; elle pria le saint avec des yeux pleins de larmes, et elle fut miraculeusement transportée hors du château ; mais elle tomba entre les mains des serviteurs du félon, qui voulurent en user avec elle comme ils supposaient qu'en avait fait leur maître. La pauvre fille éperdue, regardant de tous côtés pour chercher quelque secours, n'aperçut que des canes sauvages sur l'étang du château. Renouvelant sa prière à saint Nicolas, elle le supplia de permettre à ces animaux d'être témoins de son innocence, afin que si elle devait perdre la vie, et qu'elle ne pût accomplir les vœux qu'elle avait faits à saint Nicolas, les oiseaux les remplissent eux-mêmes à leur façon, en son nom et pour sa personne.

La fille mourut dans l'année : voici qu'à la translation des os de saint Nicolas, le 9 mai, une cane sauvage, accompagnée de ses petits canetons, vint à l'église de Saint-Nicolas. Elle y entra et voltigea devant l'image du bienheureux libérateur, pour lui applaudir par le battement de ses ailes ; après quoi, elle retourna à l'étang, ayant laissé un de ses petits en offrande. Quelque temps après, le caneton s'en retourna sans qu'on s'en aperçût. Pendant deux cents ans et plus, la cane, toujours la même cane, est revenue, à jour fixe, avec sa couvée, dans l'église du grand saint Nicolas, à Montfort. L'histoire en a été écrite et imprimée en 1652 ; l'auteur remarque fort justement : « que c'est une chose peu considérable devant les yeux de Dieu, qu'une chétive cane sauvage ; que néanmoins elle tient sa partie pour rendre hommage à sa grandeur ; que la cigale de saint François était encore moins prisable, et que pourtant ses fredons charmaient le cœur d'un séraphin. » Mais madame de Chateaubriand suivait une fausse tradition : dans sa complainte, la fille renfermée à Montfort était une princesse, laquelle obtint d'être changée en cane, pour échapper à la violence de son vainqueur. Je n'ai retenu que ces vers d'un couplet de la romance de ma mère :

> Cane la belle est devenue,
> Cane la belle est devenue,
> Et s'envola, par une grille,
> Dans un étang plein de lentilles.

Comme madame de Chateaubriand était une véritable sainte, elle obtint de l'évêque de Saint-Malo la promesse de me donner la cléricature ; il s'en faisait scrupule : la marque ecclésiastique donnée à un laïque et à un militaire lui paraissait une profanation qui tenait de la simonie. M. Cortois de Pressigny, aujourd'hui archevêque de Besançon et pair de France[255], est un homme de bien et de mérite. Il était jeune alors, protégé de la reine, et sur le chemin de la fortune, où il est arrivé plus tard par une meilleure voie : la persécution.

Je me mis à genoux, en uniforme, l'épée au côté, aux pieds du prélat ; il me coupa deux ou trois cheveux sur le sommet de la tête ; cela s'appela tonsure, de laquelle je reçus lettres en bonnes formes[256]. Avec ces lettres, 200 000 livres de rentes pouvaient m'échoir, quand mes preuves de noblesse auraient été admises à Malte : abus, sans doute, dans l'ordre ecclésiastique, mais chose utile dans l'ordre politique de l'ancienne constitution. Ne valait-il pas mieux qu'une espèce de bénéfice militaire s'attachât à l'épée d'un soldat qu'à la mantille d'un abbé, lequel aurait mangé sa grasse prieurée sur les pavés de Paris ?

La cléricature, à moi conférée pour les raisons précédentes, a fait dire, par des biographes mal informés, que j'étais d'abord entré dans l'Église.

Ceci se passait en 1788[257]. J'avais des chevaux, je parcourais la campagne, ou je galopais le long des vagues, mes gémissantes et anciennes amies ; je descendais de cheval, et je me jouais avec elles ; toute la famille aboyante de Scylla sautait à mes genoux pour me caresser : *Nunc vada latrantis Scyllæ*. Je suis allé bien loin admirer les scènes de la nature ; je m'aurais pu contenter de celles que m'offrait mon pays natal.

Rien de plus charmant que les environs de Saint-Malo, dans un rayon

---

[255] Cortois de Pressigny (Gabriel, comte), né à Dijon le 11 décembre 1745. Il avait été sacré évêque de Saint-Malo le 15 janvier 1786. Forcé d'émigrer en 1791, il se retira en Suisse, rentra à Paris en l'an VIII, remit sa démission entre les mains de Pie VII, à l'occasion du Concordat, mais refusa toutes fonctions sous le Consulat et l'Empire. La première Restauration l'envoya comme ambassadeur à Rome, afin d'obtenir du Pape des modifications au Concordat de 1801. Nommé pair de France en 1816 et archevêque de Besançon en 1817, il mourut à Paris le 2 mai 1823.

[256] Voir l'Appendice No IX : la Cléricature de Chateaubriand.

[257] Cette date, comme toutes celles que donne Chateaubriand dans ses Mémoires, est exacte. Ceci se passait le 16 décembre 1788.
Voir à l'Appendice précité.

de cinq à six lieues. Les bords de la Rance, en remontant cette rivière depuis son embouchure jusqu'à Dinan, mériteraient seuls d'attirer les voyageurs ; mélange continuel de rochers et de verdure, de grèves et de forêts, de criques et de hameaux, d'antiques manoirs de la Bretagne féodale et d'habitations modernes de la Bretagne commerçante. Celles-ci ont été construites en un temps où les négociants de Saint-Malo étaient si riches que, dans leurs jours de goguette, ils fricassaient des piastres, et les jetaient toutes bouillantes au peuple par les fenêtres. Ces habitations sont d'un grand luxe. Bonnaban, château de MM. de la Saudre, est en partie de marbre apporté de Gênes, magnificence dont nous n'avons pas même l'idée à Paris[258]. La Briantais[259], Le Bosq, le Montmarin[260], La Balue[261], le Colombier[262], sont ou étaient ornés d'orangeries, d'eaux jaillissantes et de statues. Quelquefois les jardins descendent en pente au rivage derrière les arcades d'un portique de tilleuls, à travers une colonnade de pins, au bout d'une pelouse ; par-dessus les tulipes d'un parterre, la mer présente ses vaisseaux, son calme et ses tempêtes.

Chaque paysan, matelot et laboureur, est propriétaire d'une petite bastide blanche avec un jardin ; parmi les herbes potagères, les groseilliers, les rosiers, les iris, les soucis de ce jardin, on trouve un plant de thé de Cayenne, un pied de tabac de Virginie, une fleur de la Chine, enfin quelque souvenir d'une autre rive et d'un autre soleil : c'est l'itinéraire et la carte du maître du lieu. Les tenanciers de la côte sont d'une belle race

---

[258] Le château de Bonnaban, alors en la paroisse du même nom, aujourd'hui en La Gouesnière, acheté en 1754, au prix de 195 000 livres, et reconstruit avec luxe pendant les années suivantes, est encore aujourd'hui une des belles propriétés des environs de Saint-Malo. MM. de la Saudre étaient deux frères, d'origine malouine, qui s'étaient établis à Cadix et y avaient fait une immense fortune. À leur retour en France, Pierre, l'aîné, acheta Bonanban et en commença la reconstruction, qui fut terminée seulement en 1777 par son frère, François-Guillaume, devenu son héritier en 1763. Le comte de Kergariou en est aujourd'hui propriétaire.

[259] La Briantais, situé en Saint-Servan, sur les bords de la Rance, appartenait alors aux Picot de Prémesnil et appartient actuellement à M. Lachambre, ancien député.

[260] Ces deux châteaux, situés l'un vis-à-vis de l'autre, sur les bords de la Rance — la Bosq en Saint-Servan, le Montmarin en Pleurtuit — étaient la propriété de l'opulente famille des Magon.

[261] La Balue, en Saint-Servan, appartenait également aux Magon. — M. Magon de la Balue a été guillotiné le 9 juillet 1794, avec son frère Luc Magon de la Blinaye, et son cousin Erasme-Charles-Auguste Magon de la Lande ; avec la marquise de Saint-Pern, sa fille, Jean-Baptiste-Marie-Bertrand de Saint-Pern, son petit-fils, et François-Joseph de Cornulier, son petit-gendre. Quelques jours auparavant, le 20 juin 1794, deux autres membres de la famille Magon, Nicolas-François Magon de la Villehuchet et son fils, Jean-Baptiste Magon de Coëtizac, étaient également montés sur l'échafaud.

[262] Le château de Colombier, en Paramé, appartenait en 1788 aux Eon de Carissan.

normande ; les femmes grandes, minces, agiles, portent des corsets de laine grise, des jupons courts de callemandre et de soie rayée, des bas blancs à coins de couleur. Leur front est ombragé d'une large coiffe de basin ou de batiste, dont les pattes se relèvent en forme de béret, ou flottent en manière de voile. Une chaîne d'argent à plusieurs branches pend à leur côté gauche. Tous les matins, au printemps, ces filles du Nord, descendant de leurs barques, comme si elles venaient encore envahir la contrée, apportent au marché des fruits dans des corbeilles, et des caillebottes dans des coquilles : lorsqu'elles soutiennent d'une main sur leur tête des vases noirs remplis de lait ou de fleurs, que les barbes de leurs cornettes blanches accompagnent leurs yeux bleus, leur visage rose, leurs cheveux blonds emperlés de rosée, les Valkyries de l'Edda dont la plus jeune est l'*Avenir*, ou les Canéphores d'Athènes, n'avaient rien d'aussi gracieux. Ce tableau ressemble-t-il encore ? Ces femmes, sans doute, ne sont plus ; il n'en reste que mon souvenir.

Je quittai ma mère, et j'allai voir mes sœurs aînées aux environs de Fougères. Je demeurai un mois chez madame de Chateaubourg. Ses deux maisons de campagne, Lascardais[263] et Le Plessis[264], près de Saint-Aubin-du-Cormier, célèbre par sa tour et sa bataille, étaient situées dans un pays de roches, de landes et de bois. Ma sœur avait pour régisseur M. Livoret, jadis jésuite[265], auquel il était arrivé une étrange aventure.

Quand il fut nommé régisseur à Lascardais, le comte de Chateaubourg, le père, venait de mourir : M. Livoret, qui ne l'avait pas connu, fut installé gardien du castel. La première nuit qu'il y coucha seul, il vit entrer dans son appartement un vieillard pâle, en robe de chambre, en bonnet de nuit, portant une petite lumière. L'apparition s'approche de l'âtre, pose son bougeoir sur la cheminée, rallume le feu et s'assied dans un fauteuil. M. Livoret tremblait de tout son corps. Après deux heures de silence, le vieillard se lève, reprend sa lumière, et sort de la chambre en fermant la porte.

Le lendemain, le régisseur conta son aventure aux fermiers, qui, sur la description de la lémure, affirmèrent que c'était leur vieux maître. Tout ne finit pas là : si M. Livoret regardait derrière lui dans une forêt, il apercevait

---

[263] Le château de Lascardais était la principale résidence de M. et Mme de Chateaubourg ; il est situé dans la commune de Mézières, canton de Saint-Aubin-du-Cormier, arrondissement de Fougères (Ille-et-Vilaine), et est habité aujourd'hui par Mme la vicomtesse du Breil de Pontbriand, petite-fille de la comtesse de Chateaubourg.

[264] Le Plessis-Pillet est situé dans la commune de Dourdain, canton de Liffré, arrondissement de Fougères.

[265] Rob. Lamb. Livorel (et non Livoret), né le 17 septembre 1735, était entré dans la Compagnie de Jésus le 27 octobre 1753. Au moment de la suppression de la Compagnie (1762), il était au collège de Rennes, en qualité de frère coadjuteur, et chargé, à ce titre, de s'occuper de la maison de campagne du collège.

le fantôme ; s'il avait à franchir un échalier dans un champ, l'ombre se mettait à califourchon sur l'échalier. Un jour, le misérable obsédé s'étant hasardé à lui dire : « Monsieur de Chateaubourg, laissez-moi ; » le revenant répondit : « Non. » M. Livoret, homme froid et positif, très peu brillant d'imaginative, racontait tant qu'on voulait son histoire, toujours de la même manière et avec la même conviction.

Un peu plus tard, j'accompagnai en Normandie un brave officier atteint d'une fièvre cérébrale. On nous logea dans une maison de paysan : une vieille tapisserie, prêtée par le seigneur du lieu, séparait mon lit de celui du malade. Derrière cette tapisserie on saignait le patient ; en délassement de ses souffrances, on le plongeait dans des bains de glace ; il grelottait dans cette torture, les ongles bleus, le visage violet et grincé, les dents serrées, la tête chauve, une longue barbe descendant de son menton pointu et servant de vêtement à sa poitrine nue, maigre et mouillée.

Quand le malade s'attendrissait, il ouvrait un parapluie, croyant se mettre à l'abri de ses larmes : si le moyen était sûr contre les pleurs, il faudrait élever une statue à l'auteur de la découverte.

Mes seuls bons moments étaient ceux où je m'allais promener dans le cimetière de l'église du hameau, bâtie sur un tertre. Mes compagnons étaient les morts, quelques oiseaux et le soleil qui se couchait. Je rêvais à la société de Paris, à mes premières années, à mon fantôme, à ces bois de Combourg dont j'étais si près par l'espace, si loin par le temps ; je retournais à mon pauvre malade : c'était un aveugle conduisant un aveugle.

Hélas ! un coup, une chute, une peine morale raviront à Homère, à Newton, à Bossuet, leur génie, et ces hommes divins, au lieu d'exciter une pitié profonde, un regret amer et éternel, pourraient être l'objet d'un sourire ! Beaucoup de personnes que j'ai connues et aimées ont vu se troubler leur raison auprès de moi, comme si je portais le germe de la contagion. Je ne m'explique le chef-d'œuvre de Cervantes et sa gaieté cruelle que par une réflexion triste : en considérant l'être entier, en pesant le bien et le mal, on serait tenté de désirer tout accident qui porte à l'oubli, comme un moyen d'échapper à soi-même : un ivrogne joyeux est une créature heureuse. Religion à part, le bonheur est de s'ignorer et d'arriver à la mort sans avoir senti la vie.

Je ramenai mon compatriote parfaitement guéri.

Madame Lucile et madame de Farcy, revenues avec moi en Bretagne, voulaient retourner à Paris ; mais je fus retenu par les troubles de la province. Les états étaient semoncés pour la fin de décembre (1788). La commune de Rennes, et après elle les autres communes de Bretagne, avaient pris un arrêté qui défendait à leurs députés de s'occuper d'aucune affaire avant que la question des *fouages* n'eût été réglée.

Le comte de Boisgelin[266], qui devait présider l'ordre de la noblesse, se hâta d'arriver à Rennes. Les gentilhommes furent convoqués par lettres particulières, y compris ceux qui, comme moi, étaient encore trop jeunes pour avoir voix délibérative. Nous pouvions être attaqués, il fallait compter les bras autant que les suffrages : nous nous rendîmes à notre poste.

Plusieurs assemblées se tinrent chez M. de Boisgelin avant l'ouverture des états. Toutes les scènes de confusion auxquelles j'avais assisté se renouvelèrent. Le chevalier de Guer, le marquis de Trémargat, mon oncle le comte de Bedée, qu'on appelait *Bedée l'artichaut*, à cause de sa grosseur, par opposition à un autre Bedée, long et effilé, qu'on nommait *Bedée l'asperge*, cassèrent plusieurs chaises en grimpant dessus pour pérorer. Le marquis de Trémargat, officier de marine, à jambe de bois, faisait beaucoup d'ennemis à son ordre : on parlait un jour d'établir une école militaire où seraient élevés les fils de la pauvre noblesse ; un membre du tiers s'écria : « Et nos fils qu'auront-ils ? — L'hôpital, » repartit Trémargat : mot qui, tombé dans la foule, germa promptement.

Je m'aperçus au milieu de ces réunions d'une disposition de mon caractère que j'ai retrouvée depuis dans la politique et dans les armes : plus mes collègues ou mes camarades s'échauffaient, plus je me refroidissais ; je voyais mettre le feu à la tribune ou au canon avec indifférence : je n'ai jamais salué la parole ou le boulet.

Le résultat de nos délibérations fut que la noblesse traiterait d'abord des affaires générales, et ne s'occuperait du fouage qu'après la solution des autres questions ; résolution directement opposée à celle du tiers. Les gentilshommes n'avaient pas grande confiance dans le clergé, qui les abandonnait souvent, surtout quand il était présidé par l'évêque de Rennes[267], personnage patelin, mesuré, parlant avec un léger zézaiement

---

[266] Boisgelin (Louis-Bruno, comte de) était né à Rennes le 17 novembre 1734. Maréchal de camp, chevalier de Saint-Louis et du Saint-Esprit, maître de la garde-robe du roi et baron des États de Bretagne, il présida plusieurs fois aux États l'ordre de la noblesse, notamment dans l'orageuse session de 1788-1789. L'ordre de la noblesse et la fraction de l'ordre du clergé qui avait entrée aux États de Bretagne refusèrent de députer pour cette province aux États-Généraux de 1789. Le comte de Boisgelin ne siégea donc pas à l'Assemblée constituante, où son frère Boisgelin de Cucé, archevêque d'Aix et député du clergé de la sénéchaussée de cette ville, a tenu au contraire une place si considérable. Il fut guillotiné le 19 messidor an II (7 juillet 1794). Sa femme, Marie-Catherine-Stanislas de Boufflers, sœur du chevalier de Boufflers, qui unissait à l'esprit le plus brillant le plus noble courage, monta sur l'échafaud le même jour.

[267] François Bareau de Girac. — Le jugement que porte sur lui Chateaubriand est peut-être trop sévère. « Sur le siège de Rennes, dit l'auteur des *Évêques avant la Révolution*, M. l'abbé Sicard, M. de Girac faisait apprécier avec les talents d'un administrateur souple, conciliant et habile, sa charité, son zèle, sa sollicitude pour toutes les branches de l'instruction publique. » Bonaparte voulut le nommer à un évêché ; il refusa et n'accepta qu'un canonicat à Saint-Denis. Il mourut en 1820,

qui n'était pas sans grâce, et se ménageant des chances à la cour. Un journal, *la Sentinelle du Peuple*, rédigé à Rennes par un écrivailleur arrivé de Paris[268], fomentait les haines.

Les états se tinrent dans le couvent des Jacobins, sur la place du Palais. Nous entrâmes, avec les dispositions qu'on vient de voir, dans la salle des séances ; nous n'y fûmes pas plutôt établis, que le peuple nous assiégea. Les 25, 26, 27 et 28 janvier 1789 furent des jours malheureux. Le comte de Thiard avait peu de troupes ; chef indécis et sans vigueur, il se remuait et n'agissait point. L'école de droit de Rennes, à la tête de laquelle était Moreau, avait envoyé quérir les jeunes gens de Nantes ; ils arrivaient au nombre de quatre cents, et le commandant, malgré ses prières, ne les put empêcher d'envahir la ville. Des assemblées, en sens divers, au Champ-Montmorin[269] et dans les cafés, en étaient venues à des collisions sanglantes.

Las d'être bloqués dans notre salle, nous prîmes la résolution de saillir dehors, l'épée à la main ; ce fut un assez beau spectacle. Au signal de notre président, nous tirâmes nos épées tous à la fois, au cri de : *Vive la Bretagne !* et, comme une garnison sans ressources, nous exécutâmes une furieuse sortie, pour passer sur le ventre des assiégeants. Le peuple nous reçut avec des hurlements, des jets de pierres, des bourrades de bâtons ferrés et des coups de pistolet. Nous fîmes une trouée dans la masse de ses flots qui se refermaient sur nous. Plusieurs gentilshommes furent blessés, traînés, déchirés, chargés de meurtrissures et de contusions. Parvenus à grande peine à nous dégager, chacun regagna son logis.

Des duels s'ensuivirent entre les gentilshommes, les écoliers de droit et leurs amis de Nantes. Un de ces duels eut lieu publiquement sur la place Royale ; l'honneur en resta au vieux Keralieu[270], officier de marine,

---

âgé de quatre-vingt-huit ans. — Cardinal de La Pare, Notice sur M. François Bareau de Girac, évêque de Rennes, 1821.

[268] La Sentinelle du peuple, aux gens de toutes professions, sciences, arts, commerce et métiers, composant le Tiers-État de la province de Bretagne. Ce journal, dont le premier numéro parut le 10 novembre 1788, était publié par MM. Monodive et Volney. Le Volney de la Sentinelle est bien le Volney du Voyage en Égypte et en Syrie (1787) et des Ruines (1791), celui qui sera plus tard membre de la Constituante et sénateur, pair de France et académicien. Et c'est bien lui, j'imagine, et non le pauvre et obscur Monodive, que vise Chateaubriand, quand il parle de « l'écrivailleur arrivé de Paris ».

[269] En 1785, le comte de Montmorin, commandant pour le roi en Bretagne, fit créer et planter sur une butte au sud-est de la ville une promenade qui fut appelée le Champ-Montmorin. C'est aujourd'hui le Champ de Mars, dont l'aspect et les abords ont été du reste complètement modifiés depuis l'établissement de la gare du chemin de fer, qui est voisine.

[270] Aucun Keralieu ne figure sur la liste des États de 1788-1789, et on ne le trouve pas dans les nobiliaires bretons. Au lieu de Keralieu, il faut lire sans doute Kersalaün. Un duel eut lieu, en effet, sur la place Royale, entre M. de Kersalaün, qui faisait partie des États et qui a signé la protestation de la Noblesse et un jeune

attaqué, qui se battit avec une incroyable vigueur, aux applaudissements de ses jeunes adversaires.

Un autre attroupement s'était formé. Le comte de Montboucher[271] aperçut dans la foule un étudiant nommé Ulliac, auquel il dit : « Monsieur, ceci nous regarde. » On se range en cercle autour d'eux ; Montboucher fait sauter l'épée d'Ulliac et la lui rend : on s'embrasse et la foule se disperse.

Du moins, la noblesse bretonne ne succomba pas sans honneur. Elle refusa de députer aux états généraux, parce qu'elle n'était pas convoquée selon les lois fondamentales de la constitution de la province ; elle alla rejoindre en grand nombre l'armée des princes, se fit décimer à l'armée de Condé, ou avec Charette dans les guerres vendéennes. Eût-elle changé quelque chose à la majorité de l'Assemblée nationale, au cas de sa réunion à cette assemblée ? Cela n'est guère probable : dans les grandes transformations sociales, les résistances individuelles, honorables pour les caractères, sont impuissantes contre les faits. Cependant, il est difficile de dire ce qu'aurait pu produire un homme du génie de Mirabeau, mais d'une opinion opposée, s'il s'était rencontré dans l'ordre de la noblesse bretonne.

Le jeune Boishue et Saint-Riveul, mon camarade de collège avaient péri avant ces rencontres, en se rendant à la chambre de la noblesse ; le premier fut en vain défendu par son père, qui lui servit de second[272].

Lecteur, je t'arrête : regarde couler les premières gouttes de sang que la Révolution devait répandre. Le ciel a voulu qu'elles sortissent des veines d'un compagnon de mon enfance. Supposons ma chute au lieu de celle de

---

Rennais, Joseph-Marie-Jacques Blin, qui, après avoir fait la campagne d'Amérique, était alors employé dans les fermes de Bretagne. Le courage des deux adversaires excita l'admiration des assistants. Jean-Joseph, comte de Kersalaün, était l'aîné des fils du marquis de Kersalaün, le doyen du Parlement. Âgé de 45 ans, il était beaucoup plus vieux que son adversaire, lequel n'avait que vingt-quatre ans.

[271] René-François-Joseph de Montbourcher (dont le nom se prononçait alors Montboucher, comme l'écrit Chateaubriand). Né à Rennes le 21 novembre 1759, fils de Guy-Joseph-Amador, comte de Montbourcher, lieutenant-colonel au régiment de Marbeuf, et de Jeanne-Céleste de Saint-Gilles, il était capitaine au régiment général Dragons. Il est mort à Rennes le 13 mai 1835.

[272] Louis-Pierre de Guehenneuc de Boishue, fils aîné de Jean-Baptiste-René de Guehenneuc, comte de Boishue, était né à Lanhélen (évêché de Dol), le 31 octobre 1767. Il n'avait donc que 21 ans lorsqu'il fut tué dans les rues de Rennes, le 27 janvier 1789, en même temps que le jeune Saint-Riveul. (Voyez sur ce dernier la note de la page 109.) — Ces deux jeunes gens avaient signé, quelques jours auparavant, la protestation de la noblesse contre les Arrêtés du Conseil relatifs à la convocation des États-Généraux. Un certain nombre d'autres gentilshommes, âgés de moins de 25 ans, avaient été autorisés comme eux à apposer leur signature sur ce document, à la suite des membres des États. L'original de cette pièce est aux Archives d'Ille-et-Vilaine. — Pour les détails de la mort des jeunes Boishue et Saint-Riveul, consulter l'ouvrage de M. Barthélémy Pocquet, les Origines de la Révolution en Bretagne, tome II, p. 255.

Saint-Riveul ; on eût dit de moi, en changeant seulement le nom, ce que l'on dit de la victime par qui commence la grande immolation : « Un gentilhomme nommé *Chateaubriand*, fut tué en se rendant à la salle des États. » Ces deux mots auraient remplacé ma longue histoire. Saint-Riveul eût-il joué mon rôle sur la terre ? était-il destiné au bruit ou au silence ?

Passe maintenant, lecteur ; franchis le fleuve de sang qui sépare à jamais le vieux monde, dont tu sors, du monde nouveau à l'entrée duquel tu mourras.

L'année 1789, si fameuse dans notre histoire et dans l'histoire de l'espèce humaine, me trouva dans les landes de ma Bretagne ; je ne pus même quitter la province qu'assez tard, et n'arrivai à Paris qu'après le pillage de la maison Reveillon[273], l'ouverture des états généraux, la constitution du tiers état en Assemblée nationale, le serment du Jeu de Paume, la séance royale du 23 juin, et la réunion du clergé et de la noblesse au tiers état.

Le mouvement était grand sur ma route : dans les villages, les paysans arrêtaient les voitures, demandaient les passeports, interrogeaient les voyageurs. Plus on approchait de la capitale, plus l'agitation croissait. En traversant Versailles, je vis des troupes casernées dans l'orangerie, des trains d'artillerie parqués dans les cours ; la salle provisoire de l'Assemblée nationale élevée sur la place du Palais, et des députés allant et venant parmi des curieux, des gens du château et des soldats.

À Paris, les rues étaient encombrées d'une foule qui stationnait à la porte des boulangers ; les passants discouraient au coin des bornes ; les marchands, sortis de leurs boutiques, écoutaient et racontaient des nouvelles devant leurs portes ; au Palais-Royal s'aggloméraient des agitateurs : Camille Desmoulins commençait à se distinguer dans les groupes.

À peine fus-je descendu, avec madame de Farcy et madame Lucile, dans un hôtel garni de la rue de Richelieu, qu'une insurrection éclate : le peuple se porte à l'Abbaye, pour délivrer quelques gardes-françaises arrêtés par ordre de leurs chefs[274]. Les sous-officiers d'un régiment d'artillerie caserné aux Invalides se joignent au peuple. La défection commence dans l'armée.

La cour tantôt cédant, tantôt voulant résister, mélange d'entêtement et de faiblesse, de bravacherie et de peur, se laisse morguer par Mirabeau qui demande l'éloignement des troupes, et elle ne consent pas à les éloigner : elle accepte l'affront et n'en détruit pas la cause. À Paris, le bruit se répand qu'une armée arrive par l'égout Montmartre, que des dragons vont forcer

---

[273] Le pillage de la maison de Reveillon, fabricant de papiers peints de la rue Saint-Antoine, avait eu lieu le 28 avril 1789.

[274] L'insurrection pour délivrer les gardes-françaises emprisonnés à l'Abbaye éclata le 30 juin 1789.

les barrières. On recommande de dépaver les rues, de monter les pavés au cinquième étage, pour les jeter sur les satellites du tyran : chacun se met à l'œuvre. Au milieu de ce brouillement, M. Necker reçoit l'ordre de se retirer. Le ministère changé se compose de MM. de Breteuil, de La Galaizière, du maréchal de Broglie, de La Vauguyon, de La Porte et de Foullon. Ils remplaçaient MM. de Montmorin, de La Luzerne, de Saint-Priest et de Nivernais.

Un poète breton, nouvellement débarqué, m'avait prié de le mener à Versailles. Il y a des gens qui visitent des jardins et des jets d'eau au milieu du renversement des empires : les barbouilleurs de papier ont surtout cette faculté de s'abstraire dans leur manie pendant les plus grands événements ; leur phrase ou leur strophe leur tient lieu de tout.

Je menai mon Pindare à l'heure de la messe dans la galerie de Versailles. L'Œil-de-Bœuf était rayonnant : le renvoi de M. Necker avait exalté les esprits ; on se croyait sûr de la victoire : peut-être Sanson[275] et Simon[276], mêlés dans la foule, étaient spectateurs des joies de la famille royale.

La reine passa avec ses deux enfants ; leur chevelure blonde semblait attendre des couronnes : madame la duchesse d'Angoulême, âgée de onze ans, attirait les yeux par un orgueil virginal ; belle de la noblesse du rang et de l'innocence de la jeune fille, elle semblait dire comme la fleur d'oranger de Corneille, dans la *Guirlande de Julie :*

J'ai la pompe de ma naissance.

Le petit Dauphin marchait sous la protection de sa sœur, et M. Du Touchet suivait son élève ; il m'aperçut et me montra obligeamment à la reine. Elle me fit, en me jetant un regard avec un sourire, ce salut gracieux qu'elle m'avait déjà fait le jour de ma présentation. Je n'oublierai jamais ce regard qui devait s'éteindre sitôt. Marie-Antoinette, en souriant, dessina si bien la forme de sa bouche, que le souvenir de ce sourire (chose effroyable !) me fit reconnaître la mâchoire de la fille des rois, quand on

---

[275] Sanson (Charles-Henri), né en 1739. Il fut nommé exécuteur des hautes-œuvres le 1er février 1778. Louis, par la grâce de Dieu, roi de France et de Navarre, qui lui accordait, ce jour-là, ses lettres de provision, devait, quinze ans plus tard, mourir de sa main. — Charles-Henri Sanson, que la plupart des biographes font à tort mourir en 1793, quelques mois après l'exécution de Louis XVI, n'a cesse d'exercer ses fonctions de bourreau que le 13 fructidor an III (30 août 1795), époque à laquelle il sollicita sa mise à la retraite. Le 4 pluviôse an X (24 janvier 1802), il réclamait une pension pour ses services. On ignore la date de sa mort. (G. Lenotre, la Guillotine pendant la Révolution.)
[276] Simon (Antoine), savetier et membre de la Commune de Paris ; nommé instituteur du fils de Louis XVI le 1er juillet 1793 ; — guillotiné le 10 thermidor an II (28 juillet 1794).

découvrit la tête de l'infortunée dans les exhumations de 1815[277].

Le contre-coup du coup porté dans Versailles retentit à Paris. À mon retour, je rebroussai le cours d'une multitude qui portait les bustes de M. Necker et de M. le duc d'Orléans, couverts de crêpes. On criait : « Vive Necker ! vive le duc d'Orléans ! » et parmi ces cris on en entendait un plus hardi et plus imprévu : « Vive Louis XVII ! » Vive cet enfant dont le nom même eût été oublié dans l'inscription funèbre de sa famille, si je ne l'avais rappelé à la Chambre des pairs ![278] — Louis XVI abdiquant, Louis XVII placé sur le trône, M. le duc d'Orléans déclaré régent, que fût-il arrivé ?

Sur la place Louis XV, le prince de Lambesc, à la tête de *Royal-Allemand*, refoule le peuple dans le jardin des Tuileries et blesse un vieillard : soudain le tocsin sonne. Les boutiques des fourbisseurs sont enfoncées, et trente mille fusils enlevés aux Invalides. On se pourvoit de piques, de bâtons, de fourches, de sabres, de pistolets ; on pille Saint-

---

[277] Les 18 et 19 janvier 1815, en exécution des ordres du roi Louis XVIII, il fut procédé, dans le cimetière de la Madeleine, à la recherche des restes de Louis XVI et de Marie-Antoinette. Chateaubriand était présent. Le 9 janvier 1816, à la Chambre des pairs, dans son discours sur la résolution de la Chambre des députés, relative au deuil général du 21 janvier, il prononça les paroles suivantes : « J'ai vu, Messieurs, les ossements de Louis XVI mêlés dans la fosse ouverte avec la chaux vive qui avait consumé les chairs, mais qui n'a pu faire disparaître le crime ! J'ai vu le squelette de Marie-Antoinette, intact à l'abri d'une espèce de voûte qui s'était formée au-dessus d'elle, comme par miracle ! La tête seule était déplacée ! et dans la forme de cette tête on pouvait encore reconnaître (ô Providence !) les traits où respirait avec la grâce d'une femme toute la majesté d'une Reine ? Voilà ce que j'ai vu, Messieurs ! voilà les souvenirs pour lesquels nous n'aurons jamais assez de larmes… » Œuvres complètes, tome XXIII : Opinions et Discours, p. 78.

[278] Le nom de Louis XVII avait en effet été oublié. Chateaubriand, dans son discours du 9 janvier, releva en ces termes cette omission : « Au milieu de tant d'objets de tristesse, on n'a pas assez également départi le tribut de nos larmes. À peine dans les projets divers a-t-on nommé ce Roi-Enfant, ce jeune martyr qui a chanté les louanges de Dieu dans la fournaise ardente. Est-ce parce qu'il a tenu si peu de place dans la vie et dans notre histoire, que nous l'oublions ? Mais que ses souffrances ont dû rendre ses jours lents à couler, et que son règne a été long par la douleur ! Jamais vieux roi, courbé sous les ennuis du trône, a-t-il porté un sceptre aussi lourd ? Jamais la couronne a-t-elle pesé sur la tête de Louis XIV descendant dans la tombe, autant que le bandeau de l'innocence sur le front de Louis XVII sortant du berceau ? Qu'est-il devenu, ce pupille royal laissé sous la tutelle du bourreau, cet orphelin qui pouvait dire, comme l'héritier de David : « Mon père et ma mère m'ont abandonné » ? Où est-il, le compagnon des adversités, le frère de l'Orpheline du Temple ? Où pourrais-je lui adresser cette interrogation terrible et trop connue : Capet, dors-tu ? Lève-toi ! — Il se lève, Messieurs, dans toute sa gloire céleste, et il vous demande un tombeau… Je propose d'ajouter à la résolution de la Chambre des députés un amendement qui complètera les résolutions du 21 janvier : « le Roi sera humblement supplié d'ordonner qu'un monument soit élevé à la mémoire de Louis XVII, au nom et aux frais de la nation. » Opinions et Discours, p. 79.

Lazare, on brûle les barrières. Les électeurs de Paris prennent en main le gouvernement de la capitale, et, dans une nuit, soixante mille citoyens sont organisés, armés, équipés en gardes nationales.

Le 14 juillet, prise de la Bastille. J'assistai, comme spectateur, à cet assaut contre quelques invalides et un timide gouverneur : si l'on eût tenu les portes fermées, jamais le peuple ne fût entré dans la forteresse. Je vis tirer deux ou trois coups de canon, non par les invalides, mais par des gardes-françaises, déjà montés sur les tours. De Launey[279], arraché de sa cachette, après avoir subi mille outrages, est assommé sur les marches de l'Hôtel de Ville ; le prévôt des marchands, Flesselles[280], a la tête cassée d'un coup de pistolet : c'est ce spectacle que des béats sans cœur trouvaient si beau. Au milieu de ces meurtres, on se livrait à des orgies, comme dans les troubles de Rome, sous Othon et Vitellius. On promenait dans des fiacres *les vainqueurs de la Bastille*, ivrognes heureux, déclarés conquérants au cabaret ; des prostituées et des *sans-culottes* commençaient à régner, et leur faisaient escorte. Les passants se découvraient, avec le respect de la peur, devant ces héros, dont quelques-uns moururent de fatigue au milieu de leur triomphe. Les clefs de la Bastille se multiplièrent ; on en envoya à tous les niais d'importance dans les quatre parties du monde. Que de fois j'ai manqué ma fortune ! Si, moi, spectateur, je me fusse inscrit sur le registre des vainqueurs, j'aurais une pension aujourd'hui.

Les experts accoururent à l'autopsie de la Bastille. Des cafés provisoires s'établirent sous des tentes ; on s'y pressait, comme à la foire Saint-Germain ou à Longchamp ; de nombreuses voitures défilaient ou s'arrêtaient au pied des tours, dont on précipitait les pierres parmi des tourbillons de poussière. Des femmes élégamment parées, des jeunes gens à la mode, placés sur différents degrés des décombres gothiques, se mêlaient aux ouvriers demi-nus qui démolissaient les murs, aux acclamations de la foule. À ce rendez-vous se rencontraient les orateurs les plus fameux, les gens de lettres les plus connus, les peintres les plus célèbres, les acteurs et les actrices les plus renommés, les danseuses les plus en vogue, les étrangers les plus illustres, les seigneurs de la cour et les ambassadeurs de l'Europe : la vieille France était venue là pour finir, la nouvelle pour commencer.

Tout événement, si misérable ou si odieux qu'il soit en lui-même, lorsque les circonstances en sont sérieuses et qu'il fait époque, ne doit pas être traité avec légèreté : ce qu'il fallait voir dans la prise de la Bastille (et ce que l'on ne vit pas alors), c'était, non l'acte violent de l'émancipation d'un peuple, mais l'émancipation même, résultat de cet acte.

---

[279] Bernard-René Jourdan, marquis de Launey (1740-1789), capitaine-gouverneur de la Bastille.
[280] Jacques de Flesselles (1721-1789), ancien intendant de Bretagne et de Lyon.

On admira ce qu'il fallait condamner, l'accident, et l'on n'alla pas chercher dans l'avenir les destinées accomplies d'un peuple, le changement des mœurs, des idées, des pouvoirs politiques, une rénovation de l'espèce humaine, dont la prise de la Bastille ouvrait l'ère, comme un sanglant jubilé. La colère brutale faisait des ruines, et sous cette colère était cachée l'intelligence qui jetait parmi ces ruines les fondements du nouvel édifice.

Mais la nation, qui se trompa sur la grandeur du fait matériel, ne se trompa pas sur la grandeur du fait moral : la Bastille était à ses yeux le trophée de sa servitude ; elle lui semblait élevée à l'entrée de Paris, en face des seize piliers de Montfaucon, comme le gibet de ses libertés.[281] En rasant une forteresse d'État, le peuple crut briser le joug militaire, et prit l'engagement tacite de remplacer l'armée qu'il licenciait : on sait quels prodiges enfanta le peuple devenu soldat.

Réveillé au bruit de la chute de la Bastille comme au bruit avant-coureur de la chute du trône, Versailles avait passé de la jactance à l'abattement. Le roi accourt à l'Assemblée nationale, prononce un discours dans le fauteuil même du président ; il annonce l'ordre donné aux troupes de s'éloigner, et retourne à son palais au milieu des bénédictions ; parades inutiles ! les partis ne croient point à la conversion des partis contraires : la liberté qui capitule, ou le pouvoir qui se dégrade, n'obtient point merci de ses ennemis.

Quatre-vingts députés partent de Versailles, pour annoncer la paix à la capitale ; illuminations. M. Bailly[282] est nommé maire de Paris, M. de La Fayette[283] commandant de la garde nationale : je n'ai connu le pauvre, mais respectable savant, que par ses malheurs. Les révolutions ont des hommes pour toutes leurs périodes ; les uns suivent ces révolutions jusqu'au bout, les autres les commencent, mais ne les achèvent pas.

Tout se dispersa ; les courtisans partirent pour Bâle, Lausanne, Luxembourg et Bruxelles. Madame de Polignac[284] rencontra, en fuyant, M. Necker qui rentrait. Le comte d'Artois,[285] ses fils,[286] les trois Condés[287], émigrèrent ; ils entraînèrent le haut clergé et une partie de la noblesse. Les

---

[281] Après cinquante-deux ans, on élève quinze bastilles pour opprimer cette liberté au nom de laquelle on a rasé la première Bastille. (Paris, note de 1841.) Ch.

[282] Jean-Sylvain Bailly (1736-1793). Garde des Tableaux du Roi, membre de l'Académie française et de l'Académie des sciences et de celle des inscriptions et belles-lettres, premier président de l'Assemblée nationale et premier maire de Paris.

[283] Marie-Paul-Joseph-Gilbert de Motier, marquis de La Fayette.

[284] Yolande-Martine-Gabrielle de Polastron, femme du comte, puis duc de Polignac, gouvernante des Enfants de France. Elle mourut à Vienne (Autriche) le 5 décembre 1793.

[285] Le comte d'Artois, depuis Charles X (1757-1836).

[286] Le duc d'Angoulème (1775-1844), et le duc de Berry (1778-1820).

[287] Le prince de Condé (1736-1818) ; — son fils, le duc de Bourbon (1756-1830) et son petit-fils le duc d'Enghien (1772-1804).

officiers, menacés par leurs soldats insurgés, cédèrent au torrent qui les charriait hors. Louis XVI demeura seul devant la nation avec ses deux enfants et quelques femmes, la reine, *Mesdames*[288] et Madame Élisabeth[289], *Monsieur*,[290] qui resta jusqu'à l'évasion de Varennes, n'était pas d'un grand secours à son frère : bien que, en opinant dans l'assemblée des Notables pour le vote par tête, il eût décidé le sort de la Révolution, la Révolution s'en défiait ; lui, *Monsieur*, avait peu de goût pour le roi, ne comprenait pas la reine, et n'était pas aimé d'eux.

Louis XVI vint à l'Hôtel de Ville le 17 : cent mille hommes, armés comme les moines de la Ligue, le reçurent. Il est harangué par MM. Bailly, Moreau de Saint-Méry[291] et Lally-Tolendal,[292] qui pleurèrent : le dernier est resté sujet aux larmes. Le roi s'attendrit à son tour ; il mit à son chapeau une énorme cocarde tricolore ; on le déclara, sur place, *honnête homme, père des Français, roi d'un peuple libre*, lequel peuple se préparait, en vertu de sa liberté, à abattre la tête de cet honnête homme, son père et son roi.

Peu de jours après ce raccommodement, j'étais aux fenêtres de mon hôtel garni avec mes sœurs et quelques Bretons ; nous entendons crier : « Fermez les portes ! fermez les portes ! » Un groupe de déguenillés arrive par un des bouts de la rue ; du milieu de ce groupe s'élevaient deux étendards que nous ne voyions pas bien de loin. Lorsqu'ils s'avancèrent, nous distinguâmes deux têtes échevelées et défigurées, que les devanciers de Marat portaient chacune au bout d'une pique : c'étaient les têtes de MM. Foullon[293] et Bertier[294]. Tout le monde se retira des fenêtres ; j'y

---

[288] Mme Adélaïde, fille aînée de Louis XV, née en 1732, et sa sœur, Mme Victoire, née en 1733. Elles émigrèrent en 1791 et moururent à Trieste, la première en 1800 et la seconde en 1799.

[289] Mme Élisabeth de France, sœur de Louis XVI, née à Versailles le 3 mai 1764, guillotinée le 10 mai 1794.

[290] Le comte de Provence, depuis Louis XVIII (1755-1824).

[291] Moreau de Saint-Méry (Médéric-Louis-Élie), né à Port-Royal (Martinique) le 13 janvier 1750. Président des électeurs de Paris, il harangua deux fois Louis XVI en cette qualité. Il fut élu, à la fin de 1789, député de la Martinique à l'Assemblée nationale. Arrêté après le 10 août, il ne dut son salut qu'au dévouement d'un de ses gardiens. Il réussit à gagner les États-Unis et ne revint en France qu'à la veille du Consulat. Il mourut à Paris le 28 janvier 1819.

[292] Lally-Tolendal (Trophime-Gérard, marquis de) né le 5 mars 1751. Député de la noblesse de Paris aux États-Généraux, il s'éloigna après les journées d'octobre, reparut en 1792, faillit périr dans les massacres de septembre, émigra une seconde fois et ne revint qu'en 1800. Il se tint à l'écart sous le Consulat et l'Empire. Pendant les Cent-Jours, il suivit Louis XVIII à Gand et fit partie de son conseil privé. Le 19 août 1815, le roi l'éleva à la pairie. Membre de l'Académie française en vertu de l'ordonnance royale du 21 mars 1816, il reçut, le 31 août 1817, le titre de marquis. Il est mort à Paris le 11 mars 1830.

[293] François-Joseph Foullon (1715-1789). Il était intendant des finances depuis 1771, lorsqu'il fut nommé contrôleur général le 12 juillet 1789, après la retraite de

restai. Les assassins s'arrêtèrent devant moi, me tendirent les piques en chantant, en faisant des gambades, en sautant pour approcher de mon visage les pâles effigies. L'œil d'une de ces têtes, sorti de son orbite, descendait sur le visage obscur du mort ; la pique traversait la bouche ouverte, dont les dents mordaient le fer : « Brigands ! m'écriai-je plein d'une indignation que je ne pus contenir, est-ce comme cela que vous entendez la liberté ? » Si j'avais eu un fusil, j'aurais tiré sur ces misérables comme sur des loups. Ils poussèrent des hurlements, frappèrent à coups redoublés à la porte cochère pour l'enfoncer et joindre ma tête à celles de leurs victimes. Mes sœurs se trouvèrent mal ; les poltrons de l'hôtel m'accablèrent de reproches. Les massacreurs, qu'on poursuivait, n'eurent pas le temps d'envahir la maison et s'éloignèrent. Ces têtes, et d'autres que je rencontrai bientôt après, changèrent mes dispositions politiques ; j'eus horreur des festins de cannibales, et l'idée de quitter la France pour quelque pays lointain germa dans mon esprit.

Rappelé au ministère le 25 juillet, inauguré, accueilli par des fêtes, M. Necker, troisième successeur de Turgot, après Calonne et Taboureau[295] fut bientôt dépassé par les événements, et tomba dans l'impopularité. C'est une des singularités du temps qu'un aussi grave personnage eût été élevé au poste de ministre par le savoir-faire d'un homme aussi médiocre et aussi léger que le marquis de Pezay[296]. Le *Compte rendu*[297], qui substitua en France le système de l'emprunt à celui de l'impôt, remua les idées : les femmes discutaient de dépenses et de recettes ; pour la première fois, on voyait ou l'on croyait voir quelque chose dans la machine à chiffres. Ces calculs, peints d'une couleur à la Thomas[298], avaient établi la première

---

Necker. Le 22 juillet, il fut arrêté à la campagne par des bandits, conduit à Paris et accroché à la lanterne. Sa tête fut portée en triomphe au bout d'une pique.
[294] Louis-Bénigne François Bertier de Sauvigny (1742-1789), intendant de Paris. Il était le gendre de Foullon et périt le même jour que lui, massacré par la populace. Un dragon lui arracha le cœur et alla déposer ce débris sanglant sur la table du comité des électeurs. Sa tête fut promenée dans les rues.
[295] Taboureau des Réaux, intendant de Valenciennes. Il fut contrôleur général des finances, du 22 octobre 1776 au 29 juin 1777.
[296] Alexandre-Frédéric-Jacques Masson, marquis de Pezay (1741-1777), traducteur de Catulle et de Tibulle, auteur de Zélis au bain, de la Lettre d'Alcibiade à Glycère, etc. Très avant dans la faveur du premier ministre, le comte de Maurepas, il eut une très grande part à l'entrée de Necker aux affaires, en 1776 (J. Droz, Histoire du règne de Louis XVI, tome I, p. 219).
[297] Sous ce titre : Compte rendu au Roi, le ministre Necker avait publié, en 1780, un exposé ou plutôt un aperçu, non du budget réel, mais d'un budget-type, se soldant, comme de raison, par un fort excédent. Pour la première fois, l'opinion publique était ainsi appelée à connaître, par conséquent à juger l'administration des finances. La sensation produite par le Compte rendu fut prodigieuse.
[298] Antoine-Léonard Thomas (1732-1785), membre de l'Académie française, qui lui avait décerné une fois le prix de poésie et cinq fois le prix d'éloquence. « Il a de la force, dit La Harpe, mais elle est emphatique. »

réputation du directeur général des finances. Habile teneur de caisse, mais économiste sans expédient ; écrivain noble, mais enflé ; honnête homme, mais sans haute vertu, le banquier était un de ces anciens personnages d'avant-scène qui disparaissent au lever de la toile, après avoir expliqué la pièce au public. M. Necker est le père de madame de Staël : sa vanité ne lui permettait guère de penser que son vrai titre au souvenir de la postérité serait la gloire de sa fille.

La monarchie fut démolie à l'instar de la Bastille, dans la séance du soir de l'Assemblée nationale du 4 août. Ceux qui, par haine du passé, crient aujourd'hui contre la noblesse, oublient que ce fut un membre de cette noblesse, le vicomte de Noailles[299], soutenu par le duc d'Aiguillon[300] et par Mathieu de Montmorency[301], qui renversa l'édifice, objet des préventions révolutionnaires. Sur la motion du député féodal, les droits féodaux, les droits de chasse, de colombier et de garenne, les dîmes et champarts, les privilèges des ordres, des villes et des provinces, les servitudes personnelles, les justices seigneuriales, la vénalité des offices, furent abolis. Les plus grands coups portés à l'antique constitution de l'État le furent par des gentilhommes. Les patriciens commencèrent la Révolution, les plébéiens l'achevèrent : comme la vieille France avait dû sa gloire à la noblesse française, la jeune France lui doit sa liberté, si liberté il y a pour la France.

---

[299] Noailles (Louis-Marie, vicomte de), né à Paris le 17 avril 1756, mort à la Havane (Cuba) le 9 janvier 1804. Député de la noblesse du bailliage de Nemours aux États-Généraux, il demanda, dans la nuit du 4 août, que l'impôt fût payé par tous dans la proportion du revenu de chacun, que tous les droits féodaux fussent remboursés, que les rentes seigneuriales fussent remboursables, que les corvées, main-mortes et autres servitudes personnelles fussent détruites sans rachat. Il était fils du maréchal de Mouchy et beau-frère de La Fayette.

[300] Aiguillon (Armand-Désiré Vignerot-Duplessis-Richelieu, duc d'), né à Paris le 31 octobre 1731. Élu aux États-Généraux par la noblesse de la sénéchaussée d'Agen, il siégea parmi les membres les plus avancés de l'Assemblée. Il n'en fut pas moins, après le 10 août, décrété d'accusation et obligé de quitter la France. Il est mort à Hambourg le 3 mai 1800.

[301] Montmorency-Laval (Mathieu-Jean-Félicité, vicomte, puis duc de). Né le 10 juillet 1767, il n'avait que 21 ans, lorsqu'il fut envoyé aux États-Généraux par la noblesse du bailliage de Montfort-l'Amaury. Il fut l'un des premiers à se réunir aux Communes, et il se montra aussi empressé que MM. d'Aiguillon et de Noailles à réclamer l'abolition des droits féodaux. Le 19 juin 1790, il appuya le décret qui supprimait la noblesse, et demanda l'anéantissement « de ces distinctions anti-sociales, afin de voir effacer du Code constitutionnel toute institution de noblesse et la vaine ostentation des livrées » Pair de France (17 août 1815), ministre des Affaires étrangères (21 décembre 1821 — 22 décembre 1822), créé duc par Louis XVIII le 30 novembre 1822, élu membre de l'Académie française le 3 novembre 1825, nommé gouverneur du duc de Bordeaux le 11 janvier 1826, il mourut le 24 mars 1826, le jour du Vendredi-Saint, dans l'église Saint-Thomas d'Aquin, au moment où il venait de s'agenouiller devant le tombeau dressé dans l'église.

Les troupes campées aux environs de Paris avaient été renvoyées, et, par un de ces conseils contradictoires qui tiraillaient la volonté du roi, on appela le régiment de Flandre à Versailles. Les gardes du corps donnèrent un repas aux officiers de ce régiment[302] ; les têtes s'échauffèrent ; la reine parut au milieu du banquet avec le Dauphin ; on porta la santé de la famille royale ; le roi vint à son tour ; la musique militaire joue l'air touchant et favori : *Ô Richard ! ô mon roi*[303] ! À peine cette nouvelle s'est-elle répandue à Paris, que l'opinion opposée s'en empare ; on s'écrie que Louis refuse sa sanction à la déclaration des droits, pour s'enfuir à Metz avec le comte d'Estaing[304], Marat propage cette rumeur : il écrivait déjà *l'Ami du peuple*[305].

Le 5 octobre arrive. Je ne fus point témoin des événements de cette journée. Le récit en parvint de bonne heure, le 6, dans la capitale. On nous annonce en même temps une visite du roi. Timide dans les salons, j'étais hardi sur les places publiques : je me sentais fait pour la solitude ou pour le forum. Je courus aux Champs-Élysées : d'abord parurent des canons, sur lesquels des harpies, des larronnesses, des filles de joie montées à califourchon, tenaient les propos les plus obscènes et faisaient les gestes les plus immondes. Puis, au milieu d'une horde de tout âge et de tout sexe, marchaient à pied les gardes du corps, ayant changé de chapeaux, d'épées et de baudriers avec les gardes nationaux : chacun de leurs chevaux portait deux ou trois poissardes, sales bacchantes ivres et débraillées. Ensuite venait la députation de l'Assemblée nationale ; les voitures du roi

---

[302] Le banquet donné par les gardes du corps au château de Versailles, dans la salle de l'Opéra, eut lieu le 1er octobre 1789.

[303] Lorsque Louis XVI entra dans la salle, M. de Canecaude, garde de la manche du roi, chevalier de Saint-Louis, qui faisait les honneurs du banquet en qualité de commissaire de la Maison militaire de Sa Majesté, donna l'ordre au chef de musique d'exécuter l'air de Grétry : Où peut-on être mieux qu'au sein de sa famille ! Le chef répondit qu'il ne l'avait pas et fit jouer : Ô Richard, ô mon roi ! qui était aussi de Grétry. Ce pauvre chef de musique ne prévoyait pas en choisissant cet air, qu'il préparait à Fouquier-Tinville un des articles de son acte d'accusation contre la reine de France (Moniteur du 16 octobre 1793). — La pièce de Richard Cœur-de-Lion, où se trouve l'air : Ô Richard, ô mon roi ! avait été représentée pour la première fois le 21 octobre 1784. Les paroles sont de Sedaine.

[304] Le vice-amiral Charles-Henri d'Estaing, lors des journées d'octobre, était commandant de la garde nationale de Versailles. Il s'était couvert de gloire pendant la guerre d'Amérique. Nommé amiral de France au mois de mars 1792, il fut autorisé à en remplir les fonctions sans perdre le droit d'avancer, à son tour, dans l'armée de terre, à laquelle il appartenait également. L'année suivante, il était arrêté comme suspect, et, le 28 avril 1794, il mourait sur l'échafaud.

[305] Le journal de Marat commença de paraître le 12 septembre 1789, avec ce titre : Le Publiciste parisien, journal politique, libre et impartial, par une Société de patriotes, et rédigé par M. Marat, auteur de l'Offrande à la Patrie, du Moniteur et du Plan de Constitution, etc. À partir du numéro 6, c'est-à-dire le 17 septembre 1789, le journal prit le titre de l'Ami du Peuple ou le Publiciste parisien.

suivaient : elles roulaient dans l'obscurité poudreuse d'une forêt de piques et de baïonnettes. Des chiffonniers en lambeaux, des bouchers, tablier sanglant aux cuisses, couteaux nus à la ceinture, manches de chemises retroussées cheminaient aux portières ; d'autres ægipans noirs étaient grimpés sur l'impériale ; d'autres, accrochés au marchepied des laquais, au siège des cochers. On tirait des coups de fusil et de pistolet ; on criait : *Voici le boulanger, la boulangère et le petit mitron !* Pour oriflamme, devant le fils de Saint-Louis, des hallebardes suisses élevaient en l'air deux têtes de gardes du corps, frisées et poudrées par un perruquier de Sèvres.

L'astronome Bailly déclara à Louis XVI, dans l'Hôtel de Ville, que le peuple *humain, respectueux et fidèle,* venait de *conquérir* son roi, et le roi de son côté, *fort touché et fort content,* déclara qu'il était venu à Paris *de son plein gré :* indignes faussetés de la violence et de la peur qui déshonoraient alors tous les partis et tous les hommes. Louis XVI n'était pas faux : il était faible ; la faiblesse n'est pas une fausseté, mais elle en tient lieu et elle en remplit les fonctions ; le respect que doivent inspirer la vertu et le malheur du roi saint et martyr rend tout jugement humain presque sacrilège.

Les députés quittèrent Versailles et tinrent leur première séance le 19 octobre, dans une des salles de l'archevêché. Le 9 novembre ils se transportèrent dans l'enceinte du Manège, près des Tuileries. Le reste de l'année 1789 vit les décrets qui dépouillèrent le clergé, détruisirent l'ancienne magistrature et créèrent les assignats, l'arrêté de la commune de Paris pour le premier comité des recherches, et le mandat des juges pour la poursuite du marquis de Favras[306].

L'Assemblée constituante, malgré ce qui peut lui être reproché, n'en reste pas moins la plus illustre congrégation populaire qui jamais ait paru chez les nations, tant par la grandeur de ses transactions que par l'immensité de leurs résultats. Il n'y a si haute question politique qu'elle n'ait touchée et convenablement résolue. Que serait-ce si elle s'en fût tenue aux cahiers des états généraux et n'eût pas essayé d'aller au delà ! Tout ce que l'expérience et l'intelligence humaine avaient conçu, découvert et élaboré pendant trois siècles, se trouve dans ces cahiers. Les abus divers de l'ancienne monarchie y sont indiqués et les remèdes proposés ; tous les genres de liberté sont réclamés, même la liberté de la presse ; toutes les améliorations demandées, pour l'industrie, les manufactures, le commerce,

---

[306] Favras (Thomas Mahy, marquis de), né à Blois en 1744. Lieutenant des Suisses de la garde de Monsieur, il fut dénoncé par le comité des recherches et traduit devant les juges du Châtelet comme auteur d'un complot ayant pour objet d'égorger La Fayette, Necker et Bailly, et d'enlever Louis XVI pour le mettre à la tête d'une armée contre-révolutionnaire. Condamné à être pendu, il fut exécuté le 19 février 1790, sur la place de l'Hôtel-de-Ville.

les chemins, l'armée, l'impôt, les finances, les écoles, l'éducation publique, etc. Nous avons traversé sans profit des abîmes de crimes et des tas de gloire ; la République et l'Empire n'ont servi à rien : l'Empire a seulement réglé la force brutale des bras que la République avait mis en mouvement ; il nous a laissé la centralisation, administration vigoureuse que je crois un mal, mais qui peut-être pouvait seule remplacer les administrations locales alors qu'elles étaient détruites et que l'anarchie avec l'ignorance étaient dans toutes les têtes. À cela près, nous n'avons pas fait un pas depuis l'Assemblée constituante : ses travaux sont comme ceux du grand médecin de l'antiquité, lesquels ont à la fois reculé et posé les bornes de la science. Parlons de quelques membres de cette Assemblée, et arrêtons-nous à Mirabeau qui les résume et les domine tous.

Mêlé par les désordres et les hasards de sa vie aux plus grands événements et à l'existence des repris de justice, des ravisseurs et des aventuriers, Mirabeau, tribun de l'aristocratie, député de la démocratie, avait du Gracchus et du don Juan, du Catilina et du Gusman d'Alfarache, du cardinal de Richelieu et du cardinal de Retz, du roué de la Régence et du sauvage de la Révolution ; il avait de plus du *Mirabeau*, famille florentine exilée, qui gardait quelque chose de ces palais armés et de ses grands factieux célébrés par Dante ; famille naturalisée française, où l'esprit républicain du moyen âge de l'Italie et l'esprit féodal de notre moyen âge se trouvaient réunis dans une succession d'hommes extraordinaires.

La laideur de Mirabeau, appliquée sur le fond de beauté particulière à sa race, produisait une sorte de puissante figure du *Jugement dernier* de Michel-Ange, compatriote des *Arrighetti*. Les sillons creusés par la petite vérole sur le visage de l'orateur avaient plutôt l'air d'escarres laissées par la flamme. La nature semblait avoir moulé sa tête pour l'empire ou pour le gibet, taillé ses bras pour étreindre une nation ou pour enlever une femme. Quand il secouait sa crinière en regardant le peuple, il l'arrêtait ; quand il levait sa patte et montrait ses ongles, la plèbe courait furieuse. Au milieu de l'effroyable désordre d'une séance, je l'ai vu à la tribune, sombre, laid et immobile : il rappelait le chaos de Milton, impassible et sans forme au centre de sa confusion.

Mirabeau tenait de son père[307] et de son oncle[308] qui, comme Saint-Simon, écrivaient à la diable des pages immortelles. On lui fournissait des discours pour la tribune : il en prenait ce que son esprit pouvait amalgamer

---

[307] Victor Riqueti, marquis de Mirabeau, né le 5 octobre 1715 à Pertuis (Provence). Il prenait le titre de l'Ami des hommes, du titre de son principal ouvrage, paru en 1756. Il mourut la veille même de la prise de la Bastille, le 13 juillet 1789.
[308] Jean-Antoine-Joseph-Charles-Elzéar de Riqueti, né à Pertuis, comme son frère, le 8 octobre 1717. Il prit le titre de bailli en 1763, en devenant grand-croix de l'ordre de Malte. À partir de ce moment, il n'est plus appelé que le bailli de Mirabeau. Il mourut à Malte en 1794. Ainsi que l'Ami des hommes, le bailli était, lui aussi, une

à sa propre substance. S'il les adoptait en entier, il les débitait mal ; on s'apercevait qu'ils n'étaient pas de lui par des mots qu'il y mêlait d'aventure, et qui le révélaient. Il tirait son énergie de ses vices ; ces vices ne naissaient pas d'un tempérament frigide, ils portaient sur des passions profondes, brûlantes, orageuses. Le cynisme des mœurs ramène dans la société, en annihilant le sens moral, une sorte de barbares ; ces barbares de la civilisation, propres à détruire comme les Goths, n'ont pas la puissance de fonder comme eux : ceux-ci étaient les énormes enfants d'une nature vierge, ceux-là sont les avortons monstrueux d'une nature dépravée.

Deux fois j'ai rencontré Mirabeau à un banquet, une fois chez la nièce de Voltaire, la marquise de Villette[309], une autre fois au Palais-Royal, avec des députés de l'opposition que Chapelier[310] m'avait fait connaître : Chapelier est allé à l'échafaud, dans le même tombereau que mon frère et M. de Malesherbes.

Mirabeau parla beaucoup, et surtout beaucoup de lui. Ce fils des lions, lion lui-même à la tête de chimère, cet homme si positif dans les faits, était tout roman, tout poésie, tout enthousiasme par l'imagination et le langage ; on reconnaissait l'amant de Sophie, exalté dans ses sentiments et capable de sacrifice. « Je la trouvai, dit-il, cette femme adorable ;… je sus ce qu'était son âme, cette âme formée des mains de la nature dans un moment de magnificence. »

Mirabeau m'enchanta de récits d'amour, de souhaits de retraite dont il bigarrait des discussions arides. Il m'intéressait encore par un autre endroit : comme moi, il avait été traité sévèrement par son père, lequel avait gardé, comme le mien, l'inflexible tradition de l'autorité paternelle absolue.

Le grand convive s'étendit sur la politique étrangère, et ne dit presque rien de la politique intérieure ; c'était pourtant ce qui l'occupait ; mais il laissa échapper quelques mots d'un souverain mépris contre ces hommes

---

façon de Saint-Simon. Chateaubriand n'a rien exagéré, quand il a dit des deux frères : « qu'ils écrivaient à la diable des pages immortelles ». (Voir les belles études sur les Mirabeau, par Louis de Loménie, tomes I et II.)

[309] Reine-Philiberte Rouph de Varicourt, que Voltaire avait surnommée Belle et Bonne. Elle avait épousé à Ferney, le 12 novembre 1777, le marquis de Villette. Elle est morte à Paris en 1822, dans son hôtel de la rue de Beaune, où Voltaire lui-même était mort. C'est dans cet hôtel que Chateaubriand rencontra Mirabeau.

[310] Le Chapelier (Isaac-René-Guy), né à Rennes, le 12 juin 1754. Député du tiers-état de la sénéchaussée de Rennes, il prit une part des plus actives aux travaux de la Constituante. L'un des principaux orateurs du côté gauche, l'un des fondateurs du Club breton, devenu bientôt le club des Jacobins, il n'en fut pas moins condamné par le tribunal révolutionnaire « pour avoir conspiré depuis 1789 en faveur de la royauté ». Il périt le même jour que le frère et la belle-sœur de Chateaubriand, le 3 floréal an II (22 avril 1794). — Sa veuve, Marie-Esther de la Marre, se remaria le 10 nivôse an VIII (31 décembre 1799) avec M. Corbière, le futur ministre de la Restauration.

se proclamant supérieurs, en raison de l'indifférence qu'ils affectent pour les malheurs et les crimes. Mirabeau était né généreux, sensible à l'amitié, facile à pardonner les offenses. Malgré son immoralité, il n'avait pu fausser sa conscience ; il n'était corrompu que pour lui, son esprit droit et ferme ne faisait pas du meurtre une sublimité de l'intelligence ; il n'avait aucune admiration pour des abattoirs et des voiries.

Cependant Mirabeau ne manquait pas d'orgueil ; il se vantait outrageusement ; bien qu'il se fût constitué marchand de drap pour être élu par le tiers état (l'ordre de la noblesse ayant eu l'honorable folie de le rejeter), il était épris de sa naissance : *oiseau hagard, dont le nid fut entre quatre tourelles,* dit son père. Il n'oubliait pas qu'il avait paru à la cour, monté dans les carrosses et chassé avec le roi. Il exigeait qu'on le qualifiât du titre de comte ; il tenait à ses couleurs, et couvrit ses gens de livrée quand tout le monde la quitta. Il citait à tout propos et hors de propos *son parent,* l'amiral de Coligny. Le *Moniteur* l'ayant appelé Riquet[311] : « Savez-vous, dit-il avec emportement au journaliste, qu'avec votre Riquet, vous avez désorienté l'Europe pendant trois jours ? » Il répétait cette plaisanterie impudente et si connue : « Dans une autre famille, mon frère le vicomte serait l'homme d'esprit et le mauvais sujet ; dans ma famille, c'est le sot et l'homme de bien. » Des biographes attribuent ce mot au vicomte, se comparant avec humilité aux autres membres de la famille.

Le fond des sentiments de Mirabeau était monarchique ; il a prononcé ces belles paroles : « J'ai voulu guérir les Français de la superstition de la monarchie et y substituer son culte. » Dans une lettre, destinée à être mise sous les yeux de Louis XVI, il écrivait : « Je ne voudrais pas avoir travaillé seulement à une vaste destruction. » C'est cependant ce qui lui est arrivé : le ciel, pour nous punir de nos talents mal employés, nous donne le repentir de nos succès.

Mirabeau remuait l'opinion avec deux leviers : d'un côté, il prenait son point d'appui dans les masses dont il s'était constitué le défenseur en les méprisant ; de l'autre, quoique traître à son ordre, il en soutenait la sympathie par des affinités de caste et des intérêts communs. Cela n'arriverait pas au plébéien, champion des classes privilégiées, il serait

---

[311] Non pas Riquet, — ce qui était le nom patronymique des Caraman, descendant de Pierre-Paul Riquet, le créateur du canal du Languedoc, — mais Riqueti, nom patronymique des Mirabeau. « On connaît, écrit M. de Loménie, le mot adressé, dit-on, par Mirabeau au rédacteur du Moniteur qui, au lendemain du décret d'abolition des titres et distinctions nobiliaires, et en conformité à ce décret, lui avait, dans le compte rendu de l'Assemblée, ôté le nom de fief sous lequel il était si populaire, et l'avait désigné par son nom patronymique de Riqueti, ou, comme lui-même l'écrivait, Riquetti : « Avec votre Riquetti, vous avez désorienté toute l'Europe. » Dans sa lettre du 20 juin 1790 pour la Cour, Mirabeau parle de ce décret comme « d'une démence dont La Fayette a été ou bêtement, ou perfidement complice ». Les Mirabeau, tome V, p. 325.

abandonné de son parti sans gagner l'aristocratie, de sa nature ingrate et ingagnable, quand on n'est pas né dans ses rangs. L'aristocratie ne peut d'ailleurs improviser un noble, puisque la noblesse est fille du temps.

Mirabeau a fait école. En s'affranchissant des liens moraux, on a rêvé qu'on se transformait en homme d'État. Ces imitations n'ont produit que de petits pervers : tel qui se flatte d'être corrompu et voleur n'est que débauché et fripon ; tel qui se croit vicieux n'est que vil ; tel qui se vante d'être criminel n'est qu'infâme.

Trop tôt pour lui, trop tard pour elle, Mirabeau se vendit à la cour, et la cour l'acheta. Il mit en enjeu sa renommée devant une pension et une ambassade : Cromwell fut au moment de troquer son avenir contre un titre et l'ordre de la Jarretière. Malgré sa superbe, Mirabeau ne s'évaluait pas assez haut. Maintenant que l'abondance du numéraire et des places a élevé le prix des consciences, il n'y a pas de sautereau dont l'acquêt ne coûte des centaines de mille francs et les premiers honneurs de l'État. La tombe délia Mirabeau de ses promesses, et le mit à l'abri des périls que vraisemblablement il n'aurait pu vaincre : sa vie eût montré sa faiblesse dans le bien ; sa mort l'a laissé en possession de sa force dans le mal.

En sortant de notre dîner, on discutait des ennemis de Mirabeau ; je me trouvais à côté de lui et n'avais pas prononcé un mot. Il me regarda en face avec ses yeux d'orgueil, de vice et de génie, et, m'appliquant sa main sur l'épaule, il me dit : « Ils ne me pardonneront jamais ma supériorité ! » Je sens encore l'impression de cette main, comme si Satan m'eût touché de sa griffe de feu.

Lorsque Mirabeau fixa ses regards sur un jeune muet, eut-il un pressentiment de mes futuritions ? pensa-t-il qu'il comparaîtrait un jour devant mes souvenirs ? J'étais destiné à devenir l'historien de hauts personnages : ils ont défilé devant moi sans que je me sois appendu à leur manteau pour me faire traîner avec eux à la postérité.

Mirabeau a déjà subi la métamorphose qui s'opère parmi ceux dont la mémoire doit demeurer ; porté du Panthéon à l'égoût, et reporté de l'égoût au Panthéon, il s'est élevé de toute la hauteur du temps qui lui sert aujourd'hui de piédestal. On ne voit plus le Mirabeau réel, mais le Mirabeau idéalisé, le Mirabeau tel que le font les peintres, pour le rendre le symbole ou le mythe de l'époque qu'il représente : il devient ainsi plus faux et plus vrai. De tant de réputations, de tant d'acteurs, de tant d'événements, de tant de ruines, il ne restera que trois hommes, chacun d'eux attaché à chacune des trois grandes époques révolutionnaires, Mirabeau pour l'aristocratie, Robespierre pour la démocratie, Bonaparte pour le despotisme ; la monarchie n'a rien : la France a payé cher trois renommées que ne peut avouer la vertu.

Les séances de l'Assemblée nationale offraient un intérêt dont les séances de nos *chambres* sont loin d'approcher. On se levait de bonne heure pour trouver place dans les tribunes encombrées. Les députés arrivaient en mangeant, causant, gesticulant ; ils se groupaient dans les diverses parties de la salle, selon leurs opinions. Lecture du procès-verbal ; après cette lecture, développement du sujet convenu, ou motion extraordinaire. Il ne s'agissait pas de quelque article insipide de loi ; rarement une destruction manquait d'être à l'ordre de jour. On parlait pour ou contre ; tout le monde improvisait bien ou mal. Les débats devenaient orageux ; les tribunes se mêlaient à la discussion, applaudissaient et glorifiaient, sifflaient et huaient les orateurs. Le président agitait sa sonnette ; les députés s'apostrophaient d'un banc à l'autre. Mirabeau le jeune prenait au collet son compétiteur ; Mirabeau l'aîné criait : « Silence aux *trente voix* ! » Un jour, j'étais placé derrière l'opposition royaliste ; j'avais devant moi un gentilhomme dauphinois, noir de visage, petit de taille, qui sautait de fureur sur son siège, et disait à ses amis : « Tombons, l'épée à la main, sur ces gueux-là. » Il montrait le côté de la majorité. Les dames de la Halle, tricotant dans les tribunes, l'entendirent, se levèrent et crièrent toutes à la fois, leurs chausses à la main, l'écume à la bouche : « À la lanterne ! » Le vicomte de Mirabeau[312], Lautrec[313] et quelques jeunes nobles voulaient donner l'assaut aux tribunes.

---

[312] Mirabeau (André-Boniface-Louis Riqueti, vicomte de), dit Mirabeau-Tonneau, né à Paris le 30 novembre 1754. Élu député de la noblesse par la sénéchaussée de Limoges, il ne cessa de harceler les orateurs du côté gauche, hachant leurs discours d'interruptions sans nombre, toujours spirituelles et souvent grossières. Son frère lui-même n'était pas épargné. Émigré au delà du Rhin, il continua ses escarmouches contre les Révolutionnaires à la tête de cette légion de Mirabeau, qu'il avait créée et qui devint bientôt célèbre sous le nom de hussards de la mort. Il mourut à Fribourg-en-Brisgau le 15 septembre 1792.

[313] Aucun député du nom de Lautrec ne figure sur la liste des membres de la Constituante. Chateaubriand ne s'est pourtant pas trompé en plaçant ici le nom de Lautrec à côté de celui du vicomte de Mirabeau. J'en trouve la preuve dans le billet d'enterrement suivant qui circula dans Paris, le 24 décembre 1789. À la suite d'une double provocation adressée au marquis de la Tour-Maubourg et au duc de Liancourt, Mirabeau-Tonneau avait été blessé dans une première rencontre, et le bruit de sa mort s'était répandu. De là le billet d'enterrement, dont voici un extrait : « Vous êtes prié d'assister aux convoi, service et enterrement de très haut et très puissant aristocrate, André-Boniface-Louis de Riquetti, vicomte de Mirabeau, député de la noblesse du Haut-Limousin, etc., etc., qui, commencé par M. le marquis de la Tour-Maubourg, son collègue, a été achevé par très haut, très puissant et très illustrissime démagogue, François-Alexandre-Frédéric de Liancourt, duc héréditaire, etc., etc., qui a débarrassé la Nation de ce pesant ennemi, au milieu du Champ-de-Mars, le 22 décembre 1789, en présence de MM. de Lautrec de Saint-Simon, de Causans et de La Châtre, et est décédé en son hôtel, rue de Seine, faubourg Saint-Germain, le 23, à 11 heures du matin. L'enterrement se fera en l'église Saint-Sulpice sa paroisse, le 25, à cinq heures du soir… Le Parlement de Rennes y assistera par députation… Le Clergé est invité, et l'on a droit de s'attendre à l'y rencontrer, le défunt a pris trop vivement son parti pour n'avoir pas mérité ce tribut de reconnaissance. La noblesse suivra le deuil, sans manteau, mais en pleureuse… »

Bientôt ce fracas était étouffé par un autre : des pétitionnaires, armés de piques, paraissaient à la barre : « Le peuple meurt de faim, disaient-ils ; il est temps de prendre des mesures contre les aristocrates et de s'élever *à la hauteur des circonstances.* » Le président assurait ces citoyens de son respect : « On a l'œil sur les traîtres, répondait-il, et l'Assemblée fera justice. » Là-dessus, nouveau vacarme ; les députés de droite s'écriaient qu'on allait à l'anarchie ; les députés de gauche répliquaient que le peuple était libre d'exprimer sa volonté, qu'il avait le droit de se plaindre des fauteurs du despotisme, assis jusque dans le sein de la représentation nationale : ils désignaient ainsi leurs collègues à ce peuple souverain, qui les attendait au réverbère.

Les séances du soir l'emportaient en scandale sur les séances du matin : on parle mieux et plus hardiment à la lumière des lustres. La salle du manège était alors une véritable salle de spectacle, où se jouait un des plus grands drames du monde. Les premiers personnages appartenaient encore à l'ancien ordre de choses : leurs terribles remplaçants, cachés derrière eux, parlaient peu ou point. À la fin d'une discussion violente, je vis monter à la tribune un député d'un air commun, d'une figure grise et inanimée, régulièrement coiffé, proprement habillé comme le régisseur d'une bonne maison, ou comme un notaire de village soigneux de sa personne. Il fit un rapport long et ennuyeux ; on ne l'écouta pas ; je demandai son nom : c'était Robespierre. Les gens à souliers étaient prêts à sortir des salons, et déjà les sabots heurtaient à la porte.

Lorsque, avant la Révolution, je lisais l'histoire des troubles publics chez divers peuples, je ne concevais pas comment on avait pu vivre en ces temps-là ; je m'étonnais que Montaigne écrivît si gaillardement dans un château dont il ne pouvait faire le tour sans courir le risque d'être enlevé par des bandes de ligueurs ou de protestants.

La Révolution m'a fait comprendre cette possibilité d'existence. Les moments de crise produisent un redoublement de vie chez les hommes. Dans une société qui se dissout et se recompose, la lutte des deux génies, le choc du passé et de l'avenir, le mélange des mœurs anciennes et des mœurs nouvelles, forment une combinaison transitoire qui ne laisse pas un moment d'ennui. Les passions et les caractères en liberté se montrent avec une énergie qu'ils n'ont point dans la cité bien réglée. L'infraction des lois, l'affranchissement des devoirs, des usages et des bienséances, les périls même, ajoutent à l'intérêt de ce désordre. Le genre humain en vacances se promène dans la rue, débarrassé de ses pédagogues, rentré pour un moment dans l'état de nature, et ne recommençant à sentir la nécessité du frein social que lorsqu'il porte le joug des nouveaux tyrans enfantés par la licence.

Je ne pourrais mieux peindre la société de 1789 et 1790 qu'en la comparant à l'architecture du temps de Louis XII et de François Ier, lorsque les ordres grecs se vinrent mêler au style gothique, ou plutôt en l'assimilant à la collection des ruines et des tombeaux de tous les siècles, entassés pêle-mêle après la Terreur dans les cloîtres des Petits-Augustins : seulement, les débris dont je parle étaient vivants et variaient sans cesse. Dans tous les coins de Paris, il y avait des réunions littéraires, des sociétés politiques et des spectacles ; les renommées futures erraient dans la foule sans être connues, comme les âmes au bord du Léthé, avant d'avoir joui de la lumière. J'ai vu le maréchal Gouvion-Saint-Cyr remplir un rôle, sur le théâtre du Marais[314], dans la *Mère coupable* de Beaumarchais[315]. On se transportait du club des Feuillants au club des Jacobins, des bals et des maisons de jeu aux groupes du Palais-Royal, de la tribune de l'Assemblée nationale à la tribune en plein vent. Passaient et repassaient dans les rues des députations populaires, des piquets de cavalerie, des patrouilles d'infanterie. Auprès d'un homme en habit français, tête poudrée, épée au côté, chapeau sous le bras, escarpins et bas de soie, marchait un homme, cheveux coupés et sans poudre, portant le frac anglais et la cravate américaine. Aux théâtres, les acteurs publiaient les nouvelles ; le parterre entonnait des couplets patriotiques. Des pièces de circonstance attiraient la foule : un abbé paraissait sur la scène ; le peuple lui criait : « Calotin ! calotin ! » et l'abbé répondait : « Messieurs, vive la nation ! » On courait entendre chanter Mandini et sa femme, Viganoni et Rovedino à l'*Opera-Buffa*[316], après avoir entendu hurler *Ça ira*, on allait admirer madame

---

[314] Ce théâtre, situé rue Culture-Sainte-Catherine, quartier Saint Antoine, fut ouvert le 31 août 1791. Beaumarchais en était le principal commanditaire, il y fit jouer, le 6 juin 1792, sa dernière pièce, l'Autre Tartufe ou la mère coupable, drame en cinq actes et en prose.

[315] Gouvion-Saint-Cyr (Laurent, marquis), maréchal de France, né à Toul le 13 avril 1764, mort à Hyères le 17 mars 1830. — Il se consacra d'abord aux beaux-arts et alla pendant deux ans étudier la peinture à Rome. Il parcourut ensuite l'Italie, revint à Paris en 1784, et fréquenta l'atelier du peintre Brenet. « Cherchant, dit la Biographie universelle, à se procurer par d'autres moyens les ressources que son art ne pouvait lui offrir, il se lia avec des comédiens, et se croyant quelque vocation pour le théâtre, il commença à jouer dans les sociétés d'amateurs, puis dans la salle Beaumarchais, au Marais, où il fut le confident de Baptiste, lorsque cet artiste y attira la foule par le rôle de Robert, chef de brigands. Mais, bien que doué d'un organe sonore et d'une belle stature, ne pouvant surmonter sa timidité en présence du public, et parlant quelquefois avec tant de difficulté qu'il semblait être bègue, Gouvion n'eut aucun succès dans cette carrière ; et on l'a entendu plus tard, lorsqu'il fut général, s'applaudir des sifflets qui l'avaient forcé d'y renoncer. »

[316] Le comte de Provence avait accordé son patronage à une société qui se proposait de naturaliser en France la musique des Opera-buffa d'Italie. En attendant la construction d'une salle nouvelle, la compagnie italienne s'établit aux Tuileries, dans la salle des Machines, où elle donna sa première représentation, le 26 janvier 1789. On y remarquait Raffanelli, Rovedino, Mandini, Viganoni ; Mmes Baletti, Mandini et Morichelli. Jamais chanteurs plus accomplis ne s'étaient fait entendre à Paris. — Obligés de quitter les Tuileries, par suite de l'installation de la famille royale à Paris, au lendemain des journées d'octobre, les chanteurs italiens donnèrent leur dernière représentation à la salle des Machines le 23 décembre

Dugazon, madame Saint-Aubin, Carline[317], la petite Olivier[318], mademoiselle Contat, Molé, Fleury, Talma débutant, après avoir vu pendre Favras.

Les promenades au boulevard du Temple et à celui des Italiens, surnommé *Coblentz*, les allées du jardin des Tuileries, étaient inondées de femmes pimpantes : trois jeunes filles de Grétry y brillaient, blanches et roses comme leur parure : elles moururent bientôt toutes trois. « Elle s'endormit pour jamais, dit Grétry en parlant de sa fille aînée, assise sur mes genoux, aussi belle que pendant sa vie. » Une multitude de voitures sillonnaient les carrefours où barbotaient les sans-culottes, et l'on trouvait la belle madame de Buffon[319], assise seule dans un phaéton du duc d'Orléans, stationné à la porte de quelque club.

1789. Du 10 janvier 1790 au 1er janvier 1791, ils jouèrent dans une méchante petite salle, nommée Théâtre des Variétés, sise à la foire Saint-Germain. Le 6 janvier 1791, ils prirent possession de la salle construite pour eux rue Feydeau et qui reçut le nom de Théâtre de Monsieur, titre bientôt remplacé, le 4 juillet 1791, par celui de Théâtre de la rue Feydeau.

[317] Mme Dugazon, Mme Saint-Aubin et Carline étaient les trois meilleures actrices du Théâtre-Italien, rue Favart, qui allait bientôt s'appeler l'Opéra-Comique National. — Louise-Rosalie Lefèvre, femme de l'acteur Dugazon, de la Comédie-Française, était née à Berlin en 1755 ; elle mourut à Paris en 1821. Deux emplois ont gardé son nom au théâtre : les jeunes Dugazon et les mères Dugazon. — Saint-Aubin (Jeanne-Charlotte Schrœder, dame d'Herbey, dite Mme), née en 1764, morte en 1850. Depuis ses débuts (29 juin 1786) jusqu'en 1808, époque à laquelle elle prit sa retraite, elle tint le premier rang parmi le personnel féminin de la salle Favart. Elle a laissé son nom à l'emploi des ingénues de l'Opéra-Comique, que l'on appelle encore aujourd'hui l'emploi des Saint-Aubin. — Carline, la charmante soubrette du Théâtre-Italien, s'appelait de son vrai nom Marie-Gabrielle Malagrida. Elle avait débuté en 1780 et réussissait mieux dans la comédie que dans l'opéra-comique, ayant peu de voix. Femme du danseur Nivelon, de l'Opéra, elle se retira du théâtre en 1801 et mourut en 1818, à 55 ans.

[318] Chateaubriand commet à son sujet une petite erreur. Il parle ici des théâtres en 1789 et 1790 : Mlle Olivier était morte le 21 septembre 1787, à 23 ans.

[319] Buffon (Marguerite-Françoise de Bouvier de Cépoy, comtesse de), née en 1767, morte en 1808. Femme de Georges-Louis-Marie Leclerc, comte de Buffon, fils du grand écrivain, elle fut la maîtresse affichée du duc d'Orléans (Philippe-Égalité), dont elle eut un fils, tué sous l'Empire en Espagne, où il servait comme officier supérieur dans l'armée anglaise. Son mari, le comte de Buffon, fut guillotiné le 10 juillet 1794. Elle se remaria à Rome, en 1798, avec un banquier strasbourgeois, M. Renouard de Bussières. Sur Mme de Buffon et son rôle pendant la Révolution, les Mémoires du conventionnel Choudieu renferment (p. 475) les détails suivants : « Elle était la maîtresse de Philippe-Égalité ; elle demeurait chez le marquis de Sillery, mari de Mme de Genlis ; il y avait table ouverte dans cette maison pour tous les députés. Cette dame était jeune, aimable et jolie ; et malgré tous ces avantages, quoique secondée par l'ex-constituant Voidel, homme très adroit, elle n'a pas fait beaucoup de prosélytes au parti d'Orléans, mais elle a essayé d'en faire. »

L'élégance et le goût de la société aristocratique se retrouvaient à l'hôtel de La Rochefoucauld, aux soirées de mesdames de Poix, d'Hénin, de Simiane, de Vaudreuil, dans quelques salons de la haute magistrature, restés ouverts. Chez M. Necker, chez M. le comte de Montmorin, chez les divers ministres, se rencontraient (avec madame de Staël[320], la duchesse d'Aiguillon, mesdames de Beaumont[321] et de Sérilly[322]) toutes les nouvelles illustrations de la France, et toutes les libertés des nouvelles mœurs. Le cordonnier, en uniforme d'officier de la garde nationale, prenait à genoux la mesure de votre pied ; le moine, qui le vendredi traînait sa robe noire ou blanche, portait le dimanche le chapeau rond et l'habit bourgeois ; le capucin, rasé, lisait le journal à la guinguette, et dans un cercle de femmes folles paraissait une religieuse gravement assise : c'était une tante ou une sœur mise à la porte de son monastère. La foule visitait ces couvents ouverts au monde, comme les voyageurs parcourent, à Grenade, les salles abandonnées de l'Alhambra, ou comme ils s'arrêtent à Tibur, sous les colonnes du temple de la Sibylle.

Du reste, force duels et amours, liaisons de prison et fraternité de politique, rendez-vous mystérieux parmi des ruines, sous un ciel serein, au milieu de la paix et de la poésie de la nature ; promenades écartées, silencieuses, solitaires, mêlées de serments éternels et de tendresses indéfinissables, au sourd fracas d'un monde qui fuyait, au bruit lointain

---

[320] Staël-Holstein (Anne-Louise-Germaine Necker, baronne de), née à Paris le 22 avril 1766, morte dans cette ville le 14 juillet 1817.

[321] Beaumont (Pauline-Marie-Michelle-Frédérique-Ulrique de Montmorin-Saint-Hérem, comtesse de), née à Meussy-l'Évêque en Champagne le 15 août 1768. Elle avait épousé, le 25 septembre 1786, en Saint-Sulpice de Paris, Christophe-François de Beaumont, fils du marquis Jacques de Beaumont et de Claire-Marguerite Riché de Beaupré, — et non, comme le dit à tort M. Bardoux (la comtesse Pauline de Beaumont, p. 27), Christophe-Armand-Paul-Alexandre de Beaumont, marquis d'Auty, fils du marquis Christophe de Beaumont et de Marie-Claude de Baynac. Mme de Beaumont mourut à Rome en 1803, comme on le verra dans la suite des Mémoires.

[322] Sérilly (Anne-Louise Thomas, dame de), cousine de Mme de Beaumont. Elle avait épousé Antoine-Jean-François de Megret de Sérilly, trésorier de l'extraordinaire des guerres. Le 21 floréal an II (10 mai 1794), le jour même où Mme Élisabeth porta sa tête sur l'échafaud, elle fut condamnée à mort, ainsi que son mari et M. Megret d'Etigny, son beau-frère. Le Moniteur du 23 floréal (12 mai) l'indique comme ayant été guillotinée. Elle échappa cependant. Comme elle était enceinte, il fut sursis à son exécution. Son extrait mortuaire n'en fut pas moins dressé, et ce fut, cet extrait mortuaire à la main, qu'elle comparut, le 29 germinal an III (18 avril 1795), dans le procès de Fouquier-Tinville : « J'ai vu là mon mari, dit-elle ; j'y vois aujourd'hui ses assassins et ses bourreaux. Voici mon extrait mortuaire, il est du 21 floréal, jour de notre jugement à mort ; il m'a été délivré par la police municipale de Paris. » Dans le courant de l'année 1795, elle épousa, en secondes noces, François de Pange, l'ami d'André Chénier, qui la laissa veuve, pour la seconde fois, dans les premiers jours de septembre 1796. (Voir, en tête des Œuvres de François de Pange, la notice de M. L. Becq de Fouquières.)

d'une société croulante qui menaçait de sa chute ces félicités placées au pied des événements. Quand on s'était perdu de vue vingt-quatre heures, on n'était pas sûr de se retrouver jamais. Les uns s'engageaient dans les routes révolutionnaires, les autres méditaient la guerre civile ; les autres partaient pour l'Ohio, où ils se faisaient précéder de plans de châteaux à bâtir chez les sauvages ; les autres allaient rejoindre les princes : tout cela allègrement, sans avoir souvent un sou dans sa poche : les royalistes affirmant que la chose finirait un de ces matins par un arrêt du parlement, les patriotes, tout aussi légers dans leurs espérances, annonçant le règne de la paix et du bonheur avec celui de la liberté. On chantait :

> La sainte chandelle d'Arras,
> Le flambeau de la Provence,
> S'ils ne nous éclairent pas,
> Mettent le feu dans la France ;
> On ne peut pas les toucher,
> Mais on espère les moucher.

Et voilà comme on jugeait Robespierre et Mirabeau ! « Il est aussi peu en la puissance de toute faculté terrienne, dit l'Estoile, d'engarder le peuple françois de parler, que d'enfouir le soleil en terre ou l'enfermer dedans un trou. »

Le palais des Tuileries, grande geôle remplie de condamnés, s'élevait au milieu de ces fêtes de la destruction. Les sentenciés jouaient aussi en attendant la *charrette,* la *tonte,* la *chemise rouge* qu'on avait mise à sécher, et l'on voyait à travers les fenêtres les éblouissantes illuminations du cercle de la reine.

Des milliers de brochures et de journaux pullulaient ; les satires et les poèmes, les chansons des *Actes des Apôtres*[323], répondaient à l'*Ami du peuple* ou au *Modérateur* du club monarchien, rédigé par Fontanes[324] ; Mallet du Pan[325], dans la partie politique du *Mercure*, était en opposition avec la Harpe et Chamfort dans la partie littéraire du même journal.

---

[323] Ce pamphlet périodique, qui renfermait en effet des satires, des poèmes et des chansons, a paru de novembre 1789 à octobre 1791. Ses principaux rédacteurs étaient Peltier, Rivarol, Champcenetz, Mirabeau le jeune, le marquis de Bonnay, François Suleau, Montlosier, Bergasse, etc. La collection des Actes des Apôtres comprend 311 numéros, réunis en onze volumes in-8o, dont chacun est appelé version et contient 30 numéros, une introduction et une planche gravée. Il en existe une édition contrefaite en vingt volumes in-12.
[324] Le Journal de la Ville et des Provinces ou le Modérateur, par M. de Fontanes, avait commencé de paraître le 1er octobre 1789.
[325] Jacques Mallet du Pan (1749-1800), rédacteur politique du Mercure de France. Sainte-Beuve a dit de lui : « Comme journaliste et comme publiciste, dans cette rude fonction de saisir, d'embrasser au passage des événements orageux et compliqués qui se déroulent et se précipitent, nul n'a eu plus souvent raison, plume en main, que lui. » (Causeries du lundi tome IV, p. 361-394).

Champcenetz, le marquis de Bonnay, Rivarol, Mirabeau le cadet (le Holbein d'épée, qui leva sur le Rhin la légion des hussards de la Mort), Honoré Mirabeau l'aîné, s'amusaient à faire, en dînant, des caricatures et le *Petit Almanach des grands hommes*[326] : Honoré allait ensuite proposer la loi martiale ou la saisie des biens du clergé. Il passait la nuit chez madame Le Jay[327], après avoir déclaré qu'il ne sortirait de l'Assemblée nationale que par la puissance des baïonnettes. *Égalité* consultait le diable dans les carrières de Montrouge, et revenait au jardin de Monceau présider les orgies dont Laclos[328] était l'ordonnateur. Le futur régicide ne dégénérait point de sa race : double prostitué, la débauche le livrait épuisé à l'ambition. Lauzun[329], déjà fané, soupait dans sa petite maison à la barrière du Maine avec des danseuses de l'Opéra, entre-caressées de MM. de Noailles, de Dillon, de Choiseul, de Narbonne, de Talleyrand, et de quelques autres élégances du jour dont il nous reste deux ou trois momies.

La plupart des courtisans célèbres par leur immoralité, à la fin du règne de Louis XV et pendant le règne de Louis XVI, étaient enrôlés sous le drapeau tricolore : presque tous avaient fait la guerre d'Amérique et barbouillé leurs cordons des couleurs républicaines. La Révolution les employa tant qu'elle se tint à une médiocre hauteur ; ils devinrent même les premiers généraux de ses armées. Le duc de Lauzun, le romanesque amoureux de la princesse Czartoriska, le coureur de femmes sur les grands chemins, le Lovelace qui *avait* celle-ci et puis qui *avait* celle-là, selon le noble et chaste jargon de la cour, le duc de Lauzun, devenu duc de Biron, commandant pour la Convention dans la Vendée : quelle pitié ! Le baron de Besenval[330], révélateur menteur et cynique des corruptions de la haute société, mouche du coche des puérilités de la vieille monarchie expirante,

---

[326] Le vrai titre de ce spirituel pamphlet, paru en 1791, est celui-ci : Petit dictionnaire des grands hommes et des grandes choses qui ont rapport à la Révolution, composé par une société d'aristocrates.

[327] Femme du libraire Le Jay, l'éditeur de Mirabeau. Sur les relations du grand orateur avec Mme Le Jay, voir les tomes III et IV des Mirabeau par Louis de Loménie.

[328] Laclos (Pierre-Ambroise-François Choderlos de), l'auteur des Liaisons dangereuses, né en 1741 à Amiens. Rédacteur du Journal des Amis de la Constitution (du 1er novembre 1790 au 20 septembre 1791), maréchal de camp en 1792, il servait à l'armée de Naples comme inspecteur général d'artillerie, lorsqu'il mourut à Tarente le 5 novembre 1803.

[329] Le duc de Lauzun (Armand-Louis de Gontaut-Biron) devint duc de Biron en 1788. Élu député de la noblesse aux États-Généraux par la sénéchaussée du Quercy, il embrassa avec ardeur les idées nouvelles et fut successivement promu maréchal de camp (13 janvier 1792), général en chef de l'armée du Rhin (9 juillet 1792), commandant de l'armée des Côtes de la Rochelle (15 mai 1793). — Guillotiné le 31 décembre 1793.

[330] Pierre-Victor, baron de Besenval, né en 1722 à Soleure, mort le 2 juin 1791. Ses Mémoires, publiés par le vicomte de Ségur (1805-1807, 4 vol. in-8o) ont été désavoués par la famille.

ce lourd baron compromis dans l'affaire de la Bastille, sauvé par M. Necker et par Mirabeau, uniquement parce qu'il était Suisse : quelle misère ! Qu'avaient à faire de pareils hommes avec de pareils événements ? Quand la Révolution eut grandi, elle abandonna avec dédain les frivoles apostats du trône : elle avait eu besoin de leurs vices, elle eut besoin de leurs têtes : elle ne méprisait aucun sang, pas même celui de la du Barry.

L'année 1790 compléta les mesures ébauchées de l'année 1789. Le bien de l'Église, mis d'abord sous la main de la nation, fut confisqué, la constitution civile du clergé décrétée, la noblesse abolie.

Je n'assistais pas à la fédération de juillet 1790 : une indisposition assez grave me retenait au lit ; mais je m'étais fort amusé auparavant aux brouettes du Champ de Mars. Madame de Staël a merveilleusement décrit cette scène[331]. Je regretterai toujours de n'avoir pas vu M. de Talleyrand dire la messe servie par l'abbé Louis[332], comme de ne l'avoir pas vu, le sabre au côté, donner audience à l'ambassadeur du Grand Turc.

Mirabeau déchut de sa popularité dans l'année 1790 ; ses liaisons avec la Cour étaient évidentes. M. Necker résigna le ministère et se retira, sans que personne eût envie de le retenir[333]. Mesdames, tante du roi, partirent pour Rome avec un passe-port de l'Assemblée nationale[334]. Le duc d'Orléans, revenu d'Angleterre, se déclara le très humble et très obéissant serviteur du roi. Les sociétés des Amis de la Constitution, multipliées sur le sol, se rattachaient à Paris à la société mère, dont elles recevaient les inspirations et exécutaient les ordres.

La vie publique rencontrait dans mon caractère des dispositions favorables : ce qui se passait en commun m'attirait, parce que dans la foule je regardais ma solitude et n'avais point à combattre ma timidité. Cependant les salons, participant du mouvement universel, étaient un peu moins étrangers à mon allure, et j'avais, malgré moi, fait des connaissances nouvelles.

---

[331] Considérations sur les principaux événements de la Révolution française, par Mme de Staël, seconde partie, chapitre XVI : De la Fédération du 14 juillet 1790.
[332] Louis (Joseph-Dominique, baron), né à Toul le 13 novembre 1755, mort à Bry-sur-Marne le 26 août 1837. Après avoir reçu les ordres mineurs, il acheta en 1779 une charge de conseiller-clerc au Parlement de Paris, où l'on remarqua bientôt ses aptitudes en matière financière. Lorsque l'évêque d'Autun, le 14 juillet 1790, célébra solennellement la messe au Champ de Mars sur l'autel de la Patrie, il avait l'abbé Louis pour diacre. Ministre des finances, du 1er avril 1814 au 20 mars 1815, le baron Louis reprit plus tard ce portefeuille à cinq reprises différentes, sous Louis XVIII et sous Louis-Philippe.
[333] Necker se retira le 4 septembre 1790.
[334] Le 20 février 1791 (Moniteur du 22 février).

La marquise de Villette s'était trouvée sur mon chemin. Son mari[335], d'une réputation calomniée, écrivait, avec Monsieur, frère du roi, dans le *Journal de Paris*. Madame de Villette, charmante encore, perdit une fille de seize ans, plus charmante que sa mère, et pour laquelle le chevalier de Parny fit ces vers dignes de l'*Anthologie :*

> Au ciel elle a rendu sa vie,
> Et doucement s'est endormie,
> Sans murmurer contre ses lois :
> Ainsi le sourire s'efface,
> Ainsi meurt sans laisser de trace
> Le chant d'un oiseau dans les bois.

Mon régiment, en garnison à Rouen, conserva sa discipline assez tard. Il eut un engagement avec le peuple au sujet de l'exécution du comédien Bordier[336], qui subit le dernier arrêt de la puissance parlementaire ; pendu la veille, héros le lendemain, s'il eût vécu vingt-quatre heures de plus. Mais, enfin, l'insurrection se mit parmi les soldats de Navarre. Le marquis de Mortemart émigra ; les officiers le suivirent. Je n'avais ni adopté ni rejeté les nouvelles opinions ; aussi peu disposé à les attaquer qu'à les servir, je ne voulus ni émigrer ni continuer la carrière militaire : je me retirai.

---

[335] Charles-Michel, marquis de Villette, né le 4 décembre 1736, député de l'Oise à la Convention, il vota, dans le procès de Louis XVI, pour la réclusion et le bannissement à l'époque de la paix. Il mourut, le 9 juillet 1793, dans son hôtel de la rue de Beaune.

[336] Le comédien Bordier, célèbre à Paris dans le rôle d'Arlequin, était en représentation à Rouen, lorsque, dans la nuit du 3 au 4 août 1789, assisté d'un avocat de Lisieux, nommé Jourdain, il se mit à la tête d'une émeute. L'hôtel de l'intendant, M. de Maussion, fut pillé, les bureaux-recettes, les barrières de la ville, le bureau des aides, tous les bâtiments où l'on percevait les droits du roi furent pillés. « De grands feux s'allument, dit M. Taine, dans les rues et sur la place du Vieux-Marché ; on y jette pêle-mêle des meubles, des habits, des papiers et des batteries de cuisine ; des voitures sont traînées et précipitées dans la Seine. C'est seulement lorsque l'hôtel de ville est envahi que la garde nationale, prenant peur, se décida à saisir Bordier et quelques autres. Mais le lendemain, au cri de Carabo, et sous la conduite de Jourdain, la Conciergerie est forcée, Bordier est délivré, et l'Intendance avec les bureaux est saccagée une seconde fois. Lorsqu'enfin les deux coquins sont pris et menés à la potence, la populace est si bien pour eux qu'on est forcé, pour la maintenir, de braquer contre elle des canons chargés. » (La Révolution, tome I, page 84.) — Le 28 brumaire an II (18 novembre 1793), sur la motion du conventionnel Dubois-Crancé, la Société des Jacobins arrêta qu'il serait demandé à la Convention d'accorder une pension au fils de Bordier. Le Moniteur du 11 frimaire suivant (1er décembre) constate « qu'une fête vient d'être célébrée à Rouen, en l'honneur de Jourdain et Bordier, victimes de l'aristocratie, dont la mémoire est réhabilitée. »

Dégagé de tous liens, j'avais, d'une part, des disputes assez vives avec mon frère et le président de Rosanbo ; de l'autre, des discussions non moins aigres avec Ginguené, La Harpe et Chamfort. Dès ma jeunesse, mon impartialité politique ne plaisait à personne. Au surplus, je n'attachais d'importance aux questions soulevées alors que par des idées générales de liberté et de dignité humaines ; la politique personnelle m'ennuyait ; ma véritable vie était dans des régions plus hautes.

Les rues de Paris, jour et nuit encombrées de peuple, ne me permettaient plus mes flâneries. Pour retrouver le désert, je me réfugiais au théâtre : je m'établissais au fond d'une loge, et laissais errer ma pensée aux vers de Racine, à la musique de Sacchini, ou aux danses de l'Opéra. Il faut que j'aie vu intrépidement vingt fois de suite, aux Italiens[337], la *Barbe-bleue* et le *Sabot perdu*[338], m'ennuyant pour me désennuyer, comme un hibou dans un trou de mur ; tandis que la monarchie tombait, je n'entendais ni le craquement des voûtes séculaires, ni les miaulements du vaudeville, ni la voix tonnante de Mirabeau à la tribune, ni celle de Colin qui chantait à Babet sur le théâtre :

> Qu'il pleuve, qu'il vente ou qu'il neige,
> Quand la nuit est longue, on l'abrège.

M. Monet, directeur des mines, et sa jeune fille, envoyés par madame Ginguené, venaient quelquefois troubler ma sauvagerie : mademoiselle Monet se plaçait sur le devant de la loge ; je m'asseyais moitié content, moitié grognant, derrière elle. Je ne sais si elle me plaisait, si je l'aimais ; mais j'en avais bien peur. Quand elle était partie, je la regrettais, en étant plein de joie de ne la voir plus. Cependant j'allais quelquefois, à la sueur de mon front, la chercher chez elle, pour l'accompagner à la promenade : je lui donnais le bras, et je crois que je serrais un peu le sien.

Une idée me dominait, l'idée de passer aux États-Unis : il fallait un but utile à mon voyage ; je me proposais de découvrir (ainsi que je l'ai dit dans ces *Mémoires* et dans plusieurs de mes ouvrages) le passage au nord-ouest de l'Amérique. Ce projet n'était pas dégagé de ma nature poétique. Personne ne s'occupait de moi ; j'étais alors, ainsi que Bonaparte, un

---

[337] Le Théâtre-Italien était situé entre les rues Favart et Marivaux. On y jouait des comédies et des opéras-comiques. Malgré le nom de ce théâtre, les pièces et les acteurs étaient français. En 1792, il prit le nom d'Opéra-Comique National ; il a été brûlé le 25 mai 1887.

[338] Raoul Barbe-Bleue, comédie en trois actes, mêlée d'ariettes, paroles de Sedaine, représentée pour la première fois, sur le Théâtre-Italien, au commencement de 1789. — Le Sabot perdu, opéra-comique en un acte, mêlé d'ariettes, était de date plus ancienne. Bien qu'il eût paru sous les noms de Duni et de Sedaine, il était en réalité de Cazotte, non seulement pour les paroles, mais encore pour la plus grande partie de la musique. Voir les Œuvres de Cazotte, tome III.

mince sous-lieutenant tout à fait inconnu ; nous partions, l'un et l'autre, de l'obscurité à la même époque, moi pour chercher ma renommée dans la solitude, lui sa gloire parmi les hommes. Or, ne m'étant attaché à aucune femme, ma sylphide obsédait encore mon imagination. Je me faisais une félicité de réaliser avec elle mes courses fantastiques dans les forêts du Nouveau Monde. Par l'influence d'une autre nature, ma fleur d'amour, mon fantôme sans nom des bois de l'Armorique, est devenue *Atala* sous les ombrages de la Floride.

M. de Malesherbes me montait la tête sur ce voyage, j'allais le voir le matin ; le nez collé sur des cartes, nous comparions les différents dessins de la coupole arctique ; nous supputions les distances du détroit de Behring au fond de la baie d'Hudson ; nous lisions les divers récits des navigateurs et voyageurs anglais, hollandais, français, russes, suédois, danois ; nous nous enquérions des chemins à suivre par terre pour attaquer le rivage de la mer polaire ; nous devisions des difficultés à surmonter, des précautions à prendre contre la rigueur du climat, les assauts des bêtes et le manque de vivres. Cet homme illustre me disait : « Si j'étais plus jeune, je partirai avec vous, je m'épargnerais le spectacle que m'offrent ici tant de crimes, de lâchetés et de folies. Mais à mon âge il faut mourir où l'on est. Ne manquez pas de m'écrire par tous les vaisseaux, de me mander vos progrès et vos découvertes : je les ferai valoir auprès des ministres. C'est bien dommage que vous ne sachiez pas la botanique ! » Au sortir de ces conversations, je feuilletais Tournefort, Duhamel, Bernard de Jussieu, Grew, Jacquin, le *Dictionnaire* de Rousseau, les Flores élémentaires ; je courais au Jardin du Roi, et déjà je me croyais un Linné[339].

---

[339] De ces études botaniques qui avaient préparé son voyage au nouveau monde, il était resté à Chateaubriand une connaissance assez étendue des plantes ; et ses contemplations de la nature, comme ses promenades solitaires, avaient accru sa science : « Quand nous errions, dit M. de Marcellus (Chateaubriand et son temps, p. 44) dans les grands espaces presque déserts, autour de Londres, il s'amusait à me montrer dans les prairies de Regent's-Park, ou sous les bois de Kensington, quelques-unes des fleurs, ses anciennes amies de Combourg, retrouvées dans les forêts de l'Amérique, mais il citait moins Linné que Virgile, car il savait les Géorgiques par cœur. « — Voici, » me dit-il un jour, « l'avoine stérile, steriles dominantur avenæ. Mais Virgile veut parler ici de l'avoine folle et sauvage, et elle n'est pas stérile, car les Indiens la récoltent en Amérique ; j'en ai vu des moissons naturelles aussi hautes et épaisses que nos champs de blé. Là, au lieu de la main des hommes, c'est la Providence qui la sème. Regardez ce chardon épineux, segnisque horreret in arvis carduus, et il n'est pas segnis, parce qu'il serait lent et paresseux à croître ; mais bien au contraire parce qu'il rapporte aussi peu que les terres où il s'élève : neu segnes faceant terræ, a dit aussi Virgile, ici la grande centaurée, graveolentia centaurea, que j'ai cueillie sur les ruines de Lacédémone ; plus loin le cerinthæ ignobile gramen, périphrase pour laquelle j'aurais à gronder un peu le poète latin, car je veux y retrouver notre gentille pâquerette, qui certes n'a rien d'ignoble. »

Enfin, au mois de janvier 1791, je pris sérieusement mon parti. Le chaos augmentait : il suffisait de porter un nom *aristocrate* pour être exposé aux persécutions : plus votre opinion était consciencieuse et modérée, plus elle était suspecte et poursuivie. Je résolus donc de lever mes tentes : je laissai mon frère et mes sœurs à Paris et m'acheminai vers la Bretagne.

Je rencontrai, à Fougères, le marquis de la Rouërie : je lui demandai une lettre pour le général Washington. Le *colonel Armand* (nom qu'on donnait au marquis en Amérique) s'était distingué dans la guerre de l'indépendance américaine. Il se rendit célèbre, en France, par la conspiration royaliste qui fit des victimes si touchantes dans la famille des Desilles[340]. Mort en organisant cette conspiration, il fut exhumé, reconnu, et causa le malheur de ses hôtes et de ses amis. Rival de La Fayette et de Lauzun, devancier de La Rochejaquelin, le marquis de la Rouërie avait plus d'esprit qu'eux : il s'était plus souvent battu que le premier ; il avait enlevé des actrices à l'Opéra, comme le second ; il serait devenu le compagnon d'armes du troisième. Il fourrageait les bois, en Bretagne, avec un major américain[341], et accompagné d'un singe assis sur la croupe de son cheval. Les écoliers de droit de Rennes l'aimaient, à cause de sa hardiesse d'action et de sa liberté d'idées : il avait été un des douze gentilshommes bretons mis à la Bastille. Il était élégant de taille et de manières, brave de mine, charmant de visage, et ressemblait aux portraits des jeunes seigneurs de la Ligue.

Je choisis Saint-Malo pour m'embarquer, afin d'embrasser ma mère. Je vous ai dit au troisième livre de ces *Mémoires*, comment je passai par Combourg, et quels sentiments m'oppressèrent. Je demeurai deux mois à Saint-Malo, occupé des préparatifs de mon voyage, comme jadis de mon départ projeté pour les Indes.

Je fis marché avec un capitaine nommé Dujardin[342] : Il devait transporter à Baltimore l'abbé Nagot, supérieur du séminaire de Saint-Sulpice, et plusieurs séminaristes, sous la conduite de leur chef[343].

---

[340] Angélique-Françoise Desilles, dame de La Fonchais, sœur d'André Desilles, le héros de Nancy, née à Saint-Malo le 16 mai 1769. Elle fut guillotinée, le 13 juin 1793, en même temps que son beau-frère Michel-Julien Picot de Limoëlan. La sœur d'André Desilles mourut avec un admirable courage.

[341] Le major américain Chafner. Voyez sur lui la note 2 de la page 115.

[342] Les recherches faites par M. Ch. Cunat aux Archives de la Marine, ont constaté l'exactitude de tous les détails donnés ici par Chateaubriand. Il s'embarqua à bord du brick le Saint-Pierre de 160 tonneaux, capitaine Dujardin Pinte-de-Vin, allant aux îles Saint-Pierre et Miquelon, d'où il devait relever pour Baltimore (Ch. Cunat, op. cit.).

[343] François-Charles Nagot, (et non Nagault, comme l'a écrit Chateaubriand) n'était pas supérieur du séminaire de St-Sulpice ; il était supérieur à Paris de la communauté des Robertins, une des annexes du séminaire de Saint-Sulpice. Désigné par M. Emery pour être le supérieur du séminaire que les Sulpiciens

Ces compagnons de voyage m'auraient mieux convenu quatre ans plus tôt : de chrétien zélé que j'avais été, j'étais devenu un esprit fort, c'est-à-dire un esprit faible. Ce changement dans mes opinions religieuses s'était opéré par la lecture des livres philosophiques. Je croyais, de bonne foi, qu'un esprit religieux était paralysé d'un côté, qu'il y avait des vérités qui ne pouvaient arriver jusqu'à lui, tout supérieur qu'il pût être d'ailleurs. Ce benoît orgueil me faisait prendre le change ; je supposais dans l'esprit religieux cette absence d'une faculté qui se trouve précisément dans l'esprit philosophique : l'intelligence courte croit tout voir, parce qu'elle reste les yeux ouverts ; l'intelligence supérieure consent à fermer les yeux, parce qu'elle aperçoit tout en dedans. Enfin, une chose m'achevait : le désespoir sans cause que je portais au fond du cœur.

Une lettre de mon frère a fixé dans ma mémoire la date de mon départ : il écrivait de Paris à ma mère, en lui annonçant la mort de Mirabeau. Trois jours après l'arrivée de cette lettre, je rejoignis en rade le navire sur lequel mes bagages étaient chargés[344]. On leva l'ancre, moment solennel parmi les navigateurs. Le soleil se couchait quand le pilote côtier nous quitta, après nous avoir mis hors des passes. Le temps était sombre, la brise molle, et la houle battait lourdement les écueils à quelques encablures du vaisseau.

Mes regards restaient attachés sur Saint-Malo. Je venais d'y laisser ma mère tout en larmes. J'apercevais les clochers et les dômes des églises où j'avais prié avec Lucile, les murs, les remparts, les forts, les tours, les grèves où j'avais passé mon enfance avec Gesril et mes camarades de jeux ; j'abandonnais ma patrie déchirée, lorsqu'elle perdait un homme que rien ne pouvait remplacer. Je m'éloignais également incertain des destinées

---

projetaient d'établir à Baltimore, il s'embarqua à Saint-Malo sur le Saint-Pierre, emmenant avec lui trois jeunes prêtres de la Compagnie de Saint-Sulpice, MM. Tessier, Antoine Garnier et Levadoux. Arrivés à Baltimore le 10 juillet 1791, l'abbé Nagot y installa, dès le mois de septembre suivant, le séminaire de Sainte-Marie, le premier et le plus renommé séminaire des États-Unis. En 1822, le pape Pie VII érigea le collège de Sainte-Marie en Université catholique, avec pouvoir de conférer des grades ayant la même valeur que ceux qui se donnent à Rome et dans les autres universités du monde chrétien. M. Nagot mourut en 1816 dans cette maison qu'il avait fondée et qu'il laissait prospère, après l'avoir conduite à travers les difficultés inséparables de tout commencement. (Voir Elisabeth Seton et les commencements de l'Église catholique aux États-Unis, par Mme de Barberey, 4me édition, tome II, p. 482.)

[344] Ici encore se vérifie la minutieuse exactitude à laquelle Chateaubriand s'est astreint dans la rédaction de ses Mémoires. Mirabeau est mort le 2 avril 1791. Les lettres mettant alors environ trois jours pour aller de Paris à Saint-Malo, madame de Chateaubriand a donc dû recevoir la lettre de son fils aîné le 5 avril. Trois jours après, c'était le 8 avril... C'est justement le 8 avril que l'abbé Nagot — et Chateaubriand avec lui s'embarquèrent sur le Saint-Pierre. (Voir Elisabeth Seton, tome II, p. 483.)

de mon pays et des miennes : qui périrait de la France ou de moi ? Reverrai-je jamais cette France et ma famille ?

Le calme nous arrêta avec la nuit au débouquement de la rade ; les feux de la ville et les phares s'allumèrent : ces lumières qui tremblaient sous mon toit paternel semblaient à la fois me sourire et me dire adieu, en m'éclairant parmi les rochers, les ténèbres de la nuit et l'obscurité des flots.

Je n'emportais que ma jeunesse et mes illusions ; je désertais un monde dont j'avais foulé la poussière et compté les étoiles, pour un monde de qui la terre et le ciel m'étaient inconnus. Que devait-il m'arriver si j'atteignais le but de mon voyage ? Égaré sur les rives hyperboréennes, les années de discorde qui ont écrasé tant de générations avec tant de bruit seraient tombées en silence sur ma tête ; la société eût renouvelé sa face, moi absent. Il est probable que je n'aurais jamais eu le malheur d'écrire ; mon nom serait demeuré ignoré, ou il ne s'y fût attaché qu'une de ces renommées paisibles au-dessous de la gloire, dédaignées de l'envie et laissées au bonheur. Qui sait si j'eusse repassé l'Atlantique, si je ne me serais point fixé dans les solitudes, à mes risques et périls explorées et découvertes, comme un conquérant au milieu de ses conquêtes !

Mais non ! je devais rentrer dans ma patrie pour y changer de misères, pour y être toute autre chose que ce que j'avais été. Cette mer, au giron de laquelle j'étais né, allait devenir le berceau de ma seconde vie ; j'étais porté par elle, dans mon premier voyage, comme dans le sein de ma nourrice, dans les bras de la confidente de mes premiers pleurs et de mes premiers plaisirs.

Le jusant, au défaut de la brise, nous entraîna au large, les lumières du rivage diminuèrent peu à peu et disparurent. Épuisé de réflexions, de regrets vagues, d'espérances plus vagues encore, je descendis à ma cabine : je me couchai, balancé dans mon hamac au bruit de la lame qui caressait le flanc du vaisseau. Le vent se leva ; les voiles déferlées qui coiffaient les mâts s'enflèrent, et quand je montai sur le tillac le lendemain matin, on ne voyait plus la terre de France.

Ici changent mes destinées : « Encore à la mer ! *Again to sea !* » (Byron.)

LIVRE VI[345]

Trente et un ans après m'être embarqué, simple sous-lieutenant, pour l'Amérique, je m'embarquais pour Londres, avec un passe-port conçu en ces termes : « Laissez passer, disait ce passe-port, laissez passer sa seigneurie le vicomte de Chateaubriand, pair de France, ambassadeur du roi près Sa Majesté Britannique, etc. » Point de signalement ; ma grandeur devait faire connaître mon visage en tous lieux. Un bateau à vapeur, nolisé

---

[345] Ce livre a été écrit à Londres, d'avril à septembre 1822. — Il a été revu en décembre 1846.

pour moi seul, me porte de Calais à Douvres. En mettant le pied sur le sol anglais, le 5 avril 1822, je suis salué par le canon du fort[346]. Un officier vient, de la part du commandant, m'offrir une garde d'honneur. Descendu à *Shipwright-Inn*[347], le maître et les garçons de l'auberge me reçoivent bras pendants et tête nue. Madame la mairesse m'invite à une soirée, au nom des plus belles dames de la ville. M. Billing[348], attaché à mon ambassade, m'attendait. Un dîner d'énormes poissons et de monstrueux quartiers de bœuf restaure monsieur l'ambassadeur, qui n'a point d'appétit et qui n'était pas du tout fatigué. Le peuple, attroupé sous mes fenêtres, fait retentir l'air de *huzzas*. L'officier revient et pose, malgré moi, des sentinelles à ma porte. Le lendemain, après avoir distribué force argent du roi mon maître, je me mets en route pour Londres, au ronflement du canon, dans une légère voiture, qu'emportent quatre beaux chevaux menés au grand trot par deux élégants jockeys. Mes gens suivent dans d'autres carrosses ; des courriers à ma livrée accompagnent le cortège. Nous passons Cantorbéry, attirant les yeux de John Bull et des équipages qui nous croisent. À Black-Heath, bruyère jadis hantée des voleurs, je trouve un village tout neuf. Bientôt m'apparaît l'immense calotte de fumée qui couvre la cité de Londres.

Plongé dans le gouffre de vapeur charbonnée, comme dans une des gueules du Tartare, traversant la ville entière dont je reconnais les rues, j'aborde l'hôtel de l'ambassade, *Portland-Place*. Le chargé d'affaires, M. le comte Georges de Caraman[349], les secrétaires d'ambassade, M. le vicomte de Marcellus[350], M. le baron E. de Cazes, M. de Bourqueney[351], les

---

[346] Le 5 avril 1822 est le jour de son arrivée à Londres. Il débarqua à Douvres dans la soirée du 4 avril. On lit dans le Moniteur du jeudi 11 avril : « D'après les dernières nouvelles d'Angleterre, le paquebot français L'Antigone est entré le 4 avril au soir dans le port de Douvres, ayant à bord M. le vicomte de Chateaubriand, ambassadeur de Sa Majesté Très-Chrétienne. Il est descendu à l'hôtel Wright, où il a passé la nuit. Le lendemain, au point du jour, il a été salué par les batteries du château et une seconde salve a annoncé le moment de son départ pour Londres. Son Excellence est arrivée dans la capitale le 5 dans l'après-midi, avec une suite composée de cinq voitures. Sa demeure est l'hôtel habité précédemment par M. le duc Decazes, dans Portland-Place. »

[347] L'auberge de Douvres, où descendit Chateaubriand, ne s'appelait pas Shipwrigt-Inn, ce qui signifierait hôtel du constructeur de vaisseau ; mais bien Ship-Inn, hôtel du vaisseau. Il est vrai que le propriétaire de l'hôtel s'appelait Wright, et qu'il a été ainsi cause de la méprise. (Chateaubriand et son temps, par M. de Marcellus, p. 46.)

[348] Voir l'Appendice no X : Le Baron Billing et l'ambassade de Londres.

[349] Le comte Georges de Caraman, devenu plus tard ministre plénipotentiaire, était le fils du duc de Caraman, alors ambassadeur à Vienne, et qui allait bientôt, avec le vicomte Mathieu de Montmorency, ministre des Affaires étrangères, avec Chateaubriand, ambassadeur à Londres, et M. de la Ferronnays, ambassadeur à Saint-Pétersbourg, représenter la France au congrès de Vérone.

[350] Marie-Louis-Jean-André-Charles Demartin du Tyrac, comte de Marcellus (1795-1865). Secrétaire d'ambassade à Constantinople en 1820, il découvrit à Milo et

attachés à l'ambassade, m'accueillent avec une noble politesse. Tous les huissiers, concierges, valets de chambre, valet de pied de l'hôtel, sont assemblés sur le trottoir. On me présente les cartes des ministres anglais et des ambassadeurs étrangers, déjà instruits de ma prochaine arrivée.

Le 17 mai de l'an de *grâce* 1793, je débarquais pour la même ville de Londres, humble et obscur voyageur, à Southampton, venant de Jersey. Aucune mairesse ne s'aperçut que je passais ; le maire de la ville, William Smith, me délivra le 18, pour Londres, une feuille de route, à laquelle était joint un extrait de l'*Alien-bill*. Mon signalement portait en anglais : « François de Chateaubriand, officier français à l'armée des émigrés (*French officer in the emigrant army*), taille de cinq pieds quatre pouces (*five feet four inches high*), mince (*thin shape*), favoris et cheveux bruns (*brown hair and fits*). » Je partageai modestement la voiture la moins chère avec quelques matelots en congé ; je relayai aux plus chétives tavernes ; j'entrai pauvre, malade, inconnu, dans une ville opulente et fameuse, où M. Pitt régnait ; j'allai loger, à six schellings par mois, sous le lattis d'un grenier que m'avait préparé un cousin de Bretagne, au bout d'une petite rue qui joignait Tottenham-Court-Road.

> Ah ! *Monseigneur*, que votre vie,
> D'honneurs aujourd'hui si remplie,
> Diffère de ces heureux temps !

envoya en France la Vénus victorieuse, dite Vénus de Milo. Après avoir été premier secrétaire à Londres et chargé d'affaires, après le départ de Chateaubriand pour le congrès de Vérone, il fut envoyé en mission à Madrid et à Lucques. Nommé, sous le ministère Polignac, sous-secrétaire d'État des Affaires étrangères, il déclina ses fonctions et rentra dans la vie privée. Il a publié, de 1839 à 1861, les ouvrages suivants : Souvenirs de l'Orient, — Vingt jours en Sicile, — Épisodes littéraires en Orient, — Chants du peuple en Grèce, — Politique de la Restauration, — Chateaubriand et son temps, — Les Grecs anciens et modernes.
351 François-Adolphe, comte de Bourqueney (1799-1869). Il avait débuté dans la carrière diplomatique à 17 ans comme attaché d'ambassade aux États-Unis. En 1824, secrétaire de légation à Berne, il donna sa démission pour suivre dans sa chute M. de Chateaubriand, qui venait d'être renvoyé du ministère, et, comme le grand écrivain, il collabora au Journal des Débats. Comme lui encore, il accepta, sous le ministère Martignac, un poste dont il se démit à l'avènement du ministère Polignac. Après la Révolution de 1830, il rentra dans la diplomatie, et nous le retrouvons secrétaire d'ambassade à Londres, en 1840, sous M. Guizot ; il signa, en qualité de chargé d'affaires, la convention des détroits (1841), qui faisait rentrer la France dans le concert européen. Nommé ambassadeur à Constantinople en 1844, il se retira à la suite de la Révolution de 1848. Sous le second Empire, ambassadeur à Vienne, il prit une part importante aux négociations qui terminèrent la guerre d'Orient et à celles qui terminèrent la guerre d'Italie. Il fut ainsi l'un des signataires du traité de Paris (1856) et du traité de Zurich (1859). Louis-Philippe l'avait fait baron en 1842 ; en 1859, Napoléon III le fit comte. Le 31 mars 1856, il avait été appelé au Sénat impérial.

Cependant une autre obscurité m'enténèbre à Londres. Ma place politique met à l'ombre ma renommée littéraire ; il n'y a pas un sot dans les trois royaumes qui ne préfère l'ambassadeur de Louis XVIII à l'auteur du *Génie du christianisme*. Je verrai comment la chose tournera après ma mort, ou quand j'aurai cessé de remplacer M. le duc Decazes[352] auprès de George IV[353], succession aussi bizarre que le reste de ma vie.

Arrivé à Londres comme ambassadeur français, un de mes plus grands plaisirs est de laisser ma voiture au coin d'un square, et d'aller à pied parcourir les ruelles que j'avais jadis fréquentées, les faubourgs populaires et à bon marché, où se réfugie le malheur sous la protection d'une même souffrance, les abris ignorés que je hantais avec mes associés de détresse, ne sachant si j'aurais du pain le lendemain, moi dont trois ou quatre services couvrent aujourd'hui la table. À toutes ces portes étroites et indigentes qui m'étaient autrefois ouvertes, je ne rencontre que des visages étrangers. Je ne vois plus errer mes compatriotes, reconnaissables à leurs gestes, à leur manière de marcher, à la forme et à la vétusté de leurs habits. Je n'aperçois plus ces prêtres martyrs portant le petit collet, le grand chapeau à trois cornes, la longue redingote noire usée, et que les Anglais saluaient en passant. De larges rues bordées de palais ont été percées, des ponts bâtis, des promenades plantées : *Regent's-Park* occupe, auprès de *Portland-Place*, les anciennes prairies couvertes de troupeaux de vaches. Un cimetière, perspective de la lucarne d'un de mes greniers, a disparu dans l'enceinte d'une fabrique. Quand je me rends chez lord Liverpool[354], j'ai de la peine à retrouver l'espace vide de l'échafaud de Charles Ier ; des bâtisses nouvelles, resserrant la statue de Charles II, se sont avancées avec l'oubli sur des événements mémorables.

Que je regrette, au milieu de mes insipides pompes, ce monde de tribulations et de larmes, ces temps où je mêlais mes peines à celles d'une colonie d'infortunés ! Il est donc vrai que tout change, que le malheur même périt comme la prospérité ! Que sont devenus mes frères en émigration ? Les uns sont morts, les autres ont subi diverses destinées : ils ont vu comme moi disparaître leurs proches et leurs amis ; ils sont moins heureux dans leur patrie qu'ils ne l'étaient sur la terre étrangère. N'avions-nous pas sur cette terre nos réunions, nos divertissements, nos fêtes et surtout notre jeunesse ? Des mères de famille, des jeunes filles qui

---

352 M. Decazes, le 17 février 1820, avait quitté le ministère pour l'ambassade de Londres (avec le titre de duc), et il avait conservé cette ambassade jusqu'au 9 février 1822.
353 George IV, né en 1762, mort en 1830. Appelé à la régence en 1811, lorsque son père fut tombé en démence, il ne prit le titre de roi qu'en 1820.
354 Robert Banks Jenkinson, 2me comte Liverpool, d'abord lord Hawkesbury, né en 1770, était entré jeune dans la vie publique sous le patronage de son père, collègue de Pitt, et occupait depuis 1812 le poste de premier ministre. Il mourut en 1827.

commençaient la vie par l'adversité, apportaient le fruit semainier du labeur, pour s'éjouir à quelque danse de la patrie. Des attachements se formaient dans les causeries du soir après le travail, sur les gazons d'Amstead et de Primrose-Hill. À des chapelles, ornées de nos mains dans de vieilles masures, nous priions le 21 janvier et le jour de la mort de la reine, tout émus d'une oraison funèbre prononcée par le curé émigré de notre village. Nous allions le long de la Tamise, tantôt voir surgir aux docks les vaisseaux chargés des richesses du monde, tantôt admirer les maisons de campagne de Richmond, nous si pauvres, nous privés du toit paternel : toutes ces choses sont de véritables félicités !

Quand je rentre en 1822, au lieu d'être reçu par mon ami, tremblant de froid, qui m'ouvre la porte de notre grenier en me tutoyant, qui se couche sur son grabat auprès du mien, en se recouvrant de son mince habit et ayant pour lampe le clair de lune, — je passe à la lueur des flambeaux entre deux files de laquais, qui vont aboutir à cinq ou six respectueux secrétaires. J'arrive, tout criblé sur ma route des mots : *Monseigneur, Mylord, Votre Excellence, Monsieur l'Ambassadeur,* à un salon tapissé d'or et de soie.

— Je vous en supplie, messieurs, laissez-moi ! Trêve de ces *Mylords !* Que voulez-vous que je fasse de vous ? Allez rire à la chancellerie, comme si je n'étais pas là. Prétendez-vous me faire prendre au sérieux cette mascarade ? Pensez-vous que je sois assez bête pour me croire changé de nature parce que j'ai changé d'habit ? Le marquis de Londonderry[355] va venir, dites-vous ; le duc de Wellington[356] m'a demandé ; M. Canning[357] me cherche ; lady Jersey[358] m'attend à dîner avec

---

[355] Castlereagh (Robert Stewart, marquis de Londonderry, vicomte), né en Irlande en 1769. Secrétaire d'État pour les Affaires étrangères, lorsque Chateaubriand arriva à Londres, il devait bientôt périr d'une fin tragique. Atteint d'un affaiblissement cérébral attribué au chagrin que lui causait le désordre de ses affaires, il se coupa la gorge le 13 août 1822.

[356] Le duc de Wellington ne faisait pas partie, en 1822, du cabinet Liverpool. Ce fut seulement au mois de janvier 1828 qu'il devint premier ministre et premier lord de la trésorerie.

[357] George Canning (1770-1827). Il venait d'être nommé gouverneur général des Indes, lorsque Castlereagh se tua. Il le remplaça au foreign-office et devint le chef du cabinet à la fin d'avril 1827, quand lord Liverpool fut frappé d'apoplexie. Canning mourut moins de quatre mois après, le 8 août 1827.

[358] Sarah, fille aînée du 10e comte de Westmoreland et héritière de son grand-père maternel, le très riche banquier Robert Child, était en 1822 une des reines du monde élégant de Londres. Son mari, lord Jersey, un type accompli de grand seigneur, a rempli à plusieurs reprises des charges de cour. Lady Jersey est morte en 1867, à l'âge de quatre-vingts ans, ayant survécu à son mari et à tous ses enfants. Une de ses filles, lady Clementina, morte sans être mariée, avait inspiré une vive passion au prince Louis-Napoléon, qui n'avait été détourné de demander sa main que par l'aversion que lui témoignait lady Jersey.

M. Brougham[359], lady Gwydir m'espère, à dix heures, dans sa loge à l'Opéra ; lady Mansfield[360], à minuit, à Almack's[361].

Miséricorde ! où me fourrer ? qui me délivrera ? qui m'arrachera à ces persécutions ? Revenez, beaux jours de ma misère et de ma solitude ! Ressuscitez, compagnons de mon exil ! Allons, mes vieux camarades du lit de camp et de la couche de paille, allons dans la campagne, dans le petit jardin d'une taverne dédaignée, boire sur un banc de bois une tasse de mauvais thé, en parlant de nos folles espérances et de notre ingrate patrie, en devisant de nos chagrins, en cherchant le moyen de nous assister les uns les autres, de secourir un de nos parents encore plus nécessiteux que nous.

Voilà ce que j'éprouve, ce que je me dis dans ces premiers jours de mon ambassade à Londres. Je n'échappe à la tristesse qui m'assiège sous mon toit qu'en me saturant d'une tristesse moins pesante dans le parc de Kensington. Lui, ce parc, n'est point changé ; les arbres seulement ont grandi ; toujours solitaire, les oiseaux y font leur nid en paix. Ce n'est plus même la mode de se rassembler dans ce lieu, comme au temps que la plus belle des Françaises, madame Récamier, y passait suivie de la foule. Du bord des pelouses désertes de Kensington, j'aime à voir courre, à travers Hyde-Park, les troupes de chevaux, les voitures des fashionables, parmi lesquelles figure mon tilbury vide, tandis que, redevenu gentillâtre émigré, je remonte l'allée où le confesseur banni disait autrefois son bréviaire.

---

[359] Henry, 1er baron Brougham et de Vaux, né à Edimbourg en 1778, mort le 9 mai 1868 à Cannes, où il avait fini par fixer sa résidence. L'extraordinaire talent qu'il avait déployé dans le procès de la reine Caroline, comme avocat de la princesse, avait fait de lui un des personnages les plus célèbres de l'Angleterre.

[360] Lady Mansfield, une des rares dames anglaises qui aient hérité directement de la pairie. Les lettres patentes qui avaient créé son oncle, William Murray, Grand-Juge d'Angleterre, comte de Mansfield, stipulaient que le titre serait reversible sur la tête de sa nièce Louise. Elle en hérita, en effet, en 1793. La comtesse de Mansfield avait épousé en 1776 son cousin, le 7e vicomte Stormont, de qui elle eut plusieurs enfants, entr'autres un fils qui lui succéda comme 3e comte Mansfield. Devenue veuve, elle se remaria en 1797 avec l'honorable Robert Fulke Greville. Son titre étant supérieur à celui de l'un ou de l'autre de ses maris, suivant la coutume anglaise elle ne prit pas leur nom, mais était toujours appelée la comtesse de Mansfield. Elle mourut en 1843, après avoir occupé une place brillante dans la société de Londres.

[361] On appelait ainsi une suite de salons servant à des concerts, à des bals et autres réunions de ce genre. Ils tiraient leur nom d'un certain Almack, ancien cabaretier, qui les fit construire, en 1765, dans King street, Saint-James. Plus tard ces salons furent connus sous la désignation de Willis' Rooms. Le nom d'Almack's est surtout associé au souvenir des bals élégants qui s'y donnèrent depuis 1765 jusqu'en 1840. Ces fêtes étaient organisées par un comité de dames appartenant à la plus haute aristocratie et qui se montraient extrêmement difficiles sur le choix des invités. Être reçu aux bals d'Almack était considéré par les gens du monde fashionable comme la plus rare des distinctions, et la plus enviable.

C'est dans ce parc de Kensington que j'ai médité l'*Essai historique* ; que, relisant le journal de mes courses d'outre-mer, j'en ai tiré les amours d'*Atala* ; c'est aussi dans ce parc, après avoir erré au loin dans les campagnes sous un ciel baissé, blondissant et comme pénétré de la clarté polaire, que je traçai au crayon les premières ébauches des passions de *René*. Je déposais, la nuit, la moisson de mes rêveries du jour dans l'*Essai historique* et dans les *Natchez*. Les deux manuscrits marchaient de front, bien que souvent je manquasse d'argent pour en acheter le papier, et que j'en assemblasse les feuillets avec des pointes arrachées aux tasseaux de mon grenier, faute de fil.

Ces lieux de mes premières inspirations me font sentir leur puissance ; ils reflètent sur le présent la douce lumière des souvenirs : je me sens en train de reprendre la plume. Tant d'heures sont perdues dans les ambassades ! Le temps ne me faut pas plus ici qu'à Berlin pour continuer mes *Mémoires,* édifice que je bâtis avec des ossements et des ruines. Mes secrétaires à Londres désirent aller le matin à des pique-niques et le soir au bal : très volontiers ! Les gens, Peter, Valentin, Lewis, vont à leur tour au cabaret, et les femmes, Rose, Peggy, Maria, à la promenade des trottoirs ; j'en suis charmé[362]. On me laisse la clef de la porte extérieure : monsieur l'ambassadeur est commis à la garde de sa maison ; si on frappe, il ouvrira. Tout le monde est sorti ; me voilà seul : mettons-nous à l'œuvre.

Il y a vingt-deux ans, je viens de le dire, que j'esquissais à Londres les *Natchez* et *Atala* ; j'en suis précisément dans mes *Mémoires* à l'époque de mes voyages en Amérique : cela se rejoint à merveille. Supprimons ces vingt-deux ans, comme ils sont en effet supprimés de ma vie, et partons pour les forêts du Nouveau Monde : le récit de mon ambassade viendra à sa date, quand il plaira à Dieu ; mais, pour peu que je reste ici quelque mois, j'aurai le plaisir d'arriver de la cataracte du Niagara à l'armée des princes en Allemagne, et de l'armée des princes à ma retraite en Angleterre. L'ambassadeur du roi de France peut raconter l'histoire de l'émigré français dans le lieu même où celui-ci était exilé.

Le livre précédent se termine par mon embarquement à Saint-Malo. Bientôt nous sortîmes de la Manche, et l'immense houle de l'ouest nous annonça l'Atlantique.

Il est difficile aux personnes qui n'ont jamais navigué de se faire une idée des sentiments qu'on éprouve, lorsque du bord d'un vaisseau on n'aperçoit de toutes parts que la face sérieuse de l'abîme. Il y a dans la vie périlleuse du marin une indépendance qui tient de l'absence de la terre : on laisse sur le rivage les passions des hommes ; entre le monde que l'on

---

[362] « L'ambassadeur, dit ici M. de Marcellus, n'a jamais eu de serviteur appelé Lewis, ni de *house-maid* nommée Peggy. On peut m'en croire sur tous ces détails de son ménage, moi qui le tenais. Le reste est exact. » *Chateaubriand et son temps*, p. 48.

quitte et celui que l'on cherche, on n'a pour amour et pour patrie que l'élément sur lequel on est porté. Plus de devoirs à remplir, plus de visites à rendre, plus de journaux, plus de politique. La langue même des matelots n'est pas la langue ordinaire : c'est une langue telle que la parlent l'Océan et le ciel, le calme et la tempête. Vous habitez un univers d'eau, parmi des créatures dont le vêtement, les goûts, les manières, le visage, ne ressemblent point aux peuples autochthones ; elles ont la rudesse du loup marin et la légèreté de l'oiseau. On ne voit point sur leur front les soucis de la société ; les rides qui le traversent ressemblent aux plissures de la voile diminuée, et sont moins creusées par l'âge que par la bise, ainsi que dans les flots. La peau de ces créatures, imprégnée de sel, est rouge et rigide, comme la surface de l'écueil battu de la lame.

Les matelots se passionnent pour leur navire ; ils pleurent de regret en le quittant, de tendresse en le retrouvant. Ils ne peuvent rester dans leur famille ; après avoir juré cent fois qu'ils ne s'exposeront plus à la mer, il leur est impossible de s'en passer, comme un jeune homme ne se peut arracher des bras d'une maîtresse orageuse et infidèle.

Dans les docks de Londres et de Plymouth, il n'est pas rare de trouver des *sailors* nés sur des vaisseaux : depuis leur enfance jusqu'à leur vieillesse, ils ne sont jamais descendus au rivage ; ils n'ont vu la terre que du bord de leur berceau flottant, spectateurs du monde où ils ne sont point entrés. Dans cette vie réduite à un si petit espace, sous les nuages et sur les abîmes, tout s'anime pour le marinier : une ancre, une voile, un mât, un canon, sont des personnages qu'on affectionne et qui ont chacun leur histoire.

La voile fut déchirée sur la côte du Labrador ; le maître voilier lui mit la pièce que vous voyez.

L'ancre sauva le vaisseau quand il eut chassé sur ses autres ancres, au milieu des coraux des îles Sandwich.

Le mât fut rompu dans une bourrasque au cap de Bonne-Espérance ; il n'était que d'un seul jet ; il est beaucoup plus fort depuis qu'il est composé de deux pièces.

Le canon est le seul qui ne fut pas démonté au combat de la Chesapeake.

Les nouvelles du bord sont des plus intéressantes : on vient de jeter le loch ; le navire file dix nœuds.

Le ciel est clair à midi : on a pris hauteur ; on est à telle latitude.

On a fait le point : il y a tant de lieues gagnées en bonne route.

La déclinaison de l'aiguille est de tant de degrés : on s'est élevé au nord.

Le sable des sabliers passe mal : on aura de la pluie.

On a remarqué des *procellaria* dans le sillage du vaisseau : on essuiera un grain.

Des poissons volants se sont montrés au sud : le temps va se calmer.

Une éclaircie s'est formée à l'ouest dans les nuages : c'est le pied du vent ; demain, le vent soufflera de ce côté.

L'eau a changé de couleur ; on a vu flotter du bois et des goëmons ; on a aperçu des mouettes et des canards ; un petit oiseau est venu se percher sur les vergues : il faut mettre le cap dehors, car on approche de terre, et il n'est pas bon de l'accoster la nuit.

Dans l'épinette, il y a un coq favori et pour ainsi dire sacré, qui survit à tous les autres ; il est fameux pour avoir chanté pendant un combat, comme dans la cour d'une ferme au milieu de ses poules.

Sous les ponts habite un chat : peau verdâtre zébrée, queue pelée, moustache de crin, ferme sur ses pattes, opposant le contrepoids au tangage et le balancier au roulis ; il a fait deux fois le tour du monde et s'est sauvé d'un naufrage sur un tonneau. Les mousses donnent au coq du biscuit trempé dans du vin, et Matou a le privilège de dormir, quand il lui plaît, dans le vitchoura du second capitaine.

Le vieux matelot ressemble au vieux laboureur. Leurs moissons sont différentes, il est vrai : le matelot a mené une vie errante, le laboureur n'a jamais quitté son champ ; mais ils connaissent également les étoiles et prédisent l'avenir en creusant leurs sillons. À l'un, l'alouette, le rouge-gorge, le rossignol ; à l'autre, la procellaria, le courlis, l'alcyon, — leurs prophètes. Ils se retirent le soir, celui-ci dans sa cabine, celui-là dans sa chaumière ; frêles demeures, où l'ouragan qui les ébranle n'agite point des consciences tranquilles.

> If the wind tempestuous is blowing,
> Still no danger they descry ;
> The guiltless heart its boon bestowing,
> Soothes them with its Lullaby, etc., etc.

« Si le vent souffle orageux, ils n'aperçoivent aucun danger ; le cœur innocent, versant son baume, les berce avec ses *dodo, l'enfant do ; dodo, l'enfant do,* etc. » Le matelot ne sait où la mort le surprendra, à quel bord il laissera sa vie : peut-être, quand il aura mêlé au vent son dernier soupir, sera-t-il lancé au sein des flots, attaché sur deux avirons, pour continuer son voyage ; peut-être sera-t-il enterré dans un îlot désert que l'on ne retrouvera jamais, ainsi qu'il a dormi isolé dans son hamac, au milieu de l'Océan.

Le vaisseau seul est un spectacle : sensible au plus léger mouvement du gouvernail, hippogriffe ou coursier ailé, il obéit à la main du pilote, comme un cheval à la main du cavalier. L'élégance des mâts et des cordages, la légèreté des matelots qui voltigent sur les vergues, les différents aspects dans lesquels se présente le navire, soit qu'il vogue penché par un autan contraire, soit qu'il fuie droit devant un aquilon favorable, font de cette machine savante une des merveilles du génie de l'homme. Tantôt la lame et son écume brisent et rejaillissent contre la carène ; tantôt l'onde paisible se divise, sans résistance, devant la proue. Les pavillons, les flammes, les voiles, achèvent la beauté de ce palais de Neptune : les plus basses voiles, déployées dans leur largeur, s'arrondissent comme de vastes cylindres ; les plus hautes, comprimées dans leur milieu, ressemblent aux mamelles d'une sirène. Animé d'un souffle impétueux, le navire, avec sa quille, comme avec le soc d'une charrue, laboure à grand bruit le champ des mers.

Sur ce chemin de l'Océan, le long duquel on n'aperçoit ni arbres, ni villages, ni villes, ni tours, ni clochers, ni tombeaux ; sur cette route sans colonnes, sans pierres milliaires, qui n'a pour bornes que les vagues, pour relais que les vents, pour flambeaux que les astres, la plus belle des aventures, quand on n'est pas en quête de terres et de mers inconnues, est la rencontre de deux vaisseaux. On se découvre mutuellement à l'horizon avec la longue-vue ; on se dirige les uns vers les autres. Les équipages et les passagers s'empressent sur le pont. Les deux bâtiments s'approchent, hissent leur pavillon, carguent à demi leurs voiles, se mettent en travers. Quand tout est silence, les deux capitaines, placés sur le gaillard d'arrière, se hèlent avec le porte-voix : « Le nom du navire ? De quel port ? Le nom du capitaine ? D'où vient-il ? Combien de jours de traversée ? La latitude et la longitude ? À Dieu, va ! » On lâche les ris ; la voile retombe. Les matelots et les passagers des deux vaisseaux se regardent fuir, sans mot dire : les uns vont chercher le soleil de l'Asie, les autres le soleil de l'Europe, qui les verront également mourir. Le temps emporte et sépare les voyageurs sur la terre, plus promptement encore que le vent ne les emporte et ne les sépare sur l'Océan ; on se fait un signe de loin : *à Dieu, va !* Le port commun est l'Éternité.

Et si le vaisseau rencontré était celui de Cook ou de La Pérouse ?

Le maître de l'équipage de mon vaisseau malouin était un ancien subrécargue, appelé Pierre Villeneuve, dont le nom seul me plaisait à cause de la bonne Villeneuve. Il avait servi dans l'Inde, sous le bailli de Suffren, et en Amérique sous le comte d'Estaing ; il s'était trouvé à une multitude d'affaires. Appuyé sur l'avant du vaisseau, auprès du beaupré, de même qu'un vétéran assis sous la treille de son petit jardin dans le fossé des Invalides, Pierre, en mâchant une chique de tabac, qui lui enflait la joue comme une fluxion, me peignait le moment du branle-bas, l'effet des détonations de l'artillerie sous les ponts, le ravage des boulets dans leurs ricochets contre les affûts, les canons, les pièces de charpente. Je le faisais parler des Indiens, des nègres, des colons. Je lui demandais comment étaient habillés les peuples, comment les arbres faits, quelle couleur avaient la terre et le ciel, quel goût les fruits ; si les ananas étaient meilleurs que les pêches, les palmiers plus beaux que les chênes. Il m'expliquait tout cela par des comparaisons prises des choses que je connaissais : le palmier était un grand chou, la robe d'un Indien celle de ma grand'mère ; les chameaux ressemblaient à un âne bossu ; tous les peuples de l'Orient, et notamment les Chinois, étaient des poltrons et des voleurs. Villeneuve était de Bretagne, et nous ne manquions pas de finir par l'éloge de l'incomparable beauté de notre patrie.

La cloche interrompait nos conversations ; elle réglait les Quarts, l'heure de l'habillement, celle de la revue, celle des repas. Le matin, à un signal, l'équipage, rangé sur le pont, dépouillait la chemise bleue pour en revêtir une autre qui séchait dans les haubans. La chemise quittée était immédiatement lavée dans des baquets, où cette pension de phoques savonnait aussi des faces brunes et des pattes goudronnées.

Au repas du midi et du soir, les matelots, assis en rond autour des gamelles, plongeaient l'un après l'autre, régulièrement et sans fraude, leur cuiller d'étain dans la soupe flottante au roulis. Ceux qui n'avaient pas faim vendaient, pour un morceau de tabac ou pour un verre d'eau-de-vie, leur portion de biscuit ou de viande salée à leurs camarades. Les passagers mangeaient dans la chambre du capitaine. Quand il faisait beau, on tendait une voile sur l'arrière du vaisseau, et l'on dînait à la vue d'une mer bleue, tachetée çà et là de marques blanches par les écorchures de la brise.

Enveloppé de mon manteau, je me couchais la nuit sur le tillac. Mes regards contemplaient les étoiles au-dessus de ma tête. La voile enflée me renvoyait la fraîcheur de la brise qui me berçait sous le dôme céleste : à demi assoupi et poussé par le vent, je changeais de ciel en changeant de rêve.

Les passagers, à bord d'un vaisseau, offrent une société différente de celle de l'équipage : ils appartiennent à un autre élément ; leurs destinées sont de la terre. Les uns courent chercher la fortune, les autres le repos ; ceux-là retournent à leur patrie, ceux-ci la quittent ; d'autres naviguent pour s'instruire des mœurs des peuples, pour étudier les sciences et les arts. On a le loisir de se connaître dans cette hôtellerie errante qui voyage avec le voyageur, d'apprendre maintes aventures, de concevoir des antipathies, de contracter des amitiés. Quand vont et viennent ces jeunes femmes nées du sang anglais et du sang indien, qui joignent à la beauté de Clarisse la délicatesse de Sacontala, alors se forment des chaînes que nouent et dénouent les vents parfumés de Ceylan, douces comme eux, comme eux légères.

Parmi les passagers, mes compagnons, se trouvait un Anglais. Francis Tulloch avait servi dans l'artillerie : peintre, musicien, mathématicien, il parlait plusieurs langues. L'abbé Nagot, supérieur des Sulpiciens, ayant rencontré l'officier anglican, en fit un catholique : il emmenait son néophyte à Baltimore.

Je m'accointai avec Tulloch : comme j'étais alors profond philosophe, je l'invitais à revenir chez ses parents.[363] Le spectacle que nous avions sous

---

[363] Voir, à l'Appendice, le no XI : Francis Tulloch.

les yeux le transportait d'admiration. Nous nous levions la nuit, lorsque le pont était abandonné à l'officier de quart et à quelques matelots qui fumaient leur pipe en silence : *Tuta æquora silent.*[364] Le vaisseau roulait au gré des lames sourdes et lentes, tandis que des étincelles de feu couraient avec une blanche écume le long de ses flancs. Des milliers d'étoiles rayonnant dans le sombre azur du dôme céleste, une mer sans rivage, l'infini dans le ciel et sur les flots ! Jamais Dieu ne m'a plus troublé de sa grandeur que dans ces nuits où j'avais l'immensité sur ma tête et l'immensité sous mes pieds.

Des vents d'ouest, entremêlés de calmes, retardèrent notre marche. Le 4 mai, nous n'étions qu'à la hauteur des Açores. Le 6, vers les 8 heures du matin, nous eûmes connaissance de l'île du Pic ; ce volcan domina longtemps des mers non naviguées : inutile phare la nuit, signal sans témoin le jour.

Il y a quelque chose de magique à voir s'élever la terre du fond de la mer. Christophe Colomb, au milieu d'un équipage révolté, prêt à retourner en Europe sans avoir atteint le but de son voyage, aperçoit une petite lumière sur une plage que la nuit lui cachait. Le vol des oiseaux l'avait guidé vers l'Amérique ; la lueur du foyer d'un sauvage lui révèle un nouvel univers. Colomb dut éprouver cette sorte de sentiment que l'Écriture donne au Créateur quand, après avoir tiré le monde du néant, il vit que son ouvrage était bon : *vidit Deus quod esset bonum.* Colomb créait un monde. Une des premières vies du pilote génois est celle que Giustiniani,[365] publiant un psautier hébreu, plaça en forme de *note* sous le psaume : *Cœli enarrant gloriam Dei.*

Vasco de Gama ne dut pas être moins émerveillé lorsqu'en 1498 il aborda la côte de Malabar. Alors, tout change sur le globe : une nature nouvelle apparaît ; le rideau qui depuis des milliers de siècles cachait une partie de la terre se lève : on découvre la patrie du soleil, le lieu d'où il sort chaque matin « comme un époux ou comme un géant, *tanquam sponsus, ut gigas ;*[366] » on voit à nu ce sage et brillant Orient, dont l'histoire mystérieuse se mêlait aux voyages de Pythagore, aux conquêtes d'Alexandre, au souvenir des croisades, et dont les parfums nous arrivaient à travers les champs de l'Arabie et les mers de la Grèce. L'Europe lui envoya un poète pour le saluer : le cygne du Tage fit entendre sa triste et belle voix sur les rivages de l'Inde ; Camoëns leur emprunta leur éclat, leur renommée et leur malheur ; il ne leur laissa que leurs richesses.

---

[364] C'est l'hémistiche de Virgile renversé. Virgile a dit : Œquora tuta silent. (Enéid. I. v. 164.)

[365] Giustiniani (1470-1531), hébraïsant, né à Gênes. Il fut évêque de Nebbio (Corse), et publia, en 1516, un psautier sous ce titre : Psalterium hebraicum, græcum, arabicum, chaldaicum.

[366] Psaume XVIII, v. 5-6.

Lorsque Gonzalo Villo, aïeul maternel de Camoëns, découvrit une partie de l'archipel des Açores, il aurait dû, s'il eût prévu l'avenir, se réserver une concession de six pieds de terre pour recouvrir les os de son petit-fils.

Nous ancrâmes dans une mauvaise rade, sur une base de roches, par quarante-cinq brasses d'eau. L'île *Graciosa*, devant laquelle nous étions mouillés, nous présentait ses collines un peu renflées dans leurs contours comme les ellipses d'une amphore étrusque : elle étaient drapées de la verdure des blés, et elles exhalaient une odeur fromentacée agréable, particulière aux moissons des Açores. On voyait au milieu de ces tapis les divisions des champs, formées de pierres volcaniques, mi-parties blanches et noires, et entassées les unes sur les autres. Une abbaye, monument d'un ancien monde sur un sol nouveau, se montrait au sommet d'un tertre ; au pied de ce tertre, dans une anse caillouteuse, miroitaient les toits rouges de la ville de Santa-Cruz. L'île entière, avec ses découpures de baies, de caps, de criques, de promontoires, répétait son paysage inverti dans les flots. Des rochers verticaux au plan des vagues lui servaient de ceinture extérieure. Au fond du tableau, le cône du volcan du Pic, planté sur une coupole de nuages, perçait, par delà Graciosa, la perspective aérienne.

Il fut décidé que j'irais à terre avec Tulloch et le second capitaine ; on mit la chaloupe en mer : elle nagea au rivage dont nous étions à environ deux milles. Nous aperçûmes du mouvement sur la côte ; une prame s'avança vers nous. Aussitôt qu'elle fût à portée de la voix, nous distinguâmes une quantité de moines. Ils nous hélèrent en portugais, en italien, en anglais, en français, et nous répondîmes dans ces quatre langues. L'alarme régnait, notre vaisseau était le premier bâtiment d'un grand port qui eût osé mouiller dans la rade dangereuse où nous étalions la marée. D'une autre part, les insulaires voyaient pour la première fois le pavillon tricolore ; ils ne savaient si nous sortions d'Alger ou de Tunis : Neptune n'avait point reconnu ce pavillon si glorieusement porté par Cybèle. Quand on vit que nous avions figure humaine et que nous entendions ce qu'on disait, la joie fut extrême. Les moines nous recueillirent dans le bateau, et nous ramâmes gaiement vers Santa-Cruz : nous y débarquâmes avec quelque difficulté, à cause d'un ressac assez violent.

Toute l'île accourut. Quatre ou cinq alguazils, armés de piques rouillées, s'emparèrent de nous. L'uniforme de Sa Majesté m'attirant les honneurs, je passai pour l'homme important de la députation. On nous conduisit chez le gouverneur, dans un taudis, où Son Excellence, vêtue d'un méchant habit vert, autrefois galonné d'or, nous donna une audience solennelle : il nous permit le ravitaillement.

Nos religieux nous menèrent à leur couvent, édifice à balcons commode et bien éclairé. Tulloch avait trouvé un compatriote : le principal frère, qui se donnait tous les mouvements pour nous, était un matelot de Jersey, dont le vaisseau avait péri corps et biens sur Graciosa. Sauvé seul du naufrage, ne manquant pas d'intelligence, il se montra docile aux leçons des catéchistes ; il apprit le portugais et quelques mots de latin ; sa qualité d'Anglais militant en sa faveur, on le convertit et on en fit un moine. Le matelot jerseyais, logé, vêtu et nourri à l'autel, trouvait cela beaucoup plus doux que d'aller serrer la voile du perroquet de fougue. Il se souvenait encore de son ancien métier : ayant été longtemps sans parler sa langue, il était enchanté de rencontrer quelqu'un qui l'entendît ; il riait et jurait en vrai pilotin. Il nous promena dans l'île.

Les maisons des villages, bâties en planches et en pierres, s'enjolivaient de galeries extérieures qui donnaient un air propre à ces cabanes, parce qu'il y régnait beaucoup de lumière. Les paysans, presque tous vignerons, étaient à moitié nus et bronzés par le soleil ; les femmes, petites, jaunes comme des mulâtresses, mais éveillées, étaient naïvement coquettes avec leurs bouquets de seringas, leurs chapelets en guise de couronnes ou de chaînes.

Les pentes des collines rayonnaient de ceps, dont le vin approchait celui de Fayal. L'eau était rare, mais, partout où sourdait une fontaine, croissait un figuier et s'élevait un oratoire avec un portique peint à fresque. Les ogives du portique encadraient quelques aspects de l'île et quelques portions de la mer. C'est sur un de ces figuiers que je vis s'abattre une compagnie de sarcelles bleues, non palmipèdes. L'arbre n'avait point de feuilles, mais il portait des fruits rouges enchâssés comme des cristaux. Quand il fut orné des oiseaux cérulés[367] qui laissaient pendre leurs ailes, ses fruits parurent d'une pourpre éclatante, tandis que l'arbre semblait avoir poussé tout à coup un feuillage d'azur.

Il est probable que les Açores furent connues des Carthaginois ; il est certain que des monnaies phéniciennes ont été déterrées dans l'île de Corvo. Les navigateurs modernes qui abordèrent les premiers à cette île trouvèrent, dit-on, une statue équestre, le bras droit étendu et montrant du doigt l'Occident, si toutefois cette statue n'est pas la gravure d'invention qui décore les anciens portulans[368].

J'ai supposé, dans le manuscrit des *Natchez,* que Chactas, revenant d'Europe, prit terre à l'île de Corvo, et qu'il rencontra la statue mystérieuse[369]. Il exprime ainsi les sentiments qui m'occupaient à Graciosa, en me rappelant la tradition : « J'approche de ce monument extraordinaire. Sur sa base, baignée de l'écume des flots, étaient gravés des caractères inconnus : la mousse et le salpêtre des mers rongeaient la surface du bronze antique ; l'alcyon, perché sur le casque du colosse, y

---

[367] Locution nouvelle empruntée à l'adjectif latin cœruleus, azuré.

[368] Portulan, livre qui contient la description de chaque port de mer, du fond qui s'y trouve, de ses marées, de la manière d'y entrer et d'en sortir, de ses inconvénients et de ses avantages. Dictionnaire de Littré.

[369] Voir les Natchez, livre VII.

jetait, par intervalles, des voix langoureuses ; des coquillages se collaient aux flancs et aux crins d'airain du coursier, et lorsqu'on approchait l'oreille de ses naseaux ouverts, on croyait ouïr des rumeurs confuses. »

Un bon souper nous fut servi chez les religieux après notre course ; nous passâmes la nuit à boire avec nos hôtes. Le lendemain, vers midi, nos provisions embarquées, nous retournâmes à bord. Les religieux se chargèrent de nos lettres pour l'Europe. Le vaisseau s'était trouvé en danger par la levée d'un fort sud-est. On vira l'ancre ; mais, engagée dans des roches, on la perdit, comme on s'y attendait. Nous appareillâmes : le vent continuant de fraîchir, nous eûmes bientôt dépassé les Açores[370].

Fac pelagus me scire probes, quo carbasa laxo.

« Muse, aide-moi à montrer que je connais la mer sur laquelle je déploie mes voiles. »

C'est ce que disait, il y a six cents ans, Guillaume-le-Breton, mon compatriote[371]. Rendu à la mer, je recommençai à contempler ses solitudes ; mais à travers le monde idéal de mes rêveries m'apparaissaient, moniteurs sévères, la France et les événements réels. Ma retraite pendant le jour, lorsque je voulais éviter les passagers, était la hune du grand mât ; j'y montais lestement aux applaudissements des matelots. Je m'y asseyais dominant les vagues.

L'espace tendu d'un double azur avait l'air d'une toile préparée pour recevoir les futures créations d'un grand peintre. La couleur des eaux était pareille à celle du verre liquide. De longues et hautes ondulations ouvraient dans leurs ravines des échappées de vue sur les déserts de l'Océan : ces vacillants paysages rendaient sensible à mes yeux la comparaison que fait l'Écriture de la terre chancelante devant le Seigneur, comme un homme ivre. Quelquefois, on eût dit l'espace étroit et borné, faute d'un point de saillie ; mais si une vague venait à lever la tête, un flot à se courber en imitation d'une côte lointaine, un escadron de chiens de mer à passer à l'horizon, alors se présentait une échelle de mesure. L'étendue se révélait surtout lorsqu'une brume, rampant à la surface pélagienne, semblait accroître l'immensité même.

Descendu de l'aire du mât comme autrefois du nid de mon saule, toujours réduit à une existence solitaire, je soupais d'un biscuit de vaisseau, d'un peu de sucre et d'un citron ; ensuite je me couchais, ou sur le tillac dans mon manteau, ou sous le pont dans mon cadre : je n'avais qu'à déployer mon bras pour atteindre de mon lit à mon cercueil.

---

[370] Dans son Essai sur les Révolutions, pages 635 et suivantes, Chateaubriand avait raconté avec beaucoup de détails son voyage aux Açores. Le récit des Mémoires est de tous points conforme à celui de l'Essai.

[371] C'est un des 9000 vers de la Chronique dans laquelle Guillaume-le-Breton a retracé la vie de Philippe-Auguste depuis son couronnement jusqu'à sa mort : Philippidos libri duodecine, sive Gesta Philippi Augusti, versibus heroïcis descripta.

Imp. Vve Sarazin
JEUNE BATELIÈRE
Garnier frères Éditeurs

Le vent nous força d'anordir et nous accostâmes le banc de Terre-Neuve. Quelques glaces flottantes rôdaient au milieu d'une bruine froide et pâle.

Les hommes du trident ont des jeux qui leur viennent de leurs devanciers : quand on passe la Ligne, il faut se résoudre à recevoir le *baptême :* même cérémonie sous le Tropique, même cérémonie sur le banc de Terre-Neuve, et, quel que soit le lieu, le chef de la mascarade est toujours le *bonhomme Tropique*. Tropique et *hydropique* sont synonymes pour les matelots : le bonhomme Tropique a donc une bedaine énorme ; il est vêtu, lors même qu'il est sous son tropique, de toutes les peaux de mouton et de toutes les jaquettes fourrées de l'équipage. Il se tient accroupi dans la grande hune, poussant de temps en temps des mugissements. Chacun le regarde d'en bas : il commence à descendre le long des haubans, pesant comme un ours, trébuchant comme Silène. En mettant le pied sur le pont, il pousse de nouveaux rugissements, bondit, saisit un seau, le remplit d'eau de mer et le verse sur le chef de ceux qui n'ont pas passé la Ligne, ou qui ne sont pas parvenus à la latitude des glaces. On fuit sous les ponts, on remonte sur les écoutilles, on grimpe aux mâts : père Tropique vous poursuit ; cela finit au moyen d'un large pourboire : jeux d'Amphitrite, qu'Homère aurait célébrés comme il a chanté Protée, si le vieil Océanus eût été connu tout entier du temps d'Ulysse ; mais alors on ne voyait encore que sa tête aux Colonnes d'Hercule ; son corps caché couvrait le monde.

Nous gouvernâmes vers les îles Saint-Pierre et Miquelon, cherchant une nouvelle relâche. Quand nous approchâmes de la première, un matin entre dix heures et midi, nous étions presque dessus ; ses côtés perçaient, en forme de bosse noire, à travers la brume.

Nous mouillâmes devant la capitale de l'île : nous ne la voyions pas, mais nous entendions le bruit de la terre. Les passagers se hâtèrent de débarquer ; le supérieur de Saint-Sulpice, continuellement harcelé du mal de mer, était si faible, qu'on fut obligé de le porter au rivage. Je pris un logement à part ; j'attendis qu'une rafale, arrachant le brouillard, me montra le lieu que j'habitais, et pour ainsi dire le visage de mes hôtes dans ce pays des ombres.

Le port et la rade de Saint-Pierre sont placés entre la côte orientale de l'île et un îlot allongé, l'*île aux Chiens*. Le port, surnommé le *Barachois,* creuse les terres et aboutit à une flaque saumâtre. Des mornes stériles se serrent au noyau de l'île : quelques-uns, détachés, surplombent le littoral ; les autres ont à leur pied une lisière de landes tourbeuses et arasées. On aperçoit du bourg le morne de la vigie.

La maison du gouverneur fait face à l'embarcadère. L'église, la cure, le magasin aux vivres, sont placés au même lieu ; puis viennent la demeure du commissaire de la marine et celle du capitaine du port. Ensuite commence, le long du rivage sur les galets, la seule rue du bourg.

Je dînai deux ou trois fois chez le gouverneur, officier plein d'obligeance et de politesse. Il cultivait sur un glacis quelques légumes d'Europe. Après le dîner, il me montrait ce qu'il appelait son jardin.

Une odeur fine et suave d'héliotrope s'exhalait d'un petit carré de fèves en fleurs ; elle ne nous était point apportée par une brise de la patrie, mais par un vent sauvage de Terre-Neuve, sans relation avec la plante exilée, sans sympathie de réminiscence et de volupté. Dans ce parfum non respiré de la beauté, non épuré dans son sein, non répandu sur ses traces, dans ce parfum changé d'aurore, de culture et de monde, il y avait toutes les mélancolies des regrets, de l'absence et de la jeunesse.

Du jardin, nous montions aux mornes, et nous nous arrêtions au pied du mât de pavillon de la vigie. Le nouveau drapeau français flottait sur notre tête ; comme les femmes de Virgile, nous regardions la mer, *flentes* : elle nous séparait de la terre natale ! Le gouverneur était inquiet ; il appartenait à l'opinion battue ; il s'ennuyait d'ailleurs dans cette retraite, convenable à un songe-creux de mon espèce, rude séjour pour un homme occupé d'affaires, ou ne portant point en lui cette passion qui remplit tout et fait disparaître le reste du monde. Mon hôte s'enquérait de la Révolution, je lui demandais des nouvelles du passage au nord-ouest. Il était à l'avant-garde du désert, mais il ne savait rien des Esquimaux et ne recevait du Canada que des perdrix.

Un matin, j'étais allé seul au Cap-à-l'Aigle, pour voir se lever le soleil du côté de la France. Là, une eau hyémale formait une cascade dont le dernier bond atteignait la mer. Je m'assis au ressaut d'une roche, les pieds pendant sur la vague qui déferlait au bas de la falaise. Une jeune marinière parut dans les déclivités supérieures du morne ; elle avait les jambes nues, quoiqu'il fît froid, et marchait parmi la rosée. Ses cheveux noirs passaient en touffes sous le mouchoir des Indes dont sa tête était entortillée ; par-dessus ce mouchoir elle portait un chapeau de roseaux du pays en façon de nef ou de berceau. Un bouquet de bruyères lilas sortait de son sein que modelait l'entoilage blanc de sa chemise. De temps en temps elle se baissait et cueillait les feuilles d'une plante aromatique qu'on appelle dans l'île *thé naturel*. D'une main elle jetait ces feuilles dans un panier qu'elle tenait de l'autre main. Elle m'aperçut : sans être effrayée, elle se vint asseoir à mon côté, posa son panier près d'elle, et se mit comme moi, les jambes ballantes sur la mer, à regarder le soleil.

Nous restâmes quelques minutes sans parler ; enfin, je fus le plus courageux et je dis : « Que cueillez-vous là ? la saison des lucets et des atocas est passée ». Elle leva de grands yeux noirs, timides et fiers, et me répondit : « Je cueillais du thé. » Elle me présenta son panier. « Vous portez ce thé à votre père et à votre mère ? — Mon père est à la pêche avec Guillaumy. — Que faites-vous l'hiver dans l'île ? — Nous tressons des filets, nous pêchons les étangs, en faisant des trous dans la glace ; le dimanche, nous allons à la messe et aux vêpres, où nous chantons des cantiques ; et puis nous jouons sur la neige et nous voyons les garçons chasser les ours blancs. — Votre père va bientôt revenir ? — Oh ! non : le capitaine mène le navire à Gênes avec Guillaumy. — Mais Guillaumy reviendra ? — Oh ! oui, à la saison prochaine, au retour des pêcheurs. Il m'apportera dans sa pacotille un corset de soie rayée, un jupon de mousseline et un collier noir. — Et vous serez parée pour le vent, la montagne et la mer. Voulez-vous que je vous envoie un corset, un jupon et un collier ? — Oh ! non. »

Elle se leva, prit son panier, et se précipita par un sentier rapide, le long d'une sapinière. Elle chantait d'une voix sonore un cantique des Missions :

Tout brûlant d'une ardeur immortelle,
C'est vers Dieu que tendent mes désirs.

Elle faisait envoler sur sa route de beaux oiseaux appelés aigrettes, à cause du panache de leur tête ; elle avait l'air d'être de leur troupe. Arrivée à la mer, elle sauta dans un bateau, déploya la voile et s'assit au gouvernail ; on l'eût prit pour la Fortune : elle s'éloigna de moi.

Oh ! oui, oh ! non, Guillaumy, l'image du jeune matelot sur une vergue, au milieu des vents, changeaient en terre de délices l'affreux rocher de Saint-Pierre :

L'isole di Fortuna, ora vedete[372].

Nous passâmes quinze jours dans l'île. De ses côtes désolées on découvre les rivages encore plus désolés de Terre-Neuve. Les mornes à l'intérieur étendent des chaînes divergentes dont la plus élevée se prolonge vers l'anse Rodrigue. Dans les vallons, la roche granitique, mêlée d'un mica rouge et verdâtre, se rembourre d'un matelas de sphaignes, de lichen et de dicranum.

De petits lacs s'alimentent du tribut des ruisseaux de la *Vigie*, du *Courval*, du *Pain-de-Sucre*, du *Kergariou*, de la *Tête-Galante*. Ces flaques sont connues sous le nom des *Étangs-du-Savoyard*, du *Cap-Noir*, du *Ravenel*, du *Colombier*, du *Cap-à-l'Aigle*. Quand les tourbillons fondent sur ces étangs, ils déchirent les eaux peu profondes, mettant à nu çà et là quelques portions de prairies sous-marines que recouvre subitement le voile retissu de l'onde.

La Flore de Saint-Pierre est celle de la Laponie et du détroit de Magellan. Le nombre des végétaux diminue en allant vers le pôle ; au Spitzberg, on ne rencontre plus que quarante espèces de phanérogames. En changeant de localité, des races de plantes s'éteignent : les unes au nord, habitantes des steppes glacées, deviennent au midi des filles de la montagne : les autres, nourries dans l'atmosphère tranquille des plus épaisses forêts, viennent, en décroissant de force et de grandeur, expirer aux plages tourmenteuses de l'Océan. À Saint-Pierre, le myrtille marécageux (*vaccinium fugilinosum*) est réduit à l'état de traînasses ; il sera bientôt enterré dans l'ouate et les bourrelets des mousses qui lui servent d'humus. Plante voyageuse, j'ai pris mes précautions pour disparaître au bord de la mer, mon site natal.

La pente des monticules de Saint-Pierre est plaquée de baumiers, d'amelanchiers, de palomiers, de mélèzes, de sapins noirs, dont les bourgeons servent à brasser une bière antiscorbutique. Ces arbres ne dépassent pas la hauteur d'un homme. Le vent océanique les étête, les secoue, les prosterne, à l'instar des fougères ; puis, se glissant sous ces forêts en broussailles, il les relève ; mais il n'y trouve ni troncs, ni rameaux, ni voûtes, ni échos pour y gémir, et il n'y fait pas plus de bruit que sur une bruyère.

---

[372] Jérusalem délivrée, chant XV, stance 27.

Ces bois rachitiques contrastent avec les grands bois de Terre-Neuve dont on découvre le rivage voisin, et dont les sapins portent un lichen argenté *(alectoria trichodes)* : les ours blancs semblent avoir accroché leur poil aux branches de ces arbres, dont ils sont les étranges grimpereaux. Les *swamps* de cette île de Jacques Cartier offrent des chemins battus par ces ours : on croirait voir les sentiers rustiques des environs d'une bergerie. Toute la nuit retentit des cris des animaux affamés ; le voyageur ne se rassure qu'au bruit non moins triste de la mer ; ces vagues, si insociables et si rudes, deviennent des compagnes et des amies.

La pointe septentrionale de Terre-Neuve arrive à la latitude du cap Charles Ier du Labrador ; quelques degrés plus haut, commence le paysage polaire. Si nous en croyons les voyageurs, il est un charme à ces régions : le soir, le soleil, touchant la terre, semble rester immobile, et remonte ensuite dans le ciel au lieu de descendre sous l'horizon. Les monts revêtus de neige, les vallées tapissées de la mousse blanche que broutent les rennes, les mers couvertes de baleines et semées de glaces flottantes, toute cette scène brille, éclairée comme à la fois par les feux du couchant et la lumière de l'aurore : on ne sait si l'on assiste à la création ou à la fin du monde. Un petit oiseau, semblable à celui qui chante la nuit dans nos bois, fait entendre un ramage plaintif. L'amour amène alors l'Esquimau sur le rocher de glace où l'attendait sa compagne : ces noces de l'homme aux dernières bornes de la terre ne sont ni sans pompe ni sans félicité.

Après avoir embarqué des vivres et remplacé l'ancre perdue à Graciosa, nous quittâmes Saint-Pierre. Cinglant au midi, nous atteignîmes la latitude de 38 degrés. Les calmes nous arrêtèrent à une petite distance des côtes du Maryland et de la Virginie. Au ciel brumeux des régions boréales avait succédé le plus beau ciel ; nous ne voyions pas la terre, mais l'odeur des forêts de pins arrivait jusqu'à nous. Les aubes et les aurores, les levers et les couchers du soleil, les crépuscules et les nuits étaient admirables. Je ne me pouvais rassasier de regarder Vénus, dont les rayons semblaient m'envelopper comme jadis les cheveux de ma sylphide.

Un soir, je lisais dans la chambre du capitaine ; la cloche de la prière sonna : j'allai mêler mes vœux à ceux de mes compagnons. Les officiers occupaient le gaillard d'arrière avec les passagers ; l'aumônier, un livre à la main, un peu en avant d'eux, près du gouvernail ; les matelots se pressaient pêle-mêle sur le tillac : nous nous tenions debout, le visage tourné vers la proue du vaisseau. Toutes les voiles étaient pliées.

Le globe du soleil, prêt à se plonger dans les flots, apparaissait entre les cordages du navire au milieu des espaces sans bornes : on eût dit, par les balancements de la poupe, que l'astre radieux changeait à chaque instant d'horizon. Quand je peignis ce tableau dont vous pouvez revoir l'ensemble dans le *Génie du Christianisme,*[373] mes sentiments religieux s'harmonisaient avec la scène ; mais, hélas ! quand j'y assistai en personne, le vieil homme était vivant en moi : ce n'était pas Dieu seul que je contemplais sur les flots, dans la magnificence de ses œuvres. Je voyais une femme inconnue et les miracles de son sourire ; les beautés du ciel me semblaient écloses de son souffle ; j'aurais vendu l'éternité pour une de ses caresses. Je me figurais qu'elle palpitait derrière ce voile de l'univers qui la cachait à mes yeux. Oh ! que n'était-il en ma puissance de déchirer le rideau pour presser la femme idéalisée contre mon cœur, pour me consumer sur son sein dans cet amour, source de mes inspirations, de mon désespoir et de ma vie ! Tandis que je me laissais aller à ces mouvements si propres à ma carrière future de *coureur des bois*, il ne s'en fallut guère qu'un accident ne mit un terme à mes desseins et à mes songes.

La chaleur nous accablait ; le vaisseau, dans un calme plat, sans voiles et trop chargé de ses mâts, était tourmenté du roulis : brûlé sur le pont et fatigué du mouvement, je me voulus baigner, et, quoique nous n'eussions point de chaloupe dehors, je me jetai du beaupré à la mer. Tout alla d'abord à merveille, et plusieurs passagers m'imitèrent. Je nageais sans regarder le vaisseau ; mais quand je vins à tourner la tête, je m'aperçus que le courant l'entraînait déjà loin. Les matelots, alarmés, avaient filé un grelin aux autres nageurs. Des requins se montraient dans les eaux du navire, et on leur tirait des coups de fusil pour les écarter. La houle était si grosse qu'elle retardait mon retour en épuisant mes forces. J'avais un gouffre au-dessous de moi, et les requins pouvaient à tout moment m'emporter un bras ou une jambe. Sur le bâtiment, le maître d'équipage cherchait à descendre un canot dans la mer, mais il fallait établir un palan, et cela prenait un temps considérable.

Par le plus grand bonheur, une brise presque insensible se leva ; le vaisseau, gouvernant un peu, s'approcha de moi ; je me pus m'emparer de la corde ; mais les compagnons de ma témérité s'étaient accrochés à cette corde ; quand on nous tira au flanc du bâtiment, me trouvant à l'extrémité de la file, ils pesaient sur moi de tout leur poids. On nous repêcha ainsi un à un, ce qui fut long. Les roulis continuaient ; à chacun de ces roulis en sens opposé, nous plongions de six ou sept pieds dans la vague, ou nous étions suspendus en l'air à un même nombre de pieds, comme des poissons au bout d'une ligne : à la dernière immersion, je me sentis prêt à m'évanouir ; un roulis de plus, et c'en était fait. On me hissa sur le pont à demi mort : si je m'étais noyé, le bon débarras pour moi et pour les autres !

Deux jours après cet accident, nous aperçûmes la terre. Le cœur me battit quand le capitaine me la montra : l'Amérique ! Elle était à peine déclinée par la cime de quelques érables sortant de l'eau. Les palmiers de

---

[373] *Génie du Christianisme*, première partie, livre V, chapitre XII : Deux perspectives de la Nature.

l'embouchure du Nil m'indiquèrent depuis le rivage de l'Égypte de la même manière. Un pilote vint à bord ; nous entrâmes dans la baie de Chesapeake. Le soir même, on envoya une chaloupe chercher des vivres frais. Je me joignis au parti et bientôt je foulai le sol américain.

Promenant mes regards autour de moi, je demeurai quelques instants immobile. Ce continent, peut-être ignoré pendant la durée des temps anciens et un grand nombre de siècles modernes ; les premières destinées sauvages de ce continent, et ses secondes destinées depuis l'arrivée de Christophe Colomb ; la domination des monarchies de l'Europe ébranlée dans ce nouveau monde ; la vieille société finissant dans la jeune Amérique ; une république d'un genre inconnu annonçant un changement dans l'esprit humain ; la part que mon pays avait eue à ces événements ; ces mers et ces rivages devant en partie leur indépendance au pavillon et au sang français ; un grand homme sortant du milieu des discordes et des déserts ; Washington habitant une ville florissante, dans le même lieu où Guillaume Penn avait acheté un coin de forêts ; les États-Unis renvoyant à la France la révolution que la France avait soutenue de ses armes ; enfin mes propres destins, ma muse vierge que je venais livrer à la passion d'une nouvelle nature ; les découvertes que je voulais tenter dans ces déserts, lesquels étendaient encore leur large royaume derrière l'étroit empire d'une civilisation étrangère : telles étaient les choses qui roulaient dans mon esprit.

Nous nous avançâmes vers une habitation. Des bois de baumiers et de cèdres de la Virginie, des oiseaux-moqueurs et des cardinaux, annonçaient, par leur port et leur ombre, par leur chant et leur couleur, un autre climat. La maison où nous arrivâmes au bout d'une demi-heure tenait de la ferme d'un Anglais et de la case d'un créole. Des troupeaux de vaches européennes pâturaient les herbages entourés de claires-voies, dans lesquelles se jouaient des écureuils à peau rayée. Des noirs sciaient des pièces de bois, des blancs cultivaient des plants de tabac. Une négresse de treize à quatorze ans, presque nue et d'une beauté singulière, nous ouvrit la barrière de l'enclos comme une jeune Nuit. Nous achetâmes des gâteaux de maïs, des poules, des œufs, du lait, et nous retournâmes au bâtiment avec nos dames-jeannes et nos paniers. Je donnai mon mouchoir de soie à la petite Africaine : ce fut une esclave qui me reçut sur la terre de la liberté.

On désancra pour gagner la rade et le port de Baltimore : en approchant, les eaux se rétrécirent ; elles étaient lisses et immobiles ; nous avions l'air de remonter un fleuve indolent bordé d'avenues. Baltimore s'offrit à nous comme au fond d'un lac. En regard de la ville, s'élevait une colline boisée, au pied de laquelle on commençait à bâtir. Nous amarrâmes au quai du port. Je dormis à bord et n'atterris que le lendemain. J'allai loger à l'auberge avec mes bagages ; les séminaristes se retirèrent à l'établissement préparé pour eux, d'où ils se sont dispersés en Amérique.

Qu'est devenu Francis Tulloch ? La lettre suivante m'a été remise à

Londres, le 12 du mois d'avril 1822 :

« Trente ans s'étant écoulés, mon très-cher vicomte, depuis l'*epoch* de notre voyage à Baltimore, il est très possible que vous ayez oublié jusqu'à mon nom ; mais à juger d'après les sentiments de mon cœur, qui vous a toujours été vrai et loyal, ce n'est pas ainsi, et je me flatte que vous ne seriez pas fâché de me revoir. Presque en face l'un de l'autre (comme vous verrez par la date de cette lettre), je ne sens que trop que bien des choses nous séparent. Mais témoignez le moindre désir de me voir, et je m'empresserai de vous prouver, autant qu'il me sera possible, que je suis toujours, comme j'ai toujours été, votre fidèle et dévoué,

« Franc. Tulloch.

« *P. S.* — Le rang distingué que vous vous êtes acquis et que vous méritez par tant de titres, m'est devant les yeux ; mais le souvenir du chevalier de Chateaubriand m'est si cher, que je ne puis vous écrire (au moins cette fois-ci) comme ambassadeur, etc., etc. Ainsi pardonnez le style en faveur de notre ancienne alliance.

« Vendredi, 12 avril.

« Portland Place, n° 30. »

Ainsi, Tulloch était à Londres ; il ne s'est point fait prêtre, il s'est marié ; son roman est fini comme le mien. Cette lettre dépose en faveur de la véracité de mes *Mémoires* et de la fidélité de mes souvenirs. Qui aurait rendu témoignage d'une *alliance* et d'une *amitié* formées il y a trente ans sur les flots, si la partie contractante ne fût survenue ? et quelle perspective morne et rétrograde me déroule cette lettre ! Tulloch se retrouvait en 1822 dans la même ville que moi, dans la même rue que moi ; la porte de sa maison était en face de la mienne, ainsi que nous nous étions rencontrés dans le même vaisseau, sur le même tillac, cabine vis-à-vis cabine. Combien d'autres amis je ne rencontrerai plus ! L'homme, chaque soir en se couchant, peut compter ses pertes : il n'y a que ses ans qui ne le quittent point, bien qu'ils passent ; lorsqu'il en fait la revue et qu'il les nomme, ils répondent : « Présents ! » Aucun ne manque à l'appel.

Baltimore, comme toutes les autres métropoles des États-Unis, n'avait pas l'étendue qu'elle a maintenant : c'était une jolie petite ville catholique, propre, animée, où les mœurs et la société avaient une grande affinité avec les mœurs et la société de l'Europe. Je payai mon passage au capitaine et lui donnai un dîner d'adieu. J'arrêtai ma place au *stage-coach* qui faisait trois fois la semaine le voyage de Pensylvanie. À quatre heures du matin, j'y montai, et me voilà roulant sur les chemins du Nouveau Monde.

La route que nous parcourûmes, plutôt tracée que faite, traversait un pays assez plat : presque point d'arbres, fermes éparses, villages clair-semés, climat de la France, hirondelles volant sur les eaux comme sur l'étang de Combourg.

En approchant de Philadelphie, nous rencontrâmes des paysans allant au marché, des voitures publiques et des voitures particulières.

Philadelphie me parut une belle ville, les rues larges, quelques-unes plantées, se coupant à l'angle droit dans un ordre régulier du nord au sud et de l'est à l'ouest. La Delaware coule parallèlement à la rue qui suit son bord occidental. Cette rivière serait considérable en Europe : on n'en parle pas en Amérique ; ses rives sont basses et peu pittoresques.

À l'époque de mon voyage (1791), Philadelphie ne s'étendait pas encore jusqu'à la Shuylkill ; le terrain, en avançant vers cet affluent, était divisé par lots, sur lesquels on construisait çà et là des maisons.

L'aspect de Philadelphie est monotone. En général, ce qui manque aux cités protestantes des États-Unis, ce sont les grandes œuvres de l'architecture : la Réformation jeune d'âge, qui ne sacrifie point à l'imagination, a rarement élevé ces dômes, ces nefs aériennes, ces tours jumelles dont l'antique religion catholique a couronné l'Europe. Aucun monument, à Philadelphie, à New-York, à Boston, une pyramide au-dessus de la masse des murs et des toits : l'œil est attristé de ce niveau.

Descendu d'abord à l'auberge, je pris ensuite un appartement dans une pension où logeaient des colons de Saint-Domingue, et des Français émigrés avec d'autres idées que les miennes. Une terre de liberté offrait un asile à ceux qui fuyaient la liberté : rien ne prouve mieux le haut prix des institutions généreuses que cet exil volontaire des partisans du pouvoir absolu dans une pure démocratie.

Un homme, débarqué comme moi aux États-Unis, plein d'enthousiasme pour les peuples classiques, un colon qui cherchait partout la rigidité des premières mœurs romaines, dut être fort scandalisé de trouver partout le luxe des équipages, la frivolité des conversations, l'inégalité des fortunes, l'immoralité des maisons de banque et de jeu, le bruit des salles de bal et de spectacle. À Philadelphie j'aurais pu me croire à Liverpool ou à Bristol. L'apparence du peuple était agréable : les quakeresses avec leurs robes grises, leurs petits chapeaux uniformes et leurs visages pâles, paraissaient belles.

À cette heure de ma vie, j'admirais beaucoup les républiques, bien que je ne les crusse pas possibles à l'époque du monde où nous étions parvenus : je connaissais la liberté à la manière des anciens, la liberté, fille des mœurs dans une société naissante ; mais j'ignorais la liberté fille des lumières et d'une vieille civilisation, liberté dont la république représentative a prouvé la réalité : Dieu veuille qu'elle soit durable ! On n'est plus obligé de labourer soi-même son petit champ, de maugréer les arts et les sciences, d'avoir des ongles crochus et la barbe sale pour être libre.

Lorsque j'arrivai à Philadelphie, le général Washington n'y était pas ; je fus obligé de l'attendre une huitaine de jours. Je le vis passer dans une voiture que tiraient quatre chevaux fringants, conduits à grandes guides. Washington, d'après mes idées d'alors, était nécessairement Cincinnatus ; Cincinnatus en carrosse dérangeait un peu ma république de l'an de Rome 296. Le dictateur Washington pouvait-il être autre qu'un rustre, piquant ses bœufs de l'aiguillon et tenant le manche de sa charrue ? Mais quand j'allai lui porter ma lettre de recommandation, je retrouvai la simplicité du vieux Romain.

Une petite maison, ressemblant aux maisons voisines, était le palais du président des États-Unis[374] : point de gardes, pas même de valets. Je frappai ; une jeune servante ouvrit. Je lui demandai si le général était chez lui ; elle me répondit qu'il y était. Je répliquai que j'avais une lettre à lui remettre. La servante me demanda mon nom, difficile à prononcer en anglais et qu'elle ne put retenir. Elle me dit alors doucement : « *Walk in, sir ;* entrez, monsieur » et elle marcha devant moi dans un de ces étroits corridors qui servent de vestibule aux maisons anglaises : elle m'introduisit dans un parloir où elle me pria d'attendre le général.

Je n'étais pas ému : la grandeur de l'âme ou celle de la fortune ne m'imposent point : j'admire la première sans en être écrasé ; la seconde m'inspire plus de pitié que de respect : visage d'homme ne me troublera jamais.

Au bout de quelques minutes, le général entra : d'une grande taille, d'un air calme et froid plutôt que noble, il est ressemblant dans ses gravures. Je lui présentai ma lettre en silence ; il l'ouvrit, courut à la signature qu'il lut tout haut avec exclamation : « Le colonel Armand ! » C'est ainsi qu'il l'appelait et qu'avait signé le marquis de la Rouërie.

Nous nous assîmes. Je lui expliquai tant bien que mal le motif de mon voyage. Il me répondait par monosyllabes anglais et français, et m'écoutait avec une sorte d'étonnement ; je m'en aperçus, et je lui dis avec un peu de vivacité : « Mais il est moins difficile de découvrir le passage du nord-ouest que de créer un peuple comme vous l'avez fait. — *Well, well, young man !* Bien, bien, jeune homme, » s'écria-t-il en me tendant la main. Il m'invita à dîner pour le jour suivant, et nous nous quittâmes.

Je n'eus garde de manquer au rendez-vous. Nous n'étions que cinq ou six convives. La conversation roula sur la Révolution française. Le général nous montra une clef de la Bastille. Ces clefs, je l'ai déjà remarqué, étaient des jouets assez niais qu'on se distribuait alors. Les expéditionnaires en serrurerie auraient pu, trois ans plus tard, envoyer au président des États-Unis le verrou de la prison du monarque qui donna la liberté à la France et à l'Amérique. Si Washington avait vu dans les ruisseaux de Paris les *vainqueurs de la Bastille*, il aurait moins respecté sa relique. Le sérieux et la force de la Révolution ne venaient pas de ces orgies sanglantes. Lors de la révocation de l'Édit de Nantes, en 1685, la même populace du faubourg Saint-Antoine démolit le temple protestant à Charenton, avec autant de zèle qu'elle dévasta l'église de Saint-Denis en 1793.

---

[374] Washington avait été nommé, en 1789, président de la République pour quatre ans. Réélu en 1793, il résigna le pouvoir en 1797.

Je quittai mon hôte à dix heures du soir, et ne l'ai jamais revu ; il partit le lendemain, et je continuai mon voyage.

Telle fut ma rencontre avec le soldat citoyen, libérateur d'un monde. Washington est descendu dans la tombe[375] avant qu'un peu de bruit se soit attaché à mes pas ; j'ai passé devant lui comme l'être le plus inconnu ; il était dans tout son éclat, moi dans toute mon obscurité ; mon nom n'est peut-être pas demeuré un jour entier dans sa mémoire : heureux pourtant que ses regards soient tombés sur moi ! je m'en suis senti échauffé le reste de ma vie : il y a une vertu dans les regards d'un grand homme.

Bonaparte achève à peine de mourir. Puisque je viens de heurter à la porte de Washington, le parallèle entre le fondateur des États-Unis et l'empereur des Français se présente naturellement à mon esprit ; d'autant mieux qu'au moment où je trace ces lignes, Washington lui-même n'est plus. Ercilla, chantant et bataillant dans le Chili, s'arrête au milieu de son voyage pour raconter la mort de Didon[376] ; moi, je m'arrête au début de ma course dans la Pensylvanie pour comparer Washington à Bonaparte. J'aurais pu ne m'occuper d'eux qu'à l'époque où je rencontrai Napoléon ; mais si je venais à toucher ma tombe avant d'avoir atteint dans ma chronique l'année 1814, on ne saurait donc rien de ce que j'aurais à dire des deux mandataires de la Providence ? Je me souviens de Castelnau : ambassadeur comme moi en Angleterre, il écrivait comme moi une partie de sa vie à Londres. À la dernière page du livre VIIᵉ, il dit à son fils : « Je traiterai de ce fait au VIIIᵉ livre, » et le VIIIᵉ livre des *Mémoires* de Castelnau n'existe pas : cela m'avertit de profiter de la vie[377].

Washington n'appartient pas, comme Bonaparte, à cette race qui dépasse la stature humaine. Rien d'étonnant ne s'attache à sa personne ; il n'est point placé sur un vaste théâtre ; il n'est point aux prises avec les capitaines les plus habiles, et les plus puissants monarques du temps ; il ne court point de Memphis à Vienne, de Cadix à Moscou : il se défend avec une poignée de citoyens sur une terre sans célébrité, dans le cercle étroit des foyers domestiques. Il ne livre point de ces combats qui renouvellent les triomphes d'Arbelle et de Pharsale ; il ne renverse point les trônes pour en recomposer d'autres avec leurs débris ; il ne fait point dire aux rois à sa porte :

Qu'ils se font trop attendre, et qu'Attila s'ennuie[378].

---

[375] Washington est mort le 9 décembre 1799.

[376] Ercilla Y Zuniga (Don Alonso de), célèbre poète espagnol (1533-1595). À vingt ans, il fit partie, sur sa demande, de l'expédition envoyée pour étouffer la révolte des Araucans dans le Chili. Il y trouva le sujet de son poème : l'Araucanie (la Araucana), qu'il dédia à Philippe II et qui parut en trois parties (1569-1578-1589).

[377] Michel de Castelnau (1520-1592) a été cinq fois ambassadeur en Angleterre, sous les règnes de Charles IX et de Henri III. Ses Mémoires vont de 1559 à 1570.

[378] C'est le second vers de l'Attila de Corneille (Acte I, scène I) :
Ils ne sont pas venus, nos deux rois ; qu'on leur die

Quelque chose de silencieux enveloppe les actions de Washington ; il agit avec lenteur ; on dirait qu'il se sent chargé de la liberté de l'avenir et qu'il craint de la compromettre. Ce ne sont pas ses destinées que porte ce héros d'une nouvelle espèce : ce sont celles de son pays ; il ne se permet pas de jouer ce qui ne lui appartient pas ; mais de cette profonde humilité quelle lumière va jaillir ! Cherchez les bois où brilla l'épée de Washington : qu'y trouvez-vous ? Des tombeaux ? Non ; un monde ! Washington a laissé les États-Unis pour trophée sur son champ de bataille.

Bonaparte n'a aucun trait de ce grave Américain : il combat avec fracas sur une vieille terre ; il ne veut créer que sa renommée ; il ne se charge que de son propre sort. Il semble savoir que sa mission sera courte, que le torrent qui descend de si haut s'écoulera vite ; il se hâte de jouir et d'abuser de sa gloire, comme d'une jeunesse fugitive. À l'instar des dieux d'Homère, il veut arriver en quatre pas au bout du monde. Il paraît sur tous les rivages ; il inscrit précipitamment son nom dans les fastes de tous les peuples ; il jette des couronnes à sa famille et à ses soldats ; il se dépêche dans ses monuments, dans ses lois, dans ses victoires. Penché sur le monde, d'une main il terrasse les rois, de l'autre il abat le géant révolutionnaire ; mais, en écrasant l'anarchie, il étouffe la liberté, et finit par perdre la sienne sur son dernier champ de bataille.

Chacun est récompensé selon ses œuvres : Washington élève une nation à l'indépendance ; magistrat en repos, il s'endort sous son toit au milieu des regrets de ses compatriotes et de la vénération des peuples.

Bonaparte ravit à une nation son indépendance : empereur déchu, il est précipité dans l'exil, où la frayeur de la terre ne le croit pas encore assez emprisonné sous la garde de l'Océan. Il expire : cette nouvelle, publiée à la porte du palais devant laquelle le conquérant fit proclamer tant de funérailles, n'arrête ni n'étonne le passant : qu'avaient à pleurer les citoyens ?

La République de Washington subsiste ; l'Empire de Bonaparte est détruit : il s'est écoulé entre le premier et le second voyage d'un Français (La Fayette) qui a trouvé une nation renaissante là où il avait combattu pour quelques colons opprimés,

Washington et Bonaparte sortirent du sein d'une république ; nés tous deux de la liberté, le premier lui a été fidèle, le second l'a trahie. Leur sort, d'après leur choix, sera différent dans l'avenir.

Le nom de Washington se répandra avec la liberté d'âge en âge ; il marquera le commencement d'une nouvelle ère pour le genre humain.

Le nom de Bonaparte sera redit aussi par les générations futures ; mais il ne se rattachera à aucune bénédiction et servira d'autorité aux

---

Qu'ils se font trop attendre, et qu'Attila s'ennuie.

oppresseurs, grands ou petits.

Washington a été le représentant des besoins, des idées, des lumières, des opinions de son époque ; il a secondé, au lieu de le contrarier, le mouvement des esprits ; il a voulu ce qu'il devait vouloir, la chose même à laquelle il était appelé : de là la cohérence et la perpétuité de son ouvrage. Cette homme qui frappe peu, parce qu'il est dans des proportions justes, a confondu son existence avec celle de son pays : sa gloire est le patrimoine de la civilisation ; sa renommée s'élève comme un de ces sanctuaires publics où coule une source féconde et intarissable.

Bonaparte pouvait enrichir également le domaine commun ; il agissait sur la nation la plus intelligente, la plus brave, la plus brillante de la terre. Quel serait aujourd'hui le rang occupé par lui, s'il eût joint la magnanimité à ce qu'il avait d'héroïque, si, Washington et Bonaparte à la fois, il eût nommé la liberté légataire universelle de sa gloire !

Mais ce géant ne liait point ses destinées à celles de ses contemporains ; son génie appartenait à l'âge moderne : son ambition était des vieux jours ; il ne s'aperçut pas que les miracles de sa vie excédaient la valeur d'un diadème, et que cet ornement gothique lui siérait mal. Tantôt il se précipitait sur l'avenir, tantôt il reculait vers le passé ; et, soit qu'il remontât ou suivît le cours du temps, par sa force prodigieuse, il entraînait ou repoussait les flots. Les hommes ne furent à ses yeux qu'un moyen de puissance ; aucune sympathie ne s'établit entre leur bonheur et le sien : il avait promis de les délivrer, il les enchaîna ; il s'isola d'eux, ils s'éloignèrent de lui. Les rois d'Égypte plaçaient leurs pyramides funèbres, non parmi des campagnes florissantes, mais au milieu des sables stériles ; ces grands tombeaux s'élèvent comme l'éternité dans la solitude : Bonaparte a bâti à leur image le monument de sa renommée.

J'étais impatient de continuer mon voyage. Ce n'étaient pas les Américains que j'étais venu voir, mais quelque chose de tout à fait différent des hommes que je connaissais, quelque chose plus d'accord avec l'ordre habituel de mes idées ; je brûlais de me jeter dans une entreprise pour laquelle je n'avais rien de préparé que mon imagination et mon courage.

Quand je formai le projet de découvrir le passage au nord-ouest, on ignorait si l'Amérique septentrionale s'étendait sous le pôle en rejoignant le Groënland, ou si elle se terminait à quelque mer contiguë à la baie d'Hudson et au détroit de Behring. En 1772, Hearn avait découvert la mer à l'embouchure de la rivière de la Mine-de-Cuivre, par les 71 degrés 15 minutes de latitude nord, et les 119 degrés 15 minutes de longitude ouest de Greenwich[379].

Sur la côte de l'océan Pacifique, les efforts du capitaine Cook et ceux

---

[379] Latitude et longitude reconnues aujourd'hui trop fortes de 4 degrés 1/4. (Note de Genève, 1832.) Ch.

des navigateurs subséquents avaient laissé des doutes. En 1787, un vaisseau disait être entré dans une mer intérieure de l'Amérique septentrionale ; selon le récit du capitaine de ce vaisseau, tout ce qu'on avait pris pour la côte non interrompue au nord de la Californie n'était qu'une chaîne d'îles extrêmement serrées. L'amirauté d'Angleterre envoya Vancouver vérifier ces rapports qui se trouvèrent faux. Vancouver n'avait point encore fait son second voyage.

Aux États-Unis, en 1791, on commençait à s'entretenir de la course de Mackenzie : parti le 3 juin 1789 du fort Chipewan, sur le lac des Montagnes, il descendit à la mer du pôle par le fleuve auquel il a donné son nom.

Cette découverte aurait pu changer ma direction et me faire prendre ma route droit au nord ; mais je me serais fait scrupule d'altérer le plan arrêté entre moi et M. de Malesherbes. Ainsi donc, je voulais marcher à l'ouest, de manière à intersecter la côte nord-ouest au-dessus du golfe de Californie ; de là, suivant le profil du continent, et toujours en vue de la mer, je prétendais reconnaître le détroit de Behring, doubler le dernier cap septentrional de l'Amérique, descendre à l'Est le long des rivages de la mer polaire, et rentrer dans les États-Unis par la baie d'Hudson, le Labrador et le Canada.

Quels moyens avais-je d'exécuter cette prodigieuse pérégrination ? aucun. La plupart des voyageurs français ont été des hommes isolés, abandonnés à leurs propres forces ; il est rare que le gouvernement ou des compagnies les aient employés ou secourus. Des Anglais, des Américains, des Allemands, des Espagnols, des Portugais ont accompli, à l'aide du concours des volontés nationales, ce que chez nous des individus délaissés ont commencé en vain. Mackenzie, et après lui plusieurs autres, au profit des États-Unis et de la Grande-Bretagne, ont fait sur la vastitude de l'Amérique des conquêtes que j'avais rêvées pour agrandir ma terre natale. En cas de succès, j'aurais eu l'honneur d'imposer des noms français à des régions inconnues, de doter mon pays d'une colonie sur l'océan Pacifique, d'enlever le riche commerce des pelleteries à une puissance rivale, d'empêcher cette rivale de s'ouvrir un plus court chemin aux Indes, en mettant la France elle-même en possession de ce chemin. J'ai consigné ces projets dans l'*Essai historique*, publié à Londres en 1796[380], et ces projets étaient tirés du manuscrit de mes voyages écrit en 1791. Ces dates prouvent que j'avais devancé par mes vœux et par mes travaux les derniers explorateurs des glaces arctiques.

Je ne trouvai aucun encouragement à Philadelphie. J'entrevis dès lors que le but de ce premier voyage serait manqué, et que ma course ne serait

---

[380] « L'Essai historique sur les Révolutions fut imprimé à Londres en 1796, par Baylis, et vendu chez de Boffe en 1797. » Avertissement de l'auteur pour l'édition de 1826. Œuvres complètes de Chateaubriand, tome premier.

que le prélude d'un second et plus long voyage. J'en écrivis en ce sens à M. de Malesherbes, et, en attendant l'avenir, je promis à la poésie ce qui serait perdu pour la science. En effet, si je ne rencontrai pas en Amérique ce que j'y cherchais, le monde polaire, j'y rencontrai une nouvelle muse.

Un stage-coach, semblable à celui qui m'avait amené de Baltimore, me conduisit de Philadelphie à New-York, ville gaie, peuplée, commerçante, qui cependant était loin d'être ce qu'elle est aujourd'hui, loin de ce qu'elle sera dans quelques années ; car les États-Unis croissent plus vite que ce manuscrit. J'allai en pèlerinage à Boston saluer le premier champ de bataille de la liberté américaine. J'ai vu les champs de Lexington ; j'y cherchai, comme depuis à Sparte, la tombe de ces guerriers qui moururent *pour obéir aux saintes lois de la patrie*[381]. Mémorable exemple de l'enchaînement des choses humaines ! un bill de finances, passé dans le Parlement d'Angleterre en 1765, élève un nouvel empire sur la terre en 1782, et fait disparaître du monde un des plus antiques royaumes de l'Europe en 1789 !

Je m'embarquai à New-York sur le paquebot qui faisait voile pour Albany, situé en amont de la rivière du Nord. La société était nombreuse. Vers le soir de la première journée, on nous servit une collation de fruits et de lait ; les femmes étaient assises sur les bancs du tillac, et les hommes sur le pont, à leurs pieds. La conversation ne se soutint pas longtemps : à l'aspect d'un beau tableau de la nature, on tombe involontairement dans le silence. Tout à coup, je ne sais qui s'écria : « Voilà l'endroit où Asgill[382] fut arrêté. » On pria une quakeresse de Philadelphie de chanter la

---

[381] Trompé par sa mémoire, Chateaubriand, lors de son voyage en Grèce, avait, en effet, cherché à Sparte le tombeau de Léonidas et de ses compagnons. « J'interrogeai vainement les moindres pierres, dit-il dans l'Itinéraire, pour leur demander les cendres de Léonidas. J'eus pourtant un moment d'espoir près de cette espèce de tour que j'ai indiquée à l'ouest de la citadelle, je vis des débris de sculptures, qui me semblèrent être ceux d'un lion. Nous savons par Hérodote qu'il y avait un Lion de pierre sur le tombeau de Léonidas ; circonstance qui n'est pas rapportée par Pausanias. Je redoublai d'ardeur, tous mes soins furent inutiles. » Et ici, en note, Chateaubriand ajoute : « Ma mémoire me trompait ici : le lion dont parle Hérodote était aux Thermopyles. Cet historien ne dit pas même que les os de Léonidas furent transportés dans sa patrie. Il prétend, au contraire, que Xercès fit mettre en croix le corps de ce prince. Ainsi, les débris du lion que j'ai vus à Sparte ne peuvent point indiquer la tombe de Léonidas. On croit bien que je n'avais pas un Horace à la main sur les ruines de Lacédémone ; je n'avais porté dans mes voyages que Racine, Le Tasse, Virgile et Homère, celui-ci avec des feuillets blancs pour écrire des notes. Il n'est donc pas bien étonnant qu'obligé de tirer mes ressources de ma mémoire, j'aie pu me méprendre sur un lieu, sans néanmoins me tromper sur un fait. On peut voir deux jolies épigrammes de l'Anthologie sur ce lion de pierre des Thermopyles. » Itinéraire de Paris à Jérusalem, tome I, p. 83.
[382] Asgill (sir Charles), général anglais. Envoyé en Amérique en 1781 pour servir sous les ordres de Cornwallis, il fut fait prisonnier par les Insurgents et désigné par

complainte connue sous le nom d'*Asgill*. Nous étions entre des montagnes ; la voix de la passagère expirait sur la vague, ou se renflait lorsque nous rasions de plus près la rive. La destinée d'un jeune soldat, amant, poète et brave, honoré de l'intérêt de Washington et de la généreuse intervention d'une reine infortunée, ajoutait un charme au romantique de la scène. L'ami que j'ai perdu, M. de Fontanes, laissa tomber de courageuses paroles en mémoire d'Asgill, quand Bonaparte se disposait à monter au trône où s'était assise Marie-Antoinette[383]. Les officiers américains semblaient touchés du chant de la Pensylvanienne : le souvenir des troubles passés de la patrie leur rendait plus sensible le calme du moment présent. Ils contemplaient avec émotion ces lieux naguère chargés de troupes, retentissant du bruit des armes, maintenant ensevelis dans une paix profonde ; ces lieux dorés des derniers feux du jour, animés du sifflement des cardinaux, du roucoulement des palombes bleues, du chant des oiseaux-moqueurs, et dont les habitants, accoudés sur des clôtures frangées de bignonias, regardaient notre barque passer au-dessous d'eux.

Arrivé à Albany, j'allai chercher un M. Swift, pour lequel on m'avait donné une lettre. Ce M. Swift trafiquait de pelleteries avec des tribus indiennes enclavées dans le territoire cédé par l'Angleterre aux États-Unis ; car les puissances civilisées, républicaines et monarchiques, se partagent sans façon en Amérique des terres qui ne leur appartiennent pas. Après m'avoir entendu, M. Swift me fit des objections très raisonnables. Il me dit que je ne pouvais pas entreprendre de prime abord, seul, sans secours, sans appui, sans recommandation pour les postes anglais, américains, espagnols, où je serais forcé de passer, un voyage de cette importance ; que, quand j'aurais le bonheur de traverser tant de solitudes, j'arriverais à des régions glacées où je périrais de froid et de faim : il me conseilla de commencer

le sort pour être mis à mort par représailles. L'intervention du gouvernement français le sauva. Un acte du congrès américain révoqua son arrêt de mort. Asgill accourut aussitôt à Versailles pour remercier Louis XVI et Marie-Antoinette, qui avaient vivement intercédé pour lui. Cet épisode a fourni le sujet de plusieurs pièces de théâtre et de plusieurs romans qui obtinrent une grande vogue.

[383] Fontanes fut chargé par le premier consul de prononcer aux Invalides, le 20 pluviôse an VIII (9 février 1800), l'éloge funèbre de Washington. Dans cet éloquent et noble discours, l'orateur, devant tous ces témoins, dont quelques-uns avaient applaudi au crime du 16 octobre 1793, ne craignit pas de faire à la reine Marie-Antoinette une allusion délicate autant que courageuse : « C'est toi que j'en atteste, disait-il, ô jeune Asgill, toi dont le malheur sut intéresser l'Angleterre, la France et l'Amérique. Avec quels soins compatissants Washington ne retarda-t-il pas un jugement que le droit de la guerre permettait de précipiter ! Il attendit qu'une voix alors toute puissante franchît l'étendue des mers, et demandât une grâce qu'il ne pouvait lui refuser. Il se laissa toucher sans peine par cette voix conforme aux inspirations de son cœur, et le jour qui sauva une victime innocente doit être inscrit parmi les plus beaux de l'Amérique indépendante et victorieuse ». Éloge funèbre de Washington, prononcé dans le Temple de Mars, par Louis Fontanes, le 20 pluviôse, an VIII.

par m'acclimater, m'invita à apprendre le sioux, l'iroquois et l'esquimau, à vivre au milieu des *coureurs de bois* et des agents de la baie d'Hudson. Ces expériences préliminaires faites, je pourrais alors, dans quatre ou cinq ans, avec l'assistance du gouvernement français, procéder à ma hasardeuse mission.

Ces conseils, dont au fond je reconnaissais la justesse, me contrariaient. Si je m'en étais cru, je serais parti tout droit pour aller au pôle, comme on va de Paris à Pontoise. Je cachai à M. Swift mon déplaisir ; je le priai de me procurer un guide et des chevaux pour me rendre à Niagara et à Pittsbourg : à Pittsbourg, je descendrais l'Ohio et je recueillerais des notions utiles à mes futurs projets. J'avais toujours dans la tête mon premier plan de route.

M. Swift engagea à mon service un Hollandais qui parlait plusieurs dialectes indiens. J'achetai deux chevaux et je quittai Albany.

Tout le pays qui s'étend aujourd'hui entre le territoire de cette ville et celui de Niagara est habité et défriché ; le canal de New-York le traverse ; mais alors une grande partie de ce pays était déserte.

Lorsque après avoir passé le Mohawk, j'entrai dans des bois qui n'avaient jamais été abattus, je fus pris d'une sorte d'ivresse d'indépendance : j'allais d'arbre en arbre, à gauche, à droite, me disant : « Ici plus de chemins, plus de villes, plus de monarchie, plus de république, plus de présidents, plus de rois, plus d'hommes. » Et, pour essayer si j'étais rétabli dans mes droits originels, je me livrais à des actes de volonté qui faisaient enrager mon guide, lequel, dans son âme, me croyait fou.

Hélas ! je me figurais être seul dans cette forêt où je levais une tête si fière ! tout à coup je vins m'énaser contre un hangar. Sous ce hangar s'offrent à mes yeux ébaubis les premiers sauvages que j'aie vus de ma vie. Ils étaient une vingtaine, tant hommes que femmes, tous barbouillés comme des sorciers, le corps demi-nu, les oreilles découpées, des plumes de corbeau sur la tête et des anneaux passés dans les narines. Un petit Français, poudré et frisé, habit vert-pomme, veste de droguet, jabot et manchettes de mousseline, raclait un violon de poche, et faisait danser *Madelon Friquet* à ces Iroquois. M. Violet (c'était son nom) était maître de danse chez les sauvages. On lui payait ses leçons en peaux de castors et en jambons d'ours. Il avait été marmiton au service du général Rochambeau[384], pendant la guerre d'Amérique. Demeuré à New-York

---

[384] J.-B. Donatien de Vimeur, comte de Rochambeau, né le 1er juillet 1725. En 1780, il fut envoyé en Amérique, avec 6 000 hommes, au secours des Insurgents, et contribua puissamment à leurs succès. Nommé maréchal de France en 1791, puis investi, la même année, du commandement de l'armée du Nord, il tenta vainement d'y rétablir la discipline et donna sa démission au mois de mai 1792. Il mourut le 10 mai 1807.

après le départ de notre armée, il se résolut d'enseigner les beaux-arts aux Américains. Ses vues s'étant agrandies avec le succès, le nouvel Orphée porta la civilisation jusque chez les hordes sauvages du Nouveau-Monde. En me parlant des Indiens, il me disait toujours : « Ces messieurs sauvages et ces dames sauvagesses. » Il se louait beaucoup de la légèreté de ses écoliers ; en effet, je n'ai jamais vu faire de telles gambades. M. Violet, tenant son petit violon entre son menton et sa poitrine, accordait l'instrument fatal ; il criait aux Iroquois : *À vos places !* Et toute la troupe sautait comme une bande de démons[385].

N'était-ce pas une chose accablante pour un disciple de Rousseau que cette introduction à la vie sauvage par un bal que l'ancien marmiton du général Rochambeau donnait à des Iroquois ? J'avais grande envie de rire, mais j'étais cruellement humilié.

J'achetai des Indiens un habillement complet : deux peaux d'ours, l'une pour demi-toge, l'autre pour lit. Je joignis à mon nouvel accoutrement la calotte de drap rouge à côtes, la casaque, la ceinture, la corne pour rappeler les chiens, la bandoulière des coureurs de bois. Mes cheveux flottaient sur mon cou découvert ; je portais la barbe longue : j'avais du sauvage, du chasseur et du missionnaire. On m'invita à une partie de chasse qui devait avoir lieu le lendemain, pour dépister un carcajou.

Cette race d'animaux est presque entièrement détruite dans le Canada, ainsi que celle des castors.

Nous nous embarquâmes avant le jour pour remonter une rivière sortant du bois où l'on avait aperçu le carcajou. Nous étions une trentaine, tant Indiens que coureurs de bois américains et canadiens : une partie de la troupe côtoyait, avec les meutes, la marche de la flottille, et des femmes portaient nos vivres.

Nous ne rencontrâmes pas le carcajou ; mais nous tuâmes des loups-cerviers et des rats musqués. Jadis les Indiens menaient un grand deuil lorsqu'ils avaient immolé, par mégarde, quelques-uns de ces derniers

---

[385] Cette jolie page sur M. Violet, maître de danse chez les Iroquois, avait déjà paru dans l'Itinéraire, tome II, p 201. En arrivant à Tunis, le 18 janvier 1807, Chateaubriand tomba au milieu d'un bal donné par le consul de France, M. Devoise. « Le caractère national, dit-il, ne peut s'effacer. Nos marins disent que, dans les colonies nouvelles, les Espagnols commencent par bâtir une église, les Anglais une taverne, et les Français un fort ; et j'ajoute une salle de bal. Je me trouvais en Amérique, sur la frontière du pays des sauvages : j'appris qu'à la première journée je rencontrerais parmi les Indiens un de mes compatriotes. Arrivé chez les Cayougas, tribu qui faisait partie de la nation des Iroquois, mon guide me conduisit dans une forêt. Au milieu de cette forêt on voyait une espèce de grange ; je trouvai dans cette grange une vingtaine de sauvages, hommes et femmes... » Vient alors le récit du bal, avec la peinture de M. Violet, en veste de droguet et en habit vert-pomme. Chateaubriand avait écrit là une page de ses Mémoires ; force lui était bien de la reprendre pour la remettre ici à sa vraie place.

animaux, la femelle du rat musqué étant, comme chacun le sait, la mère du genre humain. Les Chinois, meilleurs observateurs, tiennent pour certain que le rat se change en caille, la taupe en loriot.

Des oiseaux de rivière et des poissons fournirent abondamment notre table. On accoutume les chiens à plonger ; quand ils ne vont pas à la chasse, ils vont à la pêche : ils se précipitent dans les fleuves et saisissent le poisson jusqu'au fond de l'eau. Un grand feu autour duquel nous nous placions servait aux femmes pour les apprêts de notre repas.

Il fallait nous coucher horizontalement, le visage contre terre, pour nous mettre les yeux à l'abri de la fumée, dont le nuage flottant au-dessus de nos têtes, nous garantissait tellement quellement de la piqûre des maringouins.

Les divers insectes carnivores, vus au microscope, sont des animaux formidables, ils étaient peut-être ces dragons ailés dont on retrouve les anatomies : diminués de taille à mesure que la matière diminuait d'énergie, ces hydres, griffons et autres, se trouveraient aujourd'hui à l'état d'insectes. Les géants antédiluviens sont les petits hommes d'aujourd'hui.

M. Violet m'offrit ses lettres de créance pour les Onondagas, reste d'une des six nations iroquoises. J'arrivai d'abord au lac des Onondagas. Le Hollandais choisit un lieu propre à établir notre camp : une rivière sortait du lac ; notre appareil fut dressé dans la courbe de cette rivière. Nous fichâmes en terre, à six pieds de distance l'un de l'autre, deux piquets fourchus ; nous suspendîmes horizontalement dans l'endentement de ces piquets une longue perche. Des écorces de bouleau, un bout appuyé sur le sol, l'autre sur la gaule transversale, formèrent le toit incliné de notre palais. Nos selles devaient nous servir d'oreillers et nos manteaux de couvertures. Nous attachâmes des sonnettes au cou de nos chevaux et nous les lâchâmes dans les bois près de notre camp : ils ne s'en éloignèrent pas.

Lorsque, quinze ans plus tard, je bivaquais dans les sables du désert du Sabba, à quelques pas du Jourdain, au bord de la mer Morte, nos chevaux, ces fils légers de l'Arabie, avaient l'air d'écouter les contes du scheick, et de prendre part à l'histoire d'Antar et du cheval de Job[386].

---

[386] Il y a encore là un souvenir de l'Itinéraire, souvenir qui se rapporte à la page suivante : « Tout ce qu'on dit de la passion des Arabes pour les contes est vrai, et j'en vais citer un exemple : pendant la nuit que nous venions de passer sur la grève de la mer Morte, nos Bethléémites étaient assis autour de leur bûcher, leurs fusils couchés à terre à leurs côtés, les chevaux attachés à des piquets, formant un second cercle en dehors. Après avoir bu le café et parlé beaucoup ensemble, ces Arabes tombèrent dans le silence, à l'exception du scheick. Je voyais à la lueur du feu ses gestes expressifs, sa barbe noire, ses dents blanches, les diverses formes qu'il donnait à son vêtement en continuant son récit. Ses compagnons l'écoutaient dans une attention profonde, tous penchés en avant, le visage sur la flamme, tantôt poussant un cri d'admiration, tantôt répétant avec emphase les gestes du conteur ; quelques têtes de chevaux qui s'avançaient au dessus de la troupe, et qui se dessinaient dans l'ombre, achevaient de donner à ce tableau le caractère le plus

Il n'était guère que quatre heures après midi lorsque nous fûmes huttés. Je pris mon fusil et j'allai flâner dans les environs. Il y avait peu d'oiseaux. Un couple solitaire voltigeait seulement devant moi, comme ces oiseaux que je suivais dans mes bois paternels ; à la couleur du mâle, je reconnus le passereau blanc, *passer nivalis* des ornithologistes. J'entendis aussi l'orfraie, fort bien caractérisée par sa voix. Le vol de l'*exclamateur* m'avait conduit à un vallon resserré entre des hauteurs nues et pierreuses ; à mi-côte s'élevait une méchante cabane ; une vache maigre errait dans un pré au-dessous.

J'aime les petits abris : « *A chico pajarillo chico nidillo*, à petit oiseau, petit nid.* » Je m'assis sur la pente en face de la hutte plantée sur le coteau opposé.

Au bout de quelques minutes, j'entendis des voix dans le vallon : trois hommes conduisaient cinq ou six vaches grasses ; ils les mirent paître et éloignèrent à coups de gaule la vache maigre. Une femme sauvage sortit de la hutte, s'avança vers l'animal effrayé et l'appela. La vache courut à elle en allongeant le cou avec un petit mugissement. Les planteurs menacèrent de loin l'Indienne, qui revint à sa cabane. La vache la suivit.

Je me levai, descendis la rampe de la côte, traversai le vallon et, montant la colline parallèle, j'arrivai à la hutte.

Je prononçai le salut qu'on m'avait appris : « *Siegoh !* Je suis venu ! » l'Indienne, au lieu de me rendre mon salut par la répétition d'usage : « *Vous êtes venu* », ne répondit rien. Alors je caressai la vache : le visage jaune et attristé de l'Indienne laissa paraître des signes d'attendrissement. J'étais ému de ces mystérieuses relations de l'infortune : il y a de la douceur à pleurer sur des maux qui n'ont été pleurés de personne.

Mon hôtesse me regarda encore quelque temps avec un reste de doute, puis elle s'avança et vint passer la main sur le front de sa compagne de misère et de solitude.

Encouragé par cette marque de confiance, je dis en anglais, car j'avais épuisé mon indien : « Elle est bien maigre ! » L'Indienne repartit en mauvais anglais : « Elle mange fort peu, *she eats very little*. — On l'a chassée rudement », repris-je. Et la femme répondit : « Nous sommes accoutumées à cela toutes deux, *both*. » Je repris : « Cette prairie n'est donc pas à vous ? » Elle répondit : « Cette prairie était à mon mari qui est mort. Je n'ai point d'enfants, et les chairs blanches mènent leurs vaches dans ma prairie. »

Je n'avais rien à offrir à cette créature de Dieu. Nous nous quittâmes. Mon hôtesse me dit beaucoup de choses que je ne compris point ; c'étaient sans doute des souhaits de prospérité ; s'ils n'ont pas été entendus du ciel, ce n'est pas la faute de celle qui priait, mais l'infirmité de celui pour qui la

---

pittoresque, surtout lorsqu'on y joignait un coin du paysage de la mer Morte et des montagnes de Judée. » Itinéraire, Tome I, p. 336.

prière était offerte. Toutes les âmes n'ont pas une égale aptitude au bonheur, comme toutes les terres ne portent pas également des moissons.

Je retournai à mon *ajoupa*, où m'attendait une collation de pommes de terre et de maïs. La soirée fut magnifique : le lac, uni comme une glace sans tain, n'avait pas une ride ; la rivière baignait en murmurant notre presqu'île, que les calycanthes parfumaient de l'odeur de la pomme. Le *weep-poor-will* répétait son chant : nous l'entendions, tantôt plus près, tantôt plus loin, suivant que l'oiseau changeait le lieu de ses appels amoureux. Personne ne m'appelait. Pleure, pauvre William ! *weep, poor Will !*

Le lendemain, j'allai rendre visite au sachem des Onondagas ; j'arrivai à son village à dix heures du matin. Aussitôt je fus environné de jeunes sauvages qui me parlaient dans leur langue, mêlée de phrases anglaises et de quelques mots français ; ils faisaient grand bruit, et avaient l'air joyeux, comme les premiers Turcs que je vis depuis à Coron, en débarquant sur le sol de la Grèce. Ces tribus indiennes, enclavées dans les défrichements des blancs, ont des chevaux et des troupeaux ; leurs cabanes sont remplies d'ustensiles achetés, d'un côté, à Québec, à Montréal, à Niagara, à Détroit, et, de l'autre, aux marchés des États-Unis.

Quand on parcourut l'intérieur de l'Amérique septentrionale, on trouva dans l'état de nature, parmi les diverses nations sauvages, les différentes formes de gouvernement connues des peuples civilisés. L'Iroquois appartenait à une race qui semblait destinée à conquérir les races indiennes, si des étrangers n'étaient venus épuiser ses veines et arrêter son génie. Cet homme intrépide ne fut point étonné des armes à feu, lorsque pour la première fois on en usa contre lui ; il tint ferme au sifflement des balles et au bruit du canon, comme s'il les eût entendus toute sa vie ; il n'eut pas l'air d'y faire plus d'attention qu'à un orage. Aussitôt qu'il se put procurer un mousquet, il s'en servit mieux qu'un Européen. Il n'abandonna pas pour cela le casse-tête, le couteau de scalpe, l'arc et la flèche ; mais il y ajouta la carabine, le pistolet, le poignard et la hache : il semblait n'avoir jamais assez d'armes pour sa valeur. Doublement paré des instruments meurtriers de l'Europe et de l'Amérique, la tête ornée de panaches, les oreilles découpées, le visage bariolé de diverses couleurs, les bras tatoués et pleins de sang, ce champion du Nouveau Monde devint aussi redoutable à voir qu'à combattre, sur le rivage qu'il défendit pied à pied contre les envahisseurs.

Le sachem des Onondagas était un vieil Iroquois dans toute la rigueur du mot ; sa personne gardait la tradition des anciens temps du désert.

Les relations anglaises ne manquent jamais d'appeler le sachem indien *the old gentleman*. Or, le *vieux gentilhomme* est tout nu ; il a une plume ou une arête de poisson passée dans ses narines, et couvre quelquefois sa tête, rase et ronde comme un fromage, d'un chapeau bordé à trois cornes, en signe d'honneur européen. Velly ne peint-il pas l'histoire avec la même vérité ? Le cheftain franc Khilpérick se frottait les cheveux avec du beurre aigre, *infundens acido comam butyro*, se barbouillait les joues de vert, et portait une jaquette bigarrée ou un sayon de peau de bête ; il est représenté par Velly comme un prince magnifique jusqu'à l'ostentation dans ses meubles et dans ses équipages, voluptueux jusqu'à la débauche, croyant à peine en Dieu, dont les ministres étaient le sujet de ses railleries.

Le sachem Onondagas me reçut bien et me fit asseoir sur une natte. Il parlait anglais et entendait le français ; mon guide savait l'iroquois : la conversation fut facile. Entre autres choses, le vieillard me dit que, quoique sa nation eût toujours été en guerre avec la mienne, il l'avait toujours estimée. Il se plaignit des Américains ; il les trouvait injustes et avides, et regrettait que dans le partage des terres indiennes sa tribu n'eût pas augmenté le lot des Anglais.

Les femmes nous servirent un repas. L'hospitalité est la dernière vertu restée aux sauvages au milieu de la civilisation européenne ; on sait quelle était autrefois cette hospitalité ; le foyer avait la puissance de l'autel.

Lorsqu'une tribu était chassée de ses bois, ou lorsqu'un homme venait demander l'hospitalité, l'étranger commençait ce qu'on appelait la danse du suppliant ; l'enfant touchait le seuil de la porte et disait : « Voici l'étranger ! » Et le chef répondait : « Enfant, introduis l'homme dans la hutte. » L'étranger, entrant sous la protection de l'enfant, s'allait asseoir sur la cendre du foyer. Les femmes disaient le chant de la consolation : « L'étranger a retrouvé une mère et une femme ; le soleil se lèvera et se couchera pour lui comme auparavant. »

Ces usages semblent empruntés des Grecs : Thémistocle, chez Admète, embrasse les pénates et le jeune fils de son hôte (j'ai peut-être foulé à Mégare l'âtre de la pauvre femme sous lequel fut cachée l'urne cinéraire de Phocion[387]) ; et Ulysse, chez Alcinoüs, implore Arété : « Noble Arété, fille de Rhexénor, après avoir souffert des maux cruels, je me jette à vos pieds...[388] » En achevant ces mots, le héros s'éloigne et va s'asseoir sur la cendre du foyer. — Je pris congé du vieux sachem. Il s'était trouvé à la prise de Québec. Dans les honteuses années du règne de Louis XV, l'épisode de la guerre du Canada vient nous consoler comme une page de notre ancienne histoire retrouvée à la Tour de Londres.

Montcalm, chargé sans secours de défendre le Canada contre des forces souvent rafraîchies et le quadruple des siennes, lutte avec succès pendant deux années ; il bat lord Loudon et le général Abercromby. Enfin la fortune l'abandonne ; blessé sous les murs de Québec, il tombe, et deux jours après il rend le dernier soupir : ses grenadiers l'enterrent dans le trou creusé par une bombe, fosse digne de l'honneur de nos armes ! Son noble

---

[387] Vie de Phocion, par Plutarque.
[388] L'Odyssée, chant VII. — Arété était la femme d'Alcinoüs.

ennemi Wolfe meurt en face de lui ; il paye de sa vie celle de Montcalm et la gloire d'expirer sur quelques drapeaux français.

Nous voilà, mon guide et moi, remontés à cheval. Notre route, devenue plus pénible, était à peine tracée par des abatis d'arbres. Les troncs de ces arbres servaient de ponts sur les ruisseaux ou de fascines dans les fondrières. La population américaine se portait alors vers les concessions de Genesee. Ces concessions se vendaient plus ou moins cher selon la bonté du sol, la qualité des arbres, le cours et la foison des eaux.

On a remarqué que les colons sont souvent précédés dans les bois par les abeilles : avant-garde des laboureurs, elles sont le symbole de l'industrie et de la civilisation qu'elles annoncent. Étrangères à l'Amérique, arrivées à la suite des voiles de Colomb, ces conquérants pacifiques n'ont ravi à un nouveau monde de fleurs que des trésors dont les indigènes ignoraient l'usage ; elles ne se sont servies de ces trésors que pour enrichir le sol dont elles les avaient tirés.

Les défrichements sur les deux bords de la route que je parcourais offraient un curieux mélange de l'état de nature et de l'état civilisé. Dans le coin d'un bois qui n'avait jamais retenti que des cris du sauvage et des bramements de la bête fauve, on rencontrait une terre labourée ; on apercevait du même point de vue le wigwaum d'un Indien et l'habitation d'un planteur. Quelques-unes de ces habitations, déjà achevées, rappelaient la propreté des fermes hollandaises ; d'autres n'étaient qu'à demi terminées et n'avaient pour toit que le ciel.

J'étais reçu dans ces demeures, ouvrages d'un matin ; j'y trouvais souvent une famille avec les élégances de l'Europe : des meubles d'acajou, un piano, des tapis, des glaces, à quatre pas de la hutte d'un Iroquois. Le soir, lorsque les serviteurs étaient revenus des bois ou des champs avec la cognée ou la houe, on ouvrait les fenêtres. Les filles de mon hôte, en beaux cheveux blonds annelés, chantaient au piano le duo de *Pandolfetto* de Paisiello[389], ou un *cantabile* de Cimarosa[390], le tout à la vue du désert, et quelquefois au murmure d'une cascade.

Dans les terrains les meilleurs s'établissaient des bourgades. La flèche d'un nouveau clocher s'élançait du sein d'une vieille forêt. Comme les mœurs anglaises suivent partout les Anglais, après avoir traversé des pays

---

[389] Giovanni Paisiello (1741-1816). De ses compositions dramatiques qui sont au nombre de quatre-vingt-quatorze, plusieurs ont survécu. Les plus célèbres sont la Serva padrona, Nina o la pazza d'amore, la Molinara et Il re Teodoro.
« Le duo de Pandolfette, dit M. de Marcellus, était le morceau que M. de Chateaubriand demandait le plus souvent à mon piano ; et, quand je le lui rappelais par quelques notes, il chantait lui-même volontiers Il tuo viso m'innamora. » Chateaubriand et son temps, p. 59.
[390] Domenico Cimarosa (1754-1801). Il a composé plus de 120 opéras. Il excellait surtout dans le genre bouffon. Son chef-d'œuvre, dans ce dernier genre est Il matrimonio segreto, représenté pour la première fois à Vienne en 1792.

où il n'y avait pas trace d'habitants, j'apercevais l'enseigne d'une auberge qui brandillait à une branche d'arbre. Des chasseurs, des planteurs, des Indiens se rencontraient à ces caravansérails : la première fois que je m'y reposai, je jurai que ce serait la dernière.

Il arriva qu'en entrant dans une de ces hôtelleries, je restai stupéfait à l'aspect d'un lit immense, bâti en rond autour d'un poteau : chaque voyageur prenait place dans ce lit, les pieds au poteau du centre, la tête à la circonférence du cercle, de manière que les dormeurs étaient rangés symétriquement, comme les rayons d'une roue ou les bâtons d'un éventail. Après quelque hésitation, je m'introduisis dans cette machine, parce que je n'y voyais personne. Je commençais à m'assoupir, lorsque je sentis quelque chose se glisser contre moi : c'était la jambe de mon grand Hollandais ; je n'ai de ma vie éprouvé une plus grande horreur. Je sautai dehors du cabas hospitalier, maudissant cordialement les usages de nos bons aïeux. J'allai dormir, dans mon manteau, au clair de lune : cette compagne de la couche du voyageur n'avait rien du moins que d'agréable, de frais et de pur.

Au bord de la Genesee, nous trouvâmes un bac. Une troupe de colons et d'Indiens passa la rivière avec nous. Nous campâmes dans des prairies peinturées de papillons et de fleurs. Avec nos costumes divers, nos différents groupes autour de nos feux, nos chevaux attachés ou paissant, nous avions l'air d'une caravane. C'est là que je fis la rencontre de ce serpent à sonnettes qui se laissait enchanter par le son d'une flûte. Les Grecs auraient fait de mon Canadien, Orphée ; de la flûte, une lyre ; du serpent, Cerbère, ou peut-être Eurydice.

Nous avançâmes vers Niagara. Nous n'en étions plus qu'à huit ou neuf lieues, lorsque nous aperçûmes, dans une chênaie, le feu de quelques sauvages, arrêtés au bord d'un ruisseau, où nous songions nous-mêmes à bivaquer. Nous profitâmes de leur établissement : chevaux pansés, toilette de nuit faite, nous accostâmes la horde. Les jambes croisées à la manière des tailleurs, nous nous assîmes avec les Indiens, autour du bûcher, pour mettre rôtir nos quenouilles de maïs.

La famille était composée de deux femmes, de deux enfants à la mamelle, et de trois guerriers. La conversation devint générale, c'est-à-dire entrecoupée par quelques mots de ma part, et par beaucoup de gestes ; ensuite chacun s'endormit dans la place où il était. Resté seul éveillé, j'allai m'asseoir à l'écart, sur une racine qui traçait au bord du ruisseau.

La lune se montrait à la cime des arbres ; une brise embaumée, que cette reine des nuits amenait de l'Orient avec elle, semblait la précéder dans les forêts, comme sa fraîche haleine. L'astre solitaire gravit peu à peu dans le ciel : tantôt il suivait sa course, tantôt il franchissait des groupes de nues, qui ressemblaient aux sommets d'une chaîne de montagnes couronnées de neige. Tout aurait été silence et repos, sans la chute de quelques feuilles, le passage d'un vent subit, le gémissement de la hulotte ;

au loin, on entendait les sourds mugissements de la cataracte de Niagara, qui, dans le calme de la nuit, se prolongeaient de désert en désert, et expiraient à travers les forêts solitaires. C'est dans ces nuits que m'apparut une muse inconnue ; je recueillis quelques-uns de ses accents ; je les marquai sur mon livre, à la clarté des étoiles, comme un musicien vulgaire écrirait les notes que lui dicterait quelque grand maître des harmonies.

Le lendemain, les Indiens s'armèrent, les femmes rassemblèrent les bagages. Je distribuai un peu de poudre et de vermillon à mes hôtes. Nous nous séparâmes en touchant nos fronts et notre poitrine. Les guerriers poussèrent le cri de marche et partirent en avant ; les femmes cheminèrent derrière, chargées des enfants qui, suspendus dans des fourrures aux épaules de leurs mères, tournaient la tête pour nous regarder. Je suivis des yeux cette marche jusqu'à ce que la troupe entière eût disparu entre les arbres de la forêt.

Les sauvages du Saut de Niagara dans la dépendance des Anglais, étaient chargés de la police de la frontière de ce côté. Cette bizarre gendarmerie, armée d'arcs et de flèches, nous empêcha de passer. Je fus obligé d'envoyer le Hollandais au fort de Niagara chercher un permis afin d'entrer sur les terres de la domination britannique. Cela me serrait un peu le cœur, car il me souvenait que la France avait jadis commandé dans le Haut comme dans le Bas-Canada. Mon guide revint avec le permis : je le conserve encore ; il est signé ; *le capitaine Gordon*. N'est-il pas singulier que j'aie retrouvé le même nom anglais sur la porte de ma cellule à Jérusalem ? « Treize pèlerins avaient écrit leurs noms sur la porte en dedans de la chambre : le premier s'appelait Charles Lombard, et il se trouvait à Jérusalem en 1669 ; le dernier est John Gordon, et la date de son passage est de 1804. » (*Itinéraire*[391].)

Je restai deux jours dans le village indien, d'où j'écrivis encore une lettre à M. de Malesherbes. Les Indiennes s'occupaient de différents ouvrages ; leurs nourrissons étaient suspendus dans des réseaux aux branches d'un gros hêtre pourpre. L'herbe était couverte de rosée, le vent sortait des forêts tout parfumé, et les plantes à coton du pays, renversant leurs capsules, ressemblaient à des rosiers blancs. La brise berçait les couches aériennes d'un mouvement presque insensible ; les mères se levaient de temps en temps pour voir si leurs enfants dormaient et s'ils n'avaient point été réveillés par les oiseaux. Du village indien à la cataracte, on comptait trois à quatre lieues : il nous fallut autant d'heures, à mon guide et à moi, pour y arriver. À six milles de distance, une colonne de vapeur m'indiquait déjà le lieu du déversoir. Le cœur me battait d'une joie mêlée de terreur en entrant dans le bois qui me dérobait la vue d'un des plus grands spectacles que la nature ait offerts aux hommes.

---

[391] Itinéraire de Paris à Jérusalem, tome II, p. 102.

Nous mîmes pied à terre. Tirant après nous nos chevaux par la bride, nous parvînmes, à travers des brandes et des halliers, au bord de la rivière Niagara, sept ou huit cents pas au-dessus du Saut. Comme je m'avançais incessamment, le guide me saisit par le bras ; il m'arrêta au rez même de l'eau, qui passait avec la vélocité d'une flèche. Elle ne bouillonnait point, elle glissait en une seule masse sur la pente du roc ; son silence avant sa chute faisait contraste avec le fracas de sa chute même. L'Écriture compare souvent un peuple aux grandes eaux ; c'était ici un peuple mourant, qui, privé de la voix par l'agonie, allait se précipiter dans l'abîme de l'éternité.

Le guide me retenait toujours, car je me sentais pour ainsi dire entraîné par le fleuve, et j'avais une envie involontaire de m'y jeter. Tantôt je portais mes regards en amont, sur le rivage ; tantôt en aval, sur l'île qui partageait les eaux et où ces eaux manquaient tout à coup, comme si elles avaient été coupées dans le ciel.

Après un quart d'heure de perplexité et d'une admiration indéfinie, je me rendis à la chute. On peut chercher dans *l'Essai sur les révolutions* et dans *Atala* les deux descriptions que j'en ai faites[392]. Aujourd'hui, de grands chemins passent à la cataracte ; il y a des auberges sur la rive américaine et sur la rive anglaise, des moulins et des manufactures au-dessous du chasme.

Je ne pouvais communiquer les pensées qui m'agitaient à la vue d'un désordre si sublime. Dans le désert de ma première existence, j'ai été obligé d'inventer des personnages pour la décorer ; j'ai tiré de ma propre substance des êtres que je ne trouvais pas ailleurs, et que je portais en moi. Ainsi j'ai placé des souvenirs d'Atala et de René au bord de la cataracte de Niagara, comme l'expression de sa tristesse. Qu'est-ce qu'une cascade qui tombe éternellement à l'aspect insensible de la terre et du ciel, si la nature humaine n'est là avec ses destinées et ses malheurs ? S'enfoncer dans cette solitude d'eau et de montagnes, et ne savoir avec qui parler de ce grand spectacle ! Les flots, les rochers, les bois, les torrents pour soi seul ! Donnez à l'âme une compagne, et la riante parure des coteaux, et la fraîche haleine de l'onde, tout va devenir ravissement : le voyage de jour, le repos plus doux de la fin de la journée, le passer sur les flots, le dormir sur la mousse, tireront du cœur sa plus profonde tendresse. J'ai assis Velléda sur les grèves de l'Armorique, Cymodocée sous les portiques d'Athènes, Blanca dans les salles de l'Alhambra. Alexandre créait des villes partout où il courait : j'ai laissé des songes partout où j'ai traîné ma vie.

J'ai vu les cascades des Alpes avec leurs chamois et celles des Pyrénées avec leur isards ; je n'ai pas remonté le Nil assez haut pour rencontrer ses cataractes, qui se réduisent à des rapides ; je ne parle pas des zones d'azur de Terni et de Tivoli, élégantes écharpes de ruines ou sujets

---

[392] Essai sur les révolutions, livre 1er, seconde partie, chapitre XXIII. — Atala, dans l'Épilogue.

de chansons pour le poète :

Et præceps Anio ac Tiburni lucus.
« Et l'Anio rapide et le bois sacré de Tibur[393]. »

Niagara efface tout. Je contemplais la cataracte que révélèrent au vieux monde, non d'infimes voyageurs de mon espèce, mais des missionnaires qui, cherchant la solitude pour Dieu, se jetaient à genoux à la vue de quelque merveille de la nature et recevaient le martyre en achevant leur cantique d'admiration. Nos prêtres saluèrent les beaux sites de l'Amérique et les consacrèrent de leur sang ; nos soldats ont battu des mains aux ruines de Thèbes et présenté les armes à l'Andalousie : tout le génie de la France est dans la double milice de nos camps et de nos autels.

Je tenais la bride de mon cheval entortillée à mon bras ; un serpent à sonnettes vint à bruire dans les buissons. Le cheval effrayé se cabre et recule en approchant de la chute. Je ne puis dégager mon bras des rênes ; le cheval, toujours plus effarouché, m'entraîne après lui. Déjà ses pieds de devant quittent la terre ; accroupi sur le bord de l'abîme, il ne s'y tenait plus qu'à force de reins. C'en était fait de moi, lorsque l'animal, étonné lui-même du nouveau péril, volte en dedans par une pirouette. En quittant la vie au milieu des bois canadiens, mon âme aurait-elle porté au tribunal suprême les sacrifices, les bonnes œuvres, les vertus des pères Jogues et Lallemant[394], ou des jours vides et de misérables chimères ?

Ce ne fut pas le seul danger que je courus à Niagara : une échelle de lianes servait aux sauvages pour descendre dans le bassin inférieur ; elle était alors rompue. Désirant voir la cataracte de bas en haut, je m'aventurai, en dépit des représentations du guide, sur le flanc d'un rocher presque à pic. Malgré les rugissements de l'eau qui bouillonnait au-dessous de moi, je conservai ma tête et je parvins à une quarantaine de pieds du fond. Arrivé là, la pierre nue et verticale n'offrait plus rien pour m'accrocher ; je demeurai suspendu par une main à la dernière racine, sentant mes doigts s'ouvrir sous le poids de mon corps : il y a peu d'hommes qui aient passé dans leur vie deux minutes comme je les comptai. Ma main fatiguée lâcha prise ; je tombai. Par un bonheur inouï, je me trouvai sur le redan d'un roc

---

[393] Horace. Odes, livre I, ode vii, A. L. Munaccius Plancus.
[394] Jésuites français, missionnaires au Canada ; le premier fut massacré, en haine de la foi, après d'horribles tortures ; le second évangélisa les Sauvages pendant près de quarante ans. Isaac Jogues, né à Orléans le 10 janvier 1607, admis au noviciat de Rouen le 24 octobre 1624, professa les humanités dans le collège de cette ville. Il obtint les missions du Canada en 1636, et fut martyrisé par les Agniers ou Mohawks, le 18 octobre 1646. — Jérôme Lallemant, né à Paris le 26 avril 1593, entra au noviciat le 2 octobre 1610. Il enseigna les belles lettres et la philosophie à Paris, et fut recteur de Blois et de La Flèche. Il partit ensuite pour le Canada, fut supérieur général de la mission et mourut à Québec le 26 janvier 1673. Bibliothèque de la Compagnie de Jésus, nouvelle édition (1893), par le P. C. Sommervogel, Tome IV, p. 808 et 1400.

où j'aurais dû me briser mille fois, et je ne me sentis pas grand mal ; j'étais à un demi-pied de l'abîme et je n'y avais pas roulé : mais lorsque le froid et l'humidité commencèrent à me pénétrer, je m'aperçus que je n'en étais pas quitte à si bon marché : j'avais le bras gauche cassé au-dessus du coude. Le guide, qui me regardait d'en haut et auquel je fis des signes de détresse, courut chercher des sauvages. Ils me hissèrent avec des harts par un sentier de loutres, et me transportèrent à leur village. Je n'avais qu'une fracture simple : deux lattes, un bandage et une écharpe suffirent à ma guérison[395].

Je demeurai douze jours chez mes médecins, les Indiens de Niagara. J'y vis passer des tribus qui descendaient de Détroit ou des pays situés au midi et à l'orient du lac Érié. Je m'enquis de leurs coutumes ; j'obtins pour de petits présents des représentations de leurs anciennes mœurs, car ces mœurs elles-mêmes n'existent plus. Cependant, au commencement de la guerre de l'indépendance américaine, les sauvages mangeaient encore les prisonniers ou plutôt les tués : un capitaine anglais, puisant du bouillon dans une marmite indienne avec la cuiller à pot, en retira une main.

La naissance et la mort ont le moins perdu des usages indiens, parce qu'elles ne s'en vont point à la venvole comme la partie de la vie qui les sépare ; elles ne sont point choses de mode qui passent. On confère encore au nouveau-né, afin de l'honorer, le nom le plus ancien sous son toit, celui de son aïeule, par exemple : car les noms sont toujours pris dans la lignée maternelle. Dès ce moment, l'enfant occupe la place de la femme dont il a recueilli le nom ; on lui donne, en lui parlant, le degré de parenté que ce nom fait revivre ; ainsi, un oncle peut saluer un neveu du titre de *grand'mère*. Cette coutume, en apparence risible, est néanmoins touchante. Elle ressuscite les vieux décédés ; elle reproduit dans la faiblesse des premiers ans la faiblesse des derniers ; elle rapproche les extrémités de la vie, le commencement et la fin de la famille ; elle communique une espèce d'immortalité aux ancêtres et les suppose présents au milieu de leur postérité.

En ce qui regarde les morts, il est aisé de trouver les motifs de l'attachement du sauvage à de saintes reliques. Les nations civilisées ont, pour conserver les souvenirs de leur patrie, la mnémonique des lettres et des arts ; elles ont des cités, des palais, des tours, des colonnes, des obélisques ; elles ont la trace de la charrue dans les champs jadis cultivés ; les noms sont entaillés dans l'airain et le marbre, les actions consignées dans les chroniques.

Rien de tout cela aux peuples de la solitude : leur nom n'est point écrit sur les arbres ; leur hutte, bâtie en quelques heures, disparaît en quelques instants ; la crosse de leur labour ne fait qu'effleurer la terre, et n'a pu

---

[395] Chateaubriand n'a point romancé ses souvenirs. Le récit des dangers qu'il a courus à Niagara est ici de tous points conforme à celui qu'il en avait donné dès 1797 dans une note de l'Essai, pages 527-530.

même élever un sillon. Leurs chansons traditionnelles périssent avec la dernière mémoire qui les retient, s'évanouissent avec la dernière voix qui les répète. Les tribus du Nouveau-Monde n'ont donc qu'un seul monument : la tombe. Enlevez à des sauvages les os de leurs pères, vous leur enlevez leur histoire, leurs lois, et jusqu'à leurs dieux ; vous ravissez à ces hommes, parmi les générations futures, la preuve de leur existence comme celle de leur néant.

Je voulais entendre le chant de mes hôtes. Une petite Indienne de quatorze ans, nommée Mila, très jolie (les femmes indiennes ne sont jolies qu'à cet âge), chanta quelque chose de fort agréable. N'était-ce point le couplet cité par Montaigne ? « Couleuvre, arreste-toy ; arreste-toy, couleuvre, à fin que ma sœur tire sur le patron de ta peincture la façon et l'ouvrage d'un riche cordon, que ie puisse donner à ma mie : ainsi, soit en tout temps ta beauté et ta disposition préférée à tous les aultres serpens. »

L'auteur des *Essais* vit à Rouen des Iroquois qui, selon lui, étaient des personnages très sensés : « Mais quoi, ajoute-t-il, ils ne portent point de hauts-de-chausses ! »

Si jamais je publie les *stromates* ou bigarrures de ma jeunesse, pour parler comme saint Clément d'Alexandrie[396], on y verra Mila[397].

Les Canadiens ne sont plus tels que les ont peints Cartier, Champlain, La Hontan, Lescarbot, Lafitau, Charlevoix et les *Lettres édifiantes :* le XVIe siècle et le commencement du XVIIe étaient encore le temps de la grande imagination et des mœurs naïves : la merveille de l'une reflétait une nature vierge, et la candeur des autres reproduisait la simplicité du sauvage. Champlain, à la fin de son premier voyage au Canada, en 1603, raconte que « proche de la baye des Chaleurs, tirant au sud, est une isle, où fait résidence un monstre épouvantable que les sauvages appellent Gougou. » Le Canada avait son géant comme le cap des Tempêtes avait le sien. Homère est le véritable père de toutes ces inventions ; ce sont toujours les Cyclopes, Charybde et Scylla, ogres ou gougous.

La population sauvage de l'Amérique septentrionale, en n'y comprenant ni les Mexicains ni les Esquimaux, ne s'élève pas aujourd'hui à quatre cent mille âmes, en deçà et au delà des montagnes Rocheuses ; des voyageurs ne la portent même qu'à cent cinquante mille. La dégradation des mœurs indiennes a marché de pair avec la dépopulation des tribus. Les

---

[396] De Saint-Clément d'Alexandrie, un des pères de l'Église grecque, il nous reste, entre autres ouvrages Στρωματεῖς, les Stromates (tapisseries), recueil en huit livres de pensées chrétiennes et de maximes philosophiques, placées sans ordre et sans liaison, de même que dans une prairie, selon l'expression de l'auteur, les fleurs se mêlent et se confondent.

[397] Ceci était écrit en 1822, et les Natchez n'avaient pas encore paru. L'auteur ne devait les publier qu'en 1826. Mila, l'une des héroïnes du poème, est peut-être la plus charmante création de Chateaubriand.

traditions religieuses sont devenues confuses ; l'instruction répandue par les jésuites du Canada a mêlé des idées étrangères aux idées natives des indigènes : on aperçoit, au travers de fables grossières, les croyances chrétiennes défigurées ; la plupart des sauvages portent des croix en guise d'ornements, et les marchands protestants leur vendent ce que leur donnaient les missionnaires catholiques. Disons, à l'honneur de notre patrie et à la gloire de notre religion, que les Indiens s'étaient fortement attachés à nous ; qu'ils ne cessent de nous regretter, et qu'une *robe noire* (un missionnaire) est encore en vénération dans les forêts américaines. Le sauvage continue de nous aimer sous l'arbre où nous fûmes ses premiers hôtes, sur le sol que nous avons foulé et où nous lui avons confié des tombeaux.

Quand l'Indien était nu ou vêtu de peau, il avait quelque chose de grand et de noble ; à cette heure, des haillons européens, sans couvrir sa nudité, attestent sa misère : c'est un mendiant à la porte d'un comptoir, ce n'est plus un sauvage dans sa forêt.

Enfin, il s'est formé une espèce de peuple métis, né des colons et des Indiennes. Ces hommes, surnommés *Bois-brûlés*, à cause de la couleur de leur peau, sont les courtiers de change entre les auteurs de leur double origine. Parlant la langue de leurs pères et de leurs mères, ils ont les vices des deux races. Ces bâtards de la nature civilisée et de la nature sauvage se vendent tantôt aux Américains, tantôt aux Anglais, pour leur livrer le monopole des pelleteries ; ils entretiennent les rivalités des compagnies anglaises de la *Baie d'Hudson* et du *Nord-Ouest*, et des compagnies américaines, *Fur Colombian-American Company, Missouri's fur Company* et autres : ils font eux-mêmes des chasses au compte des traitants et avec des chasseurs soldés par les compagnies.

La grande guerre de l'indépendance américaine est seule connue. On ignore que le sang a coulé pour les chétifs intérêts d'une poignée de marchands. La compagnie de la *Baie d'Hudson* vendit, en 1811, à lord Selkirk, un terrain au bord de la rivière Rouge ; l'établissement se fit en 1812. La compagnie du *Nord-Ouest*, ou du *Canada*, en prit ombrage. Les deux compagnies, alliées à diverses tribus indiennes et secondées des *Bois-brûlés,* en vinrent aux mains. Ce conflit domestique, horrible dans ses détails, avait lieu au milieu des déserts glacés de la baie d'Hudson. La colonie de lord Selkirk fut détruite au mois de juin 1815, précisément à l'époque de la bataille de Waterloo. Sur ces deux théâtres, si différents par l'éclat et par l'obscurité, les malheurs de l'espèce humaine étaient les mêmes.

Ne cherchez plus en Amérique les constitutions politiques artistement construites dont Charlevoix a fait l'histoire : la monarchie des Hurons, la république des Iroquois. Quelque chose de cette destruction s'est accompli et s'accomplit encore en Europe, même sous nos yeux ; un poète prussien, au banquet de l'ordre Teutonique, chanta, en vieux prussien, vers l'an

1400, les faits héroïques des anciens guerriers de son pays : personne ne le comprit, et on lui donna, pour récompense, cent noix vides. Aujourd'hui, le bas breton, le basque, le gaëlique, meurent de cabane en cabane, à mesure que meurent les chevriers et les laboureurs.

Dans la province anglaise de Cornouailles, la langue des indigènes s'éteignit vers l'an 1676. Un pêcheur disait à des voyageurs : « Je ne connais guère que quatre ou cinq personnes qui parlent breton, et ce sont de vieilles gens comme moi, de soixante à quatre-vingts ans ; tout ce qui est jeune n'en sait plus un mot. »

Des peuplades de l'Orénoque n'existent plus ; il n'est resté de leur dialecte qu'une douzaine de mots prononcés dans la cime des arbres par des perroquets redevenus libres, comme la grive d'Agrippine qui gazouillait des mots grecs sur les balustrades des palais de Rome. Tel sera tôt ou tard le sort de nos jargons modernes, débris du grec et du latin. Quelque corbeau envolé de la cage du dernier curé franco-gaulois dira, du haut d'un clocher en ruine, à des peuples étrangers à nos successeurs : « Agréez ces derniers efforts d'une voix qui vous fut connue : vous mettrez fin à tous ces discours. »

Soyez donc Bossuet, pour qu'en dernier résultat votre chef-d'œuvre survive, dans la mémoire d'un oiseau, à votre langage et à votre souvenir chez les hommes !

En parlant du Canada et de la Louisiane, en regardant sur les vieilles cartes l'étendue des anciennes colonies françaises en Amérique, je me demandais comment le gouvernement de mon pays avait pu laisser périr ces colonies, qui seraient aujourd'hui pour nous une source inépuisable de prospérité.

De l'Acadie et du Canada à la Louisiane, de l'embouchure du Saint-Laurent à celle du Mississipi, le territoire de la *Nouvelle-France* entoura ce qui formait la confédération des treize premiers États unis : les onze autres, avec le district de la Colombie, le territoire de Michigan, du Nord-Ouest, du Missouri, de l'Orégon et d'Arkansas, nous appartenaient, ou nous appartiendraient, comme ils appartiennent aux États-Unis par la cession des Anglais et des Espagnols, nos successeurs dans le Canada et dans la Louisiane. Le pays compris entre l'Atlantique au nord-est, la mer Polaire au nord, l'Océan Pacifique et les possessions russes au nord-ouest, le golfe Mexicain au midi, c'est-à-dire plus des deux tiers de l'Amérique septentrionale, reconnaîtraient les lois de la France.

J'ai peur que la Restauration ne se perde par les idées contraires à celles que j'exprime ici ; la manie de s'en tenir au passé, manie que je ne cesse de combattre, n'aurait rien de funeste si elle ne renversait que moi en me retirant la faveur du prince ; mais elle pourrait bien renverser le trône. L'immobilité politique est impossible ; force est d'avancer avec l'intelligence humaine. Respectons la majesté du temps ; contemplons avec vénération les siècles écoulés, rendus sacrés par la mémoire et les vestiges de nos pères ; toutefois n'essayons pas de rétrograder vers eux, car ils n'ont plus rien de notre nature réelle, et, si nous prétendions les saisir, ils s'évanouiraient. Le chapitre de Notre-Dame d'Aix-la-Chapelle fit ouvrir, dit-on, vers l'an 1450, le tombeau de Charlemagne. On trouva l'empereur assis dans une chaise dorée, tenant dans ses mains de squelette le livre des Évangiles écrit en lettres d'or ; devant lui étaient posés son sceptre et son bouclier d'or ; il avait au côté sa *Joyeuse* engainée dans un fourreau d'or. Il était revêtu des habits impériaux. Sur sa tête, qu'une chaîne d'or forçait à rester droite, était un suaire qui couvrait ce qui fut son visage et que surmontait une couronne. On toucha le fantôme ; il tomba en poussière.

Nous possédions outre mer de vastes contrées : elles offraient un asile à l'excédent de notre population, un marché à notre commerce, un aliment à notre marine. Nous sommes exclus du nouvel univers où le genre humain recommence : les langues anglaise, portugaise, espagnole, servent en Afrique, en Asie, dans l'Océanie, dans les îles de la mer du Sud, sur le continent des deux Amériques, à l'interprétation de la pensée de plusieurs millions d'hommes ; et nous, déshérités des conquêtes de notre courage et de notre génie, à peine entendons-nous parler dans quelque bourgade de la Louisiane et du Canada, sous une domination étrangère, la langue de Colbert et de Louis XIV : elle n'y reste que comme un témoin des revers de notre fortune et des fautes de notre politique[398].

Et quel est le roi dont la domination remplace maintenant la domination du roi de France sur les forêts canadiennes ? Celui qui hier me faisait écrire ce billet :

Royal-Lodge Windsor, 4 juin 1822.

« Monsieur le vicomte,
J'ai les ordres du roi d'inviter Votre Excellence à venir dîner et coucher ici jeudi 6 courant.
« Le très humble et très obéissant serviteur,
« Francis CONYNGHAM.[399] »

Il était dans ma destinée d'être tourmenté par les princes. Je m'interromps ; je repasse l'Atlantique ; je remets mon bras cassé à Niagara ; je me dépouille de ma peau d'ours : je reprends mon habit doré ; je me rends du wigwaum d'un Iroquois à la royale loge de Sa Majesté Britannique, monarque des trois royaumes unis et dominateur des Indes ; je

---

[398] « Tout ce qui précède, depuis : l'immobilité politique est impossible, avait été, dit M. de Marcellus, écrit dans une dépêche officielle, transcrite de ma main, et en fut retranché presque aussitôt pour passer dans les Mémoires ; comme si c'était dicté par une verve trop élevée pour aller se perdre et s'enfuir dans une correspondance éphémère. » Chateaubriand et son temps, p. 62.
[399] Lord Francis Conyngham, frère du premier marquis de ce nom, était chambellan (groom of the bed-chamber) du roi Georges IV.

laisse mes hôtes aux oreilles découvertes et la petite sauvage à la perle ; souhaitant à lady Conyngham[400], la gentillesse de Mila, avec cet âge qui n'appartient encore qu'au plus jeune printemps, qu'à ces jours qui précèdent le mois de mai, et que nos poètes gaulois appelaient l'*avrillée*.

La tribu de la petite fille à la perle partit ; mon guide, le Hollandais, refusa de m'accompagner au delà de la cataracte ; je le payai et je m'associai avec des trafiquants qui partaient pour descendre l'Ohio ; je jetai, avant de partir, un coup d'œil sur les lacs du Canada. Rien n'est triste comme l'aspect de ces lacs. Les plaines de l'Océan et de la Méditerranée ouvrent des chemins aux nations, et leurs bords sont ou furent habités par des peuples civilisés, nombreux et puissants ; les lacs du Canada ne présentent que la nudité de leurs eaux, laquelle va rejoindre une terre dévêtue : solitudes qui séparent d'autres solitudes. Des rivages sans habitants regardent des mers sans vaisseaux ; vous descendez des flots déserts sur des grèves désertes.

Le lac Érié a plus de cent lieues de circonférence. Les nations riveraines furent exterminées par les Iroquois, il y a deux siècles. C'est une chose effrayante que de voir les Indiens s'aventurer dans des nacelles d'écorce sur ce lac renommé par ses tempêtes, où fourmillaient autrefois des myriades de serpents. Ces Indiens suspendent leurs manitous à la poupe des canots, et s'élancent au milieu des tourbillons entre les vagues soulevées. Les vagues, de niveau avec l'orifice des canots, semblent prêtes à les engloutir. Les chiens des chasseurs, les pattes appuyées sur le bord, poussent des abois, tandis que leurs maîtres, gardant un silence profond, frappent les flots en cadence avec leurs pagaies. Les canots s'avancent à la file : à la proue du premier se tient debout un chef qui répète la diphtongue *oah* : *o* sur une note sourde et longue, *ah* sur un ton aigu et bref. Dans le dernier canot est un autre chef, debout encore, manœuvrant une rame en forme de gouvernail. Les autres guerriers sont assis sur leurs talons au fond des cales. À travers le brouillard et les vents, on n'aperçoit que les plumes dont la tête des Indiens est ornée, le cou tendu des dogues

---

[400] Lady Conyngham, dont Chateaubriand parle ici, non peut-être sans une certaine malice rétrospective, n'était pas la femme de lord Francis Conyngham, mais sa belle-sœur, la femme du marquis : elle était la maîtresse de George IV. — Dans le Journal de Charles C.-F. Greville, secrétaire du conseil privé, il est souvent parlé de Lady Conyngham. Greville, écrit, à la date du 2 mai 1821 : « Lady Conyngham habite une maison de Marlborough-Row, entourée de toute sa famille, qui est, comme elle-même, pourvue de chevaux, de voitures et de gens par les écuries royales et elle se promène à cheval avec sa fille Elizabeth, mais jamais avec le roi, qui va de son côté en compagnie d'un de ses gentilshommes. Au surplus, ils ne se montrent jamais ensemble en public. Elle dîne tous les jours avec le roi, ainsi que sa fille qui ne la quitte guère, et elle agit en maîtresse de maison. Elles ont toutes deux reçu de lui de magnifiques présents, notamment des perles du plus grand prix, que Mme de Lièven dit supérieures à celles des grandes-duchesses elles-mêmes. »

hurlants, et les épaules des deux *sachems*, pilote et augure : on dirait les dieux de ces lacs.

Les fleuves du Canada sont sans histoire dans l'ancien monde ; autre est la destinée du Gange, de l'Euphrate, du Nil, du Danube et du Rhin. Quels changements n'ont-ils point vus sur leurs bords ! que de sueur et de sang les conquérants ont répandus pour traverser dans leur cours ces ondes qu'un chevrier franchit d'un pas à leur source !

Partis des lacs du Canada, nous vînmes à Pittsbourg, au confluent du Kentucky et de l'Ohio ; là, le paysage déploie une pompe extraordinaire. Ce pays si magnifique s'appelle pourtant Kentucky, du nom de sa rivière qui signifie *rivière de sang*. Il doit ce nom à sa beauté : pendant plus de deux siècles, les nations du parti des Chérokis et du parti des nations iroquoises s'en disputèrent les chasses.

Les générations européennes seront-elles plus vertueuses et plus libres sur ces bords que les générations américaines exterminées ? Des esclaves ne laboureront-ils point la terre sous le fouet de leurs maîtres, dans ces déserts de la primitive indépendance de l'homme ? Des prisons et des gibets ne remplaceront-ils point la cabane ouverte et le haut tulipier où l'oiseau pend sa couvée ? La richesse du sol ne fera-t-elle point naître de nouvelles guerres ? Le Kentucky cessera-t-il d'être la *terre de sang*, et les monuments des arts embelliront-ils mieux les bords de l'Ohio que les monuments de la nature ?

Le Wabach, la grande Cyprière, la Rivière-aux-Ailes ou Cumberland, le Chéroki ou Tennessee, les Bancs-Jaunes passés, on arrive à une langue de terre souvent noyée dans les grandes eaux ; là s'opère le confluent de l'Ohio et du Mississipi par les 36° 51′ de latitude. Les deux fleuves s'opposant une résistance égale ralentissent leurs cours ; ils dorment l'un auprès de l'autre sans se confondre pendant quelques milles dans le même chenal, comme deux grands peuples divisés d'origine, puis réunis pour ne plus former qu'une seule race ; comme deux illustres rivaux, partageant la même couche après une bataille ; comme deux époux, mais de sang ennemi, qui d'abord ont peu de penchant à mêler dans le lit nuptial leurs destinées.

Et moi aussi, tel que les puissantes urnes des fleuves, j'ai répandu le petit cours de ma vie, tantôt d'un côté de la montagne, tantôt de l'autre ; capricieux dans mes erreurs, jamais malfaisant ; préférant les vallons pauvres aux riches plaines, m'arrêtant aux fleurs plutôt qu'aux palais. Du reste, j'étais si charmé de mes courses, que je ne pensais presque plus au pôle. Une compagnie de trafiquants, venant de chez les Creeks, dans les Florides, me permit de la suivre.

Nous nous acheminâmes vers les pays connus alors sous le nom général des Florides, et où s'étendent aujourd'hui les États de l'Alabama, de la Géorgie, de la Caroline du Sud, du Tennessee. Nous suivions à peu près des sentiers que lie maintenant la grande route des Natchez à

Nashville par Jackson et Florence, et qui rentre en Virginie par Knoxville et Salem : pays dans ce temps peu fréquenté et dont cependant Bartram avait exploré les lacs et les sites. Les planteurs de la Géorgie et des Florides maritimes venaient jusque chez les diverses tribus des Creeks acheter des chevaux et des bestiaux demi-sauvages, multipliés à l'infini dans les savanes que percent ces *puits* au bord desquels j'ai fait reposer Atala et Chactas. Ils étendaient même leur course jusqu'à l'Ohio.

Nous étions poussés par un vent frais. L'Ohio, grossi de cent rivières, tantôt allait se perdre dans les lacs qui s'ouvraient devant nous, tantôt dans les bois. Des îles s'élevaient au milieu des lacs. Nous fîmes voile vers une des plus grandes : nous l'abordâmes à huit heures du matin.

Je traversai une prairie semée de jacobées à fleurs jaunes, d'alcées à panaches roses et d'obélarias dont l'aigrette est pourpre.

Une ruine indienne frappa mes regards. Le contraste de cette ruine et de la jeunesse de la nature, ce monument des hommes dans un désert, causait un grand saisissement. Quel peuple habita cette île ? Son nom, sa race, le temps de son passage ? Vivait-il, alors que le monde au sein duquel il était caché existait ignoré des trois autres parties de la terre ? Le silence de ce peuple est peut-être contemporain du bruit de quelques grandes nations tombées à leur tour dans le silence[401].

Des anfractuosités sablonneuses, des ruines ou des tumulus, sortaient des pavots à fleurs roses pendant au bout d'un pédoncule incliné d'un vert pâle. La tige et la fleur ont un arome qui reste attaché aux doigts lorsqu'on touche à la plante. Le parfum qui survit à cette fleur est une image du souvenir d'une vie passée dans la solitude.

J'observai la nymphéa : elle se préparait à cacher son lis blanc dans l'onde, à la fin du jour ; l'*arbre triste*, pour déclore le sien, n'attendait que la nuit : l'épouse se couche à l'heure où la courtisane se lève.

L'œnothère pyramidale, haute de sept à huit pieds, à feuilles blondes dentelées d'un vert noir, a d'autres mœurs et une autre destinée : sa fleur jaune commence à s'entr'ouvrir le soir, dans l'espace de temps que Vénus met à descendre sous l'horizon ; elle continue de s'épanouir aux rayons des étoiles ; l'aurore la trouve dans tout son éclat ; vers la moitié du matin elle se fane ; elle tombe à midi. Elle ne vit que quelques heures ; mais elle dépêche ces heures sous un ciel serein, entre les souffles de Vénus et de l'Aurore ; qu'importe alors la brièveté de la vie ?

Un ruisseau s'enguirlandait de dionées ; une multitude d'éphémères bourdonnaient alentour. Il y avait aussi des oiseaux-mouches et des papillons qui, dans leurs plus brillants affiquets, joutaient d'éclat avec la diaprure du parterre. Au milieu de ces promenades et de ces études, j'étais souvent frappé de leur futilité. Quoi ! la Révolution, qui pesait déjà sur moi

---

[401] Les ruines de Mitla et de Palenque au Mexique prouvent aujourd'hui que le Nouveau-Monde dispute d'antiquité avec l'Ancien. (Paris, note de 1834.) Ch.

et me chassait dans les bois, ne m'inspirait rien de plus grave ? Quoi ! c'était pendant les heures du bouleversement de mon pays que je m'occupais de descriptions et de plantes, de papillons et de fleurs ? L'individualité humaine sert à mesurer la petitesse des plus grands événements. Combien d'hommes sont indifférents à ces événements ! De combien d'autres seront-ils ignorés ! La population générale du globe est évaluée de onze à douze cents millions ; il meurt un homme par *seconde* : ainsi, à chaque *minute* de notre existence, de nos sourires, de nos joies, soixante hommes expirent, soixante familles gémissent et pleurent. La vie est une peste permanente. Cette chaîne de deuil et de funérailles qui nous entortille ne se brise point, elle s'allonge : nous en formerons nous-mêmes un anneau. Et puis, magnifions l'importance de ces catastrophes, dont les trois quarts et demi du monde n'entendront jamais parler ! Haletons après une renommée qui ne volera pas à quelques lieues de notre tombe ! Plongeons-nous dans l'océan d'une félicité dont chaque minute s'écoule entre soixante cercueils incessamment renouvelés !

> Nam nox nulla diem, neque noctem aurora sequuta est
> Quæ non audierit mixtos vagitibus ægris
> Ploratus, mortis comites et funeris atri.

« Aucun jour n'a suivi la nuit, aucune nuit n'a été suivie de l'aurore, qui n'ait entendu des pleurs mêlés à des vagissements douloureux, compagnons de la mort et des noires funérailles. »

Les sauvages de la Floride racontent qu'au milieu d'un lac est une île où vivent les plus belles femmes du monde. Les Muscogulges en ont tenté maintes fois la conquête ; mais cet Éden fuit devant les canots, naturelle image de ces chimères qui se retirent devant nos désirs.

Cette contrée renfermait aussi une fontaine de Jouvence : qui voudrait revivre ?

Peu s'en fallut que ces fables ne prissent à mes yeux une espèce de réalité. Au moment où nous nous y attendions le moins, nous vîmes sortir d'une baie une flottille de canots, les uns à la rame, les autres à la voile. Ils abordèrent notre île. Ils formaient deux familles de Creeks, l'une siminole, l'autre muscogulge, parmi lesquelles se trouvaient des Chérokis et des *Bois-brûlés*. Je fus frappé de l'élégance de ces sauvages qui ne ressemblaient en rien à ceux du Canada.

Les Siminoles et les Muscogulges sont assez grands, et, par un contraste extraordinaire, leurs mères, leurs épouses et leurs filles sont la plus petite race de femmes connue en Amérique.

Les Indiennes qui débarquèrent auprès de nous, issues d'un sang mêlé de chéroki et de castillan, avaient la taille élevée. Deux d'entre elles ressemblaient à des créoles de Saint-Domingue et de l'Île-de-France, mais jaunes et délicates comme des femmes du Gange. Ces deux Floridiennes, cousines du côté paternel, m'ont servi de modèles, l'une pour *Atala*, l'autre pour *Céluta :* elles surpassaient seulement les portraits que j'en ai faits par cette vérité de nature variable et fugitive, par cette physionomie de race et de climat que je n'ai pu rendre. Il y avait quelque chose d'indéfinissable dans ce visage ovale, dans ce teint ombré que l'on croyait voir à travers une fumée orangée et légère, dans ces cheveux si noirs et si doux, dans ces yeux si longs, à demi cachés sous le voile de deux paupières satinées qui s'entr'ouvraient avec lenteur ; enfin, dans la double séduction de l'Indienne et de l'Espagnole.

La réunion à nos hôtes changea quelque peu nos allures ; nos agents de traite commencèrent à s'enquérir des chevaux : il fut résolu que nous irions nous établir dans les environs des haras.

La plaine de notre camp était couverte de taureaux, de vaches, de chevaux, de bisons, de buffles, de grues, de dindes, de pélicans : ces oiseaux marbraient de blanc, de noir et de rose le fond vert de la savane.

Beaucoup de passions agitaient nos trafiquants et nos chasseurs : non des passions de rang, d'éducation, de préjugés, mais des passions de la nature, pleines, entières, allant directement à leur but, ayant pour témoins un arbre tombé au fond d'une forêt inconnue, un vallon inretrouvable, un fleuve sans nom. Les rapports des Espagnols et des femmes creekes faisaient le fond des aventures : les *Bois-brûlés* jouaient le rôle principal dans ces romans. Une histoire était célèbre, celle d'un marchand d'eau-de-vie séduit et ruiné par une *fille peinte* (une courtisane). Cette histoire, mise en vers siminoles sous le nom de *Tabamica,* se chantait au passage des bois[402]. Enlevées à leur tour par les colons, les Indiennes mouraient bientôt délaissées à Pensacola : leurs malheurs allaient grossir les *Romanceros* et se placer auprès des complaintes de Chimène.

C'est une mère charmante que la terre ; nous sortons de son sein : dans l'enfance, elle nous tient à ses mamelles gonflées de lait et de miel ; dans la jeunesse et l'âge mur, elle nous prodigue ses eaux fraîches, ses moissons et ses fruits ; elle nous offre en tous lieux l'ombre, le bain, la table et le lit ; à notre mort, elle nous rouvre ses entrailles, jette sur notre dépouille une couverture d'herbes et de fleurs, tandis qu'elle nous transforme secrètement dans sa propre substance, pour nous reproduire sous quelque forme gracieuse. Voilà ce que je me disais en m'éveillant lorsque mon premier regard rencontrait le ciel, dôme de ma couche.

Les chasseurs étant partis pour les opérations de la journée, je restais avec les femmes et les enfants. Je ne quittai plus mes deux sylvaines : l'une était fière, et l'autre triste. Je n'entendais pas un mot de ce qu'elles me disaient, elles ne me comprenaient pas ; mais j'allais chercher l'eau pour leur coupe, les sarments pour leur feu, les mousses pour leur lit. Elles

---

[402] Je l'ai donnée dans mes Voyages. (Note de Genève, 1832.) Ch. — Cette histoire de Tabamica se trouve à la page 248 du Voyage en Amérique, où elle porte ce titre : Chanson de la Chair blanche.

portaient la jupe courte et les grosses manches tailladées à l'espagnole, le corset et le manteau indiens. Leurs jambes nues étaient losangées de dentelles de bouleau. Elles nattaient leurs cheveux avec des bouquets ou des filaments de joncs ; elles se maillaient de chaînes et de colliers de verre. À leurs oreilles pendaient des graines empourprées ; elles avaient une jolie perruche qui parlait : oiseau d'Armide ; elles l'agrafaient à leur épaule en guise d'émeraude, ou la portaient chaperonnée sur la main comme les grandes dames du Xe siècle portaient l'épervier. Pour s'affermir le sein et les bras, elles se frottaient avec l'apoya ou souchet d'Amérique. Au Bengale, les bayadères mâchent le bétel, et, dans le Levant, les almées sucent le mastic de Chio ; les Floridiennes broyaient, sous leurs dents d'un blanc azuré, des larmes de *liquidambar* et des racines de *libanis,* qui mêlaient la fragrance de l'angélique, du cédrat et de la vanille. Elles vivaient dans une atmosphère de parfums émanés d'elles, comme des orangers et des fleurs dans les pures effluences de leur feuille et de leur calice. Je m'amusais à mettre sur leur tête quelque parure : elles se soumettaient, doucement effrayées ; magiciennes, elles croyaient que je leur faisais un charme. L'une d'elles, la *fière,* priait souvent ; elle me paraissait demi-chrétienne. L'autre chantait avec une voix de velours, poussant à la fin de chaque phrase un cri qui troublait. Quelquefois elles se parlaient vivement : je croyais démêler des accents de jalousie, mais la triste pleurait, et le silence revenait.

Faible que j'étais, je cherchais des exemples de faiblesse, afin de m'encourager. Camoëns n'avait-il pas aimé dans les Indes une esclave noire de Barbarie, et moi, ne pouvais-je pas en Amérique offrir des hommages à deux jeunes sultanes jonquilles ? Camoëns n'avait-il pas adressé des *Endechas*, ou des stances, à *Barbaru escrava ?* Ne lui avait-il pas dit :

> Aquella captiva
> Que me tem captivo,
> Porque nella vivo,
> Já naõ quer que viva.
> Eu nunqua vi rosa,
> Em suaves mólhos,
> Que para meus olhos
> Fosse mais formosa.
> Pretidaõ de amor,
> Taõ doce a figura,
> Que a neve lhe jura
> Que trocára a còr.
> Léda mansidaõ,
> Que o siso acompanha :
> Bem parece estranha,
> Mas Barbara naõ.

« Cette captive qui me tient captif, parce que je vis en elle, n'épargne pas ma vie. Jamais rose, dans de suaves bouquets, ne fut à mes yeux plus charmante . . . .
. . . . .

« Sa chevelure noire inspire l'amour ; sa figure est si douce que la neige a envie de changer de couleur avec elle ; sa gaieté est accompagnée de réserve : c'est une étrangère ; une barbare, non. »

On fit une partie de pêche. Le soleil approchait de son couchant. Sur le premier plan paraissaient des sassafras, des tulipiers, des catalpas et des chênes dont les rameaux étalaient des écheveaux de mousse blanche. Derrière ce premier plan s'élevait le plus charmant des arbres, le papayer, qu'on eût pris pour un style d'argent ciselé, surmonté d'une urne corinthienne. Au troisième plan dominaient les baumiers, les magnolias et les liquidambars.

Le soleil tomba derrière ce rideau : un rayon glissant à travers le dôme d'une futaie scintillait comme une escarboucle enchâssée dans le feuillage sombre ; la lumière divergeant entre les troncs et les branches projetait sur les gazons des colonnes croissantes et des arabesques mobiles. En bas, c'étaient des lilas, des azaléas, des lianes annelées, aux gerbes gigantesques ; en haut, des nuages, les uns fixes, promontoires ou vieilles tours, les autres flottants, fumées de rose ou cardées de soie. Par des transformations successives, on voyait dans ces nues s'ouvrir des gueules de four, s'amonceler des tas de braise, couler des rivières de lave : tout était éclatant, radieux, doré, opulent, saturé de lumière.

Après l'insurrection de la Morée, en 1770, des familles grecques se réfugièrent à la Floride : elles se purent croire encore dans ce climat de l'Ionie, qui semble s'être amolli avec les passions des hommes : à Smyrne, le soir, la nature dort comme une courtisane fatiguée d'amour.

À notre droite étaient des ruines appartenant aux grandes fortifications trouvées sur l'Ohio, à notre gauche un ancien camp de sauvages ; l'île où nous étions, arrêtée dans l'onde et reproduite par un mirage, balançait devant nous sa double perspective. À l'orient, la lune reposait sur des collines lointaines ; à l'occident, la voûte du ciel était fondue en une mer de diamants et de saphirs, dans laquelle le soleil, à demi plongé, paraissait se dissoudre. Les animaux de la création veillaient ; la terre, en adoration, semblait encenser le ciel, et l'ambre exhalé de son sein retombait sur elle en rosée, comme la prière redescend sur celui qui prie.

Quitté de mes compagnes, je me reposai au bord d'un massif d'arbres : son obscurité, glacée de lumière, formait la pénombre où j'étais assis. Des mouches luisantes brillaient parmi les arbrisseaux encrêpés, et s'éclipsaient lorsqu'elles passaient dans les irradiations de la lune. On entendait le bruit du flux et reflux du lac, les sauts du poisson d'or, et le cri rare de la cane plongeuse. Mes yeux étaient fixés sur les eaux ; je déclinais peu à peu vers cette somnolence connue des hommes qui courent les chemins du monde : nul souvenir distinct ne me restait ; je me sentais vivre et végéter avec la nature dans une espèce de panthéisme. Je m'adossai contre le tronc d'un magnolia et je m'endormis ; mon repos flottait sur un fond vague d'espérance.

Quand je sortis de ce Léthé, je me trouvai entre deux femmes ; les odalisques étaient revenues ; elles n'avaient pas voulu me réveiller ; elles s'étaient assises en silence à mes côtés ; soit qu'elles feignissent le sommeil, soit qu'elles fussent réellement assoupies, leurs têtes étaient tombées sur mes épaules.

Une brise traversa le bocage et nous inonda d'une pluie de roses de magnolia. Alors la plus jeune des Siminoles se mit à chanter : quiconque n'est pas sûr de sa vie se garde de l'exposer ainsi jamais ! on ne peut savoir ce que c'est que la passion infiltrée avec la mélodie dans le sein d'un homme. À cette voix une voix rude et jalouse répondit : un *Bois-brûlé* appelait les deux cousines ; elles tressaillirent, se levèrent : l'aube commençait à poindre.

Aspasie de moins, j'ai retrouvé cette scène aux rivages de la Grèce : monté aux colonnes du Parthénon avec l'aurore, j'ai vu le Cythéron, le mont Hymette, l'Acropolis de Corinthe, les tombeaux, les ruines, baignés dans une rosée de lumière dorée, transparente, volage, que réfléchissaient les mers, que répandaient comme un parfum les zéphyrs de Salamine et de Délos.

Nous achevâmes au rivage notre navigation sans paroles. À midi, le camp fut levé pour examiner les chevaux que les Creeks voulaient vendre et les trafiquants acheter. Femmes et enfants, tous étaient convoqués comme témoins, selon la coutume dans les marchés solennels. Les étalons de tous les âges et de tous les poils, les poulains et les juments avec des taureaux, des vaches et des génisses, commencèrent à fuir et à galoper autour de nous. Dans cette confusion, je fus séparés des Creeks. Un groupe épais de chevaux et d'hommes s'aggloméra à l'orée d'un bois. Tout à coup, j'aperçois de loin mes deux Floridiennes ; des mains vigoureuses les asseyaient sur les croupes de deux barbes que montaient à cru un *Bois-brûlé* et un Siminole. Ô Cid ! que n'avais-je ta rapide Babieça pour les rejoindre ! Les cavales prennent leur course, l'immense escadron les suit. Les chevaux ruent, sautent, bondissent, hennissent au milieu des cornes des buffles et des taureaux, leurs soles se choquent en l'air, leurs queues et leurs crinières volent sanglantes. Un tourbillon d'insectes dévorants enveloppe l'orbe de cette cavalerie sauvage. Mes Floridiennes disparaissent comme la fille de Cérès, enlevée par le dieu des enfers.

Voilà comme tout avorte dans mon histoire, comme il ne me reste que des images de ce qui a passé si vite : je descendrai aux champs Élysées avec plus d'ombres qu'homme n'en a jamais emmené avec soi. La faute en est à mon organisation : je ne sais profiter d'aucune fortune ; je ne m'intéresse à quoi que ce soit de ce qui intéresse les autres. Hors en religion, je n'ai aucune croyance. Pasteur ou roi, qu'aurais-je fait de mon sceptre ou de ma houlette ? Je me serais également fatigué de la gloire et du génie, du travail et du loisir, de la propriété et de l'infortune. Tout me lasse : je remorque avec peine mon ennui avec mes jours, et je vais partout bâillant ma vie.

Ronsard nous peint Marie Stuart prête à partir pour l'Écosse, après la mort de François II.

> De tel habit vous estiez accoustrée,
> Partant, hélas ! de la belle contrée
> (Dont aviez eu le sceptre dans la main),
> Lorsque, pensive et baignant vostre sein
> Du beau crystal de vos larmes roulées,
> Triste, marchiez par les longues allées
> Du grand jardin de ce royal chasteau
> Qui prend son nom de la source d'une eau.

Ressemblais-je à Marie Stuart se promenant à Fontainebleau, quand je me promenai dans ma savane après mon veuvage ? Ce qu'il y a de certain, c'est que mon esprit, sinon ma personne, était enveloppé d'*un crespe long, subtil et délié,* comme dit encore Ronsard, ancien poète de la nouvelle école.

Le diable ayant emporté les demoiselles muscogulges, j'appris du guide qu'un *Bois-brûlé*, amoureux d'une des deux femmes, avait été jaloux de moi et qu'il s'était résolu, avec un Siminole, frère de l'autre cousine, de m'enlever *Atala* et *Céluta*. Les guides les appelaient sans façon des *filles peintes*, ce qui choquait ma vanité. Je me sentais d'autant plus humilié que le *Bois-brûlé*, mon rival préféré, était un maringouin maigre, laid et noir, ayant tous les caractères des insectes qui, selon la définition des entomologistes du grand Lama, sont des animaux dont la chair est à l'intérieur et les os à l'extérieur. La solitude me parut vide après ma mésaventure. Je reçus mal ma sylphide généreusement accourue pour consoler un infidèle, comme Julie lorsqu'elle pardonnait à Saint-Preux ses Floridiennes de Paris. Je me hâtai de quitter le désert, où j'ai ranimé depuis les compagnes endormies de ma nuit. Je ne sais si je leur ai rendu la vie qu'elles me donnèrent ; du moins, j'ai fait de l'une une vierge, et de l'autre une chaste épouse, par expiation.

Nous repassâmes les montagnes Bleues, et nous rapprochâmes des défrichements européens vers Chillicothi. Je n'avais recueilli aucune lumière sur le but principal de mon entreprise ; mais j'étais escorté d'un monde de poésie :

> Comme une jeune abeille aux roses engagée,
> Ma muse revenait de son butin chargée.

J'avisai au bord d'un ruisseau une maison américaine, ferme à l'un de ses pignons, moulin à l'autre. J'entrai demander le vivre et le couvert, et fus bien reçu.

Mon hôtesse me conduisit par une échelle dans une chambre au-dessus de l'axe de la machine hydraulique. Ma petite croisée, festonnée de lierre et de cobées à cloches d'iris, ouvrait sur le ruisseau qui coulait, étroit et solitaire, entre deux épaisses bordures de saules, d'aunes, de sassafras, de tamarins et de peupliers de la Caroline. La roue moussue tournait sous ces ombrages en laissant retomber de longs rubans d'eau. Des perches et des truites sautaient dans l'écume du remous ; des bergeronnettes volaient d'une rive à l'autre, et des espèces de martins-pêcheurs agitaient au-dessus du courant leurs ailes bleues.

N'aurais-je pas bien été là avec la *triste*, supposée fidèle, rêvant assis à ses pieds, la tête appuyée sur ses genoux, écoutant le bruit de la cascade, les révolutions de la roue, le roulement de la meule, le sassement du blutoir, les battements égaux du traquet, respirant la fraîcheur de l'onde et l'odeur de l'effleurage des orges perlées ?

La nuit vint, je descendis à la chambre de la ferme. Elle n'était éclairée que par des feurres de maïs et des coques de faséoles qui flambaient au foyer. Les fusils du maître, horizontalement couchés au porte-armes, brillaient au reflet de l'âtre. Je m'assis sur un escabeau dans le coin de la cheminée, auprès d'un écureuil qui sautait alternativement du dos d'un gros chien sur la tablette d'un rouet. Un petit chat prit possession de mon genou pour regarder ce jeu. La meunière coiffa le brasier d'une large marmite, dont la flamme embrassa le fond noir comme une couronne d'or radiée. Tandis que les patates de mon souper ébouillaient sous ma garde, je m'amusai à lire à la lueur du feu, en baissant la tête, un journal anglais tombé à terre entre mes jambes : j'aperçus, écrits en grosses lettres, ces mots : *Flight of the king* (Fuite du roi). C'était le récit de l'évasion de Louis XVI et de l'arrestation de l'infortuné monarque à Varennes[403]. Le journal racontait aussi les progrès de l'émigration et la réunion des officiers de l'armée sous le drapeau des princes français.

Une conversion subite s'opéra dans mon esprit : Renaud vit sa faiblesse au miroir de l'honneur dans les jardins d'Armide ; sans être le héros du Tasse, la même glace m'offrit mon image au milieu d'un verger américain. Le fracas des armes, le tumulte du monde retentit à mon oreille sous le chaume d'un moulin caché dans des bois inconnus. J'interrompis brusquement ma course, et je me dis : « Retourne en France. »

Ainsi, ce qui me parut un devoir renversa mes premiers desseins, amena la première de ces péripéties dont ma carrière a été marquée. Les Bourbons n'avaient pas besoin qu'un cadet de Bretagne revînt d'outre-mer leur offrir son obscur dévouement, pas plus qu'ils n'ont eu besoin de ses

---

[403] L'arrestation du roi à Varennes eut lieu le 22 juin 1791.

services quand il est sorti de son obscurité. Si, continuant mon voyage, j'eusse allumé ma pipe avec le journal qui a changé ma vie, personne ne se fût aperçu de mon absence ; ma vie était alors aussi ignorée et ne pesait pas plus que la fumée de mon calumet. Un simple démêlé entre moi et ma conscience me jeta sur le théâtre du monde. J'eusse pu faire ce que j'aurais voulu, puisque j'étais seul témoin du débat ; mais, de tous les témoins, c'est celui aux yeux duquel je craindrais le plus de rougir.

Pourquoi les solitudes de l'Érié, de l'Ontario, se présentent-elles aujourd'hui à ma pensée avec un charme que n'a point à ma mémoire le brillant spectacle du Bosphore ? C'est qu'à l'époque de mon voyage aux États-Unis, j'étais plein d'illusions ; les troubles de la France commençaient en même temps que commençait mon existence ; rien n'était achevé en moi, ni dans mon pays. Ces jours me sont doux, parce qu'ils me rappellent l'innocence des sentiments inspirés par la famille et les plaisirs de la jeunesse.

Quinze ans plus tard, après mon voyage au Levant, la République, grossie de débris et de larmes, s'était déchargée comme un torrent du déluge dans le despotisme. Je ne me berçais plus de chimères ; mes souvenirs, prenant désormais leur source dans la société et dans des passions, étaient sans candeur. Déçu dans mes deux pèlerinages en Occident et en Orient, je n'avais point découvert le passage au pôle, je n'avais point enlevé la gloire des bords du Niagara où je l'étais allé chercher, et je l'avais laissée assise sur les ruines d'Athènes.

Parti pour être voyageur en Amérique, revenu pour être soldat en Europe, je ne fournis jusqu'au bout ni l'une ni l'autre de ces carrières : un mauvais génie m'arracha le bâton et l'épée, et me mit la plume à la main. Il y a de cette heure quinze autres années, qu'étant à Sparte, et contemplant le ciel pendant la nuit, je me souvenais des pays qui avaient déjà vu mon sommeil paisible ou troublé : parmi les bois de l'Allemagne, dans les bruyères de l'Angleterre, dans les champs de l'Italie, au milieu des mers, dans les forêts canadiennes, j'avais déjà salué les mêmes étoiles que je voyais briller sur la patrie d'Hélène et de Ménélas. Mais que me servirait de me plaindre aux astres, immobiles témoins de mes destinées vagabondes ? Un jour leur regard ne se fatiguera plus à me poursuivre : maintenant, indifférent à mon sort, je ne demanderai pas à ces astres de l'incliner par une plus douce influence, ni de me rendre ce que le voyageur laisse de sa vie dans les lieux où il passe.

Si je revoyais aujourd'hui les États-Unis, je ne les reconnaîtrais plus : là où j'ai laissé des forêts, je trouverais des champs cultivés ; là où je me suis frayé un sentier à travers les halliers, je voyagerais sur de grandes routes ; aux Natchez, au lieu de la hutte de Céluta, s'élève une ville d'environ cinq mille habitants ; Chactas pourrait être aujourd'hui député au Congrès. J'ai reçu dernièrement une brochure imprimée chez les *Chérokis*, laquelle m'est adressée dans l'intérêt de ces sauvages, comme *au défenseur de la liberté de la presse.*

Il y a chez les Muscogulges, les Siminoles, les Chickasas, une cité d'Athènes, une autre de Marathon, une autre de Carthage, une autre de Memphis, une autre de Sparte, une autre de Florence ; on trouve un comté de la Colombie et un comté de Marengo : la gloire de tous les pays a placé un nom dans ces mêmes déserts où j'ai rencontré le père Aubry et l'obscure Atala. Le Kentucky montre un Versailles ; un territoire appelé Bourbon a pour capitale un Paris.

Tous les exilés, tous les opprimés qui se sont retirés en Amérique y ont porté la mémoire de leur patrie.

… Falsi Simoentis ad undam

Libabat cineri Andromache[404].

Les États-Unis offrent dans leur sein, sous la protection de la liberté, une image et un souvenir de la plupart des lieux célèbres de l'antiquité et de la moderne Europe : dans son jardin de la campagne de Rome, Adrien avait fait répéter les monuments de son empire.

Trente-trois grandes routes sortent de Washington, comme autrefois les voies romaines partaient du Capitole ; elles aboutissent, en se ramifiant, à la circonférence des États-Unis, et tracent une circulation de 25 747 milles. Sur un grand nombre de ces routes, les postes sont montées. On prend la diligence pour l'Ohio ou pour Niagara, comme de mon temps on prenait un guide ou un interprète indien. Ces moyens de transport sont doubles : des lacs et des rivières existent partout, liés ensemble par des canaux ; on peut voyager le long des chemins de terre sur des chaloupes à rames et à voiles, ou sur des coches d'eau, ou sur des bateaux à vapeur. Le combustible est inépuisable, puisque des forêts immenses couvrent des mines de charbon à fleur de terre.

La population des États-Unis s'est accrue de dix ans en dix ans, depuis 1790 jusqu'en 1820, dans la proportion de trente-cinq individus sur cent. On présume qu'en 1830 elle sera de douze millions huit cent soixante quinze mille âmes. En continuant à doubler tous les vingt-cinq ans, elle serait en 1855 de vingt-cinq millions sept cent cinquante mille âmes, et vingt-cinq ans plus tard, en 1880, elle dépasserait cinquante millions[405].

Cette sève humaine fait fleurir de toutes parts le désert. Les lacs du Canada, naguère sans voiles, ressemblent aujourd'hui à des docks où des frégates, des corvettes, des cutters, des barques, se croisent avec les

---

[404] Énéide, livre III, v. 302-303.
[405] Les prévisions de Chateaubriand se sont vérifiées ici avec une étonnante justesse. Il écrivait en 1822 : « En 1880, la population des États-Unis dépassera cinquante millions. » Or, d'après le recensement officiel du 1er juin 1880, le chiffre de la population, à cette date, était de cinquante millions quatre cent quarante-cinq mille, trois cent trente-six habitants.

pirogues et les canots indiens, comme les gros navires et les galères se mêlent aux pinques, aux chaloupes et aux caïques dans les eaux de Constantinople.

Le Mississipi, le Missouri, l'Ohio, ne coulent plus dans la solitude : des trois-mâts les remontent ; plus de deux cents bateaux à vapeur en vivifient les rivages.

Cette immense navigation intérieure, qui suffirait seule à la prospérité des États-Unis, ne ralentit point leurs expéditions lointaines. Leurs vaisseaux courent toutes les mers, se livrent à toutes les espèces d'entreprises, promènent le pavillon étoilé du couchant le long de ces rivages de l'aurore qui n'ont jamais connu que la servitude.

Pour achever ce tableau surprenant, il se faut représenter des villes comme Boston, New-York, Philadelphie, Baltimore, Charlestown, Savanah, La Nouvelle-Orléans, éclairées la nuit, remplies de chevaux et de voitures, ornées de cafés, de musées, de bibliothèques, de salles de danse et de spectacle, offrant toutes les jouissances du luxe.

Toutefois, il ne faut pas chercher aux États-Unis ce qui distingue l'homme des autres êtres de la création, ce qui est son extrait d'immortalité et l'ornement de ses jours : les lettres sont inconnues dans la nouvelle République, quoiqu'elles soient appelées par une foule d'établissements. L'Américain a remplacé les opérations intellectuelles par les opérations positives ; ne lui imputez point à infériorité sa médiocrité dans les arts, car ce n'est pas de ce côté qu'il a porté son attention. Jeté par différentes causes sur un sol désert, l'agriculture et le commerce ont été l'objet de ses soins ; avant de penser, il faut vivre ; avant de planter des arbres, il faut les abattre afin de labourer.

Les colons primitifs, l'esprit rempli de controverses religieuses, portaient, il est vrai, la passion de la dispute jusqu'au sein des forêts ; mais il fallait qu'ils marchassent d'abord à la conquête du désert la hache sur l'épaule, n'ayant pour pupitre, dans l'intervalle de leurs labeurs, que l'orme qu'ils équarrissaient. Les Américains n'ont point parcouru les degrés de l'âge des peuples ; ils ont laissé en Europe leur enfance et leur jeunesse ; les paroles naïves du berceau leur ont été inconnues ; ils n'ont joui des douceurs du foyer qu'à travers le regret d'une patrie qu'ils n'avaient jamais vue, dont ils pleuraient l'éternelle absence et le charme qu'on leur avait raconté.

Il n'y a dans le nouveau continent ni littérature classique, ni littérature romantique, ni littérature indienne : classique, les Américains n'ont point de modèles ; romantique, les Américains n'ont point de moyen âge ; indienne, les Américains méprisent les sauvages et ont horreur des bois comme d'une prison qui leur était destinée.

Ainsi, ce n'est donc pas la littérature à part, la littérature proprement dite, que l'on trouve en Amérique : c'est la littérature appliquée, servant aux divers usages de la société ; c'est la littérature d'ouvriers, de négociants, de marins, de laboureurs. Les Américains ne réussissent guère que dans la mécanique et dans les sciences, parce que les sciences ont un côté matériel : Franklin et Fulton se sont emparés de la foudre et de la vapeur au profit des hommes. Il appartenait à l'Amérique de doter le monde de la découverte par laquelle aucun continent ne pourra désormais échapper aux recherches du navigateur.

La poésie et l'imagination, partage d'un très petit nombre de désœuvrés, sont regardées aux États-Unis comme des puérilités du premier et du dernier âge de la vie : les Américains n'ont point eu d'enfance, ils n'ont point encore de vieillesse.

De ceci, il résulte que les hommes engagés dans les études sérieuses ont dû nécessairement appartenir aux affaires de leur pays afin d'en acquérir la connaissance, et qu'ils ont dû de même se trouver acteurs dans leur révolution. Mais une chose triste est à remarquer : la dégénération prompte du talent, depuis les premiers hommes des troubles américains jusqu'aux hommes de ces derniers temps ; et cependant ces hommes se touchent. Les anciens présidents de la République ont un caractère religieux, simple, élevé, calme, dont on ne trouve aucune trace dans nos fracas sanglants de la République et de l'Empire. La solitude dont les Américains étaient environnés a réagi sur leur nature ; ils ont accompli en silence leur liberté.

Le discours d'adieu du général Washington au peuple des États-Unis pourrait avoir été prononcé par les personnages les plus graves de l'antiquité :

« Les actes publics, dit le général, prouvent jusqu'à quel point les principes que je viens de rappeler m'ont guidé lorsque je me suis acquitté des devoirs de ma place. Ma conscience me dit du moins que je les ai suivis. Bien qu'en repassant les actes de mon administration je n'aie connaissance d'aucune faute d'intention, j'ai un sentiment trop profond de mes défauts pour ne pas penser que probablement j'ai commis beaucoup de fautes. Quelles qu'elles soient, je supplie avec ferveur le Tout-Puissant d'écarter ou de dissiper les maux qu'elles pourraient entraîner. J'emporterai aussi avec moi l'espoir que mon pays ne cessera jamais de les considérer avec indulgence, et qu'après quarante-cinq années de ma vie dévouées à son service avec zèle et droiture, les torts d'un mérite insuffisant tomberont dans l'oubli, comme je tomberai bientôt moi-même dans la demeure du repos. »

Jefferson, dans son habitation de Monticello, écrit, après la mort de l'un de ses deux enfants :

« La perte que j'ai éprouvée est réellement grande. D'autres peuvent perdre ce qu'ils ont en abondance ; mais moi, de mon strict nécessaire, j'ai à déplorer la moitié. Le déclin de mes jours ne tient plus que par le faible fil d'une vie humaine. Peut-être suis-je destiné à voir rompre ce dernier lien de l'affection d'un père ! »

La philosophie, rarement touchante, l'est ici au souverain degré. Et ce n'est pas là la douleur oiseuse d'un homme qui ne s'était mêlé de rien : Jefferson mourut le 4 juillet 1826, dans la quatre-vingt-quatrième année de son âge, et la cinquante-quatrième de l'indépendance de son pays. Ses restes reposent, recouverts d'une pierre, n'ayant pour épitaphe que ces mots : THOMAS JEFFERSON, *Auteur de la Déclaration d'indépendance*[406].

Périclès et Démosthène avaient prononcé l'oraison funèbre des jeunes Grecs tombés pour un peuple qui disparut bientôt après eux : Brackenridge[407], en 1817, célébrait la mort des jeunes Américains dont le sang a fait naître un peuple.

On a une galerie nationale des portraits des Américains distingués, en quatre volumes in-octavo, et, ce qu'il y a de plus singulier, une biographie contenant la vie de plus de cent principaux chefs indiens. Logan, chef de la Virginie, prononça devant lord Dunmore ces paroles : « Au printemps dernier, sans provocation aucune, le colonel Crasp égorgea tous les parents de Logan : il ne coule plus une seule goutte de mon sang dans les veines d'aucune créature vivante. C'est là ce qui m'a appelé à la vengeance. Je l'ai cherchée ; j'ai tué beaucoup de monde. Est-il quelqu'un qui viendra maintenant pleurer la mort de Logan ? Personne. »

Sans aimer la nature, les Américains se sont appliqués à l'étude de l'histoire naturelle. Towsend, parti de Philadelphie, a parcouru à pied les régions qui séparent l'Atlantique de l'océan Pacifique, en consignant dans son journal ses nombreuses observations. Thomas Say[408], voyageur dans les Florides et aux montagnes Rocheuses, a donné un ouvrage sur l'entomologie américaine. Wilson[409], tisserand, devenu auteur, a laissé des peintures assez finies.

Arrivés à la littérature proprement dite, quoiqu'elle soit peu de chose, il y a pourtant quelques écrivains à citer parmi les romanciers et les poètes.

---

[406] Thomas Jefferson (1743-1826) fut le troisième président des États-Unis (les deux premiers avaient été Washington et John Adams). Élu en 1801 et réélu en 1805, il resta huit ans à la tête de l'administration. C'est lui qui réunit la Louisiane aux États-Unis.

[407] Brackenridge (Henri), né à Pittsburg en 1786. Outre deux études sur Jefferson et Adams et une Histoire populaire de la guerre de 1814 avec l'Angleterre, il a publié un Voyage dans l'Amérique du Sud (1810), — La Louisiane (1812), — et les Souvenirs de l'Ouest (1834).

[408] Thomas Say, né à Philadelphie en 1787, mort à New-Harmony en 1834. On lui doit une Entomologie américaine (1824) et une Conchyliologie américaine (1830).

[409] Alexandre Wilson (1766-1813) était né à Paisley, en Écosse, mais il passa de bonne heure en Amérique. Tour à tour tisserand, maître d'école, colporteur, il s'attacha à l'étude et à la description des oiseaux. Son Ornithologie (American Ornithology), parue de 1808 à 1813, et formant sept volumes, est à la fois un monument scientifique et, par la variété et la finesse des peintures, une œuvre littéraire d'une réelle valeur.

Le fils d'un quaker, Brown[410], est l'auteur de *Wieland*, lequel Wieland est la source et le modèle des romans de la nouvelle école. Contrairement à ses compatriotes, « j'aime mieux, assurait Brown, errer parmi les forêts que de battre le blé ». Wieland, le héros du roman, est un puritain à qui le ciel a recommandé de tuer sa femme : « Je t'ai amenée ici, lui dit-il, pour accomplir les ordres de Dieu : c'est par moi que tu dois périr, et je saisis ses deux bras. Elle poussa plusieurs cris perçants et voulut se dégager. — Wieland, ne suis-je pas ta femme ? et tu veux me tuer ; me tuer, moi, oh ! non, oh ! grâce ! grâce ! — Tant que sa voix eut un passage, elle cria ainsi grâce et secours. » Wieland étrangle sa femme et éprouve d'ineffables délices auprès du cadavre expiré. L'horreur de nos inventions modernes est ici surpassée. Brown s'était formé à la lecture de *Caleb Williams*[411], et il imitait dans *Wieland* une scène d'*Othello*.

À cette heure, les romanciers américains, Cooper[412], Washington Irving[413], sont forcés de se réfugier en Europe pour y trouver des chroniques et un public. La langue des grands écrivains de l'Angleterre s'est *créolisée, provincialisée, barbarisée*, sans avoir rien gagné en énergie au milieu de la nature vierge ; on a été obligé de dresser des catalogues des expressions américaines.

Quant aux poètes américains, leur langage a de l'agrément, mais ils s'élèvent peu au-dessus de l'ordre commun. Cependant, l'*Ode à la brise du soir*, le *Lever du soleil sur la montagne*, le *Torrent*, et quelques autres poésies, méritent d'être parcourues. Halleck[414] a chanté Botzaris expirant, et Georges Hill a erré parmi les ruines de la Grèce : « Ô Athènes ! dit-il, c'est donc toi, reine solitaire, reine détrônée !… Parthénon, roi des temples, tu as vu les monuments tes contemporains laisser au temps dérober leurs prêtres et leurs dieux. »

Il me plaît, à moi, voyageur aux rivages de la Hellade et de l'Atlantide, d'entendre la voix indépendante d'une terre inconnue à

---

[410] Charles Brockden Brown, né à Philadelphie le 17 janvier 1771, mort le 22 février 1810. Il est l'auteur de plusieurs romans, dont le meilleur est celui que cite Chateaubriand, Wieland ou la Transformation.

[411] Caleb Williams, œuvre dramatique et puissante du romancier anglais William Godwin, avait paru en 1794, un an avant le roman de Brown, et son succès avait été aussi considérable en Amérique qu'en Angleterre.

[412] Fenimore Cooper (1780-1851), le plus célèbre des romanciers américains.

[413] Washington Irving (1783-1859). De nombreux voyages en Europe et surtout de longs séjours en Espagne, où il revint enfin, comme ministre de son pays, en 1842, lui ont fourni les éléments de ses principaux ouvrages. Les plus célèbres sont les Contes d'un voyageur (1824), l'Histoire de la vie et des voyages de Christophe Colomb (1828-1830), la Chronique de la conquête de Grenade (1829).

[414] Halleck (Fitz-Greene), poète américain, né à Guilfort (Connecticut) en 1795, mort en 1867. Ses Œuvres complètes, parues à New-York en 1852, ont eu de nombreuses rééditions. Marco Botzaris, épisode de la révolution grecque, est son œuvre la plus remarquable.

l'antiquité gémir sur la liberté perdue du vieux monde.

Mais l'Amérique conservera-t-elle la forme de son gouvernement ? Les États ne se diviseront-ils pas ? Un député de la Virginie n'a-t-il pas déjà soutenu la thèse de la liberté antique avec des esclaves, résultat du paganisme, contre un député de Massachusetts, défendant la cause de la liberté moderne sans esclaves, telle que le christianisme l'a faite ?

Les États du nord et du midi ne sont-ils pas opposés d'esprit et d'intérêts ? Les États de l'ouest, trop éloignés de l'Atlantique, ne voudront-ils pas avoir un régime à part ? D'un côté, le lien fédéral est-il assez fort pour maintenir l'union et contraindre chaque État à s'y resserrer ? D'un autre côté, si l'on augmente le pouvoir de la présidence, le despotisme n'arrivera-t-il pas avec les gardes et les privilèges du dictateur ?

L'isolement des États-Unis leur a permis de naître et de grandir : il est douteux qu'ils eussent pu vivre et croître en Europe. La Suisse fédérale subsiste au milieu de nous : pourquoi ? parce qu'elle est petite, pauvre, cantonnée au giron des montagnes, pépinière de soldats pour les rois, but de promenade pour les voyageurs.

Séparée de l'ancien monde, la population des États-Unis habite encore la solitude ; ses déserts ont été sa liberté : mais déjà les conditions de son existence s'altèrent.

L'existence des démocraties du Mexique, de la Colombie, du Pérou, du Chili, de Buenos-Ayres, toutes troublées qu'elles sont, est un danger. Lorsque les États-Unis n'avaient auprès d'eux que les colonies d'un royaume transatlantique, aucune guerre sérieuse n'était probable, maintenant des rivalités ne sont-elles pas à craindre ? que de part et d'autre on coure aux armes, que l'esprit militaire s'empare des enfants de Washington, un grand capitaine pourra surgir au trône : la gloire aime les couronnes.

J'ai dit que les États du nord, du midi et de l'ouest étaient divisés d'intérêts ; chacun le sait : ces États rompant l'union, les réduira-t-on par les armes ? Alors, quel ferment d'inimitiés répandu dans le corps social ! Les États dissidents maintiendront-ils leur indépendance ? Alors quelles discordes n'éclateront pas parmi ces États émancipés ! Ces républiques d'outre-mer, désengrenées, ne formeraient plus que des unités débiles de nul poids dans la balance sociale, ou elles seraient successivement subjuguées par l'une d'entre elles. (Je laisse de côté le grave sujet des alliances et des interventions étrangères.) Le Kentucky, peuplé d'une race d'hommes plus rustique, plus hardie et plus militaire, semblerait destiné à devenir l'État conquérant. Dans cet état qui dévorerait les autres, le pouvoir d'un seul ne tarderait pas à s'élever sur la ruine du pouvoir de tous.

J'ai parlé du danger de la guerre, je dois rappeler les dangers d'une longue paix. Les États-Unis, depuis leur émancipation, ont joui, à quelques mois près, de la tranquillité la plus profonde : tandis que cent batailles ébranlaient l'Europe, ils cultivaient leurs champs en sûreté. De là un débordement de population et de richesses, avec tous les inconvénients de la surabondance des richesses et des populations.

Si des hostilités survenaient chez un peuple imbelliqueux, saurait-on résister ? Les fortunes et les mœurs consentiraient-elles à des sacrifices ? Comment renoncer aux usances câlines, au confort, au bien-être indolent de la vie ? La Chine et l'Inde, endormies dans leur mousseline, ont constamment subi la domination étrangère. Ce qui convient à la complexion d'une société libre, c'est un état de paix modéré par la guerre, et un état de guerre attrempé[415] de paix. Les Américains ont déjà porté trop longtemps de suite la couronne d'olivier : l'arbre qui la fournit n'est pas naturel à leur rive.

L'esprit mercantile commence à les envahir ; l'intérêt devient chez eux le vice national. Déjà, le jeu des banques des divers États s'entrave, et des banqueroutes menacent la fortune commune. Tant que la liberté produit de l'or, une république industrielle fait des prodiges ; mais quand l'or est acquis ou épuisé, elle perd son amour de l'indépendance non fondé sur un sentiment moral, mais provenu de la soif du gain et de la passion de l'industrie.

De plus, il est difficile de créer une *patrie* parmi des États qui n'ont aucune communauté de religion et d'intérêts, qui, sortis de diverses sources en des temps divers, vivent sur un sol différent et sous un différent soleil. Quel rapport y a-t-il entre un Français de la Louisiane, un Espagnol des Florides, un Allemand de New-York, un Anglais de la Nouvelle-Angleterre, de la Virginie, de la Caroline, de la Géorgie, tous réputés Américains ? Celui-là léger et duelliste ; celui-là catholique, paresseux et superbe ; celui-là luthérien, laboureur et sans esclaves ; celui-là anglican et planteur avec des nègres ; celui-là puritain et négociant ; combien faudra-t-il de siècles pour rendre ces éléments homogènes ?

Une aristocratie chrysogène[416] est prête à paraître avec l'amour des distinctions et la passion des titres. On se figure qu'il règne un niveau général aux États-Unis : c'est une complète erreur. Il y a des sociétés qui se dédaignent et ne se voient point entre elles ; il y a des salons où la morgue des maîtres surpasse celle d'un prince allemand à seize quartiers. Ces nobles plébéiens aspirent à la caste, en dépit du progrès des lumières qui les a fait égaux et libres. Quelques-uns d'entre eux ne parlent que de leurs aïeux, fiers barons, apparemment bâtards et compagnons de Guillaume le Bâtard. Ils étalent les blasons de chevalerie de l'ancien monde, ornés des

---

[415] L'adjectif attrempé est un terme de fauconnerie pour désigner un oiseau qui n'est ni gras, ni maigre. Chateaubriand l'emploie ici dans le sens de mitigé. C'est un emprunt qu'il fait à la langue italienne, attemperato, comme il a déjà fait de nombreux emprunts à la langue latine, fragrance, effluences, cérulés, diluviés, vastitude, blandices, rivulaires, obiter.

[416] Chrysogène, née de l'or. Terme nouveau inventé par l'auteur et qui mérite de faire fortune.

serpents, des lézards et des perruches du monde nouveau. Un cadet de Gascogne abordant avec la cape et le parapluie au rivage républicain, s'il a soin de se surnommer *marquis,* est considéré sur les bateaux à vapeur.

L'énorme inégalité des fortunes menace encore plus sérieusement de tuer l'esprit d'égalité. Tel Américain possède un ou deux millions de revenu ; aussi les Yankees de la grande société ne peuvent-ils déjà plus vivre comme Franklin : le vrai *gentleman,* dégoûté de son pays neuf, vient en Europe chercher du vieux ; on le rencontre dans les auberges, faisant comme les Anglais, avec l'extravagance ou le spleen, des *tours* en Italie. Ces rôdeurs de la Caroline ou de la Virginie achètent des ruines d'abbayes en France, et plantent, à Melun, des jardins anglais avec des arbre américains. Naples envoie à New-York ses chanteurs et ses parfumeurs, Paris ses modes et ses baladins, Londres ses grooms et ses boxeurs : joies exotiques qui ne rendent pas l'Union plus gaie. On s'y divertit en se jetant dans la cataracte du Niagara, aux applaudissements de cinquante mille planteurs, demi-sauvages que la mort a bien de la peine à faire rire.

Et ce qu'il y a d'extraordinaire, c'est qu'en même temps que déborde l'inégalité des fortunes et qu'une aristocratie commence, la grande impulsion égalitaire au dehors oblige les possesseurs industriels ou fonciers à cacher leur luxe, à dissimuler leurs richesses, de crainte d'être assommés par leurs voisins. On ne reconnaît point la puissance exécutive ; on chasse à volonté les autorités locales que l'on a choisies, et on leur substitue des autorités nouvelles. Cela ne trouble point l'ordre ; la démocratie pratique est observée, et l'on se rit des lois posées par la même démocratie en théorie. L'esprit de famille existe peu ; aussitôt que l'enfant est en état de travailler, il faut, comme l'oiseau emplumé, qu'il vole de ses propres ailes. De ces générations émancipées dans un hâtif orphelinage et des émigrations qui arrivent de l'Europe, il se forme des compagnies nomades qui défrichent les terres, creusent des canaux et portent leur industrie partout sans s'attacher au sol ; elles commencent des maisons dans le désert où le propriétaire passager restera à peine quelques jours.

Un égoïsme froid et dur règne dans les villes ; piastres et dollars, billets de banque et argent, hausse et baisse des fonds, c'est tout l'entretien ; on se croirait à la Bourse ou au comptoir d'une grande boutique. Les journaux, d'une dimension immense, sont remplis d'expositions d'affaires ou de caquets grossiers. Les Américains subiraient-ils, sans le savoir, la loi d'un climat où la nature végétale paraît avoir profité aux dépens de la nature vivante, loi combattue par des esprits distingués, mais que la réfutation n'a pas tout à fait mise hors d'examen ? On pourrait s'enquérir si l'Américain n'a pas été trop usé dans la liberté philosophique, comme le Russe dans le despotisme civilisé.

En somme, les États-Unis donnent l'idée d'une colonie et non d'une patrie-mère : ils n'ont point de passé, les mœurs s'y sont faites par les lois. Ces citoyens du Nouveau-Monde ont pris rang parmi les nations au moment que les idées politiques entraient dans une phase ascendante : cela explique pourquoi ils se transforment avec une rapidité extraordinaire. La société permanente semble devenir impraticable chez eux, d'un côté par l'extrême ennui des individus, de l'autre par l'impossibilité de rester en place, et par la nécessité de mouvement qui les domine : car on n'est jamais bien fixe là où les pénates sont errants. Placé sur la route des océans, à la tête des opinions progressives aussi neuves que son pays, l'Américain semble avoir reçu de Colomb plutôt la mission de découvrir d'autres univers que de les créer.

Revenu du désert à Philadelphie, comme je l'ai déjà dit, et ayant écrit sur le chemin à la hâte *ce que je viens de raconter,* comme le vieillard de La Fontaine, je ne trouvai point les lettres de change que j'attendais ; ce fut le commencement des embarras pécuniaires où j'ai été plongé le reste de ma vie. La fortune et moi nous nous sommes pris en grippe aussitôt que nous nous sommes vus. Selon Hérodote[417], certaines fourmis de l'Inde ramassaient des tas d'or ; d'après Athénée, le soleil avait donné à Hercule un vaisseau d'or pour aborder à l'île d'Érythia, retraite des Hespérides : bien que fourmi, je n'ai pas l'honneur d'appartenir à la grande famille indienne, et, bien que navigateur, je n'ai jamais traversé l'eau que dans une barque de sapin. Ce fut un bâtiment de cette espèce qui me ramena d'Amérique en Europe. Le capitaine me donna mon passage à crédit. Le 10 de décembre 1791, je m'embarquai avec plusieurs de mes compatriotes, qui, par divers motifs, retournaient comme moi en France. La désignation du navire était le Havre.

Un coup de vent d'ouest nous prit au débouquement de la Delaware, et nous chassa en dix-sept jours à l'autre bord de l'Atlantique. Souvent à mât et à corde, à peine pouvions-nous mettre à la cape. Le soleil ne se montra pas une seule fois. Le vaisseau, gouvernant à l'estime, fuyait devant la lame. Je traversai l'Océan au milieu des ombres ; jamais il ne m'avait paru si triste. Moi-même, plus triste, je revenais trompé dès mon premier pas dans la vie : « On ne bâtit point de palais sur la mer », dit le poète persan Feryd-Eddin. J'éprouvais je ne sais quelle pesanteur de cœur, comme à l'approche d'une grande infortune. Promenant mes regards sur les flots, je leur demandais ma destinée, ou j'écrivais, plus gêné de leur mouvement qu'occupé de leur menace.

Loin de calmer, la tempête augmentait à mesure que nous approchions

---

[417] Chateaubriand avait beaucoup lu Hérodote, qui ne quittait pas sa table, à l'époque où il écrivait son Essai sur les Révolutions. Dans une conversation avec M. de Marcellus, en 1822, il jugeait ainsi le vieil historien : « Hérodote est, avec Homère, le seul auteur grec que je puisse lire encore. Il n'y a pas, quoiqu'en dise Plutarque, une ombre de malice dans ses récits. Il est véridique et très circonspect quand il touche aux antiques légendes. Enfin, il est aisé, abondant, et surtout clair et simple, premières vertus du style de l'histoire. » Chateaubriand et son temps, p. 75.

de l'Europe, mais d'un souffle égal ; il résultait de l'uniformité de sa rage une sorte de bonace furieuse dans le ciel hâve et la mer plombée. Le capitaine, n'ayant pu prendre hauteur, était inquiet ; il montait dans les haubans, regardait les divers points de l'horizon avec une lunette. Une vigie était placée sur le beaupré, une autre dans le petit hunier du grand mât. La lame devenait courte et la couleur de l'eau changeait, signes des approches de la terre : de quelle terre ? Les matelots bretons ont ce proverbe : « Celui qui voit Belle-Isle, voit son île ; celui qui voit Groie, voit sa joie ; celui qui voit Ouessant, voit son sang. »

J'avais passé deux nuits à me promener sur le tillac, au glapissement des ondes dans les ténèbres, au bourdonnement du vent dans les cordages, et sous les sauts de la mer qui couvrait et découvrait le pont : c'était tout autour de nous une émeute de vagues. Fatigué des chocs et des heurts, à l'entrée de la troisième nuit, je m'allai coucher. Le temps était horrible ; mon hamac craquait et blutait aux coups du flot qui, crevant sur le navire, en disloquait la carcasse. Bientôt j'entends courir d'un bout du pont à l'autre et tomber des paquets de cordages : j'éprouve le mouvement que l'on ressent lorsqu'un vaisseau vire de bord. Le couvercle de l'échelle de l'entrepont s'ouvre ; une voix effrayée appelle le capitaine : cette voix, au milieu de la nuit et de la tempête, avait quelque chose de formidable. Je prête l'oreille ; il me semble ouïr des marins discutant sur le gisement d'une terre. Je me jette en bas de mon branle ; une vague enfonce le château de poupe, inonde la chambre du capitaine, renverse et roule pêle-mêle tables, lits, coffres, meubles et armes ; je gagne le tillac à demi noyé.

En mettant la tête hors de l'entre-pont, je fus frappé d'un spectacle sublime. Le bâtiment avait essayé de virer de bord ; mais, n'ayant pu y parvenir, il s'était affalé sous le vent. À la lueur de la lune écornée, qui émergeait des nuages pour s'y replonger aussitôt, on découvrait sur les deux bords du navire, à travers une brume jaune, des côtes hérissées de rochers. La mer boursouflait ses flots comme des monts[418] dans le canal où nous nous trouvions engouffrés ; tantôt ils s'épanouissaient en écumes et en étincelles ; tantôt ils n'offraient qu'une surface huileuse et vitreuse, marbrée de taches noires, cuivrées, verdâtres, selon la couleur des bas-fonds sur lesquels ils mugissaient. Pendant deux ou trois minutes, les vagissements de l'abîme et ceux du vent étaient confondus ; l'instant d'après, on distinguait le détaler des courants, le sifflement des récifs, la voix de la lame lointaine. De la concavité du bâtiment sortaient des bruits qui faisaient battre le cœur aux plus intrépides matelots. La proue du navire tranchait la masse épaisse des vagues avec un froissement affreux, et au gouvernail des torrents d'eau s'écoulaient en tourbillonnant, comme à

---

[418] Traduction du mons aquæ, dans la tempête de Virgile :
… Cumulo præruptus aquæ mons.
(Énéide, livre I, v. 109.)

l'échappée d'une écluse. Au milieu de ce fracas, rien n'était aussi alarmant qu'un certain murmure sourd, pareil à celui d'un vase qui se remplit.

Éclairés d'un falot et contenus sous des plombs, des portulans, des cartes, des journaux de route étaient déployés sur une cage à poulets. Dans l'habitacle de la boussole, une rafale avait éteint la lampe. Chacun parlait diversement de la terre. Nous étions entrés dans la Manche sans nous en apercevoir ; le vaisseau, bronchant à chaque vague, courait en dérive entre l'île de Guernesey et celle d'Aurigny. Le naufrage parut inévitable, et les passagers serrèrent ce qu'ils avaient de plus précieux afin de le sauver.

Il y avait parmi l'équipage des matelots français ; un d'entre eux, au défaut d'aumônier, entonna ce cantique à *Notre-Dame de Bon-Secours,* premier enseignement de mon enfance ; je le répétai à la vue des côtes de la Bretagne, presque sous les yeux de ma mère. Les matelots américains-protestants se joignaient de cœur aux chants de leurs camarades français-catholiques : le danger apprend aux hommes leur faiblesse et unit leurs vœux. Passagers et marins, tous étaient sur le pont, qui accroché aux manœuvres, qui au bordage, qui au cabestan, qui au bec des ancres pour n'être pas balayé de la lame ou versé à la mer par le roulis. Le capitaine criait : « Une hache ! une hache ! » pour couper les mâts ; et le gouvernail, dont le timon avait été abandonné, allait, tournant sur lui-même, avec un bruit rauque.

Un essai restait à tenter : la sonde ne marquait plus que quatre brassées sur un banc de sable qui traversait le chenal ; il était possible que la lame nous fît franchir le banc et nous portât dans une eau profonde : mais qui oserait saisir le gouvernail et se charger du salut commun ? Un faux coup de barre, nous étions perdus.

Un de ces hommes qui jaillissent des événements et qui sont les enfants spontanés du péril, se trouva : un matelot de New-York s'empare de la place désertée du pilote. Il me semble encore le voir en chemise, en pantalon de toile, les pieds nus, les cheveux épars et diluviés[419], tenant le timon dans ses fortes serres, tandis que, la tête tournée, il regardait à la poupe l'onde qui devait nous sauver ou nous perdre. Voici venir cette lame embrassant la largeur de la passe, roulant haut sans se briser, ainsi qu'une mer envahissant les flots d'une autre mer : de grands oiseaux blancs, au vol calme, la précèdent comme les oiseaux de la mort. Le navire touchait et talonnait ; il se fit un silence profond ; tous les visages blêmirent. La houle arrive : au moment où elle nous attaque, le matelot donne le coup de barre ; le vaisseau, près de tomber sur le flanc, présente l'arrière, et la lame, qui paraît nous engloutir, nous soulève. On jette la sonde ; elle rapporte vingt-sept brasses. Un huzza monte jusqu'au ciel et nous y joignons le cri

---

[419] Diluviés pour ruisselants, expression latine de Lucrèce :
Omnia diluviare ex alto gurgite ponti.

de : *Vive le roi !* il ne fut point entendu de Dieu pour Louis XVI ; il ne profita qu'à nous.

Dégagés des deux îles, nous ne fûmes pas hors de danger ; nous ne pouvions parvenir à nous élever au-dessus de la côte de Granville. Enfin la marée retirante nous emporta, et nous doublâmes le cap de La Hougue. Je n'éprouvai aucun trouble pendant ce demi-naufrage et ne sentis point de joie d'être sauvé[420]. Mieux vaut déguerpir de la vie quand on est jeune que d'en être chassé par le temps. Le lendemain, nous entrâmes au Havre. Toute la population était accourue pour nous voir. Nos mâts de hune étaient rompus, nos chaloupes emportées, le gaillard d'arrière rasé, et nous embarquions l'eau à chaque tangage. Je descendis à la jetée. Le 2 de janvier 1792, je foulai de nouveau le sol natal qui devait encore fuir sous mes pas. J'amenais avec moi, non des Esquimaux des régions polaires, mais deux sauvages d'une espèce inconnue : Chactas et Atala.

TOME 2

PREMIÈRE PARTIE

LIVRE VII[421]

J'écrivis à mon frère, à Paris, le détail de ma traversée, lui expliquant les motifs de mon retour et le priant de me prêter la somme nécessaire pour payer mon passage. Mon frère me répondit qu'il venait d'envoyer ma lettre à ma mère. Madame de Chateaubriand ne me fit pas attendre, elle me mit à même de me libérer et de quitter le Havre. Elle me mandait que Lucile était près d'elle avec mon oncle de Bedée et sa famille. Ces renseignements me décidèrent à me rendre à Saint-Malo, où je pourrais consulter mon oncle sur la question de mon émigration prochaine.

Les révolutions, comme les fleuves, grossissent dans leur cours ; je trouvai celle que j'avais laissée en France énormément élargie et débordant ses rivages ; je l'avais quittée avec Mirabeau sous la *Constituante*, je la retrouvai avec Danton sous la *Législative*.

Le traité de Pilnitz, du 27 août 1791, avait été connu à Paris. Le 14 décembre 1791, lorsque j'étais au milieu des tempêtes, le roi annonça qu'il avait écrit aux princes du corps germanique (notamment à l'électeur de

---

[421] Ce livre a été écrit à Londres d'avril à septembre 1822. Il a été revu en février 1845 et en décembre 1846.

Trèves) sur les armements de l'Allemagne. Les frères de Louis XVI, le prince de Condé, M. de Calonne, le vicomte de Mirabeau et M. de Laqueuille[422] furent presque aussitôt mis en accusation. Dès le 9 novembre, un précédent décret avait frappé les autres émigrés : c'était dans ces rangs déjà proscrits que j'accourais me placer ; d'autres auraient peut-être reculé, mais la menace du plus fort me fait toujours passer du côté du plus faible : l'orgueil de la victoire m'est insupportable.

En me rendant du Havre à Saint-Malo, j'eus lieu de remarquer les divisions et les malheurs de la France : les châteaux brûlés ou abandonnés ; les propriétaires, à qui l'on avait envoyé des quenouilles, étaient partis ; les femmes vivaient réfugiées dans les villes. Les hameaux et les bourgades gémissaient sous la tyrannie des clubs affiliés au club central des Cordeliers, depuis réuni aux Jacobins. L'antagoniste de celui-ci, la *Société monarchique* ou *des Feuillants*, n'existait plus[423] ; l'ignoble dénomination de *sans-culotte* était devenue populaire ; on n'appelait le roi que *monsieur Veto* ou *mons Capet*.

Je fus reçu tendrement de ma mère et de ma famille, qui cependant déploraient l'inopportunité de mon retour. Mon oncle, le comte de Bedée, se disposait à passer à Jersey avec sa femme, son fils et ses filles. Il s'agissait de me trouver de l'argent pour rejoindre les princes. Mon voyage d'Amérique avait fait brèche à ma fortune ; mes propriétés étaient presque anéanties dans mon partage de cadet par la suppression des droits féodaux ; les bénéfices simples qui me devaient échoir en vertu de mon affiliation à l'ordre de Malte étaient tombés avec les autres biens du clergé aux mains de la nation. Ce concours de circonstances décida de l'acte le plus grave de ma vie ; on me maria, afin de me procurer le moyen de m'aller faire tuer au

---

[422] Jean-Claude-Marin-Victor, marquis de Laqueuille, né à Châteaugay (Puy-de-Dôme) le 2 janvier 1742. Élu député de la noblesse de la sénéchaussée de Riom le 25 mars 1789, il se démit de son mandat le 6 mai 1790, émigra, rejoignit l'armée des princes et commanda, sous le comte d'Artois, le corps de la noblesse d'Auvergne. Il fut décrété d'accusation le 1er janvier 1792. Rentré en France sous le Consulat, il vécut dans la retraite jusqu'à sa mort, arrivée le 30 avril 1810.

[423] Le 16 juillet 1791, à propos de la pétition pour la déchéance rédigée par Laclos, une scission se produisit dans la Société des Amis de la Constitution, séante aux Jacobins. Barnave, Dupont, les Lameth et tous les autres membres de la société qui faisaient partie de l'Assemblée constituante, à l'exception de Robespierre, Pétion, Rœderer, Coroller, Buzot et Grégoire, abandonnèrent les Jacobins et fondèrent une société rivale, qui se réunit, elle aussi, rue Saint-Honoré, en face de la place de Louis-le-Grand (la place Vendôme), dans l'ancienne église des Feuillants. Les journaux jacobins crièrent haro sur ce club monarchico-aristocratico-constitutionnel ; ils demandèrent que cette société turbulente et pestilentielle fût chassée de l'enceinte des Feuillants. Le 27 décembre 1791, l'Assemblée législative décréta qu'aucune société politique ne pourrait être établie dans l'enceinte des ci-devants Feuillants et Capucins. Voir au tome II du Journal d'un bourgeois de Paris pendant la Terreur par Edmond Biré, le chapitre sur la Société des Feuillants.

soutien d'une cause que je n'aimais pas.

Vivait retiré à Saint-Malo M. de Lavigne[424], chevalier de Saint-Louis, ancien commandant de Lorient. Le comte d'Artois avait logé chez lui dans cette dernière ville lorsqu'il visita la Bretagne : charmé de son hôte, le prince lui promit de lui accorder tout ce qu'il demanderait dans la suite.

M. de Lavigne eut deux fils : l'un d'eux[425] épousa Mlle de la Placelière. Deux filles, nées de ce mariage, restèrent en bas âge orphelines de père et de mère. L'aînée se maria au comte du Plessix-Parscau[426], capitaine de vaisseau, fils et petit-fils d'amiraux, aujourd'hui contre-amiral lui-même, cordon rouge et commandant des élèves de la marine à Brest ; la cadette[427], demeurée chez son grand-père, avait dix-sept ans lorsque, à mon retour d'Amérique, j'arrivai à Saint-Malo. Elle était blanche, délicate, mince et fort jolie : elle laissait pendre, comme un enfant, de beaux cheveux blonds naturellement bouclés. On estimait sa fortune de cinq à six cent mille francs.

Mes sœurs se mirent en tête de me faire épouser Mlle de Lavigne, qui s'était fort attachée à Lucile. L'affaire fut conduite à mon insu. À peine avais-je aperçu trois ou quatre fois Mlle de Lavigne ; je la reconnaissais de loin sur le *Sillon* à sa pelisse rose, sa robe blanche et sa chevelure blonde enflée du vent, lorsque sur la grève je me livrais aux caresses de ma vieille maîtresse, la mer. Je ne me sentais aucune qualité du mari. Toutes mes illusions étaient vivantes, rien n'était épuisé en moi ; l'énergie même de mon existence avait doublé par mes courses. J'étais tourmenté de la muse. Lucile aimait Mlle de Lavigne, et voyait dans ce mariage l'indépendance de ma fortune : « Faites donc ! » dis-je. Chez moi l'homme public est inébranlable, l'homme privé est à la merci de quiconque se veut emparer de lui, et, pour éviter une tracasserie d'une heure, je me rendrais esclave pendant un siècle.

Le consentement de l'aïeul, de l'oncle paternel et des principaux parents fut facilement obtenu : restait à conquérir un oncle maternel, M. de Vauvert[428], grand démocrate ; or, il s'opposa au mariage de sa nièce avec

---

[424] M. Buisson de la Vigne, ancien capitaine de vaisseau de la Compagnie des Indes. Il avait été anobli en 1776.

[425] Alexis-Jacques Buisson de la Vigne, directeur de la Compagnie des Indes à Lorient, avait épousé dans cette ville, en 1770, Céleste Rapion de la Placelière, originaire de Saint-Malo.

[426] Anne Buisson de la Vigne, née en 1772 et sœur aînée de Mme de Chateaubriand, avait épousé à Saint-Malo, le 29 mai 1789, Hervé-Louis-Joseph-Marie de Parscau, et non de Parseau, comme le portent toutes les éditions précédentes. — Voir, à l'Appendice, le no I : Le comte du Plessix de Parscau.

[427] Céleste Buisson de la Vigne, née à Lorient en 1774. C'est elle qui sera Mme de Chateaubriand.

[428] Michel Bossinot de Vauvert, né le 21 décembre 1724 à Saint-Malo, où il mourut le 16 septembre 1809. Il avait été conseiller du roi et procureur à l'amirauté. Sa

un aristocrate comme moi, qui ne l'étais pas du tout. On crut pouvoir passer outre, mais ma pieuse mère exigea que le mariage religieux fût fait par un prêtre *non assermenté*, ce qui ne pouvait avoir lieu qu'en secret. M. de Vauvert le sut, et lâcha contre nous la magistrature, sous prétexte de rapt, de violation de la loi, et arguant de la prétendue enfance dans laquelle le grand-père, M. de Lavigne, était tombé. Mlle de Lavigne, devenue Mme de Chateaubriand, sans que j'eusse eu de communication avec elle, fut enlevée au nom de la justice et mise à Saint-Malo, au couvent de la Victoire, en attendant l'arrêt des tribunaux.

Il n'y avait ni rapt, ni violation de la loi, ni aventure, ni amour dans tout cela ; ce mariage n'avait que le mauvais côté du roman : la vérité. La cause fut plaidée, et le tribunal jugea l'union valide au civil. Les parents des deux familles étant d'accord, M. de Vauvert se désista de la poursuite. Le curé constitutionnel, largement payé, ne réclama plus contre la première bénédiction nuptiale, et Mme de Chateaubriand sortit du couvent, où Lucile s'était enfermée avec elle[429].

C'était une nouvelle connaissance que j'avais à faire, et elle m'apporta tout ce que je pouvais désirer. Je ne sais s'il a jamais existé une intelligence plus fine que celle de ma femme : elle devine la pensée et la parole à naître sur le front ou sur les lèvres de la personne avec qui elle cause : la tromper en rien est impossible. D'un esprit original et cultivé, écrivant de la manière la plus piquante, racontant à merveille, Mme de Chateaubriand m'admire sans avoir jamais lu deux lignes de mes ouvrages ; elle craindrait d'y rencontrer des idées qui ne sont pas les siennes, ou de découvrir qu'on n'a pas assez d'enthousiasme pour ce que je vaux. Quoique juge passionné, elle est instruite et bon juge.

Les inconvénients de Mme de Chateaubriand, si elle en a, découlent de la surabondance de ses qualités ; mes inconvénients très réels résultent de la stérilité des miennes. Il est aisé d'avoir de la résignation, de la patience, de l'obligeance générale, de la sérénité d'humeur, lorsqu'on ne prend à rien, qu'on s'ennuie de tout, qu'on répond au malheur comme au bonheur par un désespéré et désespérant : « Qu'est-ce que cela fait ? »

Mme de Chateaubriand est meilleure que moi, bien que d'un commerce moins facile. Ai-je été irréprochable envers elle ? Ai-je reporté à ma compagne tous les sentiments qu'elle méritait et qui lui devaient appartenir ? S'en est-elle jamais plainte ? Quel bonheur a-t-elle goûté pour salaire d'une affection qui ne s'est jamais démentie ? Elle a subi mes adversités ; elle a été plongée dans les cachots de la Terreur, les persécutions de l'empire, les disgrâces de la Restauration, elle n'a point trouvé dans les joies maternelles le contre-poids de ses chagrins. Privée

---

descendance est représentée aujourd'hui par la famille Poulain du Reposoir. Il était l'oncle à la mode de Bretagne de Mlle Céleste Buisson de la Vigne.

[429] Voir l'Appendice no II : Le Mariage de Chateaubriand.

d'enfants, qu'elle aurait eus peut-être dans une autre union, et qu'elle eût aimés avec folie ; n'ayant point ces honneurs et ces tendresses de la mère de famille qui consolent une femme de ses belles années, elle s'est avancée, stérile et solitaire, vers la vieillesse. Souvent séparée de moi, adverse aux lettres, l'orgueil de porter mon nom ne lui est point un dédommagement. Timide et tremblante pour moi seul, ses inquiétudes sans cesse renaissantes lui ôtent le sommeil et le temps de guérir ses maux : je suis sa permanente infirmité et la cause de ses rechutes. Pourrais-je comparer quelques impatiences qu'elle m'a données aux soucis que je lui ai causés ? Pourrais-je opposer mes qualités telles quelles à ses vertus qui nourrissent le pauvre, qui ont élevé l'infirmerie de Marie-Thérèse en dépit de tous les obstacles ? Qu'est-ce que mes travaux auprès des œuvres de cette chrétienne ? Quand l'un et l'autre nous paraîtrons devant Dieu, c'est moi qui serai condamné.

Somme toute, lorsque je considère l'ensemble et l'imperfection de ma nature, est-il certain que le mariage ait gâté ma destinée ? J'aurais sans doute eu plus de loisir et de repos ; j'aurais été mieux accueilli de certaines sociétés et de certaines grandeurs de la terre ; mais en politique, si Mme de Chateaubriand m'a contrarié, elle ne m'a jamais arrêté, parce que là, comme en fait d'honneur, je ne juge que d'après mon sentiment. Aurais-je produit un plus grand nombre d'ouvrages si j'étais resté indépendant, et ces ouvrages eussent-ils été meilleurs ? N'y a-t-il pas eu des circonstances, comme on le verra, où, me mariant hors de France, j'aurais cessé d'écrire et renoncé à ma patrie ? Si je ne me fusse pas marié, ma faiblesse ne m'aurait-elle pas livré en proie à quelque indigne créature ? N'aurais-je pas gaspillé et sali mes heures comme lord Byron ? Aujourd'hui que je m'enfonce dans les années, toutes mes folies seraient passées ; il ne m'en resterait que le vide et les regrets : vieux garçon sans estime, ou trompé ou détrompé, vieil oiseau répétant à qui ne l'écouterait pas ma chanson usée. La pleine licence de mes désirs n'aurait pas ajouté une corde de plus à ma lyre, un son plus ému à ma voix. La contrainte de mes sentiments, le mystère de mes pensées ont peut-être augmenté l'énergie de mes accents, animé mes ouvrages d'une fièvre interne, d'une flamme cachée, qui se fût dissipée à l'air libre de l'amour. Retenu par un lien indissoluble, j'ai acheté d'abord au prix d'un peu d'amertume les douceurs que je goûte aujourd'hui. Je n'ai conservé des maux de mon existence que la partie inguérissable. Je dois donc une tendre et éternelle reconnaissance à ma femme, dont l'attachement a été aussi touchant que profond et sincère. Elle a rendu ma vie plus grave, plus noble, plus honorable, en m'inspirant toujours le respect, sinon toujours la force des devoirs.

Je me mariai à la fin de mars 1792, et, le 20 avril, l'Assemblée législative déclara la guerre à François II, qui venait de succéder à son père Léopold ; le 10 du même mois, on avait béatifié à Rome Benoît Labre : voilà deux mondes. La guerre précipita le reste de la noblesse hors de

France. D'un côté, les persécutions redoublèrent ; de l'autre, il ne fut plus permis aux royalistes de rester à leurs foyers sans être réputés poltrons ; il fallut m'acheminer vers le camp que j'étais venu chercher de si loin. Mon oncle de Bedée et sa famille s'embarquèrent pour Jersey, et moi je partis pour Paris avec ma femme et mes sœurs Lucile et Julie.

Nous avions fait arrêter un appartement, faubourg Saint-Germain, cul-de-sac Férou, petit hôtel de Villette. Je me hâtai de chercher ma première société. Je revis les gens de lettres avec lesquels j'avais eu quelques relations. Dans les nouveaux visages, j'aperçus ceux du savant abbé Barthélemy[430] et du poète Saint-Ange[431]. L'abbé a trop dessiné les gynécées d'Athènes d'après les salons de Chanteloup. Le traducteur d'Ovide n'était pas un homme sans talent ; le talent est un don, une chose isolée ; il se peut rencontrer avec les autres facultés mentales, il peut en être séparé : Saint-Ange en fournissait la preuve ; il se tenait à quatre pour n'être pas bête, mais il ne pouvait s'en empêcher. Un homme dont j'admirais et dont j'admire toujours le pinceau, Bernardin de Saint-Pierre, manquait d'esprit et malheureusement son caractère était au niveau de son esprit. Que de tableaux sont gâtés dans les *Études de la nature* par la borne de l'intelligence et par le défaut d'élévation d'âme de l'écrivain[432].

---

[430] L'abbé Barthélemy (1716-1795), garde des médailles et antiques du cabinet du roi, membre de l'Académie française et de l'Académie des inscriptions, auteur du Voyage du jeune Anacharsis en Grèce vers le milieu du ive siècle avant l'ère vulgaire. Il passa la plus grande partie de sa vie auprès du duc et de la duchesse de Choiseul dans leur terre de Chanteloup.

[431] Ange-François Fariau, dit de Saint-Ange (1747-1810), membre de l'Académie française. Sa traduction en vers des Métamorphoses d'Ovide lui avait valu une assez grande réputation. Si le poète Saint-Ange n'avait guère d'esprit, il avait encore moins de modestie. Le très spirituel abbé de Féletz le laissait entendre, d'une façon bien piquante, dans le feuilleton où il rendait compte de la réception du poète à l'Académie : « C'est un grand écueil pour tout le monde, écrivait-il, de parler de soi, et il semblait que c'en était un plus grand encore pour M. de Saint-Ange. Tout le monde l'attendait là, et tout le monde a été surpris ; il a bien attrapé les malins et les mauvais plaisants ; il a parlé de lui fort peu et très modestement. J'ai cinq cents témoins de ce que j'avance ici ; certainement, de toutes les Métamorphoses que nous devons à M. de Saint-Ange, ce n'est pas la moins étonnante. »

[432] Jacques-Henri-Bernardin de Saint-Pierre (1737-1814), auteur des Études sur la Nature et de Paul et Virginie. Le jugement que porte ici Chateaubriand sur le caractère de Bernardin de Saint-Pierre est en complet désaccord avec l'opinion reçue qui fait de ce dernier un bonhomme très doux et d'une bienveillance universelle, sans autre défaut que d'être trop sensible. Qui a raison de Chateaubriand ou de la légende ? Il semble bien que ce soit l'auteur des Mémoires d'Outre-Tombe. Voici, en effet, ce que je lis dans l'excellente biographie de Bernardin de Saint-Pierre par Mme Arvède Barine : « Il était pensionné décoré, bien traité par l'empereur. Le monde parisien le choyait et l'adulait... Il serait parfaitement heureux s'il avait bon caractère. Mais il a mauvais caractère, plus que jamais. Il ne s'est jamais tant disputé... » Et plus loin : « Il n'est pas étonnant qu'il

Rulhière était mort subitement, en 1791[433], avant mon départ pour l'Amérique. J'ai vu depuis sa petite maison à Saint-Denis, avec la fontaine et la jolie statue de l'Amour, au pied de laquelle on lit ces vers :

D'Egmont avec l'Amour visita cette rive :
Une image de sa beauté
Se peignit un moment sur l'onde fugitive :
D'Egmont a disparu ; l'Amour seul est resté.

Lorsque je quittai la France, les théâtres de Paris retentissaient encore du *Réveil d'Épiménide*[434] et de ce couplet :

J'aime la vertu guerrière
De nos braves défenseurs,
Mais d'un peuple sanguinaire
Je déteste les fureurs.
À l'Europe redoutables,
Soyons libres à jamais,
Mais soyons toujours aimables
Et gardons l'esprit français.

À mon retour, il n'était plus question du *Réveil d'Épiménide* ; et si le couplet eût été chanté, on aurait fait un mauvais parti à l'auteur. *Charles IX* avait prévalu. La vogue de cette pièce tenait principalement aux circonstances ; le tocsin, un peuple armé de poignards, la haine des rois et des prêtres, offraient une répétition à huis clos de la tragédie qui se jouait publiquement ; Talma, débutant, continuait ses succès.

Tandis que la tragédie rougissait les rues, la bergerie florissait au théâtre ; il n'était question que d'innocents pasteurs et de virginales pastourelles : champs, ruisseaux, prairies, moutons, colombes, âge d'or sous le chaume, revivaient aux soupirs du pipeau devant les roucoulants Tircis et les naïves tricoteuses qui sortaient du spectacle de la guillotine. Si Sanson en avait eu le temps, il aurait joué le rôle de Colin, et Mlle Théroigne de Méricourt[435] celui de Babet. Les Conventionnels se

fût détesté de la plupart de ses confrères. Andrieux se souvenait de M. de Saint-Pierre comme d'un homme dur, méchant... Ses ennemis lui rendaient les coups avec usure et, comme il était vindicatif, il mourut sans avoir fait la paix. »

[433] Le 30 janvier 1791.

[434] Sur le Réveil d'Épiménide et sur son auteur Carbon de Flins, voir, au tome I, la note de la page 219 (note 11 du Livre V).

[435] Elle s'appelait de son vrai nom Théroigne Terwagne. Elle était née, en 1762, non à Méricourt, mais à Marcourt, village situé sur l'Ourthe, à proximité de la petite ville de Laroche. De 1789 à 1792, des journées d'octobre au 10 août, elle s'est ruée à tous les excès, à tous les crimes. Aux journées d'octobre, c'est elle qui

piquaient d'être les plus bénins des hommes : bons pères, bons fils, bons maris, ils menaient promener les petits enfants ; ils leur servaient de nourrices ; ils pleuraient de tendresse à leurs simples jeux ; ils prenaient doucement dans leurs bras ces petits agneaux, afin de leur montrer le *dada* des charrettes qui conduisaient les victimes au supplice. Ils chantaient la nature, la paix, la pitié, la bienfaisance, la candeur, les vertus domestiques ; ces béats de philanthropie faisaient couper le cou à leurs voisins avec une extrême sensibilité, pour le plus grand bonheur de l'espèce humaine.

Paris n'avait plus, en 1792, la physionomie de 1789 et de 1790 ; ce n'était plus la Révolution naissante, c'était un peuple marchant ivre à ses destins, au travers des abîmes, par des voies égarées. L'apparence du peuple n'était plus tumultueuse, curieuse, empressée ; elle était menaçante. On ne rencontrait dans les rues que des figures effrayées ou farouches, des gens qui se glissaient le long des maisons afin de n'être pas aperçus, ou qui rôdaient cherchant leur proie : des regards peureux et baissés se détournaient de vous, ou d'âpres regards se fixaient sur les vôtres pour vous deviner et vous percer.

La variété des costumes avait cessé ; le vieux monde s'effaçait ; on avait endossé la casaque uniforme du monde nouveau, casaque qui n'était alors que le dernier vêtement des condamnés à venir. Les licences sociales manifestées au rajeunissement de la France, les libertés de 1789, ces libertés fantasques et déréglées d'un ordre de choses qui se détruit et qui n'est pas encore l'anarchie, se nivelaient déjà sous le sceptre populaire : on sentait l'approche d'une jeune tyrannie plébéienne, féconde, il est vrai, et remplie d'espérances, mais aussi bien autrement formidable que le despotisme caduc de l'ancienne royauté : car le peuple souverain étant partout, quand il devient tyran, le tyran est partout ; c'est la présence universelle d'un universel Tibère.

---

mène à Versailles les mégères qui demandent « les boyaux » de la reine ; au 10 août, c'est elle qui égorge Suleau. Mlle Théroigne tenait, du reste, pour la Gironde contre la Montagne, pour Brissot contre Robespierre. Peu de jours avant le 31 mai, elle était aux Tuileries. Un peuple de femmes criait : « À bas les Brissotins ! » Brissot passe. Il est hué, et des insultes on va passer aux coups. Théroigne s'élance pour le défendre. « Ah ! tu es brissotine ! — crient les femmes, — tu vas payer pour tous ! » Et Théroigne est fouettée. On ne la revit plus. Elle était sortie folle des mains des flagelleuses. Un hôpital avait refermé ses portes sur elle. Sa raison était morte. De l'Hôtel-Dieu, elle fut transférée à la Salpêtrière, de la Salpêtrière aux Petites-Maisons, pour être ramenée à la Salpêtrière en 1807. La malheureuse survécut encore huit ans, « ravalée à la brute, ruminant des paroles sans suite : fortune, liberté, comité, révolution, décret, coquin, brûlée de feux, inondant de seaux d'eau la bauge de paille où elle gîtait, brisant la glace des hivers pour boire dans le ruisseau à plat ventre, paissant ses excréments ! » Elle mourut à l'infirmerie générale de la Salpêtrière le 8 juin 1815. (Portraits intimes du xviiie siècle, par Edmond et Jules de Goncourt, 1878.)

Dans la population parisienne se mêlait une population étrangère de coupe-jarrets du midi ; l'avant-garde des Marseillais, que Danton attirait pour la journée du 10 août et les massacres de septembre, se faisait connaître à ses haillons, à son teint bruni, à son air de lâcheté et de crime, mais de crime d'un autre soleil : *in vultu vitium*, au visage le vice.

À l'Assemblée législative, je ne reconnaissais personne ; Mirabeau et les premières idoles de nos troubles, ou n'étaient plus, ou avaient perdu leurs autels. Pour renouer le fil historique brisé par ma course en Amérique, il faut reprendre les choses d'un peu plus haut.

VUE RÉTROSPECTIVE.

La fuite du roi, le 21 juin 1791, fit faire à la Révolution un pas immense. Ramené à Paris le 25 du même mois, il avait été détrôné une première fois, puisque l'Assemblée nationale déclara que ses décrets auraient force de loi sans qu'il fût besoin de la sanction ou de l'acceptation royale. Une haute cour de justice, devançant le tribunal révolutionnaire, était établie à Orléans. Dès cette époque madame Roland demandait la tête de la reine[436], en attendant que la Révolution lui demandât la sienne. L'attroupement du Champ de Mars[437] avait eu lieu contre le décret qui suspendait le roi de ses fonctions, au lieu de le mettre en jugement. L'acceptation de la Constitution, le 14 septembre, ne calma rien. Il s'était agi de déclarer la déchéance de Louis XVI ; si elle eût eu lieu, le crime du 21 janvier n'aurait pas été commis ; la position du peuple français changeait par rapport à la monarchie et vis-à-vis de la postérité. Les Constituants qui s'opposèrent à la déchéance crurent sauver la couronne, et ils la perdirent ; ceux qui croyaient la perdre en demandant la déchéance

---

[436] Mme Roland avait demandé la tête de la reine dès les premiers jours de la Révolution. Le 26 juillet 1789, au lendemain des égorgements qui avaient accompagné et suivi la prise de la Bastille, elle écrivait de Lyon à son ami Bosc, le futur éditeur de ses Mémoires : « ...Je vous ai écrit des choses plus rigoureuses que vous n'en avez faites ; et cependant, si vous n'y prenez garde, vous n'aurez fait qu'une levée de boucliers... Vous vous occupez d'une municipalité, et vous laissez échapper des têtes qui vont conjurer de nouvelles horreurs. Vous n'êtes que des enfants ; votre enthousiasme est un feu de paille ; et si l'Assemblée nationale ne fait pas en règle le procès de deux têtes illustres ou que de généreux décius ne les abattent, vous êtes tous f... » (Correspondance de Mme Roland, publiée à la suite de ses Mémoires.) — Quand Louis XVI et Marie-Antoinette, le 25 juin 1791, sont ramenés de Varennes et rentrent aux Tuileries, humiliés, captifs, la joie déborde du cœur de Mme Roland : « Je ne sais plus me tenir chez moi, écrit-elle ; je vais voir les braves gens de ma connaissance pour nous exciter aux grandes mesures. » « Il me semble, écrit-elle encore, qu'il faudrait mettre le mannequin royal en séquestre et faire le procès à sa femme. » Puis elle se ravise ; elle veut qu'on fasse aussi le procès à Louis XVI : « Faire le procès à Louis XVI, dit-elle, serait sans contredit la plus grande, la plus juste des mesures ; mais vous êtes incapables de la prendre. »
[437] Le 17 juillet 1791.

l'auraient sauvée. Presque toujours, en politique, le résultat est contraire à la prévision.

Le 30 du même mois de septembre 1791, l'Assemblée constituante tint sa dernière séance ; l'imprudent décret du 17 mai précédent, qui défendait la réélection des membres sortants[438], engendra la Convention. Rien de plus dangereux, de plus insuffisant, de plus inapplicable aux affaires générales, que les résolutions particulières à des individus ou à des corps, alors même qu'elles sont honorables.

Le décret du 29 septembre, pour le règlement des sociétés populaires, ne servit qu'à les rendre plus violentes. Ce fut le dernier acte de l'Assemblée constituante ; elle se sépara le lendemain, et laissa à la France une révolution.

ASSEMBLÉE LÉGISLATIVE — CLUBS.

L'Assemblée législative installée le 1er octobre 1791, roula dans le tourbillon qui allait balayer les vivants et les morts. Des troubles ensanglantèrent les départements ; à Caen, on se rassasia de massacres et l'on mangea le cœur de M. de Belsunce[439].

Le roi apposa son *veto* au décret contre les émigrés et à celui qui privait de tout traitement les ecclésiastiques non assermentés. Ces actes légaux augmentèrent l'agitation. Petion était devenu maire de Paris[440]. Les députés décrétèrent d'accusation, le 1er janvier 1792, les princes émigrés ; le 2, ils fixèrent à ce 1er janvier le commencement de l'an IV de la liberté. Vers le 13 février, les bonnets rouges se montrèrent dans les rues de Paris, et la municipalité fit fabriquer des piques. Le manifeste des émigrés parut le 1er mars. L'Autriche armait. Paris était divisé en sections, plus ou moins hostiles les unes aux autres[441]. Le 20 mars 1792, l'Assemblée législative

---

[438] Le décret déclarant les membres de l'Assemblée nationale inéligibles à la prochaine législature fut rendu le 16 mai 1791 — et non le 17.

[439] Le comte de Belsunce, major en second du régiment de Bourbon Infanterie. « À partir du 14 juillet, dit M. Taine, dans chaque ville, les magistrats se sentent à la merci d'une bande de sauvages, parfois d'une bande de cannibales. Ceux de Troyes viennent de torturer Huez (le maire de la ville) à la manière des Hurons ; ceux de Caen ont fait pis : le major de Belsunce, non moins innocent et garanti par la foi jurée, a été dépecé comme Lapérouse aux îles Fidji, et une femme a mangé son cœur. » La Révolution, tome I, p. 89.

[440] Jérôme Petion de Villeneuve (1756-1794), député aux États-Généraux et membre de la Convention. Le 17 novembre 1791, il fut élu maire, en remplacement de Bailly, par 6 708 voix, alors que le nombre des électeurs était de 80 000. Il avait pour concurrent La Fayette.

[441] Avant 1789, Paris était partagé en vingt-et-un quartiers. Le règlement fait par le roi, le 23 avril 1789, pour la convocation des trois états de la ville de Paris, divisa cette ville en soixante arrondissements et districts, division qui subsista jusqu'à la loi du 27 juin 1790. À cette époque, l'Assemblée constituante substitua aux soixante districts quarante-huit sections.

adopta la mécanique sépulcrale sans laquelle les jugements de la Terreur n'auraient pu s'exécuter ; on l'essaya d'abord sur des morts, afin qu'elle apprît d'eux son œuvre. On peut parler de cet instrument comme d'un bourreau, puisque des personnes, touchées de ses bons services, lui faisaient présent de sommes d'argent pour son entretien[442]. L'invention de la machine à meurtre, au moment même où elle était nécessaire au crime, est une preuve mémorable de cette intelligence des faits coordonnés les uns aux autres, ou plutôt une preuve de l'action cachée de la Providence, quand elle veut changer la face des empires.

Le ministre Roland, à l'instigation des Girondins, avait été appelé au conseil du roi[443]. Le 20 avril, la guerre fut déclarée au roi de Hongrie et de Bohême. Marat publia l'*Ami du peuple*, malgré le décret dont lui, Marat, était frappé. Le régiment Royal-Allemand et le régiment de Berchiny désertèrent. Isnard[444] parlait de la perfidie de la cour, Gensonné et Brissot dénonçaient le comité autrichien[445]. Une insurrection éclata à propos de la

---

[442] Le 17 germinal an II (6 avril 1794), un citoyen se présenta à la barre de la Convention et offrit une somme qu'il destinait, dit-il, aux frais d'entretien et de réparation de la guillotine, (Moniteur du 7 avril 1794).

[443] Le 23 mars 1792.

[444] Maximin Isnard (1751-1825), député du Var à la Législative, à la Convention et au Conseil des Cinq-Cents. Il fut, dans les deux premières de ces Assemblées, l'un des plus éloquents orateurs du parti de la Gironde. « L'homme du parti girondin, a écrit Charles Nodier, qui possédait au plus haut degré le don de ces inspirations violentes qui éclatent comme la foudre en explosions soudaines et terribles, c'était Isnard, génie violent, orageux, incompressible. » À la Législative, il s'était signalé par la véhémence de son langage contre les prêtres, il avait dit du haut de la tribune : « Contre eux, il ne faut pas de preuves ! » À la Convention, il avait voté la mort du roi ; mais, avant même la chute de la République, sa conversion religieuse et politique était complète ; il ne craignait pas de se dire hautement catholique et royaliste. On lit dans une publication intitulée Préservatif contre la Biographie nouvelle des contemporains, par le comte de Fortia-Piles (1822) : « Isnard a frémi de sa conduite révolutionnaire ; ses crimes se sont représentés à ses yeux ; le plus irrémédiable de tous, celui du 21 janvier, ne pouvait être effacé par un repentir ordinaire. Qu'a-t-il fait ? En pleine santé, jouissant de toutes ses facultés, il s'est rendu en plein midi (et plus d'une fois) le jour anniversaire du crime, au lieu où il a été consommé ; là il s'est agenouillé sur les pierres inondées du sang du roi martyr ; il s'est prosterné à la vue de tous les passants, a baisé la terre sanctifiée par le supplice du juste, a mouillé de ses larmes les pavés qui lui retraçaient encore l'image de son auguste victime ; il a fait amende honorable et a imploré à haute voix le pardon de Dieu et des hommes. »

[445] Armand Gensonné, député de la Gironde à la Législative et à La Convention, né à Bordeaux le 10 août 1758, exécuté à Paris le 31 octobre 1793. — Jean-Pierre Brissot de Warville, député de Paris à l'Assemblée législative et député d'Eure-et-Loir à la Convention, né à Chartres le 14 janvier 1754, guillotiné le 31 octobre 1793. La dénonciation de Gensonné et de Brissot contre le prétendu comité autrichien eut lieu dans la séance du 23 mai 1792.

garde du roi, qui fut licenciée[446]. Le 28 mai, l'Assemblée se forma en séances permanentes. Le 20 juin, le château des Tuileries fut forcé par les masses des faubourgs Saint-Antoine et Saint-Marceau ; le prétexte était le refus de Louis XVI de sanctionner la proscription des prêtres ; le roi courut risque de vie. La patrie était déclarée en danger. On brûlait en effigie M. de La Fayette. Les fédérés de la seconde fédération arrivaient ; les Marseillais, attirés par Danton, étaient en marche : ils entrèrent dans Paris le 30 juillet, et furent logés par Petion aux Cordeliers.

LES CORDELIERS.

Auprès de la tribune nationale, s'étaient élevées deux tribunes concurrentes : celle des Jacobins et celle des Cordeliers, la plus formidable alors, parce qu'elle donna des membres à la fameuse Commune de Paris, et qu'elle lui fournissait des moyens d'action. Si la formation de la Commune n'eût pas eu lieu, Paris, faute d'un point de concentration, se serait divisé, et les différentes mairies fussent devenues des pouvoirs rivaux.

Le club des Cordeliers était établi dans ce monastère, dont une amende en réparation d'un meurtre avait servi à bâtir l'église sous saint Louis, en 1259[447] ; elle devint, en 1590, le repaire des plus fameux ligueurs.

Il y a des lieux qui semblent être le laboratoire des factions : « Avis fut donné, dit L'Estoile (12 juillet 1593), au duc de Mayenne, de deux cents cordeliers arrivés à Paris, se fournissant d'armes et s'entendant avec les Seize, lesquels dans les Cordeliers de Paris tenaient tous les jours conseil… Ce jour, les Seize, assemblés aux Cordeliers, se déchargèrent de leurs armes. » Les ligueurs fanatiques avaient donc cédé à nos révolutionnaires philosophes le monastère des Cordeliers, comme une morgue.

Les tableaux, les images sculptées ou peintes, les voiles, les rideaux du couvent avaient été arrachés ; la basilique, écorchée, ne présentait plus aux yeux que ses ossements et ses arêtes. Au chevet de l'église, où le vent et la pluie entraient par les rosaces sans vitraux, des établis de menuisier servaient de bureau au président, quand la séance se tenait dans l'église. Sur ces établis étaient déposés des bonnets rouges, dont chaque orateur se coiffait avant de monter à la tribune. Cette tribune consistait en quatre poutrelles arc-boutées, et traversées d'une planche dans leur X, comme un échafaud. Derrière le président, avec une statue de la Liberté, on voyait de prétendus instruments de l'ancienne justice, instruments suppléés par un seul, la machine à sang, comme les mécaniques compliquées sont remplacées par le bélier hydraulique. Le Club des

---

[446] Le décret ordonnant la dissolution de la garde constitutionnelle du roi fut voté le 29 mai 1792.
[447] Elle fut brûlée en 1580. Ch.

Jacobins *épurés* emprunta quelques-unes de ces dispositions des Cordeliers.

ORATEURS.

Les orateurs, unis pour détruire, ne s'entendaient ni sur les chefs à choisir, ni sur les moyens à employer ; ils se traitaient de gueux, de filous, de voleurs, de massacreurs, à la cacophonie des sifflets et des hurlements de leurs différents groupes de diables. Les métaphores étaient prises du matériel des meurtres, empruntées des objets les plus sales de tous les genres de voirie et de fumier, ou tirées des lieux consacrés aux prostitutions des hommes et des femmes. Les gestes rendaient les images sensibles ; tout était appelé par son nom, avec le cynisme des chiens, dans une pompe obscène et impie de jurements et de blasphèmes. Détruire et produire, mort et génération, on ne démêlait que cela à travers l'argot sauvage dont les oreilles étaient assourdies. Les harangueurs, à la voix grêle ou tonnante, avaient d'autres interrupteurs que leurs opposants : les petites chouettes noires du cloître sans moines et du clocher sans cloches s'éjouissaient aux fenêtres brisées, en espoir du butin ; elles interrompaient les discours. On les rappelait d'abord à l'ordre par le tintamarre de l'impuissante sonnette ; mais ne cessant point leur criaillement, on leur tirait des coups de fusil pour leur faire faire silence : elles tombaient palpitantes, blessées et fatidiques, au milieu du pandémonium. Des charpentes abattues, des bancs boiteux, des stalles démantibulées, des tronçons de saints roulés et poussés contre les murs, servaient de gradins aux spectateurs crottés, poudreux, soûls, suants, en carmagnole percée, la pique sur l'épaule ou les bras nus croisés.

Les plus difformes de la bande obtenaient de préférence la parole. Les infirmités de l'âme et du corps ont joué un rôle dans nos troubles : l'amour-propre en souffrance a fait de grands révolutionnaires.

MARAT ET SES AMIS.

D'après ces préséances de hideur, passait successivement, mêlée aux fantômes des Seize, une série de têtes de gorgones. L'ancien médecin des gardes du corps du comte d'Artois, l'embryon suisse Marat[448], les pieds nus dans des sabots ou des souliers ferrés, pérorait le premier, en vertu de ses incontestables droits. Nanti de l'office de *fou* à la cour du peuple, il s'écriait, avec une physionomie plate et ce demi-sourire d'une banalité de politesse que l'ancienne éducation mettait sur toutes les faces : « Peuple, il te faut couper deux cent soixante-dix mille têtes ! » À ce Caligula de

---

[448] Jean-Paul Marat, membre de la Convention, né à Boudry (Suisse) le 24 mai 1743, mort à Paris le 14 juillet 1793.

carrefour succédait le cordonnier athée, Chaumette[449]. Celui-ci était suivi du *procureur général de la lanterne*, Camille Desmoulins, Cicéron bègue, conseiller public de meurtres, épuisé de débauches, léger républicain à calembours et à bons mots, diseur de gaudrioles de cimetière, lequel déclara qu'aux massacres de septembre, *tout s'était passé avec ordre*. Il consentait à devenir Spartiate, pourvu qu'on laissât la façon du brouet noir au restaurateur Méot[450].

Fouché, accouru de Juilly et de Nantes, étudiait le désastre sous ces docteurs : dans le cercle des bêtes féroces attentives au bas de la chaire, il avait l'air d'une hyène habillée. Il haleinait les futures effluves du sang ; il humait déjà l'encens des processions à ânes et à bourreaux, en attendant le jour où, chassé du club des Jacobins, comme voleur, athée, assassin, il serait choisi pour ministre[451]. Quand Marat était descendu de sa planche, ce Triboulet populaire devenait le jouet de ses maîtres : ils lui donnaient des nasardes, lui marchaient sur les pieds, le bousculaient avec des huées, ce qui ne l'empêcha pas de devenir le chef de la multitude, de monter à l'horloge de l'Hôtel de Ville, de sonner le tocsin d'un massacre général, et de triompher au tribunal révolutionnaire.

Marat, comme le Péché de Milton, fut violé par la mort : Chénier fit son apothéose, David le peignit dans le bain rougi, on le compara au divin auteur de l'Évangile. On lui dédia cette prière : « Cœur de Jésus, cœur de

---

[449] Pierre-Gaspard Chaumette, né à Nevers le 24 mai 1763, guillotiné le 13 avril 1794. Fils d'un cordonnier, il n'exerça jamais lui-même cette profession. Son père lui avait fait commencer ses études, qu'il abandonna bientôt pour s'embarquer. Il fut successivement mousse, timonier, copiste et clerc de procureur. Il se faisait gloire d'être athée et déclarait « qu'il n'y avait d'autre Dieu que le peuple ».

[450] Benoît-Camille Desmoulins (1760-1794), député de Paris à la Convention. — Méot, qui avait ses salons au Palais-Royal, était le meilleur restaurateur de Paris. L'abbé Delille l'a célébré au chant III de l'Homme des Champs :
Leur appétit insulte à tout l'art des Méots.
Ses succulents dîners faisaient venir l'eau à la bouche de Camille Desmoulins, qui s'écriait, dès les premiers temps de la Révolution : « Moi aussi, je veux célébrer la République... pourvu que les banquets se fassent chez Méot. » (Histoire politique et littéraire de la Presse en France, par Eugène Hatin, tome V, p. 308).

[451] Joseph Fouché, duc d'Otrante (1754-1820), membre de la Convention, membre du Sénat conservateur, représentant et pair des Cent-Jours, député de 1815 à 1816, ministre de la police sous le Directoire, sous Napoléon et sous Louis XVIII. Après avoir été professeur à Juilly, il était principal du collège des Oratoriens à Nantes, lorsqu'il fut envoyé à la Convention par le département de la Loire-Inférieure. — Chateaubriand lui trouvait l'air d'une hyène habillée ; tout au moins avait-il l'air d'une fouine. On lit dans le Mémorial de Norvius (tome III, p. 318) : « J'avais vu souvent à Paris le duc d'Otrante, et en le revoyant à Rome (à la fin de 1813), je ne pus m'empêcher de rire, me rappelant qu'étant à dîner à Auteuil, chez Mme de Brienne, avec lui et la princesse de Vaudémont, celle-ci, en sortant de table, le mena devant une des glaces du salon et, lui prenant familièrement le menton, s'écria : Mon Dieu ! mon petit Fouché, comme vous avez l'air d'une fouine ! »

Marat ; ô sacré cœur de Jésus, ô sacré cœur de Marat ! » Ce cœur de Marat eut pour ciboire une pyxide précieuse du garde-meuble[452]. On visitait dans un cénotaphe de gazon, élevé sur la place du Carrousel, le buste, la baignoire, la lampe et l'écritoire de la divinité. Puis le vent tourna : l'immondice, versée de l'urne d'agate dans un autre vase, fut vidée à l'égout.

Les scènes des Cordeliers, dont je fus trois ou quatre fois le témoin, étaient dominées et présidées par Danton, Hun à taille de Goth, à nez camus, à narines au vent, à méplats couturés, à face de gendarme mélangé de procureur lubrique et cruel. Dans la coque de son église, comme dans la carcasse des siècles, Danton, avec ses trois furies mâles, Camille Desmoulins, Marat, Fabre d'Églantine, organisa les assassinats de septembre. Billaud de Varennes[453] proposa de mettre le feu aux prisons et

---

[452] Le dimanche 28 juillet 1793, une fête, à laquelle assistait une députation de vingt-quatre membres de la Convention nationale, fut célébrée dans le Jardin du Luxembourg, en l'honneur de Marat. Un reposoir, richement décoré, était dressé à l'entrée de la grande allée, du côté des parterres. Le cœur de Marat y avait été déposé ; il était enfermé dans une urne magnifique, provenant du Garde-Meuble. La Société des Cordeliers avait été autorisée à y choisir un des plus beaux vases, « pour que les restes du plus implacable ennemi des rois fussent renfermés dans des bijoux attachés à leur couronne. » (Nouvelles politiques nationales et étrangères, no 212, 31 juillet 1793.) Un orateur, monté sur une chaise, lut un discours, dont voici le début : « Ô cor Jésus ! ô cor Marat ! Cœur sacré de Jésus ! cœur sacré de Marat, vous avez les mêmes droits à nos hommages ! » Puis, comparant les travaux et les enseignements du Fils de Marie à ceux de l'Ami du peuple, l'orateur montra que les Cordeliers et les Jacobins étaient les apôtres du nouvel Évangile, que les Publicains revivaient dans les Boutiquiers et les Pharisiens dans les Aristocrates. « Jésus-Christ est un prophète, ajouta-t-il, et Marat est un Dieu ! » Et il s'écriait en finissant : « Ce n'est pas tout ; je puis dire ici que la compagne de Marat est parfaitement semblable à Marie : celle-ci a sauvé l'enfant Jésus en Égypte ; l'autre a soustrait Marat au glaive de Lafayette, l'Hérode des temps nouveaux. » (Révolutions de Paris, no 211, du 20 juillet au 3 août 1793.) — Pour tous les détails de cette fête, voir, au tome III du Journal d'un bourgeois de Paris, par Edmond Biré, le chapitre intitulé : Cœur de Marat.

[453] Le dimanche 28 juillet 1793, une fête, à laquelle assistait une députation de vingt-quatre membres de la Convention nationale, fut célébrée dans le Jardin du Luxembourg, en l'honneur de Marat. Un reposoir, richement décoré, était dressé à l'entrée de la grande allée, du côté des parterres. Le cœur de Marat y avait été déposé ; il était enfermé dans une urne magnifique, provenant du Garde-Meuble. La Société des Cordeliers avait été autorisée à y choisir un des plus beaux vases, « pour que les restes du plus implacable ennemi des rois fussent renfermés dans des bijoux attachés à leur couronne. » (Nouvelles politiques nationales et étrangères, no 212, 31 juillet 1793.) Un orateur, monté sur une chaise, lut un discours, dont voici le début : « Ô cor Jésus ! ô cor Marat ! Cœur sacré de Jésus ! cœur sacré de Marat, vous avez les mêmes droits à nos hommages ! » Puis, comparant les travaux et les enseignements du Fils de Marie à ceux de l'Ami du peuple, l'orateur montra que les Cordeliers et les Jacobins étaient les apôtres du nouvel Évangile, que les Publicains revivaient dans les Boutiquiers et les Pharisiens dans les Aristocrates. « Jésus-Christ est un prophète, ajouta-t-il, et

de brûler tout ce qui était dedans ; un autre Conventionnel opina pour qu'on noyât tous les détenus ; Marat se déclara pour un massacre général. On implorait Danton pour les victimes : « Je me f... des prisonniers, » répondit-il[454]. Auteur de la circulaire de la Commune, il invita les hommes libres à répéter dans les départements l'énormité perpétrée aux Carmes et à l'Abbaye.

Prenons garde à l'histoire : Sixte-Quint égala pour le salut des hommes le dévouement de Jacques Clément au mystère de l'Incarnation, comme on compara Marat au sauveur du monde ; Charles IX écrivit aux gouverneurs des provinces d'imiter les massacres de la Saint-Barthélemy, comme Danton manda aux patriotes de copier les massacres de septembre. Les Jacobins étaient des plagiaires ; ils le furent encore en immolant Louis XVI à l'instar de Charles Ier. Comme ses crimes se sont trouvés mêlés à un grand mouvement social, on s'est, très mal à propos, figuré que ces crimes avaient produit les grandeurs de la Révolution, dont ils n'étaient que les affreux pastiches : d'une belle nature souffrante, des esprits passionnés ou systématiques n'ont admiré que la convulsion.

Danton, plus franc que les Anglais, disait : « Nous ne jugerons pas le roi, nous le tuerons. » Il disait aussi : « Ces prêtres, ces nobles ne sont point coupables, mais il faut qu'ils meurent, parce qu'ils sont hors de place, entravent le mouvement des choses et gênent l'avenir. » Ces paroles, sous un semblant d'horrible profondeur, n'ont aucune étendue de génie : car elles supposent que l'innocence n'est rien, et que l'ordre moral peut être retranché de l'ordre politique sans le faire périr, ce qui est faux.

Danton n'avait pas la conviction des principes qu'il soutenait ; il ne s'était affublé du manteau révolutionnaire que pour arriver à la fortune. « Venez *brailler* avec nous, conseillait-il à un jeune homme : quand vous vous serez enrichi, vous ferez ce que vous voudrez[455]. » Il confessa que s'il

---

Marat est un Dieu ! » Et il s'écriait en finissant : « Ce n'est pas tout ; je puis dire ici que la compagne de Marat est parfaitement semblable à Marie : celle-ci a sauvé l'enfant Jésus en Égypte ; l'autre a soustrait Marat au glaive de Lafayette, l'Hérode des temps nouveaux. » (Révolutions de Paris, no 211, du 20 juillet au 3 août 1793.) — Pour tous les détails de cette fête, voir, au tome III du Journal d'un bourgeois de Paris, par Edmond Biré, le chapitre intitulé : Cœur de Marat.

[454] « Danton, importuné de la représentation malencontreuse (on venait de lui signaler les dangers que couraient les détenus), Danton s'écrie, avec sa voix beuglante et un geste approprié à l'expression : « Je me f... bien des prisonniers ! qu'ils deviennent ce qu'ils pourront ! » Et il passe son chemin avec humeur. C'était dans le second antichambre, en présence de vingt personnes, qui frémirent d'entendre un si rude ministre de la justice. » (Mémoires de Mme Roland, éd. Faugère, t. I, p. 103).

[455] C'est à M. Royer-Collard, alors secrétaire adjoint de la municipalité, que Danton adressa un jour ces paroles, comme ils sortaient ensemble de l'hôtel du Département. Danton était à ce moment substitut du procureur de la Commune. (Beaulieu, Essais sur les causes et les effets de la Révolution de France, t. III, p.

ne s'était pas livré à la cour, c'est qu'elle n'avait pas voulu l'acheter assez cher : effronterie d'une intelligence qui se connaît et d'une corruption qui s'avoue à *gueule bée*.

Inférieur, même en laideur, à Mirabeau dont il avait été l'agent, Danton fut supérieur à Robespierre, sans avoir, ainsi que lui, donné son nom à ses crimes. Il conservait le sens religieux : « Nous n'avons pas, » disait-il, « détruit la superstition pour établir l'athéisme. » Ses passions auraient pu être bonnes, par cela seul qu'elles étaient des passions. On doit faire la part du caractère dans les actions des hommes : les coupables à imagination comme Danton semblent, en raison même de l'exagération de leurs dits et déportements, plus pervers que les coupables de sang-froid, et, dans le fait, ils le sont moins. Cette remarque s'applique encore au peuple : pris collectivement, le peuple est un poète, auteur et acteur ardent de la pièce qu'il joue ou qu'on lui fait jouer. Ses excès ne sont pas tant l'instinct d'une cruauté native que le délire d'une foule enivrée de spectacles, surtout quand ils sont tragiques ; chose si vraie que, dans les horreurs populaires, il y a toujours quelque chose de superflu donné au tableau et à l'émotion.

Danton fut attrapé au traquenard qu'il avait tendu. Il ne lui servait de rien de lancer des boulettes de pain au nez de ses juges, de répondre avec courage et noblesse, de faire hésiter le tribunal, de mettre en péril et en frayeur la Convention, de raisonner logiquement sur des forfaits par qui la puissance même de ses ennemis avait été créée, de s'écrier, saisi d'un stérile repentir : « C'est moi qui ai fait instituer ce tribunal infâme : j'en demande pardon à Dieu et aux hommes ! » phrase qui plus d'une fois a été pillée. C'était avant d'être traduit au tribunal qu'il fallait en déclarer l'infamie.

Il ne restait à Danton qu'à se montrer aussi impitoyable à sa propre mort qu'il l'avait été à celle de ses victimes, qu'à dresser son front plus haut que le coutelas suspendu : c'est ce qu'il fit. Du théâtre de la Terreur, où ses pieds se collaient dans le sang épaissi de la veille, après avoir promené un regard de mépris et de domination sur la foule, il dit au bourreau : « Tu montreras ma tête au peuple ; elle en vaut la peine. » Le chef de Danton demeura aux mains de l'exécuteur, tandis que l'ombre acéphale alla se mêler aux ombres décapitées de ses victimes : c'était encore de l'égalité.

Le diacre et le sous-diacre de Danton, Camille Desmoulins et Fabre d'Églantine[456], périrent de la même manière que leur prêtre.

---

192). — Voir aussi Journal d'un bourgeois de Paris pendant la Terreur, par Edmond Biré, tome II, p. 89.
[456] Philippe-François-Nazaire Fabre d'Églantine (1750-1794), comédien, poète comique et député de Paris à la Convention. Il fut guillotiné avec Danton et Camille Desmoulins, le 5 avril 1794.

À l'époque où l'on faisait des pensions à la guillotine, où l'on portait alternativement à la boutonnière de sa carmagnole, en guise de fleur, une petite guillotine en or[457], ou un petit morceau de cœur de guillotiné ; à l'époque où l'on vociférait : *Vive l'enfer !* où l'on célébrait les joyeuses orgies du sang, de l'acier et de la rage, où l'on trinquait au néant, où l'on dansait tout nu la danse des trépassés, pour n'avoir pas la peine de se déshabiller en allant les rejoindre ; à cette époque, il fallait, en fin de compte, arriver au dernier banquet, à la dernière facétie de la douleur. Desmoulins fut convié au tribunal de Fouquier-Tinville : « Quel âge as-tu ? lui demanda le président. — L'âge du sans-culotte Jésus, » répondit Camille, bouffonnant. Une obsession vengeresse forçait ces égorgeurs de chrétiens à confesser incessamment le nom du Christ.

Il serait injuste d'oublier que Camille Desmoulins osa braver Robespierre, et racheter par son courage ses égarements. Il donna le signal de la réaction contre la Terreur. Une jeune et charmante femme, pleine d'énergie, en le rendant capable d'amour, le rendit capable de vertu et de sacrifice. L'indignation inspira l'éloquence à l'intrépide et grivoise ironie du tribun ; il assaillit d'un grand air les échafauds qu'il avait aidé à élever[458]. Conformant sa conduite à ses paroles, il ne consentit point à son supplice ; il se colleta avec l'exécuteur dans le tombereau et n'arriva au bord du dernier gouffre qu'à moitié déchiré.

Fabre d'Églantine, auteur d'une pièce qui restera[459], montra, tout au

---

[457] Voir la Guillotine pendant la Révolution, par G. Lenotre, p. 306 et suiv. et au tome V du Journal d'un bourgeois de Paris pendant la Terreur, par Edmond Biré, les deux chapitres sur la Guillotine.

[458] Chateaubriand fait ici à Camille Desmoulins un excès d'honneur qu'il n'a point mérité. L'ex-procureur général de la lanterne fonda le Vieux-Cordelier, non pour défendre les victimes de la Terreur, mais pour se défendre lui-même. Bien loin qu'il ose braver Robespierre, il le couvre à chaque page d'éloges outrés. — La mort de sa femme, la pauvre Lucile, fut admirable. Quant à lui, dans un temps où les femmes elles-mêmes affrontaient fièrement l'échafaud, il fit preuve « d'une insigne faiblesse ». Vainement Hérault de Séchelles s'approcha de lui, dans la cour de la Conciergerie, et lui dit : « Montrons que nous savons mourir ! » Camille Desmoulins n'était plus en état de l'entendre ; il pleurait comme une femme, et, l'instant d'après, il écumait de rage. Quand les valets du bourreau voulurent le faire monter sur la charrette, il engagea avec eux une lutte terrible, et c'est à demi nu, les vêtements en lambeaux, la chemise déchirée jusqu'à la ceinture, qu'il fallut l'attacher sur un des bancs du tombereau. (Des Essarts, procès fameux jugés depuis la Révolution, t. I, p. 184.) Un témoin oculaire, Beffroy de Reigny (le Cousin Jacques) dépeint ainsi Camille allant à l'échafaud : « Je le vis traverser l'espace du Palais à la place de Sang, ayant un air effaré, parlant à ses voisins avec beaucoup d'agitation, et portant sur son visage le rire convulsif d'un homme qui n'a plus sa tête à lui. » (Dictionnaire néologique des hommes et des choses, ou Notice alphabétique des hommes de la Révolution, par le Cousin Jacques, Paris, an VIII, tome II, p. 480.)

[459] Le Philinte de Molière, ou la suite du Misanthrope, comédie en cinq actes, en vers, représentée au Théâtre-Français le 22 février 1790, est la meilleure pièce de

rebours de Desmoulins, une insigne faiblesse. Jean Roseau, bourreau de Paris sous la Ligue, pendu pour avoir prêté son ministère aux assassins du président Brisson, ne se pouvait résoudre à la corde. Il paraît qu'on n'apprend pas à mourir en tuant les autres.

Les débats, aux Cordeliers, me constatèrent le fait d'une société dans le moment le plus rapide de sa transformation. J'avais vu l'Assemblée constituante commencer le meurtre de la royauté, en 1789 et 1790 ; je trouvai le cadavre encore tout chaud de la vieille monarchie, livré en 1792 aux boyaudiers législateurs : ils l'éventraient et le disséquaient dans les salles basses de leurs clubs, comme les hallebardiers dépecèrent et brûlèrent le corps du Balafré dans les combles du château de Blois.

De tous les hommes que je rappelle, Danton, Marat, Camille Desmoulins, Fabre d'Églantine, Robespierre, pas un ne vit. Je les rencontrai un moment sur mon passage, entre une société naissante en Amérique et une société mourante en Europe ; entre les forêts du Nouveau-Monde et les solitudes de l'exil : je n'avais pas compté quelques mois sur le sol étranger, que ces amants de la mort s'étaient déjà épuisés avec elle. À la distance où je suis maintenant de leur apparition, il me semble que, descendu aux enfers dans ma jeunesse, j'ai un souvenir confus des larves que j'entrevis errantes au bord du Cocyte : elles complètent les songes variés de ma vie, et viennent se faire inscrire sur mes tablettes d'outre-tombe.

Ce me fut une grande satisfaction de retrouver M. de Malesherbes et de lui parler de mes anciens projets. Je rapportais les plans d'un second voyage qui devait durer neuf ans ; je n'avais à faire avant qu'un autre petit voyage en Allemagne : je courais à l'armée des princes, je revenais en courant pourfendre la Révolution ; le tout étant terminé en deux ou trois mois, je hissais ma voile et retournais au Nouveau Monde avec une révolution de moins et un mariage de plus.

Et cependant mon zèle surpassait ma foi ; je sentais que l'émigration était une sottise et une folie : « Pelaudé à toutes mains, dit Montaigne, aux Gibelins j'estois Guelfe, aux Guelfes Gibelin. » Mon peu de goût pour la monarchie absolue ne me laissait aucune illusion sur le parti que je prenais : je nourrissais des scrupules, et, bien que résolu de me sacrifier à l'honneur, je voulus avoir sur l'émigration l'opinion de M. de Malesherbes. Je le trouvai très animé : les crimes continués sous ses yeux avaient fait disparaître la tolérance politique de l'ami de Rousseau ;

Fabre d'Églantine ; c'est une de nos bonnes comédies de second ordre. Le plan est simple et bien conçu ; l'action, sans être compliquée ne languit pas ; toute l'intrigue se rapporte à une seule idée, très dramatique et très morale, qui consiste à punir l'égoïsme par lui-même. Malheureusement, les vers sont durs et souvent incorrects. Ce qui restera surtout de Fabre d'Églantine, c'est sa chanson : « Il pleut, il pleut, bergère. » Pourquoi faut-il que l'auteur de cette jolie romance ait sur les mains le sang de Louis XVI et le sang de Septembre !

entre la cause des victimes et celle des bourreaux, il n'hésitait pas. Il croyait que tout valait mieux que l'ordre de choses alors existant ; il pensait, dans mon cas particulier, qu'un homme portant l'épée ne se pouvait dispenser de rejoindre les frères d'un roi opprimé et livré à ses ennemis. Il approuvait mon retour d'Amérique et pressait mon frère de partir avec moi.

Je lui fis les objections ordinaires sur l'alliance des étrangers, sur les intérêts de la patrie, etc., etc. Il y répondit ; des raisonnements généraux passant aux détails, il me cita des exemples embarrassants. Il me présenta les Guelfes et les Gibelins, s'appuyant des troupes de l'empereur ou du pape ; en Angleterre, les barons se soulevant contre *Jean sans Terre*. Enfin, de nos jours, il citait la République des États-Unis implorant le secours de la France. « Ainsi, continuait M. de Malesherbes, les hommes les plus dévoués à la liberté et à la philosophie, les républicains et les protestants, ne se sont jamais crus coupables en empruntant une force qui pût donner la victoire à leur opinion. Sans notre or, nos vaisseaux et nos soldats, le Nouveau Monde serait-il aujourd'hui émancipé ? Moi, Malesherbes, moi qui vous parle, n'ai-je pas reçu, en 1776, Franklin, lequel venait renouer les relations de Silas Deane[460], et pourtant Franklin était-il un traître ? La liberté américaine était-elle moins honorable parce qu'elle a été assistée par La Fayette et conquise par des grenadiers français ? Tout gouvernement qui, au lieu d'offrir des garanties aux lois fondamentales de la société, transgresse lui-même les lois de l'équité, les règles de la justice, n'existe plus et rend l'homme à l'état de nature. Il est licite alors de se défendre comme on peut, de recourir aux moyens qui semblent les plus propres à renverser la tyrannie, à rétablir les droits de chacun et de tous. »

Les principes du droit naturel, mis en avant par les plus grands publicistes, développés par un homme tel que M. de Malesherbes, et appuyés de nombreux exemples historiques, me frappèrent sans me convaincre : je ne cédai réellement qu'au mouvement de mon âge, au point d'honneur. — J'ajouterai à ces exemples de M. de Malesherbes des exemples récents : pendant la guerre d'Espagne, en 1823, le parti républicain français est allé servir sous le drapeau des Cortès, et ne s'est pas fait scrupule de porter les armes contre sa patrie ; les Polonais et les Italiens constitutionnels ont sollicité, en 1830 et 1831, les secours de la France, et les Portugais de la *charte* ont envahi leur patrie avec l'argent et les soldats de l'étranger. Nous avons deux poids et deux mesures : nous

---

460 Silas Deane, membre du premier Congrès américain, avait été, en 1776, envoyé à Paris par ses collègues, avec mission de rallier la Cour de France à la cause des insurgents. Ses négociations n'ayant pas donné les résultats que l'on en espérait, on lui adjoignit Franklin, qui fut plus heureux et parvint à signer, le 6 février 1778, avec le cabinet de Versailles, deux traités, l'un de commerce et de neutralité, l'autre d'alliance défensive. — Silas Deane mourut à Paris, en 1789, dans la plus profonde misère.

approuvons, pour une idée, un système, un intérêt, un homme, ce que nous blâmons pour une autre idée, un autre système, un autre intérêt, un autre homme[461].

Ces conversations entre moi et l'illustre défenseur du roi avaient lieu chez ma belle-sœur : elle venait d'accoucher d'un second fils, dont M. de Malesherbes fut parrain, et auquel il donna son nom, Christian. J'assistai au baptême de cet enfant, qui ne devait voir son père et sa mère qu'à l'âge où la vie n'a point de souvenir et apparaît de loin comme un songe immémorable. Les préparatifs de mon départ traînèrent. On avait cru me faire faire un riche mariage : il se trouva que la fortune de ma femme était en rentes sur le clergé ; la nation se chargea de les payer à sa façon. Mme de Chateaubriand avait de plus, du consentement de ses tuteurs, prêté l'inscription d'une forte partie de ces rentes à sa sœur, la comtesse du Plessix-Parscau, émigrée. L'argent manquait donc toujours ; il en fallut emprunter.

Un notaire nous procura dix mille francs : je les apportais en assignats chez moi, cul-de-sac Férou, lorsque je rencontrai, rue de Richelieu, un de mes anciens camarades au régiment de Navarre, le comte Achard[462]. Il était grand joueur ; il me proposa d'aller aux salons de M... où nous pourrions causer : le diable me pousse : je monte, je joue, je perds tout, sauf quinze cents francs, avec lesquels, plein de remords et de confusion, je grimpe dans la première voiture venue. Je n'avais jamais joué : le jeu produisit sur moi une espèce d'enivrement douloureux ; si cette passion m'eût atteint, elle m'aurait renversé la cervelle. L'esprit à moitié égaré, je quitte la voiture à Saint-Sulpice, et j'y oublie mon portefeuille renfermant l'écornure de mon trésor. Je cours chez moi et je raconte que j'ai laissé les dix mille francs dans un fiacre.

---

[461] Dans l'Essai sur les Révolutions, sous ce titre : Un mot sur les émigrés. Chateaubriand a écrit de belles et fortes pages, où son talent s'annonce déjà tout entier. « Un bon étranger au coin de son feu, écrivait-il alors, dans un pays bien tranquille, sûr de se lever le matin comme il s'est couché le soir, en possession de sa fortune, la porte bien fermée, des amis au-dedans et la sûreté au-dehors, prononce, en buvant un verre de vin, que les émigrés Français ont tort, et qu'on ne doit jamais quitter son pays : et ce bon étranger raisonne conséquemment. Il est à son aise, personne ne le persécute, il peut se promener où il veut sans crainte d'être insulté, même assassiné, on n'incendie point sa demeure, on ne le chasse point comme une bête féroce, le tout parce qu'il s'appelle Jacques et non pas Pierre, et que son grand-père, qui mourut il y a quarante ans, avait le droit de s'asseoir dans tel banc d'une église, avec deux ou trois Arlequins en livrée, derrière lui. Certes, dis-je, cet étranger pense qu'on a tort de quitter son pays. « C'est au malheur à juger du malheur... » Tout ce chapitre est à lire. — Essai sur les Révolutions, pages 428-434

[462] L'État militaire de la France pour 1787 indique, en effet, M. Achard comme sous-lieutenant au régiment de Navarre. Voir, au tome I des Mémoires la note de la page 185 (note 19 du Livre IV).

Je sors, je descends la rue Dauphine, je traverse le Pont-Neuf, non sans avoir l'envie de me jeter à l'eau ; je vais sur la place du Palais-Royal, où j'avais pris le malencontreux cabas. J'interroge les Savoyards qui donnent à boire aux rosses, je dépeins mon équipage, on m'indique au hasard un numéro. Le commissaire de police du quartier m'apprend que ce numéro appartient à un loueur demeurant en haut du faubourg Saint-Denis. Je me rends à la maison de cet homme ; je demeure toute la nuit dans l'écurie, attendant le retour des fiacres : il en arrive successivement un grand nombre qui ne sont pas le mien ; enfin, à deux heures du matin, je vois entrer mon char. À peine eus-je le temps de reconnaître mes deux coursiers blancs, que les pauvres bêtes, éreintées, se laissèrent choir sur la paille, roides, le ventre ballonné, les jambes tendues comme si elles étaient mortes.

Le cocher se souvint de m'avoir mené. Après moi, il avait chargé un citoyen qui s'était fait descendre aux Jacobins ; après le citoyen, une dame qu'il avait conduite rue de Cléry, n° 13 ; après cette dame, un monsieur qu'il avait déposé aux Récollets, rue Saint-Martin. Je promets pour boire au cocher, et me voilà, sitôt que le jour fut venu, procédant à la découverte de mes quinze cents francs, comme à la recherche du passage du nord-ouest. Il me paraissait clair que le citoyen des Jacobins les avait confisqués du droit de sa souveraineté. La demoiselle de la rue de Cléry affirma n'avoir rien vu dans le fiacre. J'arrive à la troisième station sans aucune espérance ; le cocher donne, tant bien que mal, le signalement du monsieur qu'il a voituré. Le portier s'écrie : « C'est le Père tel ! » Il me conduit, à travers les corridors et les appartements abandonnés, chez un récollet, resté seul pour inventorier les meubles de son couvent. Ce religieux, en redingote poudreuse, sur un amas de ruines, écoute le récit que je lui fais. « Êtes-vous, me dit-il, le chevalier de Chateaubriand ? — Oui, répondis-je. — Voilà votre portefeuille, répliqua-t-il ; je vous l'aurais porté après mon travail ; j'y avais trouvé votre adresse. » Ce fut ce moine chassé et dépouillé, occupé à compter consciencieusement pour ses proscripteurs les reliques de son cloître, qui me rendit les quinze cents francs avec lesquels j'allais m'acheminer vers l'exil. Faute de cette petite somme, je n'aurais pas émigré : que serais-je devenu ? toute ma vie était changée. Si je faisais aujourd'hui un pas pour retrouver un million, je veux être pendu.

Ceci se passait le 16 juin 1792.

Fidèle à mes instincts, j'étais revenu d'Amérique pour offrir mon épée à Louis XVI, non pour m'associer à des intrigues de parti. Le licenciement de la nouvelle garde du roi, dans laquelle se trouvait Murat[463] ; les

---

[463] Joachim Murat, roi de Naples, né le 25 mars 1767 à la Bastide-Fortunières, près de Cahors, fusillé à Pizzo (Calabre) le 13 octobre 1815. Destiné d'abord à l'Église, mais entraîné par un goût irrésistible pour le métier des armes, il s'engagea, le 23 février 1787, dans les chasseurs des Ardennes. Sa chaleur de tête l'ayant entraîné,

ministères successifs de Roland[464], de Dumouriez[465], de Duport du Tertre[466], les petites conspirations de cour, ou les grands soulèvements populaires, ne m'inspiraient qu'ennui et mépris. J'entendais beaucoup parler de Mme Roland, que je ne vis point ; ses Mémoires prouvent qu'elle possédait une force d'esprit extraordinaire. On la disait fort agréable ; reste à savoir si elle l'était assez pour faire supporter à ce point le cynisme des vertus hors nature. Certes, la femme qui, au pied de la guillotine, demandait une plume et de l'encre afin d'écrire les derniers moments de son voyage, de consigner les découvertes qu'elle avait faites dans son trajet de la Conciergerie à la place de la Révolution, une telle femme montre une préoccupation d'avenir, un dédain de la vie dont il y a peu d'exemples. Mme Roland avait du caractère plutôt que du génie : le premier peut donner le second, le second ne peut donner le premier[467].

---

dit-on, dans une mauvaise affaire, il dut quitter bientôt le régiment, et en 1791 on le retrouve dans son pays en congé, soit provisoire, soit définitif. À ce moment, en même temps que son compatriote Bessières, le futur duc d'Istrie, il fut désigné par le directoire de son département comme l'un des trois sujets que le Lot devait fournir à la garde constitutionnelle du roi. Il entra dans cette garde le 8 février et en sortit le 4 mars 1792. Tenant à justifier son départ devant le directoire du Lot, il accusa son lieutenant-colonel, M. Descours, d'avoir tenté de l'embaucher pour l'armée des princes. Sa dénonciation, renvoyée au Comité de surveillance de la Législative, ne fut pas un des moindres griefs invoqués par Basire pour obtenir de l'Assemblée le licenciement de la garde du roi. (Frédéric Masson, Napoléon et sa famille, tome I, p. 308.)

[464] Jean-Marie Roland de la Platière (1734-1793). Il fut deux fois ministre de l'intérieur, du 23 mars au 12 juin 1792, et du 10 août 1792 au 23 janvier 1793. Après le 31 mai, il avait dû se cacher d'abord chez son ami le naturaliste Bosc dans la vallée de Montmorency, puis à Rouen. Ayant appris dans sa retraite l'exécution de sa femme, il se rendit à Bourg-Baudouin, à quatre lieues de Rouen, et se perça le cœur à l'aide d'une canne-épée (15 novembre 1793).

[465] Charles-François Dumouriez (1739-1823). Il fut ministre des relations extérieures, du 17 mars au 16 juin 1792, et ministre de la guerre du 17 juin au 24 juillet.

[466] Marguerite-Louis-François Duport-Dutertre (1754-1793). Il fut ministre de l'intérieur du 21 novembre 1790 au 22 mars 1792. Emprisonné après le 10 août, il fut guillotiné le même jour que Barnave, le 28 novembre 1793. Sa femme se tua de désespoir, à coups de couteau, quelques jours après.

[467] Marie-Jeanne Phlipon, dame Roland, née à Paris le 17 mars 1754, guillotinée le 8 novembre 1793. Tous les historiens ont raconté, comme Chateaubriand, qu'arrivée au pied de l'échafaud, elle avait demandé qu'il lui fût permis de jeter sur le papier les pensées extraordinaires qu'elle avait eues dans le trajet de la Conciergerie à la place de la Révolution ; tous ont répété que, se tournant vers la statue de la liberté, dressée en face de la guillotine, elle s'était écriée : « Ô liberté, que de crimes commis en ton nom ! » Aucun écrit ni témoignage contemporain ne parle de cette apostrophe à la liberté, ni de sa demande de consigner par écrit ses dernières pensées, non plus que de son colloque avec le bourreau pour obtenir d'être guillotinée la dernière, et pour épargner ainsi le spectacle de sa mort à son compagnon d'échafaud, le faible Lamarche. C'est seulement après la chute de Robespierre, à l'époque de la réaction thermidorienne, que Riouffe et les autres

Fath del
Mauduison père sc
Imp Vve Sarazin
MADAME ROLAND
Garnier frères Éditeurs

Le 19 juin, j'étais allé à la vallée de Montmorency visiter l'Ermitage de J.-J. Rousseau : non que je me plusse au souvenir de Mme d'Épinay[468] et de cette société factice et dépravée ; mais je voulais dire adieu à la solitude d'un homme antipathique par ses mœurs à mes mœurs, bien que doué d'un talent dont les accents remuaient ma jeunesse. Le lendemain, 20 juin, j'étais encore à l'Ermitage ; j'y rencontrai deux hommes qui se

<hr />

écrivains du parti de la Gironde ont mis dans la bouche de Mme Roland des paroles dont rien n'établit l'authenticité. Sainte-Beuve, précisément à l'occasion de la mort de Mme Roland, dit très bien, dans ses *Nouveaux Lundis* (tome VIII, p. 255) : « La légende tend sans cesse à pousser dans ces émouvants récits, comme une herbe folle : il faut, à tout moment, l'en arracher. »

[468] Louise-Florence-Pétronille Tardieu d'Esclavelles, femme de Denis-Joseph La Live d'Épinay, fermier général (1725-1783). Liée d'amitié avec Jean-Jacques Rousseau, elle fit construire pour lui, près de son parc de la Chevrette, dans la forêt de Montmorency, l'habitation restée célèbre sous le nom de l'Ermitage. Ses *Mémoires*, parus en 1818, sont parmi les plus curieux que nous ait laissés le xviiie siècle.

promenaient comme moi dans ce lieu désert pendant le jour fatal de la monarchie, indifférents qu'ils étaient ou qu'ils seraient, pensais-je, aux affaires du monde : l'un était M. Maret[469], de l'Empire, l'autre, M. Barère, de la République. Le gentil Barère[470] était venu, loin du bruit, dans sa philosophie sentimentale, conter des fleurettes révolutionnaires à l'ombre de Julie. Le troubadour de la guillotine, sur le rapport duquel la Convention décréta que *la Terreur était à l'ordre du jour*, échappa à cette Terreur en se cachant dans le panier aux têtes ; du fond du baquet de sang, sous l'échafaud, on l'entendait seulement croasser *la mort !* Barère était de l'espèce de ces tigres qu'Oppien fait naître du souffle léger du vent : *velocis Zephyri proles.*

Ginguené, Chamfort, mes anciens amis les gens de lettres, étaient charmés de la journée du 20 juin. La Harpe, continuant ses leçons au Lycée, criait d'une voix de Stentor : « Insensés ! vous répondiez à toutes les représentations du peuple : Les baïonnettes ! les baïonnettes ! Eh bien ! les voilà les baïonnettes ! » Quoique mon voyage en Amérique m'eût rendu un personnage moins insignifiant, je ne pouvais m'élever à une si grande hauteur de principes et d'éloquence. Fontanes courait des dangers par ses anciennes liaisons avec la *Société monarchique*. Mon frère faisait partie d'un club d'*enragés*. Les Prussiens marchaient en vertu d'une convention des cabinets de Vienne et de Berlin ; déjà une affaire assez chaude avait eu lieu entre les Français et les Autrichiens, du côté de Mons. Il était plus que temps de prendre une détermination.

Mon frère et moi, nous nous procurâmes de faux passe-ports pour Lille : nous étions deux marchands de vin, gardes nationaux de Paris, dont nous portions l'uniforme, nous proposant de soumissionner les fournitures

---

[469] Bernard-Hugues Maret, duc de Bassano (1763-1839). Il était avocat au Parlement de Bourgogne, quand il vint en 1788 à Paris, pour acheter une charge au conseil du roi. Les événements modifièrent sa résolution. Au mois de septembre 1789, il fonda le Bulletin de l'Assemblée nationale, destiné à donner chaque jour un résumé des séances. Panckoucke, peu après, lui proposa d'exécuter ce travail, plus étendu et plus complet, pour le Moniteur ; ce fut l'origine du Journal officiel. Après le 18 brumaire, il devint secrétaire général des consuls. Sous l'Empire, il fut ministre des affaires étrangères du 17 avril 1811 au 19 novembre 1813. Pair de France sous Louis-Philippe, il fut en 1834 ministre et président du conseil pendant trois jours. Napoléon l'avait créé duc de Bassano le 15 août 1809. Talleyrand, précisément cette année-là, disait du nouveau duc : « Je ne connais pas de plus grande bête au monde que M. Maret, si ce n'est le duc de Bassano. »
[470] Bertrand Barère de Vieuzac (1755-1841), député à la Constituante, membre de la Convention, député au Conseil des Cinq-Cents, représentant à la Chambre des Cent-Jours. Toutes nos révolutions pendant un demi-siècle, le 10 août et le 31 mai, le 9 thermidor et le 18 brumaire, 1814, 1815 et 1830, ont fourni à Barère des occasions d'apostasies successives. Après avoir été, sous la Terreur, un des pourvoyeurs de l'échafaud, sous Bonaparte il s'est fait, moyennant salaire, mouchard et délateur. Ce misérable homme, après avoir été un valet de guillotine, a été un valet de police.

de l'armée. Le valet de chambre de mon frère, Louis Poullain, appelé Saint-Louis, voyageait sous son propre nom ; bien que de Lamballe, en Basse-Bretagne, il allait voir ses parents en Flandre. Le jour de notre émigration fut fixé au 15 de juillet, lendemain de la seconde fédération. Nous passâmes le 14 dans les jardins de Tivoli, avec la famille de Rosanbo, mes sœurs et ma femme. Tivoli appartenait à M. Boutin, dont la fille avait épousé M. de Malesherbes[471]. Vers la fin de la journée, nous vîmes errer à la débandade bon nombre de fédérés, sur les chapeaux desquels on avait écrit à la craie : « Petion, ou la mort ! » Tivoli, point de départ de mon exil, devait devenir un rendez-vous de jeux et de fêtes[472]. Nos parents se séparèrent de nous sans tristesse ; ils étaient persuadés que nous faisions un voyage d'agrément. Mes quinze cents francs retrouvés semblaient un trésor suffisant pour me ramener triomphant à Paris.

Le 15 juillet, à six heures du matin, nous montâmes en diligence : nous avions arrêté nos places dans le cabriolet, auprès du conducteur : le valet de chambre, que nous étions censés ne pas connaître, s'enfourna dans le carrosse avec les autres voyageurs. Saint-Louis était somnambule ; il allait la nuit chercher son maître dans Paris, les yeux ouverts, mais parfaitement endormi. Il déshabillait mon frère, le mettait au lit, toujours dormant, répondant à tout ce qu'on lui disait pendant ses attaques : « Je sais, je sais, » ne s'éveillant que quand on lui jetait de l'eau froide au visage : homme d'une quarantaine d'années, haut de près de six pieds, et

---

[471] Tivoli appartenait bien à M. Boutin, trésorier de la marine, mais ce n'était point à la fille de cet opulent financier que s'était marié M. de Malesherbes. Il avait épousé, par contrat du 4 février 1749, Françoise-Thérèse Grimod, fille de Gaspard Grimod, seigneur de la Reynière, fermier général, et de Marie-Madeleine Mazade, sa seconde femme. Mme de Malesherbes fut la tante de Alexandre-Balthazar-Laurent Grimod de la Reynière, l'auteur de l'Almanach des Gourmands, à qui son père, lui-même gourmand fameux, n'avait pas donné pour rien le prénom de Balthazar.

[472] Le jardin que Boutin avait créé dans le milieu de la rue de Clichy, en plein quartier de finance, et auquel on avait donné le nom de Tivoli, était le plus merveilleux que l'on eût encore vu : « Nous sommes allés avant déjeuner, dit la baronne d'Oberkirch dans ses Mémoires, visiter le jardin de M. Boutin, que le populaire a qualifié de Folie-Boutin et qui est bien une folie. Il y a dépensé, ou plutôt enfoui plusieurs millions. C'est un lieu de plaisirs ravissants, les surprises s'y trouvent à chaque pas ; les grottes, les bosquets, les statues, un charmant pavillon meublé avec un luxe de prince. Il faut être roi ou financier pour se créer des fantaisies semblables. Nous y prîmes d'excellent lait et des fruits dans de la vaisselle d'or. » Boutin était riche : il fut guillotiné le 22 juillet 1794. Ses biens furent confisqués. Son parc de la rue de Clichy fut détruit de fond en comble, les ombrages anéantis, les pelouses retournées. On épargna uniquement une faible partie de la propriété, dont on fit une promenade sous son appellation de Tivoli, promenade où se donnèrent maintes fêtes et qui, par son nom, éveille encore tant de souvenirs dans nos esprits, mais dont aujourd'hui il ne reste plus que ce qu'en ont dit les livres et les journaux du temps. (La Vie privée des Financiers au xviiie siècle, par H. Thirion, p. 276.)

aussi laid qu'il était grand. Ce pauvre garçon, très respectueux, n'avait jamais servi d'autre maître que mon frère ; il fut tout troublé lorsqu'au souper il lui fallut s'asseoir à table avec nous. Les voyageurs, fort patriotes, parlant d'accrocher les aristocrates à la lanterne, augmentaient sa frayeur. L'idée qu'au bout de tout cela, il serait obligé de passer à travers l'armée autrichienne, pour s'aller battre à l'armée des princes, acheva de déranger son cerveau. Il but beaucoup et remonta dans la diligence ; nous rentrâmes dans le coupé.

Au milieu de la nuit, nous entendons les voyageurs crier, la tête à la portière : « Arrêtez, postillon, arrêtez ! » On arrête, la portière de la diligence s'ouvre, et aussitôt des voix de femmes et d'hommes : « Descendez, citoyen, descendez ! on n'y tient pas, descendez, cochon ! c'est un brigand ! descendez, descendez ! » Nous descendons aussi, nous voyons Saint-Louis bousculé, jeté en bas du coche, se relevant, promenant ses yeux ouverts et endormis autour de lui, se mettant à fuir à toutes jambes, sans chapeau, du côté de Paris. Nous ne le pouvions réclamer, car nous nous serions trahis ; il le fallait abandonner à sa destinée. Pris et appréhendé au premier village, il déclara qu'il était le domestique de M. le comte de Chateaubriand, et qu'il demeurait à Paris, rue de Bondy. La maréchaussée le conduisit de brigade en brigade chez le président de Rosanbo ; les dépositions de ce malheureux homme servirent à prouver notre émigration, et à envoyer mon frère et ma belle-sœur à l'échafaud.

Le lendemain, au déjeuner de la diligence, il fallut écouter vingt fois toute l'histoire : « Cet homme avait l'imagination troublée ; il rêvait tout haut ; il disait des choses étranges ; c'était sans doute un conspirateur, un assassin qui fuyait la justice. » Les citoyennes bien élevées rougissaient en agitant de grands éventails de papier vert *à la Constitution*. Nous reconnûmes aisément dans ces récits les effets du somnambulisme, de la peur et du vin.

Arrivés à Lille, nous cherchâmes la personne qui nous devait mener au delà de la frontière. L'émigration avait ses agents de salut qui devinrent, par le résultat, des agents de perdition. Le parti monarchique était encore puissant, la question non décidée ; les faibles et les poltrons servaient, en attendant l'événement.

Nous sortîmes de Lille avant la fermeture des portes : nous nous arrêtâmes dans une maison écartée, et nous ne nous mîmes en route qu'à dix heures du soir, lorsque la nuit fut tout à fait close ; nous ne portions rien avec nous ; nous avions une petite canne à la main ; il n'y avait pas plus d'un an que je suivais ainsi mon Hollandais dans les forêts américaines.

Nous traversâmes des blés parmi lesquels serpentaient des sentiers à peine tracés. Les patrouilles françaises et autrichiennes battaient la campagne : nous pouvions tomber dans les unes et dans les autres, ou nous trouver sous le pistolet d'une vedette. Nous entrevîmes de loin des cavaliers isolés, immobiles et l'arme au poing ; nous ouïmes des pas de chevaux dans des chemins creux ; en mettant l'oreille à terre, nous entendîmes le bruit régulier d'une marche d'infanterie. Après trois heures d'une route tantôt faite en courant, tantôt lentement sur la pointe du pied, nous arrivâmes au carrefour d'un bois où quelques rossignols chantaient en tardivité. Une compagnie de hulans qui se tenait derrière une haie fondit sur nous le sabre haut. Nous criâmes : « Officiers qui vont rejoindre les princes ! » Nous demandâmes à être conduits à Tournay, déclarant être en mesure de nous faire reconnaître. Le commandant du poste nous plaça entre ses cavaliers et nous emmena.

Quand le jour fut venu, les hulans aperçurent nos uniformes de gardes nationaux sous nos redingotes, et insultèrent les couleurs que la France allait faire porter à l'Europe vassale.

Dans le Tournaisis, royaume primitif des Franks, Clovis résida pendant les premières années de son règne ; il partit de Tournay avec ses compagnons, appelé qu'il était à la conquête des Gaules : « Les armes attirent à elles tous les droits, » dit Tacite. Dans cette ville d'où sortit en 486 le premier roi de la première race, pour fonder sa longue et puissante monarchie, j'ai passé en 1792 pour aller rejoindre les princes de la troisième race sur le sol étranger, et j'y repassai en 1815, lorsque le dernier roi des Français abandonnait le royaume du premier roi des Franks : *omnia migrant.*

Arrivé à Tournay, je laissai mon frère se débattre avec les autorités, et sous la garde d'un soldat je visitai la cathédrale. Jadis Odon d'Orléans, écolâtre de cette cathédrale, assis pendant la nuit devant le portail de l'église, enseignait à ses disciples le cours des astres, leur montrant du doigt la voix lactée et les étoiles. J'aurais mieux aimé trouver à Tournay ce naïf astronome du XIe siècle que des Pandours. Je me plais à ces temps où les chroniques m'apprennent, sous l'an 1049, qu'en Normandie un homme avait été métamorphosé en âne : c'est ce qui pensa m'arriver à moi-même, comme on l'a vu, chez les demoiselles Couppart, mes maîtresses de lecture. Hildebert, en 1114, a remarqué une fille des oreilles de laquelle sortaient des épis de blé : c'était peut-être Cérès. La Meuse, que j'allais bientôt traverser, fut suspendue en l'air l'année 1118, témoin Guillaume de Nangis et Albéric. Rigord assure que l'an 1194, entre Compiègne et Clermont en Beauvoisis, il tomba une grêle entremêlée de corbeaux qui portaient des charbons et mettaient le feu. Si la tempête, comme nous l'assure Gervais de Tilbury, ne pouvait éteindre une chandelle sur la fenêtre du prieuré de Saint-Michel de *Camissa*, par lui nous savons aussi qu'il y avait dans le diocèse d'Uzès une belle et pure fontaine, laquelle changeait de place lorsqu'on y jetait quelque chose de sale : les consciences d'aujourd'hui ne se dérangent pas pour si peu. — Lecteur, je ne perds pas de temps ; je bavarde avec toi pour te faire prendre patience en attendant mon frère qui négocie : le voici ; il revient après s'être expliqué, à la satisfaction du commandant autrichien. Il nous est permis de nous rendre à Bruxelles, exil acheté par trop de soin.

Bruxelles était le quartier général de la haute émigration : les femmes les plus élégantes de Paris et les hommes les plus à la mode, ceux qui ne pouvaient marcher que comme aides de camp, attendaient dans les plaisirs le moment de la victoire. Ils avaient de beaux uniformes tout neufs : ils paradaient de toute la rigueur de leur légèreté. Des sommes considérables qui les auraient pu faire vivre pendant quelques années, ils les mangèrent en quelques jours : ce n'était pas la peine d'économiser, puisqu'on serait incessamment à Paris... Ces brillants chevaliers se préparaient par les succès de l'amour à la gloire, au rebours de l'ancienne chevalerie. Ils nous regardaient dédaigneusement cheminer à pied, le sac sur le dos, nous, petits gentilshommes de province, ou pauvres officiers devenus soldats. Ces Hercules filaient aux pieds de leurs Omphales les quenouilles qu'ils nous avaient envoyées et que nous leur remettions en passant, nous contentant de nos épées.

Je trouvai à Bruxelles mon petit bagage, arrivé en fraude avant moi : il consistait dans mon uniforme du régiment de Navarre, dans un peu de linge et dans mes précieuses paperasses, dont je ne pouvais me séparer.

Je fus invité à dîner avec mon frère chez le baron de Breteuil[473] ; j'y rencontrai la baronne de Montmorency, alors jeune et belle, et qui meurt en ce moment ; des évêques martyrs, à soutane de moire et à croix d'or ; de jeunes magistrats transformés en colonels hongrois, et Rivarol[474] que je n'ai vu qu'une seule fois dans ma vie. On ne l'avait point nommé ; je fus frappé du langage d'un homme qui pérorait seul et se faisait écouter avec quelque droit comme un oracle. L'esprit de Rivarol nuisait à son talent, sa

---

[473] Louis-Auguste Le Tonnelier, baron de Breteuil (1733-1807). Après avoir été, de 1760 à 1783, ambassadeur en Russie et en Suède, à Naples et à Vienne, il fut, à sa rentrée en France, nommé ministre d'État et de la maison du roi, avec le gouvernement de Paris. Démissionnaire en 1788, il n'en conserva pas moins la confiance du roi et de la reine. Au moment du renvoi de Necker, il fut mis, comme « chef du conseil général des finances » à la tête du ministère éphémère du 12 juillet 1789, dit « ministère des Cent-Heures ». Il ne tarda pas à émigrer, séjourna successivement à Soleure, à Bruxelles et à Hambourg, rentra en France sous le Consulat et mourut à Paris le 2 novembre 1807.

[474] Antoine de Rivarol (1753-1801). Ironiste étincelant dans les Actes des Apôtres, il a donné en 1789, au Journal Politique-National de l'abbé Sabatier des articles, ou plutôt des Tableaux d'histoire, qui lui ont valu d'être appelé par Burke « le Tacite de la Révolution ». Il émigra le 10 juin 1792, un mois avant Chateaubriand, et résida d'abord à Bruxelles. C'est là qu'il publia une Lettre au duc de Brunswick, une Lettre à la noblesse française et la Vie politique et privée du général La Fayette, dont il rappelait ironiquement le sommeil au 6 octobre, en lui donnant le nom de « général Morphée ». — Chateaubriand a peut-être un peu arrangé les choses en se donnant à lui-même le dernier mot, dans le récit de son échange de paroles avec Rivarol. Il n'était pas si facile que cela de toucher celui qui avait si bien mérité et qui justifiait en toute rencontre son surnom de Saint-Georges de l'épigramme.

parole à sa plume. Il disait, à propos des révolutions : « Le premier coup porte sur le Dieu, le second ne frappe plus qu'un marbre insensible. » J'avais repris l'habit d'un mesquin sous-lieutenant d'infanterie ; je devais partir en sortant du dîner et mon havresac était derrière la porte. J'étais encore bronzé par le soleil d'Amérique et l'air de la mer ; je portais les cheveux plats et noirs. Ma figure et mon silence gênaient Rivarol ; le baron de Breteuil, s'apercevant de sa curiosité inquiète, le satisfit : « D'où vient votre frère le chevalier ? » dit-il à mon frère. Je répondis : « De Niagara. » Rivarol s'écria : « De la cataracte ! » Je me tus. Il hasarda un commencement de question : « Monsieur va... ? — Où l'on se bat, » interrompis-je. On se leva de table.

Cette émigration fate m'était odieuse ; j'avais hâte de voir mes pairs, des émigrés comme moi à six cents livres de rente. Nous étions bien stupides, sans doute, mais du moins nous avions notre rapière au vent, et si nous eussions obtenu des succès, ce n'est pas nous qui aurions profité de la victoire.

Mon frère resta à Bruxelles, auprès du baron de Montboissier[475] dont il devint l'aide de camp ; je partis seul pour Coblentz.

Rien de plus historique que le chemin que je suivis ; il rappelait partout quelques souvenirs ou quelques grandeurs de la France. Je traversai Liège, une de ces républiques municipales qui tant de fois se soulevèrent contre leurs évêques ou contre les comtes de Flandre. Louis XI, allié des Liégeois, fut obligé d'assister au sac de leur ville, pour échapper à sa ridicule prison de Péronne.

J'allais rejoindre et faire partie de ces hommes de guerre qui mettent leur gloire à de pareilles choses. En 1792, les relations entre Liège et la France étaient plus paisibles : l'abbé de Saint-Hubert était obligé d'envoyer tous les ans deux chiens de chasse aux successeurs du roi Dagobert.

À Aix-la-Chapelle, autre don, mais de la part de la France : le drap mortuaire qui servait à l'enterrement d'un monarque très chrétien était envoyé au tombeau de Charlemagne, comme un drapeau-lige au fief dominant. Nos rois prêtaient ainsi foi et hommage, en prenant possession de l'héritage de l'Éternité ; ils juraient, entre les genoux de la mort, leur dame, qu'ils lui seraient fidèles, après lui avoir donné le baiser féodal sur la bouche. Du reste, c'était la seule suzeraineté dont la France se reconnût vassale. La cathédrale d'Aix-la-Chapelle fût bâtie par Karl le Grand et consacrée par Léon III. Deux prélats ayant manqué à la cérémonie, ils furent remplacés par deux évêques de Maëstricht, depuis longtemps décédés, et qui ressuscitèrent exprès. Charlemagne, ayant perdu une belle maîtresse, pressait son corps dans ses bras et ne s'en voulait point séparer.

---

[475] Le baron de Montboissier, gendre de Malesherbes, était l'oncle par alliance du frère de Chateaubriand. — Sur le baron de Montboissier, voir au tome I des Mémoires, la note 1 de la page 232 (note 37 du Livre V).

On attribua cette passion à un charme : la jeune morte examinée, une petite perle se trouva sous sa langue. La perle fut jetée dans un marais ; Charlemagne, amoureux fou de ce marais, ordonna de le combler : il y bâtit un palais et une église, pour passer sa vie dans l'un et sa mort dans l'autre. Les autorités sont ici l'archevêque Turpin et Pétrarque.

À Cologne, j'admirai la cathédrale : si elle était achevée, ce serait le plus beau monument gothique de l'Europe. Les moines étaient les peintres, les sculpteurs, les architectes et les maçons de leurs basiliques ; ils se glorifiaient du titre de maître maçon, *cœmentarius*.

Il est curieux d'entendre aujourd'hui d'ignorants philosophes et des démocrates bavards crier contre les religieux, comme si ces prolétaires enfroqués, ces ordres mendiants à qui nous devons presque tout, avaient été des gentilshommes.

Cologne me remit en mémoire Caligula et saint Bruno[476] : j'ai vu le reste des digues du premier à Baïes, et la cellule abandonnée du second à la Grande-Chartreuse.

Je remontai le Rhin jusqu'à Coblentz (*Confluentia*). L'armée des princes n'y était plus. Je traversai ces royaumes vides, *inania regna* ; je vis cette belle vallée du Rhin, le Tempé des muses barbares, où des chevaliers apparaissaient autour des ruines de leurs châteaux, où l'on entend la nuit des bruits d'armes, quand la guerre doit survenir.

Entre Coblentz et Trèves, je tombai dans l'armée prussienne : je filais le long de la colonne, lorsque, arrivé à la hauteur des gardes, je m'aperçus qu'ils marchaient en bataille avec du canon en ligne ; le roi[477] et le duc de Brunswick[478] occupaient le centre du carré, composé des vieux grenadiers de Frédéric. Mon uniforme blanc attira les yeux du roi : il me fit appeler ; le duc de Brunswick et lui mirent le chapeau à la main, et saluèrent l'ancienne armée française dans ma personne. Ils me demandèrent mon nom, celui de mon régiment, le lieu où j'allais rejoindre les princes. Cet accueil militaire me toucha : je répondis avec émotion qu'ayant appris en Amérique le malheur de mon roi, j'étais revenu pour verser mon sang à son service. Les officiers et généraux qui environnaient Frédéric-Guillaume

---

[476] Caligula était fils d'Agrippine, laquelle avait agrandi Cologne : d'où le nom romain de la ville : Colonia agrippina. — Saint Bruno, fondateur de l'ordre des Chartreux, était né à Cologne vers 1030. Après avoir été revêtu de plusieurs dignités ecclésiastiques et avoir refusé l'archevêché de Reims (1080), il se retira avec six de ses compagnons dans un désert voisin de Grenoble, aujourd'hui appelé la Chartreuse (1084), et y fonda un monastère.

[477] Frédéric-Guillaume II, neveu du grand Frédéric, auquel il avait succédé en 1786. Il mourut en 1797.

[478] Charles-Guillaume-Ferdinand, duc de Brunswick-Lunebourg (1735-1806), général au service de la Prusse. Il commandait en chef les armées coalisées contre la France en 1792. Ayant repris un commandement en 1805, il fut battu à Iéna et mortellement blessé d'un coup de feu près d'Auerstædt (14 octobre 1806).

firent un mouvement approbatif, et le monarque prussien me dit : « Monsieur, on reconnaît toujours les sentiments de la noblesse française. » Il ôta de nouveau son chapeau, resta découvert et arrêté, jusqu'à ce que j'eusse disparu derrière la masse des grenadiers. On crie maintenant contre les émigrés ; ce sont *des tigres qui déchiraient le sein de leur mère* ; à l'époque dont je parle, on s'en tenait aux vieux exemples, et l'honneur comptait autant que la patrie. En 1792, la fidélité au serment passait encore pour un devoir ; aujourd'hui, elle est devenue si rare qu'elle est regardée comme une vertu.

Une scène étrange, qui s'était déjà répétée pour d'autres que moi, faillit me faire rebrousser chemin. On ne voulait pas m'admettre à Trèves, où l'armée des princes était parvenue : « J'étais un de ces hommes qui attendent l'événement pour se décider ; il y avait trois ans que j'aurais dû être au cantonnement ; j'arrivais quand la victoire était assurée. On n'avait pas besoin de moi ; on n'avait que trop de ces braves après combat. Tous les jours, des escadrons de cavalerie désertaient ; l'artillerie même passait en masse, et, si cela continuait, on ne saurait que faire de ces gens-là. »

Prodigieuse illusion des partis !

Je rencontrai mon cousin Armand de Chateaubriand : il me prit sous sa protection, assembla les Bretons et plaida ma cause. On me fit venir ; je m'expliquai : je dis que j'arrivais de l'Amérique pour avoir l'honneur de servir avec mes camarades ; que la campagne était ouverte, non commencée, de sorte que j'étais encore à temps pour le premier feu ; qu'au surplus, je me retirerais si on l'exigeait, mais après avoir obtenu raison d'une insulte non méritée. L'affaire s'arrangea : comme j'étais bon enfant, les rangs s'ouvrirent pour me recevoir et je n'eus plus que l'embarras du choix.

L'armée des princes était composée de gentilshommes, classés par provinces et servant en qualité de simples soldats : la noblesse remontait à son origine et à l'origine de la monarchie, au moment même où cette noblesse et cette monarchie finissaient, comme un vieillard retourne à l'enfance. Il y avait en outre des brigades d'officiers émigrés de divers régiments, également redevenus soldats : de ce nombre étaient mes camarades de Navarre, conduits par leur colonel, le marquis de Mortemart. Je fus bien tenté de m'enrôler avec La Martinière[479], dût-il encore être amoureux ; mais le patriotisme armoricain l'emporta. Je m'engageai dans la septième compagnie bretonne, que commandait M. de Goyon-Miniac[480].

---

[479] Sur le marquis de Mortemart et sur La Martinière, voir, au tome I des Mémoires, les notes 3 de la page 185 et 1 de la page 186 (notes 19 et 20 du Livre IV).
[480] Au siècle précédent, on écrivait indifféremment Goyon ou Gouyon ; mais ici le vrai nom est Gouyon, celui de Goyon appartenant à une famille d'une autre origine, les Goyon de l'Abbaye et des Harlières, dont faisait partie le général comte de Goyon, qui a commandé de 1856 à 1862 le corps d'occupation à Rome. — La 7e compagnie bretonne, dans laquelle s'était engagé Chateaubriand, avait pour chef

La noblesse de ma province avait fourni sept compagnies ; on en comptait une huitième de jeunes gens du tiers état : l'uniforme gris de fer de cette dernière compagnie différait de celui des sept autres, couleur bleu de roi avec retroussis à l'hermine. Des hommes attachés à la même cause et exposés aux mêmes dangers perpétuaient leurs inégalités politiques par des signalements odieux : les vrais héros étaient les soldats plébéiens, puisque aucun intérêt personnel ne se mêlait à leur sacrifice.

Dénombrement de notre petite armée :

Infanterie de soldats nobles et d'officiers ; quatre compagnies de déserteurs, habillés des différents uniformes des régiments dont ils provenaient ; une compagnie d'artillerie ; quelques officiers du génie, avec quelques canons, obusiers et mortiers de divers calibres (l'artillerie et le génie, qui embrassèrent presque en entier la cause de la Révolution, en firent le succès au dehors). Une très-belle cavalerie de carabiniers allemands, de mousquetaires sous les ordres du vieux comte de Montmorin, d'officiers de la marine de Brest, de Rochefort et de Toulon, appuyait notre infanterie. L'émigration générale de ces derniers officiers replongea la France maritime dans cette faiblesse dont Louis XVI l'avait retirée. Jamais, depuis Duquesne et Tourville, nos escadres ne s'étaient montrées avec plus de gloire. Mes camarades étaient dans la joie : moi j'avais les larmes aux yeux quand je voyais passer ces dragons de l'Océan, qui ne conduisaient plus les vaisseaux avec lesquels ils humilièrent les Anglais et délivrèrent l'Amérique. Au lieu d'aller chercher des continents nouveaux pour les léguer à la France, ces compagnies de La Pérouse s'enfonçaient dans les boues de l'Allemagne. Ils montaient le cheval consacré à Neptune ; mais ils avaient changé d'élément, et la terre n'était pas à eux. En vain leur commandant portait à leur tête le pavillon déchiré de *la Belle-Poule*, sainte relique du drapeau blanc, aux lambeaux duquel pendait encore l'honneur, mais d'où était tombée la victoire.

Nous avions des tentes ; du reste, nous manquions de tout. Nos fusils, de manufacture allemande, armes de rebut, d'une pesanteur effrayante, nous cassaient l'épaule, et souvent n'étaient pas en état de tirer. J'ai fait toute la campagne avec un de ces mousquets dont le chien ne s'abattait pas.

Nous demeurâmes deux jours à Trèves. Ce me fut un grand plaisir de voir des ruines romaines, après avoir vu les ruines sans nom de l'Ohio, de visiter cette ville si souvent saccagée, dont Salvien disait : « Fugitifs de Trèves, vous voulez des spectacles, vous redemandez aux empereurs les jeux du cirque : pour quel état, je vous prie, pour quel peuple, pour quelle ville ? » *Theatra igitur quæritis, circum a principibus postulatis ? cui, quæso, statui, cui populo, cui civitati ?*

Pierre-Louis-Alexandre de Gouyon de Miniac, né à Plancoët vers 1754, décédé à Rennes le 26 juin 1818.

Fugitifs de France, où était le peuple pour qui nous voulions rétablir les monuments de saint Louis ?

Je m'asseyais, avec mon fusil, au milieu des ruines ; je tirais de mon havresac le manuscrit de mon voyage en Amérique ; j'en déposais les pages séparées sur l'herbe autour de moi ; je relisais et corrigeais une description de forêt, un passage d'*Atala*, dans les décombres d'un amphithéâtre romain, me préparant ainsi à conquérir la France. Puis, je serrais mon trésor dont le poids, mêlé à celui de mes chemises, de ma capote, de mon bidon de fer-blanc, de ma bouteille clissée et de mon petit Homère, me faisait cracher le sang.

J'essayais de fourrer *Atala* avec mes inutiles cartouches dans ma giberne ; mes camarades se moquaient de moi, et arrachaient les feuilles qui débordaient des deux côtés du couvercle de cuir. La Providence vint à mon secours : une nuit, ayant couché dans un grenier à foin, je ne trouvai plus mes chemises dans mon sac à mon réveil ; on avait laissé les paperasses. Je bénis Dieu : cet accident, en assurant ma *gloire*, me sauva la vie, car les soixante livres qui gisaient entre mes deux épaules m'auraient rendu poitrinaire. « Combien ai-je de chemises ? disait Henri IV à son valet de chambre. — Une douzaine, sire, encore y en a-t-il de déchirées. — Et de mouchoirs, est-ce pas huit que j'ai ? — Il n'y en a pour cette heure que cinq. » Le Béarnais gagna la bataille d'Ivry sans chemises ; je n'ai pu rendre son royaume à ses enfants en perdant les miennes.

L'ordre arriva de marcher sur Thionville. Nous faisions cinq à six lieues par jour. Le temps était affreux ; nous cheminions au milieu de la pluie et de la fange, en chantant : *Ô Richard ! ô mon roi ! Pauvre Jacques*[481] ! Arrivés à l'endroit du campement, n'ayant ni fourgons ni vivres, nous allions avec des ânes, qui suivaient la colonne comme une caravane arabe, chercher de quoi manger dans les fermes et les villages. Nous payions très-scrupuleusement : je subis néanmoins une faction correctionnelle pour avoir pris, sans y penser, deux poires dans le jardin d'un château. Un grand clocher, une grande rivière et un grand seigneur, dit le proverbe, sont de mauvais voisins.

Nous plantions au hasard nos tentes, dont nous étions sans cesse obligés de battre la toile afin d'en élargir les fils et d'empêcher l'eau de la traverser. Nous étions dix soldats par tente ; chacun à son tour était chargé

---

[481] Ô Richard ! ô mon roi ! et Pauvre Jacques ! étaient deux romances différentes. La première avait été popularisée par l'opéra-comique de Sedaine et de Grétry, Richard-Cœur-de-Lion ; les paroles et la musique de la seconde étaient de madame la marquise de Travanet, née de Bombelles, dame de madame Élisabeth. En voici le premier couplet :
Pauvre Jacques, quand j'étais près de toi,
  Je ne sentais pas ma misère :
Mais à présent que tu vis loin de moi,
  Je manque de tout sur la terre.

du soin de la cuisine : celui-ci allait à la viande, celui-là au pain, celui-là au bois, celui-là à la paille. Je faisais la soupe à merveille ; j'en recevais de grands compliments, surtout quand je mêlais à la ratatouille du lait et des choux, à la mode de Bretagne. J'avais appris chez les Iroquois à braver la fumée de sorte que je me comportais bien autour de mon feu de branches vertes et mouillées. Cette vie de soldat est très amusante ; je me croyais encore parmi les Indiens. En mangeant notre gamelle sous la tente, mes camarades me demandaient des histoires de mes voyages ; ils me les payaient en beaux contes ; nous mentions tous comme un caporal au cabaret avec un conscrit qui paye l'écot.

Une chose me fatiguait, c'était de laver mon linge ; il le fallait, et souvent : car les obligeants voleurs ne m'avaient laissé qu'une chemise empruntée à mon cousin Armand, et celle que je portais sur moi. Lorsque je savonnais mes chausses, mes mouchoirs et ma chemise au bord d'un ruisseau, la tête en bas et les reins en l'air, il me prenait des étourdissements ; le mouvement des bras me causait une douleur insupportable à la poitrine. J'étais obligé de m'asseoir parmi les prêles et les cressons, et, au milieu du mouvement de la guerre, je m'amusais à voir couler l'eau paisible. Lope de Vega fait laver le bandeau de l'Amour par une bergère ; cette bergère m'eût été bien utile pour un petit turban de toile de bouleau que j'avais reçu de mes Floridiennes.

Une armée est ordinairement composée de soldats à peu près du même âge, de la même taille, de la même force. Bien différente était la nôtre, assemblage confus d'hommes faits, de vieillards, d'enfants descendus de leurs colombiers, jargonnant normand, breton, picard, auvergnat, gascon, provençal, languedocien. Un père servait avec ses fils, un beau-père avec son gendre, un oncle avec ses neveux, un frère avec un frère, un cousin avec un cousin. Cet arrière-ban, tout ridicule qu'il paraissait, avait quelque chose d'honorable et de touchant, parce qu'il était animé de convictions sincères ; il offrait le spectacle de la vieille monarchie et donnait une dernière représentation d'un monde qui passait. J'ai vu de vieux gentilshommes, à mine sévère, à poil gris, habit déchiré, sac sur le dos, fusil en bandoulière, se traînant avec un bâton et soutenus sous le bras par un de leurs fils, j'ai vu M. de Boishue[482], le père de mon camarade massacré aux États de Rennes auprès de moi, marcher seul et triste, pieds nus dans la boue, portant ses souliers à la pointe de sa baïonnette, de peur de les user ; j'ai vu de jeunes blessés couchés sous un arbre, et un aumônier en redingote et en étole, à genoux à leur chevet, les envoyant à saint Louis dont ils s'étaient efforcés de défendre les héritiers. Toute cette troupe pauvre, ne recevant pas un sou des princes, faisait la

---

482 Jean-Baptiste-René de Guehenneuc, comte de Boishue, marié à Sylvie-Gabrielle de Bruc. Son fils fut tué à Rennes le 27 janvier 1789. — Voir, au tome I des Mémoires, la note de la page 265 (note 71 du Livre V).

guerre à ses dépens, tandis que les décrets achevaient de la dépouiller et jetaient nos femmes et nos mères dans les cachots.

Les vieillards d'autrefois étaient moins malheureux et moins isolés que ceux d'aujourd'hui : si, en demeurant sur la terre, ils avaient perdu leurs amis, peu de chose du reste avait changé autour d'eux ; étrangers à la jeunesse, ils ne l'étaient pas à la société. Maintenant, un traînard dans ce monde a non-seulement vu mourir les hommes, mais il a vu mourir les idées : principes, mœurs, goûts, plaisirs, peines, sentiments, rien ne ressemble à ce qu'il a connu. Il est d'une race différente de l'espèce humaine au milieu de laquelle il achève ses jours.

Et pourtant, France du XIXᵉ siècle, apprenez à estimer cette vieille France qui vous valait. Vous deviendrez vieille à votre tour et l'on vous accusera, comme on nous accusait, de tenir à des idées surannées. Ce sont vos pères que vous avez vaincus ; ne les reniez pas, vous êtes sortie de leur sang. S'ils n'eussent été généreusement fidèles aux antiques mœurs, vous n'auriez pas puisé dans cette fidélité native l'énergie qui a fait votre gloire dans les mœurs nouvelles ; ce n'est, entre les deux Frances, qu'une transformation de vertu.

Auprès de notre camp indigent et obscur, en existait un autre brillant et riche. À l'état-major, on ne voyait que fourgons remplis de comestibles ; on n'apercevait que cuisiniers, valets, aides de camp. Rien ne représentait mieux la cour et la province, la monarchie expirante à Versailles et la monarchie mourante dans les bruyères de Du Guesclin. Les aides de camp nous étaient devenus odieux ; quand il y avait quelque affaire devant Thionville, nous criions : « En avant, les aides de camp ! » comme les patriotes criaient : « En avant, les officiers ! »

J'éprouvai un saisissement de cœur lorsque arrivés par un jour sombre en vue des bois qui bordaient l'horizon, on nous dit que ces bois étaient en France. Passer en armes la frontière de mon pays me fit un effet que je ne puis rendre : j'eus comme une espèce de révélation de l'avenir, d'autant que je ne partageais aucune des illusions de mes camarades, ni relativement à la cause qu'ils soutenaient, ni pour le triomphe dont ils se berçaient ; j'étais là, comme Falkland[483] dans l'armée de Charles Iᵉʳ. Il n'y avait pas un chevalier de la Manche, malade, écloppé, coiffé d'un bonnet de nuit sous son castor à trois cornes, qui ne se crût très-fermement capable de mettre en fuite, à lui tout seul, cinquante jeunes vigoureux patriotes. Ce respectable et plaisant orgueil, source de prodiges à une autre époque, ne m'avait pas atteint : je ne me sentais pas aussi convaincu de la force de mon invincible bras.

---

[483] Lucius Carey, vicomte de Falkland (1610-1643), membre du Parlement et secrétaire d'État de Charles Ier. Après s'être d'abord prononcé en faveur de la rébellion, il épousa chaudement la cause royale ; il fut tué à la bataille de Newbury.

Nous surgîmes invaincus à Thionville, le 1er septembre ; car, chemin faisant, nous ne rencontrâmes personne. La cavalerie campa à droite, l'infanterie à gauche du grand chemin qui conduisait à la ville du côté de l'Allemagne. De l'assiette du camp on ne découvrait pas la forteresse ; mais à six cents pas en avant, on arrivait à la crête d'une colline d'où l'œil plongeait dans la vallée de la Moselle. Les cavaliers de la marine liaient la droite de notre infanterie au corps autrichien du prince de Waldeck[484], et la gauche de la même infanterie se couvrait des dix-huit cents chevaux de la Maison-Rouge et de Royal-Allemand. Nous nous retranchâmes sur le front par un fossé, le long duquel étaient rangés les faisceaux d'armes. Les huit compagnies bretonnes occupaient deux rues transversales du camp, et au-dessous de nous s'alignait la compagnie des officiers de Navarre, mes camarades.

Ces travaux, qui durèrent trois jours, étant achevés, Monsieur et le comte d'Artois arrivèrent ; ils firent la reconnaissance de la place, qu'on somma en vain, quoique Wimpfen[485] la semblât vouloir rendre. Comme le grand Condé, nous n'avions pas gagné la bataille de Rocroi, ainsi nous ne pûmes nous emparer de Thionville ; mais nous ne fûmes pas battus sous ses murs, comme Feuquières[486]. On se logea sur la voie publique, dans la tête d'un village servant de faubourg à la ville, en dehors de l'ouvrage à cornes qui défendait le pont de la Moselle. On se fusilla de maison en maison ; notre poste se maintint en possession de celles qu'il avait prises. Je n'assistai point à cette première affaire ; Armand, mon cousin, s'y trouva et s'y comporta bien. Pendant qu'on se battait dans ce village, ma compagnie était commandée pour une batterie à établir au bord d'un bois qui coiffait le sommet d'une colline. Sur la déclivité de cette colline, des

---

[484] Chrétien-Auguste, prince de Waldeck (1744-1798). Il perdit un bras au siège de Thionville.

[485] Louis-Félix, baron de Wimpfen (1744-1814) était maréchal de camp lorsqu'il fut élu député aux États-Généraux par la noblesse du bailliage de Caen. Nommé commandant de Thionville, lors de l'entrée des Prussiens en France, il défendit intrépidement cette place pendant cinquante-cinq jours, jusqu'au moment où il fut dégagé par la victoire de Valmy. Après la révolution du 31 mai, il mit, quoique royaliste, son épée au service des députés girondins réfugiés à Caen ; mais les beaux parleurs de la Gironde, après une bataille pour rire qui reçut le nom de bataille sans larmes, se refusèrent à pousser plus loin l'aventure. Wimpfen réussit à se cacher pendant le règne de la Terreur. Le gouvernement consulaire lui rendit son grade de général de division, et l'Empereur le nomma inspecteur des haras. Il fut créé baron en 1809. Le général de Wimpfen a laissé des Mémoires.

[486] Manassès de Pas, marquis de Feuquières (1590-1639), lieutenant général sous Louis XIII. Il contribua puissamment à la prise de La Rochelle, et chargé, en 1633, d'une mission diplomatique, il réussit à resserrer l'alliance entre la France, la Suède et les princes protestants de l'Allemagne. Ayant mis, en 1639, le siège devant Thionville, il y fut blessé et pris, et mourut quelques mois après de ses blessures.

vignes descendaient jusqu'à la plaine adhérente aux fortifications extérieures de Thionville.

Philippoteaux del.
Imp Vve Sarazin
M^r DE CHATEAUBRIAND
à l'armée de Condé
Garnier frères Éditeurs

L'ingénieur qui nous dirigeait nous fit élever un cavalier gazonné, destiné à nos canons ; nous filâmes un boyau parallèle, à ciel ouvert, pour nous mettre au-dessous du boulet. Ces terrasses allaient lentement, car nous étions tous, officiers jeunes et vieux, peu accoutumés à remuer la pelle et la pioche. Nous manquions de brouettes, et nous portions la terre dans nos habits, qui nous servaient de sacs. Le feu d'une lunette s'ouvrit sur nous ; il nous incommodait d'autant plus, que nous ne pouvions riposter : deux pièces de huit et un obusier à la Cohorn, qui n'avait pas la portée, étaient toute notre artillerie. Le premier obus que nous lançâmes tomba en dehors des glacis ; il excita les huées de la garnison. Peu de jours après, il nous arriva des canons et des canonniers autrichiens. Cent hommes d'infanterie et un piquet de cavalerie de la marine furent, toutes les vingt-quatre heures, relevés à cette batterie. Les assiégés se disposèrent à l'attaquer ; on remarquait avec le télescope du mouvement sur les remparts. À l'entrée de la nuit, on vit une colonne sortir par une poterne et gagner la lunette à l'abri du chemin couvert. Ma compagnie fut commandée de renfort.

À la pointe du jour, cinq ou six cents patriotes engagèrent l'action dans le village, sur le grand chemin, au-dessus de la ville ; puis, tournant à gauche, ils vinrent à travers les vignes prendre notre batterie en flanc. La marine chargea bravement, mais elle fut culbutée et nous découvrit. Nous étions trop mal armés pour croiser le feu ; nous marchâmes la baïonnette en avant. Les assaillants se retirèrent je ne sais pourquoi ; s'ils eussent tenu, ils nous enlevaient.

Nous eûmes plusieurs blessés et quelques morts, entre autres le chevalier de La Baronnais[487], capitaine d'une des compagnies bretonnes. Je lui portai malheur : la balle qui lui ôta la vie fit ricochet sur le canon de mon fusil et le frappa d'une telle roideur, qu'elle lui perça les deux tempes ; sa cervelle me sauta au visage. Inutile et noble victime d'une cause perdue ! Quand le maréchal d'Aubeterre tint les États de Bretagne, il passa chez M. de La Baronnais le père, pauvre gentilhomme, demeurant à Dinard, près de Saint-Malo ; le maréchal, qui l'avait supplié de n'inviter personne, aperçut en entrant une table de vingt-cinq couverts, et gronda amicalement son hôte. « Monseigneur, lui dit M. de La Baronnais, je n'ai à dîner que mes enfants. » M. de La Baronnais avait vingt-deux garçons et une fille, tous de la même mère. La Révolution a fauché, avant la maturité, cette riche moisson du père de famille.

Le corps autrichien de Waldeck commença d'opérer. L'attaque devint plus vive de notre côté. C'était un beau spectacle la nuit : des pots-à-feu illuminaient les ouvrages de la place, couverts de soldats ; des lueurs subites frappaient les nuages ou le zénith bleu lorsqu'on mettait le feu aux canons, et les bombes, se croisant en l'air, décrivaient une parabole de lumière. Dans les intervalles des détonations, on entendait des roulements de tambour, des éclats de musique militaire, et la voix des factionnaires sur les remparts de Thionville et à nos postes ; malheureusement, ils criaient en français dans les deux camps : « Sentinelles, prenez garde à vous ! »

---

[487] Le chevalier de la Baronnais était l'un des nombreux fils de François-Pierre Collas, seigneur de la Baronnais, et de Renée de Kergu, mariés à Ruca, en 1750, et établis, vers 1757, dans la paroisse de Saint-Enogat. Ils avaient déjà cinq enfants, et de 1757 à 1778 ils en eurent quinze autres, vingt en tout. Chateaubriand ne s'éloigne donc pas beaucoup de la vérité, lorsqu'il leur en attribue vingt-trois. Seulement, quand il leur donne vingt-deux garçons et une fille, il fait un peu trop petite la part du sexe faible. Il y avait, chez les la Baronnais, huit filles contre douze garçons.

Si les combats avaient lieu à l'aube, il arrivait que l'hymne de l'alouette succédait au bruit de la mousqueterie, tandis que les canons, qui ne tiraient plus, nous regardaient bouche béante silencieusement par les embrasures. Le chant de l'oiseau, en rappelant les souvenirs de la vie pastorale, semblait faire un reproche aux hommes. Il en était de même lorsque je rencontrais quelques tués parmi des champs de luzerne en fleurs, ou au bord d'un courant d'eau qui baignait la chevelure de ces morts. Dans les bois, à quelques pas des violences de la guerre, je trouvais de petites statues des saints et de la Vierge. Un chevrier, un pâtre, un mendiant portant besace, agenouillés devant ces pacificateurs, disaient leur chapelet au bruit lointain du canon. Toute une commune vint une fois avec son pasteur offrir des bouquets au patron d'une paroisse voisine, dont l'image demeurait dans une futaie, en face d'une fontaine. Le curé était aveugle ; soldat de la milice de Dieu, il avait perdu la vue dans les bonnes œuvres, comme un grenadier sur le camp de bataille. Le vicaire donnait la communion pour son curé, parce que celui-ci n'aurait pu déposer la sainte hostie sur les lèvres des communiants. Pendant cette cérémonie, et du sein de la nuit, il bénissait la lumière !

Nos pères croyaient que les patrons des hameaux, Jean le *Silentiaire*, Dominique l'*Encuirassé*, Jacques l'*Intercis*, Paul le *Simple*, Basle l'*Ermite*, et tant d'autres, n'étaient point étrangers au triomphe des armes par qui les moissons sont protégées. Le jour même de la bataille de Bouvines, des voleurs s'introduisirent, à Auxerre, dans un couvent sous l'invocation de saint Germain, et dérobèrent les vases sacrés. Le sacristain se présente devant la châsse du bienheureux évêque, et lui dit en gémissant : « Germain, où étais-tu lorsque ces brigands ont osé violer ton sanctuaire ? » Une voix sortant de la châsse répondit : « J'étais auprès de Cisoing, non loin du pont de Bouvines ; avec d'autres saints, j'aidais les Français et leur roi, à qui une victoire éclatante a été donnée par notre secours :

« Cui fuit auxilio victoria præstita nostro. »

Nous faisions des battues dans la plaine, et nous les poussions jusqu'aux hameaux sous les premiers retranchements de Thionville. Le village du grand chemin trans-Moselle était sans cesse pris et repris. Je me trouvai deux fois à ces assauts. Les patriotes nous traitaient d'*ennemis de la liberté*, d'*aristocrates*, de *satellites de Capet* ; nous les appelions *brigands, coupe-têtes, traîtres et révolutionnaires*. On s'arrêtait quelquefois, et un duel avait lieu au milieu des combattants devenus témoins impartiaux ; singulier caractère français que les passions mêmes ne peuvent étouffer !

Un jour, j'étais de patrouille dans une vigne, j'avais à vingt pas de moi un vieux gentilhomme chasseur qui frappait avec le bout de son fusil sur les ceps, comme pour débusquer un lièvre, puis il regardait vivement autour de lui, dans l'espoir de voir partir un *patriote ;* chacun était là avec ses mœurs.

Un autre jour, j'allai visiter le camp autrichien : entre ce camp et celui de la cavalerie de la marine, se déployait le rideau d'un bois contre lequel la place dirigeait mal à propos son feu ; la ville tirait trop, elle nous croyait plus nombreux que nous l'étions, ce qui explique les pompeux bulletins du commandant de Thionville. Comme je traversais ce bois, j'aperçois quelque chose qui remuait dans les herbes ; je m'approche : un homme étendu de tout son long, le nez en terre, ne présentait qu'un large dos. Je le crus blessé : je le pris par le chignon du cou, et lui soulevai à demi la tête. Il ouvre des yeux effarés, se redresse un peu en s'appuyant sur ses mains ; j'éclate de rire : c'était mon cousin Moreau ! Je ne l'avais pas vu depuis notre visite à Mme de Chastenay.

Couché sur le ventre à la descente d'une bombe, il lui avait été impossible de se relever. J'eus toutes les peines du monde à le mettre debout ; sa bedaine était triplée. Il m'apprit qu'il servait dans les vivres et qu'il allait proposer des bœufs au prince de Waldeck. Au reste, il portait un chapelet ; Hugues Métel parle d'un loup qui résolut d'embrasser l'état monastique ; mais, n'ayant pu s'habituer au maigre, il se fit chanoine[488].

En rentrant au camp, un officier du génie passa près de moi, menant son cheval par la bride : un boulet atteint la bête à l'endroit le plus étroit de l'encolure et la coupe net ; la tête et le cou restent pendus à la main du cavalier qu'ils entraînent à terre de leur poids. J'avais vu une bombe tomber au milieu d'un cercle d'officiers de marine qui mangeaient assis en rond : la gamelle disparut ; les officiers culbutés et ensablés criaient comme le vieux capitaine de vaisseau : « Feu de tribord, feu de bâbord, feu partout ! feu dans ma perruque ! »

Ces coups singuliers semblent appartenir à Thionville : en 1558, François de Guise mit le siège devant cette place. Le maréchal Strozzi y fut tué *parlant dans la tranchée audit sieur de Guise qui lui tenoit lors la main sur l'épaule.*

Il s'était formé derrière notre camp une espèce de marché. Les paysans avaient amené des quartauts de vin blanc de Moselle, qui demeurèrent sur les voitures : les chevaux dételés mangeaient attachés à un bout des charrettes, tandis qu'on buvait à l'autre bout. Des fouées brillaient çà et là. On faisait frire des saucisses dans des poêlons, bouillir des gaudes

---

488 Hugues Métel, écrivain ecclésiastique du xiie siècle (1080-1157). Il se vantait de composer jusqu'à mille vers en se tenant sur un pied, stans pede in uno. Chateaubriand fait ici allusion à un apologue qui se trouve en tête des Poésies de Métel et qui est intitulé : D'un loup qui se fit hermite. C'est la meilleure pièce de Métel, — à moins qu'il ne faille l'attribuer, comme le veulent plusieurs érudits, à Marbode, évêque de Rennes, son contemporain.

dans des bassines, sauter des crêpes sur des plaques de fonte, enfler des pancakes sur des paniers. On vendait des galettes anisées, des pains de seigle d'un sou, des gâteaux de maïs, des pommes vertes, des œufs rouges et blancs, des pipes et du tabac, sous un arbre aux branches duquel pendaient des capotes de gros drap, marchandées par les passants. Des villageoises, à califourchon sur un escabeau portatif, trayaient des vaches, chacun présentant sa tasse à la laitière et attendant son tour. On voyait rôder devant les fourneaux les vivandiers en blouse, les militaires en uniforme. Des cantinières allaient criant en allemand et en français. Des groupes se tenaient debout, d'autres assis à des tables de sapin plantées de travers sur un sol raboteux. On s'abritait à l'aventure sous une toile d'emballage ou sous des rameaux coupés dans la forêt, comme à Pâques fleuries. Je crois aussi qu'il y avait des noces dans les fourgons couverts, en souvenir des rois franks. Les patriotes auraient pu facilement, à l'exemple de Majorien, enlever le chariot de la mariée : *Rapit esseda victor, nubentemque nurum*, (Sidoine Apollinaire.) On chantait, on riait, on fumait. Cette scène était extrêmement gaie la nuit, entre les feux qui l'éclairaient à terre et les étoiles qui brillaient au-dessus.

Quand je n'étais ni de garde aux batteries ni de service à la tente, j'aimais à souper à la foire. Là recommençaient les histoires du camp ; mais, animées de rogomme et de chère-lie, elles étaient beaucoup plus belles.

Un de nos camarades, capitaine à brevet, dont le nom s'est perdu pour moi dans celui de *Dinarzade* que nous lui avions donné, était célèbre par ses contes ; il eût été plus correct de dire *Sheherazade*, mais nous n'y regardions pas de si près. Aussitôt que nous le voyions, nous courions à lui, nous nous le disputions : c'était à qui l'aurait à son écot. Taille courte, cuisses longues, figure avalée, moustaches tristes, yeux faisant la virgule à l'angle extérieur, voix creuse, grande épée à fourreau café au lait, prestance de poète militaire, entre le suicide et le luron, Dinarzade goguenard sérieux, ne riait jamais et on ne le pouvait regarder sans rire. Il était le témoin obligé de tous les duels et l'amoureux de toutes les dames de comptoir. Il prenait au tragique tout ce qu'il disait et n'interrompait sa narration que pour boire à même d'une bouteille, rallumer sa pipe ou avaler une saucisse.

Une nuit qu'il pleuvinait, nous faisions cercle au robinet d'un tonneau penché vers nous sur une charrette dont les brancards étaient en l'air. Une chandelle collée à la futaille nous éclairait ; un morceau de serpillière, tendu du bout des brancards à deux poteaux, nous servait de toit. — Dinarzade, son épée de guingois à la façon de Frédéric II, debout entre une roue de la voiture et la croupe d'un cheval, racontait une histoire à notre grande satisfaction. Les cantinières qui nous apportaient la pitance restaient avec nous pour écouter notre Arabe. La troupe attentive des bacchantes et des silènes qui formaient le chœur accompagnait le récit des marques de sa surprise, de son approbation ou de son improbation.

« Messieurs, dit le ramenteur, vous avez tous connu le chevalier Vert, qui vivait au temps du roi Jean ? » Et chacun de répondre : « Oui, oui. » Dinarzade engloutit, en se brûlant, une crêpe roulée.

« Ce chevalier Vert, messieurs, vous le savez, puisque vous l'avez vu, était fort beau : quand le vent rebroussait ses cheveux roux sur son casque, cela ressemblait à un tortis de filasse autour d'un turban vert. »

L'assemblée : « Bravo ! »

« Par une soirée de mai, il sonna du cor au pont-levis d'un château de Picardie, ou d'Auvergne, n'importe. Dans ce château demeurait la *Dame des grandes compagnies*. Elle reçut bien le chevalier, le fit désarmer, conduire au bain et se vint asseoir avec lui à une table magnifique ; mais elle ne mangea point, et les pages-servants étaient muets. »

L'assemblée : « Oh ! oh ! »

« La dame, messieurs, était grande, plate, maigre et disloquée comme la femme du major ; d'ailleurs beaucoup de physionomie et l'air coquet. Lorsqu'elle riait et montrait ses dents longues sous son nez court, on ne savait plus où l'on en était. Elle devint amoureuse du chevalier et le chevalier amoureux de la dame, bien qu'il en eût peur. »

Dinarzade vida la cendre de sa pipe sur la jante de la roue et voulut recharger son brûle-gueule ; on le força de continuer :

« Le chevalier Vert, tout anéanti, se résolut de quitter le château ; mais, avant de partir, il requiert de la châtelaine l'explication de plusieurs choses étranges ; il lui faisait en même temps une offre loyale de mariage, si toutefois elle n'était pas sorcière. »

La rapière de Dinarzade était plantée droite et roide entre ses genoux. Assis et penchés en avant, nous faisions au-dessous de lui, avec nos pipes, une guirlande de flammèches comme l'anneau de Saturne. Tout à coup Dinarzade s'écria comme hors de lui :

« Or, messieurs, la Dame des grandes compagnies, c'était la Mort ! »

Et le capitaine, rompant les rangs et s'écriant : « La mort ! la mort ! » mit en fuite les cantinières. La séance fut levée : le brouhaha fut grand et les rires prolongés. Nous nous rapprochâmes de Thionville, au bruit du canon de la place.

Le siège continuait, ou plutôt il n'y avait pas de siège, car on n'ouvrait point la tranchée et les troupes manquaient pour investir régulièrement la place. On comptait sur des intelligences, et l'on attendait la nouvelle des succès de l'armée prussienne ou de celle de Clerfayt[489], avec laquelle se

---

[489] François-Sébastien-Charles-Joseph de Croix, comte de Clerfayt (1733-1798), s'était distingué pendant la guerre de Sept ans. Mis en 1792 à la tête du corps d'armée que l'Autriche joignait aux Prussiens, il prit Stenay et le défilé de la Croix-aux-Bois, assista aux batailles de Valmy et de Jemmapes, dirigea la retraite avec beaucoup de talent à cette dernière bataille, surprit les Français à Altenhoven, fit

trouvait le corps français du duc de Bourbon[490]. Nos petites ressources s'épuisaient ; Paris semblait s'éloigner. Le mauvais temps ne cessait ; nous étions inondés au milieu de nos travaux ; je m'éveillais quelquefois dans un fossé avec de l'eau jusqu'au cou : le lendemain j'étais perclus.

Parmi mes compatriotes, j'avais rencontré Ferron de La Sigonnière[491], mon ancien camarade de classe à Dinan. Nous dormions mal sous notre pavillon ; nos têtes, dépassant la toile, recevaient la pluie de cette espèce de gouttière. Je me levais et j'allais avec Ferron me promener devant les faisceaux, car toutes nos nuits n'étaient pas aussi gaies que celles de Dinarzade. Nous marchions en silence, écoutant la voix des sentinelles, regardant la lumière des rues de nos tentes, de même que nous avions vu autrefois au collège les lampions de nos corridors. Nous causions du passé et de l'avenir, des fautes que l'on avait commises, de celles que l'on commettrait ; nous déplorions l'aveuglement des princes, qui croyaient revenir dans leur patrie avec une poignée de serviteurs, et raffermir par le bras de l'étranger la couronne sur la tête de leur frère. Je me souviens d'avoir dit à mon camarade, dans ces conversations, que la France voudrait imiter l'Angleterre, que le roi périrait sur l'échafaud, et que, vraisemblablement, notre expédition devant Thionville serait un des principaux chefs d'accusation contre Louis XVI. Ferron fut frappé de ma prédiction : c'est la première de ma vie. Depuis ce temps j'en ai fait bien d'autres tout aussi vraies, tout aussi peu écoutées ; l'accident était-il arrivé, on se mettait à l'abri, et l'on m'abandonnait aux prises avec le malheur que j'avais prévu. Quand les Hollandais essuient un coup de vent en haute mer, ils se retirent dans l'intérieur du navire, ferment les écoutilles et boivent du punch, laissant un chien sur le pont pour aboyer à la tempête ; le danger passé, on renvoie Fidèle à sa niche au fond de la cale, et le capitaine revient

---

débloquer Maëstricht, eut la plus grande part dans le succès des coalisés à Nerwinde, à Quiévrain et à Furnes (1793). Pendant la campagne de 1794, il dut céder le terrain à Pichegru. Créé feld-maréchal l'année suivante, il entra dans Mayence (28 octobre 1795), après avoir battu isolément trois corps d'armée français envoyés contre lui. Une disgrâce inexplicable fut le prix de ces éclatants triomphes : la cour de Vienne, au mois de janvier 1796, le remplaça par le prince Charles.

[490] L'armée des émigrés, en 1792, était fractionnée en trois corps. Le premier (dix mille hommes), formé avec les émigrés, de Coblentz, était commandé par les maréchaux de Broglie et de Castries. Le second (cinq mille hommes) était sous les ordres du prince de Condé. Le troisième corps, sous les ordres du duc de Bourbon, comprenait quatre à cinq mille émigrés cantonnés dans les Pays-Bas autrichiens. Les émigrés de Bretagne faisaient partie de ce troisième corps. (Histoire de l'armée de Condé, par René Bittard des Portes, p. 27.)

[491] François-Prudent-Malo Ferron de la Sigonnière, né dans la paroisse de Saint-Samson, près de Dinan, le 6 juin 1768. Il était l'un des quatorze enfants de François-Henri-Malo Ferron de la Sigonnière, marié, le 4 mai 1762, à Anne-Gillette-Françoise Anger des Vaux. Le camarade de Chateaubriand est mort au château de la Mettrie, en Saint-Samson, le 14 mai 1815.

jouir du beau temps sur le gaillard. J'ai été le chien hollandais du vaisseau de la légitimité.

Les souvenirs de ma vie militaire se sont gravés dans ma pensée ; ce sont eux que j'ai retracés au sixième livre des *Martyrs*[492].

Barbare de l'Armorique au camp des princes, je portais Homère avec mon épée ; je préférais ma *patrie, la pauvre, la petite île d'AARON*[493], *aux cent villes de la Crète*. Je disais comme Télémaque : « L'âpre pays qui ne nourrit que des chèvres m'est plus agréable que ceux où l'on élève des chevaux[494]. » Mes paroles auraient fait rire le candide Ménélas, ἀγαθὸς Μενέλαος.

Le bruit se répandit qu'enfin on allait en venir à une action ; le prince de Waldeck devait tenter un assaut, tandis que, traversant la rivière, nous ferions diversion par une fausse attaque sur la place du côté de la France.

Cinq compagnies bretonnes, la mienne comprise, la compagnie des officiers de Picardie et de Navarre, le régiment des volontaires, composé de jeunes paysans lorrains et de déserteurs des divers régiments, furent commandés de service. Nous devions être soutenus de Royal-Allemand, des escadrons des mousquetaires et des différents corps de dragons qui couvraient notre gauche : mon frère se trouvait dans cette cavalerie avec le baron de Montboissier qui avait épousé une fille de M. de Malherbes, sœur de madame de Rosanbo, et par conséquent tante de ma belle-sœur. Nous escortions trois compagnies d'artillerie autrichienne avec des pièces de gros calibre et une batterie de trois mortiers.

---

492 En plus d'un endroit de ce sixième livre, en effet, c'est Chateaubriand qui parle sous le nom d'Eudore, particulièrement dans cette page sur les veilles nocturnes du camp : — « Épuisé par les travaux de la journée, je n'avais durant la nuit que quelques heures pour délasser mes membres fatigués. Souvent il m'arrivait, pendant ce court repos, d'oublier ma nouvelle fortune ; et lorsque aux premières blancheurs de l'aube les trompettes du camp venaient à sonner l'air de Diane, j'étais étonné d'ouvrir les yeux au milieu des bois. Il y a pourtant un charme à ce réveil du guerrier échappé aux périls de la nuit. Je n'ai jamais entendu sans une certaine joie belliqueuse la fanfare du clairon, répétée par l'écho des rochers, et les premiers hennissements des chevaux qui saluaient l'aurore. J'aimais à voir le camp plongé dans le sommeil, les tentes encore fermées d'où sortaient quelques soldats à moitié vêtus, le centurion qui se promenait devant les faisceaux d'armes en balançant son cep de vigne, la sentinelle immobile qui, pour résister au sommeil, tenait un doigt levé dans l'attitude du silence, le cavalier qui traversait le fleuve coloré des feux du matin, le victimaire qui puisait l'eau du sacrifice, et souvent un berger appuyé sur sa houlette, qui regardait boire son troupeau. »

493 La petite île d'Aaron est la presqu'île où est située le rocher de Saint-Malo.

494 Odyssée, livre IV, vers 606. Ce vers dit seulement : « Brouté par les chèvres, et qui ne saurait suffire à la nourriture des chevaux. » C'est Mme Dacier qui, la première, a fait honneur à Télémaque de ce doux sentiment de la patrie, qui ne se trouve point dans le texte grec. (Voy. Marcellus, Chateaubriand et son temps, p. 89.)

Nous partîmes à six heures du soir ; à dix, nous passâmes la Moselle, au-dessus de Thionville, sur des pontons de cuivre :

amœna   fluenta

Subterlabentis tacito rumore Mosellæ (AUSONE.)

Au lever du jour, nous étions en bataille sur la rive gauche, la grosse cavalerie s'échelonnant aux ailes, la légère en tête. À notre second mouvement, nous nous formâmes en colonne et nous commençâmes de défiler.

Vers neuf heures, nous entendîmes à notre gauche le feu d'une décharge. Un officier de carabiniers, accourant à bride abattue, vint nous apprendre qu'un détachement de l'armée de Kellermann[495] était près de nous joindre et que l'action était déjà engagée entre les tirailleurs. Le cheval de cet officier avait été frappé d'une balle au chanfrein ; il se cabrait en jetant l'écume par la bouche et le sang par les naseaux : ce carabinier, le sabre à la main sur ce cheval blessé, était superbe. Le corps sorti de Metz manœuvrait pour nous prendre en flanc : il avait des pièces de campagne dont le tir entama le régiment de nos volontaires. J'entendis les exclamations de quelques recrues touchées du boulet ; les derniers cris de la jeunesse arrachée toute vivante de la vie me firent une profonde pitié : je pensai aux pauvres mères.

Les tambours battirent la charge, et nous allâmes en désordre à l'ennemi. On s'approcha de si près que la fumée n'empêchait pas de voir ce qu'il y a de terrible dans le visage d'un homme prêt à verser votre sang. Les patriotes n'avaient point encore acquis cet aplomb que donne la longue habitude des combats et de la victoire : leurs mouvements étaient mous, ils tâtonnaient ; cinquante grenadiers de la vieille garde auraient passé sur le ventre d'une masse hétérogène de vieux et jeunes nobles indisciplinés ; mille à douze cents fantassins s'étonnèrent de quelques coups de canon de la grosse artillerie autrichienne ; ils se retirèrent ; notre cavalerie les poursuivit pendant deux lieues.

---

[495] François-Victor Kellermann (1735-1820), d'une famille noble d'origine saxonne, établie à Strasbourg au xvie siècle. Il était maréchal de camp en 1788. Appelé, en 1792, au commandement de l'armée de la Moselle, il battit les Prussiens à Valmy, de concert avec Dumouriez. Il n'en fut pas moins destitué le 18 octobre 1793, et envoyé à l'Abbaye, où il resta treize mois enfermé. Mis en liberté après le 9 thermidor, et investi du commandement de l'armée des Alpes, il arrêta en Provence, avec 47 000 hommes, la marche des Autrichiens, forts de 150 000 hommes. Le 20 mai 1804, il fut créé maréchal d'Empire, et, le 3 juin 1808, duc de Valmy. Louis XVIII le fit pair de France, le 4 juin 1814. Il se tint à l'écart pendant les Cent-Jours, quoique compris dans la promotion des pairs du 2 juin 1815, et reprit, à la seconde Restauration, sa place à la Chambre haute, où Chateaubriand et lui se retrouvèrent.

Une sourde et muette allemande, appelée Libbe ou Libba, s'était attachée à mon cousin Armand et l'avait suivi. Je la trouvai assise sur l'herbe qui ensanglantait sa robe : son coude était posé sur ses genoux pliés et relevés ; sa main passée sous ses cheveux blonds épars appuyait sa tête. Elle pleurait en regardant trois ou quatre tués, nouveaux sourds et muets gisant autour d'elle. Elle n'avait point ouï les coups de la foudre dont elle voyait l'effet et n'entendait point les soupirs qui s'échappaient de ses lèvres quand elle regardait Armand ; elle n'avait jamais entendu le son de la voix de celui qu'elle aimait et n'entendrait point le premier cri de l'enfant qu'elle portait dans son sein ; si le sépulcre ne renfermait que le silence, elle ne s'apercevrait pas d'y être descendue.

Au surplus, les champs de carnage sont partout ; au cimetière de l'Est, à Paris, vingt-sept mille tombeaux, deux cent trente mille corps, vous apprendront quelle bataille la mort livre jour et nuit à votre porte.

Après une halte assez longue, nous reprîmes notre route, et nous arrivâmes à l'entrée de la nuit sous les murs de Thionville.

Les tambours ne battaient point ; le commandement se faisait à voix basse. La cavalerie, afin de repousser toute sortie se glissa le long des chemins et des haies jusqu'à la porte que nous devions canonner. L'artillerie autrichienne, protégée par notre infanterie, prit position à vingt-cinq toises des ouvrages avancés, derrière des gabions épaulés à la hâte. À une heure du matin, le 6 septembre, une fusée lancée du camp du prince de Waldeck, de l'autre côté de la place, donna le signal. Le prince commença un feu nourri auquel la ville répondit vigoureusement. Nous tirâmes aussitôt.

Les assiégés, ne croyant pas que nous eussions des troupes de ce côté et n'ayant pas prévu cette insulte, n'avaient rien aux remparts du midi ; nous ne perdîmes pas pour attendre : la garnison arma une double batterie, qui perça nos épaulements et démonta deux de nos pièces. Le ciel était en feu ; nous étions ensevelis dans des torrents de fumée. Il m'arriva d'être un petit Alexandre : exténué de fatigue, je m'endormis profondément presque sous les roues des affûts où j'étais de garde. Un obus, crevé à six pouces de terre, m'envoya un éclat à la cuisse droite. Réveillé du coup, mais ne sentant point la douleur, je ne m'aperçus de ma blessure qu'à mon sang. J'entourai ma cuisse avec mon mouchoir. À l'affaire de la plaine, deux balles avaient frappé mon havresac pendant un mouvement de conversion. Atala, en fille dévouée, se plaça entre son père et le plomb ennemi ; il lui restait à soutenir le feu de l'abbé Morellet[496].

À quatre heures du matin, le tir du prince de Waldeck cessa ; nous crûmes la ville rendue ; mais les portes ne s'ouvrirent point, et il nous fallut songer à la retraite. Nous rentrâmes dans nos positions, après une

---

[496] André Morellet (1727-1819), membre de l'Académie française. Nous le retrouverons quand Chateaubriand publiera son roman d'Atala.

marche accablante de trois jours.

Le prince de Waldeck s'était approché jusqu'au bord des fossés qu'il avait essayé de franchir, espérant une reddition au moyen de l'attaque simultanée : on supposait toujours des divisions dans la ville, et l'on se flattait que le parti royaliste apporterait les clefs aux princes. Les Autrichiens, ayant tiré à barbette, perdirent un monde considérable ; le prince de Waldeck eut un bras emporté. Tandis que quelques gouttes de sang coulaient sous les murs de Thionville, le sang coulait à torrents dans les prisons de Paris : ma femme et mes sœurs étaient plus en danger que moi.

Nous levâmes le siège de Thionville et nous partîmes pour Verdun, rendu le 2 septembre aux alliés. Longwy, patrie de François de Mercy, était tombé le 23 août. De toutes parts des festons et des couronnes attestaient le passage de Frédéric-Guillaume.

Je remarquai, au milieu des paisibles trophées, l'aigle de Prusse attachée sur les fortifications de Vauban : elle n'y devait pas rester longtemps ; quant aux fleurs, elles allaient bientôt voir se faner comme elles les innocentes créatures qui les avaient cueillies. Un des meurtres les plus atroces de la Terreur fut celui des jeunes filles de Verdun.

« Quatorze jeunes filles de Verdun, dit Riouffe, d'une candeur sans exemple, et qui avaient l'air de jeunes vierges parées pour une fête publique, furent menées ensemble à l'échafaud. Elles disparurent tout à coup et furent moissonnées dans leur printemps ; la *Cour des femmes* avait l'air, le lendemain de leur mort, d'un parterre dégarni de ses fleurs par un orage. Je n'ai jamais vu parmi nous de désespoir pareil à celui qu'excita cette barbarie[497]. »

Verdun est célèbre par ses sacrifices de femmes. Au dire de Grégoire de Tours, Deuteric, voulant dérober sa fille aux poursuites de Théodebert, la plaça dans un tombereau attelé de deux bœufs indomptés et la fit précipiter dans la Meuse. L'instigateur du massacre des jeunes filles de Verdun fut le poétereau régicide Pons de Verdun[498], acharné contre sa ville

---

[497] Mémoires d'un détenu, pour servir à l'histoire de la tyrannie de Robespierre, par Honoré Riouffe. Publiés peu de temps après le 9 thermidor, ces Mémoires, produisirent une immense sensation. — Honoré-Jean Riouffe était né à Rouen, le 1er avril 1764. Après avoir été secrétaire, puis président du Tribunat, il administra successivement, sous l'Empire, les préfectures de la Côte-d'Or et de la Meurthe. Créé baron, le 9 mars 1810, il succomba, le 30 novembre 1813, à Nancy, aux atteintes du typhus, qui s'était déclaré dans cette ville par suite de l'entassement des malades, après les revers de la campagne de Russie.

[498] Philippe-Laurent Pons, dit Pons de Verdun, né à Verdun, le 17 février 1759, mort à Paris, le 7 mai 1844. Avant la Révolution, il était un des fournisseurs attitrés de l'Almanach des Muses. Député de la Meuse à la Convention, cet homme sensible vota la mort du roi et applaudit à l'exécution de Marie-Antoinette, « cette femme scélérate, qui allait enfin expier ses forfaits. » (Séance de la Convention du

natale. Ce que l'*Almanach des Muses* a fourni d'agents de la Terreur est incroyable ; la vanité des médiocrités en souffrance produisit autant de révolutionnaires que l'orgueil blessé des culs-de-jatte et des avortons : révolte analogue des infirmités de l'esprit et de celles du corps. Pons attacha à ses épigrammes émoussées la pointe d'un poignard. Fidèle apparemment aux traditions de la Grèce, le poëte ne voulait offrir à ses dieux que le sang des vierges : car la Convention décréta, sur son rapport, qu'aucune femme enceinte ne pouvait être mise en jugement[499]. Il fit aussi annuler la sentence qui condamnait à mort madame de Bonchamps[500], veuve du célèbre général vendéen. Hélas ! nous autres royalistes à la suite des princes, nous arrivâmes aux revers de la Vendée, sans avoir passé par sa gloire.

Nous n'avions pas à Verdun, pour passer le temps, « cette fameuse comtesse de Saint-Balmont, qui, après avoir quitté les habits de femme, montait à cheval et servait elle-même d'escorte aux dames qui l'accompagnaient et qu'elle avait laissées dans son carrosse[501]... » Nous n'étions pas passionnés pour *le vieux gaulois*, et nous ne nous écrivions pas *des billets en langage d'Amadis*. (Arnauld.)

La maladie des Prussiens se communiqua à notre petite armée ; j'en fus atteint. Notre cavalerie était allée rejoindre Frédéric-Guillaume à Valmy. Nous ignorions ce qui se passait, et nous attendions d'heure en heure l'ordre de nous porter en avant ; nous reçûmes celui de battre en retraite.

Extrêmement affaibli, et ma gênante blessure ne me permettant de marcher qu'avec douleur, je me traînai comme je pus à la suite de ma compagnie, qui bientôt se débanda. Jean Balue[502], fils d'un meunier de Verdun, partit fort jeune de chez son père avec un moine qui le chargea de sa besace. En sortant de Verdun, la *colline du gué* selon Saumaise (*ver dunum*), je portais la besace de la monarchie, mais je ne suis devenu ni contrôleur des finances, ni évêque, ni cardinal.

---

15 octobre 1793). Député au Conseil des Cinq-Cents, il se rallia au coup d'État de Bonaparte, et devint, sous l'Empire, avocat général près le tribunal de Cassation.

[499] Ce fut seulement après le 9 thermidor, que Pons de Verdun fit cette motion. Le décret voté sur son rapport est du 17 septembre 1794.

[500] Séance de la Convention du 18 janvier 1795.

[501] Alberte-Barbe d'Ercecourt, dame de Saint-Balmon, née en 1608, au château de Neuville, près de Verdun. Pendant la guerre de Trente ans, alors que les armées françaises et allemandes dévastaient la Lorraine et que son mari avait pris du service dans l'armée impériale, restée seule à Neuville, elle prit le harnais de guerre, et, à la tête de ses vassaux, défendit sa demeure, escorta des convois, poursuivit les maraudeurs. La paix de Westphalie lui ayant fait des loisirs, elle les consacra aux lettres et fit imprimer, en 1650, une tragédie, les Jumeaux martyrs. Après la mort de son mari, elle se retira à Bar-le-Duc, chez les religieuses de Sainte-Claire, et mourut dans leur couvent en 1660.

[502] Jean La Balue (1421-1491), cardinal et ministre d'État sous Louis XI.

Si, dans les romans que j'ai écrits, j'ai touché à ma propre histoire, dans les histoires que j'ai racontées j'ai placé des souvenirs de l'histoire vivante dont j'avais fait partie. Ainsi, dans la vie du duc de Berry, j'ai retracé quelques-unes des scènes qui s'étaient passées sous mes yeux :

« Quand on licencie une armée, elle retourne dans ses foyers ; mais les soldats de l'armée de Condé avaient-ils des foyers ? Où les devait guider le bâton qu'on leur permettait à peine de couper dans les bois de l'Allemagne, après avoir déposé le mousquet qu'ils avaient pris pour la défense de leur roi ? [...] Il fallut se séparer. Les frères d'armes se dirent un dernier adieu, et prirent divers chemins sur la terre. Tous allèrent, avant de partir, saluer leur père et leur capitaine, le vieux Condé en cheveux blancs : le patriarche de la gloire donna sa bénédiction à ses enfants, pleura sur sa tribu dispersée, et vit tomber les tentes de son camp avec la douleur d'un homme qui voit s'écrouler les toits paternels[503]. »

Moins de vingt ans après, le chef de la nouvelle armée française, Bonaparte, prit aussi congé de ses compagnons ; tant les hommes et les empires passent vite ! tant la renommée la plus extraordinaire ne sauve pas du destin le plus commun !

Nous quittâmes Verdun. Les pluies avaient défoncé les chemins ; on rencontrait partout caissons, affûts, canons embourbés, chariots renversés, vivandières avec leurs enfants sur leur dos, soldats expirants ou expirés dans la boue. En traversant une terre labourée, j'y restai enfoncé jusqu'aux genoux ; Ferron et un autre de mes camarades m'en arrachèrent malgré moi : je les priais de me laisser là ; je préférais mourir.

Le capitaine de ma compagnie, M. de Goyon-Miniac, me délivra le 16 octobre, au camp près de Longwy, un certificat fort honorable. À Arlon, nous aperçûmes sur la grande route une file de chariots attelés : les chevaux, les uns debout, les autres agenouillés, les autres appuyés sur le nez, étaient morts, et leurs cadavres se tenaient roidis entre les brancards : on eût dit des ombres d'une bataille bivouaquant au bord du Styx. Ferron me demanda ce que je comptais faire, je lui répondis : « Si je puis parvenir à Ostende, je m'embarquerai pour Jersey où je trouverai mon oncle de Bedée ; de là, je serai à même de rejoindre les royalistes de Bretagne. »

La fièvre me minait ; je ne me soutenais qu'avec peine sur ma cuisse enflée. Je me sentis saisi d'un autre mal. Après vingt-quatre heures de vomissements, une ébullition me couvrit le corps et le visage ; une petite vérole confluente se déclara ; elle rentrait et sortait alternativement selon les impressions de l'air. Arrangé de la sorte, je commençai à pied un voyage de deux cents lieues, riche que j'étais de dix-huit livres tournois ; tout cela pour la plus grande gloire de la monarchie. Ferron, qui m'avait

---

[503] Mémoires, lettres et pièces authentiques touchant la vie et la mort de S. A. R. Ch.-F. d'Artois, fils de France, duc de Berry, par le vicomte de Chateaubriand, livre second, chapitre VIII.

prêté mes six petits écus de trois francs, étant attendu à Luxembourg, me quitta.

En sortant d'Arlon, une charrette de paysan me prit pour la somme de quatre sous, et me déposa à cinq lieues de là sur un tas de pierres. Ayant sautillé quelques pas à l'aide de ma béquille, je lavai le linge de mon éraflure devenue plaie, dans une source qui ruisselait au bord du chemin, ce qui me fit grand bien. La petite vérole était complétement sortie, et je me sentais soulagé. Je n'avais point abandonné mon sac, dont les bretelles me coupaient les épaules.

Je passai une première nuit dans une grange, et ne mangeai point. La femme du paysan, propriétaire de la grange, refusa le loyer de ma couchée ; elle m'apporta, au lever du jour, une grande écuelle de café au lait avec de la miche noire que je trouvai excellente. Je me remis en route tout gaillard, bien que je tombasse souvent. Je fus rejoins par quatre ou cinq de mes camarades qui prirent mon sac ; ils étaient aussi fort malades. Nous rencontrâmes des villageois, de charrettes en charrettes, nous gagnâmes pendant cinq jours assez de chemin dans les Ardennes pour atteindre Attert, Flamizoul et Bellevue. Le sixième jour, je me trouvai seul. Ma petite vérole blanchissait et s'aplatissait.

Après avoir marché deux lieues, qui me coûtèrent six heures de temps, j'aperçus une famille de bohémiens campée, avec deux chèvres et un âne, derrière un fossé, autour d'un feu de brandes. À peine arrivais-je, je me laissai choir, et les singulières créatures s'empressèrent de me secourir. Une jeune femme en haillons, vive, brune, mutine, chantait, sautait, tournait, en tenant de biais son enfant sur son sein, comme la vielle dont elle aurait animé sa danse, puis elle s'asseyait sur ses talons tout contre moi, me regardait curieusement à la lueur du feu, prenait ma main mourante pour me dire ma bonne aventure, en me demandant un *petit sou ;* c'était trop cher. Il était difficile d'avoir plus de science, de gentillesse et de misère que ma sibylle des Ardennes. Je ne sais quand les nomades dont j'aurais été un digne fils me quittèrent ; lorsque, à l'aube, je sortis de mon engourdissement, je ne les trouvai plus. Ma bonne aventurière s'en était allée avec le secret de mon avenir. En échange de mon *petit sou,* elle avait déposé à mon chevet une pomme qui servit à me rafraîchir la bouche. Je me secouai comme Jeannot Lapin parmi le *thym* et la *rosée ;* mais je ne pouvais ni *brouter,* ni *trotter,* ni faire beaucoup de *tours.* Je me levai néanmoins dans l'intention de faire *ma cour à l'aurore :* elle était bien belle, et j'étais bien laid ; son visage rose annonçait sa bonne santé ; elle se portait mieux que le pauvre Céphale[504] de

---

[504] Nous sommes maintenant si brouillés avec la mythologie, qu'il n'est peut-être pas inutile de rappeler que Céphale était un prince de Thessalie, si remarquablement beau que l'Aurore, un beau matin, sentit pour lui les feux d'un désir insensé.

l'Armorique. Quoique jeunes tous deux, nous étions de vieux amis, et je me figurai que ce matin-là ses pleurs étaient pour moi.

Philippoteaux del.
Leguay sc
Imp Vve Sarazin
LA HUTTE DU BERGER.
Garnier frères Éditeurs

Je m'enfonçai dans la forêt, je n'étais pas trop triste ; la solitude m'avait rendu à ma nature. Je chantonnais la romance de l'infortuné Cazotte :

Tout au beau milieu des Ardennes,
Est un château sur le haut d'un rocher[505], etc., etc.

N'était-ce point dans le donjon de ce château des fantômes que le roi d'Espagne, Philippe II, fit enfermer mon compatriote, le capitaine La

---

[505] C'est le début de la célèbre romance de Cazotte, la Veillée de la Bonne femme ou le Réveil d'Enguerrand.

Noue, qui eut pour grand'mère une Chateaubriand ? Philippe consentait à relâcher l'illustre prisonnier, si celui-ci consentait à se laisser crever les yeux ; La Noue fut au moment d'accepter la proposition, tant il avait soif de retrouver sa chère Bretagne[506]. Hélas ! j'étais possédé du même désir, et pour m'ôter la vue je n'avais besoin que du mal dont il avait plu à Dieu de m'affliger. Je ne rencontrai pas *sire Enguerrand venant d'Espagne*[507], mais de pauvres traîne-malheur, de petits marchands forains qui avaient, comme moi, toute leur fortune sur le dos. Un bûcheron, avec des genouillères de feutre, entrait dans le bois : il aurait dû me prendre pour une branche morte et m'abattre. Quelques corneilles, quelques alouettes, quelques bruants, espèce de gros pinsons, trottaient sur le chemin ou posaient immobiles sur le cordon de pierres, attentifs à l'émouchet qui planait circulairement dans le ciel. De fois à autre, j'entendais le son de la trompe du porcher gardant ses truies et leurs petits à la glandée. Je me reposai à la hutte roulante d'un berger ; je n'y trouvai pour maître que chaton qui me fit mille gracieuses caresses. Le berger se tenait au loin, debout, au centre d'un parcours, ses chiens assis à différentes distances autour des moutons ; le jour, ce pâtre cueillait des simples, c'était un médecin et un sorcier ; la nuit, il regardait les étoiles, c'était un berger chaldéen.

Je stationnai, une demi-lieue plus haut, dans un viandis de cerfs : des chasseurs passaient à l'extrémité. Une fontaine sourdait à mes pieds ; au fond de cette fontaine, dans cette même forêt, Roland *inamorato,* non pas *furioso,* aperçut un palais de cristal rempli de dames et de chevaliers. Si le paladin, qui rejoignit les brillantes naïades, avait du moins laissé Bride-d'Or au bord de la source ; si Shakespeare m'eût envoyé Rosalinde et le

---

[506] François de La Noue, dit Bras-de-fer, célèbre capitaine calviniste, né en 1531, au manoir de La Noue-Briord, près de Bourgneuf (Loire-Inférieure). En 1578, les États-Généraux des Pays-Bas, résolus à s'affranchir de la domination de Philippe II, le firent général en chef de leur armée, à la tête de laquelle il se montra le digne adversaire du duc de Parme, l'un des plus habiles généraux du roi d'Espagne. Tombé dans une embuscade aux environs de Lille, il fut enfermé pendant cinq ans dans les forteresses de Limbourg et de Charlemont. Offre lui fut faite de sa liberté, mais « pour donner suffisante caution de ne porter jamais les armes contre le roy catholique, il fallait qu'il se laissât crever les yeux ». — Mortellement blessé au siège de Lamballe, il expira quelques jours après à Moncontour où il avait été transporté (4 août 1591). Henri IV, auprès duquel il avait combattu à Arques et à Ivry, fut profondément affligé de sa mort : « C'estait, dit-il, un grand homme de guerre et encore un plus grand homme de bien. On ne peut assez regretter qu'un si petit château ait fait périr un capitaine qui valait mieux que toute une province. »
[507] C'est toujours la romance de Cazotte, dont le troisième couplet commence ainsi:
Sire Enguerrand venant d'Espagne,
Passant par là, cuidait se délasser...

Duc exilé[508], ils m'auraient été bien secourables.

Ayant repris haleine, je continuai ma route. Mes idées affaiblies flottaient dans un vague non sans charme ; mes anciens fantômes, ayant à peine la consistance d'ombres aux trois quarts effacées, m'entouraient pour me dire adieu. Je n'avais plus la force des souvenirs ; je voyais dans un lointain indéterminé, et mêlées à des images inconnues, les formes aériennes de mes parents et de mes amis. Quand je m'asseyais contre une borne du chemin, je croyais apercevoir des visages me souriant au seuil des distantes cabanes, dans la fumée bleue échappée du toit des chaumières, dans la cime des arbres, dans le transparent des nuées, dans les gerbes lumineuses du soleil traînant ses rayons sur les bruyères comme un râteau d'or. Ces apparitions étaient celles des Muses qui venaient assister à la mort du poète : ma tombe, creusée avec les montants de leurs lyres sous un chêne des Ardennes, aurait assez bien convenu au soldat et au voyageur. Quelques gelinottes, fourvoyées dans le gîte des lièvres sous des troënes, faisaient seules, avec des insectes, quelques murmures autour de moi ; vies aussi légères, aussi ignorées que ma vie. Je ne pouvais plus marcher ; je me sentais extrêmement mal ; la petite vérole rentrait et m'étouffait.

Vers la fin du jour, je m'étendis sur le dos à terre, dans un fossé, la tête soutenue par le sac d'Atala, ma béquille à mes côtés, les yeux attachés sur le soleil, dont les regards s'éteignaient avec les miens. Je saluai de toute la douceur de ma pensée l'astre qui avait éclairé ma première jeunesse dans mes landes paternelles : nous nous couchions ensemble, lui pour se lever plus glorieux, moi, selon toutes les vraisemblances, pour ne me réveiller jamais. Je m'évanouis dans un sentiment de religion : le dernier bruit que j'entendis était la chute d'une feuille et le sifflement d'un bouvreuil.

Il paraît que je demeurai à peu près deux heures en défaillance. Les fourgons du prince de Ligne vinrent à passer : un des conducteurs, s'étant arrêté pour couper un scion de bouleau, trébucha sur moi sans me voir : il me crut mort et me poussa du pied ; je donnai un signe de vie. Le conducteur appela ses camarades, et, par un instinct de pitié, ils me jetèrent sur un chariot. Les cahots me ressuscitèrent ; je pus parler à mes sauveurs ; je leur dis que j'étais un soldat de l'armée des princes, que s'ils voulaient me mener jusqu'à Bruxelles, où ils allaient, je les récompenserais de leur peine. « Bien, camarade, me répondit l'un d'eux, mais il faudra que tu descendes à Namur, car il nous est défendu de nous charger de personne. Nous te reprendrons de l'autre côté de la ville. » Je demandai à boire ; j'avalai quelques gouttes d'eau-de-vie qui firent reparaître en dehors les

---

508 Rosalinde et le Duc exilé sont les principaux personnages de l'une des pièces de Shakespeare, Comme il vous plaira, dont plusieurs scènes se passent dans les Ardennes.

symptômes de mon mal et débarrassèrent un moment ma poitrine : la nature m'avait doué d'une force extraordinaire.

Nous arrivâmes vers dix heures du matin dans les faubourgs de Namur. Je mis pied à terre et suivis de loin les chariots ; je les perdis bientôt de vue. À l'entrée de la ville, on m'arrêta. Tandis qu'on examinait mes papiers, je m'assis sous la porte. Les soldats de garde, à la vue de mon uniforme, m'offrirent un chiffon de pain de munition, et le caporal me présenta, dans un godet de verre bleu, du brandevin au poivre. Je faisais quelques façons pour boire à la coupe de l'hospitalité militaire : « Prends donc ! » s'écria-t-il en colère, en accompagnant son injonction d'un *Sacrament der teufel* (sacrement du diable) !

Ma traversée de Namur fut pénible : j'allais, m'appuyant contre les maisons. La première femme qui m'aperçut sortit de sa boutique, me donna le bras avec un air de compatissance, et m'aida à me traîner ; je la remerciai et elle répondit : « Non, non, soldat. » Bientôt d'autres femmes accoururent, apportèrent du pain, du vin, des fruits, du lait, du bouillon, de vieilles nippes, des couvertures. « Il est blessé », disaient les unes dans leur patois français-brabançon ; « il a la petite vérole », s'écriaient les autres, et elles écartaient leurs enfants. « Mais, jeune homme, vous ne pourrez marcher ; vous allez mourir ; restez à l'hôpital. » Elles me voulaient conduire à l'hôpital, elles se relayaient de porte en porte, et me conduisirent ainsi jusqu'à celle de la ville, en dehors de laquelle je retrouvai les fourgons. On a vu une paysanne me secourir, on verra une autre femme me recueillir à Guernesey. Femmes qui m'avez assisté dans ma détresse, si vous vivez encore, que Dieu soit en aide à vos vieux jours et à vos douleurs ! Si vous avez quitté la vie, que vos enfants aient en partage le bonheur que le ciel m'a longtemps refusé !

Les femmes de Namur m'aidèrent à monter dans le fourgon, me recommandèrent au conducteur et me forcèrent d'accepter une couverture de laine. Je m'aperçus qu'elles me traitaient avec une sorte de respect et de déférence : il y a dans la nature du Français quelque chose de supérieur et de délicat que les autres peuples reconnaissent.

Les gens du prince de Ligne me déposèrent encore sur le chemin à l'entrée de Bruxelles et refusèrent mon dernier écu.

À Bruxelles, aucun hôtelier ne me voulut recevoir. Le Juif errant, Oreste populaire que la complainte conduit dans cette ville :

> Quand il fut dans la ville
> De Bruxelle en Brabant,

y fut mieux accueilli que moi, car il avait toujours cinq sous dans sa poche. Je frappais, on ouvrait ; en m'apercevant, on disait : « Passez ! passez ! » et l'on me fermait la porte au nez. On me chassa d'un café. Mes cheveux pendaient sur mon visage masqué par ma barbe et mes moustaches ; j'avais la cuisse entourée d'un torchis de foin ; par-dessus mon uniforme en loques, je portais la couverture de laine des Namuriennes, nouée à mon cou en guise de manteau. Le mendiant de l'*Odyssée* était plus insolent, mais n'était pas si pauvre que moi.

Je m'étais présenté d'abord inutilement à l'hôtel que j'avais habité avec mon frère : je fis une seconde tentative : comme j'approchais de la porte, j'aperçus le comte de Chateaubriand, descendant de voiture avec le baron de Montboissier. Il fut effrayé de mon spectre. On chercha une chambre hors de l'hôtel, car le maître refusa absolument de m'admettre. Un perruquier offrait un bouge convenable à mes misères. Mon frère m'amena un chirurgien et un médecin. Il avait reçu des lettres de Paris ; M. de Malesherbes l'invitait à rentrer en France. Il m'apprit la journée du 10 août, les massacres de septembre et les nouvelles politiques dont je ne savais pas un mot. Il approuva mon dessein de passer dans l'île de Jersey, et m'avança vingt-cinq louis. Mes regards affaiblis me permettaient à peine de distinguer les traits de mon frère ; je croyais que ces ténèbres émanaient de moi, et c'étaient les ombres que l'Éternité répandait autour de lui : sans le savoir, nous nous voyions pour la dernière fois. Tous, tant que nous sommes, nous n'avons à nous que la minute présente ; celle qui la suit est à Dieu : il y a toujours deux chances pour ne pas retrouver l'ami que l'on quitte : notre mort ou la sienne. Combien d'hommes n'ont jamais remonté l'escalier qu'ils avaient descendu !

La mort nous touche plus avant qu'après le trépas d'un ami : c'est une partie de nous qui se détache, un monde de souvenirs d'enfance, d'intimités de famille, d'affections et d'intérêts communs, qui se dissout. Mon frère me précéda dans le sein de ma mère ; il habita le premier ces mêmes et saintes entrailles dont je sortis après lui ; il s'assit avant moi au foyer paternel ; il m'attendit plusieurs années pour me recevoir, me donner mon nom en Jésus-Christ et s'unir à toute ma jeunesse. Mon sang, mêlé à son sang dans la vase révolutionnaire, aurait eu la même saveur, comme un lait fourni par le pâturage de la même montagne. Mais si les hommes ont fait tomber la tête de mon aîné, de mon parrain, avant l'heure, les ans n'épargneront pas la mienne : déjà mon front se dépouille ; je sens un Ugolin, le temps, penché sur moi, qui me ronge le crâne :

…come 'l pan per fame si manduca.

Le docteur ne revenait pas de son étonnement : il regardait cette petite vérole sortante et rentrante qui ne me tuait pas, qui n'arrivait à aucune de ses crises naturelles, comme un phénomène dont la médecine n'offrait pas d'exemple. La gangrène s'était mise à ma blessure ; on la pansa avec du quinquina. Ces premiers secours obtenus, je m'obstinai à partir pour Ostende. Bruxelles m'était odieux, je brûlais d'en sortir ; il se remplissait de nouveau de ces héros de la domesticité, revenus de Verdun en calèche, et que je n'ai pas revus dans ce même Bruxelles lorsque j'ai suivi le roi pendant les Cent-Jours.

J'arrivai doucement à Ostende par les canaux : j'y trouvai quelques Bretons, mes compagnons d'armes. Nous nolisâmes une barque pontée et nous dévalâmes la Manche. Nous couchions dans la cale, sur les galets qui servaient de lest. La vigueur de mon tempérament était enfin épuisée. Je ne pouvais plus parler ; les mouvements d'une grosse mer achevèrent de m'abattre. Je humais à peine quelques gouttes d'eau et de citron, et, quand le mauvais temps nous força de relâcher à Guernesey, on crut que j'allais expirer ; un prêtre émigré me lut les prières des agonisants. Le capitaine, ne voulant pas que je mourusse à son bord, ordonna de me descendre sur le quai : on m'assit au soleil, le dos appuyé contre un mur, la tête tournée vers la pleine mer, en face de cette île d'Aurigny, où, huit mois auparavant, j'avais vu la mort sous une autre forme.

J'étais apparemment voué à la pitié. La femme d'un pilote anglais vint à passer ; elle fut émue, appela son mari qui, aidé de deux ou trois matelots, me transporta dans une maison de pêcheur, moi, l'ami des vagues ; on me coucha sur un bon lit, dans des draps bien blancs. La jeune marinière prit tous les soins possibles de l'étranger : je lui dois la vie. Le lendemain, on me rembarqua. Mon hôtesse pleurait presque en se séparant de son malade ; les femmes ont un instinct céleste pour le malheur. Ma blonde et belle gardienne, qui ressemblait à une figure des anciennes gravures anglaises, pressait mes mains bouffies et brûlantes dans ses fraîches et longues mains ; j'avais honte d'approcher tant de disgrâces de tant de charmes.

Nous mîmes à la voile, et nous abordâmes la pointe occidentale de Jersey. Un de mes compagnons, M. du Tilleul, se rendit à Saint-Hélier, auprès de mon oncle. M. de Bedée le renvoya me chercher le lendemain avec une voiture. Nous traversâmes l'île entière : tout expirant que je me sentais, je fus charmé de ses bocages : mais je n'en disais que des radoteries, étant tombé dans le délire.

Je demeurai quatre mois entre la vie et la mort. Mon oncle, sa femme, son fils et ses trois filles se relevaient à mon chevet. J'occupais un appartement dans une des maisons que l'on commençait à bâtir le long du port : les fenêtres de ma chambre descendaient à fleur de plancher, et du fond de mon lit j'apercevais la mer. Le médecin, M. Delattre, avait défendu de me parler de choses sérieuses et surtout de politique. Dans les derniers jours de janvier 1793, voyant entrer chez moi mon oncle en grand deuil, je tremblai, car je crus que nous avions perdu quelqu'un de notre famille : il m'apprit la mort de Louis XVI. Je n'en fus pas étonné : je l'avais prévue. Je m'informai des nouvelles de mes parents ; mes sœurs et ma femme étaient revenues en Bretagne après les massacres de septembre ; elles avaient eu beaucoup de peine à sortir de Paris. Mon frère, de retour en France, s'était retiré à Malesherbes.

Je commençais à me lever ; la petite vérole était passée ; mais je souffrais de la poitrine et il me restait une faiblesse que j'ai gardée longtemps.

Jersey, la *Cæsarea* de l'itinéraire d'Antonin, est demeurée sujette de la couronne d'Angleterre depuis la mort de Robert, duc de Normandie ; nous avons voulu plusieurs fois la prendre, mais toujours sans succès. Cette île est un débris de notre primitive histoire : les saints venant d'Hibernie et d'Albion dans la Bretagne-Armorique se reposaient à Jersey.

Saint-Hélier, solitaire, demeurait dans les rochers de Césarée ; les Vandales le massacrèrent. On retrouve à Jersey un échantillon des vieux Normands ; on croit entendre parler Guillaume le Bâtard ou l'auteur du *Roman de Rou*.

L'île est féconde ; elle a deux villes et douze paroisses ; elle est couverte de maisons de campagne et de troupeaux. Le vent de l'Océan, qui semble démentir sa rudesse, donne à Jersey du miel exquis, de la crème d'une douceur extraordinaire et du beurre d'un jaune foncé, qui sent la violette. Bernardin de Saint-Pierre présume que le pommier nous vient de Jersey ; il se trompe : nous tenons la pomme et la poire de la Grèce, comme nous devons la pêche à la Perse, le citron à la Médie, la prune à la Syrie, la cerise à Césaronte, la châtaigne à Castane, le coing à Cydon et la grenade à Chypre.

J'eus un grand plaisir à sortir aux premiers jours de mai. Le printemps conserve à Jersey toute sa jeunesse ; il pourrait encore s'appeler *primevère* comme autrefois, nom qu'en devenant vieux il a laissé à sa fille, la première fleur dont il se couronne.

Ici je vous transcrirai deux pages de la vie du duc de Berry ; c'est toujours vous raconter la mienne :

« Après vingt-deux ans de combats, la barrière d'airain qui fermait la France fut forcée : l'heure de la Restauration approchait ; nos princes quittèrent leurs retraites. Chacun d'eux se rendit sur différents points des frontières, comme ces voyageurs qui cherchent, au péril de leur vie, à pénétrer dans un pays dont on raconte des merveilles. MONSIEUR partit pour la Suisse ; monseigneur le duc d'Angoulême pour l'Espagne et son frère pour Jersey. Dans cette île, où quelques juges de Charles Iᵉʳ moururent ignorés de la terre, monseigneur le duc de Berry retrouva des royalistes français, vieillis dans l'exil et oubliés pour leurs vertus, comme jadis les régicides anglais pour leur crime. Il rencontra de vieux prêtres, désormais consacrés à la solitude ; il réalisa avec eux la fiction du poète qui fait aborder un Bourbon dans l'île de Jersey, après un orage. Tel confesseur et martyr pouvait dire à l'héritier de Henri IV, comme l'ermite de Jersey à ce grand roi :

Loin de la cour alors, dans cette grotte obscure,
De ma religion je viens pleurer l'injure.(*Henriade.*)

« Monseigneur le duc de Berry passa quelques mois à Jersey ; la mer, les vents, la politique, l'y enchaînèrent. Tout s'opposait à son impatience ; il se vit au moment de renoncer à son entreprise, et de s'embarquer pour Bordeaux. Une lettre de lui à madame la maréchale Moreau nous retrace vivement ses occupations sur son rocher :

« 8 février 1814.

« Me voici donc comme Tantale, en vue de cette malheureuse France qui a tant de peine à briser ses fers. Vous dont l'âme est si belle, si française, jugez de tout ce que j'éprouve ; combien il m'en coûterait de m'éloigner de ces rivages qu'il ne me faudrait que deux heures pour atteindre ! Quand le soleil les éclaire, je monte sur les plus haut rochers, et, ma lunette à la main, je suis toute la côte ; je vois les rochers de Coutances. Mon imagination s'exalte, je me vois sautant à terre, entouré de Français, cocardes blanches aux chapeaux ; j'entends le cri de *Vive le roi !* ce cri que jamais Français n'a entendu de sang-froid ; la plus belle femme de la province me ceint d'une écharpe blanche, car l'amour et la gloire vont toujours ensemble. Nous marchons sur Cherbourg ; quelque vilain fort, avec une garnison d'étrangers, veut se défendre : nous l'emportons d'assaut, et un vaisseau part pour aller chercher le roi, avec le pavillon blanc qui rappelle les jours de gloire et de bonheur de la France ! Ah ! Madame, quand on n'est qu'à quelques heures d'un rêve si probable, peut-on penser à s'éloigner[509] ! »

Il y a trois ans que j'écrivais ces pages à Paris ; j'avais précédé M. le duc de Berry de vingt-deux années à Jersey, ville de bannis ; j'y devais laisser mon nom, puisque Armand de Chateaubriand s'y maria et que son fils Frédéric y est né[510].

La joyeuseté n'avait point abandonné la famille de mon oncle de Bedée ; ma tante choyait toujours un grand chien descendant de celui dont

---

[509] Mémoires sur la vie et la mort du duc de Berry, première partie, livre troisième, chapitre VI.

[510] La veuve d'Armand de Chateaubriand vint se fixer en France à la chute de l'Empire. Sur sa requête à l'effet d'obtenir que la naissance de ses enfants fût mentionnée dans les registres d'état civil de Saint-Malo, le tribunal de cette ville rendit, le 12 juillet 1816, un jugement qui a été transcrit, le 22 du même mois, sur le registre des naissances de l'année, et dont voici un extrait :

« Considérant qu'il est prouvé par les pièces servies qu'Armand-Louis de Chateaubriand, obligé de quitter la France, sa patrie, se rendit à l'île de Guernesey; que le 14 septembre 1795 il épousa dans cette île Jeanne le Brun, originaire de Jersey ; que ces époux se fixèrent à Jersey et que de leur mariage sont issus à Jersey, savoir : Jeanne, née le 16 juin 1796 (ou 28 prairial an IV) ; Frédéric, né le 11 novembre 1799 (ou 20 brumaire an VIII)

« Considérant que le père de ces enfants est décédé à Vaugirard, en France, le 31 mars 1809, et que la pétitionnaire (Jeanne le Brun) et ses enfants, désirant se fixer en France, leur patrie, il leur devient nécessaire que leur naissance soit constatée sur les registres destinés à assurer l'état civil des Français... » — Sur Armand de Chateaubriand et sa descendance, voy. au tome III, l'Appendice sur Armand de Chateaubriand.

j'ai raconté les vertus ; comme il mordait tout le monde et qu'il était galeux, mes cousines le firent pendre en secret, malgré sa noblesse. Madame de Bedée se persuada que des officiers anglais, charmés de la beauté d'Azor, l'avaient volé, et qu'il vivait comblé d'honneurs et de dîners dans le plus riche château des trois royaumes. Hélas ! notre hilarité présente ne se composait que de notre gaieté passée. En nous retraçant les scènes de Monchoix, nous trouvions le moyen de rire à Jersey. La chose est assez rare, car dans le cœur humain les plaisirs ne gardent pas entre eux les relations que les chagrins y conservent : les joies nouvelles ne rendent point le printemps aux anciennes joies, mais les douleurs récentes font reverdir les vieilles douleurs.

Au surplus, les émigrés excitaient alors la sympathie générale ; notre cause paraissait la cause de l'ordre européen : c'est quelque chose qu'un malheur honoré, et le nôtre l'était.

M. de Bouillon[511] protégeait à Jersey les réfugiés français : il me détourna du dessein de passer en Bretagne, hors d'état que j'étais de supporter une vie de cavernes et de forêts ; il me conseilla de me rendre en Angleterre et d'y chercher l'occasion d'y prendre du service régulier. Mon oncle, très peu pourvu d'argent, commençait à se sentir mal à l'aise avec sa nombreuse famille ; il s'était vu forcé d'envoyer son fils à Londres se nourrir de misère et d'espérance. Craignant d'être à charge à M. de Bedée, je me décidai à le débarrasser de ma personne.

Trente louis qu'un bateau fraudeur de Saint-Malo m'apporta me mirent à même d'exécuter mon dessein et j'arrêtai ma place au paquebot de Southampton. En disant adieu à mon oncle, j'étais profondément attendri : il venait de me soigner avec l'affection d'un père ; à lui se rattachait le peu d'instants heureux de mon enfance ; il connaissait tout ce qui fut aimé de moi ; je retrouvais sur son visage quelques ressemblances de ma mère. J'avais quitté cette excellente mère, et je ne devais plus la revoir ; j'avais quitté ma sœur Julie et mon frère, et j'étais condamné à ne plus les retrouver ; je quittais mon oncle, et sa mine épanouie ne devait plus réjouir mes yeux. Quelques mois avaient suffi à toutes ces pertes, car la mort de

---

[511] Philippe d'Auvergne, prince de Bouillon, né à Jersey en 1754, mort à Londres en 1816. Fils d'un pauvre lieutenant de la marine britannique, Charles d'Auvergne, il avait été adopté par le duc Godefroy de Bouillon, qui voyait sa race menacée de s'éteindre. Philippe d'Auvergne se prêta avec un indéniable courage, à l'aventure qui l'avait changé en prince. S'il lui arriva parfois d'amoindrir, par des minuties d'étiquette, la valeur d'un dévouement entier à ses compatriotes d'adoption, il ne faillit jamais au devoir de soutenir avec énergie, devant les gouverneurs anglais de l'île, la cause des malheureux réfugiés. Rien d'ailleurs de ce qui fait les meilleurs romans ne manque à son inconcevable carrière, ni les pages d'amour, ni les heures de prison, ni la fin mystérieuse. — Voy. Le Dernier prince de Bouillon, par H. Forneron, et, dans Émigrés et Chouans, par le comte G. de Contades, le chapitre sur Armand de Chateaubriand.

nos amis ne compte pas du moment où ils meurent, mais de celui où nous cessons de vivre avec eux.

Si l'on pouvait dire au temps : « Tout beau ! » on l'arrêterait aux heures des délices ; mais comme on ne le peut, ne séjournons pas ici-bas ; allons-nous-en avant d'avoir vu fuir nos amis et ces années que le poète trouvait seules dignes de la vie : *Vitâ dignior ætas*. Ce qui enchante dans l'âge des liaisons devient dans l'âge délaissé un objet de souffrance et de regret. On ne souhaite plus le retour des mois riant à la terre ; on le craint plutôt : les oiseaux, les fleurs, une belle soirée de la fin d'avril, une belle nuit commencée le soir avec le premier rossignol, achevée le matin avec la première hirondelle, ces choses que donnent le besoin et le désir du bonheur, vous tuent. De pareils charmes, vous les sentez encore, mais ils ne sont plus pour vous : la jeunesse qui les goûte à vos côtés, et qui vous regarde dédaigneusement, vous rend jaloux et vous fait mieux comprendre la profondeur de votre abandon. La fraîcheur et la grâce de la nature, en vous rappelant vos félicités passées, augmentent la laideur de vos misères. Vous n'êtes plus qu'une tache dans cette nature, vous en gâtez les harmonies et la suavité par votre présence, par vos paroles, et même par les sentiments que vous oseriez exprimer. Vous pouvez aimer, mais on ne peut plus vous aimer. La fontaine printanière a renouvelé ses eaux sans vous rendre votre jouvence, et la vue de tout ce qui renaît, de tout ce qui est heureux, vous réduit à la douloureuse mémoire de vos plaisirs.

Le paquebot sur lequel je m'embarquai était encombré de familles émigrées. J'y fis connaissance avec M. Hingant, ancien collègue de mon frère au parlement de Bretagne, homme d'esprit et de goût dont j'aurai trop à parler[512]. Un officier de marine jouait aux échecs dans la chambre du capitaine ; il ne se remit pas mon visage, tant j'étais changé ; mais moi, je reconnus Gesril. Nous ne nous étions pas vus depuis Brest ; nous devions nous séparer à Southampton. Je lui racontai mes voyages, il me raconta les siens. Ce jeune homme, né auprès de moi parmi les vagues, embrassa pour la dernière fois son premier ami au milieu des vagues qu'il allait prendre à témoin de sa glorieuse mort. Lamba Doria, amiral des Génois, ayant battu

---

[512] François-Marie-Anne-Joseph Hingant de la Tiemblais, fils de messire Hyacinthe-Louis Hingant, seigneur de la Tiemblais et de Juigné-sur-Loire, et de Jeanne-Émilie Chauvel, né à Dinan, paroisse de Saint-Malo, le 9 août 1761. Il fut reçu conseiller au parlement de Bretagne le 5 décembre 1782. Dévoué à la cause royale, il aurait probablement partagé le sort de vingt-deux membres de sa famille, victimes de leur foi politique et religieuse, s'il n'avait réussi à émigrer en Angleterre. Fort instruit et très laborieux, il fournit, dit-on, des matériaux à Chateaubriand pour son Génie du Christianisme. Rentré en France, il consacra ses loisirs à des travaux littéraires et scientifiques. Outre deux savants Mémoires couronnés, en 1810 et en 1822, par l'Académie de La Rochelle et par la Société centrale d'agriculture du département de la Seine-Inférieure, il publia, en 1826, une intéressante nouvelle sous ce titre : Le Capucin, anecdote historique. Le conseiller Hingant de la Tiemblais est mort au Verger, en Plouer, le 16 août 1827.

la flotte des Vénitiens[513], apprend que son fils a été tué : *Qu'on le jette à la mer,* dit ce père, à la façon des Romains, comme s'il eût dit : *Qu'on le jette à sa victoire.* Gesril ne sortit volontairement des flots dans lesquels il s'était précipité que pour mieux leur montrer sa *victoire* sur leur rivage.

J'ai déjà donné au commencement du sixième livre de ces *Mémoires* le certificat de mon débarquement de Jersey à Southampton. Voilà donc qu'après mes courses dans les bois de l'Amérique et dans les camps de l'Allemagne, j'arrive en 1793, pauvre émigré, sur cette terre où j'écris tout ceci en 1822 et où je suis aujourd'hui magnifique ambassadeur.

LIVRE VIII[514]

Il s'est formé à Londres une société pour venir au secours des gens de lettres, tant anglais qu'étrangers. Cette société m'a invité à sa réunion annuelle ; je me suis fait un devoir de m'y rendre et d'y porter ma souscription. S. A. R. le duc d'York[515] occupait le fauteuil du président ; à sa droite étaient le duc de Somerset, les lords Torrington et Bolton ; il m'a fait placer à sa gauche. J'ai rencontré là mon ami M. Canning. Le poète, l'orateur, le ministre illustre a prononcé un discours où se trouve ce passage trop honorable pour moi, que les journaux ont répété : « Quoique la personne de mon noble ami, l'ambassadeur de France, soit encore peu connue ici, son caractère et ses écrits sont bien connus de toute l'Europe. Il commença sa carrière par exposer les principes du christianisme ; il l'a continuée en défendant ceux de la monarchie, et maintenant il vient d'arriver dans ce pays pour unir les deux États par les liens communs des principes monarchiques et des vertus chrétiennes. »

Il y a bien des années que M. Canning, homme de lettres, s'instruisait à Londres aux leçons de la politique de M. Pitt ; il y a presque le même nombre d'années que je commençai à écrire obscurément dans cette même capitale de l'Angleterre. Tous les deux, arrivés à une haute fortune, nous voilà membres d'une société consacrée au soulagement des écrivains malheureux. Est-ce l'affinité de nos grandeurs ou le rapport de nos souffrances qui nous a réunis ici ? Que feraient au banquet des Muses affligées le gouverneur des Indes orientales et l'ambassadeur de France ? C'est Georges Canning et François de Chateaubriand qui s'y sont assis, en

---

[513] Lamba Doria, dans la guerre de Gênes contre Venise, battit la flotte vénitienne, commandée par l'amiral André Dandolo, devant l'île Curzola, sur la côte de Dalmatie.

[514] Ce livre a été écrit à Londres, d'avril à septembre 1822. Il a été revu en décembre 1846.

[515] Frédéric, duc d'York et d'Albany, deuxième fils de George III, né en 1763, marié à la princesse Frédérique de Prusse, dont il n'avait pas d'enfants. Il avait exercé, sans aucun succès d'ailleurs, plusieurs commandements militaires importants. Il était, en 1822, field-marshal et commandant en chef de l'armée britannique.

souvenir de leur adversité et peut-être de leur félicité passées ; ils ont bu à la mémoire d'Homère, chantant ses vers pour un morceau de pain.

Si le *Literary fund* eût existé lorsque j'arrivai de Southampton à Londres, le 21 mai 1793, il aurait peut-être payé la visite du médecin dans le grenier de Holborn, où mon cousin de La Boüétardais[516], fils de mon oncle de Bedée, me logea. On avait espéré merveille du changement d'air pour me rendre les forces nécessaires à la vie d'un soldat ; mais ma santé, au lieu de se rétablir, déclina. Ma poitrine s'entreprit ; j'étais maigre et pâle, je toussais fréquemment, je respirais avec peine ; j'avais des sueurs et des crachements de sang. Mes amis, aussi pauvres que moi, me traînaient de médecin en médecin. Ces Hippocrates faisaient attendre cette bande de gueux à leur porte, puis me déclaraient, au prix d'une guinée, qu'il fallait prendre mon mal en patience, ajoutant : *T'is done, dear sir* : « C'est fait, cher monsieur. » Le docteur Godwin, célèbre par ses expériences relatives aux noyés et faites sur sa propre personne d'après ses ordonnances, fut plus généreux : il m'assista gratuitement de ses conseils ; mais il me dit, avec la dureté dont il usait pour lui-même, que je pourrais *durer* quelques mois, peut-être une ou deux années, pourvu que je renonçasse à toute fatigue. « Ne comptez pas sur une longue carrière ; » tel fut le résumé de ses consultations.

La certitude acquise ainsi de ma fin prochaine, en augmentant le deuil naturel de mon imagination, me donna un incroyable repos d'esprit. Cette disposition intérieure explique un passage de la notice placée à la tête de l'*Essai historique*[517], et cet autre passage de l'*Essai* même : « Attaqué d'une maladie qui me laisse peu d'espoir, je vois les objets d'un œil tranquille ; l'air calme de la tombe se fait sentir au voyageur qui n'en est plus qu'à quelques journées[518]. » L'amertume des réflexions répandues

---

[516] Marie-Joseph-Annibal de Bedée, comte de la Boüétardais, fils de Marie-Antoine-Bénigne de Bedée et de Mlle Ginguené. Il était né le 17 mars 1758, en la paroisse de Pluduno. Marié, le 19 juillet 1785, à Marie-Vincente de Francheville, dame de Trélan, il fut reçu conseiller et commissaire aux requêtes du Parlement de Bretagne le 18 mai 1786. Après avoir perdu sa femme, qui mourut à Rennes le 15 juin 1790, il émigra en Angleterre et ne revint plus en France. Il mourut à Londres, le 6 janvier 1809, laissant de son mariage une fille unique, Marie-Antoinette de Bedée de la Boüétardais, qui épousa à Dinan, le 14 mai 1810, M. Henry-Marie de Boishamon. Mme de Boishamon mourut au château de Monchoix le 22 janvier 1843 ; son mari lui survécut jusqu'au 26 janvier 1846. De leur union étaient nés deux fils : 1o M. Charles-Marie de Boishamon, né en 1814, mort en 1885 au château de Monchoix, marié, sans enfants ; 2o Henry-Augustin-Eloy de Boishamon, né en 1817, mort en 1886, marié, avec enfants.
[517] « D'ailleurs ma santé, dérangée par de longs voyages, beaucoup de soucis, de veilles et d'études, est si déplorable, que je crains de ne pouvoir remplir immédiatement la promesse que j'ai faite concernant les autres volumes de l'Essai historique. »
[518] Essai historique, livre premier, première partie, introduction, p. 4 de la première édition.

dans l'*Essai* n'étonnera donc pas : c'est sous le coup d'un arrêt de mort, entre la sentence et l'exécution, que j'ai composé cet ouvrage. Un écrivain qui croyait toucher au terme, dans le dénûment de son exil, ne pouvait guère promener des regards riants sur le monde.

Mais comment traverser le temps de grâce qui m'était accordé ? J'aurais pu vivre ou mourir promptement de mon épée : on m'en interdisait l'usage ; que me restait-il ? une plume ? elle n'était ni connue, ni éprouvée, et j'en ignorais la puissance. Le goût des lettres inné en moi, des poésies de mon enfance, des ébauches de mes voyages, suffiraient-ils pour attirer l'attention du public ? L'idée d'écrire un ouvrage sur les Révolutions comparées m'était venue ; je m'en occupais dans ma tête comme d'un sujet plus approprié aux intérêts du jour ; mais qui se chargerait de l'impression d'un manuscrit sans prôneurs, et, pendant la composition de ce manuscrit, qui me nourrirait ? Si je n'avais que peu de jours à passer sur la terre, force était néanmoins d'avoir quelque moyen de soutenir ce peu de jours. Mes trente louis, déjà fort écornés, ne pouvaient aller bien loin, et, en surcroît de mes afflictions particulières, il me fallait supporter la détresse commune de l'émigration. Mes compagnons à Londres avaient tous des occupations : les uns s'étaient mis dans le commerce du charbon, les autres faisaient avec leurs femmes des chapeaux de paille, les autres enseignaient le français qu'ils ne savaient pas. Ils étaient tous très gais. Le défaut de notre nation, la légèreté, s'était dans ce moment changé en vertu. On riait au nez de la fortune ; cette voleuse était toute penaude d'emporter ce qu'on ne lui redemandait pas.

Peltier[519], auteur du *Domine salvum fac regem*[520] et principal rédacteur

---

[519] Jean Gabriel Peltier (et non Pelletier, comme on l'a imprimé jusqu'ici dans toutes les éditions des Mémoires) était né le 21 octobre 1765 à Gonnor, arrondissement de Beaupréau (Maine-et-Loire). Il fut le principal rédacteur des Actes des Apôtres. Après le 10 août, réfugié en Angleterre, il publia, en deux volumes in-8o, le Dernier Tableau de Paris, ou Précis historique de la révolution du 10 août et du 2 septembre, des causes qui l'ont produite, des événements qui l'ont précédée et des crimes qui l'ont suivie. En 1793, il fit paraître son Histoire de la Restauration de la Monarchie française, ou la Campagne de 1793, publiée en forme de correspondance. Désabusé, mais non découragé par la retraite des Prussiens, il continua de harceler la République dans son Tableau de l'Europe pendant 1794 (deux volumes in-8o). Comme il était avant tout polémiste, et que le journal pouvait être entre ses mains une arme plus puissante que le livre, il fonda à Londres une feuille périodique intitulée Paris, dont les 250 numéros parus de 1795 à 1802 ne forment pas moins de trente-cinq volumes in-8o. Ce vaste recueil renferme beaucoup de documents que les journaux français du temps n'auraient pu ou voulu accueillir. Il est à regretter qu'aucun des historiens du Directoire et du Consulat n'ait cru devoir y puiser. À la fin de 1802, il fit succéder à son Paris un nouveau recueil, l'Ambigu ou Variétés littéraires et politiques, publié les 10, 20 et 30 de chaque mois. Interrompu seulement pendant les trois premiers mois de 1815 et repris pendant les Cent-Jours, pour s'arrêter seulement en 1817, le second journal de Peltier comprend plus de cent volumes. Les premiers numéros de

des *Actes des Apôtres*, continuait à Londres son entreprise de Paris. Il n'avait pas précisément de vices ; mais il était rongé d'une vermine de petits défauts dont on ne pouvait l'épurer : libertin, mauvais sujet, gagnant beaucoup d'argent et le mangeant de même, à la fois serviteur de la légitimité et ambassadeur du roi nègre Christophe auprès de George III, correspondant diplomatique de M. le comte de *Limonade,* et buvant en vin de Champagne les appointements qu'on lui payait en sucre. Cette espèce de M. Violet, jouant les grands airs de la Révolution sur un violon de poche, me vint voir et m'offrit ses services en qualité de Breton. Je lui parlai de mon plan de l'*Essai ;* il l'approuva fort : « Ce sera superbe ! » s'écria-t-il, et il me proposa une chambre chez son imprimeur Baylis, lequel imprimerait l'ouvrage au fur et à mesure de la composition. Le libraire Deboffe aurait la vente ; lui, Peltier, emboucherait la trompette dans son journal *l'Ambigu*, tandis qu'on pourrait s'introduire dans *le Courrier français* de Londres, dont la rédaction passa bientôt à M. de Montlosier[521]. Peltier ne doutait de rien : il parlait de

---

l'Ambigu eurent le don d'irriter à ce point le Premier Consul, alors en paix avec l'Angleterre, qu'il réclama l'expulsion de Peltier, ou, à tout le moins, son renvoi devant un jury anglais. Traduit devant la cour du Banc du Roi, et défendu par sir James Mackintosh, dont le plaidoyer est resté célèbre, Peltier fut condamné, le 21 février 1803, à une faible amende, peine dérisoire dans un semblable débat. Une souscription, couverte aussitôt qu'annoncée, convertit en triomphe la défaite du journaliste. Le résultat le plus clair de ce procès retentissant fut de rendre européen le nom de Peltier. Marié à l'une des élèves les plus distinguées de l'abbé Carron, il tenait à Londres un grand train de maison et dépensait sans compter. De là bientôt pour lui un grand état de gêne, si bien qu'un jour il fut tout heureux et tout aise d'être nommé par Christophe, le roi nègre d'Haïti, son chargé d'affaires auprès du roi d'Angleterre. Les plaisants dirent alors qu'il avait passé du blanc au noir. Le mot était joli, et Peltier fut le premier à en rire, d'autant que son roi nègre lui expédiait, en guise de traitement, force balles de sucre et de café, dont la vente, évaluée à deux cent mille francs par an, lui permit de faire bonne figure jusqu'à la Restauration. Il vint alors en France ; mais comme il trouvait Louis XVIII trop libéral et n'avait pu se tenir de diriger contre lui quelques épigrammes, il reçut un accueil très froid et retourna à Londres. Là, une autre déception l'attendait. Une de ses épigrammes contre le roi de France, qui atteignait par ricochet le roi d'Haïti, fut envoyée par l'abolitionniste Wilberforce à Christophe, qui, dans son mécontentement, retira au malheureux Peltier, avec ses pouvoirs, son sucre et son café. Revenu définitivement en France en 1820, il vécut encore quelques années, pauvre, mais inébranlablement fidèle, et mourut à Paris le 25 mars 1825. — Peltier est une des plus curieuses figures de la période révolutionnaire, et il mériterait les honneurs d'une ample et copieuse biographie.

[520] Une des premières brochures de Peltier, publiée au mois d'octobre 1789, avait pour titre : Domine, salvum fac regem. Peltier y dénonçait le duc d'Orléans et Mirabeau comme les principaux auteurs des journées des 5 et 6 octobre.

[521] François-Dominique Reynaud, comte de Montlosier (1755-1838). Après avoir fait partie de la Constituante, où il siégeait au côté droit, il avait émigré à la fin de la session, avait fait la campagne de 1792 à l'armée des princes, puis était passé à Hambourg, d'où il vint à Londres en 1794. Il devint alors le principal rédacteur, non

me faire donner la croix de Saint-Louis pour mon siège de Thionville. Mon Gil Blas, grand, maigre, escalabreux, les cheveux poudrés, le front chauve, toujours criant et rigolant, met son chapeau rond sur l'oreille, me prend par le bras et me conduit chez l'imprimeur Baylis, où il me loue sans façon une chambre, au prix d'une guinée par mois.

J'étais en face de mon avenir doré ; mais le présent, sur quelle planche le traverser ? Peltier me procura des traductions du latin et de l'anglais ; je travaillais le jour à ces traductions, la nuit à l'*Essai historique* dans lequel je faisais entrer une partie de mes voyages et de mes rêveries. Baylis me fournissait les livres, et j'employais mal à propos quelques schellings à l'achat des bouquins étalés sur les échoppes.

Hingant, que j'avais rencontré sur le paquebot de Jersey, s'était lié avec moi. Il cultivait les lettres, il était savant, écrivait en secret des romans dont il me lisait des pages. Il se logea, assez près de Baylis, au fond d'une rue qui donnait dans Holborn. Tous les matins, à dix heures, je déjeunais avec lui ; nous parlions de politique et surtout de mes travaux. Je lui disais ce que j'avais bâti de mon édifice de nuit, l'*Essai* ; puis je retournais à mon œuvre de jour, les traductions. Nous nous réunissions pour dîner, à un schelling par tête, dans un estaminet ; de là, nous allions aux champs. Souvent aussi nous nous promenions seuls, car nous aimions tous deux à rêvasser.

Je dirigeais alors ma course à Kensington ou à Westminster. Kensington me plaisait ; j'errais dans sa partie solitaire, tandis que la partie qui touchait à Hyde-Park se couvrait d'une multitude brillante. Le contraste de mon indigence et de la richesse, de mon délaissement et de la foule, m'était agréable. Je voyais passer de loin les jeunes Anglaises avec cette confusion désireuse que me faisait éprouver autrefois ma sylphide, lorsque après l'avoir parée de toutes mes folies, j'osais à peine lever les yeux sur mon ouvrage. La mort, à laquelle je croyais toucher, ajoutait un mystère à cette vision d'un monde dont j'étais presque sorti. S'est-il jamais attaché un regard sur l'étranger assis au pied d'un pin ? Quelque belle femme avait-elle deviné l'invisible présence de René ?

À Westminster, autre passe-temps : dans ce labyrinthe de tombeaux, je pensais au mien prêt à s'ouvrir. Le buste d'un homme inconnu comme moi ne prendrait jamais place au milieu de ces illustres effigies ! Puis se montraient les sépulcres des monarques : Cromwel n'y était plus, et Charles Ier n'y était pas. Les cendres d'un traître, Robert d'Artois, reposaient sous les dalles que je pressais de mes pas fidèles. La destinée de

---

du Courrier français, mais du Courrier de Londres, et fit la fortune de ce journal, qui avait été fondé par l'abbé de Calonne. Sous le Consulat, il voulut continuer à Paris la publication de sa feuille, qui prit alors le titre de Courrier de Londres et de Paris, mais elle fut, après quelques numéros, supprimée par la censure. — Nous retrouverons plus tard, au cours de ces Mémoires, le comte de Montlosier.

Charles Ier venait de s'étendre sur Louis XVI ; chaque jour le fer moissonnait en France, et les fosses de mes parents étaient déjà creusées.

Les chants des maîtres de chapelle et les causeries des étrangers interrompaient mes réflexions. Je ne pouvais multiplier mes visites, car j'étais obligé de donner aux gardiens de ceux qui ne vivaient plus le schelling qui m'était nécessaire pour vivre. Mais alors je tournoyais au dehors de l'abbaye avec les corneilles, ou je m'arrêtais à considérer les clochers, jumeaux de grandeur inégale, que le soleil couchant ensanglantait de ses feux sur la tenture noire des fumées de la Cité.

Une fois, cependant, il arriva qu'ayant voulu contempler au jour tombé l'intérieur de la basilique, je m'oubliai dans l'admiration de cette architecture pleine de fougue et de caprice. Dominé par le sentiment de la *vastité sombre des églises chrestiennes* (Montaigne), j'errais à pas lents et je m'anuitai : on ferma les portes. J'essayai de trouver une issue ; j'appelai l'*usher*, je heurtai aux *gates* : tout ce bruit, épandu et délayé dans le silence, se perdit ; il fallut me résigner à coucher avec les défunts.

Après avoir hésité dans le choix de mon gîte, je m'arrêtai près du mausolée de lord Chatam, au bas du jubé et du double étage de la chapelle des Chevaliers et de Henri VII. À l'entrée de ces escaliers, de ces ailes fermées de grilles, un sarcophage engagé dans le mur, vis-à-vis d'une mort de marbre armée de sa faux, m'offrit son abri. Le pli d'un linceul, également de marbre, me servit de niche : à l'exemple de Charles-Quint, je m'habituais à mon enterrement.

J'étais aux premières loges pour voir le monde tel qu'il est. Quel amas de grandeurs renfermé sous ces dômes ! Qu'en reste-t-il ? Les afflictions ne sont pas moins vaines que les félicités ; l'infortunée Jane Grey n'est pas différente de l'heureuse Alix de Salisbury ; son squelette est seulement moins horrible, parce qu'il est sans tête ; sa carcasse s'embellit de son supplice et de l'absence de ce qui fit sa beauté. Les tournois du vainqueur de Crécy, les jeux du camp du Drap-d'or de Henri VIII, ne recommenceront pas dans cette salle des spectacles funèbres. Bacon, Newton, Milton, sont aussi profondément ensevelis, aussi passés à jamais que leurs plus obscurs contemporains. Moi banni, vagabond, pauvre, consentirais-je à n'être plus la petite chose oubliée et douloureuse que je suis, pour avoir été un de ces morts fameux, puissants, rassasiés de plaisirs ? Oh ! la vie n'est pas tout cela ! Si du rivage de ce monde nous ne découvrons pas distinctement les choses divines, ne nous en étonnons pas : le temps est un voile interposé entre nous et Dieu, comme notre paupière entre notre œil et la lumière.

Tapi sous mon linge de marbre, je redescendis de ces hauts pensers aux impressions naïves du lieu et du moment. Mon anxiété mêlée de plaisir était analogue à celle que j'éprouvais l'hiver dans ma tourelle de Combourg, lorsque j'écoutais le vent : un souffle et une ombre sont de nature pareille.

Peu à peu, m'accoutumant à l'obscurité, j'entrevis les figures placées aux tombeaux. Je regardais les encorbellements du Saint-Denis d'Angleterre, d'où l'on eût dit que descendaient en lampadaires gothiques les événements passés et les années qui furent : l'édifice entier était comme un temple monolithe de siècles pétrifiés.

J'avais compté dix heures, onze heures à l'horloge ; le marteau qui se soulevait et retombait sur l'airain était le seul être vivant avec moi dans ces régions. Au dehors une voiture roulante, le cri du *watchman*, voilà tout : ces bruits lointains de la terre me parvenaient d'un monde dans un autre monde. Le brouillard de la Tamise et la fumée du charbon de terre s'infiltrèrent dans la basilique, et y répandirent de secondes ténèbres.

Enfin, un crépuscule s'épanouit dans un coin des ombres les plus éteintes : je regardais fixement croître la lumière progressive ; émanait-elle des deux fils d'Édouard IV, assassinés par leur oncle ? « Ces aimables enfants, dit le grand tragique, étaient couchés ensemble ; ils se tenaient entourés de leurs bras innocents et blancs comme l'albâtre. Leurs lèvres semblaient quatre roses vermeilles sur une seule tige, qui, dans tout l'éclat de leur beauté, se baisent l'une l'autre. » Dieu ne m'envoya pas ces âmes tristes et charmantes ; mais le léger fantôme d'une femme à peine adolescente parut portant une lumière abritée dans une feuille de papier tournée en coquille : c'était la petite sonneuse de cloches. J'entendis le bruit d'un baiser, et la cloche tinta le point du jour. La sonneuse fut tout épouvantée lorsque je sortis avec elle par la porte du cloître. Je lui contai mon aventure ; elle me dit qu'elle était venue remplir les fonctions de son père malade : nous ne parlâmes pas du baiser.

J'amusai Hingant de mon aventure, et nous fîmes le projet de nous enfermer à Westminster ; mais nos misères nous appelaient chez les morts d'une manière moins poétique.

Mes fonds s'épuisaient : Baylis et Deboffe s'étaient hasardés, moyennant un billet de remboursement en cas de non-vente, à commencer l'impression de l'*Essai* ; là finissait leur générosité, et rien n'était plus naturel ; je m'étonne même de leur hardiesse. Les traductions ne venaient plus ; Peltier, homme de plaisir, s'ennuyait d'une obligeance prolongée. Il m'aurait bien donné ce qu'il avait, s'il n'eût préféré le manger ; mais quêter des travaux çà et là, faire une bonne œuvre de patience, impossible à lui. Hingant voyait aussi s'amoindrir son trésor ; entre nous deux, nous ne possédions que soixante francs. Nous diminuâmes la ration de vivres, comme sur un vaisseau lorsque la traversée se prolonge. Au lieu d'un schelling par tête, nous ne dépensions plus à dîner qu'un demi-schelling. Le matin, à notre thé, nous retranchâmes la moitié du pain, et nous supprimâmes le beurre. Ces abstinences fatiguaient les nerfs de mon ami. Son esprit battait la campagne ; il prêtait l'oreille, et avait l'air d'écouter quelqu'un ; en réponse, il éclatait de rire, ou versait des larmes. Hingant croyait au magnétisme, et s'était troublé la cervelle du galimatias de Swedenborg. Il me disait le matin qu'on lui avait fait du bruit la nuit ; il se fâchait si je lui niais ses imaginations. L'inquiétude qu'il me causait m'empêchait de sentir mes souffrances.

Elles étaient grandes pourtant : cette diète rigoureuse, jointe au travail, échauffait ma poitrine malade ; je commençais à avoir de la peine à marcher, et néanmoins je passais les jours et une partie des nuits dehors, afin qu'on ne s'aperçût pas de ma détresse. Arrivés à notre dernier schelling, je convins avec mon ami de le garder pour faire semblant de déjeuner.

Nous arrangeâmes que nous achèterions un pain de deux sous ; que nous nous laisserions servir comme de coutume l'eau chaude et la théière ; que nous n'y mettrions point de thé ; que nous ne mangerions pas le pain, mais que nous boirions l'eau chaude avec quelques petites miettes de sucre restées au fond du sucrier.

Cinq jours s'écoulèrent de la sorte. La faim me dévorait ; j'étais brûlant ; le sommeil m'avait fui ; je suçais des morceaux de linge que je trempais dans de l'eau ; je mâchais de l'herbe et du papier. Quand je passais devant des boutiques de boulangers mon tourment était horrible. Par une rude soirée d'hiver je restai deux heures planté devant un magasin de fruits secs et de viandes fumées, avalant des yeux tout ce que je voyais : j'aurais mangé, non seulement les comestibles, mais leurs boîtes, paniers et corbeilles.

Le matin du cinquième jour, tombant d'inanition, je me traîne chez Hingant ; je heurte à la porte, elle était fermée ; j'appelle ; Hingant est quelque temps sans répondre ; il se lève enfin et m'ouvre. Il riait d'un air égaré ; sa redingote était boutonnée ; il s'assit devant la table à thé : « Notre déjeuner va venir, » me dit-il d'une voix extraordinaire. Je crus voir quelques taches de sang à sa chemise ; je déboutonne brusquement sa redingote : il s'était donné un coup de canif profond de deux pouces dans le bout du sein gauche. Je criai au secours. La servante alla chercher un chirurgien. La blessure était dangereuse[522].

Ce nouveau malheur m'obligea de prendre un parti. Hingant, conseiller au parlement de Bretagne, s'était refusé à recevoir le traitement que le gouvernement anglais accordait aux magistrats français, de même que je n'avais pas voulu accepter le schelling aumôné par jour aux émigrés : j'écrivis à M. de Barentin[523] et lui révélai la situation de mon

---

[522] « M. de Chateaubriand m'a montré la maison où se passa ce triste drame d'un suicide ébauché : « Là, me dit-il, mon ami a voulu se tuer, et j'ai failli mourir de faim. » Puis il me faisait remarquer en souriant son lourd et brillant costume d'ambassadeur, car nous allions à Carlton-House, chez le roi. » (Chateaubriand et son temps, par le comte de Marcellus, p. 99).
[523] Charles-Louis-François de Barentin (1739-1819). Ce fut lui qui, comme garde des sceaux, ouvrit les États-Généraux le 5 mai 1789. Dénoncé par Mirabeau, dans

ami. Les parents de Hingant accoururent et l'emmenèrent à la campagne. Dans ce moment même, mon oncle de Bedée me fit parvenir quarante écus, oblation touchante de ma famille persécutée ; il me sembla voir tout l'or du Pérou : le denier des prisonniers de France nourrit le Français exilé.

Ma misère avait mis obstacle à mon travail. Comme je ne fournissais plus de manuscrit, l'impression fut suspendue. Privé de la compagnie de Hingant, je ne gardai pas chez Baylis un logement d'une guinée par mois ; je payai le terme échu et m'en allai. Au-dessous des émigrés indigents qui m'avaient d'abord servi de patrons à Londres, il y en avait d'autres, plus nécessiteux encore. Il est des degrés entre les pauvres comme entre les riches ; on peut aller depuis l'homme qui se couvre l'hiver avec son chien, jusqu'à celui qui grelotte dans ses haillons tailladés. Mes amis me trouvèrent une chambre mieux appropriée à ma fortune décroissante (on n'est pas toujours au comble de la prospérité) ; ils m'installèrent aux environs de Mary-Le-Bone-Street, dans un *garret* dont la lucarne donnait sur un cimetière : chaque nuit la crécelle du *watchman* m'annonçait que l'on venait de voler des cadavres. J'eus la consolation d'apprendre que Hingant était hors de danger.

Des camarades me visitaient dans mon atelier. À notre indépendance et à notre pauvreté, on nous eût pris pour des peintres sur les ruines de Rome ; nous étions des artistes en misère sur les ruines de la France. Ma figure servait de modèle et mon lit de siège à mes élèves. Ce lit consistait dans un matelas et une couverture. Je n'avais point de draps ; quand il faisait froid, mon habit et une chaise, ajoutés à ma couverture, me tenaient chaud. Trop faible pour remuer ma couche, elle restait comme Dieu me l'avait retournée.

Mon cousin de La Boüétardais, chassé, faute de payement, d'un taudis irlandais, quoiqu'il eût mis son violon en gage, vint chercher chez moi un abri contre le constable ; un vicaire bas breton lui prêta un lit de sangle. La Boüétardais était, ainsi que Hingant, conseiller au parlement de Bretagne ; il ne possédait pas un mouchoir pour s'envelopper la tête ; mais il avait déserté avec armes et bagages, c'est-à-dire qu'il avait emporté son bonnet carré et sa robe rouge, et il couchait *sous* la pourpre à mes côtés. Facétieux, bon musicien, ayant la voix belle, quand nous ne dormions pas, il s'asseyait tout nu sur ses sangles, mettait son bonnet carré, et chantait des romances en s'accompagnant d'une guitare qui n'avait que trois cordes. Une nuit que le pauvre garçon fredonnait ainsi l'*Hymne à Vénus* de Métastase : *Scendi propizia*, il fut frappé d'un vent coulis ; la bouche lui tourna, et il en mourut, mais pas tout de suite, car je lui frottai cordialement la joue. Nous tenions des conseils dans notre chambre haute, nous raisonnions sur la politique, nous nous occupions des cancans de

---

la séance du 15 juillet, comme ennemi du peuple, il émigra et ne revint en France qu'après le 18 brumaire.

l'émigration. Le soir, nous allions chez nos tantes et cousines danser, après les modes enrubanées et les chapeaux faits.

Ceux qui lisent cette partie de mes *Mémoires* ne se sont pas aperçus que je les ai interrompus deux fois : une fois, pour offrir un grand dîner au duc d'York, frère du roi d'Angleterre ; une autre fois, pour donner une fête pour l'anniversaire de la rentrée du roi de France à Paris, le 8 juillet. Cette fête m'a coûté quarante mille francs[524]. Les pairs et les pairesses de l'empire britannique, les ambassadeurs, les étrangers de distinction, ont rempli mes salons magnifiquement décorés. Mes tables étincelaient de l'éclat des cristaux de Londres et de l'or des porcelaines de Sèvres. Ce qu'il y a de plus délicat en mets, vins et fleurs, abondait. Portland-Place était encombré de brillantes voitures. Collinet et la musique d'Almack's enchantaient la mélancolie fashionable des dandys et les élégances rêveuses des ladies pensivement dansantes. L'opposition et la majorité ministérielles avait fait trêve : lady Canning causait avec lord Londonderry, lady Jersey avec le duc de Wellington. Monsieur, qui m'a fait faire cette année des compliments de mes somptuosités de 1822, ne savait pas, en 1793, qu'il existait non loin de lui un futur ministre, lequel, en attendant ses grandeurs, jeûnait au-dessus d'un cimetière pour péché de fidélité. Je me félicite aujourd'hui d'avoir essayé du naufrage, entrevu la guerre, partagé les souffrances des classes les plus humbles de la société, comme je m'applaudis d'avoir rencontré, dans les temps de prospérité, l'injustice et la calomnie. J'ai profité à ces leçons : la vie, sans les maux qui la rendent grave, est un hochet d'enfant.

J'étais l'homme aux quarante écus ; mais le niveau des fortunes n'étant pas encore établi, et les denrées n'ayant pas baissé de valeur, rien ne fit contre-poids à ma bourse qui se vida. Je ne devais pas compter sur de nouveaux secours de ma famille, exposée en Bretagne au double fléau de la *chouannerie* et de la Terreur. Je ne voyais plus devant moi que l'hôpital ou la Tamise.

Des domestiques d'émigrés, que leurs maîtres ne pouvaient plus nourrir, s'étaient transformés en restaurateurs pour nourrir leurs maîtres. Dieu sait la chère-lie que l'on faisait à ces tables d'hôtes ! Dieu sait aussi la politique qu'on y entendait ! Toutes les victoires de la République étaient métamorphosées en défaites, et si par hasard on doutait d'une restauration immédiate, on était déclaré Jacobin. Deux vieux évêques, qui avaient un faux air de la mort, se promenaient au printemps dans le parc Saint-James : « Monseigneur, disait l'un, croyez-vous que nous soyons en France au mois de juin ? — Mais, monseigneur, répondait l'autre après avoir

---

524 Douze mille francs seulement, d'après son secrétaire, M. de Marcellus, qui tenait les comptes de l'ambassade ; mais on sait de reste, que Chateaubriand ne comprit jamais rien aux chiffres de ménage. — Voir Chateaubriand et son temps, p. 99.

mûrement réfléchi, je n'y vois pas d'inconvénient. »

L'homme aux ressources, Peltier, me déterra, ou plutôt me dénicha dans mon aire. Il avait lu dans un journal de Yarmouth qu'une société d'antiquaires s'allait occuper d'une histoire du comté de Suffolk, et qu'on demandait un Français capable de déchiffrer des manuscrits français du XIIᵉ siècle, de la collection de Camden[525]. Le *parson*, ou ministre, de Beccles, était à la tête de l'entreprise, c'était à lui qu'il se fallait adresser. « Voilà votre affaire, me dit Peltier, partez, vous déchiffrerez ces vieilles paperasses ; vous continuerez à envoyer de la copie de l'*Essai* à Baylis ; je forcerai ce pleutre à reprendre son impression ; vous reviendrez à Londres avec deux cents guinées, votre ouvrage fait, et vogue la galère ! »

Je voulus balbutier quelques objections : « Eh ! que diable, s'écria mon homme, comptez-vous rester dans ce *palais* où j'ai déjà un froid horrible ? Si Rivarol, Champcenetz[526], Mirabeau-Tonneau et moi avions eu la bouche en cœur, nous aurions fait de belle besogne dans les *Actes des Apôtres* ! Savez-vous que cette histoire de Hingant fait un boucan d'enfer ? Vous vouliez donc vous laisser mourir de faim tous deux ? Ah ! ah ! ah ! pouf !... Ah ! ah !... » Peltier, plié en deux, se tenait les genoux à force de rire. Il venait de placer cent exemplaires de son journal aux colonies ; il en avait reçu le payement et faisait sonner ses guinées dans sa poche. Il m'emmena de force, avec La Boüétardais apoplectique, et deux émigrés en guenilles qui se trouvèrent sous sa main, dîner à *London-Tavern*. Il nous fit boire du vin de Porto, manger du roastbeef et du plumpudding à en crever. « Comment, monsieur le comte, disait-il à mon cousin, avez-vous ainsi la gueule de travers ? » La Boüétardais, moitié choqué, moitié content, expliquait la chose de son mieux ; il racontait qu'il avait été tout à coup saisi en chantant ces deux mots : *O bella Venere !* Mon pauvre paralysé avait un air si mort, si transi, si râpé, en barbouillant sa *bella Venere*, que Peltier se renversa d'un fou rire et pensa culbuter la table, en la frappant en dessous de ses deux pieds.

À la réflexion, le conseil de mon compatriote, vrai personnage de mon autre compatriote Le Sage, ne me parut pas si mauvais. Au bout de trois jours d'enquêtes, après m'être fait habiller par le tailleur de Peltier, je

---

[525] William Camden (1551-1623), surnommé le Pausanias et le Strabon anglais. Il avait rassemblé un nombre considérable de manuscrits du moyen âge, qui composent ce qu'on appelle encore aujourd'hui la Collection Camden.

[526] Le chevalier de Champcenetz (1759-1794) fut le principal rédacteur des Actes des Apôtres. Il écrivit aussi dans le Petit Journal de la Cour et de la Ville, et, de concert avec Rivarol, publia en 1790 le Petit Almanach des grands hommes de la Révolution. Ayant quitté Paris après le 10 août, il eut l'imprudence d'y revenir, fut arrêté et traduit, le 23 juillet 1794, devant le tribunal révolutionnaire. Quand le président eut prononcé sa condamnation à mort, il se leva, et, le sourire aux lèvres : « Citoyen président, dit-il, est-ce ici comme dans la garde nationale, et peut-on se faire remplacer ? »

partis pour Beccles avec quelque argent que me prêta Deboffe, sur l'assurance de ma reprise de l'*Essai*. Je changeai mon nom, qu'aucun Anglais ne pouvait prononcer, en celui de *Combourg* qu'avait porté mon frère et qui me rappelait les peines et les plaisirs de ma première jeunesse. Descendu à l'auberge, je présentai au ministre du lieu une lettre de Deboffe, fort estimé dans la librairie anglaise, laquelle lettre me recommandait comme un savant du premier ordre. Parfaitement accueilli, je vis tous les *gentlemen* du canton, et je rencontrai deux officiers de notre marine royale qui donnaient des leçons de français dans le voisinage.

Je repris des forces ; les courses que je faisais à cheval me rendirent un peu de santé. L'Angleterre, vue ainsi en détail, était triste, mais charmante ; partout la même chose et le même aspect. M. de Combourg était invité à toutes les parties. Je dus à l'étude le premier adoucissement de mon sort. Cicéron avait raison de recommander le commerce des lettres dans les chagrins de la vie. Les femmes étaient charmées de rencontrer un Français pour parler français.

Les malheurs de ma famille, que j'appris par les journaux, et qui me firent connaître sous mon véritable nom (car je ne pus cacher ma douleur), augmentèrent à mon égard l'intérêt de la société. Les feuilles publiques annoncèrent la mort de M. de Malesherbes ; celle de sa fille, madame la présidente de Rosanbo ; celle de sa petite-fille, madame la comtesse de Chateaubriand ; et celle de son petit-gendre, le comte de Chateaubriand, mon frère, immolés ensemble, le même jour, à la même heure, au même échafaud[527]. M. de Malesherbes était l'objet de l'admiration et de la vénération des Anglais ; mon alliance de famille avec le défenseur de Louis XVI ajouta à la bienveillance de mes hôtes.

Mon oncle de Bedée me manda les persécutions éprouvées par le reste de mes parents. Ma vieille et incomparable mère avait été jetée dans une charrette avec d'autres victimes, et conduite du fond de la Bretagne dans les geôles de Paris, afin de partager le sort du fils qu'elle avait tant aimé. Ma femme et ma sœur Lucile, dans les cachots de Rennes, attendaient leur sentence ; il avait été question de les enfermer au château de Combourg, devenu forteresse d'État : on accusait leur innocence du crime de mon émigration. Qu'étaient-ce que nos chagrins en terre étrangère, comparés à ceux des Français demeurés dans leur patrie ? Et pourtant, quel malheur, au milieu des souffrances de l'exil, de savoir que notre exil même devenait le prétexte de la persécution de nos proches !

Il y a deux ans que l'anneau de mariage de ma belle-sœur fut ramassé dans le ruisseau de la rue Cassette ; on me l'apporta ; il était brisé ; les deux cerceaux de l'alliance étaient ouverts et pendaient enlacés l'un à l'autre ; les noms s'y lisaient parfaitement gravés. Comment cette bague

---

[527] Le 3 floréal an II (22 avril 1794).

s'était-elle retrouvée ? Dans quel lieu et quand avait-elle été perdue ? La victime, emprisonnée au Luxembourg, avait-elle passé par la rue Cassette en allant au supplice ? Avait-elle laissé tomber la bague du haut du tombereau ? Cette bague avait-elle été arrachée de son doigt après l'exécution ? Je fus tout saisi à la vue de ce symbole qui, par sa brisure et son inscription, me rappelait de si cruelles destinées. Quelque chose de mystérieux et de fatal s'attachait à cet anneau que ma belle-sœur semblait m'envoyer du séjour des morts, en mémoire d'elle et de mon frère. Je l'ai remis à son fils ; puisse-t-il ne pas lui porter malheur !

> Cher orphelin, image de ta mère,
> Au ciel pour toi, je demande ici-bas,
> Les jours heureux retranchés à ton père
> Et les enfants que ton oncle n'a pas[528].

Ce mauvais couplet et deux ou trois autres sont le seul présent que j'aie pu faire à mon neveu lorsqu'il s'est marié.

Un autre monument m'est resté de ces malheurs : voici ce que m'écrit M. de Contencin, qui, en fouillant dans les archives de la ville, a trouvé l'ordre du tribunal révolutionnaire qui envoyait mon frère et sa famille à l'échafaud :

« Monsieur le vicomte,

« Il y a une sorte de cruauté à réveiller dans une âme qui a beaucoup souffert le souvenir des maux qui l'ont affectée le plus douloureusement. Cette pensée m'a fait hésiter quelque temps à vous offrir un bien triste document qui, dans mes recherches historiques, m'est tombé sous la main. C'est un acte de décès signé avant la mort par un homme qui s'est toujours montré implacable comme elle, toutes les fois qu'il a trouvé réunies sur la même tête l'illustration et la vertu.

« Je désire, monsieur le vicomte, que vous ne me sachiez pas trop mauvais gré d'ajouter à vos archives de famille un titre qui rappelle de si cruels souvenirs. J'ai supposé qu'il aurait de l'intérêt pour vous, puisqu'il avait du prix à mes yeux, et dès lors j'ai songé à vous l'offrir. Si je ne suis point indiscret, je m'en féliciterai doublement, car je trouve aujourd'hui dans ma démarche l'occasion de vous exprimer les sentiments de profond respect et d'admiration sincère que vous m'avez inspirés depuis longtemps, et avec lesquels je suis, monsieur le vicomte,

« Votre très-humble et très-obéissant serviteur,

« A. DE COTENCIN. »

Hôtel de la préfecture de la Seine.

Paris, le 28 mars 1835.

---

[528] Voir, au tome I, l'Appendice no III : Le comte Louis de Chateaubriand.

Voici ma réponse à cette lettre :

« J'avais fait, monsieur, chercher à la Sainte-Chapelle les pièces du procès de mon malheureux frère et de sa femme, mais on n'avait pas trouvé *l'ordre* que vous avez bien voulu m'envoyer. Cet ordre et tant d'autres, avec leurs ratures, leurs noms estropiés, auront été présentés à Fouquier au tribunal de Dieu : il lui aura bien fallu reconnaître sa signature. Voilà les temps qu'on regrette, et sur lesquels on écrit des volumes d'admiration ! Au surplus, j'envie mon frère : depuis longues années du moins il a quitté ce triste monde. Je vous remercie infiniment, monsieur, de l'estime que vous voulez bien me témoigner dans votre belle et noble lettre, et vous prie d'agréer l'assurance de la considération très distinguée avec laquelle j'ai l'honneur d'être, etc. »

Cet ordre de mort est surtout remarquable par les preuves de la légèreté avec laquelle les meurtres étaient commis : des noms sont mal orthographiés, d'autres sont effacés. Ces défauts de forme, qui auraient suffi pour annuler la plus simple sentence, n'arrêtaient point les bourreaux ; ils ne tenaient qu'à l'heure exacte de la mort : *à cinq heures précises*. Voici la pièce authentique, je la copie fidèlement :

EXÉCUTEUR DES JUGEMENTS CRIMINELS

TRIBUNAL RÉVOLUTIONNAIRE

« L'exécuteur des jugements criminels ne fera faute de se rendre à la maison de justice de la Conciergerie, pour y mettre à exécution le jugement qui condamne Mousset, d'Esprémenil, Chapelier, Thouret, Hell, Lamoignon Malsherbes, la femme Lepelletier Rosanbo, Chateau Brian et sa femme (le nom propre effacé, illisible), la veuve Duchatelet, la femme de Grammont, ci-devant duc, la femme Rochechuart (Rochechouart), et Parmentier ; — 14, à la peine de mort. L'exécution aura lieu aujourd'hui, à cinq heures précises, sur la place de la Révolution de cette ville.

« L'accusateur public,

« H.-Q. FOUQUIER. »

Fait au Tribunal, le 3 floréal, l'an II de la République française.

Deux voitures.

Le 9 thermidor sauva les jours de ma mère ; mais elle fut oubliée à la Conciergerie. Le commissaire conventionnel la trouva : « Que fais-tu là, citoyenne ? lui dit-il ; qui es-tu ? pourquoi restes-tu ici ? » Ma mère répondit qu'ayant perdu son fils, elle ne s'informait point de ce qui se passait, et qu'il lui était indifférent de mourir dans la prison ou ailleurs. « Mais tu as peut-être d'autres enfants ? » répliqua le commissaire. Ma mère nomma ma femme et mes sœurs détenues à Rennes. L'ordre fut expédié de mettre celles-ci en liberté, et l'on contraignit ma mère de sortir.

Dans les histoires de la Révolution, on a oublié de placer le tableau de la France extérieure auprès du tableau de la France intérieure, de peindre cette grande colonie d'exilés, variant son industrie et ses peines de la diversité des climats et de la différence des mœurs des peuples.

En dehors de la France, tout s'opérant par individu, métamorphoses d'états, afflictions obscures, sacrifices sans bruit, sans récompense ; et dans cette variété d'individus de tout rang, de tout âge, de tout sexe, une idée fixe conservée ; la vieille France voyageuse avec ses préjugés et ses fidèles, comme autrefois l'Église de Dieu errante sur la terre avec ses vertus et ses martyrs.

En dedans de la France, tout s'opérant par masse : Barère annonçant des meurtres et des conquêtes, des guerres civiles et des guerres étrangères ; les combats gigantesques de la Vendée et des bords du Rhin ; les trônes croulant au bruit de la marche de nos armées ; nos flottes abîmées dans les flots ; le peuple déterrant les monarques à Saint-Denis et jetant la poussière des rois morts au visage des rois vivants pour les aveugler ; la nouvelle France, glorieuse de ses nouvelles libertés, fière même de ses crimes, stable sur son propre sol, tout en reculant ses frontières, doublement armée du glaive du bourreau et de l'épée du soldat.

Au milieu de mes chagrins de famille, quelques lettres de mon ami Hingant vinrent me rassurer sur son sort, lettres d'ailleurs fort remarquables : il m'écrivait au mois de septembre 1795 : « Votre lettre du 23 août est pleine de la sensibilité la plus touchante. Je l'ai montrée à quelques personnes qui avaient les yeux mouillés en la lisant. J'ai été presque tenté de leur dire ce que Diderot disait le jour que J.-J. Rousseau vint pleurer dans sa prison, à Vincennes : *Voyez comme mes amis m'aiment.* Ma maladie n'a été, au vrai, qu'une de ces fièvres de nerfs qui font beaucoup souffrir, et dont le temps et la patience sont les meilleurs remèdes. Je lisais pendant cette fièvre des extraits du *Phédon* et du *Timée.* Ces livres-là donnent appétit de mourir, et je disais comme Caton :

« It must be so, Plato ; thou reason' st well !

« Je me faisais une idée de mon voyage, comme on se ferait une idée d'un voyage aux grandes Indes. Je me représentais que je verrais beaucoup d'objets nouveaux dans le *monde des esprits* (comme l'appelle Swedenborg), et surtout que je serais exempt des fatigues et des dangers du voyage. »

À quatre lieues de Beccles, dans une petite ville appelée Bungay, demeurait un ministre anglais, le révérend M. Ives, grand helléniste et grand mathématicien. Il avait une femme jeune encore, charmante de figure, d'esprit et de manières, et une fille unique, âgée de quinze ans. Présenté dans cette maison, j'y fus mieux reçu que partout ailleurs. On buvait à la manière des anciens Anglais, et on restait deux heures à table après les femmes. M. Ives, qui avait vu l'Amérique, aimait à conter ses voyages, à entendre le récit des miens, à parler de Newton et d'Homère. Sa fille, devenue savante pour lui plaire, était excellente musicienne et chantait comme aujourd'hui madame Pasta[529]. Elle reparaissait au thé et charmait le sommeil communicatif du vieux ministre. Appuyé au bout du piano, j'écoutais miss Ives en silence.

La musique finie, la *young lady* me questionnait sur la France, sur la littérature ; elle me demandait des plans d'études ; elle désirait particulièrement connaître les auteurs italiens, et me pria de lui donner quelques notes sur la *Divina Commedia* et la *Gerusalemme*. Peu à peu, j'éprouvai le charme timide d'un attachement sorti de l'âme : j'avais paré les Floridiennes, je n'aurais pas osé relever le gant de miss Ives ; je m'embarrassais quand j'essayais de traduire quelque passage du Tasse. J'étais plus à l'aise avec un génie plus chaste et plus mâle, Dante.

Les années de Charlotte Ives et les miennes concordaient. Dans les liaisons qui ne se forment qu'au milieu de votre carrière, il entre quelque mélancolie ; si l'on ne se rencontre pas de prime abord, les souvenirs de la personne qu'on aime ne se trouvent point mêlés à la partie des jours où l'on respira sans la connaître : ces jours, qui appartiennent à une autre société, sont pénibles à la mémoire et comme retranchés de notre existence. Y a-t-il disproportion d'âge, les inconvénients augmentent : le plus vieux a commencé la vie avant que le plus jeune fût au monde ; le plus jeune est destiné à demeurer seul à son tour : l'un a marché dans une solitude en deçà d'un berceau, l'autre traversera une solitude au delà d'une tombe ; le passé fut un désert pour le premier, l'avenir sera un désert pour le second. Il est difficile d'aimer avec toutes les conditions de bonheur, jeunesse, beauté, temps opportun, harmonie de cœur, de goût, de caractère, de grâces et d'années.

Ayant fait une chute de cheval, je restai quelque temps chez M. Ives. C'était l'hiver ; les songes de ma vie commencèrent à fuir devant la réalité. Miss Ives devenait plus réservée ; elle cessa de m'apporter des fleurs ; elle ne voulut plus chanter.

Si l'on m'eût dit que je passerais le reste de ma vie, ignoré au sein de cette famille solitaire, je serais mort de plaisir : il ne manque à l'amour que la durée pour être à la fois l'Éden avant la chute et l'Hosanna sans fin. Faites que la beauté reste, que la jeunesse demeure, que le cœur ne se puisse lasser, et vous reproduirez le ciel. L'amour est si bien la félicité souveraine qu'il est poursuivi de la chimère d'être toujours ; il ne veut prononcer que des serments irrévocables ; au défaut de ses joies, il cherche à éterniser ses douleurs ; ange tombé, il parle encore le langage qu'il parlait

---

[529] Madame Pasta (1798-1865) était, en 1822, dans tout l'éclat de son talent et de son succès. Aussi remarquable comme comédienne et comme tragédienne que comme cantatrice proprement dite, elle n'a eu d'égale en ce siècle, sur la scène lyrique, que madame Malibran.

au séjour incorruptible ; son espérance est de ne cesser jamais ; dans sa double nature et dans sa double illusion ici-bas, il prétend se perpétuer par d'immortelles pensées et par des générations intarissables.

Je voyais venir avec consternation le moment où je serais obligé de me retirer. La veille du jour annoncé comme celui de mon départ, le dîner fut morne. À mon grand étonnement, M. Ives se retira au dessert en emmenant sa fille, et je restai seul avec madame Ives : elle était dans un embarras extrême. Je crus qu'elle m'allait faire des reproches d'une inclination qu'elle avait pu découvrir, mais dont jamais je n'avais parlé. Elle me regardait, baissait les yeux, rougissait ; elle-même séduisante dans ce trouble, il n'y a point de sentiment qu'elle n'eût pu revendiquer pour elle. Enfin, brisant avec effort l'obstacle qui lui ôtait la parole : « Monsieur, me dit-elle en anglais, vous avez vu ma confusion : je ne sais si Charlotte vous plaît, mais il est impossible de tromper une mère ; ma fille a certainement conçu de l'attachement pour vous. M. Ives et moi nous nous sommes consultés ; vous nous convenez sous tous les rapports ; nous croyons que vous rendrez notre fille heureuse. Vous n'avez plus de patrie ; vous venez de perdre vos parents ; vos biens sont vendus ; qui pourrait donc vous rappeler en France ? En attendant notre héritage, vous vivrez avec nous. »

De toutes les peines que j'avais endurées, celle-là me fut la plus sensible et la plus grande. Je me jetai aux genoux de madame Ives ; je couvris ses mains de mes baisers et de mes larmes. Elle croyait que je pleurais de bonheur, et elle se mit à sangloter de joie. Elle étendit le bras pour tirer le cordon de la sonnette ; elle appela son mari et sa fille : « Arrêtez ! m'écriai-je ; je suis marié ! » Elle tomba évanouie.

Je sortis, et, sans rentrer dans ma chambre, je partis à pied. J'arrivai à Beccles, et je pris la poste pour Londres, après avoir écrit à madame Ives une lettre dont je regrette de n'avoir pas gardé de copie.

Le plus doux, le plus tendre et le plus reconnaissant souvenir m'est resté de cet événement. Avant ma renommée, la famille de M. Ives est la seule qui m'ait voulu du bien et qui m'ait accueilli d'une affection véritable. Pauvre, ignoré, proscrit, sans séduction, sans beauté, je trouve un avenir assuré, une patrie, une épouse charmante pour me retirer de mon délaissement, une mère presque aussi belle pour me tenir lieu de ma vieille mère, un père instruit, aimant et cultivant les lettres pour remplacer le père dont le ciel m'avait privé ; qu'apportais-je en compensation de tout cela ? Aucune illusion ne pouvait entrer dans le choix que l'on faisait de moi ; je devais croire être aimé. Depuis cette époque, je n'ai rencontré qu'un attachement assez élevé pour m'inspirer la même confiance. Quant à l'intérêt dont j'ai pu être l'objet dans la suite, je n'ai jamais pu démêler si des causes extérieures, si le fracas de la renommée, la parure des partis, l'éclat des hautes positions littéraires ou politiques, n'étaient pas l'enveloppe qui m'attirait des empressements.

Philippoteaux del.
Mauduison fils sc
Imp Vve Sarazin
CHARLOTTE

Au reste, en épousant Charlotte Ives, mon rôle changeait sur la terre : enseveli dans un comté de la Grande-Bretagne, je serais devenu un *gentleman* chasseur : pas une seule ligne ne serait tombée de ma plume ; j'eusse même oublié ma langue, car j'écrivais en anglais, et mes idées commençaient à se former en anglais dans ma tête. Mon pays aurait-il beaucoup perdu à ma disparition ? Si je pouvais mettre à part ce qui m'a consolé, je dirais que je compterais déjà bien des jours de calme, au lieu des jours de trouble échus à mon lot. L'Empire, la Restauration, les divisions, les querelles de la France, que m'eût fait tout cela ? Je n'aurais pas eu chaque matin à pallier des fautes, à combattre des erreurs. Est-il certain que j'aie un talent véritable et que ce talent ait valu la peine du sacrifice de ma vie ? Dépasserai-je ma tombe ? Si je vais au delà, y aura-t-il dans la transformation qui s'opère, dans un monde changé et occupé de toute autre chose, y aura-t-il un public pour m'entendre ? Ne serai-je pas un homme d'autrefois, inintelligible aux générations nouvelles ? Mes idées, mes sentiments, mon style même, ne seront-ils pas à la dédaigneuse postérité choses ennuyeuses et vieillies ? Mon ombre pourra-t-elle dire comme celle de Virgile à Dante : « *Poeta fui e cantai* : Je fus poète, et je chantai[530] ? »

Revenu à Londres, je n'y trouvai pas le repos : j'avais fui devant ma destinée comme un malfaiteur devant son crime. Combien il avait dû être pénible à une famille si digne de mes hommages, de mes respects, de ma reconnaissance, d'éprouver une sorte de refus de l'homme inconnu qu'elle avait accueilli, auquel elle avait offert de nouveaux foyers avec une simplicité, une absence de soupçon, de précaution qui tenaient des mœurs patriarcales ! Je me représentais le chagrin de Charlotte, les justes reproches que l'on pouvait et qu'on devait m'adresser : car enfin j'avais mis de la complaisance à m'abandonner à une inclination dont je connaissais l'insurmontable illégitimité. Était-ce donc une séduction que j'avais vainement tentée, sans me rendre compte de cette blâmable conduite ? Mais en m'arrêtant, comme je le fis, pour rester honnête homme, ou en passant par dessus l'obstacle pour me livrer à un penchant flétri d'avance par ma conduite, je n'aurais pu que plonger l'objet de cette séduction dans le regret ou la douleur.

De ces amères réflexions, je me laissais aller à d'autres sentiments non moins remplis d'amertume : je maudissais mon mariage qui, selon les fausses perceptions de mon esprit, alors très malade, m'avait jeté hors de mes voies et me privait du bonheur. Je ne songeais pas qu'en raison de cette nature souffrante à laquelle j'étais soumis et de ces notions romanesques de liberté que je nourrissais, un mariage avec miss Ives eût été pour moi aussi pénible qu'une union plus indépendante.

Une chose restait pure et charmante en moi, quoique profondément triste : l'image de Charlotte ; cette image finissait par dominer mes révoltes contre mon sort. Je fus cent fois tenté de retourner à Bungay, d'aller, non me présenter à la famille troublée, mais me cacher sur le bord du chemin pour voir passer Charlotte, pour la suivre au temple où nous avions le même Dieu, sinon le même autel, pour offrir à cette femme, à travers le ciel, l'inexprimable ardeur de mes vœux, pour prononcer, du moins en pensée, cette prière de la bénédiction nuptiale que j'aurais pu entendre de la bouche d'un ministre dans ce temple :

---

[530] Inferno, ch. I.

« Ô Dieu, unissez, s'il vous plaît, les esprits de ces époux, et versez dans leurs cœurs une sincère amitié. Regardez d'un œil favorable votre servante. Faites que son joug soit un joug d'amour et de paix, qu'elle obtienne une heureuse fécondité ; faites, Seigneur, que ces époux voient tous deux les enfants de leurs enfants jusqu'à la troisième et quatrième génération, et qu'ils parviennent à une heureuse vieillesse. »

Errant de résolution en résolution, j'écrivais à Charlotte de longues lettres que je déchirais. Quelques billets insignifiants, que j'avais reçus d'elle, me servaient de talisman ; attachée à mes pas par ma pensée, Charlotte, gracieuse, attendrie, me suivait, en les purifiant, par les sentiers de la sylphide. Elle absorbait mes facultés ; elle était le centre à travers lequel plongeait mon intelligence, de même que le sang passe par le cœur ; elle me dégoûtait de tout, car j'en faisais un objet perpétuel de comparaison à son avantage. Une passion vraie et malheureuse est un levain empoisonné qui reste au fond de l'âme et qui gâterait le pain des anges.

Les lieux que j'avais parcourus, les heures et les paroles que j'avais échangées avec Charlotte, étaient gravés dans ma mémoire : je voyais le sourire de l'épouse qui m'avait été destinée ; je touchais respectueusement ses cheveux noirs ; je pressais ses beaux bras contre ma poitrine, ainsi qu'une chaîne de lis que j'aurais portée à mon cou. Je n'étais pas plutôt dans un lieu écarté, que Charlotte, aux blanches mains, se venait placer à mes côtés. Je devinais sa présence, comme la nuit on respire le parfum des fleurs qu'on ne voit pas.

Privé de la société d'Hingant, mes promenades, plus solitaires que jamais, me laissaient en pleine liberté d'y mener l'image de Charlotte. À la distance de trente milles de Londres, il n'y a pas une bruyère, un chemin, une église que je n'aie visités. Les endroits les plus abandonnés, un préau d'orties, un fossé planté de chardons, tout ce qui était négligé des hommes, devenaient pour moi des lieux préférés, et dans ces lieux Byron respirait déjà. La tête appuyée sur ma main, je regardais les sites dédaignés ; quand leur impression pénible m'affectait trop, le souvenir de Charlotte venait me ravir : j'étais alors comme ce pèlerin, lequel, arrivé dans une solitude à la vue des rochers du Sinaï, entendit chanter le rossignol.

À Londres, on était surpris de mes façons. Je ne regardais personne, je ne répondais point, je ne savais ce que l'on me disait : mes anciens camarades me soupçonnaient atteint de folie.

Qu'arriva-t-il à Bungay après mon départ ? Qu'est devenue cette famille où j'avais apporté la joie et le deuil ?

Vous vous souvenez toujours bien que je suis ambassadeur auprès de Georges IV, et que j'écris à Londres, en 1822, ce qui m'arriva à Londres en 1795.

Quelques affaires, depuis huit jours, m'ont obligé d'interrompre la narration que je reprends aujourd'hui. Dans cet intervalle, mon valet de chambre est venu me dire, un matin, entre midi et une heure, qu'une voiture était arrêtée à ma porte, et qu'une dame anglaise demandait à me parler. Comme je me suis fait une règle, dans ma position publique, de ne refuser personne, j'ai dit de laisser monter cette dame.

J'étais dans mon cabinet ; on a annoncé lady Sulton ; j'ai vu entrer une femme en deuil, accompagnée de deux beaux garçons également en deuil : l'un pouvait avoir seize ans et l'autre quatorze. Je me suis avancé vers l'étrangère ; elle était si émue qu'elle pouvait à peine marcher. Elle m'a dit d'une voix altérée : « *Mylord, do you remember me ?* Me reconnaissez-vous ? » Oui, j'ai reconnu miss Ives ! les années qui avaient passé sur sa tête ne lui avaient laissé que leur printemps. Je l'ai prise par la main, je l'ai fait asseoir et je me suis assis à ses côtés. Je ne lui pouvais parler ; mes yeux étaient pleins de larmes ; je la regardais en silence à travers ces larmes ; je sentais que je l'avais profondément aimée par ce que j'éprouvais. Enfin, j'ai pu lui dire à mon tour : « Et vous, madame, me reconnaissez-vous ? » Elle a levé les yeux qu'elle tenait baissés, et, pour toute réponse, elle m'a adressé un regard souriant et mélancolique comme un long souvenir. Sa main était toujours entre les deux miennes. Charlotte m'a dit : « Je suis en deuil de ma mère ; mon père est mort depuis plusieurs années. Voilà mes enfants. » À ces derniers mots, elle a retiré sa main et s'est enfoncée dans son fauteuil, en couvrant ses yeux de son mouchoir.

Bientôt elle a repris : « Mylord, je vous parle à présent dans la langue que j'essayais avec vous à Bungay. Je suis honteuse : excusez-moi. Mes enfants sont fils de l'amiral Sulton, que j'épousai trois ans après votre départ d'Angleterre. Mais aujourd'hui je n'ai pas la tête assez à moi pour entrer dans le détail. Permettez-moi de revenir. » Je lui ai demandé son adresse en lui donnant le bras pour la reconduire à sa voiture. Elle tremblait, et je serrai sa main contre mon cœur.

Je me rendis le lendemain chez lady Sulton ; je la trouvai seule. Alors commença entre nous la série de ces *vous souvient-il,* qui font renaître toute une vie. À chaque *vous souvient-il,* nous nous regardions ; nous cherchions à découvrir sur nos visages ces traces du temps qui mesurent cruellement la distance du point de départ et l'étendue du chemin parcouru. J'ai dit à Charlotte : « Comment votre mère vous apprit-elle... ? » Charlotte rougit et m'interrompit vivement : « Je suis venue à Londres pour vous prier de vous intéresser aux enfants de l'amiral Sulton : l'aîné désirerait passer à Bombay. M. Canning, nommé gouverneur des Indes, est votre ami ; il pourrait emmener mon fils avec lui. Je serais bien reconnaissante, et j'aimerais à vous devoir le bonheur de mon premier enfant. » Elle appuya sur ces derniers mots.

« Ah ! Madame, lui répondis-je, que me rappelez-vous ? Quel bouleversement de destinées ! Vous qui avez reçu à la table hospitalière de votre père un pauvre banni ; vous qui n'avez point dédaigné ses souffrances ; vous qui peut-être aviez pensé à l'élever jusqu'à un rang glorieux et inespéré, c'est vous qui réclamez sa protection dans votre pays !

Je verrai M. Canning ; votre fils, quoi qu'il m'en coûte de lui donner ce nom, votre fils, si cela dépend de moi, ira aux Indes. Mais, dites-moi, madame, que vous fait ma fortune nouvelle ? Comment me voyez-vous aujourd'hui ? Ce mot de *mylord* que vous employez me semble bien dur. »

Charlotte répliqua : « Je ne vous trouve point changé, pas même vieilli. Quand je parlais de vous à mes parents pendant votre absence, c'était toujours le titre de *mylord* que je vous donnais ; il me semblait que vous le deviez porter : n'étiez-vous pas pour moi comme un mari, *my lord and master*, mon seigneur et maître ? » Cette gracieuse femme avait quelque chose de l'Ève de Milton, en prononçant ces paroles : elle n'était point née du sein d'un autre femme ; sa beauté portait l'empreinte de la main divine qui l'avait pétrie.

Je courus chez M. Canning et chez lord Londonderry ; ils me firent des difficultés pour une petite place, comme on m'en aurait fait en France ; mais ils promettaient comme on promet à la cour. Je rendis compte à lady Sulton de ma démarche. Je la revis trois fois : à ma quatrième visite, elle me déclara qu'elle allait retourner à Bungay. Cette dernière entrevue fut douloureuse. Charlotte m'entretint encore du passé de notre vie cachée, de nos lectures, de nos promenades, de la musique, des fleurs d'antan, des espérances d'autrefois. « Quand je vous ai connu, me disait-elle, personne ne prononçait votre nom ; maintenant, qui l'ignore ? Savez-vous que je possède un ouvrage et plusieurs lettres, écrits de votre main ? Les voilà. » Et elle me remit un paquet. « Ne vous offensez pas si je ne veux rien garder de vous, » et elle se prit à pleurer. « *Farewell ! farewell !* me dit-elle, souvenez-vous de mon fils. Je ne vous reverrai jamais, car vous ne viendrez pas me chercher à Bungay. — J'irai, m'écriai-je ; j'irai vous porter le brevet de votre fils. » Elle secoua la tête d'un air de doute, et se retira.

Rentré à l'ambassade, je m'enfermai et j'ouvris le paquet. Il ne contenait que des billets de moi insignifiants et un plan d'études, avec des remarques sur les poètes anglais et italiens. J'avais espéré trouver une lettre de Charlotte ; il n'y en avait point ; mais j'aperçus aux marges du manuscrit quelques notes anglaises, françaises et latines, dont l'encre vieillie et la jeune écriture témoignaient qu'elles étaient depuis longtemps déposées sur ces marges.

Voilà mon histoire avec miss Ives. En achevant de la raconter, il me semble que je perds une seconde fois Charlotte, dans cette même île où je la perdis une première. Mais entre ce que j'éprouve à cette heure pour elle, et ce que j'éprouvais aux heures dont je rappelle les tendresses, il y a tout l'espace de l'innocence : des passions se sont interposées entre miss Ives et lady Sulton. Je ne porterais plus à une femme ingénue la candeur des désirs, la suave ignorance d'un amour resté à la limite du rêve. J'écrivais alors sur le vague des tristesses ; je n'en suis plus au vague de la vie. Eh bien ! si j'avais serré dans mes bras, épouse et mère, celle qui me fut destinée vierge et épouse, c'eût été avec une sorte de rage, pour flétrir, remplir de douleur et étouffer ces vingt-sept années livrées à un autre, après m'avoir été offertes.

Je dois regarder le sentiment que je viens de rappeler comme le premier de cette espèce entré dans mon cœur ; il n'était cependant point sympathique à ma nature orageuse ; elle l'aurait corrompu ; elle m'eût rendu incapable de savourer longuement de saintes délectations. C'était alors qu'aigri par les malheurs, déjà pèlerin d'outre-mer, ayant commencé mon solitaire voyage, c'était alors que les folles idées peintes dans le mystère de René m'obsédaient et faisaient de moi l'être le plus tourmenté qui fût sur la terre. Quoi qu'il en soit, la chaste image de Charlotte, en faisant pénétrer au fond de mon âme quelques rayons d'une lumière vraie, dissipa d'abord une nuée de fantômes : ma démone, comme un mauvais génie, se replongea dans l'abîme ; elle attendit l'effet du temps pour renouveler ses apparitions.

Mes rapports avec Deboffe n'avaient jamais été interrompus complètement pour l'*Essai sur les Révolutions*, et il m'importait de les reprendre au plus vite à Londres pour soutenir ma vie matérielle. Mais d'où m'était venu mon dernier malheur ? de mon obstination au silence. Pour comprendre ceci, il faut entrer dans mon caractère.

En aucun temps il ne m'a été possible de surmonter cet esprit de retenue et de solitude intérieure qui m'empêche de causer de ce qui me touche.

Personne ne saurait affirmer sans mentir que j'aie raconté ce que la plupart des gens racontent dans un moment de peine, de plaisir ou de vanité. Un nom, une confession de quelque gravité, ne sort point ou ne sort que rarement de ma bouche. Je n'entretiens jamais les passants de mes intérêts, de mes desseins, de mes travaux, de mes idées, de mes attachements, de mes joies, de mes chagrins, persuadé de l'ennui profond que l'on cause aux autres en leur parlant de soi. Sincère et véridique, je manque d'ouverture de cœur : mon âme tend incessamment à se fermer ; je ne dis point une chose entière et je n'ai laissé passer ma vie complète que dans ces *Mémoires*. Si j'essaye de commencer un récit, soudain l'idée de sa longueur m'épouvante ; au bout de quatre paroles, le son de ma voix me devient insupportable et je me tais. Comme je ne crois à rien, excepté en religion, je me défie de tout : la malveillance et le dénigrement sont les deux caractères de l'esprit français ; la moquerie et la calomnie, le résultat certain d'une confidence.

Mais qu'ai-je gagné à ma nature réservée ? d'être devenu, parce que j'étais impénétrable, un je ne sais quoi de fantaisie, qui n'a aucun rapport avec ma réalité. Mes amis mêmes se trompent sur moi, en croyant me faire mieux connaître et en m'embellissant des illusions de leur attachement. Toutes les médiocrités d'antichambre, de bureaux, de gazettes, de cafés m'ont supposé de l'ambition, et je n'en ai aucune. Froid et sec en matière usuelle, je n'ai rien de l'enthousiaste et du sentimental : ma perception distincte et rapide traverse vite le fait et l'homme, et les dépouille de toute importance. Loin de m'entraîner, d'idéaliser les vérités applicables, mon imagination ravale les plus hauts événements, me déjoue moi-même ; le côté petit et ridicule des objets m'apparaît tout d'abord ; de grands génies et de grandes choses, il n'en existe guère à mes yeux. Poli, laudatif, admiratif pour les suffisances qui se proclament intelligences supérieures, mon mépris caché rit et place sur tous ces visages enfumés d'encens des masques de Callot. En politique, la chaleur de mes opinions n'a jamais excédé la longueur de mon discours ou de ma brochure. Dans l'existence intérieure et théorique, je suis l'homme de tous les songes ; dans l'existence extérieure et pratique, l'homme des réalités. Aventureux et ordonné, passionné et méthodique, il n'y a jamais eu d'être à la fois plus chimérique et plus positif que moi, de plus ardent et de plus glacé ; androgyne bizarre, pétri des sangs divers de ma mère et de mon père.

Les portraits qu'on a faits de moi, hors de toute ressemblance, sont principalement dus à la réticence de mes paroles. La foule est trop légère, trop inattentive pour se donner le temps, lorsqu'elle n'est pas avertie, de voir les individus tels qu'ils sont. Quand, par hasard, j'ai essayé de redresser quelques-uns de ces faux jugements dans mes préfaces, on ne m'a pas cru. En dernier résultat, tout m'étant égal, je n'insistais pas ; un *comme vous voudrez* m'a toujours débarrassé de l'ennui de persuader personne ou de chercher à établir une vérité. Je rentre dans mon for intérieur, comme un lièvre dans son gîte : là je me remets à contempler la feuille qui remue ou le brin d'herbe qui s'incline.

Je ne me fais pas une vertu de ma circonspection invincible autant qu'involontaire : si elle n'est pas une fausseté, elle en a l'apparence ; elle n'est pas en harmonie avec des natures plus heureuses, plus aimables, plus faciles, plus naïves, plus abondantes, plus communicatives que la mienne. Souvent elle m'a nui dans les sentiments et dans les affaires, parce que je n'ai jamais pu souffrir les explications, les raccommodements par protestation et éclaircissement, lamentation et pleurs, verbiage et reproches, détails et apologie.

Au cas de la famille Ives, ce silence obstiné de moi sur moi-même me fut extrêmement fatal. Vingt fois la mère de Charlotte s'était enquise de mes parents et m'avait mis sur la voie des révélations. Ne prévoyant pas où mon mutisme me mènerait, je me contentai, comme d'usage, de répondre quelques mots vagues et brefs. Si je n'eusse été atteint de cet odieux travers d'esprit, toute méprise devenant impossible, je n'aurais pas eu l'air d'avoir voulu tromper la plus généreuse hospitalité ; la vérité, dite par moi au moment décisif, ne m'excusait pas : un mal réel n'en avait pas moins été fait.

Je repris mon travail au milieu de mes chagrins et des justes reproches que je me faisais. Je m'accommodais même de ce travail, car il m'était venu en pensée qu'en acquérant du renom, je rendrais la famille Ives moins repentante de l'intérêt qu'elle m'avait témoigné. Charlotte, que je cherchais ainsi à me réconcilier par la gloire, présidait à mes études. Son image était assise devant moi tandis que j'écrivais. Quand je levais les yeux de dessus mon papier, je les portais sur l'image adorée, comme si le modèle eût été là en effet. Les habitants de l'île de Ceylan virent un matin l'astre du jour se lever dans un pompe extraordinaire, son globe s'ouvrit et il en sortit une brillante créature qui dit aux Ceylanais : « Je viens régner sur vous. » Charlotte, éclose d'un rayon de lumière, régnait sur moi.

Abandonnons-les, ces souvenirs ; les souvenirs vieillissent et s'effacent comme les espérances. Ma vie va changer, elle va couler sous d'autres cieux, dans d'autres vallées. Premier amour de ma jeunesse, vous fuyez avec vos charmes ! Je viens de revoir Charlotte, il est vrai, mais après combien d'années l'ai-je revue ? Douce lueur du passé, rose pâle du crépuscule qui borde la nuit, quand le soleil depuis longtemps est couché !

On a souvent représenté la vie (moi tout le premier) comme une montagne que l'on gravit d'un côté et que l'on dévale de l'autre : il serait aussi vrai de la comparer à une Alpe, au sommet chauve couronné de glace, et qui n'a pas de revers. En suivant cette image, le voyageur monte toujours et ne descend plus ; il voit mieux alors l'espace qu'il a parcouru, les sentiers qu'il n'a pas choisis et à l'aide desquels il se fût élevé par une pente adoucie : il regarde avec regret et douleur le point où il a commencé de s'égarer. Ainsi, c'est à la publication de l'*Essai historique* que je dois marquer le premier pas qui me fourvoya du chemin de la paix. J'achevai la première partie du grand travail que je m'étais tracé ; j'en écrivis le dernier mot entre l'idée de la mort (j'étais retombé malade) et un rêve évanoui : *In somnis venit, imago conjugis*[531]. Imprimé chez Baylis, l'*Essai* parut chez Deboffe en 1797[532]. Cette date est celle d'une des transformations de ma vie. Il y a des moments où notre destinée, soit qu'elle cède à la société, soit qu'elle obéisse à la nature, soit qu'elle commence à nous faire ce que nous devons demeurer, se détourne soudain de sa ligne première, telle qu'un

---

[531] Ipsa sed in somnis inhumati venit imago. Conjugis.(Virgile, Énéide, 1, 357.)

[532] Chateaubriand avait commencé à écrire l'Essai en 1794 ; l'ouvrage fut imprimé à Londres en 1796, et mis en vente dans les premiers mois de 1797 ; il formait un seul volume de 681 pages, grand in-8o, sans compter l'avis, la notice, la table des chapitres et l'errata. En voici le titre exact : Essai historique, politique et moral sur les Révolutions anciennes et modernes, considérées dans leurs rapports avec la Révolution française. — Dédié à tous les partis. — Avec cette épigraphe : Experti invicem sumus ego et fortuna. Tacite. Et plus bas : À Londres : Se trouve chez J. Deboffe, Gerrard-Street ; J. Debrett, Piccadilly ; Mme Lowes, Pall-Mall ; A. Dulau et Co, Wardour-Street ; Boosey, Broad-Street ; et J.-F. Fauche, à Hambourg. — Le livre parut sans nom d'auteur.

fleuve qui change son cours par une subite inflexion.

L'*Essai* offre le compendium de mon existence, comme poète, moraliste, publiciste et politique. Dire que j'espérais, autant du moins que je puis espérer, un grand succès de l'ouvrage, cela va sans dire : nous autres auteurs, petits prodiges d'une ère prodigieuse, nous avons la prétention d'entretenir des intelligences avec les races futures ; mais nous ignorons, que je crois, la demeure de la postérité, nous mettons mal son adresse. Quand nous nous engourdirons dans la tombe, la mort glacera si dur nos paroles, écrites ou chantées, qu'elles ne se fondront pas comme les *paroles gelées* de Rabelais.

L'*Essai* devait être une sorte d'encyclopédie historique. Le seul volume publié est déjà une assez grande investigation ; j'en avais la suite en manuscrit ; puis venaient, auprès des recherches et annotations de l'annaliste, les lais et virelais du poète, les *Natchez*, etc. Je comprends à peine aujourd'hui comment j'ai pu me livrer à des études aussi considérables, au milieu d'une vie active, errante et sujette à tant de revers. Mon opiniâtreté à l'ouvrage explique cette fécondité : dans ma jeunesse, j'ai souvent écrit douze et quinze heures sans quitter la table où j'étais assis, raturant et recomposant dix fois la même page. L'âge ne m'a rien fait perdre de cette faculté d'application : aujourd'hui mes correspondances diplomatiques, qui n'interrompent point mes compositions littéraires, sont entièrement de ma main.

L'*Essai* fit du bruit dans l'émigration : il était en contradiction avec les sentiments de mes compagnons d'infortune ; mon indépendance dans mes diverses positions sociales a presque toujours blessé les hommes avec qui je marchais. J'ai tour à tour été le chef d'armées différentes dont les soldats n'étaient pas de mon parti : j'ai mené les vieux royalistes à la conquête des libertés publiques, et surtout de la liberté de la presse, qu'ils détestaient : j'ai rallié les libéraux au nom de cette même liberté sous le drapeau des Bourbons qu'ils ont en horreur. Il arriva que l'opinion émigrée s'attacha, par amour-propre, à ma personne : les *Revues* anglaises ayant parlé de moi avec éloge, la louange rejaillit sur tout le corps des *fidèles*.

J'avais adressé des exemplaires de l'*Essai* à La Harpe, Ginguené et de Sales. Lemierre, neveu du poète du même nom et traducteur des poésies de Gray, m'écrivit de Paris, le 15 de juillet 1797, que mon *Essai* avait le plus grand succès. Il est certain que si l'*Essai* fut un moment connu, il fut presque aussitôt oublié : une ombre subite engloutit le premier rayon de ma gloire.

Étant devenu presque un personnage, la haute émigration me rechercha à Londres. Je fis mon chemin de rue en rue ; je quittai d'abord Holborn-Tottenham-Courtroad, et m'avançai jusque sur la route d'Hampstead. Là, je stationnai quelques mois chez madame O'Larry, veuve irlandaise, mère d'une très-jolie fille de quatorze ans et aimant tendrement les chats. Liés par cette conformité de passion, nous eûmes le malheur de perdre deux élégantes minettes, toutes blanches comme deux hermines, avec le bout de la queue noir.

Chez madame O'Larry venaient de vieilles voisines avec lesquelles j'étais obligé de prendre du thé à l'ancienne façon. Madame de Staël a peint cette scène dans *Corinne* chez lady Edgermond : « Ma chère, croyez-vous que l'eau soit assez bouillante pour la jeter sur le thé : — Ma chère, je crois que ce serait trop tôt[533]. »

Venait aussi à ces soirées une grande belle jeune irlandaise, Marie Neale, sous la garde d'un tuteur. Elle trouvait au fond de mon regard quelque blessure, car elle me disait : *You carry your hear in a sling* (vous portez votre cœur en écharpe). Je portais mon cœur je ne sais comment.

Madame O'Larry partit pour Dublin ; alors m'éloignant derechef du canton de la colonie de la pauvre émigration de l'est, j'arrivai, de logement en logement, jusqu'au quartier de la riche émigration de l'ouest, parmi les évêques, les familles de cour et les colons de la Martinique.

Peltier m'était revenu ; il s'était marié à la venvole ; toujours hâbleur, gaspillant son obligeance et fréquentant l'argent de ses voisins plus que leur personne.

Je fis plusieurs connaissances nouvelles, surtout dans la société où j'avais des rapports de famille : Christian de Lamoignon[534], blessé grièvement d'une jambe à l'affaire de Quiberon, et aujourd'hui mon collègue à la Chambre des pairs, devint mon ami. Il me présenta à madame

---

[533] Corinne, livre XIV, chapitre I.

[534] Anne-Pierre-Christian, vicomte de Lamoignon, né à Paris le 15 juin 1770, troisième fils de Chrétien-François de Lamoignon, marquis de Basville, ancien garde des sceaux, et de Marie-Élisabeth Berryer, fille de Nicolas-René Berryer, secrétaire d'État et garde des sceaux. En 1788, il embrassa la carrière des armes ; pendant l'émigration, il servit à l'armée des princes comme garde du corps et fit partie de l'expédition de Quiberon. À cette dernière affaire, atteint à la jambe d'un coup de feu qui l'avait étendu sur le sable, il ne dut la vie qu'à son frère Charles. Celui-ci le prit sur ses épaules, le porta dans une chaloupe et, s'arrachant aux bras qui voulaient le retenir : « Mon régiment, dit-il, doit se battre encore, je vais le rejoindre. » Fait prisonnier quelques heures après, Charles de Lamoignon fut fusillé le 2 août 1795. Ramené en Angleterre, le vicomte Christian souffrit longtemps de ses blessures, s'adonna aux lettres et se lia très étroitement avec Chateaubriand. De retour en France sous le consulat et devenu l'époux de Mlle Molé de Champlâtreux, il alla demeurer à Méry-sur-Oise, dans le château du président Molé, et le fit réparer d'après le goût du pays où il avait vécu si longtemps comme émigré. Louis XVIII le nomma pair de France, le 17 août 1815. Il avait un vrai talent d'écrivain, dont témoignent ses rapports à la Chambre haute. Celui qu'il fit, en 1816, sur le projet de loi portant abolition du divorce est particulièrement remarquable. Sa blessure de Quiberon s'étant rouverte dans ses dernières années, force lui fut de se confiner chez lui ; fidèle jusqu'au bout à ses devoirs, il se faisait porter au Luxembourg toutes les fois qu'il y croyait sa présence nécessaire. Il est mort, à Paris, le 21 mars 1827.

Lindsay, attachée à Auguste de Lamoignon, son frère[535] : le président Guillaume n'était pas emménagé de la sorte à Basville, entre Boileau, madame de Sévigné et Bourdaloue.

Madame Lindsay, Irlandaise d'origine, d'un esprit sec, d'une humeur un peu cassante, élégante de taille, agréable de figure, avait de la noblesse d'âme et de l'élévation de caractère : les émigrés de mérite passaient la soirée au foyer de la dernière des Ninon. La vieille monarchie périssait avec tous ses abus et toutes ses grâces. On la déterrera un jour, comme ces squelettes de reines, ornés de colliers, de bracelets, de pendants d'oreilles, qu'on exhume en Étrurie. Je rencontrai à ce rendez-vous M. Malouet[536] et madame du Belloy, femme digne d'attachement, le comte de Montlosier et le chevalier de Panat[537]. Ce dernier avait une réputation méritée d'esprit, de malpropreté et de gourmandise : il appartenait à ce parterre d'hommes de goût, assis autrefois les bras croisés devant la société française ; oisifs dont la mission était de tout regarder et de tout juger, ils exerçaient les fonctions qu'exercent maintenant les journaux, sans en avoir l'âpreté, mais aussi sans arriver à leur grande influence populaire.

---

[535] René-Chrétien-Auguste, marquis de Lamoignon, frère aîné de Christian, né à Paris, le 19 juin 1765. Il fut nommé conseiller au Parlement de Paris en 1787, émigra en Angleterre et, rentré en France sous le Consulat, se fixa dans ses terres de Saint-Ciers-la-Lande (Gironde). Sous la Restauration, les plus belles promesses ne purent le décider à venir à Paris. Louis-Philippe le nomma pair de France, le 11 octobre 1832, mais il continua de résider presque toujours à Saint-Ciers-la-Lande, où il mourut sans postérité, le 7 avril 1845.

[536] Pierre-Victor, baron Malouet, né à Riom, le 11 février 1740. Il était intendant de la marine, à Toulon, lorsque le tiers état de la sénéchaussée de Riom l'élut, sans scrutin et par acclamation, député aux États-généraux. Il s'y fit remarquer par son talent et son courage, non moins que par la fermeté de ses convictions royalistes. Après la journée du 10 août, il passa en Angleterre. Il rentra en France à l'époque du Consulat, fut nommé commissaire général de la marine à Anvers, en 1803, conseiller d'État et baron de l'Empire, en 1810. En 1812, il fut, par ordre de l'Empereur, exilé en Lorraine comme suspect de royalisme. Malgré l'état précaire de sa santé, il accepta du gouvernement provisoire, en 1814, les fonctions de commissaire au département de la Marine, dont Louis XVIII, à sa rentrée, lui remit le portefeuille ministériel. Mais il ne put résister au travail et aux préoccupations qu'imposait cette charge, et il mourut à la tâche, le 7 septembre 1814. Il n'avait aucune fortune ; le roi pourvut aux frais de ses funérailles. Ses Mémoires ont été publiés par son petit-fils, en 1868.

[537] Le chevalier de Panat, né en 1762, était frère de deux députés aux États-Généraux. Il servit dans la marine, émigra en 1792, se lia à Hambourg avec Rivarol, à Londres avec Malouet, Montlosier et Chateaubriand, rentra en France sous le Consulat et fut employé au ministère de la Marine. En 1814, il devint contre-amiral et secrétaire général de l'amirauté. C'est lui qui rédigea un petit ouvrage, publié en 1795, sous le nom d'un de ses camarades, et dans lequel on trouve des détails intéressants sur l'affaire de Quiberon, la Relation de Chaumereix, officier de marine échappé des prisons d'Auray et de Vannes. (Voir, au tome II, p. 456, des Mémoires de Malouet, la lettre du chevalier de Panat à Mallet du Pan.)

Montlosier était resté à cheval sur la renommée de sa fameuse phrase de la *croix de bois*, phrase un peu ratissée par moi quand je l'ai reproduite, mais vraie au fond[538]. En quittant la France, il se rendit à Coblentz : mal reçu des princes, il eut une querelle, se battit la nuit au bord du Rhin et fut embroché. Ne pouvant remuer et n'y voyant goutte, il demanda aux témoins si la pointe de l'épée passait par derrière : « De trois pouces, lui dirent ceux-ci qui tâtèrent. — Alors ce n'est rien, répondit Montlosier : monsieur, retirez votre botte. »

Montlosier, accueilli de la sorte pour son royalisme, passa en Angleterre et se réfugia dans les lettres, grand hôpital des émigrés où j'avais une paillasse auprès de la sienne. Il obtint la rédaction du *Courrier français*[539]. Outre son journal, il écrivait des ouvrages physico-politico-philosophiques : il prouvait dans l'une de ces œuvres que le bleu était la couleur de la vie par la raison que les veines bleuissent après la mort, la vie venant à la surface du corps pour s'évaporer et retourner au ciel bleu ; comme j'aime beaucoup le bleu, j'étais tout charmé.

Féodalement libéral, aristocrate et démocrate, esprit bigarré, fait de pièces et de morceaux, Montlosier accouche avec difficulté d'idées disparates ; mais s'il parvient à les dégager de leur délivre, elles sont quelquefois belles, surtout énergiques : antiprêtre comme noble, chrétien par sophisme et comme amateur des vieux siècles, il eût été, sous le paganisme, chaud partisan de l'indépendance en théorie et de l'esclavage en pratique, faisant jeter l'esclave aux murènes, au nom de la liberté du genre humain. Brise-raison, ergoteur, roide et hirsute, l'ancien député de la noblesse de Riom se permet néanmoins des condescendances au pouvoir ; il sait ménager ses intérêts, mais il ne souffre pas qu'on s'en aperçoive, et met à l'abri ses faiblesses d'homme derrière son honneur de gentilhomme. Je ne veux point dire du mal de mon *Auvernat fumeux*, avec ses romances du *Mont-d'Or* et sa polémique de la *Plaine* ; j'ai du goût pour sa personne hétéroclite. Ses longs développements obscurs et tournoiements d'idées, avec parenthèses, bruits de gorge et *oh ! oh !* chevrotants, m'ennuient (le ténébreux, l'embrouillé, le vaporeux, le pénible me sont abominables) ; mais, d'un autre côté, je suis diverti par ce naturaliste de volcans, ce Pascal manqué, cet orateur de montagnes qui pérore à la tribune comme ses petits

---

[538] Voici le texte de la fameuse phrase, où se reconnaît, en effet, la main de Chateaubriand : « Je ne crois pas, messieurs, quoi qu'on puisse faire, qu'on parvienne à forcer les évêques à quitter leur siège. Si on les chasse de leur palais, ils se retireront dans la cabane du pauvre qu'il ont nourri. Si on leur ôte une croix d'or, ils prendront une croix de bois ; c'est une croix de bois qui a sauvé le monde.»

[539] Ou plutôt, comme on l'a vu tout à l'heure, le Courrier de Londres. Ce journal auquel collaboraient Malouet, Lally-Tolendal et Mallet du Pan, était d'un ton assez modéré. Le comte d'Artois, qui le goûtait médiocrement, dit un jour à Montlosier : « Vous écrivez quelquefois des sottises. — J'en entends si souvent ! » répliqua celui que Chateaubriand appellera tout à l'heure son Auvernat fumeux.

compatriotes chantent au haut d'une cheminée ; j'aime ce gazetier de tourbières et de castels, ce libéral expliquant la Charte à travers une fenêtre gothique, ce seigneur pâtre quasi marié à sa vachère, semant lui-même son orge parmi la neige, dans son petit champ de cailloux : je lui saurai toujours gré de m'avoir consacré, dans son chalet du Puy-de-Dôme, une vieille roche noire, prise d'un cimetière des Gaulois par lui découvert[540].

L'abbé Delille, autre compatriote de Sidoine Apollinaire, du chancelier de l'Hospital, de La Fayette, de Thomas, de Chamfort, chassé du continent par le débordement des victoires républicaines, était venu aussi s'établir à Londres[541]. L'émigration le comptait avec orgueil dans ses rangs ; il chantait nos malheurs, raison de plus pour aimer sa muse. Il besognait beaucoup ; il le fallait bien, car madame Delille l'enfermait et ne le lâchait que quand il avait gagné sa journée par un certain nombre de vers. Un jour, j'étais allé chez lui ; il se fit attendre, puis il parut les joues fort rouges : on prétend que madame Delille le soufflettait ; je n'en sais rien ; je dis seulement ce que j'ai vu.

Qui n'a entendu l'abbé Delille dire ses vers ? Il racontait très-bien ; sa figure, laide, chiffonnée, animée par son imagination, allait à merveille à la nature coquette de son débit, au caractère de son talent et à sa profession d'abbé. Le chef-d'œuvre de l'abbé Delille est sa traduction des *Géorgiques,* aux morceaux de sentiment près ; mais c'est comme si vous lisiez Racine traduit dans la langue de Louis XV.

---

[540] Montlosier, dont Chateaubriand vient de tracer un si admirable portrait, fut, comme son compatriote, l'abbé de Pradt, un bonhomme très particulier. Après avoir été l'un des adversaires les plus ardents de la Révolution, après avoir, dans son livre sur la Monarchie française (1814), soutenu les théories les plus antidémocratiques, il attaqua, dans son fameux Mémoire à consulter (1826) et dans plusieurs autres écrits, les Jésuites, la Congrégation et le parti-prêtre, avec une âpreté qui lui valut d'être l'un des coryphées du parti libéral. En 1830, il collabora au Constitutionnel ; appelé, en 1832, à la Chambre des pairs, il y défendit la monarchie de juillet. Son premier livre avait été un Essai sur la théorie des volcans en Auvergne (1789) ; il fit paraître, en 1829, ses Mémoires sur la Révolution française, le Consulat, l'Empire, la Restauration et les principaux événements qui l'ont suivie. Ces très intéressants Mémoires sont malheureusement restés inachevés.

[541] Jacques Delille, né près d'Aigue-Perse, en Auvergne, le 22 juin 1738. Il émigra seulement en 1795, et se réfugia à Bâle. Après deux ans de séjour en Suisse, il se rendit à Brunswick et de là à Londres, où il traduisit le Paradis perdu, et donna une seconde édition des Jardins, enrichie de nouveaux épisodes et de la description des parcs qu'il avait eu occasion de voir en Allemagne et en Angleterre. Rentré en France sous le Consulat, il publia successivement, avec une vogue ininterrompue, la Pitié, 1803 ; l'Énéide, 1804 ; le Paradis perdu, 1805 ; l'Imagination, 1806 ; les Trois règnes de la nature, 1809 ; la Conversation, 1812. C'était le fruit des vingt années précédentes. Il mourut d'apoplexie dans la nuit du 1er au 2 mai 1813. Son corps resta exposé pendant plusieurs jours au Collège de France, sur un lit de parade, la tête couronnée de laurier, le visage légèrement peint. Paris lui fit des funérailles triomphales.

La littérature du XVIIIe siècle, à part quelques beaux génies qui la dominent, cette littérature, placée entre la littérature classique du XVIIe siècle et la littérature romantique du XIXe, sans manquer de naturel, manque de nature ; vouée à des arrangements de mots, elle n'est ni assez originale comme école nouvelle, ni assez pure comme école antique. L'abbé Delille était le poète des châteaux modernes, de même que le troubadour était le poète des vieux châteaux ; les vers de l'un, les ballades de l'autre, font sentir la différence qui existait entre l'aristocratie dans la force de l'âge et l'aristocratie dans la décrépitude : l'abbé peint des lectures et des parties d'échecs dans les manoirs où les troubadours chantaient des croisades et des tournois.

Les personnages distingués de notre Église militante étaient alors en Angleterre : l'abbé Carron, dont je vous ai déjà parlé en lui empruntant la vie de ma sœur Julie ; l'évêque de Saint-Pol-de-Léon[542], prélat sévère et borné, qui contribuait à rendre M. le comte d'Artois de plus en plus étranger à son siècle ; l'archevêque d'Aix[543], calomnié peut-être à cause de ses succès dans le monde ; un autre évêque savant et pieux, mais d'une telle avarice, que s'il avait eu le malheur de perdre son âme, il ne l'aurait jamais rachetée. Presque tous les avares sont gens d'esprit : il faut que je sois bien bête.

Parmi les Françaises de l'ouest, on nommait madame de Boigne, aimable, spirituelle, remplie de talents, extrêmement jolie et la plus jeune de toutes ; elle a depuis représenté avec son père, le marquis d'Osmond[544], la cour de France en Angleterre, bien mieux que ma sauvagerie ne l'a fait. Elle écrit maintenant, et ses talents reproduiront à merveille ce qu'elle a vu[545].

---

[542] Jean-François de la Marche, évêque et comte de Léon, né en 1729 au manoir de Kerfort, paroisse d'Ergué-Gaberic, mort à Londres, le 25 novembre 1805.

[543] Jean-de-Dieu-Raymond de Boisgelin de Cucé, né à Rennes le 17 février 1732. Évêque de Lavaur (1766), archevêque d'Aix (1770), membre de l'Académie française (1776), élu député du clergé aux États-Généraux par la sénéchaussée d'Aix (1789), il émigra en Angleterre en 1791 et fit paraître à Londres une traduction des psaumes en vers français. Après le Concordat, il fut nommé archevêque de Tours et cardinal, et mourut le 22 août 1804.

[544] Le marquis d'Osmond (1751-1838) était ambassadeur de France à la Haye, lorsqu'éclata la Révolution. Nommé à l'ambassade de Saint-Pétersbourg en 1791, il donna sa démission avant d'avoir rejoint ce poste, et émigra. Sous l'Empire, il accepta de Napoléon diverses missions diplomatiques. La première Restauration le fit ambassadeur à Turin. Pair de France le 17 août 1815, il fut ambassadeur à Londres du 29 novembre 1815 au 2 janvier 1819.

[545] Mlle d'Osmond avait épousé le comte de Boigne, qui, après avoir guerroyé, dans l'Inde, au service d'un prince mahratte, était revenu en Europe avec d'immenses richesses. C'était une femme de beaucoup d'esprit. Elle avait composé, aux environs de 1817, quelques romans, dont le principal a pour titre Une Passion dans le grand monde, et qui ne furent publiés qu'après sa mort, sous le second Empire. Ces romans d'Outre-tombe parurent alors étrangement

Mesdames de Caumont[546], de Gontaut[547] et du Cluzel habitaient aussi le quartier des félicités exilées, si toutefois je ne fais pas de confusion à l'égard de madame de Caumont et de madame du Cluzel, que j'avais entrevues à Bruxelles.

Très-certainement, à cette époque, madame la duchesse de Duras était à Londres : je ne devais la connaître que dix ans plus tard. Que de fois on passe dans la vie à côté de ce qui en ferait le charme, comme le navigateur franchit les eaux d'une terre aimée du ciel, qu'il n'a manquée que d'un horizon et d'un jour de voile ! J'écris ceci au bord de la Tamise, et demain une lettre ira dire, par la poste, à madame de Duras, au bord de la Seine, que j'ai rencontré son premier souvenir.

---

démodés et n'eurent aucun succès. — Cette mauvaise langue de Thiébault ne laisse pas, dans ses Mémoires, de médire quelque peu Mme de Boigne. « Le comte O'Connell, dit-il, avait sorti M. et Mme d'Osmond d'une profonde misère, en mariant Mlle d'Osmond avec un M. de Boigne. Ce de Boigne, après avoir été généralissime dans l'Inde, en avait rapporté une fortune colossale, et, pour l'honneur de s'allier à des gens titrés, il avait ajouté à la plus magnifique des corbeilles, douze mille livres de rentes pour son beau-père et sa belle-mère, et six mille pour son beau-frère, petit diable gringalet, auquel on n'avait pas de quoi donner des souliers. Encore si, pour prix de semblables bienfaits, ce pauvre M. de Boigne avait trouvé, fût-ce même à défaut du bonheur, une situation tolérable ; mais la mère d'Osmond, mais sa fille le persécutèrent à ce point qu'il fut obligé d'abord de déserter la maison conjugale, puis Paris où il comptait résider, et que, forcé de renoncer à tout intérieur, à toute famille, à la consolation même d'avoir des enfants, mais laissant à sa femme cent mille livres de revenus, il se réfugia en Savoie, sa patrie ; on sait tout le bien qu'il a fait et les utiles établissements qu'il y a fondés et qui perpétueront la mémoire de cet homme excellent, fort loin d'être sans mérite et à tous égards digne d'un sort moins triste... Les cent mille livres servies par le mari n'eurent d'autre fin que de couvrir d'un vernis d'or les désordres de la femme. » Mémoires du général baron Thiébault, t. III, p. 538.

[546] Marie-Constance de Lamoignon (1774-1823). Elle avait épousé François-Philibert-Bertrand Nompar de Caumont, marquis de la Force. Norvins, en parle ainsi dans son Mémorial, tome I, page 137 : « Mme de Caumont-la-Force, que je vis marier et qui a été si longtemps la plus jolie femme de Paris. »

[547] La duchesse de Gontaut, née en 1773, était fille du comte de Montault-Navailles. Elle émigra avec sa mère à la fin de 1790 et, après quatre années passées en Allemagne et en Hollande, elle se réfugia en Angleterre, où elle resta jusqu'en 1814. Peu après son arrivée à Londres, en 1794, elle y épousa le vicomte de Gontaut-Biron. Sous la Restauration, après la naissance du duc de Bordeaux, elle fut nommée gouvernante des Enfants de France. En 1826, le roi lui donna le rang et le titre de duchesse. Elle s'exila de nouveau en 1830, pour suivre la famille royale, d'abord en Angleterre, puis en Allemagne.

Au mois d'avril 1834, elle rentra en France, non que son dévouement eût faibli, mais parce que l'expression de ce dévouement, toujours franche et vive, avait contrarié certaines influences, devenues toutes puissantes auprès de Charles X. — Les Mémoires de madame la duchesse de Gontaut ont été publiés en 1891.

De temps en temps la Révolution nous envoyait des émigrés d'une espèce et d'une opinion nouvelles ; il se formait diverses couches d'exilés : la terre renferme des lits de sable ou d'argile déposés par les flots du déluge. Un de ces flots m'apporta un homme dont je déplore aujourd'hui la perte, un homme qui fut mon guide dans les lettres, et de qui l'amitié a été un des honneurs comme une des consolations de ma vie.

On a lu, dans un des livres de ces *Mémoires*, que j'avais connu M. de Fontanes[548] en 1789 : c'est à Berlin, l'année dernière, que j'appris la nouvelle de sa mort. Il était né à Niort, d'une famille noble et protestante : son père avait eu le malheur de tuer en duel son beau-frère. Le jeune Fontanes, élevé par un frère d'un grand mérite, vint à Paris. Il vit mourir Voltaire, et ce grand représentant du XVIIIe siècle lui inspira ses premiers vers : ses essais poétiques furent remarqués de La Harpe. Il entreprit quelques travaux pour le théâtre, et se lia avec une actrice charmante, mademoiselle Desgarcins. Logé auprès de l'Odéon, en errant autour de la Chartreuse, il en célébra la solitude. Il avait rencontré un ami destiné à devenir le mien, M. Joubert. La Révolution arrivée, le poète s'engagea dans un de ces partis stationnaires qui meurent toujours déchirés par le parti du progrès qui les tire en avant, et le parti rétrograde qui les tire en arrière. Les monarchiens attachèrent M. de Fontanes à la rédaction du *Modérateur*. Quand les jours devinrent mauvais, il se réfugia à Lyon et s'y maria. Sa femme accoucha d'un fils : pendant le siège de la ville que les révolutionnaires avaient nommée *Commune affranchie,* de même que Louis XI, en en bannissant les citoyens, avait appelé Arras *Ville franchise,* madame de Fontanes était obligée de changer de place le berceau de son nourrisson pour le mettre à l'abri des bombes. Retourné à Paris le 9 thermidor, M. de Fontanes établit le *Mémorial*[549] avec M. de La Harpe et l'abbé de Vauxelles. Proscrit au 18 fructidor, l'Angleterre fut son port de salut.

M. de Fontanes a été, avec Chénier, le dernier écrivain de l'école classique de la branche aînée : sa prose et ses vers se ressemblent et ont un

---

[548] Jean-Pierre-Louis de Fontanes, né à Niort le 6 mars 1757. Député au Corps législatif de 1802 à 1810, président de cette Assemblée de 1804 à la fin de 1808, membre du Sénat conservateur de 1810 à 1814, pair de France de 1814 à 1821, sauf pendant la période des Cent-Jours ; grand-maître de l'Université de 1808 à 1815 ; membre de l'Académie française. Napoléon l'avait nommé comte de l'Empire, le 3 juin 1808 ; Louis XVIII, par lettres patentes du 31 août 1817, lui conféra le titre de marquis.

[549] Le Mémorial historique, politique et littéraire, par MM. La Harpe, Vauxelles et Fontanes, fondé le 1er prairial an V (20 mai 1797), supprimé le 18 fructidor (4 septembre) de la même année. Malgré sa courte durée, ce journal jeta le plus vif éclat. Fontanes, le très spirituel abbé de Vauxelles, et La Harpe ont publié dans cette feuille des articles du plus rare mérite. Ceux de La Harpe surtout sont des chefs-d'œuvre. Qui voudra connaître jusqu'où pouvait s'élever son talent devra lire le Mémorial.

mérite de même nature. Ses pensées et ses images ont une mélancolie ignorée du siècle de Louis XIV, qui connaissait seulement l'austère et sainte tristesse de l'éloquence religieuse. Cette mélancolie se trouve mêlée aux ouvrages du chantre du *Jour des Morts,* comme l'empreinte de l'époque où il a vécu ; elle fixe la date de sa venue ; elle montre qu'il est né depuis J.-J. Rousseau, tenant par son goût à Fénelon. Si l'on réduisait les écrits de M. de Fontanes à deux très petits volumes, l'un de prose, l'autre de vers, ce serait le plus élégant monument funèbre qu'on pût élever sur la tombe de l'école classique[550].

Parmi les papiers que mon ami a laissés, se trouvent plusieurs chants du poème de *la Grèce sauvée,* des livres d'odes, des poésies diverses, etc. Il n'eût plus rien publié lui-même : car ce critique si fin, si éclairé, si impartial lorsque les opinions politiques ne l'aveuglaient pas, avait une frayeur horrible de la critique. Il a été souverainement injuste envers madame de Staël. Un article envieux de Garat, sur la *Forêt de Navarre,* pensa l'arrêter net au début de sa carrière poétique. Fontanes, en paraissant, tua l'école affectée de Dorat, mais il ne put rétablir l'école classique qui touchait à son terme avec la langue de Racine.

Parmi les odes posthumes de M. de Fontanes, il en est une sur l'*Anniversaire de sa naissance :* elle a tout le charme du *Jour des Morts,* avec un sentiment plus pénétrant et plus individuel. Je ne me souviens que de ces deux strophes :

> La vieillesse déjà vient avec ses souffrances :
> Que m'offre l'avenir ? De courtes espérances.
> Que m'offre le passé ? Des fautes, des regrets.
> Tel est le sort de l'homme ; il s'instruit avec l'âge :
> Mais que sert d'être sage,
> Quand le terme est si près ?
>
> Le passé, le présent, l'avenir, tout m'afflige.
> La vie à son déclin est pour moi sans prestige ;
> Dans le miroir du temps elle perd ses appas.
> Plaisirs ! allez chercher l'amour et la jeunesse ;
> Laissez-moi ma tristesse,
> Et ne l'insultez pas !

Si quelque chose au monde devait être antipathique à M. de Fontanes, c'était ma manière d'écrire. En moi commençait, avec l'école dite romantique, une révolution dans la littérature française : toutefois, mon ami, au lieu de se révolter contre ma barbarie, se passionna pour elle. Je

---

[550] Il vient d'être élevé par la piété filiale de madame Christine de Fontanes ; M. de Sainte-Beuve a orné de son ingénieuse notice le fronton du monument. (Paris, note de 1839) Ch.

voyais bien de l'ébahissement sur son visage quand je lui lisais des fragments des *Natchez*, d'*Atala*, de *René ;* il ne pouvait ramener ces productions aux règles communes de la critique, mais il sentait qu'il entrait dans un monde nouveau ; il voyait une nature nouvelle ; il comprenait une langue qu'il ne parlait pas. Je reçus de lui d'excellents conseils ; je lui dois ce qu'il y a de correct dans mon style ; il m'apprit à respecter l'oreille ; il m'empêcha de tomber dans l'extravagance d'invention et le rocailleux d'exécution de mes disciples.

Ce me fut un grand bonheur de le revoir à Londres, fêté de l'émigration ; on lui demandait des chants de *la Grèce sauvée ;* on se pressait pour l'entendre. Il se logea auprès de moi ; nous ne nous quittions plus. Nous assistâmes ensemble à une scène digne de ces temps d'infortune : Cléry, dernièrement débarqué, nous lut ses *Mémoires* manuscrits. Qu'on juge de l'émotion d'un auditoire d'exilés, écoutant le valet de chambre de Louis XVI raconter, témoin oculaire, les souffrances et la mort du prisonnier du Temple ! Le Directoire, effrayé des *Mémoires* de Cléry, en publia une édition interpolée, dans laquelle il faisait parler l'auteur comme un laquais, et Louis XVI comme un portefaix : entre les turpitudes révolutionnaires, celle-ci est peut-être une des plus sales[551].

UN PAYSAN VENDÉEN.

M. du Theil[552], chargé des affaires de M. le comte d'Artois à Londres, s'était hâté de chercher Fontanes : celui-ci me pria de le conduire chez l'agent des princes. Nous le trouvâmes environné de tous ces défenseurs du

---

[551] Les Mémoires de Cléry, valet de chambre de Louis XVI, parurent à Londres, en 1799, sous ce titre : Journal de ce qui s'est passé à la Tour du Temple pendant la captivité de Louis XVI, roi de France. La même année, MM. Giguet et Michaud les imprimèrent en France. Afin de détruire le puissant intérêt qui s'attachait à cette publication, le Directoire fit répandre une fausse édition intitulée : Mémoires de M. Cléry sur la détention de Louis XVI. L'auteur du libelle, non content de dénaturer les faits, l'avait semé de traits odieux contre le malheureux prince et la famille royale. Dès que Cléry en eut connaissance, il protesta avec indignation. Sa réclamation parut au mois de juillet 1801, dans le Spectateur du Nord, qui se publiait à Hambourg.

[552] Jean-François du Theil, né vers 1760, mort en 1822. Émigré en 1790, il était revenu en 1792, pendant la captivité de Louis XVI, et s'était exposé aux plus grands dangers pour communiquer avec le Roi ; il avait même été arrêté dans la prison du Temple, et c'est par une sorte de miracle qu'il s'était tiré de cette arrestation. Il avait dû alors retourner en Allemagne. En 1795, il accompagna le comte d'Artois dans l'expédition de l'île d'Yeu. Revenu avec lui en Angleterre, il fut chargé, conjointement avec le duc d'Harcourt, des affaires du Prince et de celles du comte de Provence auprès du gouvernement anglais. Il ne rentra en France qu'en 1814, et mourut dans le dénuement. (Léonce Pingaud, Correspondance intime du comte de Vaudreuil et du comte d'Artois pendant l'émigration (1789-1815), tome II, page 298.)

trône et de l'autel qui battaient les pavés de Piccadilly, d'une foule d'espions et de chevaliers d'industrie échappés de Paris sous divers noms et divers déguisements, et d'une nuée d'aventuriers belges, allemands, irlandais, vendeurs de contre-révolution. Dans un coin de cette foule était un homme de trente à trente-deux ans qu'on ne regardait point, et qui ne faisait lui-même attention qu'à une gravure de la mort du général Wolfe[553]. Frappé de son air, je m'enquis de sa personne : un de mes voisins me répondit : « Ce n'est rien ; c'est un paysan vendéen, porteur d'une lettre de ses chefs. »

Cet homme, *qui n'était rien,* avait vu mourir Cathelineau, premier général de la Vendée et paysan comme lui ; Bonchamps, en qui revivait Bayard ; Lescure, armé d'un cilice non à l'épreuve de la balle ; d'Elbée, fusillé dans un fauteuil, ses blessures ne lui permettant pas d'embrasser la mort debout ; La Rochejaquelein, dont les patriotes ordonnèrent de *vérifier* le cadavre, afin de rassurer la Convention au milieu de ses victoires. Cet homme, *qui n'était rien,* avait assisté à deux cents prises et reprises de villes, villages et redoutes, à sept cents actions particulières et à dix-sept batailles rangées ; il avait combattu trois cent mille hommes de troupes réglées, six à sept cent mille réquisitionnaires et gardes nationaux ; il avait aidé à enlever cent pièces de canon et cinquante mille fusils ; il avait traversé les *colonnes infernales,* compagnies d'incendiaires commandées par des Conventionnels ; il s'était trouvé au milieu de l'océan de feu qui, à trois reprises, roula ses vagues sur les bois de la Vendée ; enfin, il avait vu périr trois cent mille Hercules de charrue, compagnons de ses travaux, et se changer en un désert de cendres cent lieues carrées d'un pays fertile.

Les deux Frances se rencontrèrent sur ce sol nivelé par elles. Tout ce qui restait de sang et de souvenir dans la France des Croisades lutta contre ce qu'il y avait de nouveau sang et d'espérances dans la France de la Révolution. Le vainqueur sentit la grandeur du vaincu. Turreau, général des républicains, déclarait que « les Vendéens seraient placés dans l'histoire au premier rang des peuples soldats ». Un autre général écrivait à Merlin de Thionville : « Des troupes qui ont battu de tels Français peuvent

---

[553] Wolfe (1726-1759), général anglais, célèbre surtout pour s'être emparé, le 13 septembre 1759, de la ville de Québec, dont la perte entraîna pour nous celle du Canada. Dans la bataille qui amena la prise de la ville, Wolfe fut tué à la tête de ses grenadiers qu'il menait lui-même à la charge, pendant que, de son côté, le commandant français, l'héroïque Montcalm, tombait mortellement blessé. La victoire de Québec provoqua en Angleterre un immense enthousiasme. Le Parlement vota un monument, à Westminster, pour le général Wolfe, enseveli dans son triomphe. Le tableau de la Mort du général Wolfe, par le peintre Benjamin West (1766), eut dans toute la Grande-Bretagne un succès populaire. La gravure en fut bientôt à tous les foyers. Elle ne laissa pas de se répandre en France même, et je me souviens de l'avoir vue dans mon enfance, en plus d'un vieux logis.

bien se flatter de battre tous les autres peuples. » Les légions de Probus, dans leur chanson, en disaient autant de nos pères. Bonaparte appela les combats de la Vendée « des combats de géants ».

Dans la cohue du parloir, j'étais le seul à considérer avec admiration et respect le représentant de ces anciens *Jacques* qui, tout en brisant le joug de leurs seigneurs, repoussaient, sous Charles V, l'invasion étrangère : il me semblait voir un enfant de ces communes du temps de Charles VII, lesquelles, avec la petite noblesse de province, reconquirent pied à pied, de sillon en sillon, le sol de la France. Il avait l'air indifférent du sauvage ; son regard était grisâtre et inflexible comme une verge de fer ; sa lèvre inférieure tremblait sur ses dents serrées ; ses cheveux descendaient de sa tête en serpents engourdis, mais prêts à se redresser ; ses bras, pendant à ses côtés, donnaient une secousse nerveuse à d'énormes poignets tailladés de coups de sabre ; on l'aurait pris pour un scieur de long. Sa physionomie exprimait une nature populaire, rustique, mise, par la puissance des mœurs, au service d'intérêts et d'idées contraires à cette nature ; la fidélité native du vassal, la simple foi du chrétien, s'y mêlaient à la rude indépendance plébéienne accoutumée à s'estimer et à se faire justice. Le sentiment de sa liberté paraissait n'être en lui que la conscience de la force de sa main et de l'intrépidité de son cœur. Il ne parlait pas plus qu'un lion ; il se grattait comme un lion, bâillait comme un lion, se mettait sur le flanc comme un lion ennuyé, et rêvait apparemment de sang et de forêts.

Quels hommes dans tous les partis que les Français d'alors, et quelle race aujourd'hui nous sommes ! Mais les républicains avaient leur principe en eux, au milieu d'eux, tandis que le principe des royalistes était hors de France. Les Vendéens députaient vers les exilés ; les géants envoyaient demander des chefs aux pygmées. L'agreste messager que je contemplais avait saisi la Révolution à la gorge, il avait crié : « Entrez ; passez derrière moi ; elle ne vous fera aucun mal ; elle ne bougera pas ; je la tiens. » Personne ne voulut passer : alors Jacques Bonhomme relâcha la Révolution, et Charette brisa son épée.

PROMENADES AVEC FONTANES.

Tandis que je faisais ces réflexions à propos de ce laboureur, comme j'en avais fait d'une autre sorte à la vue de Mirabeau et de Danton, Fontanes obtenait une audience particulière de celui qu'il appelait plaisamment le *contrôleur général des finances :* il en sortit fort satisfait, car M. du Theil avait promis d'encourager la publication de mes ouvrages, et Fontanes ne pensait qu'à moi. Il n'était pas possible d'être meilleur homme : timide en ce qui le regardait, il devenait tout courage pour l'amitié ; il me le prouva lors de ma démission à l'occasion de la mort du duc d'Enghien. Dans la conversation il éclatait en colères littéraires risibles. En politique, il déraisonnait ; les crimes conventionnels lui avaient donné l'horreur de la liberté. Il détestait les journaux, la philosophaillerie, l'idéologie, et il communiqua cette haine à Bonaparte, quand il s'approcha du maître de l'Europe.

Nous allions nous promener dans la campagne ; nous nous arrêtions sous quelques-uns de ces larges ormes répandus dans les prairies. Appuyé contre le tronc de ces ormes, mon ami me contait son ancien voyage en Angleterre avant la Révolution, et les vers qu'il adressait alors à deux jeunes ladies, devenues vieilles à l'ombre des tours de Westminster ; tours qu'il retrouvait debout comme il les avait laissées, durant qu'à leur base s'étaient ensevelies les illusions et les heures de sa jeunesse.

Nous dînions souvent dans quelque taverne solitaire à Chelsea, sur la Tamise, en parlant de Milton et de Shakespeare : ils avaient vu ce que nous voyions ; ils s'étaient assis, comme nous, au bord de ce fleuve, pour nous fleuve étranger, pour eux fleuve de la patrie. Nous rentrions de nuit à Londres, aux rayons défaillants des étoiles, submergées l'une après l'autre dans le brouillard de la ville. Nous regagnions notre demeure, guidés par d'incertaines lueurs qui nous traçaient à peine la route à travers la fumée de charbon rougissant autour de chaque réverbère : ainsi s'écoule la vie du poète.

Nous vîmes Londres en détail : ancien banni, je servais de *cicerone* aux nouveaux réquisitionnaires de l'exil que la Révolution prenait, jeunes ou vieux : il n'y a point d'âge légal pour le malheur. Au milieu d'une de ces excursions, nous fûmes surpris d'une pluie mêlée de tonnerre et forcés de nous réfugier dans l'allée d'une chétive maison dont la porte se trouvait ouverte par hasard. Nous y rencontrâmes le duc de Bourbon : je vis pour la première fois, à ce Chantilly, un prince qui n'était pas encore le dernier des Condé.

Le duc de Bourbon, Fontanes et moi également proscrits, cherchant en terre étrangère, sous le toit du pauvre, un abri contre le même orage ! *Fata viam invenient.*

Fontanes fut rappelé en France. Il m'embrassa en faisant des vœux pour notre prochaine réunion. Arrivé en Allemagne, il m'écrivit la lettre suivante :

« 28 juillet 1798.

« Si vous avez senti quelques regrets à mon départ de Londres, je vous jure que les miens n'ont pas été moins réels. Vous êtes la seconde personne à qui, dans le cours de ma vie, j'aie trouvé une imagination et un cœur à ma façon. Je n'oublierai jamais les consolations que vous m'avez fait trouver dans l'exil et sur une terre étrangère. Ma pensée la plus chère et la plus constante, depuis que je vous ai quitté, se tourne sur les *Natchez*. Ce que vous m'en avez lu, et surtout dans les derniers jours, est admirable, et ne sortira plus de ma mémoire. Mais le charme des idées poétiques que vous m'avez laissées a disparu un moment à mon arrivée en Allemagne.

« Les plus affreuses nouvelles de France ont succédé à celles que je vous avais montrées en vous quittant. J'ai été cinq ou six jours dans les plus cruelles perplexités. Je craignais même des persécutions contre ma famille. Mes terreurs sont aujourd'hui fort diminuées. Le mal même n'a été que fort léger ; on menace plus qu'on ne frappe, et ce n'était pas à ceux de ma *date* qu'en voulaient les exterminateurs. Le dernier courrier m'a porté des assurances de paix et de bonne volonté. Je puis continuer ma route, et je vais me mettre en marche dès les premiers jours du mois prochain. Mon séjour sera fixé près de la forêt de Saint-Germain, entre ma famille, la Grèce et mes livres, que ne puis-je dire aussi les *Natchez* ! L'orage inattendu qui vient d'avoir lieu à Paris est causé, j'en suis sûr, par l'étourderie des agents et des chefs que vous connaissez. J'en ai la preuve évidente entre les mains. D'après cette certitude, j'écris *Great-Pulteney-street* (rue où demeurait M. du Theil), avec toute la politesse possible, mais aussi avec tous les ménagements qu'exige la prudence. Je veux éviter toute correspondance au moins prochaine, et je laisse dans le plus grand doute sur le parti que je dois prendre et sur le séjour que je veux choisir.

« Au reste, je parle encore de vous avec l'accent de l'amitié, et je souhaite du fond du cœur que les espérances d'utilité qu'on peut fonder sur moi réchauffent les bonnes dispositions qu'on m'a témoignées à cet égard, et qui sont si bien dues à votre personne et à vos grands talents. Travaillez, travaillez, mon cher ami, devenez illustre. Vous le pouvez : l'avenir est à vous. J'espère que la parole si souvent donnée par le *contrôleur général des finances* est au moins acquittée en partie. Cette partie me console, car je ne puis soutenir l'idée qu'un bel ouvrage est arrêté faute de quelques secours. Écrivez-moi ; que nos cœurs communiquent, que nos muses soient toujours amies. Ne doutez pas que, lorsque je pourrai me promener librement dans ma patrie, je ne vous y prépare une ruche et des fleurs à côté des miennes. Mon attachement est inaltérable. Je serai seul tant que je ne serai point auprès de vous. Parlez-moi de vos travaux. Je veux vous réjouir en finissant : j'ai fait la moitié d'un nouveau chant sur les bords de l'Elbe, et j'en suis plus content que de tout le reste.

« Adieu, je vous embrasse tendrement, et suis votre ami.

« FONTANES[554]. »

Fontanes m'apprend qu'il faisait des vers en changeant d'exil. On ne peut jamais tout ravir au poète ; il emporte avec lui sa lyre. Laissez au cygne ses ailes ; chaque soir, des fleuves inconnus répéteront les plaintes mélodieuses qu'il eût mieux aimé faire entendre à l'Eurotas.

L'avenir est à vous : Fontanes disait-il vrai ? Dois-je me féliciter de sa prédiction ? Hélas ! cet avenir annoncé est déjà passé : en aurai-je un autre ?

---

554 Voir, à l'Appendice, le no III : Fontanes et Chateaubriand.

Cette première et affectueuse lettre du premier ami que j'aie compté dans ma vie, et qui depuis la date de cette lettre a marché vingt-trois ans à mes côtés, m'avertit douloureusement de mon isolement progressif. Fontanes n'est plus ; un chagrin profond, la mort tragique d'un fils, l'a jeté dans la tombe avant l'heure[555]. Presque toutes les personnes dont j'ai parlé dans ces *Mémoires* ont disparu ; c'est un registre obituaire que je tiens. Encore quelques années, et moi, condamné à cataloguer les morts, je ne laisserai personne pour inscrire mon nom au livre des absents.

Mais s'il faut que je reste seul, si nul être qui m'aima ne demeure après moi pour me conduire à mon dernier asile, moins qu'un autre j'ai besoin de guide : je me suis enquis du chemin, j'ai étudié les lieux où je dois passer, j'ai voulu voir ce qui arrive au dernier moment. Souvent, au bord d'une fosse dans laquelle on descendait une bière avec des cordes, j'ai entendu le râlement de ces cordes ; ensuite, j'ai ouï le bruit de la première pelletée de terre tombant sur la bière : à chaque nouvelle pelletée, le bruit creux diminuait ; la terre, en comblant la sépulture, faisait peu à peu monter le silence éternel à la surface du cercueil.

Fontanes ! vous m'avez écrit : *Que nos muses soient toujours amies ;* vous ne m'avez pas écrit en vain.

LIVRE IX[556]

Alloquar ? audiero nunquam tua verba loquentem ?
Nunquam ego te, vita frater amabilior,
Aspiciam posthac ? at, certe, semper amabo ?

« Ne te parlerai-je plus ? jamais n'entendrai-je tes paroles ? Jamais, frère plus aimable que la vie, ne te verrai-je ? Ah ! toujours je t'aimerai ! »

Je viens de quitter un ami, je vais quitter une mère : il faut toujours répéter les vers que Catulle adressait à son frère. Dans notre vallée de larmes, ainsi qu'aux enfers, il est je ne sais quelle plainte éternelle, qui fait le fond ou la note dominante des lamentations humaines ; on l'entend sans cesse, et elle continuerait quand toutes les douleurs créées viendraient à se taire.

Une lettre de Julie, que je reçus peu de temps après celle de Fontanes, confirmait ma triste remarque sur mon isolement progressif : Fontanes m'invitait *à travailler, à devenir illustre ;* ma sœur m'engageait à *renoncer à écrire ;* l'un me proposait la gloire, l'autre l'oubli. Vous avez vu dans l'histoire de madame de Farcy qu'elle était dans ce train d'idées ; elle avait

---

[555] Fontanes mourut le 17 mars 1821. Dès qu'il s'était senti frappé, il avait fait demander un prêtre. Celui-ci vint dans la nuit ; le malade, en l'entendant, se réveilla de son assoupissement, et, en réponse aux questions, s'écria avec ferveur : « Ô mon Jésus ! mon Jésus ! » Le poète du Jour des Morts et de la Chartreuse, l'ami de Chateaubriand, mourut en chrétien.

[556] Ce livre a été écrit à Londres, d'avril à septembre 1822. Il a été revu en février 1845.

pris la littérature en haine, parce qu'elle la regardait comme une des tentations de sa vie.

« Saint-Servan, 1er juillet 1798.

« Mon ami, nous venons de perdre la meilleure des mères ; je t'annonce à regret ce coup funeste. Quand tu cesseras d'être l'objet de nos sollicitudes, nous aurons cessé de vivre. Si tu savais combien de pleurs tes erreurs ont fait répandre à notre respectable mère, combien elles paraissent déplorables à tout ce qui pense et fait profession non-seulement de piété, mais de raison ; si tu le savais, peut-être cela contribuerait-il à t'ouvrir les yeux, à te faire renoncer à écrire ; et si le ciel touché de nos vœux, permettait notre réunion, tu trouverais au milieu de nous tout le bonheur qu'on peut goûter sur la terre ; tu nous donnerais ce bonheur, car il n'en est point pour nous tandis que tu nous manques et que nous avons lieu d'être inquiètes de ton sort. »

Ah ! que n'ai-je suivi le conseil de ma sœur ! Pourquoi ai-je continué d'écrire ? Mes écrits de moins dans mon siècle, y aurait-il eu quelque chose de changé aux événements et à l'esprit de ce siècle ?

Ainsi, j'avais perdu ma mère ; ainsi, j'avais affligé l'heure suprême de sa vie ! Tandis qu'elle rendait le dernier soupir loin de son dernier fils, en priant pour lui, que faisais-je à Londres ! Je me promenais peut-être par une fraîche matinée, au moment où les sueurs de la mort couvraient le front maternel et n'avaient pas ma main pour les essuyer !

La tendresse filiale que je conservais pour madame de Chateaubriand était profonde. Mon enfance et ma jeunesse se liaient intimement au souvenir de ma mère. L'idée d'avoir empoisonné les vieux jours de la femme qui me porta dans ses entrailles me désespéra : je jetai au feu avec horreur des exemplaires de l'*Essai*, comme l'instrument de mon crime ; s'il m'eût été possible d'anéantir l'ouvrage, je l'aurais fait sans hésiter. Je ne me remis de ce trouble que lorsque la pensée m'arriva d'expier mon premier ouvrage par un ouvrage religieux : telle fut l'origine du *Génie du christianisme*.

« Ma mère, » ai-je dit dans la première préface de cet ouvrage, « après avoir été jetée à soixante-douze ans dans des cachots où elle vit périr une partie de ses enfants, expira enfin sur un grabat, où ses malheurs l'avaient reléguée. Le souvenir de mes égarements répandit sur ses derniers jours une grande amertume ; elle chargea, en mourant, une de mes sœurs de me rappeler à cette religion dans laquelle j'avais été élevé. Ma sœur me manda le dernier vœu de ma mère. Quand la lettre me parvint au delà des mers, ma sœur elle-même n'existait plus ; elle était morte aussi des suites de son emprisonnement. Ces deux voix sorties du tombeau, cette mort qui servait d'interprète à la mort, m'ont frappé. Je suis devenu chrétien. Je n'ai point cédé, j'en conviens, à de grandes lumières surnaturelles : ma conviction est sortie du cœur ; j'ai pleuré et j'ai cru. »

Je m'exagérais ma faute ; l'*Essai* n'était pas un livre impie, mais un livre de doute et de douleur. À travers les ténèbres de cet ouvrage, se glisse un rayon de la lumière chrétienne qui brilla sur mon berceau. Il ne fallait pas un grand effort pour revenir du scepticisme de l'*Essai* à la certitude du *Génie du christianisme*.

Lorsque après la triste nouvelle de la mort de madame de Chateaubriand, je me résolus à changer subitement de voie, le titre de *Génie du christianisme* que je trouvai sur-le-champ m'inspira ; je me mis à l'ouvrage ; je travaillai avec l'ardeur d'un fils qui bâtit un mausolée à sa mère. Mes matériaux étaient dégrossis et rassemblés de longue main par mes précédentes études. Je connaissais les ouvrages des Pères mieux qu'on ne les connaît de nos jours ; je les avais étudiés même pour les combattre, et entré dans cette route à mauvaise intention, au lieu d'en être sorti vainqueur, j'en étais sorti vaincu.

Quant à l'histoire proprement dite, je m'en étais spécialement occupé en composant l'*Essai sur les Révolutions*. Les authentiques de Camden que je venais d'examiner m'avaient rendu familières les mœurs et les institutions du moyen âge. Enfin mon terrible manuscrit des *Natchez*, de deux mille trois cent quatre-vingt-treize pages in-folio, contenait tout ce dont le *Génie du christianisme* avait besoin en descriptions de la nature ; je pouvais prendre largement dans cette source, comme j'y avais déjà pris pour l'*Essai*.

J'écrivis la première partie du *Génie du christianisme*. MM. Dulau[557], qui s'étaient faits libraires du clergé français émigré, se chargèrent de la publication. Les premières feuilles du premier volume furent imprimées.

L'ouvrage ainsi commencé à Londres en 1799 ne fut achevé à Paris qu'en 1802[558] : voyez les différentes préfaces du *Génie du christianisme*. Une espèce de fièvre me dévora pendant tout le temps de ma composition : on ne saura jamais ce que c'est que de porter à la fois dans son cerveau, dans son sang, dans son âme, *Atala* et *René*, et de mêler à l'enfantement douloureux de ces brûlants jumeaux le travail de conception des autres parties du *Génie du christianisme*. Le souvenir de Charlotte traversait et réchauffait tout cela, et, pour m'achever, le premier désir de gloire enflammait mon imagination exaltée.

Ce désir me venait de la tendresse filiale ; je voulais un grand bruit, afin qu'il montât jusqu'au séjour de ma mère, et que les anges lui portassent ma sainte expiation.

---

[557] M. A. Dulau était Français. Ancien bénédictin du collège de Sorèze, il avait émigré et s'était fait libraire à Londres. Homme d'esprit et de jugement, il rendit à ses compatriotes, et surtout aux ecclésiastiques, de nombreux services. Sa boutique était dans Wardour-street.

[558] Voir, à l'Appendice, le no IV : Comment fut composé le Génie du Christianisme.

Comme une étude mène à une autre, je ne pouvais m'occuper de mes scolies françaises sans tenir note de la littérature et des hommes du pays au milieu duquel je vivais : je fus entraîné dans ces autres recherches. Mes jours et mes nuits se passaient à lire, à écrire, à prendre d'un savant prêtre, l'abbé Capelan, des leçons d'hébreu, à consulter les bibliothèques et les gens instruits, à rôder dans les campagnes avec mes opiniâtres rêveries, à recevoir et à rendre des visites. S'il est des effets rétroactifs et symptomatiques des événements futurs, j'aurais pu augurer le mouvement et le fracas de l'ouvrage qui devait me faire un nom aux bouillonnements de mes esprits et aux palpitations de ma muse.

Quelques lectures de mes premières ébauches servirent à m'éclairer. Les lectures sont excellentes comme instruction, lorsqu'on ne prend pas pour argent comptant les flagorneries obligées. Pourvu qu'un auteur soit de bonne foi, il sentira vite, par l'impression instinctive des autres, les endroits faibles de son travail, et surtout si ce travail est trop long ou trop court, s'il garde, ne remplit pas, ou dépasse la juste mesure.

Je retrouve une lettre du chevalier de Panat sur les lectures d'un ouvrage, alors si inconnu. La lettre est charmante, l'esprit positif et moqueur du sale chevalier ne paraissait pas susceptible de se frotter ainsi de poésie. Je n'hésite pas à donner cette lettre, document de mon histoire, bien qu'elle soit entachée d'un bout à l'autre de mon éloge, comme si le malin auteur se fût complu à verser son encrier sur son épître :

« Ce lundi.

« Mon Dieu ! l'intéressante lecture que j'ai due ce matin à votre extrême complaisance ! Notre religion avait compté parmi ses défenseurs de grands génies, d'illustres Pères de l'Église : ces athlètes avaient manié avec vigueur toutes les armes du raisonnement ; l'incrédulité était vaincue ; mais ce n'était pas assez : il fallait montrer encore tous les charmes de cette religion admirable ; il fallait montrer combien elle est appropriée au cœur humain et les magnifiques tableaux qu'elle offre à l'imagination. Ce n'est plus un théologien dans l'école, c'est le grand peintre et l'homme sensible qui s'ouvrent un nouvel horizon. Votre ouvrage manquait et vous étiez appelé à le faire. La nature vous a éminemment doué des belles qualités qu'il exige : vous appartenez à un autre siècle…

« Ah ! si les vérités de sentiment sont les premières dans l'ordre de la nature, personne n'aura mieux prouvé que vous celles de notre religion ; vous aurez confondu à la porte du temple les impies, et vous aurez introduit dans le sanctuaire les esprits délicats et les cœurs sensibles. Vous me retracez ces philosophes anciens qui donnaient leurs leçons la tête couronnée de fleurs et les mains remplies de doux parfums. C'est une bien faible image de votre esprit si doux, si pur et si antique.

« Je me félicite chaque jour de l'heureuse circonstance qui m'a rapproché de vous ; je ne puis plus oublier que c'est un bienfait de Fontanes ; je l'en aime davantage, et mon cœur ne séparera jamais deux noms que la même gloire doit unir, si la Providence nous ouvre les portes de notre patrie.

» Ch^er DE PANAT. »

L'abbé Delille entendit aussi la lecture de quelques fragments du *Génie du christianisme*. Il parut surpris, et il me fit l'honneur, peu après, de rimer la prose qui lui avait plu. Il naturalisa mes fleurs sauvages de l'Amérique dans ses divers jardins français, et mit refroidir mon vin un peu chaud dans l'eau frigide de sa claire fontaine.

L'édition inachevée du *Génie du christianisme*, commencée à Londres, différait un peu, dans l'ordre des matières, de l'édition publiée en France. La censure consulaire, qui devint bientôt impériale, se montrait fort chatouilleuse à l'endroit des rois : leur personne, leur honneur et leur vertu lui étaient chers d'avance. La police de Fouché voyait déjà descendre du ciel, avec la fiole sacrée, le pigeon blanc, symbole de la candeur de Bonaparte et de l'innocence révolutionnaire. Les sincères croyants des processions républicaines de Lyon me forcèrent de retrancher un chapitre intitulé les *Rois athées*, et d'en disséminer çà et là les paragraphes dans le corps de l'ouvrage.

Avant de continuer ces investigations littéraires, il me les faut interrompre un moment pour prendre congé de mon oncle de Bedée : hélas ! c'est prendre congé de la première joie de ma vie : « *freno non remorante dies*, aucun frein n'arrête les jours[559]. » Voyez les vieux sépulcres dans les vieilles cryptes : eux-mêmes vaincus par l'âge, caducs et sans mémoire, ayant perdu leurs épitaphes, ils ont oublié jusqu'aux noms de ceux qu'ils renferment.

J'avais écrit à mon oncle au sujet de la mort de ma mère ; il me répondit par une longue lettre, dans laquelle on trouvait quelques mots touchants de regrets ; mais les trois quarts de sa double feuille in-folio étaient consacrés à ma généalogie. Il me recommandait surtout, quand je rentrerais en France, de rechercher les titres du *quartier des Bedée,* confié à mon frère. Ainsi, pour ce vénérable émigré, ni l'exil, ni la ruine, ni la destruction de ses proches, ni le sacrifice de Louis XVI, ne l'avertissaient de la Révolution ; rien n'avait passé, rien n'était advenu ; il en était toujours aux États de Bretagne et à l'Assemblée de la noblesse. Cette fixité de l'idée de l'homme est bien frappante au milieu et comme en présence de l'altération de son corps, de la fuite de ses années, de la perte de ses parents et de ses amis.

Au retour de l'émigration, mon oncle de Bedée s'est retiré à Dinan, où il est mort, à six lieues de Monchoix sans l'avoir revu. Ma cousine

---

[559] C'est un vers d'Ovide :
Et fugiunt, freno non remorante, dies.

Caroline, l'aînée de mes trois cousines, existe encore[560]. Elle est restée vieille fille malgré les sommations respectueuses de son ancienne jeunesse. Elle m'écrit des lettres sans orthographe, où elle me tutoie, m'appelle *chevalier*, et me parle de notre bon temps : *in illo tempore*. Elle était nantie de deux beaux yeux noirs et d'une jolie taille ; elle dansait comme la Camargo, et elle croit avoir souvenance que je lui portais en secret un farouche amour. Je lui réponds sur le même ton, mettant de côté, à son exemple, mes ans, mes honneurs et ma renommée : « Oui, *chère Caroline,* ton chevalier, etc. » Il y a bien quelque six ou sept lustres que nous ne nous sommes rencontrés : le ciel en soit loué ! car, Dieu sait, si nous venions à nous embrasser, quelle figure nous nous trouverions !

Douce, patriarcale, innocente, honorable amitié de famille, votre siècle est passé ! On ne tient plus au sol par une multitude de fleurs, de rejetons et de racines ; on naît et l'on meurt maintenant un à un. Les vivants sont pressés de jeter le défunt à l'Éternité et de se débarrasser de son cadavre. Entre les amis, les uns vont attendre le cercueil à l'église, en grommelant d'être désheurés et dérangés de leurs habitudes ; les autres poussent le dévouement jusqu'à suivre le convoi au cimetière ; la fosse comblée, tout souvenir est effacé. Vous ne reviendrez plus, jours de religion et de tendresse, où le fils mourait dans la même maison, dans le même fauteuil, près du même foyer où étaient morts son père et son aïeul, entouré, comme ils l'avaient été, d'enfants et de petits-enfants en pleurs, sur qui descendait la dernière bénédiction paternelle !

Adieu, mon oncle chéri ! Adieu, famille maternelle, qui disparaissez ainsi que l'autre partie de ma famille ! Adieu, ma cousine de jadis, qui m'aimez toujours comme vous m'aimiez lorsque nous écoutions ensemble la complainte de notre bonne tante de Boisteilleul sur l'*Épervier*, ou lorsque vous assistiez au relèvement du vœu de ma nourrice, à l'abbaye de Nazareth ! Si vous me survivez, agréez la part de reconnaissance et d'affection que je vous lègue ici. Ne croyez pas au faux sourire ébauché sur mes lèvres en parlant de vous : mes yeux, je vous assure, sont pleins de larmes.

Mes études corrélatives au *Génie du christianisme* m'avaient de proche en proche (je vous l'ai dit) conduit à un examen plus approfondi de la littérature anglaise. Lorsqu'en 1793 je me réfugiai en Angleterre, il me fallut réformer la plupart des jugements que j'avais puisés dans les critiques. En ce qui touche les historiens, Hume[561] était réputé écrivain tory

---

[560] Sur Mlle Caroline de Bédée, voir, au tome I, la note 2 de la page 36 (note 51 du Livre Premier). Elle survécut à Chateaubriand et mourut à Dinan, le 28 avril 1849. Écrivant, le 15 mars 1834, à sa sœur, la comtesse de Marigny, Chateaubriand lui disait, en terminant sa lettre : « Dis mille choses à Caroline et à notre famille. »

[561] David Hume (1711-1776). Il a composé l'Histoire de l'Angleterre au moyen âge ; l'Histoire de la maison de Tudor ; l'Histoire de l'Angleterre sous les Stuarts.

et rétrograde : on l'accusait, ainsi que Gibbon, d'avoir surchargé la langue anglaise de gallicismes ; on lui préférait son continuateur Smollett[562]. Philosophe pendant sa vie, devenu chrétien à sa mort, Gibbon[563] demeurait, en cette qualité, atteint et convaincu d'être un pauvre homme. On parlait encore de Robertson[564], parce qu'il était sec.

Pour ce qui regarde les poètes, les *elegant Extracts* servaient d'exil à quelques pièces de Dryden ; on ne pardonnait point aux rimes de Pope, bien qu'on visitât sa maison à Twickenham et que l'on coupât des morceaux du saule pleureur planté par lui, et dépéri comme sa renommée.

Blair[565] passait pour un critique ennuyeux à la française : on le mettait bien au-dessous de Johnson[566]. Quant au vieux *Spectator*[567], il était au grenier.

Les ouvrages politiques anglais ont peu d'intérêt pour nous. Les traités économiques sont moins circonscrits ; les calculs sur la richesse des nations, sur l'emploi des capitaux, sur la balance du commerce, s'appliquent en partie aux sociétés européennes.

Burke[568] sortait de l'individualité nationale politique : en se déclarant contre la Révolution française, il entraîna son pays dans cette longue voie d'hostilités qui aboutit aux champs de Waterloo.

Toutefois, de grandes figures demeuraient. On retrouvait partout Milton et Shakespeare. Montmorency, Biron, Sully, tour à tour

---

562 Tobias-George Smollett (1721-1771), poète, romancier, historien. Son Histoire complète d'Angleterre, depuis la descente de Jules-César jusqu'au traité d'Aix-la-Chapelle (1748), continuée ensuite jusqu'en 1760, a été traduite en français par Targe (1759-1768, 24 vol. in-12). La partie qui va de la Révolution de 1688 à la mort de George II (1760) s'imprime ordinairement à la suite de Hume, à titre de complément.

563 Édouard Gibbon (1737-1794). Son Histoire de la décadence et de la chute de l'Empire romain, publiée de 1776 à 1788, a été plusieurs fois traduite en français.

564 Le Dr William Robertson (1721-1793). On lui doit une Histoire d'Écosse pendant les règnes de la reine Marie et du roi Jacques VI jusqu'à son avènement au trône d'Angleterre ; une Histoire d'Amérique et une Histoire de Charles-Quint, avec une Esquisse de l'état politique et social de l'Europe, au temps de son avènement.

565 Hugues Blair (1718-1801). Il avait publié, en 1783, un cours de rhétorique et de belles-lettres.

566 Samuel Johnson (1709-1784). Son Dictionnaire anglais (1755) est resté classique.

567 Le Spectator, fondé en 1711, par Steele et Addison, a paru pendant deux ans, de janvier 1711 à décembre 1712. Cette feuille était censée rédigée par les membres d'un club, dont le Spectateur n'était que le secrétaire. Parmi les personnages ainsi inventés se trouvait un sir Roger de Caverley, type du bon vieux gentilhomme campagnard, qu'Addison adopta et qui devint, sous sa plume, un personnage exquis.

568 Edmond Burke (1730-1797). Quoique le principal orateur du parti whig, il se prononça avec ardeur contre la Révolution française, dont il fut, avec Joseph de Maistre, le plus éloquent adversaire. Ses Réflexions sur la Révolution de France, publiées en 1790, furent un événement européen.

ambassadeurs de France auprès d'Élisabeth et de Jacques Ier, entendirent-ils jamais parler d'un baladin, acteur dans ses propres farces et dans celles des autres ? Prononcèrent-ils jamais le nom, si barbare en français, de Shakespeare ? Soupçonnèrent-ils qu'il y eût là une gloire devant laquelle leurs honneurs, leurs pompes, leurs rangs, viendraient s'abîmer ? Eh bien ! le comédien chargé du rôle du spectre, dans *Hamlet,* était le grand fantôme, l'ombre du moyen âge qui se levait sur le monde, comme l'astre de la nuit, au moment où le moyen âge achevait de descendre parmi les morts : siècles énormes que Dante ouvrit et que ferma Shakespeare.

Dans le *Précis historique* de Whitelocke[569], contemporain du chantre du *Paradis perdu*, on lit : « Un certain aveugle, nommé Milton, secrétaire du Parlement pour les dépêches latines. » Molière, l'*histrion,* jouait son *Pourceaugnac,* de même que Shakspeare, le *bateleur,* grimaçait son *Falstaff.*

Ces voyageurs voilés, qui viennent de fois à autre s'asseoir à notre table, sont traités par nous en hôtes vulgaires ; nous ignorons leur nature jusqu'au jour de leur disparition. En quittant la terre, ils se transfigurent, et nous disent comme l'envoyé du ciel à Tobie : « Je suis l'un des sept qui sommes présents devant le Seigneur. » Mais si elles sont méconnues des hommes à leur passage, ces divinités ne se méconnaissent point entre elles. « Qu'a besoin mon Shakespeare, dit Milton, pour ses os vénérés, de pierres entassées par le travail d'un siècle ? » Michel-Ange, enviant le sort et le génie de Dante, s'écrie :

Pur fuss' io tal...
Per l' aspro esilio suo con sua virtute
Darei del mondo più felice stato.

« Que n'ai-je été tel que lui ! Pour son dur exil avec sa vertu, je donnerais toutes les félicités de la terre ! »

Le Tasse célèbre Camoëns encore presque ignoré, et lui sert de *renommée*. Est-il rien de plus admirable que cette société d'illustres égaux se révélant les uns aux autres par des signes, se saluant et s'entretenant ensemble dans une langue d'eux seuls comprise ?

Shakespeare était-il boiteux comme lord Byron, Walter Scott et les Prières, filles de Jupiter ? S'il l'était en effet, le *Boy* de Stratford, loin d'être honteux de son infirmité, ainsi que Childe-Harold, ne craint pas de la rappeler à l'une de ses maîtresses :

...lame by fortune's dearest spite.

---

[569] Balstrode Whitelocke (1605-1676). Il joua un rôle important dans le parti parlementaire, pendant la Révolution d'Angleterre, et a laissé des Mémoires (Memorials of the english affairs), qui constituent de bons matériaux pour l'histoire de son temps.

« Boiteux par la moquerie la plus chère de la fortune. »

Shakespeare aurait eu beaucoup d'amours, si l'on en comptait un par sonnet. Le créateur de Desdémone et de Juliette vieillissait sans cesser d'être amoureux. La femme inconnue à laquelle il s'adresse en vers charmants était-elle fière et heureuse d'être l'objet des sonnets de Shakspeare ? On peut en douter : la gloire est pour un vieil homme ce que sont les diamants pour une vieille femme ; ils la parent et ne peuvent l'embellir.

« Ne pleurez pas longtemps pour moi quand je serai mort, dit le tragique anglais à sa maîtresse. Si vous lisez ces mots, ne vous rappelez pas la main qui les a tracés ; je vous aime tant que je veux être oublié dans vos doux souvenirs, si en pensant à moi vous pouviez être malheureuse. Oh ! si vous jetez un regard sur ces lignes, quand peut-être je ne serai plus qu'une masse d'argile, ne redites pas même mon pauvre nom, et laissez votre amour se faner avec ma vie[570]. »

Shakespeare aimait, mais il ne croyait pas plus à l'amour qu'il ne croyait à autre chose : une femme pour lui était un oiseau, une brise, une fleur, chose qui charme et passe. Par l'insouciance ou l'ignorance de sa renommée, par son état, qui le jetait à l'écart de la société, en dehors des conditions où il ne pouvait atteindre, il semblait avoir pris la vie comme une heure légère et désoccupée, comme un loisir rapide et doux.

Shakespeare, dans sa jeunesse, rencontra de vieux moines chassés de leur cloître, lesquels avaient vu Henri VIII, ses réformes, ses destructions de monastères, ses *fous,* ses épouses, ses maîtresses, ses bourreaux. Lorsque le poète quitta la vie, Charles Ier comptait seize ans.

Ainsi, d'une main, Shakespeare avait pu toucher les têtes blanchies que menaça le glaive de l'avant-dernier des Tudors, de l'autre, la tête brune du second des Stuarts, que la hache des parlementaires devait abattre. Appuyé sur ces fronts tragiques, le grand tragique s'enfonça dans la tombe ; il remplit l'intervalle des jours où il vécut de ses spectres, de ses rois aveugles, de ses ambitieux punis, de ses femmes infortunées, afin de joindre, par des fictions analogues, les réalités du passé aux réalités de l'avenir.

Shakespeare est au nombre des cinq ou six écrivains qui ont suffi aux besoins et à l'aliment de la pensée ; ces génies-mères semblent avoir enfanté et allaité tous les autres. Homère a fécondé l'antiquité : Eschyle, Sophocle, Euripide, Aristophane, Horace, Virgile, sont ses fils. Dante a engendré l'Italie moderne, depuis Pétrarque jusqu'au Tasse. Rabelais a créé les lettres françaises ; Montaigne, La Fontaine, Molière, viennent de sa descendance. L'Angleterre est toute Shakespeare, et, jusque dans ces derniers temps, il a prêté sa langue à Byron, son dialogue à Walter Scott.

---

[570] C'est la traduction abrégée du sonnet LXXI de Shakespeare. Chateaubriand n'a traduit ni les trois premiers, ni les deux derniers vers.

On renie souvent ces maîtres suprêmes ; on se révolte contre eux ; on compte leurs défauts ; on les accuse d'ennui, de longueur, de bizarrerie, de mauvais goût, en les volant et en se parant de leurs dépouilles ; mais on se débat en vain sous leur joug. Tout tient de leurs couleurs ; partout s'impriment leurs traces ; ils inventent des mots et des noms qui vont grossir le vocabulaire général des peuples ; leurs expressions deviennent proverbes, leurs personnages fictifs se changent en personnages réels, lesquels ont hoirs et lignée. Ils ouvrent des horizons d'où jaillissent des faisceaux de lumière ; ils sèment des idées, germes de mille autres ; ils fournissent des imaginations, des sujets, des styles à tous les arts : leurs œuvres sont les mines ou les entrailles de l'esprit humain.

De tels génies occupent le premier rang ; leur immensité, leur variété, leur fécondité, leur originalité, les font reconnaître tout d'abord pour lois, exemplaires, moules, types des diverses intelligences, comme il y a quatre ou cinq races d'hommes sorties d'une seule souche, dont les autres ne sont que des rameaux. Donnons-nous de garde d'insulter aux désordres dans lesquels tombent quelquefois ces êtres puissants ; n'imitons pas Cham le maudit ; ne rions pas si nous rencontrons, nu et endormi, à l'ombre de l'arche échouée sur les montagnes d'Arménie, l'unique et solitaire nautonier de l'abîme. Respectons ce navigateur diluvien qui recommença la création après l'épuisement des cataractes du ciel : pieux enfants, bénis de notre père, couvrons-le pudiquement de notre manteau.

Shakespeare, de son vivant, n'a jamais pensé à vivre après sa vie : que lui importe aujourd'hui mon cantique d'admiration ? En admettant toutes les suppositions, en raisonnant d'après les vérités ou les erreurs dont l'esprit humain est pénétré ou imbu, que fait à Shakespeare une renommée dont le bruit ne peut monter jusqu'à lui ? Chrétien ? au milieu des félicités éternelles, s'occupe-t-il du néant du monde ? Déiste ? dégagé des ombres de la matière, perdu dans les splendeurs de Dieu, abaisse-t-il un regard sur le grain de sable où il a passé ? Athée ? il dort de ce sommeil sans souffle et sans réveil qu'on appelle la mort. Rien donc de plus vain que la gloire au delà du tombeau, à moins qu'elle n'ait fait vivre l'amitié, qu'elle n'ait été utile à la vertu, secourable au malheur, et qu'il ne nous soit donné de jouir dans le ciel d'une idée consolante, généreuse, libératrice, laissée par nous sur la terre.

Les romans, à la fin du siècle dernier, avaient été compris dans la proscription générale. Richardson[571] dormait oublié ; ses compatriotes trouvaient dans son style des traces de la société inférieure au sein de

---

[571] Samuel Richardson (1689-1761). Il n'a publié que trois romans, mais qui eurent tous les trois une vogue prodigieuse, Paméla ou la Vertu récompensée (1740), Clarisse Harlowe (1748), l'Histoire de sir Charles Grandison (1753). Leur succès fut peut-être encore plus grand en France qu'en Angleterre.

laquelle il avait vécu. Fielding[572] se soutenait ; Sterne[573], entrepreneur d'originalité, était passé. On lisait encore *le Vicaire de Wakefield[574]*.

Si Richardson n'a pas de style (ce dont nous ne sommes pas juges, nous autres étrangers), il ne vivra pas, parce que l'on ne vit que par le style. En vain on se révolte contre cette vérité : l'ouvrage le mieux composé, orné de portraits d'une bonne ressemblance, rempli de mille autres perfections, est mort-né si le style manque. Le style, et il y en a de mille sortes, ne s'apprend pas ; c'est le don du ciel, c'est le talent. Mais si Richardson n'a été abandonné que pour certaines locutions bourgeoises, insupportables à une société élégante, il pourra renaître ; la révolution qui s'opère, en abaissant l'aristocratie et en élevant les classes moyennes, rendra moins sensibles ou fera disparaître les traces des habitudes de ménage et d'un langage inférieur.

De *Clarisse* et de *Tom Jones* sont sorties les deux principales branches de la famille des romans modernes anglais, les romans à tableaux de famille et drames domestiques, les romans à aventures et à peinture de la société générale. Après Richardson, les mœurs de l'*ouest* de la ville firent une irruption dans le domaine des fictions : les romans se remplirent de châteaux, de lords et de ladies, de scènes aux eaux, d'aventures aux courses de chevaux, au bal, à l'Opéra, au Ranelagh, avec un *chit-chat*, un caquetage qui ne finissait plus. La scène ne tarda pas à se transporter en Italie ; les amants traversèrent les Alpes avec des périls effroyables et des douleurs d'âme à attendrir les lions : *le lion répandit des pleurs !* un jargon de bonne compagnie fut adopté.

Dans ces milliers de romans qui ont inondé l'Angleterre depuis un demi-siècle, deux ont gardé leur place : *Caleb Williams* et *le Moine[575]*. Je ne vis point Godwin pendant ma retraite à Londres ; mais je rencontrai deux fois Lewis. C'était un jeune membre des Communes, fort agréable, et qui avait l'air et les manières d'un Français. Les ouvrages d'Anne Radcliffe[576] font une espèce à part. Ceux de mistress Barbauld[577], de miss

---

[572] Henry Fielding (1707-1754), auteur de Joseph Andrews, de Jonathan Wild, d'Amélia et de Tom Jones. Ce dernier roman est un chef-d'œuvre, qui a été rarement égalé. Lord Byron n'a pas craint d'appeler Fielding « l'Homère en prose de la nature humaine ».

[573] Laurence Sterne (1713-1768) auteur de Tristram Shandy et du Voyage sentimental.

[574] Le Vicaire de Wakefield, d'Olivier Goldsmith, avait paru en 1766.

[575] Caleb William, par William Godwin, fut publié en 1794 ; le Moine, par Matthew-Gregory Lewis, parut en 1795.

[576] Anne Ward, dame Radcliffe (1764-1823). Le plus célèbre de ses romans, les Mystères d'Udolphe, est de 1794.

[577] Anna-Lœtitia Aikin, Mrss Barbauld (1743-1825). On lui doit une édition des Romanciers anglais, en 50 volumes.

Edgeworth[578], de miss Burney[579], etc., ont, dit-on, des chances de vivre. « Il y devroit, dit Montaigne, avoir coertion des lois contre les *escrivains* ineptes et inutiles, comme il y a contre les vagabonds et fainéans. On banniroit des mains de notre peuple et moy et cent autres. L'escrivaillerie semble être quelque symptosme d'un siècle desbordé. »

Mais ces écoles diverses de romanciers sédentaires, de romanciers voyageurs en diligence ou en calèche, de romanciers de lacs et de montagnes, de ruines et de fantômes, de romanciers de villes et de salons, sont venues se perdre dans la nouvelle école de Walter Scott, de même que la poésie s'est précipitée sur les pas de lord Byron.

L'illustre peintre de l'Écosse débuta dans la carrière des lettres, lors de mon exil à Londres, par la traduction du *Berlichingen* de Gœthe[580]. Il continua à se faire connaître par la poésie, et la pente de son génie le conduisit enfin au roman. Il me semble avoir créé un genre faux ; il a perverti le roman et l'histoire : le romancier s'est mis à faire des romans historiques, et l'historien des histoires romanesques. Si, dans Walter Scott, je suis obligé de passer quelquefois des conversations interminables, c'est ma faute, sans doute ; mais un des grands mérites de Walter Scott, à mes yeux, c'est de pouvoir être mis entre les mains de tout le monde[581]. Il faut de plus grands efforts de talent pour intéresser en restant dans l'ordre que pour plaire en passant toute mesure ; il est moins facile de régler le cœur que de le troubler.

Burke retint la politique de l'Angleterre dans le passé. Walter Scott refoula les Anglais jusqu'au moyen âge : tout ce qu'on écrivit, fabriqua, bâtit, fut gothique : livres, meubles, maisons, églises, châteaux. Mais les lairds de la Grande-Charte sont aujourd'hui des *fashionables* de Bond-Street, race frivole qui campe dans les manoirs antiques, en attendant l'arrivée des générations nouvelles qui s'apprêtent à les en chasser.

---

[578] Miss Maria Edgeworth (1766-1849). Ses Contes populaires, ses Contes de la vie fashionable, et ses nombreux romans témoignent d'une rare puissance d'invention et d'une véritable originalité.

[579] Miss Francis Burney, madame d'Arblay (1752-1840). Son premier roman, Évelina ou l'entrée d'une jeune dame dans le monde, publié en 1778, sous le voile de l'anonyme, eut une vogue considérable. Les deux qui suivirent, Cecilia (1782) et Camilla (1796) n'obtinrent pas moins de succès. Elle avait épousé, en 1793, un émigré français, M. d'Arblay, colonel d'artillerie.

[580] La traduction du Gœtz de Berlichingen, de Gœthe, parut en 1799.

[581] Lamartine a dit de même, dans sa Réponse aux Adieux de Walter Scott :
La main du tendre enfant peut t'ouvrir au hasard,
Sans qu'un mot corrupteur étonne son regard,
Sans que de tes tableaux la suave décence
Fasse rougir un front couronné d'innocence.

En même temps que le roman passait à l'état *romantique,* la poésie subissait une transformation semblable. Cowper[582] abandonna l'école française pour faire revivre l'école nationale ; Burns[583], en Écosse, commença la même révolution. Après eux vinrent les restaurateurs des ballades. Plusieurs de ces poètes de 1792 à 1800 appartenaient à ce qu'on appelait *Lake school* (nom qui est resté), parce que les romanciers demeuraient aux bords des lacs du Cumberland et du Westmoreland, et qu'ils les chantaient quelquefois.

Thomas Moore[584], Campbell[585], Rogers[586], Crabbe[587], Wordsworth[588], Southey[589], Hunt[590], Knowles[591], lord Holland[592], Canning[593], Croker[594],

---

[582] William Cowper (1731-1800). Cowper est par excellence le poète de la vie domestique.

[583] Robert Burns (1759-1796). Le poète-laboureur, the Ploughman of Ayrshire, comme on l'appelait en Écosse, fut un admirable poète, que n'a point, tant s'en faut, égalé Béranger, à qui on l'a, bien à tort, trop souvent comparé.

[584] Thomas Moore (1779-1852). Outre de nombreux et très remarquables ouvrages en prose, tels que Lalla-Rookh, roman oriental, où se trouvent quatre épisodes en vers, il a composé d'admirables poésies, les Mélodies irlandaises et les Amours des anges. Dépositaire des Mémoires de lord Byron, il eut l'impardonnable faiblesse de les détruire.

[585] Thomas Campbell (1777-1844). Le premier et le meilleur de ses ouvrages, les Plaisirs de l'espérance, parut en 1799.

[586] Samuel Rogers (1762-1855), le banquier-poète, auteur des Plaisirs de la mémoire, de la Vie humaine, de l'Italie et de Christophe Colomb, fragment d'épopée. Le plus riche des poètes de son temps, il se donna le luxe de publier une édition de ses Poèmes, en deux volumes ornés de vignettes gravées par les premiers peintres anglais modernes. Cette édition lui coûta la bagatelle de quinze mille livres (375 000 francs).

[587] George Crabbe (1754-1832). Dans le Village (1783) et le Registre de paroisse (1807), il a peint avec un merveilleux talent et une simplicité pleine de poésie les scènes de la vie commune.

[588] William Wordsworth (1770-1850), auteur des Ballades lyriques (1798), d'un recueil de Poèmes (1807), qui contient quelques-unes de ses meilleurs pièces, des Excursions (1814), poème en neuf chants sur la nature morale de l'homme. Il fut sans rival dans le sonnet.

[589] Robert Southey (1774-1843), poète, historien et critique, un des écrivains les plus féconds du xixe siècle. Il a composé quatre ou cinq grandes épopées, dont la plus célèbre, Rodrigue, le dernier des Goths, parut en 1814. Il fut, avec son beau-frère Coleridge (que Chateaubriand a omis de citer), et avec Wordsworth, un des trois poètes de l'école des lacs ou lakiste.

[590] James-Henri-Leigh Hunt (1784-1859). Prosateur éminent, il se fit aussi une brillante réputation comme poète par l'alliance de la richesse de l'imagination et du style avec la grâce et la mélancolie du sentiment. Ses principales œuvres poétiques sont : la Fête des poètes (1815) ; Rimini (1816) ; Plume et épée (1818) ; Contes en vers (1833) ; le Palefroi (1842).

[591] James-Sheridan Knowles (1784-1862), poète dramatique. L'imitation de Shakespeare est visible dans toutes ses œuvres. Les principales sont des tragédies : Caïus Gracchus, Virginius, Alfred le Grand, Guillaume Tell, Jean de Procida, la Rose d'Aragon, etc. On cite parmi ses comédies : le Mendiant de

vivent encore pour l'honneur des lettres anglaises ; mais il faut être né Anglais pour apprécier tout le mérite d'un genre intime de composition qui se fait particulièrement sentir aux hommes du sol.

Nul, dans une littérature vivante, n'est juge compétent que des ouvrages écrits dans sa propre langue. En vain vous croyez posséder à fond un idiome étranger, le lait de la nourrice vous manque, ainsi que les premières paroles qu'elle vous apprit à son sein et dans vos langes ; certains accents ne sont que de la patrie. Les Anglais et les Allemands ont de nos gens de lettres les notions les plus baroques : ils adorent ce que nous méprisons, ils méprisent ce que nous adorons ; ils n'entendent ni Racine, ni La Fontaine, ni même complètement Molière. C'est à rire de savoir quels sont nos grands écrivains à Londres, à Vienne, à Berlin, à Pétersbourg, à Munich, à Leipzig, à Goettingue, à Cologne, de savoir ce qu'on y lit avec fureur et ce qu'on n'y lit pas.

Quand le mérite d'un auteur consiste spécialement dans la diction, un étranger ne comprendra jamais bien ce mérite. Plus le talent est intime, individuel, national, plus ses mystères échappent à l'esprit qui n'est pas, pour ainsi dire, *compatriote* de ce talent. Nous admirons sur parole les Grecs et les Romains ; notre admiration nous vient de tradition, et les Grecs et les Romains ne sont pas là pour se moquer de nos jugements de barbares. Qui de nous se fait une idée de l'harmonie de la prose de Démosthène et de Cicéron, de la cadence des vers d'Alcée et d'Horace, telles qu'elles étaient saisies par une oreille grecque et latine ? On soutient que les beautés réelles sont de tous les temps, de tous les pays : oui, les beautés de sentiment et de pensée ; non les beautés de style. Le style n'est

---

Bethnal-Green, le Bossu, la Malice d'une femme, la Chasse d'amour, la Vieille fille, le Secrétaire.

592 Henri-Richard Vassall-Fox, troisième lord Holland (1773-1840). Il était le neveu du célèbre Charles Fox. Homme politique et l'un des membres influents du parti whig, il cultivait les lettres et avait fait paraître en 1806 un ouvrage sur la Vie et les écrits de Lope de Vega. Après sa mort, on a publié de lui : Souvenirs de l'étranger et Mémoires du parti whig à mon époque.

593 George Canning (1770-1827), un des plus grands orateurs de l'Angleterre. Il avait un remarquable talent de versification, qu'il employa surtout à ridiculiser ses adversaires politiques. Sa parodie des Brigands de Schiller et son poème sur la Nouvelle morale sont deux satires mordantes dirigées contre les principes et les hommes de la Révolution française. Dans un autre ton, il a écrit une admirable pièce sur la mort de son fils aîné.

594 John Wilson Croker (1780-1857). Homme politique comme Canning et lord Holland, membre du parlement et, au besoin, membre d'un cabinet tory, il se livra néanmoins avec ardeur à ses goûts littéraires, multipliant les livres d'histoire et les écrits de circonstance, critique infatigable et poète à ses heures pour chanter les victoires anglaises, Trafalgar ou Talavera. En 1809, pour répondre à la Revue d'Édimbourg, il avait, d'accord avec Walter Scott, Gifford, George Ellis, Frère et Southey, fondé la Quaterly Review, organe du parti tory. Il en fut, pendant de longues années, le principal rédacteur.

pas, comme la pensée, cosmopolite : il a une terre natale, un ciel, un soleil à lui.

Burns, Mason, Cowper moururent pendant mon émigration à Londres, avant 1800 et en 1800[595] ; ils finissaient le siècle ; je le commençais. Darwin et Beattie moururent deux ans après mon retour de l'exil[596].

Beattie avait annoncé l'ère nouvelle de la lyre. Le *Minstrel,* ou le *Progrès du génie,* est la peinture des premiers effets de la muse sur un jeune barde, lequel ignore encore le souffle dont il est tourmenté. Tantôt le poète futur va s'asseoir au bord de la mer pendant une tempête ; tantôt il quitte les jeux du village pour écouter à l'écart, dans le lointain, le son des musettes.

Beattie a parcouru la série entière des rêveries et des idées mélancoliques, dont cent autres poètes se sont crus les *discoverers.* Beattie se proposait de continuer son poème ; en effet, il en a écrit le second chant : Edwin entend un soir une voix grave s'élevant du fond d'une vallée ; c'est celle d'un solitaire qui, après avoir connu les illusions du monde, s'est enseveli dans cette retraite, pour y recueillir son âme et chanter les merveilles du Créateur. Cet ermite instruit le jeune *minstrel* et lui révèle le secret de son génie. L'idée était heureuse ; l'exécution n'a pas répondu au bonheur de l'idée. Beattie était destiné à verser des larmes ; la mort de son fils brisa son cœur paternel : comme Ossian après la perte de son Oscar, il suspendit sa harpe aux branches d'un chêne. Peut-être le fils de Beattie était-il ce jeune *minstrel* qu'un père avait chanté et dont il ne voyait plus les pas sur la montagne.

On retrouve dans les vers de lord Byron des imitations frappantes du *Minstrel* : à l'époque de mon exil en Angleterre, lord Byron habitait l'école de Harrow, dans un village à dix milles de Londres. Il était enfant, j'étais jeune et aussi inconnu que lui ; il avait été élevé sur les bruyères de l'Écosse, au bord de la mer, comme moi dans les landes de la Bretagne, au bord de la mer ; il aima d'abord la Bible et Ossian, comme je les aimai[597] ;

[595] La mort de Burns est du 21 juillet 1796 et celle de Cowper du 25 avril 1800 ; William Mason, auteur du Jardin anglais, poème descriptif en quatre livres, mourut en 1797.

[596] Darwin mourut le 18 août 1802, et Beattie en 1803. — Erasmus Darwin (1731-1802), médecin et poète, auteur du Jardin botanique, des Amours des plantes et du Temple de la nature. Son petit-fils, Charles-Robert Darwin, a conquis, à son tour, une grande célébrité par son livre sur l'Origine des espèces par voie de sélection naturelle (1859). — James Beattie (1735-1803) a publié, outre son poème du Ménestrel, plusieurs ouvrages de philosophie morale. Chateaubriand, dans son Essai sur la littérature anglaise, lui a consacré tout un chapitre.

[597] On lit dans la préface des Mélanges de Chateaubriand (Œuvres complètes, t. XXII), au sujet d'Ossian « Lorsqu'en 1793 la révolution me jeta en Angleterre, j'étais grand partisan du Barde écossais : j'aurais, la lance au poing, soutenu son existence envers et contre tous, comme celle du vieil Homère. Je lus avec avidité une foule de poèmes inconnus en France, lesquels, mis en lumière par divers

il chanta dans Newstead-Abbey les souvenirs de l'enfance, comme je les chantai dans le château de Combourg :

« Lorsque j'explorais, jeune montagnard, la noire bruyère, et gravissais ta cime penchée, ô Morven couronné de neige, pour m'ébahir au torrent qui tonnait au-dessous de moi, ou aux vapeurs de la tempête qui s'amoncelaient à mes pieds[598]... »

Dans mes courses aux environs de Londres, lorsque j'étais si malheureux, vingt fois j'ai traversé le village de Harrow, sans savoir quel génie il renfermait. Je me suis assis dans le cimetière, au pied de l'orme sous lequel, en 1807, lord Byron écrivait ces vers, au moment où je revenais de la Palestine :

Spot of my youth ! whose hoary branches sigh,
Swept by the breeze that fans thy cloudless sky, etc.

« Lieu de ma jeunesse, où soupirent les branches chenues, effleurées par la brise qui rafraîchit ton ciel sans nuage ! Lieu où je vague aujourd'hui seul, moi qui souvent ai foulé, avec ceux que j'aimais, ton gazon mol et vert ; quand la destinée glacera ce sein qu'une fièvre dévore, quand elle aura calmé les soucis et les passions ;... ici où il palpita, ici mon cœur pourra reposer. Puissé-je m'endormir où s'éveillèrent mes espérances,... mêlé à la terre où coururent mes pas,... pleuré de ceux qui furent en société avec mes jeunes années, oublié du reste du monde ![599] »

Et moi je dirai : Salut, antique ormeau, au pied duquel Byron enfant s'abandonnait aux caprices de son âge, alors que je rêvais *René* sous ton ombre, sous cette même ombre où plus tard le poète vint à son tour rêver *Childe-Harold* ! Byron demandait au cimetière, témoin des premiers jeux de sa vie, une tombe ignorée : inutile prière que n'exaucera point la gloire. Cependant Byron n'est plus ce qu'il a été ; je l'avais trouvé de toutes parts vivant à Venise : au bout de quelques années, dans cette même ville où je trouvais son nom partout, je l'ai retrouvé effacé et inconnu partout. Les échos du Lido ne le répètent plus, et si vous le demandez à des Vénitiens, ils ne savent plus de qui vous parlez. Lord Byron est entièrement mort pour eux ; ils n'entendent plus les hennissements de son

---

auteurs, étaient indubitablement, à mes yeux, du père d'Oscar, tout aussi bien que les manuscrits runiques de Macpherson. Dans l'ardeur de mon admiration et de mon zèle, tout malade et tout occupé que j'étais, je traduisis quelques productions ossianiques de John Smith. Smith n'est pas l'inventeur du genre ; il n'a pas la noblesse et la verve épique de Macpherson ; mais peut-être son talent a-t-il quelque chose de plus élégant et de plus tendre... J'avais traduit Smith presque en entier : Je ne donne que les trois poèmes de Dargo, de Duthona et de Gaul... »

[598] C'est le début de l'une des pièces du recueil publié par lord Byron en 1807 sous ce titre : Heures de paresse. Le poète n'avait encore que dix-neuf ans.

[599] Vers écrits sous un ormeau dans le cimetière d'Harrow et datés du 2 septembre 1807. C'est par cette pièce que se terminent les Heures de paresse.

cheval : il en est de même à Londres, où sa mémoire périt. Voilà ce que nous devenons.

Si j'ai passé à Harrow sans savoir que lord Byron enfant y respirait, des Anglais ont passé à Combourg sans se douter qu'un petit vagabond, élevé dans ces bois, laisserait quelque trace. Le voyageur Arthur Young, traversant Combourg, écrivait :

« Jusqu'à Combourg (de Pontorson) le pays a un aspect sauvage ; l'agriculture n'y est pas plus avancée que chez les Hurons, ce qui paraît incroyable dans un pays enclos ; le peuple y est presque aussi sauvage que le pays, et la ville de Combourg, une des places les plus sales et les plus rudes que l'on puisse voir : des maisons de terre sans vitres, et un pavé si rompu qu'il arrête les passagers, mais aucune aisance. — Cependant il s'y trouve un château, et il est même habité. Qui est ce M. de Chateaubriand, propriétaire de cette habitation, qui a des nerfs assez forts pour résider au milieu de tant d'ordures et de pauvreté ? Au-dessous de cet amas hideux de misère est un beau lac environné d'enclos bien boisés[600]. »

Ce M. de Chateaubriand était mon père ; la retraite qui paraissait si hideuse à l'agronome de mauvaise humeur n'en était pas moins une belle et noble demeure, quoique sombre et grave. Quant à moi, faible plant de lierre commençant à grimper au pied de ces tours sauvages, M. Young eût-il pu m'apercevoir, lui qui n'était occupé que de la revue de nos moissons ?

Qu'il me soit permis d'ajouter à ces pages, écrites en Angleterre en 1822, ces autres pages écrites en 1824 et 1840 : elles achèveront le morceau de lord Byron ; ce morceau se trouvera surtout complété quand on aura lu ce que je redirai du grand poète en passant à Venise.

Il y aura peut-être quelque intérêt à remarquer dans l'avenir la rencontre des deux chefs de la nouvelle école française et anglaise, ayant un même fonds d'idées, des destinées, sinon des mœurs, à peu près pareilles : l'un pair d'Angleterre, l'autre pair de France, tous deux voyageurs dans l'Orient, assez souvent l'un près de l'autre, et ne se voyant jamais : seulement la vie du poète anglais a été mêlée à de moins grands événements que la mienne.

Lord Byron est allé visiter après moi les ruines de la Grèce : dans *Childe-Harold*, il semble embellir de ses propres couleurs les descriptions de l'*Itinéraire*. Au commencement de mon pèlerinage, je reproduis l'adieu du sire de Joinville à son château ; Byron dit un égal adieu à sa demeure gothique.

Dans *les Martyrs*, Eudore part de la Messénie pour se rendre à Rome : « Notre navigation fut longue, dit-il,… nous vîmes tous ces promontoires marqués par des temples ou des tombeaux… Mes jeunes compagnons n'avaient entendu parler que des métamorphoses de Jupiter, et ils ne

---

[600] Voyage en France, en Espagne et en Italie pendant les années 1787-1789, par Arthur Young.

comprirent rien aux débris qu'ils avaient sous les yeux ; moi, je m'étais déjà assis, avec le prophète, sur les ruines des villes désolées, et Babylone m'enseignait Corinthe[601]. »

Le poète anglais est comme le prosateur français, derrière la lettre de Sulpicius à Cicéron[602] ; — une rencontre si parfaite m'est singulièrement glorieuse, puisque j'ai devancé le chantre immortel au rivage où nous avons eu les mêmes souvenirs, et où nous avons commémoré les mêmes ruines.

J'ai encore l'honneur d'être en rapport avec lord Byron, dans la description de Rome : *les Martyrs* et ma *Lettre sur la campagne romaine* ont l'inappréciable avantage, pour moi, d'avoir deviné les aspirations d'un beau génie.

Les premiers traducteurs, commentateurs et admirateurs de lord Byron se sont bien gardés de faire remarquer que quelques pages de mes ouvrages avaient pu rester un moment dans les souvenirs du peintre de *Childe-Harold ;* ils auraient cru ravir quelque chose à son génie. Maintenant que l'enthousiasme s'est un peu calmé, on me refuse moins cet honneur. Notre immortel chansonnier, dans le dernier volume de ses *Chansons*, a dit : « Dans un des couplets qui précèdent celui-ci, je parle des *lyres* que la France doit à M. de Chateaubriand. Je ne crains pas que ce vers soit démenti par la nouvelle école poétique, qui, née sous les ailes de l'aigle, s'est, avec raison, glorifiée souvent d'une telle origine. L'influence de l'auteur du *Génie du christianisme* s'est fait ressentir également à l'étranger, et il y aurait peut-être justice à reconnaître que le chantre de *Childe-Harold* est de la famille de René. »

Dans un excellent article sur lord Byron, M. Villemain[603] a renouvelé la remarque de M. de Béranger : « Quelques pages incomparables de *René*, dit-il, avaient, il est vrai, épuisé ce caractère poétique. Je ne sais si Byron les imitait ou les renouvelait de génie. »

Ce que je viens de dire sur les affinités d'imagination et de destinée entre le chroniqueur de *René* et le chantre de *Childe-Harold* n'ôte pas un seul cheveu à la tête du barde immortel. Que peut à la muse de la *Dee,* portant une lyre et des ailes, ma muse pédestre et sans luth ? Lord Byron vivra, soit qu'enfant de son siècle comme moi, il en ait exprimé, comme moi et comme Gœthe avant nous, la passion et le malheur ; soit que mes périples et le falot de ma barque gauloise aient montré la route au vaisseau d'Albion sur des mers inexplorées.

D'ailleurs, deux esprits d'une nature analogue peuvent très bien avoir

---

601 Les Martyrs, livre IV.
602 Lettres de Cicéron, lib. IV, épist. V, ad Familiares.
603 Il s'agit ici, non précisément d'un article, mais d'une Notice sur lord Byron, publiée dans la Biographie universelle de Michaud, et reproduite dans les Études de littérature ancienne et étrangère, par M. Villemain.

des conceptions pareilles sans qu'on puisse leur reprocher d'avoir marché servilement dans les mêmes voies. Il est permis de profiter des idées et des images exprimées dans une langue étrangère, pour en enrichir la sienne : cela s'est vu dans tous les siècles et dans tous les temps. Je reconnais tout d'abord que, dans ma première jeunesse, *Ossian, Werther, les Rêveries du promeneur solitaire, les Études de la nature,* ont pu s'apparenter à mes idées ; mais je n'ai rien caché, rien dissimulé du plaisir que me causaient des ouvrages où je me délectais.

S'il était vrai que *René* entrât pour quelque chose dans le fond du personnage unique mis en scène sous des noms divers dans *Childe-Harold, Conrad, Lara, Manfred,* le *Giaour ;* si, par hasard, lord Byron m'avait fait vivre de sa vie, il aurait donc eu la faiblesse de ne jamais me nommer ? J'étais donc un de ces pères qu'on renie quand on est arrivé au pouvoir ? Lord Byron peut-il m'avoir complètement ignoré, lui qui cite presque tous les auteurs français ses contemporains ? N'a-t-il jamais entendu parler de moi, quand les journaux anglais, comme les journaux français, ont retenti vingt ans auprès de lui de la controverse sur mes ouvrages, lorsque le *New-Times* a fait un parallèle de l'auteur du *Génie du christianisme* et de l'auteur de *Childe-Harold ?*

Point d'intelligence, si favorisée qu'elle soit, qui n'ait ses susceptibilités, ses défiances : on veut garder le sceptre, on craint de le partager, on s'irrite des comparaisons. Ainsi, un autre talent supérieur a évité mon nom dans un ouvrage sur la *Littérature*[604]. Grâce à Dieu, m'estimant à ma juste valeur, je n'ai jamais prétendu à l'empire ; comme je ne crois qu'à la vérité religieuse dont la liberté est une forme, je n'ai pas plus de foi en moi qu'en toute autre chose ici-bas. Mais je n'ai jamais senti le besoin de me taire quand j'ai admiré ; c'est pourquoi je proclame mon enthousiasme pour madame de Staël et pour lord Byron. Quoi de plus doux que l'admiration ? c'est de l'amour dans le ciel, de la tendresse élevée jusqu'au culte ; on se sent pénétré de reconnaissance pour la divinité qui étend les bases de nos facultés, qui ouvre de nouvelles vues à notre âme, qui nous donne un bonheur si grand, si pur, sans aucun mélange de crainte ou d'envie.

Au surplus, la petite chicane que je fais dans ces *Mémoires* au plus grand poète que l'Angleterre ait eu depuis Milton ne prouve qu'une chose : le haut prix que j'aurais attaché au souvenir de sa muse.

Lord Byron a ouvert une déplorable école : je présume qu'il a été aussi désolé des Childe-Harold auxquels il a donné naissance, que je le suis

---

[604] De la littérature considérée dans ses rapports avec l'état moral et politique des nations, par Mme de Staël. Le livre de Mme de Staël ayant paru en 1800, avant Atala et le Génie du christianisme, celle-ci était assurément excusable de n'avoir point nommé Chateaubriand, et elle eût pu lui répondre :
Comment l'aurais-je fait si vous n'étiez pas né ?

des René qui rêvent autour de moi.

La vie de lord Byron est l'objet de beaucoup d'investigations et de calomnies : les jeunes gens ont pris au sérieux des paroles magiques ; les femmes se sont senties disposées à se laisser séduire, avec frayeur, par ce *monstre,* à consoler ce Satan solitaire et malheureux. Qui sait ? il n'avait peut-être pas trouvé la femme qu'il cherchait, une femme assez belle, un cœur aussi vaste que le sien. Byron, d'après l'opinion fantasmagorique, est l'ancien serpent séducteur et corrupteur, parce qu'il voit la corruption de l'espèce humaine ; c'est un génie fatal et souffrant, placé entre les mystères de la matière et de l'intelligence, qui ne trouve point de mot à l'énigme de l'univers, qui regarde la vie comme une affreuse ironie sans cause, comme un sourire pervers du mal ; c'est le fils du désespoir, qui méprise et renie, qui, portant en soi-même une incurable plaie, se venge en menant à la douleur par la volupté tout ce qui l'approche ; c'est un homme qui n'a point passé par l'âge de l'innocence, qui n'a jamais eu l'avantage d'être rejeté et maudit de Dieu ; un homme qui, sorti réprouvé du sein de la nature, est le damné du néant.

Tel est le Byron des imaginations échauffées : ce n'est point, ce me semble, celui de la vérité.

Deux hommes différents, comme dans la plupart des hommes, sont unis dans lord Byron : l'homme de la *nature* et l'homme du *système.* Le poète, s'apercevant du rôle que le public lui faisait jouer, l'a accepté et s'est mis à maudire le monde qu'il n'avait pris d'abord qu'en rêverie : cette marche est sensible dans l'ordre chronologique de ses ouvrages.

Quant à son *génie,* loin d'avoir l'étendue qu'on lui attribue, il est assez réservé ; sa pensée poétique n'est qu'un gémissement, une plainte, une imprécation ; en cette qualité, elle est admirable : il ne faut pas demander à la lyre ce qu'elle pense, mais ce qu'elle chante.

Quant à son *esprit,* il est sarcastique et varié, mais d'une nature qui agite et d'une influence funeste : l'écrivain avait bien lu Voltaire, et il l'imite.

Lord Byron, doué de tous les avantages, avait peu de chose à reprocher à sa naissance ; l'accident même qui le rendait malheureux et qui rattachait ses supériorités à l'infirmité humaine n'aurait pas dû le tourmenter, puisqu'il ne l'empêchait pas d'être aimé. Le chantre immortel connut par lui-même combien est vraie la maxime de Zénon : « La voix est la fleur de la beauté. »

Une chose déplorable, c'est la rapidité avec laquelle les renommées fuient aujourd'hui. Au bout de quelques années, que dis-je ? de quelques mois, l'engouement disparaît ; le dénigrement lui succède. On voit déjà pâlir la gloire de lord Byron ; son génie est mieux compris de nous ; il aura plus longtemps des autels en France qu'en Angleterre. Comme Childe-Harold excelle principalement à peindre les sentiments particuliers de l'individu, les Anglais, qui préfèrent les sentiments communs à tous, finiront par méconnaître le poète dont le cri est si profond et si triste. Qu'ils y prennent garde : s'ils brisent l'image de l'homme qui les a fait revivre, que leur restera-t-il ?

Lorsque j'écrivis, pendant mon séjour à Londres, en 1822, mes sentiments sur lord Byron, il n'avait plus que deux ans à vivre sur la terre : il est mort en 1824, à l'heure où les désenchantements et les dégoûts allaient commencer pour lui. Je l'ai précédé dans la vie ; il m'a précédé dans la mort ; il a été appelé avant son tour ; mon numéro primait le sien, et pourtant le sien est sorti le premier. Childe-Harold aurait dû rester : le monde me pouvait perdre sans s'apercevoir de ma disparition. J'ai rencontré, en continuant ma route, madame Guiccioli[605] à Rome, lady Byron[606] à Paris. La faiblesse et la vertu me sont ainsi apparues : la première avait peut-être trop de réalités, la seconde pas assez de songes.

Maintenant, après vous avoir parlé des écrivains anglais à l'époque où l'Angleterre me servait d'asile, il ne me reste qu'à vous dire quelque chose de l'Angleterre elle-même à cette époque, de son aspect, de ses sites, de ses châteaux, de ses mœurs privées et politiques.

Toute l'Angleterre peut être vue dans l'espace de quatre lieues, depuis Richmond, au-dessus de Londres, jusqu'à Greenwich et au-dessous.

Au-dessous de Londres, c'est l'Angleterre industrielle et commerçante avec ses docks, ses magasins, ses douanes, ses arsenaux, ses brasseries, ses manufactures, ses fonderies, ses navires ; ceux-ci, à chaque marée, remontent la Tamise en trois divisions : les plus petits d'abord, les moyens ensuite, enfin les grands vaisseaux qui rasent de leurs voiles les colonnes de l'hôpital des vieux marins et les fenêtres de la taverne où festoient les étrangers.

Au-dessus de Londres, c'est l'Angleterre agricole et pastorale avec ses prairies, ses troupeaux, ses maisons de campagne, ses parcs, dont l'eau de

---

[605] Teresa Gamba, comtesse Guiccioli, née à Ravenne en 1802, célèbre par sa liaison avec lord Byron. En 1831, veuve de son mari et... et de lord Byron, elle épousa le marquis de Boissy, qui avait été attaché à l'ambassade de Chateaubriand à Rome et l'un de ses protégés. Le marquis de Boissy, pair de France sous Louis-Philippe et sénateur sous le second empire, est resté le type du parfait interrupteur. L'ex-comtesse Guiccioli a fait paraître, en 1863, deux volumes de souvenirs sur l'auteur de Childe-Harold, publiés sous ce titre : Byron jugé par des témoins de sa vie.

[606] Miss Milbanks, fille de sir Ralph Milbanks-Noël, héritière de la fortune et des titres de Wentworth, avait épousé lord Byron le 2 janvier 1815. Après un an de mariage et la naissance d'une fille qui fut nommée Ada, lady Byron se retira chez son père et ne voulut plus revoir son époux. « La persévérance de ses refus, dit Villemain, et la discrétion de ses plaintes accusent également Byron, qui, n'eût-il pas eu d'autres torts, appelait sur lui la malignité des oisifs par sa folle colère, et qui fit plus tard la faute impardonnable de tourner en ridicule celle qui portait son nom. »

la Tamise, refoulée par le flux, baigne deux fois le jour les arbustes et les gazons. Au milieu de ces deux points opposés, Richmond et Greenwich, Londres confond toutes les choses de cette double Angleterre : à l'ouest l'aristocratie, à l'est la démocratie, la Tour de Londres et Westminster, bornes entre lesquelles l'histoire entière de la Grande-Bretagne se vient placer.

Je passai une partie de l'été de 1799 à Richmond avec Christian de Lamoignon, m'occupant du *Génie du christianisme*. Je faisais des nagées en bateau sur la Tamise, ou des courses dans le parc de Richmond. J'aurais bien voulu que le Richmond-lès-Londres fût le Richmond du traité *Honor Richemundiæ,* car alors je me serais retrouvé dans ma patrie, et voici comment : Guillaume le Bâtard fit présent à Alain, duc de Bretagne, son gendre, de quatre cent quarante-deux terres seigneuriales en Angleterre, qui formèrent depuis le comté de Richmond[607] : les ducs de Bretagne, successeurs d'Alain, inféodèrent ces domaines à des chevaliers bretons, cadets des familles de Rohan, de Tinténiac, de Chateaubriand, de Goyon, de Montboucher. Mais, malgré ma bonne volonté, il me faut chercher dans le Yorkshire le comté de Richmond érigé en duché sous Charles II pour un bâtard : le Richmond sur la Tamise est l'ancien Sheen d'Édouard III.

Là expira, en 1377, Édouard III, ce fameux roi volé par sa maîtresse Alix Pearce, qui n'était plus Alix ou Catherine de Salisbury des premiers jours de la vie du vainqueur de Crécy : n'aimez qu'à l'âge où vous pouvez être aimé. Henri VIII et Élisabeth moururent aussi à Richmond : où ne meurt-on pas ? Henri VIII se plaisait à cette résidence. Les historiens anglais sont fort embarrassés de cet abominable homme ; d'un côté, ils ne peuvent dissimuler la tyrannie et la servitude du Parlement ; de l'autre, s'ils disaient trop anathème au chef de la Réformation, ils se condamneraient en le condamnant :

Plus l'oppresseur est vil, plus l'esclave est infâme[608]

On montre dans le parc de Richmond le tertre qui servait d'observatoire à Henri VIII pour épier la nouvelle du supplice d'Anne Boleyn. Henri tressaillit d'aise au signal parti de la Tour de Londres. Quelle volupté ! le fer avait tranché le col délicat, ensanglanté les beaux cheveux auxquels le poète-roi avait attaché ses fatales caresses.

Dans le parc abandonné de Richmond, je n'attendais aucun signal homicide, je n'aurais pas même souhaité le plus petit mal à qui m'aurait trahi. Je me promenais avec quelques daims paisibles : accoutumés à courir

---

[607] Voir le Domesday book. Ch.

[608] C'est un vers de La Harpe dans son poème sur la Révolution. Sans doute, le sens et l'énergie de ce vers plaisaient tout particulièrement à Chateaubriand, car il lui arrivera encore de le citer dans ce même volume.

devant une meute, ils s'arrêtaient lorsqu'ils étaient fatigués ; on les rapportait, fort gais et tout amusés de ce jeu, dans un tombereau rempli de paille. J'allais voir à Kew[609] les kanguroos, ridicules bêtes, tout juste l'inverse de la girafe : ces innocents quadrupèdes-sauterelles peuplaient mieux l'Australie que les prostituées du vieux duc de Queensbury ne peuplaient les ruelles de Richmond. La Tamise bordait le gazon d'un cottage à demi caché sous un cèdre du Liban et parmi des saules pleureurs : un couple nouvellement marié était venu passer la lune de miel dans ce paradis.

Voici qu'un soir, lorsque je marchais tout doux sur les pelouses de Twickenham, apparaît Peltier, tenant son mouchoir sur sa bouche : « Quel sempiternel tonnerre de brouillard ! s'écria-t-il aussitôt qu'il fut à portée de la voix. Comment diable pouvez-vous rester là ? j'ai fait ma liste : Stowe, Bleinheim, Hampton-Court, Oxford ; avec votre façon songearde, vous seriez chez John Bull *in vitam æternam*, que vous ne verriez rien. »

Je demandai grâce inutilement, il fallut partir. Dans la calèche, Peltier m'énuméra ses espérances ; il en avait des relais ; une crevée sous lui, il en enfourchait une autre, et en avant, jambe de ci, jambe de çà, jusqu'au bout de la journée. Une de ses espérances, la plus robuste, le conduisit dans la suite à Bonaparte qu'il prit au collet : Napoléon eut la simplicité de boxer avec lui. Peltier avait pour second James Mackintosh ; condamné devant les tribunaux, il fit une nouvelle fortune (qu'il mangea incontinent) en vendant les pièces de son procès[610].

Bleinheim me fut désagréable : je souffrais d'autant plus d'un ancien revers de ma patrie, que j'avais eu à supporter l'insulte d'un récent affront ; un bateau en amont de la Tamise m'aperçut sur la rive ; les rameurs avisant un Français poussèrent des hourras ; on venait de recevoir la nouvelle du combat naval d'Aboukir : ces succès de l'étranger, qui pouvaient m'ouvrir les portes de la France, m'étaient odieux. Nelson, que j'avais rencontré plusieurs fois dans Hyde-Park, enchaîna ses victoires à Naples dans le châle de lady Hamilton, tandis que les lazzaroni jouaient à la boule avec des têtes. L'amiral mourut glorieusement à Trafalgar, et sa maîtresse misérablement à Calais, ayant perdu beauté, jeunesse et fortune. Et moi qu'outragea sur la Tamise le triomphe d'Aboukir, j'ai vu les palmiers de la Libye border la mer calme et déserte qui fut rougie du sang de mes compatriotes.

Le parc de Stowe est célèbre par ses fabriques : j'aime mieux ses ombrages. Le *cicerone* du lieu nous montra, dans une ravine noire, la copie d'un temple dont je devais admirer le modèle dans la brillante vallée du

---

[609] Village du comté de Surrey, à treize kilomètres O. de Londres, sur la rive droite de la Tamise. Kew possède un château royal, célèbre par son observatoire et son jardin botanique, un des plus riches qu'il y ait au monde.

[610] Voir plus haut, page 111, la note sur Peltier (note 6 du Livre VIII).

Céphise. De beaux tableaux de l'école italienne s'attristaient au fond de quelques chambres inhabitées, dont les volets étaient fermés : pauvre Raphaël, prisonnier dans un château des vieux Bretons, loin du ciel de la Farnésine !

Hampton-Court conservait la collection des portraits des maîtresses de Charles II : voilà comme ce prince avait pris les choses en sortant d'une révolution qui fit tomber la tête de son père et qui devait chasser sa race.

Nous vîmes, à Slough, Herschell[611] avec sa savante sœur et son grand télescope de quarante pieds, il cherchait de nouvelles planètes : cela faisait rire Peltier qui s'en tenait aux sept vieilles.

Nous nous arrêtâmes deux jours à Oxford. Je me plus dans cette république d'Alfred le Grand ; elle représentait les libertés privilégiées et les mœurs des institutions lettrées du moyen âge. Nous ravaudâmes les vingt-cinq collèges, les bibliothèques, les tableaux, le muséum, le jardin des plantes. Je feuilletai avec un plaisir extrême, parmi les manuscrits du collège de Worcester, une vie du Prince Noir, écrite en vers français par le héraut d'armes de ce prince.

Oxford, sans leur ressembler, rappelait à ma mémoire les modestes collèges de Dol, de Rennes et de Dinan. J'avais traduit l'élégie de Gray sur le *Cimetière de campagne* :

The curfew tolls the knell of parting day.
Imitation de ce vers de Dante :
Squilla di lontano
Che paja 'l giorno pianger che si muore[612].

Peltier s'était empressé de publier à son de trompe, dans son journal, ma traduction[613]. À la vue d'Oxford, je me souvins de l'ode du même poète sur *une vue lointaine du collège d'Éton :*

« Heureuses collines, charmants bocages, champs aimés en vain, où jadis mon enfance insouciante errait étrangère à la peine ! je sens les brises qui viennent de vous : elles semblent caresser mon âme abattue, et, parfumées de joie et de jeunesse me souffler un second printemps.

---

[611] William Herschell (1738-1822). Le roi George III lui avait donné, au bourg de Slough, une habitation voisine de son château de Windsor. Le célèbre astronome eut pour auxiliaires dans la construction de ses télescopes et dans ses observations son frère Alexandre et sa sœur Caroline, qui mourut, presque centenaire, en 1848.

[612] Le Purgatoire, chant VIII, vers 5.

[613] Elle a été insérée par Chateaubriand au tome XXII de ses Œuvres complètes. « S'il a fait, dit Sainte-Beuve, de bien mauvais vers et de médiocres, il en a trouvé quelques-uns de tout à fait beaux et poétiques. Il est bien au-dessus de Marie-Joseph Chénier dans la traduction du Cimetière de Gray. » (Chateaubriand et son groupe littéraire, tome I, p. 98.)

« Dis, paternelle Tamise…, dis quelle génération volage l'emporte aujourd'hui à précipiter la course du cerceau roulant, ou à lancer la balle fugitive. Hélas ! sans souci de leur destinée, folâtrent les petites victimes ! Elles n'ont ni prévision des maux à venir, ni soin d'outre-journée. »

Qui n'a éprouvé les sentiments et les regrets exprimés ici avec toute la douceur de la muse ? qui ne s'est attendri au souvenir des jeux, des études, des amours de ses premières années ? Mais peut-on leur rendre la vie ? Les plaisirs de la jeunesse reproduits par la mémoire sont des ruines vues au flambeau.

VIE PRIVÉE DES ANGLAIS.

Séparés du continent par une longue guerre, les Anglais conservaient, à la fin du dernier siècle, leurs mœurs et leur caractère national. Il n'y avait encore qu'un peuple, au nom duquel s'exerçait la souveraineté par un gouvernement aristocratique ; on ne connaissait que deux grandes classes amies et liées d'un commun intérêt, les patrons et les clients. Cette classe jalouse, appelée bourgeoisie en France, qui commence à naître en Angleterre, n'existait pas : rien ne s'interposait entre les riches propriétaires et les hommes occupés de leur industrie. Tout n'était pas encore machine dans les professions manufacturières, folie dans les rangs privilégiés. Sur ces mêmes trottoirs où l'on voit maintenant se promener des figures sales et des hommes en redingote, passaient de petites filles en mantelet blanc, chapeau de paille noué sous le menton avec un ruban, corbeille au bras, dans laquelle étaient des fruits ou un livre ; toutes tenant les yeux baissés, toutes rougissant lorsqu'on les regardait. « L'Angleterre, dit Shakespeare, est un nid de cygnes au milieu des eaux. » Les redingotes sans habit étaient si peu d'usage à Londres, en 1793, qu'une femme, qui pleurait à chaudes larmes la mort de Louis XVI, me disait : « Mais, cher monsieur, est-il vrai que le pauvre roi était vêtu d'une redingote quand on lui coupa la tête ? »

Les *gentlemen-farmers* n'avaient point encore vendu leur patrimoine pour habiter Londres ; ils formaient encore dans la chambre des Communes cette fraction indépendante qui, se portant de l'opposition au ministère, maintenait les idées de liberté, d'ordre et de propriété. Ils chassaient le renard ou le faisan en automne, mangeaient l'oie grasse à Noël, criaient *vivat* au *roastbeef,* se plaignaient du présent, vantaient le passé, maudissaient Pitt et la guerre, laquelle augmentait le prix du vin de Porto, et se couchaient ivres pour recommencer le lendemain la même vie. Ils se tenaient assurés que la gloire de la Grande-Bretagne ne périrait point tant qu'on chanterait *God save the King*, que les bourgs-pourris seraient maintenus, que les lois sur la chasse resteraient en vigueur, et que l'on vendrait furtivement au marché les lièvres et les perdrix sous le nom de *lions* et d'*autruches*.

Le clergé anglican était savant, hospitalier et généreux ; il avait reçu le clergé français avec une charité toute chrétienne. L'université d'Oxford fit imprimer à ses frais et distribuer gratis aux curés un Nouveau Testament, selon la leçon romaine, avec ces mots : *À l'usage du clergé catholique exilé pour la religion.* Quant à la haute société anglaise, chétif exilé, je n'en apercevais que les dehors. Lors des réceptions à la cour ou chez la princesse de Galles[614], passaient des ladies assises de côté dans des chaises à porteurs ; leurs grands paniers sortaient par la porte de la chaise comme des devants d'autel. Elles ressemblaient elles-mêmes, sur ces autels de leur ceinture, à des madones ou à des pagodes. Ces belles dames étaient les filles dont le duc de Guiche et le duc de Lauzun avaient adoré les mères ; ces filles sont, en 1822, les mères et grand'mères des petites filles qui dansent chez moi aujourd'hui en robes courtes, au son du galoubet de Collinet, rapides générations de fleurs.

MŒURS POLITIQUES.

L'Angleterre de 1688 était, à la fin du siècle dernier, à l'apogée de sa gloire. Pauvre émigré à Londres, de 1793 à 1800, j'ai entendu parler les Pitt, les Fox, les Sheridan, les Wilberforce, les Grenville, les Whitebread, les Lauderdale, les Erskine ; magnifique ambassadeur à Londres aujourd'hui, en 1822, je ne saurais dire à quel point je suis frappé, lorsque, au lieu des grands orateurs que j'avais admirés autrefois, je vois se lever ceux qui étaient leurs seconds à la date de mon premier voyage, les écoliers à la place des maîtres. Les idées *générales* ont pénétré dans cette société *particulière*. Mais l'aristocratie éclairée, placée à la tête de ce pays depuis cent quarante ans, aura montré au monde une des plus belles et des plus grandes sociétés qui aient fait honneur à l'espèce humaine depuis le patriciat romain. Peut-être quelque vieille famille, dans le fond d'un comté,

---

[614] Caroline-Amélia-Augusta de Brunswick-Wolfenbüttel, née en 1768, avait épousé en 1795 le prince de Galles, depuis George IV. Profondément attaché à Mistress Fitzherbert, à laquelle il s'était uni par un mariage entaché de nullité, celui-ci n'avait consenti à cette union que pour obtenir du roi son père le payement de ses dettes. Aussitôt après la naissance de leur fille, la princesse Charlotte (mariée en 1816 au prince Léopold de Cobourg et morte en couches l'année suivante), le prince et la princesse de Galles s'étaient séparés d'un commun accord (1796). En 1806, le prince provoqua une enquête judiciaire sur la conduite de sa femme, qu'il accusait d'avoir donné le jour à un enfant illégitime. Le roi George III prit parti pour sa belle-fille, et l'enquête n'eut pas de résultat. Appelé au trône en 1820, George IV, non content de se refuser à reconnaître à sa femme le titre et les prérogatives royales, introduisit contre elle au parlement un bill dans lequel il demandait le divorce pour cause d'adultère de la reine avec un ancien valet de pied nommé Bergami. Après de longs débats, dans lesquels Brougham, avocat de la reine Caroline, fit preuve de la plus rare habileté et de la plus puissante éloquence, le bill fut retiré par le gouvernement (6 novembre 1820). Mais au mois de juillet de l'année suivante, l'entrée de Westminster fut refusée à la reine le jour du couronnement de George IV. Le dépit qu'elle conçut de cet affront ne fut pas étranger à sa fin survenue quelques jours plus tard.

reconnaîtra la société que je viens de peindre, et regrettera le temps dont je déplore ici la perte.

En 1792, M. Burke se sépara de M. Fox. Il s'agissait de la Révolution française que M. Burke attaquait et que M. Fox défendait. Jamais les deux orateurs, qui jusqu'alors avaient été amis, ne déployèrent autant d'éloquence. Toute la Chambre fut émue, et des larmes remplissaient les yeux de M. Fox, quand M. Burke termina sa réplique par ces paroles : « Le très honorable gentleman, dans le discours qu'il a fait, m'a traité à chaque phrase avec une dureté peu commune ; il a censuré ma vie entière, ma conduite et mes opinions. Nonobstant cette grande et sérieuse attaque, non méritée de ma part, je ne serai pas épouvanté ; je ne crains pas de déclarer mes sentiments dans cette Chambre ou partout ailleurs. Je dirai au monde entier que la Constitution est en péril. C'est certainement une chose indiscrète en tout temps, et beaucoup plus indiscrète encore à cet âge de ma vie, que de provoquer des ennemis, ou de donner à mes amis des raisons de m'abandonner. Cependant, si cela doit arriver pour mon adhérence à la Constitution britannique, je risquerai tout, et comme le devoir public et la prudence publique me l'ordonnent, dans mes dernières paroles je m'écrierai : Fuyez la Constitution française ! — *Fly from the French Constitution.* »

M. Fox ayant dit qu'il ne s'agissait pas de *perdre des amis,* M. Burke s'écria :

« Oui, il s'agit de perdre des amis ! Je connais le résultat de ma conduite ; j'ai fait mon devoir au prix de mon ami, notre amitié est finie : *I have done my duty at the price of my friend ; our friendship is at an end.* J'avertis les très honorables gentlemen, qui sont les deux grands rivaux dans cette chambre, qu'ils doivent à l'avenir (soit qu'ils se meuvent dans l'hémisphère politique comme deux grands météores, soit qu'ils marchent ensemble comme deux frères), je les avertis qu'ils doivent préserver et chérir la Constitution britannique, qu'ils doivent se mettre en garde contre les innovations et se sauver du danger de ces nouvelles théories. — *From the danger of these new theories.* » Mémorable époque du monde !

M. Burke, que je connus vers la fin de sa vie, accablé de la mort de son fils unique, avait fondé une école consacrée aux enfants des pauvres émigrés. J'allai voir ce qu'il appelait sa pépinière, *his nursery.* Il s'amusait de la vivacité de la race étrangère qui croissait sous la paternité de son génie. En regardant sauter les insouciants petits exilés, il me disait : « Nos petits garçons ne feraient pas cela : *our boys could not do that,* » et ses yeux se mouillaient de larmes : il pensait à son fils parti pour un plus long exil.

Pitt, Fox, Burke ne sont plus, et la Constitution anglaise a subi l'influence des *nouvelles théories.* Il faut avoir vu la gravité des débats parlementaires à cette époque, il faut avoir entendu ces orateurs dont la voix prophétique semblait annoncer une révolution prochaine, pour se faire une idée de la scène que je rappelle. La liberté, contenue dans les limites de l'ordre, semblait se débattre à Westminster sous l'influence de la liberté anarchique, qui parlait à la tribune encore sanglante de la Convention.

M. Pitt, grand et maigre, avait un air triste et moqueur. Sa parole était froide, son intonation monotone, son geste insensible ; toutefois, la lucidité et la fluidité de ses pensées, la logique de ses raisonnements, subitement illuminés d'éclairs d'éloquence, faisaient de son talent quelque chose hors de ligne.

J'apercevais assez souvent M. Pitt, lorsque de son hôtel, à travers le parc Saint-James, il allait à pied chez le roi. De son côté, George III arrivait de Windsor, après avoir bu de la bière dans un pot d'étain avec les fermiers du voisinage ; il franchissait les vilaines cours de son vilain châtelet, dans une voiture grise que suivaient quelques gardes à cheval ; c'était là le maître des rois de l'Europe, comme cinq ou six marchands de la Cité sont les maîtres de l'Inde. M. Pitt, en habit noir, épée à poignée d'acier au côté, chapeau sous le bras, montait, enjambant deux ou trois marches à la fois. Il ne trouvait sur son passage que trois ou quatre émigrés désœuvrés : laissant tomber sur nous un regard dédaigneux, il passait, le nez au vent, la figure pâle.

Ce grand financier n'avait aucun ordre chez lui ; point d'heures réglées pour ses repas ou son sommeil. Criblé de dettes, il ne payait rien, et ne se pouvait résoudre à faire l'addition d'un mémoire. Un valet de chambre conduisait sa maison. Mal vêtu, sans plaisir, sans passions, avide seulement de pouvoir, il méprisait les honneurs, et ne voulait être que *William Pitt*.

Lord Liverpool, au mois de juin dernier 1822, me mena dîner à sa campagne : en traversant la bruyère de Pulteney, il me montra la petite maison où mourut pauvre le fils de lord Chatam, l'homme d'État qui avait mis l'Europe à sa solde et distribué de ses propres mains tous les milliards de la terre.

George III survécut à M. Pitt, mais il avait perdu la raison et la vue. Chaque session, à l'ouverture du Parlement, les ministres lisaient aux chambres silencieuses et attendries le bulletin de la santé du roi. Un jour, j'étais allé visiter Windsor : j'obtins pour quelques schellings de l'obligeance d'un concierge qu'il me cachât de manière à voir le roi. Le monarque, en cheveux blancs et aveugle, parut, errant comme le roi Lear dans ses palais et tâtonnant avec ses mains les murs des salles. Il s'assit devant un piano dont il connaissait la place, et joua quelques morceaux d'une sonate de Hændel : c'était une belle fin de la *vieille Angleterre. Old England !*

Je commençais à tourner les yeux vers ma terre natale. Une grande révolution s'était opérée. Bonaparte, devenu premier consul, rétablissait l'ordre par le despotisme ; beaucoup d'exilés rentraient ; la haute émigration, surtout, s'empressait d'aller recueillir les débris de sa fortune : la fidélité périssait par la tête, tandis que son cœur battait encore dans la poitrine de quelques gentilshommes de province à demi nus. Madame Lindsay était partie ; elle écrivait à MM. de Lamoignon de revenir ; elle invitait aussi madame d'Aguesseau, sœur de MM. de Lamoignon[615], à passer le détroit. Fontanes m'appelait, pour achever à Paris l'impression du *Génie du christianisme*. Tout en me souvenant de mon pays, je ne me sentais aucun désir de le revoir ; des dieux plus puissants que les Lares paternels me retenaient ; je n'avais plus en France de biens et d'asile ; la patrie était devenue pour moi un sein de pierre, une mamelle sans lait : je n'y trouverais ni ma mère, ni mon frère, ni ma sœur Julie. Lucile existait encore, mais elle avait épousé M. de Caud, et ne portait plus mon nom ; ma jeune *veuve* ne me connaissait que par une union de quelques mois, par le malheur et par une absence de huit années.

Livré à moi seul, je ne sais si j'aurais eu la force de partir ; mais je voyais ma petite société se dissoudre ; madame d'Aguesseau me proposait de me mener à Paris : je me laissai aller. Le ministre de Prusse me procura un passeport, sous le nom de La Sagne, habitant de Neuchâtel. MM. Dulau interrompirent le tirage du *Génie du christianisme,* et m'en donnèrent les feuilles composées. Je détachai des *Natchez* les esquisses d'*Atala* et de *René ;* j'enfermai le reste du manuscrit dans une malle dont je confiai le dépôt à mes hôtes, à Londres, et je me mis en route pour Douvres avec madame d'Aguesseau : madame Lindsay nous attendait à Calais.

Ainsi j'abandonnai l'Angleterre en 1800 ; mon cœur était autrement occupé qu'il ne l'est à l'époque où j'écris ceci, en 1822. Je ne ramenais de la terre d'exil que des regrets et des songes ; aujourd'hui ma tête est remplie de scènes d'ambition, de politique, de grandeurs et de cours, si messéantes à ma nature. Que d'événements sont entassés dans ma présente existence ! Passez, hommes, passez ; viendra mon tour. Je n'ai déroulé à vos yeux qu'un tiers de mes jours ; si les souffrances que j'ai endurées ont pesé sur mes sérénités printanières, maintenant, entrant dans un âge plus fécond, le germe de *René* va se développer, et des amertumes d'une autre sorte se mêleront à mon récit ! Que n'aurai-je point à dire en parlant de ma patrie, de ses révolutions dont j'ai déjà montré le premier plan ; de cet Empire et de l'homme gigantesque que j'ai vu tomber ; de cette Restauration à laquelle j'ai pris tant de part, aujourd'hui glorieuse en 1822, mais que je ne puis néanmoins entrevoir qu'à travers je ne sais quel nuage

615 Sur MM. de Lamoignon, voir ci-dessus la note 1 de la page 154 (note 21 du Livre VIII). — Leur sœur, Marie-Catherine, née le 3 mars 1759, avait épousé Henri-Cardin-Jean-Baptiste, marquis d'Aguesseau, seigneur de Fresne, avocat général au Parlement, lequel devint membre de l'Académie française (1787), député à la Constituante de 1789, sénateur de l'Empire (1805), pair de la Restauration (1814). Madame d'Aguesseau est morte en 1849, à l'âge de quatre-vingt-dix ans.

funèbre ?

Je termine ce livre, qui atteint au printemps de 1800. Arrivé au bout de ma première carrière, s'ouvre devant moi *la carrière de l'écrivain* ; d'homme privé, je vais devenir homme public ; je sors de l'asile virginal et silencieux de la solitude pour entrer dans le carrefour souillé et bruyant du monde ; le grand jour va éclairer ma vie rêveuse, la lumière pénétrer dans le royaume des ombres. Je jette un regard attendri sur ces livres qui renferment mes heures immémorées ; il me semble dire un dernier adieu à la maison paternelle ; je quitte les pensées et les chimères de ma jeunesse comme des sœurs, comme des amantes que je laisse au foyer de la famille et que je ne reverrai plus.

Nous mîmes quatre heures à passer de Douvres à Calais. Je me glissai dans ma patrie à l'abri d'un nom étranger : caché doublement dans l'obscurité du Suisse La Sagne et dans la mienne, j'abordai la France avec le siècle[616].

DEUXIÈME PARTIE
CARRIÈRE LITTÉRAIRE

1 8 0 0 - 1 8 1 4
LIVRE PREMIER[617]

Vous savez que j'ai maintes fois changé de lieu en écrivant ces *Mémoires* ; que j'ai souvent peint ces lieux, parlé des sentiments qu'ils m'inspiraient et retracé mes souvenirs, mêlant ainsi l'histoire de mes pensées et de mes foyers errants à l'histoire de ma vie.

Vous voyez où j'habite maintenant. En me promenant ce matin sur les falaises, derrière le château de Dieppe, j'ai aperçu la poterne qui communique à ces falaises au moyen d'un pont jeté sur un fossé : madame de Longueville avait échappé par là à la reine Anne d'Autriche ; embarquée furtivement au Havre, mise à terre à Rotterdam, elle se rendit à Stenay, auprès du maréchal de Turenne. Les lauriers du grand capitaine n'étaient plus innocents, et la moqueuse exilée ne traitait pas trop bien le coupable.

Madame de Longueville, qui relevait de l'hôtel de Rambouillet, du trône de Versailles et de la municipalité de Paris, se prit de passion pour l'auteur des *Maximes*[618], et lui fut fidèle autant qu'elle le pouvait. Celui-ci vit moins de ses *pensées* que de l'amitié de madame de La Fayette et de madame de Sévigné, des vers de La Fontaine et de l'amour de madame de Longueville : voilà ce que c'est que les attachements illustres.

---

[616] Voir, à l'Appendice, le no V : la Rentrée en France.
[617] Ce livre, commencé à Dieppe en 1836, a été terminé à Paris en 1837. Il a été revu en décembre 1846.
[618] Le duc de La Rochefoucauld.

La princesse de Condé, près d'expirer, dit à madame de Brienne : « Ma chère amie, mandez à cette pauvre misérable qui est à Stenay l'état où vous me voyez, et qu'elle apprenne à mourir. » Belles paroles ; mais la princesse oubliait qu'elle-même avait été aimée de Henri IV, qu'emmenée à Bruxelles par son mari, elle avait voulu rejoindre le Béarnais, *s'échapper la nuit par une fenêtre, et faire ensuite trente ou quarante lieues à cheval* ; elle était alors une *pauvre misérable* de dix-sept ans.

Descendu de la falaise, je me suis trouvé sur le grand chemin de Paris ; il monte rapidement au sortir de Dieppe. À droite, sur la ligne ascendante d'une berge, s'élève le mur d'un cimetière ; le long de ce mur est établi un rouet de corderie. Deux cordiers, marchant parallèlement à reculons et se balançant d'une jambe sur l'autre, chantaient ensemble à demi-voix. J'ai prêté l'oreille ; ils en étaient à ce couplet du *Vieux caporal*, beau mensonge poétique, qui nous a conduits où nous sommes :

> Qui là-bas sanglote et regarde ?
> Eh ! c'est la veuve du tambour, etc., etc.

Ces hommes prononçaient le refrain : *Conscrits au pas ; ne pleurez pas... Marchez au pas, au pas,* d'un ton si mâle et si pathétique que les larmes me sont venues aux yeux. En marquant eux-mêmes le pas et en dévidant leur chanvre, ils avaient l'air de filer le dernier moment du vieux caporal : je ne saurais dire ce qu'il y avait dans cette gloire particulière à Béranger, solitairement révélée par deux matelots qui chantaient à la vue de la mer la mort d'un soldat.

La falaise m'a rappelé une grandeur monarchique, le chemin une célébrité plébéienne : j'ai comparé en pensée les hommes aux deux extrémités de la société, je me suis demandé à laquelle de ces époques j'aurais préféré appartenir. Quand le présent aura disparu comme le passé, laquelle de ces deux renommées attirera le plus les regards de la postérité ?

Et néanmoins, si les faits étaient tout, si la valeur des noms ne contre-pesait dans l'histoire la valeur des événements, quelle différence entre mon temps et le temps qui s'écoula depuis la mort de Henri IV jusqu'à celle de Mazarin ! Qu'est-ce que les troubles de 1648 comparés à cette Révolution, laquelle a dévoré l'ancien monde, dont elle mourra peut-être, en ne laissant après elle ni vieille, ni nouvelle société ? N'avais-je pas à peindre dans mes *Mémoires* des tableaux d'une importance incomparablement au-dessus des scènes racontées par le duc de La Rochefoucauld ? À Dieppe même, qu'est-ce que la nonchalante et voluptueuse idole de Paris séduit et rebelle, auprès de madame la duchesse de Berry ? Les coups de canon qui annonçaient à la mer la présence de la veuve royale n'éclatent plus ; la flatterie de poudre et de fumée n'a laissé sur le rivage que le gémissement des flots[619].

Les deux filles de Bourbon, Anne-Geneviève et Marie-Caroline se sont retirées ; les deux matelots de la chanson du poète plébéien s'abîmeront ; Dieppe est vide de moi-même : c'était un autre *moi,* un *moi* de mes premiers jours finis, qui jadis habita ces lieux, et ce *moi* a succombé, car nos jours meurent avant nous. Ici vous m'avez vu, sous-lieutenant au régiment de Navarre, exercer des recrues sur les galets ; vous m'y avez revu exilé sous Bonaparte ; vous m'y rencontrerez de nouveau lorsque les journées de Juillet m'y surprendront. M'y voici encore ; j'y reprends la plume pour continuer mes confessions.

Afin de nous reconnaître, il est utile de jeter un coup d'œil sur l'état de mes *Mémoires.*

Il m'est arrivé ce qui arrive à tout entrepreneur qui travaille sur une grande échelle : j'ai, en premier lieu, élevé les pavillons des extrémités, puis, déplaçant et replaçant çà et là mes échafauds, j'ai monté la pierre et le ciment des constructions intermédiaires ; on employait plusieurs siècles à l'achèvement des cathédrales gothiques. Si le ciel m'accorde de vivre, le monument sera fini par mes diverses années ; l'architecte, toujours le même, aura seulement changé d'âge. Du reste, c'est un supplice de conserver intact son être intellectuel, emprisonné dans une enveloppe matérielle usée. Saint Augustin, sentant son argile tomber, disait à Dieu : « Servez de tabernacle à mon âme. » et il disait aux hommes : « Quand vous m'aurez connu dans ce livre, priez pour moi. »

Il faut compter trente-six ans entre les choses qui commencent mes *Mémoires* et celles qui m'occupent. Comment renouer avec quelque ardeur la narration d'un sujet rempli jadis pour moi de passion et de feu, quand ce ne sont plus des vivants avec qui je vais m'entretenir, quand il s'agit de réveiller des effigies glacées au fond de l'Éternité, de descendre dans un caveau funèbre pour y jouer à la vie ? Ne suis-je pas moi-même quasi mort ? Mes opinions ne sont-elles pas changées ? Vois-je les objets du même point de vue ? Ces événements personnels dont j'étais si troublé, les événements généraux et prodigieux qui les ont accompagnés ou suivis, n'en ont-ils pas diminué l'importance aux yeux du monde, ainsi qu'à mes propres yeux ? Quiconque prolonge sa carrière sent se refroidir ses heures ; il ne retrouve plus le lendemain l'intérêt qu'il portait à la veille. Lorsque je fouille dans mes pensées, il y a des noms et jusqu'à des personnages qui échappent à ma mémoire, et cependant ils avaient peut-être fait palpiter mon cœur : vanité de l'homme oubliant et oublié ! Il ne suffit pas de dire aux songes, aux amours : « Renaissez ! » pour qu'ils renaissent ; on ne se

---

[619] La duchesse de Berry, dans les derniers temps de la Restauration, avait mis à la mode la plage de Dieppe ; elle y allait chaque année, avec ses enfants, dans la saison des bains de mer.

peut ouvrir la région des ombres qu'avec le rameau d'or, et il faut une jeune main pour le cueillir.

Aucuns venants des Lares patries. (RABELAIS.)

Depuis huit ans enfermé dans la Grande-Bretagne, je n'avais vu que le monde anglais, si différent, surtout alors, du reste du monde européen. À mesure que le *packet-boat* de Douvres approchait de Calais, au printemps de 1800, mes regards me devançaient au rivage. J'étais frappé de l'air pauvre du pays : à peine quelques mâts se montraient dans le port ; une population en carmagnole et en bonnet de coton s'avançait au-devant de nous le long de la jetée : les vainqueurs du continent me furent annoncés par un bruit de sabots. Quand nous accostâmes le môle, les gendarmes et les douaniers sautèrent sur le pont, visitèrent nos bagages et nos passeports : en France, un homme est toujours suspect, et la première chose que l'on aperçoit dans nos affaires, comme dans nos plaisirs, est un chapeau à trois cornes ou une baïonnette.

Madame Lindsay nous attendait à l'auberge : le lendemain nous partîmes avec elle pour Paris, madame d'Aguesseau, une jeune personne sa parente, et moi. Sur la route, on n'apercevait presque point d'hommes ; des femmes noircies et hâlées, les pieds nus, la tête découverte ou entourée d'un mouchoir, labouraient les champs : on les eût prises pour des esclaves. J'aurais dû plutôt être frappé de l'indépendance et de la virilité de cette terre où les femmes maniaient le hoyau, tandis que les hommes maniaient le mousquet. On eût dit que le feu avait passé dans les villages ; ils étaient misérables et à moitié démolis : partout de la boue ou de la poussière, du fumier et des décombres.

À droite et à gauche du chemin, se montraient des châteaux abattus ; de leurs futaies rasées, il ne restait que quelques troncs équarris, sur lesquels jouaient des enfants. On voyait des murs d'enclos ébréchés, des églises abandonnées, dont les morts avaient été chassés, des clochers sans cloches, des cimetières sans croix, des saints sans tête et lapidés dans leurs niches. Sur les murailles étaient barbouillées ces inscriptions républicaines déjà vieillies : LIBERTE, ÉGALITE, FRATERNITE, OU LA MORT. Quelquefois on avait essayé d'effacer le mot MORT, mais les lettres noires ou rouges reparaissaient sous une couche de chaux. Cette nation, qui semblait au moment de se dissoudre, recommençait un monde, comme ces peuples sortant de la nuit de la barbarie et de la destruction du moyen âge.

En approchant de la capitale, entre Écouen et Paris, les ormeaux n'avaient point été abattus ; je fus frappé de ces belles avenues itinéraires, inconnues au sol anglais. La France m'était aussi nouvelle que me l'avaient été autrefois les forêts de l'Amérique. Saint-Denis était découvert, les fenêtres en étaient brisées ; la pluie pénétrait dans ses nefs verdies, et il n'avait plus de tombeaux : j'y ai vu, depuis, les os de Louis XVI, les Cosaques, le cercueil du duc de Berry et le catafalque de Louis XVIII.

Auguste de Lamoignon vint au-devant de madame Lindsay : son élégant équipage contrastait avec les lourdes charrettes, les diligences sales, délabrées, traînées par des haridelles attelées de cordes, que j'avais rencontrées depuis Calais. Madame Lindsay demeurait aux Ternes. On me mit à terre sur le chemin de la Révolte, et je gagnai, à travers champs, la maison de mon hôtesse. Je demeurai vingt-quatre heures chez elle ; j'y rencontrai un grand et gros monsieur Lasalle qui lui servait à arranger des affaires d'émigrés. Elle fit prévenir M. de Fontanes de mon arrivée ; au bout de quarante-huit heures, il me vint chercher au fond d'une petite chambre que madame Lindsay m'avait louée dans une auberge, presque à sa porte.

C'était un dimanche : vers trois heures de l'après-midi, nous entrâmes à pied dans Paris par la barrière de l'Étoile. Nous n'avons pas une idée aujourd'hui de l'impression que les excès de la Révolution avaient faite sur les esprits en Europe, et principalement parmi les hommes absents de la France pendant la Terreur ; il me semblait, à la lettre, que j'allais descendre aux enfers. J'avais été témoin, il est vrai, des commencements de la Révolution ; mais les grands crimes n'étaient pas alors accomplis, et j'étais resté sous le joug des faits subséquents, tels qu'on les racontait au milieu de la société paisible et régulière de l'Angleterre.

M'avançant sous mon faux nom, et persuadé que je compromettais mon ami Fontanes, j'ouïs, à mon grand étonnement, en entrant dans les Champs-Élysées, des sons de violon, de cor, de clarinette et de tambour. J'aperçus des *bastringues* où dansaient des hommes et des femmes ; plus loin, le palais des Tuileries m'apparut dans l'enfoncement de ses deux grands massifs de marronniers. Quant à la place Louis XV, elle était nue ; elle avait le délabrement, l'air mélancolique et abandonné d'un vieil amphithéâtre ; on y passait vite ; j'étais tout surpris de ne pas entendre des plaintes ; je craignais de mettre le pied dans un sang dont il ne restait aucune trace ; mes yeux ne se pouvaient détacher de l'endroit du ciel où s'était élevé l'instrument de mort ; je croyais voir en chemise, liés auprès de la machine sanglante, mon frère et ma belle-sœur : là était tombée la tête de Louis XVI. Malgré les joies de la rue, les tours des églises étaient muettes ; il me semblait être rentré le jour de l'immense douleur, le jour du vendredi saint.

M. de Fontanes demeurait dans la rue Saint-Honoré, aux environs de Saint-Roch[620]. Il me mena chez lui, me présenta à sa femme, et me conduisit ensuite chez son ami, M. Joubert, où je trouvai un abri provisoire : je fus reçu comme un voyageur dont on avait entendu parler.

Le lendemain, j'allai à la police, sous le nom de La Sagne, déposer

---

[620] Les lettres adressées par Chateaubriand au citoyen Fontanes, en 1800 et 1801, portent cette suscription : Rue Saint-Honoré, près le passage Saint-Roch, ou bien : Rue Saint-Honoré, no 85, près de la rue Neuve-du-Luxembourg.

mon passe-port étranger et recevoir en échange, pour rester à Paris, une permission qui fut renouvelée de mois en mois. Au bout de quelques jours, je louai un entre-sol rue de Lille, du côté de la rue des Saints-Pères.

J'avais apporté le *Génie du christianisme* et les premières feuilles de cet ouvrage, imprimées à Londres. On m'adressa à M. Migneret[621], digne homme, qui consentit à se charger de recommencer l'impression interrompue et à me donner d'avance quelque chose pour vivre. Pas une âme ne connaissait mon *Essai sur les révolutions*, malgré ce que m'en avait mandé M. Lemierre. Je déterrai le vieux philosophe Delisle de Sales, qui venait de publier son *Mémoire en faveur de Dieu*, et je me rendis chez Ginguené. Celui-ci était logé rue de Grenelle-Saint-Germain, près de l'hôtel du Bon La Fontaine. On lisait encore sur la loge de son concierge : *Ici on s'honore du titre de citoyen, et on se tutoie. Ferme la porte, s'il vous plaît.* Je montai : M. Ginguené, qui me reconnut à peine, me parla du haut de la grandeur de tout ce qu'il était et avait été. Je me retirai humblement, et n'essayai pas de renouer des liaisons si disproportionnées.

Je nourrissais toujours au fond du cœur les regrets et les souvenirs de l'Angleterre ; j'avais vécu si longtemps dans ce pays que j'en avais pris les habitudes : je ne pouvais me faire à la saleté de nos maisons, de nos escaliers, de nos tables, à notre malpropreté, à notre bruit, à notre familiarité, à l'indiscrétion de notre bavardage : j'étais Anglais de manières, de goût et, jusqu'à un certain point, de pensées ; car si, comme on le prétend, lord Byron s'est inspiré quelquefois de *René* dans son *Childe-Harold*, il est vrai de dire aussi que huit années de résidence dans la Grande-Bretagne, précédées d'un voyage en Amérique, qu'une longue habitude de parler, d'écrire et même de penser en anglais, avaient nécessairement influé sur le tour et l'expression de mes idées. Mais peu à peu je goûtai la sociabilité qui nous distingue, ce commerce charmant, facile et rapide des intelligences, cette absence de toute morgue et de tout préjugé, cette inattention à la fortune et aux noms, ce nivellement naturel de tous les rangs, cette égalité des esprits qui rend la société française incomparable et qui rachète nos défauts : après quelques mois d'établissement au milieu de nous, on sent qu'on ne peut plus vivre qu'à Paris.

Je m'enfermai au fond de mon entre-sol, et je me livrai tout entier au travail. Dans les intervalles de repos, j'allais faire de divers côtés des reconnaissances. Au milieu du Palais-Royal, le Cirque avait été comblé ; Camille Desmoulins ne pérorait plus en plein vent ; on ne voyait plus circuler des troupes de prostituées, compagnes virginales de la déesse Raison, et marchant sous la conduite de David, costumier et corybante. Au

---

[621] Il avait sa librairie rue Jacob, no 1186. On numérotait alors les maisons par quartier et non par rue.

débouché de chaque allée, dans les galeries, on rencontrait des hommes qui criaient des curiosités, *ombres chinoises, vues d'optique, cabinets de physique, bêtes étranges ;* malgré tant de têtes coupées, il restait encore des oisifs. Du fond des caves du Palais-Marchand sortaient des éclats de musique, accompagnés du bourdon des grosses caisses : c'était peut-être là qu'habitaient ces géants que je cherchais et que devaient avoir nécessairement produits des événements immenses. Je descendais ; un bal souterrain s'agitait au milieu de spectateurs assis et buvant de la bière. Un petit bossu, planté sur une table, jouait du violon et chantait un hymne à Bonaparte, qui se terminait par ces vers :

Par ses vertus, par ses attraits,
Il méritait d'être leur père !

On lui donnait un sou après la ritournelle. Tel est le fond de cette société humaine qui porta Alexandre et qui portait Napoléon.

Je visitais les lieux où j'avais promené les rêveries de mes premières années. Dans mes couvents d'autrefois, les clubistes avaient été chassés après les moines. En errant derrière le Luxembourg, je fus conduit à la Chartreuse ; on achevait de la démolir.

La place des Victoires et celle de Vendôme pleuraient les effigies absentes du grand roi ; la communauté des Capucines était saccagée ; le cloître intérieur servait de retraite à la fantasmagorie de Robertson. Aux Cordeliers, je demandai en vain la nef gothique où j'avais aperçu Marat et Danton dans leur primeur. Sur le quai des Théatins, l'église de ces religieux était devenue un café et une salle de danseurs de corde. À la porte, une enluminure représentait des funambules, et on lisait en grosses lettres : *Spectacle gratis.* Je m'enfonçai avec la foule dans cet antre perfide : je ne fus pas plutôt assis à ma place, que des garçons entrèrent serviette à la main et criant comme des enragés : « Consommez messieurs ! consommez ! » Je ne me le fis pas dire deux fois, et je m'évadai piteusement aux cris moqueurs de l'assemblée, parce que je n'avais pas de quoi *consommer*[622].

---

[622] Chateaubriand, à cette date, était à la lettre, sans le sou. Le 30 juillet 1800, il écrivait à Fontanes :
« Je vous envoie, mon cher ami, un Mémoire que de Sales m'a laissé pour vous :
« Rendez-moi deux services ;
« Donnez-moi d'abord un mot pour le médecin.
« Tâchez ensuite de m'emprunter vingt-cinq louis.
« J'ai reçu de mauvaises nouvelles de ma famille, et je ne sais plus comment faire pour attendre l'autre époque de ma fortune, chez Migneret. Il est dur d'être inquiet sur ma vie pendant que j'achève l'œuvre du Seigneur. Juste et belle Révolution !
Ils ont tout vendu. Me voilà comme au sortir du ventre de ma mère, car mes chemises même ne sont pas françaises. Elles sont de la charité d'un autre peuple.

La Révolution s'est divisée en trois parties qui n'ont rien de commun entre elles : la République, l'Empire et la Restauration ; ces trois mondes divers, tous trois aussi complètement finis les uns que les autres, semblent séparés par des siècles. Chacun de ces trois mondes a eu un principe fixe : le principe de la République était l'égalité, celui de l'Empire la force, celui de la Restauration la liberté. L'époque républicaine est la plus originale et la plus profondément gravée, parce qu'elle a été unique dans l'histoire : jamais on n'avait vu, jamais on ne reverra l'ordre physique produit par le désordre moral, l'unité sortie du gouvernement de la multitude, l'échafaud substitué à la loi et obéi au nom de l'humanité.

J'assistai, en 1801, à la seconde transformation sociale. Le pêle-mêle était bizarre : par un travestissement convenu, une foule de gens devenaient des personnages qu'ils n'étaient pas : chacun portait son nom de guerre ou d'emprunt suspendu à son cou, comme les Vénitiens, au carnaval, portent à la main un petit masque pour avertir qu'ils sont masqués. L'un était réputé Italien ou Espagnol, l'autre Prussien ou Hollandais : j'étais Suisse. La mère passait pour être la tante de son fils, le père pour l'oncle de sa fille ; le propriétaire d'une terre n'en était que le régisseur. Ce mouvement me rappelait, dans un sens contraire, le mouvement de 1789, lorsque les moines et les religieux sortirent de leur cloître et que l'ancienne société fut envahie par la nouvelle : celle-ci, après avoir remplacé celle-là, était remplacée à son tour.

Cependant le monde ordonné commençait à renaître ; on quittait les cafés et la rue pour rentrer dans sa maison ; on recueillait les restes de sa famille ; on recomposait son héritage en en rassemblant les débris, comme, après une bataille, on bat le rappel et l'on fait le compte de ce que l'on a perdu. Ce qui demeurait d'églises entières se rouvrait : j'eus le bonheur de sonner la trompette à la porte du temple. On distinguait les vieilles générations républicaines qui se retiraient, des générations impériales qui s'avançaient. Des généraux de la réquisition, pauvres, au langage rude, à la mine sévère, et qui, de toutes leurs campagnes, n'avaient remporté que des blessures et des habits en lambeaux, croisaient les officiers brillants de dorure de l'armée consulaire. L'émigré rentré causait tranquillement avec les assassins de quelques-uns de ses proches. Tous les portiers, grands partisans de feu M. de Robespierre, regrettaient les spectacles de la place Louis XV, où l'on coupait la tête à *des femmes qui*, me disait mon propre concierge de la rue de Lille, *avaient le cou blanc comme de la chair de*

Tirez-moi donc d'affaire, si vous le pouvez, mon cher ami. Vingt-cinq louis me feront vivre jusqu'à la publication qui décidera de mon sort. Alors le livre paiera tout, si tel est le bon plaisir de Dieu, qui jusqu'à présent ne m'a pas été très favorable.

« Tout à vous,

« LA SAGNE. »

La lettre porte pour suscription : Au citoyen Fontanes, rue Honoré.

poulet. Les septembriseurs, ayant changé de nom et de quartier, s'étaient faits marchands de pommes cuites au coin des bornes ; mais ils étaient souvent obligés de déguerpir, parce que le peuple, qui les reconnaissait, renversait leur échoppe et les voulait assommer. Les révolutionnaires enrichis commençaient à s'emménager dans les grands hôtels vendus du faubourg Saint-Germain. En train de devenir barons et comtes, les Jacobins ne parlaient que des horreurs de 1793, de la nécessité de châtier les prolétaires et de réprimer les excès de la populace. Bonaparte, plaçant les Brutus et les Scévola à sa police, se préparait à les barioler de rubans, à les salir de titres, à les forcer de trahir leurs opinions et de déshonorer leurs crimes. Entre tout cela poussait une génération vigoureuse semée dans le sang, et s'élevant pour ne plus répandre que celui de l'étranger : de jour en jour s'accomplissait la métamorphose des républicains en impérialistes et de la tyrannie de tous dans le despotisme d'un seul.

Tout en m'occupant à retrancher, augmenter, changer les feuilles du *Génie du christianisme* la nécessité me forçait de suivre quelques autres travaux. M. de Fontanes rédigeait alors le *Mercure de France* : il me proposa d'écrire dans ce journal. Ces combats n'étaient pas sans quelque péril : on ne pouvait arriver à la politique que par la littérature, et la police de Bonaparte entendait à demi-mot. Une circonstance singulière, en m'empêchant de dormir, allongeait mes heures et me donnait plus de temps. J'avais acheté deux tourterelles ; elles roucoulaient beaucoup : en vain je les enfermais la nuit dans ma petite malle de voyageur ; elles n'en roucoulaient que mieux. Dans un des moments d'insomnie qu'elles me causaient, je m'avisai d'écrire pour le *Mercure* une lettre à madame de Staël[623]. Cette boutade me fit tout à coup sortir de l'ombre ; ce que n'avaient pu faire mes deux gros volumes sur les *Révolutions*, quelques pages d'un journal le firent. Ma tête se montrait un peu au-dessus de l'obscurité.

Ce premier succès semblait annoncer celui qui l'allait suivre. Je m'occupais à revoir les épreuves d'*Atala* (épisode renfermé, ainsi que *René*, dans le *Génie du christianisme*) lorsque je m'aperçus que des feuilles me manquaient. La peur me prit : je crus qu'on avait dérobé mon roman, ce qui assurément était une crainte bien peu fondée, car personne ne pensait que je valusse la peine d'être volé. Quoi qu'il en soit, je me déterminai à publier *Atala* à part, et j'annonçai ma résolution dans une

---

[623] Cette lettre à Mme de Staël avait exactement pour titre : Lettre à M. de Fontanes sur la deuxième édition de l'ouvrage de Mme de Staël (De la littérature considérée dans ses rapports avec la morale, etc.). Cette lettre était signée : l'Auteur du Génie du Christianisme. Elle fut imprimée dans le Mercure du 1er nivôse an IX (22 décembre 1800). C'est un des plus éloquents écrits de Chateaubriand. Il figure maintenant dans toutes les éditions du Génie du Christianisme, auquel il se rattache de la façon la plus étroite.

lettre adressée au *Journal des Débats* et au *Publiciste*[624].

Avant de risquer l'ouvrage au grand jour, je le montrai à M. de Fontanes : il en avait déjà lu des fragments en manuscrit à Londres. Quand il fut arrivé au discours du père Aubry, au bord du lit de mort d'Atala, il me dit brusquement d'une voix rude : « Ce n'est pas cela ; c'est mauvais ; refaites cela ! » Je me retirai désolé ; je ne me sentais pas capable de mieux faire. Je voulais jeter le tout au feu ; je passai depuis huit heures jusqu'à onze heures du soir dans mon entre-sol, assis devant ma table, le front appuyé sur le dos de mes mains étendues et ouvertes sur mon papier. J'en voulais à Fontanes ; je m'en voulais ; je n'essayais pas même d'écrire, tant je désespérais de moi. Vers minuit, la voix de mes tourterelles m'arriva, adoucie par l'éloignement et rendue plus plaintive par la prison où je les tenais renfermées : l'inspiration me revint ; je traçai de suite le discours du missionnaire, sans une seule interligne, sans en rayer un mot, tel qu'il est resté et tel qu'il existe aujourd'hui. Le cœur palpitant, je le portai le matin à Fontanes, qui s'écria : « C'est cela ! c'est cela ! je vous l'avais bien dit, que vous feriez mieux ! »

C'est de la publication d'*Atala*[625] que date le bruit que j'ai fait dans ce monde : je cessai de vivre de moi-même et ma carrière publique

---

[624] Voici cette lettre :

« CITOYEN,

« Dans mon ouvrage sur le Génie du Christianisme, ou les Beautés de la religion chrétienne, il se trouve une partie entière consacrée à la poétique du Christianisme. Cette partie se divise en quatre livres : poésie, beaux-arts, littérature, harmonies de la religion avec les scènes de la nature et les passions du cœur humain. Dans ce livre, j'examine plusieurs sujets qui n'ont pu entrer dans les précédents, tels que les effets des ruines gothiques comparées aux autres sortes de ruines, les sites des monastères dans la solitude, etc. Ce livre est terminé par une anecdote extraite de mes voyages en Amérique, et écrite sous les huttes mêmes des sauvages ; elle est intitulée Atala, etc. Quelques épreuves de cette petite histoire s'étant trouvées égarées, pour prévenir un accident qui me causerait un tort infini, je me vois obligé de l'imprimer à part, avant mon grand ouvrage.

« Si vous vouliez, citoyen, me faire le plaisir de publier ma lettre, vous me rendriez un important service.

« J'ai l'honneur d'être, etc. »

La lettre est signée : l'Auteur du Génie du Christianisme. Elle parut dans le Journal des Débats, du 10 germinal, an IX (31 mars 1801).

[625] Fontanes, dans le Mercure du 16 germinal an IX (6 avril 1801), annonçait, en ces termes, la publication prochaine d'Atala : « L'auteur est le même dont on a déjà parlé plus d'une fois, en annonçant son grand travail sur les beautés morales et poétiques du christianisme. Celui qui écrit l'aime depuis douze ans et il l'a retrouvé, d'une manière inattendue, dans des jours d'exil et de malheurs ; mais il ne croit pas que les illusions de l'amitié se mêlent à ses jugements. » — Le Journal des Débats, dans sa feuille du 27 germinal (17 avril) annonça que le petit volume venait de paraître chez Migneret, rue Jacob no 1186. C'était un petit in-12 de xxiv et 210 pages de texte, avec ce titre : Atala ou les amours de deux sauvages dans le désert.

commença. Après tant de succès militaires, un succès littéraire paraissait un prodige ; on en était affamé. L'étrangeté de l'ouvrage ajoutait à la surprise de la foule. *Atala* tombant au milieu de la littérature de l'Empire, de cette école classique, vieille rajeunie dont la seule vue inspirait l'ennui, était une sorte de production d'un genre inconnu. On ne savait si l'on devait la classer parmi les *monstruosités* ou parmi les *beautés ;* était-elle Gorgone ou Vénus ? Les académiciens assemblés dissertèrent doctement sur son sexe et sur sa nature, de même qu'ils firent des rapports sur le *Génie du christianisme*. Le vieux siècle la repoussa, le nouveau l'accueillit.

Atala devint si populaire qu'elle alla grossir, avec la Brinvilliers, la collection de *Curtius*[626]. Les auberges de rouliers étaient ornées de gravures rouges, vertes et bleues, représentant Chactas, le père Aubry et la fille de Simaghan. Dans des boîtes de bois, sur les quais, on montrait mes personnages en cire, comme on montre des images de Vierge et de saints à la foire. Je vis sur un théâtre du boulevard ma sauvagesse coiffée de plumes de coq, qui parlait de l'*âme de la solitude* à un sauvage de son espèce, de manière à me faire suer de confusion. On représentait aux Variétés une pièce dans laquelle une jeune fille et un jeune garçon, sortant de leur pension, s'en allaient par le coche se marier dans leur petite ville ; comme en débarquant ils ne parlaient, d'un air égaré, que crocodiles, cigognes et forêts, leurs parents croyaient qu'ils étaient devenus fous. Parodies, caricatures, moqueries m'accablaient[627]. L'abbé Morellet, pour

---

[626] Un Allemand, qui se faisait appeler Curtius, avait installé à Paris, vers 1770, un Cabinet de figures en cire coloriées, reproduisant, sous leur costume habituel, les personnages fameux morts ou vivants. Ses deux salons, établis au Palais-Royal et au boulevard du Temple, étaient consacrés, l'un aux grands hommes, l'autre aux scélérats. Tous les deux, le second surtout, attirèrent la foule, et leur vogue, que la Révolution n'avait fait qu'accroître, se maintint sous le Consulat et l'Empire. Les salons de figures de cire restèrent ouverts, au boulevard du Temple, jusqu'à la fin du règne de Louis-Philippe. Ils émigrèrent alors en province, et il arrive qu'aujourd'hui encore on en rencontre quelquefois dans les foires de village. Seulement, on n'y trouve plus de grands hommes : les scélérats seuls sont restés.

[627] Marie-Joseph Chénier — qui aura justement pour successeur à l'Académie l'auteur d'Atala — fut le plus ardent à critiquer l'œuvre nouvelle, à la couvrir de moqueries en vers et en prose. Sa longue satire des Nouveaux Saints lui est en grande partie consacrée :
J'entendrai les sermons prolixement diserts
Du bon monsieur Aubry, Massillon des déserts.
Ô terrible Atala ! tous deux avec ivresse
Courons goûter encore les plaisirs de la messe.
Un petit volume, attribué à Gadet de Gassicourt et qui eut aussitôt plusieurs éditions, avait pour titre : Atala, ou les habitants du désert, parodie d'ATALA, ornée de figures de rhétorique. — Au grand village, chez Gueffier jeune, an IX.
L'année suivante paraissaient deux volumes intitulés : Résurrection d'Atala et son voyage à Paris. Mme de Beaumont les signalait en ces termes à Chênedollé, dans

me confondre, fit asseoir sa servante sur ses genoux et ne put tenir les pieds de la jeune vierge dans ses mains, comme Chactas tenait les pieds d'Atala pendant l'orage : si le Chactas de la rue d'Anjou s'était fait peindre ainsi, je lui aurais pardonné sa critique[628].

Tout ce train servait à augmenter le fracas de mon apparition. Je devins à la mode. La tête me tourna : j'ignorais les jouissances de l'amour-propre, et j'en fus enivré. J'aimai la gloire comme une femme, comme un premier amour. Cependant, poltron que j'étais, mon effroi égalait ma passion : conscrit, j'allais mal au feu. Ma sauvagerie naturelle, le doute que j'ai toujours eu de mon talent, me rendaient humble au milieu de mes triomphes. Je me dérobais à mon éclat ; je me promenais à l'écart, cherchant à éteindre l'auréole dont ma tête était couronnée. Le soir, mon chapeau rabattu sur mes yeux, de peur qu'on ne reconnût le grand homme, j'allais à l'estaminet lire à la dérobée mon éloge dans quelque petit journal inconnu. Tête à tête avec ma renommée, j'étendais mes courses jusqu'à la pompe à feu de Chaillot, sur ce même chemin où j'avais tant souffert en allant à la cour ; je n'étais pas plus à mon aise avec mes nouveaux honneurs. Quand ma supériorité dînait à trente sous au pays latin, elle

---

une lettre du 25 août 1802 : « On a fait une Résurrection d'Atala en deux volumes. Atala, Chactas et le Père Aubry ressuscitent aux ardentes prières des Missionnaires. Ils partent pour la France ; un naufrage les sépare : Atala arrive à Paris. On la mène chez Feydel (l'un des rédacteurs du Journal de Paris à cette époque) qui parie deux cents louis qu'elle n'est pas une vraie Sauvage ; chez l'abbé Morellet, qui trouve la plaisanterie mauvaise ; chez M. de Chateaubriand, qui lui fait vite bâtir une hutte dans son jardin, qui lui donne un dîner où se trouvent les élégantes de Paris : on discute avec lui très poliment les prétendus défauts d'Atala. On va ensuite au bal des Étrangers où plusieurs femmes du moment passent en revue, enfin à l'église où l'on trouve le Père Aubry disant la messe et Chactas la servant. La reconnaissance se fait, et l'ouvrage finit par une mauvaise critique du Génie du Christianisme. Vous croiriez, d'après cet exposé, que l'auteur est païen. Point du tout. Il tombe sur les philosophes ; il assomme l'abbé Morellet, et il veut être plus chrétien que M. de Chateaubriand. La plaisanterie est plus étrange qu'offensante ; mais on cherche à imiter le style de notre ami, et cela me blesse. Le bon esprit de M. Joubert s'accommode mieux de toutes ces petites attaques que moi qui justifie si bien la première partie de ma devise : « Un souffle m'agite. » — En annonçant cette Résurrection d'Atala, le Mercure disait (4 septembre 1802) : « Encore deux volumes sur Atala ! En vérité elle a déjà donné lieu à plus de critiques et de défenses que la philosophie de Kant n'a de commentaires. »
[628] Chateaubriand se venge ici très spirituellement de l'abbé Morellet (l'abbé mords-les, disait Voltaire) et de sa brochure de 72 pages : Observations critiques sur le roman intitulé ATALA. L'abbé Morellet, « qui n'appartenait à l'église, dit Norvins (Mémorial, I, 74), que par la moitié de la foi, la moitié du costume et par un prieuré tout entier », était un homme de talent et de bon sens, mais d'un talent un peu sec et d'un bon sens un peu court. Vieil encyclopédiste, classique impénitent, il ne comprit rien aux nouveautés d'Atala, de René et du Génie du Christianisme, aussi dépaysé devant les premiers chefs-d'œuvre du jeune Chateaubriand que les vieux généraux autrichiens, les Beaulieu et les Wurmser, devant les premières victoires du jeune Bonaparte.

avalait de travers, gênée par les regards dont elle se croyait l'objet. Je me contemplais, je me disais : « C'est pourtant toi, créature extraordinaire, qui manges comme un autre homme ! » Il y avait aux Champs-Élysées un café que j'affectionnais à cause de quelques rossignols suspendus en cage au pourtour intérieur de la salle ; madame Rousseau[629], la maîtresse du lieu, me connaissait de vue sans savoir qui j'étais. On m'apportait vers dix heures du soir une tasse de café, et je cherchais *Atala* dans les *Petites-Affiches*, à la voix de mes cinq ou six Philomèles. Hélas ! je vis bientôt mourir la pauvre madame Rousseau ; notre société des rossignols et de l'Indienne qui chantait : « *Douce habitude d'aimer, si nécessaire à la vie !* » ne dura qu'un moment.

Si le succès ne pouvait prolonger en moi ce stupide engouement de ma vanité, ni pervertir ma raison, il avait des dangers d'une autre sorte ; ces dangers s'accrurent à l'apparition du *Génie du christianisme*, et à ma démission pour la mort du duc d'Enghien. Alors vinrent se presser autour de moi, avec les jeunes femmes qui pleurent aux romans, la foule des chrétiennes, et ces autres nobles enthousiastes dont une action d'honneur fait palpiter le sein. Les éphèbes de treize et quatorze ans étaient les plus périlleuses ; car ne sachant ni ce qu'elles veulent, ni ce qu'elles vous veulent, elles mêlent avec séduction votre image à un monde de fables, de rubans et de fleurs. J.-J. Rousseau parle des déclarations qu'il reçut à la publication de la *Nouvelle Héloïse* et des conquêtes qui lui étaient offertes : je ne sais si l'on m'aurait ainsi livré des empires, mais je sais que j'étais enseveli sous un amas de billets parfumés ; si ces billets n'étaient aujourd'hui des billets de grand'mères, je serais embarrassé de raconter avec une modestie convenable comment on se disputait un mot de ma main, comment on ramassait une enveloppe suscrite par moi, et comment, avec rougeur, on la cachait, en baissant la tête, sous le voile tombant d'une longue chevelure. Si je n'ai pas été gâté, il faut que ma nature soit bonne.

Politesse réelle ou curieuse faiblesse, je me laissais quelquefois aller jusqu'à me croire obligé de remercier chez elles les dames inconnues qui m'envoyaient leurs noms avec leurs flatteries : un jour, à un quatrième étage, je trouvai une créature ravissante sous l'aile de sa mère, et chez qui je n'ai pas remis le pied. Une Polonaise m'attendait dans des salons de soie ; mélange de l'odalisque et de la Valkyrie, elle avait l'air d'un perce-neige à blanches fleurs, ou d'une de ces élégantes bruyères qui remplacent les autres filles de Flore, lorsque la saison de celles-ci n'est pas encore

---

[629] Dans une lettre à Chênedollé, du 26 juillet 1820, Chateaubriand, qui venait d'être nommé à l'ambassade de Berlin, rappelait à son ami le bon temps où ils fréquentaient ensemble le petit café des Champs-Élysées : « ... Ceci n'est pas un adieu, lui écrivait-il ; nous nous reverrons, nous finirons nos jours ensemble dans cette grande Babylone qu'on aime toujours en la maudissant, et nous nous rappellerons le bon temps de nos misères où nous prenions le détestable café de Mme Rousseau. »

venue ou qu'elle est passée : ce chœur féminin, varié d'âge et de beauté, était mon ancienne sylphide réalisée. Le double effet sur ma vanité et mes sentiments pouvait être d'autant plus redoutable que jusqu'alors, excepté un attachement sérieux, je n'avais été ni recherché, ni distingué de la foule. Toutefois je le dois dire : m'eût-il été facile d'abuser d'une illusion passagère, l'idée d'une volupté advenue par les voies chastes de la religion révoltait ma sincérité : être aimé à travers le *Génie du christianisme,* aimé pour l'*Extrême-Onction,* pour la *Fête des Morts !* Je n'aurais jamais été ce honteux tartufe.

J'ai connu un médecin provençal, le docteur Vigaroux ; arrivé à l'âge où chaque plaisir retranche un jour, « il n'avait point, disait-il, de regret du temps ainsi perdu ; sans s'embarrasser s'il donnait le bonheur qu'il recevait, il allait à la mort dont il espérait faire sa dernière délice. » Je fus cependant témoin de ses pauvres larmes lorsqu'il expira ; il ne put me dérober son affliction ; il était trop tard : ses cheveux blancs ne descendaient pas assez bas pour cacher et essuyer ses pleurs. Il n'y a de véritablement malheureux en quittant la terre que l'incrédule : pour l'homme sans foi, l'existence a cela d'affreux qu'elle fait sentir le néant ; si l'on n'était point né, on n'éprouverait pas l'horreur de ne plus être : la vie de l'athée est un effrayant éclair qui ne sert qu'à découvrir un abîme.

Dieu de grandeur et de miséricorde ! vous ne nous avez point jetés sur la terre pour des chagrins peu dignes et pour un misérable bonheur ! Notre désenchantement inévitable nous avertit que nos destinées sont plus sublimes. Quelles qu'aient été nos erreurs, si nous avons conservé une âme sérieuse et pensé à vous au milieu de nos faiblesses, nous serons transportés, quand votre bonté nous délivrera, dans cette région où les attachements sont éternels !

Je ne tardai pas à recevoir le châtiment de ma vanité d'auteur, la plus détestable de toutes, si elle n'en était la plus bête : j'avais cru pouvoir savourer *in petto* la satisfaction d'être un sublime génie, non en portant, comme aujourd'hui, une barbe et un habit extraordinaires, mais en restant accoutré de la même façon que les honnêtes gens, distingué seulement par ma supériorité : inutile espoir ! mon orgueil devait être puni ; la correction me vint des personnes politiques que je fus obligé de connaître : la célébrité est un bénéfice à charge d'âmes.

M. de Fontanes était lié avec madame Bacciochi[630] ; il me présenta à la sœur de Bonaparte, et bientôt au frère du premier consul, Lucien[631]. Celui-ci avait une maison de campagne près de Senlis (le Plessis)[632], où

---

[630] Marie-Anne Bonaparte, dite Élisa (1774-1820), mariée en 1797 à son compatriote Félix-Pascal Bacciochi ; princesse de Lucques et de Piombino en 1805, grande-duchesse de Toscane de 1808 à 1814 ; elle prit, en 1815, le titre de comtesse de Compignano. « Elle protégeait hautement le poète Fontanes », dit le baron de Méneval dans ses Mémoires, tome I, p. 67.

j'étais contraint d'aller dîner ; ce château avait appartenu au cardinal de Bernis. Lucien avait dans son jardin le tombeau de sa première femme[633], une dame moitié allemande et moitié espagnole, et le souvenir du poète cardinal. La nymphe nourricière d'un ruisseau creusé à la bêche était une mule qui tirait de l'eau d'un puits : c'était là le commencement de tous les fleuves que Bonaparte devait faire couler dans son empire. On travaillait à ma radiation ; on me nommait déjà, et je me nommais moi-même tout haut *Chateaubriand,* oubliant qu'il me fallait appeler *Lassagne.* Des émigrés m'arrivèrent, entre autres MM. de Bonald et Chênedollé. Christian de Lamoignon, mon camarade d'exil à Londres, me conduisit chez madame Récamier : le rideau se baissa subitement entre elle et moi.

La personne qui tint le plus de place dans mon existence, à mon retour de l'émigration, fut madame la comtesse de Beaumont. Elle demeurait une partie de l'année au château de Passy[634], près Villeneuve-sur-Yonne, que M. Joubert habitait pendant l'été. Madame de Beaumont revint à Paris et désira me connaître.

Pour faire de ma vie une longue chaîne de regrets, la Providence voulut que la première personne dont je fus accueilli avec bienveillance au début de ma carrière publique fût aussi la première à disparaître. Madame de Beaumont ouvre la marche funèbre de ces femmes qui ont passé devant moi. Mes souvenirs les plus éloignés reposent sur des cendres, et ils ont continué de tomber de cercueil en cercueil ; comme le Pandit indien, je récite les prières des morts, jusqu'à ce que les fleurs de mon chapelet soient fanées.

Madame de Beaumont était fille d'Armand-Marc de Saint-Hérem, comte de Montmorin, ambassadeur de France à Madrid, commandant en

---

[631] « M. de Chateaubriand, revenu de l'émigration avant l'amnistie, avait été présenté par M. de Fontanes, son ami intime, à Mme Bacciochi, sœur du Premier Consul, et à son frère Lucien Bonaparte. Le frère et la sœur se déclarèrent les protecteurs de M. de Chateaubriand. » Mémoires du baron de Méneval, tome I, page 84.

[632] Le château du Plessis-Chamant.

[633] En 1794, Lucien-Bonaparte, âgé de dix-neuf ans, était garde-magasin des subsistances à Saint-Maximin (Var). Saint-Maximin s'appelait alors Marathon, et Lucien s'appelait Brutus. Brutus fit la cour à la sœur de l'aubergiste chez qui il logeait. Elle avait deux ans de plus que lui, n'avait reçu nulle instruction, ne savait pas même signer son nom — Catherine Boyer. Il l'épousa, le 15 floréal an II (4 mai 1794), par devant Jean-Baptiste Garnier, membre du Conseil général de la commune de Marathon. Nul membre de sa famille ne parut à ce mariage, pour lequel il s'était bien gardé de demander le consentement de sa mère et dont l'acte se trouvait entaché des illégalités les plus flagrantes. Devenu veuf au mois de mai 1800, il épousa, deux ans après, Marie-Laurence-Charlotte-Louise-Alexandrine de Bleschamp, femme divorcée de Jean-François-Hippolyte Jouberthon, ex-agent de change à Paris. La seconde femme de Lucien mourut seulement en 1855.

[634] Passy, dans l'Yonne, petit village voisin d'Étigny, et à quelques kilomètres de Sens.

Bretagne, membre de l'assemblée des Notables en 1787, et chargé du portefeuille des affaires étrangères sous Louis XVI, dont il était fort aimé : il périt sur l'échafaud, où le suivit une partie de sa famille[635].

Madame de Beaumont, plutôt mal que bien de figure, est fort ressemblante dans un portrait fait par madame Lebrun. Son visage était amaigri et pâle ; ses yeux, coupés en amande, auraient peut-être jeté trop d'éclat, si une suavité extraordinaire n'eût éteint à demi ses regards en les faisant briller languissamment, comme un rayon de lumière s'adoucit en traversant le cristal de l'eau. Son caractère avait une sorte de roideur et d'impatience qui tenait à la force de ses sentiments et au mal intérieur qu'elle éprouvait. Âme élevée, courage grand, elle était née pour le monde d'où son esprit s'était retiré par choix et malheur ; mais quand une voix amie appelait au dehors cette intelligence solitaire, elle venait et vous disait quelques paroles du ciel. L'extrême faiblesse de madame de Beaumont rendait son expression lente, et cette lenteur touchait ; je n'ai connu cette femme affligée qu'au moment de sa fuite ; elle était déjà frappée de mort, et je me consacrai à ses douleurs. J'avais pris un logement rue Saint-Honoré, à l'hôtel d'Étampes[636], près de la rue Neuve-du-Luxembourg. Madame de Beaumont occupait dans cette dernière rue un appartement ayant vue sur les jardins du ministère de la justice[637]. Je me rendais chaque

---

[635] Le comte de Montmorin, père de Mme de Beaumont, ne périt point sur l'échafaud ; il fut massacré à l'Abbaye le 2 septembre 1792. « Percé de plusieurs coups en plein corps, dit M. Marcellin Boudet dans son livre sur la Justice révolutionnaire en Auvergne, haché, coupé, tailladé, il vivait encore. Ses bourreaux l'empalèrent et le portèrent ainsi aux portes de l'Assemblée nationale. » Le lendemain, 3 septembre, son cousin, Louis-Victor-Hippolyte-Luce de Montmorin, fut égorgé à la Conciergerie où, par un sanglant déni de justice, il avait été ramené après son acquittement par le tribunal criminel du 17 août. — Mme de Montmorin, mère de Mme de Beaumont, fut guillotinée le 21 floréal an II (10 mai 1794) ; son second fils fut guillotiné avec elle. Sa fille aînée, mariée au comte de la Luzerne, mourut le 10 juillet 1794, à l'archevêché, devenu l'hôpital des prisons.

[636] On lit dans une lettre de Mme de Beaumont à Chênedollé, du 7 fructidor an X (25 août 1802) : « Il (Chateaubriand) est dans son nouveau logement, Hôtel d'Étampes, no 84. Ce logement est charmant, mais il est bien haut. Toute la société vous regrette et vous désire ; mais M. Joubert est dans les grands abattements, M. de Chateaubriand est enrhumé, Fontanes tout honteux et la plus aimable des sociétés ne bat que d'une aile. »

[637] M. Pasquier, dans ses Mémoires (t. I, p. 206), dit, de son côté : « J'eus l'occasion de connaître Mme de Beaumont : je lui avais cédé l'appartement que j'occupais rue du Luxembourg (rue Neuve-du-Luxembourg). Le charme de sa personne, son esprit supérieur m'attachèrent bien vite à elle... Seule de sa famille, elle avait survécu, retirée dans une chaumière aux environs de Montbard ; revenue à Paris pour tâcher de retrouver quelques débris de sa fortune, elle ne tarda pas à réunir autour d'elle une société d'élite. Je citerai en première ligne Mme de Vintimille..., Mme de Saussure venait souvent avec Mme de Staël... M. de Fontanes était parmi les habitués, ainsi que M. Joubert... Je citerai encore MM. Gueneau de Mussy, Chênedollé, Molé, parmi ceux qui, presque chaque jour,

soir chez elle, avec ses amis et les miens, M. Joubert, M. de Fontanes, M. de Bonald, M. Molé, M. Pasquier, M. Chênedollé, hommes qui ont occupé une place dans les lettres et dans les affaires.

Plein de manies et d'originalités, M. Joubert[638] manquera éternellement à ceux qui l'ont connu. Il avait une prise extraordinaire sur l'esprit et sur le cœur, et quand une fois il s'était emparé de vous, son image était là comme un fait, comme une pensée fixe, comme une obsession qu'on ne pouvait plus chasser. Sa grande prétention était au calme et personne n'était aussi troublé que lui : il se surveillait pour arrêter ces émotions de l'âme qu'il croyait nuisibles à sa santé, et toujours ses amis venaient déranger les précautions qu'il avait prises pour se bien porter, car il ne se pouvait empêcher d'être ému de leur tristesse ou de leur joie : c'était un égoïste qui ne s'occupait que des autres. Afin de retrouver des forces, il se croyait souvent obligé de fermer les yeux et de ne point parler pendant des heures entières. Dieu sait quel bruit et quel mouvement se passaient intérieurement chez lui, pendant ce silence et ce repos qu'il s'ordonnait. M. Joubert changeait à chaque moment de diète et de régime, vivant un jour de lait, un autre jour de viande hachée, se faisant cahoter au grand trot sur les chemins les plus rudes, ou traîner au petit pas dans les allées les plus unies. Quand il lisait, il déchirait de ses livres les feuilles

---

venaient depuis sept heures jusqu'à onze heures du soir rue de Luxembourg. Enfin, M. de Chateaubriand, qui devait tenir une si grande place dans la vie de Mme de Beaumont ».

[638] Joseph Joubert, né le 6 mai 1754 à Montignac, dans le Périgord. Après avoir professé quelque temps chez les Pères de la Doctrine chrétienne à Toulouse, il vint à Paris en 1778, et s'y lia avec Marmontel, d'Alembert, La Harpe, surtout avec Diderot, et un peu plus tard avec Fontanes. Élu juge de paix à Montignac en 1790, il exerça deux ans ces fonctions, puis se retira en Bourgogne, où il se maria. Il était voisin du château de Passy, où s'étaient réfugiés tous les membres de la famille Montmorin. Tous furent arrêtés au mois de février 1794 par ordre du Comité de sûreté générale, et jetés dans des charrettes qui devaient les conduire à Paris. Au moment où le triste convoi franchissait les grilles du parc, Mme de Beaumont, malade depuis quelque temps, se trouva dans un tel état de faiblesse que les envoyés du Comité, moins peut-être par un sentiment de pitié que par le désir de ne pas retarder le départ, la firent déposer sur le chemin. Elle erra quelque temps dans la campagne en proie à une grande frayeur et fut recueillie par les paysans, à Étigny, non loin de Passy. M. et Mme Joubert informés de son malheur, voulurent lui venir en aide, et après avoir cherché longtemps sa retraite, ils la découvrirent un jour devant la porte de sa chaumière ; ils l'emmenèrent sous leur toit et s'efforcèrent, par des soins assidus, de rétablir sa santé et de calmer sa douleur. M. et Mme Joubert n'avaient pas d'enfant ; jusqu'à la fin maintenant, quelque chose de paternel se mêlera à leur affection pour la malheureuse fille des Montmorin. En 1809, Joubert fut nommé, grâce à Fontanes, inspecteur général de l'Université. Il mourut le 4 mai 1824. — Longtemps après sa mort, on a tiré de ses manuscrits deux volumes : Pensées, Essais, Maximes et Correspondance de Joubert ; — deux volumes exquis et qui ne périront point, car ils justifient en tout sa devise : Excelle, et tu vivras !

qui lui déplaisaient, ayant, de la sorte, une bibliothèque à son usage, composée d'ouvrages évidés, renfermés dans des couvertures trop larges.

Profond métaphysicien, sa philosophie, par une élaboration qui lui était propre, devenait peinture ou poésie ; Platon à cœur de La Fontaine, il s'était fait l'idée d'une perfection qui l'empêchait de rien achever. Dans des manuscrits trouvés après sa mort, il dit : « Je suis comme une harpe éolienne, qui rend quelques beaux sons et qui n'exécute aucun air. » Madame Victorine de Chastenay prétendait *qu'il avait l'air d'une âme qui avait rencontré par hasard un corps, et qui s'en tirait comme elle pouvait :* définition charmante et vraie[639].

Nous riions des ennemis de M. de Fontanes, qui le voulaient faire passer pour un politique profond et dissimulé : c'était tout simplement un poète irascible, franc jusqu'à la colère, un esprit que la contrariété poussait à bout, et qui ne pouvait pas plus cacher son opinion qu'il ne pouvait prendre celle d'autrui. Les principes littéraires de son ami Joubert n'étaient pas les siens : celui-ci trouvait quelque chose de bon partout et dans tout écrivain ; Fontanes, au contraire, avait horreur de telle ou telle doctrine, et ne pouvait entendre prononcer le nom de certains auteurs. Il était ennemi juré des principes de la composition moderne : transporter sous les yeux du lecteur l'action matérielle, le crime besognant ou le gibet avec sa corde, lui paraissait des énormités ; il prétendait qu'on ne devait jamais apercevoir l'objet que dans un milieu poétique, comme sous un globe de cristal. La douleur s'épuisant machinalement par les yeux ne lui semblait qu'une sensation du Cirque ou de la Grève ; il ne comprenait le sentiment tragique qu'ennobli par l'admiration, et changé, au moyen de l'art, en une *pitié charmante.* Je lui citais des vases grecs : dans les arabesques de ces vases, on voit le corps d'Hector traîné au char d'Achille, tandis qu'une petite figure, qui vole en l'air, représente l'ombre de Patrocle, consolée par la vengeance du fils de Thétis. « Eh bien ! Joubert, s'écria Fontanes, que dites-vous de cette métamorphose de la muse ? comme ces Grecs respectaient l'âme ! » Joubert se crut attaqué, et il mit Fontanes en contradiction avec lui-même en lui reprochant son indulgence pour moi.

Ces débats, souvent très comiques, étaient à ne point finir : un soir, à onze heures et demie, quand je demeurais place Louis XV, dans l'attique de l'hôtel de madame de Coislin, Fontanes remonta mes quatre-vingt-quatre marches pour venir furieux, en frappant du bout de sa canne,

---

[639] Voici comment la comtesse de Chastenay, au tome II de ses Mémoires, page 82, s'exprime au sujet de Joubert : « J'ai dit de M. Joubert qu'en lui tout était âme et que cette âme, qui semblait n'avoir rencontré un corps que par hasard, en ressortait de tous côtés et ne s'en arrangeait qu'à peu près. M. Joubert était tout cela et tout esprit, parce qu'il était tout âme. Essentiellement bon, original sans s'en douter, parce qu'il vivait étranger au monde et confiné dans le soin de la plus frêle santé, sa femme l'aimait trop pour qu'il fût égoïste ; il ne l'était pas, et j'ai toujours considéré comme une chose salutaire d'être aimé tendrement. »

achever un argument qu'il avait laissé interrompu : il s'agissait de Picard, qu'il mettait, dans ce moment-là, fort au-dessus de Molière ; il se serait donné de garde d'écrire un seul mot de ce qu'il disait : Fontanes parlant et Fontanes la plume à la main étaient deux hommes.

C'est M. de Fontanes, j'aime à le redire, qui encouragea mes premiers essais ; c'est lui qui annonça le *Génie du Christianisme ;* c'est sa muse qui, pleine d'un dévouement étonné, dirigea la mienne dans les voies nouvelles où elle s'était précipitée ; il m'apprit à dissimuler la difformité des objets par la manière de les éclairer ; à mettre, autant qu'il était en moi, la langue classique dans la bouche de mes personnages romantiques.

Il y avait jadis des hommes conservateurs du goût, comme ces dragons qui gardaient les pommes d'or du jardin des Hespérides ; ils ne laissaient entrer la jeunesse que quand elle pouvait toucher au fruit sans le gâter.

Les écrits de mon ami vous entraînent par un cours heureux ; l'esprit éprouve un bien-être et se trouve dans une situation harmonieuse où tout charme et rien ne blesse. M. de Fontanes revoyait sans cesse ses ouvrages ; nul, plus que ce maître des vieux jours, n'était convaincu de l'excellence de la maxime : « Hâte-toi lentement. » Que dirait-il donc, aujourd'hui qu'au moral comme au physique, on s'évertue à supprimer le chemin, et que l'on croit ne pouvoir jamais aller assez vite ? M. de Fontanes préférait voyager au gré d'une délicieuse mesure. Vous avez vu ce que j'ai dit de lui quand je le retrouvai à Londres ; les regrets que j'exprimais alors, il me faut les répéter ici : la vie nous oblige sans cesse à pleurer par anticipation ou par souvenir.

M. de Bonald[640] avait l'esprit délié ; on prenait son ingéniosité pour du génie ; il avait rêvé sa politique métaphysique à l'armée de Condé, dans la Forêt-Noire, de même que ces professeurs d'Iéna et de Gœttingue qui marchèrent depuis à la tête de leurs écoliers et se firent tuer pour la liberté de l'Allemagne. Novateur, quoiqu'il eût été mousquetaire sous Louis XVI, il regardait les anciens comme des enfants en politique et en littérature ; et il prétendait, en employant le premier la fatuité du langage actuel, que le grand maître de l'Université n'était *pas encore assez avancé pour entendre*

---

[640] Louis-Gabriel-Ambroise, vicomte de Bonald (1754-1840), député de l'Aveyron de 1815 à 1823, pair de France de 1823 à 1830, membre de l'Académie française. Ses principaux ouvrages sont : le Traité du Divorce (1802) ; la Législation primitive, qui parut, la même année, tout à côté du Génie du Christianisme, et dans le même sens réparateur ; les Recherches philosophiques sur les premiers Objets des connaissances morales (1819). Chateaubriand ne rend pas ici suffisante justice à ce grand esprit, pour qui le comte de Marcellus a composé cette épitaphe :
Hic jacet in Christo, in Christo vixitque Bonaldus ;
 Pro quo pugnavit, nunc videt ipse Deum.
Græcia miraturque suum jacetque Platonem ;
 Hic par ingenio, sed pietate prior.

cela.

Chênedollé[641], avec du savoir et du talent, non pas naturel, mais appris, était si triste, qu'il se surnommait *le Corbeau*[642] : il allait à la maraude dans mes ouvrages. Nous avions fait un traité : je lui avais abandonné mes ciels, mes vapeurs, mes nuées : mais il était convenu qu'il me laisserait mes brises, mes vagues et mes forêts.

Je ne parle maintenant que de mes amis littéraires ; quant à mes amis politiques, je ne sais si je vous en entretiendrai : des principes et des discours ont creusé entre nous des abîmes !

Madame Hocquart et madame de Vintimille venaient à la réunion de la rue Neuve-du-Luxembourg. Madame de Vintimille, femme d'autrefois, comme il en reste peu, fréquentait le monde et nous rapportait ce qui s'y passait : je lui demandais si l'on *bâtissait encore des villes*. La peinture des petits scandales qu'ébauchait une piquante raillerie, sans être offensante, nous faisait mieux sentir le prix de notre sûreté. Madame de Vintimille[643] avait été chantée avec sa sœur par M. de La Harpe. Son

---

[641] Charles-Julien Lioult de Chênedollé (1769-1833). Il partit pour l'émigration, en septembre 1791, fit deux campagnes dans l'armée des Princes, séjourna en Hollande, à Hambourg et en Suisse et rentra en France en 1799. Il a publié en 1807 le Génie de l'homme, poème en quatre chants, l'Esprit de Rivarol en 1808, et en 1820 ses Études poétiques, qui, malgré de grandes qualités et d'heureuses inspirations, furent comme ensevelies dans le triomphe de Lamartine, qui donnait à la même heure ses premières Méditations.

[642] Dans la « petite société » qui, au début du siècle, se réunissait dans le salon de Mme de Beaumont, rue Neuve-du-Luxembourg, ou chez Chateaubriand, dans son petit appartement de l'hôtel Coislin, place Louis XV, ou encore, l'été, à Villeneuve-sur-Yonne, sous le toit de M. Joubert, chacun, selon une mode ancienne, avait son sobriquet. Chateaubriand était surnommé le chat, par abréviation de son nom, ou peut-être à cause de son indéchiffrable écriture ; Mme de Chateaubriand, qui avait des griffes, était la chatte. Chênedollé et Gueneau de Mussy, plus mélancoliques que René, avaient reçu les noms de grand et de petit corbeau ; quelquefois aussi Chateaubriand était appelé l'illustre corbeau des Cordillères, par allusion à son voyage en Amérique. Fontanes était ramassé et avait quelque chose d'athlétique dans sa petite taille. Ses amis le comparaient en plaisantant au sanglier d'Érymanthe et le nommaient le sanglier. Mince et fluette, rasant la terre qu'elle devait bientôt quitter, Mme de Beaumont avait reçu le sobriquet d'hirondelle. Ami des bois et grand promeneur à cette époque, Joubert était le cerf, tandis que sa femme, la bonté et l'esprit même, mais d'humeur un peu sauvage, riait d'être appelée le loup. Jamais on ne vit réunies des bêtes de tant d'esprit.

[643] Petite-fille du fermier général La Live de Bellegarde, fille d'Ange-Laurent La Live de Jully (1725-1779), introducteur des ambassadeurs, elle avait épousé le comte de Vintimille du Luc, capitaine de vaisseau, « homme de beaucoup d'esprit, dit Norvins, mais s'inquiétant peu de postérité ». — « Sans cette indifférence, continue Norvins (Mémorial, I, 58), ce ménage aussi eût été complet, car Mme de Vintimille était une des femmes les plus aimables, les plus instruites et les plus spirituelles de la société, hautement avouée sous ces rapports par sa tante Mme d'Houdetot, et brevetée également par Mme de Damas, par sa fille et par Mme Pastoret, dont la compétence était établie dans la société, et sans déroger elle pouvait avouer son

langage était circonspect, son caractère contenu, son esprit acquis : elle avait vécu avec mesdames de Chevreuse, de Longueville, de La Vallière, de Maintenon, avec madame Geoffrin et madame du Deffant. Elle se mêlait bien à une société dont l'agrément tenait à la variété des esprits et à la combinaison de leurs différentes valeurs.

Madame Hocquart[644] fut fort aimée du frère de madame de Beaumont[645], lequel s'occupa de la dame de ses pensées jusque sur l'échafaud, comme Aubiac allait à la potence en baisant un manchon de velours ras bleu qui lui restait des bienfaits de Marguerite de Valois. Nulle part désormais ne se rassembleront sous un même toit tant de personnes distinguées appartenant à des rangs divers et à diverses destinées, pouvant causer des choses les plus communes comme des choses les plus élevées : simplicité de discours qui ne venait pas d'indigence, mais de choix. C'est peut-être la dernière société où l'esprit français de l'ancien temps ait paru. Chez les Français nouveaux on ne trouvera plus cette urbanité, fruit de l'éducation et transformée par un long usage en aptitude du caractère. Qu'est-il arrivé à cette société ? Faites donc des projets, rassemblez des amis, afin de vous préparer un deuil éternel ! Madame de Beaumont n'est plus, Joubert n'est plus, Chênedollé n'est plus, madame de Vintimille n'est plus. Autrefois, pendant les vendanges, je visitais à Villeneuve M. Joubert ; je me promenais avec lui sur les coteaux de l'Yonne ; il cueillait des oronges dans les taillis et moi des veilleuses dans les prés. Nous causions de toutes choses et particulièrement de notre amie madame de Beaumont, absente pour jamais : nous rappelions le souvenir de nos anciennes espérances. Le soir nous rentrions dans Villeneuve, ville environnée de murailles décrépites du temps de Philippe-Auguste, et de tours à demi rasées au-dessus desquelles s'élevait la fumée de l'âtre des vendangeurs. Joubert me montrait de loin sur la colline un sentier sablonneux au milieu des bois et qu'il prenait lorsqu'il allait voir sa voisine, cachée au château de Passy pendant la Terreur.

Depuis la mort de mon cher hôte, j'ai traversé quatre ou cinq fois le

---

mari. » — Le chancelier Pasquier dit de son côté (Mémoires, I, 206) : « Je citerai en première ligne Mme de Vintimille, une des personnes les plus instruites, les plus spirituelles, du jugement le plus sûr et la plus élevé que j'aie rencontrées. Son amitié est de celles dont je m'honore le plus et qui a tenu le plus de place dans ma vie. »

[644] Mme Hocquart, qui, même à côté de Mme de Vintimille, se faisait remarquer par le charme de sa beauté et l'agrément de son esprit, était la fille de Mme Pourrat, dont le salon, aux belles années de Louis XVI, avait réuni l'élite de la société et de la littérature. La seconde fille de Mme Pourrat était Mme Laurent Lecoulteux, celle dont André Chénier a célébré sous le nom de Fanny
La grâce, la candeur, la naïve innocence.

[645] Antoine-Hugues-Calixte de Montmorin, ex-sous-lieutenant dans le 5e régiment de chasseurs à cheval. Il avait donné sa démission le 5 septembre 1792, à la suite de l'assassinat de son père. Il fut guillotiné le 10 mai 1794, à l'âge de 22 ans.

Senonais. Je voyais du grand chemin les coteaux : Joubert ne s'y promenait plus ; je reconnaissais les arbres, les champs, les vignes, les petits tas de pierres où nous avions accoutumé de nous reposer. En passant dans Villeneuve, je jetais un regard sur la rue déserte et sur la maison fermée de mon ami. La dernière fois que cela m'arriva, j'allais en ambassade à Rome : ah ! s'il eût été à ses foyers, je l'aurais emmené à la tombe de madame de Beaumont ! Il a plu à Dieu d'ouvrir à M. Joubert une Rome céleste, mieux appropriée encore à son âme platonique, devenue chrétienne. Je ne le rencontrerai plus ici-bas : *je m'en irai vers lui ; il ne reviendra pas vers moi.* (Psalm.)

Le succès d'*Atala* m'ayant déterminé à recommencer le *Génie du Christianisme*, dont il y avait déjà deux volumes imprimés, madame de Beaumont me proposa de me donner une chambre à la campagne, dans une maison qu'elle venait de louer à Savigny[646]. Je passai six mois dans sa retraite, avec M. Joubert et nos autres amis.

La maison était située à l'entrée du village, du côté de Paris, près d'un vieux grand chemin qu'on appelle dans le pays le *Chemin de Henri IV ;* elle était adossée à un coteau de vignes, et avait en face le parc de Savigny, terminé par un rideau de bois et traversé par la petite rivière de l'Orge. Sur la gauche s'étendait la plaine de Viry jusqu'aux fontaines de Juvisy. Tout autour de ce pays, on trouve des vallées, où nous allions le soir à la découverte de quelques promenades nouvelles.

Le matin, nous déjeunions ensemble ; après déjeuner, je me retirais à mon travail ; madame de Beaumont avait la bonté de copier les citations que je lui indiquais. Cette noble femme m'a offert un asile lorsque je n'en avais pas : sans la paix qu'elle m'a donnée, je n'aurais peut-être jamais fini un ouvrage que je n'avais pu achever pendant mes malheurs.

Je me rappellerai éternellement quelques soirées passées dans cet abri de l'amitié : nous nous réunissions, au retour de la promenade, auprès d'un bassin d'eau vive, placé au milieu d'un gazon dans le potager : madame Joubert, madame de Beaumont et moi, nous nous asseyions sur un banc ; le fils de madame Joubert se roulait à nos pieds sur la pelouse : cet enfant a déjà disparu. M. Joubert se promenait à l'écart dans une allée sablée ; deux chiens de garde et une chatte se jouaient autour de nous, tandis que des pigeons roucoulaient sur le bord du toit. Quel bonheur pour un homme nouvellement débarqué de l'exil, après avoir passé huit ans dans un abandon profond, excepté quelques jours promptement écoulés ! C'était ordinairement dans ces soirées que mes amis me faisaient parler de mes

---

[646] Savigny-sur-Orge, canton de Longjumeau, arrondissement de Corbeil (Seine-et-Oise). Chateaubriand et Mme de Beaumont s'installèrent à Savigny le 22 mai 1801. — Sous ce titre : La Maison de Pauline, M. Adolphe Brisson a publié, dans le Gaulois du 21 septembre 1892, le récit de son pèlerinage à la maison de Mme de Beaumont.

voyages ; je n'ai jamais si bien peint qu'alors le désert du Nouveau Monde. La nuit, quand les fenêtres de notre salon champêtre étaient ouvertes, madame de Beaumont remarquait diverses constellations, en me disant que je me rappellerais un jour qu'elle m'avait appris à les connaître : depuis que je l'ai perdue, non loin de son tombeau, à Rome, j'ai plusieurs fois, du milieu de la campagne, cherché au firmament les étoiles qu'elle m'avait nommées ; je les ai aperçues brillant au-dessus des montagnes de la Sabine ; le rayon prolongé de ces astres venait frapper la surface du Tibre. Le lieu où je les ai vus sur les bois de Savigny, et les lieux où je les revoyais, la mobilité de mes destinées, ce signe qu'une femme m'avait laissé dans le ciel pour me souvenir d'elle, tout cela brisait mon cœur. Par quel miracle l'homme consent-il à faire ce qu'il fait sur cette terre, lui qui doit mourir ?

Un soir, nous vîmes dans notre retraite quelqu'un entrer à la dérobée par une fenêtre et sortir par une autre : c'était M. Laborie ; il se sauvait des serres de Bonaparte[647]. Peu après apparut une de ces âmes en peine qui sont une espèce différente des autres âmes, et qui mêlent, en passant, leur malheur inconnu aux vulgaires souffrances de l'espèce humaine : c'était Lucile, ma sœur.

Après mon arrivée en France, j'avais écrit à ma famille pour l'informer de mon retour. Madame la comtesse de Marigny, ma sœur aînée, me chercha la première, se trompa de rue et rencontra cinq messieurs Lassagne, dont le dernier monta du fond d'une trappe de savetier pour répondre à son nom. Madame de Chateaubriand vint à son tour : elle était charmante et remplie de toutes les qualités propres à me donner le bonheur que j'ai trouvé auprès d'elle, depuis que nous sommes réunis. Madame la comtesse de Caud, Lucile, se présenta ensuite. M. Joubert et madame de Beaumont se prirent d'un attachement passionné et d'une tendre pitié pour elle. Alors commença entre eux une correspondance qui n'a fini qu'à la mort des deux femmes qui s'étaient penchées l'une vers l'autre, comme deux fleurs de même nature prêtes à se faner. Madame Lucile s'étant arrêtée à Versailles, le 30 septembre 1802, je reçus d'elle ce billet : « Je t'écris pour te prier de remercier de ma part madame de Beaumont de l'invitation qu'elle me fait d'aller à Savigny. Je compte avoir ce plaisir à peu près dans quinze jours, à moins que du côté de madame de Beaumont il ne se trouve quelque empêchement. » Madame de Caud vint à Savigny comme elle l'avait annoncé.

---

[647] Savigny-sur-Orge, canton de Longjumeau, arrondissement de Corbeil (Seine-et-Oise). Chateaubriand et Mme de Beaumont s'installèrent à Savigny le 22 mai 1801. — Sous ce titre : La Maison de Pauline, M. Adolphe Brisson a publié, dans le Gaulois du 21 septembre 1892, le récit de son pèlerinage à la maison de Mme de Beaumont.

Je vous ai raconté que, dans ma jeunesse, ma sœur, chanoinesse du chapitre de l'Argentière et destinée à celui de Remiremont, avait eu pour M. de Malfilâtre, conseiller au parlement de Bretagne, un attachement qui, renfermé dans son sein, avait augmenté sa mélancolie naturelle. Pendant la Révolution, elle épousa M. le comte de Caud et le perdit après quinze mois de mariage. La mort de madame la comtesse de Farcy[648], sœur qu'elle aimait tendrement, accrut la tristesse de madame de Caud. Elle s'attacha ensuite à madame de Chateaubriand, ma femme, et prit sur elle un empire qui devint pénible, car Lucile était violente, impérieuse, déraisonnable, et madame de Chateaubriand, soumise à ses caprices, se cachait d'elle pour lui rendre les services qu'une amie plus riche rend à une amie susceptible et moins heureuse.

Le génie de Lucile et son caractère étaient arrivés presque à la folie de J.-J. Rousseau ; elle se croyait en butte à des ennemis secrets : elle donnait à madame de Beaumont, à M. Joubert, à moi, de fausses adresses pour lui écrire ; elle examinait les cachets, cherchait à découvrir s'ils n'avaient point été rompus ; elle errait de domicile en domicile, ne pouvait rester ni chez mes sœurs ni avec ma femme ; elle les avait prises en antipathie, et madame de Chateaubriand, après lui avoir été dévouée au delà de tout ce qu'on peut imaginer, avait fini par être accablée du fardeau d'un attachement si cruel.

Une autre fatalité avait frappé Lucile : M. de Chênedollé, habitant auprès de Vire, l'était allé voir à Fougères ; bientôt il fut question d'un mariage qui manqua[649]. Tout échappait à la fois à ma sœur, et,

---

[648] Mme de Farcy mourut à Rennes le 26 juillet 1799.

[649] Chênedollé connut Mme de Caud à Paris en 1802. Bien que plus jeune qu'elle de quelques années, il se prit insensiblement d'une adoration secrète pour cette âme délicate qui préférait la mélancolie et la douleur même à toutes les joies. Chateaubriand approuvait les assiduités de son ami ; Mme de Beaumont l'encourageait, lui écrivant : « Elle vous plaint, elle vous plaint. » Un jour, le jeune amoureux parla : — « Vous serez à moi ? — Je ne serai point à un autre. » — C'était un aveu. Était-ce un engagement ? Retournée en Bretagne, de Rennes d'abord, puis de Lascardais, où l'avait appelée sa sœur, Mme de Chateaubourg, Lucile écrivit à Chênedollé des lettres charmantes et tourmentées comme elle-même. « Elle ne voulait, dit très bien M. Anatole France, ni se lier davantage, ni se délier ; son instinct la portait aux sentiments les plus douloureux. » Ils se revirent un moment à Rennes. Cette entrevue devait être la dernière. Chênedollé en a consacré le souvenir dans une page intime, où son cœur brisé éclate en sanglots : « Je n'essayerai pas, dit-il, de peindre la scène qui se passa entre elle et moi le dimanche au soir. Peut-être cela a-t-il influé sur sa prompte mort, et je garde d'éternels remords d'une violence qui pourtant n'était qu'un excès d'amour. On ne peut rendre le délire du désespoir auquel je me livrai quand elle me retira sa parole, en me disant qu'elle ne serait jamais à moi. Je n'oublierai jamais l'expression de douleur, de regret, d'effroi, qui était sur sa figure lorsqu'elle vint m'éclairer sur l'escalier. Les mots de passion et de désespoir que je lui dis, et ses réponses pleines de tendresse et de reproches, sont des choses qui ne peuvent se

retombée sur elle-même, elle n'avait pas la force de se porter. Ce spectre plaintif s'assit un moment sur une pierre, dans la solitude riante de Savigny : tant de cœurs l'y avaient reçue avec joie ! ils l'auraient rendue avec tant de bonheur à une douce réalité d'existence ! Mais le cœur de Lucile ne pouvait battre que dans un air fait exprès pour elle et qui n'avait point été respiré. Elle dévorait avec rapidité les jours du monde à part dans lequel le ciel l'avait placée. Pourquoi Dieu avait-il créé un être uniquement pour souffrir ? Quel rapport mystérieux y a-t-il donc entre une nature pâtissante et un principe éternel ?

Ma sœur n'était point changée ; elle avait pris seulement l'expression fixe de ses maux : sa tête était un peu baissée, comme une tête sur laquelle les heures ont pesé. Elle me rappelait mes parents ; ces premiers souvenirs de famille, évoqués de la tombe, m'entouraient comme des larves accourues pour se réchauffer la nuit à la flamme mourante d'un bûcher funèbre. En la contemplant, je croyais apercevoir dans Lucile toute mon enfance, qui me regardait derrière ses yeux un peu égarés.

La vision de douleur s'évanouit : cette femme, grevée de la vie, semblait être venue chercher l'autre femme abattue qu'elle devait emporter.

L'été passa : selon la coutume, je m'étais promis de le recommencer l'année suivante ; mais l'aiguille ne revient point à l'heure qu'on voudrait ramener. Pendant l'hiver à Paris, je fis quelques nouvelles connaissances. M. Jullien, homme riche, obligeant, et convive joyeux, quoique d'une famille où l'on se tuait, avait une loge aux Français ; il la prêtait à madame de Beaumont ; j'allai quatre ou cinq fois au spectacle avec M. de Fontanes et M. Joubert. À mon entrée dans le monde, l'ancienne comédie était dans toute sa gloire ; je la retrouvai dans sa complète décomposition ; la tragédie se soutenait encore, grâce à mademoiselle Duchesnois[650] et surtout à

---

rendre. L'idée que je la voyais pour la dernière fois (présage qui s'est vérifié) se présenta à moi tout à coup et me causa une angoisse de désespoir absolument insupportable. Quand je fus dans la rue (il pleuvait beaucoup) je fus saisi encore par je ne sais quoi de plus poignant et de plus déchirant que je ne puis l'exprimer.

« Devais-je imaginer que, l'ayant tant pleurée vivante, je fusse destiné à la pleurer morte !

« Quelle pensée ! Ce visage céleste, si noble et si beau, ces yeux admirables où il ne se peignait que des mouvements d'amour épuré, de vertu et de génie, ces yeux les plus beaux que j'aie vus, sont aujourd'hui la proie des vers !... » — Et le cri de douleur du poète s'achève en une prière : « Écrions-nous donc avec Bossuet : Oh ! que nous ne sommes rien ! et demandons à Dieu la grâce d'une bonne mort. » — Voir, sur cet épisode, le Chênedollé de Sainte-Beuve, et Lucile de Chateaubriand, par Anatole France.

[650] Catherine-Joséphine Rafin, dite Mlle Duchesnois, née le 5 juin 1777 à Saint-Saulves, près Valenciennes. Elle débuta au Théâtre-Français, le 3 août 1802, dans le rôle de Phèdre ; quelques mois après, le 29 novembre, Mlle Georges débutait, à son tour, par le rôle de Clytemnestre, d'Iphigénie. Mlle Duchesnois était laide :

Talma, arrivé à la plus grande hauteur du talent dramatique. Je l'avais vu à son début ; il était moins beau et pour ainsi dire moins jeune qu'à l'âge où je le revoyais : il avait pris la distinction, la noblesse et la gravité des années.

Le portrait que madame de Staël a fait de Talma dans son ouvrage sur l'Allemagne n'est qu'à moitié vrai : le brillant écrivain apercevait le grand acteur avec une imagination de femme, et lui donna ce qui lui manquait.

Il ne fallait pas à Talma le monde intermédiaire : il ne savait pas le *gentilhomme ;* il ne connaissait pas notre ancienne société ; il ne s'était pas assis à la table des châtelaines, dans la tour gothique au fond des bois ; il ignorait la flexibilité, la variété de ton, la galanterie, l'allure légère des mœurs, la naïveté, la tendresse, l'héroïsme d'honneur, les dévouements chrétiens de la chevalerie : il n'était pas Tancrède, Coucy, ou, du moins, il les transformait en héros d'un moyen âge de sa création : Othello était au fond de Vendôme.

Qu'était-il donc, Talma ? Lui, son siècle et le temps antique. Il avait les passions profondes et concentrées de l'amour et de la patrie ; elles sortaient de son sein par explosion. Il avait l'inspiration funeste, le dérangement de génie de la Révolution à travers laquelle il avait passé. Les terribles spectacles dont il fut environné se répétaient dans son talent avec les accents lamentables et lointains des chœurs de Sophocle et d'Euripide. Sa grâce, qui n'était point la grâce convenue, vous saisissait comme le malheur. La noire ambition, le remords, la jalousie, la mélancolie de l'âme, la douleur physique, la folie par les dieux et l'adversité, le deuil humain : voilà ce qu'il savait. Sa seule entrée en scène, le seul son de sa voix étaient puissamment tragiques. La souffrance et la pensée se mêlaient sur son front, respiraient dans son immobilité, ses poses, ses gestes, ses pas. *Grec*, il arrivait, pantelant et funèbre, des ruines d'Argos, immortel Oreste, tourmenté qu'il était depuis trois mille ans par les Euménides ; *Français*, il venait des solitudes de Saint-Denis, où les Parques de 1793 avaient coupé le fil de la vie tombale des rois. Tout entier triste, attendant quelque chose d'inconnu, mais d'arrêté dans l'injuste ciel, il marchait, forçat de la

---

bouche grande, nez gros et rond comme une pomme, figure marquée de petite vérole ; mais son organe était doux, sonore, touchant ; sa sensibilité mettait des larmes dans les yeux des auditeurs. Avec moins de talent, Mlle Georges subjugua aussitôt par l'éclat fulgurant de sa beauté la moitié du parterre. Deux partis se formèrent, et la querelle Georges-Duchesnois, la guerre théâtrale (ainsi l'appellent les contemporains) divisa Paris pendant quatre ans, jusqu'au jour où les deux rivales se réconcilièrent (novembre 1806). Mlle Georges, d'ailleurs, le 11 mai 1808, disparaissait, pour aller à Vienne, à Saint-Pétersbourg, pour ne reparaître que le 2 octobre 1813 dans son rôle de début. Depuis 1808 jusqu'au succès de l'art romantique, Mlle Duchesnois occupa sans conteste le premier rang, comme tragédienne, à côté de Talma et de Lafon. Sa dernière représentation eut lieu le 30 mai 1833. Elle mourut le 8 février 1835.

destinée, inexorablement enchaîné entre la fatalité et la terreur.

Le temps jette une obscurité inévitable sur les chefs-d'œuvre dramatiques vieillissants ; son ombre portée change en Rembrandt les Raphaël les plus purs ; sans Talma une partie des merveilles de Corneille et de Racine serait demeurée inconnue. Le talent dramatique est un flambeau ; il communique le feu à d'autres flambeaux à demi éteints, et fait revivre des génies qui vous ravissent par leur splendeur renouvelée.

On doit à Talma la perfection de la tenue de l'acteur. Mais la vérité du théâtre et le rigorisme du vêtement sont-ils aussi nécessaires à l'art qu'on le suppose ? Les personnages de Racine n'empruntent rien de la coupe de l'habit : dans les tableaux des premiers peintres, les fonds sont négligés et les costumes inexacts. Les *fureurs* d'Oreste ou la *prophétie* de Joad, lues dans un salon par Talma en frac, faisaient autant d'effet que déclamées sur la scène par Talma en manteau grec ou en robe juive. Iphigénie était accoutrée comme madame de Sévigné, lorsque Boileau adressait ces beaux vers à son ami :

> Jamais Iphigénie en Aulide immolée
> N'a coûté tant de pleurs à la Grèce assemblée
> Que, dans l'heureux spectacle à nos yeux étalé,
> N'en a fait sous son nom verser la Champmeslé.

Cette correction dans la représentation de l'objet inanimé est l'esprit des arts de notre temps : elle annonce la décadence de la haute poésie et du vrai drame ; on se contente des petites beautés, quand on est impuissant aux grandes ; on imite, à tromper l'oeil, des fauteuils et du velours, quand on ne peut plus peindre la physionomie de l'homme assis sur ce velours et dans ces fauteuils. Cependant, une fois descendu à cette vérité de la forme matérielle, on se trouve forcé de la reproduire ; car le public, matérialisé lui-même, l'exige.

Cependant j'achevais le *Génie du Christianisme*[651] : Lucien en désira voir quelques épreuves ; je les lui communiquai ; il mit aux marges des notes assez communes.

---

[651] C'est à Savigny, où il passa l'été et l'automne de 1801, que Chateaubriand acheva le Génie du Christianisme. Dans les premiers jours d'août. Mme de Beaumont écrit à Joubert, qui vient d'envoyer à son ami une traduction d'Atala, en italien : « M. de Chateaubriand me laisse entièrement le soin de vous remercier de son Atala. Il a jeté avec ravissement un coup d'oeil sur le vêtement italien de sa fille. C'est un plaisir qu'il vous doit, mais qu'il ne goûte qu'en courant, tant il est plongé dans son travail, il en perd le sommeil, le boire et le manger. À peine trouve-t-il un instant pour laisser échapper quelques soupirs vers le bonheur qui l'attend à Villeneuve. Au reste, je le trouve heureux de cette sorte d'enivrement qui l'empêche de sentir tout le vide de votre absence. » Et quelques lignes plus loin, dans la même lettre : « M. de Chateaubriand me charge de mille tendres

Quoique le succès de mon grand livre fût aussi éclatant que celui de la petite *Atala*, il fut néanmoins plus contesté : c'était un ouvrage grave où je ne combattais plus les principes de l'ancienne littérature et de la philosophie par un roman, mais où je les attaquais directement par des raisonnements et des faits. L'empire voltairien poussa un cri et courut aux armes. Madame de Staël se méprit sur l'avenir de mes études religieuses : on lui apporta l'ouvrage sans être coupé ; elle passa ses doigts entre les feuillets, tomba sur le chapitre *la Virginité*, et elle dit à M. Adrien de Montmorency[652], qui se trouvait avec elle : « Ah ! mon Dieu ! notre pauvre Chateaubriand ! Cela va tomber à plat ! » L'abbé de Boulogne ayant entre les mains quelques parties de mon travail, avant la mise sous presse, répondit à un libraire qui le consultait : « Si vous voulez vous ruiner, imprimez cela. » Et l'abbé de Boulogne a fait depuis un trop magnifique éloge de mon livre[653].

Tout paraissait en effet annoncer ma chute : quelle espérance pouvais-je avoir, moi sans nom et sans prôneurs, de détruire l'influence de Voltaire, dominante depuis plus d'un demi-siècle, de Voltaire qui avait élevé l'énorme édifice achevé par les encyclopédistes et consolidé par tous les

---

compliments. Il est malade de travail. » — Le 19 septembre, elle écrit encore, toujours à Joubert : « M. de Chateaubriand travaille comme un nègre. » — Le 30 septembre, c'est Chateaubriand lui-même qui écrit à Fontanes : « Je touche enfin au bout de mon travail ; encore quinze jours et tout ira bien... » et deux jours plus tard, le 2 octobre : « Le grand moment approche ; du courage, du courage, vous me paraissez fort abattu. Eh ! mordieu, réveillez-vous ; montrez les dents. La race est lâche ; on en a bon marché, quand on ose la regarder en face. » — À la fin de novembre, il était de retour à Paris et remettait son manuscrit aux imprimeurs.
652 Anne-Pierre-Adrien de Montmorency, prince, puis duc de Laval, né à Paris le 19 octobre 1767. Marié à Charlotte de Luxembourg, dont il eut trois enfants, deux filles et un fils, Henri de Montmorency, qui lui fut enlevé à l'âge de vingt-trois ans, au mois de juin 1819. — Adrien de Montmorency fut successivement ambassadeur de France à Madrid en 1814, à Rome en 1821, à Vienne en 1828, à Londres en 1829. Il avait été admis, le 18 janvier 1820, à siéger à la Chambre des pairs, par droit héréditaire, en remplacement de son père, décédé. En 1830, il se démit de ses fonctions d'ambassadeur et de son titre de pair et rentra dans la vie privée. Il est mort à Paris le 16 juin 1837. — Cet homme d'esprit aurait peu goûté cette note, où il n'y a guère que des dates. « Les dates ! disait-il un jour avec une certaine moue, c'est peu élégant ! »
653 L'abbé de Boulogne (Étienne-Antoine) était né à Avignon le 26 décembre 1747. Arrêté trois fois pendant la Terreur, il fut condamné à la déportation, comme journaliste, au 18 fructidor. Napoléon le nomma évêque de Troyes en 1808 ; en 1811, il le faisait mettre au secret à Vincennes, exigeait sa démission, puis l'exilait à Falaise : l'évêque de Troyes était coupable d'avoir pris parti pour le Pape contre l'Empereur. Il reprit possession de son siège sous la Restauration, fut nommé en 1817 à l'archevêché de Vienne et élevé à la pairie le 31 octobre 1822. Il mourut à Paris le 13 mai 1825. — L'abbé de Boulogne avait collaboré à un grand nombre de revues et de journaux religieux et politiques. Son éloge du Génie du Christianisme a paru en l'an XI (1803) dans les Annales littéraires et morales.

hommes célèbres en Europe ? Quoi ! les Diderot, les d'Alembert, les Duclos, les Dupuis, les Helvétius, les Condorcet étaient des esprits sans autorité ? Quoi ! le monde devait retourner à la Légende dorée, renoncer à son admiration acquise à des chefs-d'œuvre de science et de raison ? Pouvais-je jamais gagner une cause que n'avaient pu sauver Rome armée de ses foudres, le clergé de sa puissance ; une cause en vain défendue par l'archevêque de Paris, Christophe de Beaumont, appuyé des arrêts du parlement, de la force armée et du nom du roi ? N'était-il pas aussi ridicule que téméraire à un homme obscur de s'opposer à un mouvement philosophique tellement irrésistible qu'il avait produit la Révolution ? Il était curieux de voir un pygmée *roidir ses petits bras* pour étouffer les progrès du siècle, arrêter la civilisation et faire rétrograder le genre humain ! Grâce à Dieu, il suffirait d'un mot pour pulvériser l'insensé : aussi M. Ginguené, en maltraitant le *Génie du Christianisme* dans la *Décade*[654], déclarait que la critique venait trop tard, puisque mon rabâchage était déjà oublié. Il disait cela cinq ou six mois après la publication d'un ouvrage que l'attaque de l'Académie française entière, à l'occasion des prix décennaux, n'a pu faire mourir.

Ce fut au milieu des débris de nos temples que je publiai le *Génie du Christianisme*[655]. Les fidèles se crurent sauvés : on avait alors un besoin de foi, une avidité de consolations religieuses, qui venaient de la privation de ces consolations depuis longues années. Que de forces surnaturelles à demander pour tant d'adversités subies ! Combien de familles mutilées avaient à chercher auprès du Père des hommes les enfants qu'elles avaient perdus ! Combien de cœurs brisés, combien d'âmes devenues solitaires

---

[654] Ginguené ne consacra pas moins de trois articles à l'ouvrage de son compatriote, dans la Décade philosophique, littéraire et politique (numéros 27, 28 et 29 de l'an X (1802). Ces trois articles furent immédiatement réunis par leur auteur en une brochure intitulée : Coup d'œil rapide sur le GÉNIE DU CHRISTIANISME, ou quelques pages sur les cinq volumes in-80, publiés sous ce titre par François-Auguste Chateaubriand ; in-80 de 92 pages. Fontanes répondit à Ginguené, dans son second extrait sur le Génie du Christianisme, inséré au Mercure (1er jour complémentaire de l'an X, ou 18 septembre 1802). À quelques jours de là, le 1er vendémiaire an XI (23 septembre), Chateaubriand remerciait en ces termes son ami : « Je sors de chez La Harpe. Il est sous le charme. Il dit que vous finissez l'antique école et que j'en commence une nouvelle. Il est même un peu de mon avis, contre vous, en faveur de certaines divinités. C'est qu'il fait agir Dieu, ses saints et ses prophètes. Il m'a donné des vers pour le Mercure, il veut m'en donner d'autres pour ma seconde édition et faire de plus l'extrait de cette seconde édition. Enfin je ne puis vous dire tout le bien qu'il pense de votre ami, car j'en suis honteux. Il me passe jusqu'aux incorrections, et s'écrie : Bah ! bah ! Ces gens-là ne voient pas que cela tient à la nature même de votre talent. Oh ! laissez-moi faire ! Je les ferai crier ! Je serre dur !! — Je vous répète ceci, mon cher ami, afin que vous ne vous repentiez pas de votre jugement, en le voyant confirmé par une telle autorité… »
[655] Voir l'Appendice no VI : Le Génie du Christianisme.

appelaient une main divine pour les guérir ! On se précipitait dans la maison de Dieu, comme on entre dans la maison du médecin le jour d'une contagion. Les victimes de nos troubles (et que de sortes de victimes !) se sauvaient à l'autel ; naufragés s'attachant au rocher sur lequel ils cherchent leur salut.

Bonaparte, désirant alors fonder sa puissance sur la première base de la société, venait de faire des arrangements avec la cour de Rome : il ne mit d'abord aucun obstacle à la publication d'un ouvrage utile à la popularité de ses desseins ; il avait à lutter contre les hommes qui l'entouraient et contre des ennemis déclarés du culte ; il fut donc heureux d'être défendu au dehors par l'opinion que le Génie du Christianisme appelait. Plus tard il se repentit de sa méprise : les idées monarchiques régulières étaient arrivées avec les idées religieuses.

Fath del.
Weill sculp
Imp Vve Sarazin
TALMA
Garnier frères Éditeurs

Un épisode du *Génie du christianisme*, qui fit moins de bruit alors qu'*Atala*, a déterminé un des caractères de la littérature moderne ; mais, au surplus, si *René* n'existait pas, je ne l'écrirais plus ; s'il m'était possible de le détruire, je le détruirais. Une famille de René poètes et de René prosateurs a pullulé : on n'a plus entendu que des phrases lamentables et décousues ; il n'a plus été question que de vents et d'orages, que de mots inconnus livrés aux nuages et à la nuit. Il n'y a pas de grimaud sortant du collège qui n'ait rêvé être le plus malheureux des hommes ; de bambin qui à seize ans n'ait épuisé la vie, qui ne se soit cru tourmenté par son génie ; qui, dans l'abîme de ses pensées, ne se soit livré au *vague de ses passions ;* qui n'ait frappé son front pâle et échevelé, et n'ait étonné les hommes stupéfaits d'un malheur dont il ne savait pas le nom, ni eux non plus.

Dans *René*, j'avais exposé une infirmité de mon siècle ; mais c'était une autre folie aux romanciers d'avoir voulu rendre universelles des afflictions en dehors de tout. Les sentiments généraux qui composent le fond de l'humanité, la tendresse paternelle et maternelle, la piété filiale, l'amitié, l'amour, sont inépuisables ; mais les manières particulières de sentir, les individualités d'esprit et de caractère, ne peuvent s'étendre et se multiplier dans de grands et nombreux tableaux. Les petits coins non découverts du cœur de l'homme sont un champ étroit ; il ne reste rien à recueillir dans ce champ après la main qui l'a moissonné la première. Une maladie de l'âme n'est pas un état permanent et naturel : on ne peut la reproduire, en faire une littérature, en tirer parti comme d'une passion générale incessamment modifiée au gré des artistes qui la manient et en changent la forme.

Quoi qu'il en soit, la littérature se teignit des couleurs de mes tableaux religieux, comme les affaires ont gardé la phraséologie de mes écrits sur la cité ; *la Monarchie selon la Charte* a été le rudiment de notre gouvernement représentatif, et mon article du *Conservateur*, sur *les intérêts moraux et les intérêts matériels*, a laissé ces deux désignations à la politique.

Des écrivains me firent l'honneur d'imiter *Atala* et *René*, de même que la chaire emprunta mes récits des missions et des bienfaits du christianisme. Les passages dans lesquels je démontre qu'en chassant les divinités païennes des bois, notre culte élargi a rendu la nature à sa solitude ; les paragraphes où je traite de l'influence de notre religion dans notre manière de voir et de peindre, où j'examine les changements opérés dans la poésie et l'éloquence ; les chapitres que je consacre à des recherches sur les sentiments étrangers introduits dans les caractères dramatiques de l'antiquité, renferment le germe de la critique nouvelle. Les personnages de Racine, comme je l'ai dit, sont et ne sont point des personnages grecs, ce sont des personnages chrétiens : c'est ce qu'on n'avait point du tout compris.

Si l'effet du *Génie du Christianisme* n'eût été qu'une réaction contre des doctrines auxquelles on attribuait les malheurs révolutionnaires, cet effet aurait cessé avec la cause disparue ; il ne se serait pas prolongé jusqu'au moment où j'écris. Mais l'action du *Génie du Christianisme* sur les opinions ne se borna pas à une résurrection momentanée d'une religion qu'on prétendait au tombeau : une métamorphose plus durable s'opéra. S'il y avait dans l'ouvrage innovation de style, il y avait aussi changement de doctrine ; le fond était altéré comme la forme ; l'athéisme et le matérialisme ne furent plus la base de la croyance ou de l'incroyance des jeunes esprits ; l'idée de Dieu et de l'immortalité de l'âme reprit son empire : dès lors, altération dans la chaîne des idées qui se lient les unes aux autres. On ne fut plus cloué dans sa place par un préjugé antireligieux ; on ne se crut plus obligé de rester momie du néant, entourée de bandelettes philosophiques ; on se permit d'examiner tout système, si absurde qu'on le trouvât, *fût-il même chrétien.*

Outre les fidèles qui revenaient à la voix de leur pasteur, il se forma, par ce droit de libre examen, d'autres fidèles *à priori*. Posez Dieu pour principe, et le Verbe va suivre : le Fils naît forcément du Père.

Les diverses combinaisons abstraites ne font que substituer aux mystères chrétiens des mystères encore plus incompréhensibles : le panthéisme, qui, d'ailleurs, est de trois ou quatre espèces, et qu'il est de mode aujourd'hui d'attribuer aux intelligences éclairées, est la plus absurde des rêveries de l'Orient, remise en lumière par Spinosa : il suffit de lire à ce sujet l'article du sceptique Bayle sur ce juif d'Amsterdam. Le ton tranchant dont quelques-uns parlent de tout cela révolterait, s'il ne tenait au défaut d'études : on se paye de mots que l'on n'entend pas, et l'on se figure être des génies transcendants. Que l'on se persuade bien que les Abailard, les saint Bernard, les saint Thomas d'Aquin, ont porté dans la métaphysique une supériorité de lumières dont nous n'approchons pas ; que les systèmes saint-simonien, phalanstérien, fouriériste, humanitaire, ont été trouvés et pratiqués par les diverses hérésies ; que ce que l'on nous donne pour des progrès et des découvertes sont des vieilleries qui traînent depuis quinze cents ans dans les écoles de la Grèce et dans les collèges du moyen âge. Le mal est que les premiers sectaires ne purent parvenir à fonder leur république néo-platonicienne, lorsque Gallien permit à Plotin d'en faire l'essai dans la Campanie : plus tard, on eut le très grand tort de brûler les sectaires quand ils voulurent établir la communauté des biens, déclarer la prostitution sainte, en avançant qu'une femme ne peut, sans pécher, refuser un homme qui lui demande une union passagère au nom de Jésus-Christ : il ne fallait, disaient-ils, pour arriver à cette union, qu'anéantir son âme et la mettre un moment en dépôt dans le sein de Dieu.

Le heurt que le *Génie du Christianisme* donna aux esprits fit sortir le XVIIIᵉ siècle de l'ornière, et le jeta pour jamais hors de sa voie : on recommença, ou plutôt on commença à étudier les sources du christianisme : en relisant les Pères (en supposant qu'on les eût jamais lus), on fut frappé de rencontrer tant de faits curieux, tant de science philosophique, tant de beautés de style de tous les genres, tant d'idées, qui, par une gradation plus ou moins sensible, faisaient le passage de la société antique à la société moderne : ère unique et mémorable de l'humanité, où le ciel communique avec la terre au travers d'âmes placées dans des hommes de génie.

Auprès du monde croulant du paganisme, s'éleva autrefois, comme en dehors de la société, un autre monde, spectateur de ces grands spectacles, pauvre, à l'écart, solitaire, ne se mêlant des affaires de la vie que quand on avait besoin de ses leçons ou de ses secours.

C'était une chose merveilleuse de voir ces premiers évêques, presque tous honorés du nom de saints et de martyrs, ces simples prêtres veillant aux reliques et aux cimetières, ces religieux et ces ermites dans leurs couvents ou dans leurs grottes, faisant des règlements de paix, de morale, de charité, quand tout était guerre, corruption, barbarie, allant des tyrans de Rome aux chefs des Tartares et des Goths, afin de prévenir l'injustice des uns et la cruauté des autres, arrêtant des armées avec une croix de bois et une parole pacifique ; les plus faibles des hommes, et protégeant le monde contre Attila ; placés entre deux univers pour en être le lien, pour consoler les derniers moments d'une société expirante, et soutenir les premiers pas d'une société au berceau.

Il était impossible que les vérités développées dans le *Génie du Christianisme* ne contribuassent pas au changement des idées. C'est encore à cet ouvrage que se rattache le goût actuel pour les édifices du moyen âge : c'est moi qui ai rappelé le jeune siècle à l'admiration des vieux temples. Si l'on a abusé de mon opinion ; s'il n'est pas vrai que nos cathédrales aient approché de la beauté du Parthénon ; s'il est faux que ces églises nous apprennent dans leurs documents de pierre des faits ignorés ; s'il est insensé de soutenir que ces mémoires de granit nous révèlent des choses échappées aux savants Bénédictins ; si à force d'entendre rabâcher du gothique on en meurt d'ennui, ce n'est pas ma faute. Du reste, sous le rapport des arts, je sais ce qui manque au *Génie du Christianisme ;* cette partie de ma composition est défectueuse, parce qu'en 1800 je ne connaissais pas les arts : je n'avais vu ni l'Italie, ni la Grèce, ni l'Égypte. De même, je n'ai pas tiré un parti suffisant des vies des saints et des légendes ; elles m'offraient pourtant des histoires merveilleuses : en y choisissant avec goût, on y pouvait faire une moisson abondante. Ce champ des richesses de l'imagination du moyen âge surpasse en fécondité les *Métamorphoses* d'Ovide et les fables milésiennes. Il y a, de plus, dans mon ouvrage des jugements étriqués ou faux, tels que celui que je porte sur Dante, auquel j'ai rendu depuis un éclatant hommage.

Sous le rapport sérieux, j'ai complété le *Génie du Christianisme* dans mes *Études historiques*, un de mes écrits dont on a le moins parlé et qu'on a le plus volé.

Le succès d'*Atala* m'avait enchanté, parce que mon âme était encore neuve ; celui du *Génie du Christianisme* me fut pénible : je fus obligé de sacrifier mon temps à des correspondances au moins inutiles et à des politesses étrangères. Une admiration prétendue ne me dédommageait point des dégoûts qui attendent un homme dont la foule a retenu le nom. Quel bien peut remplacer la paix que vous avez perdue en introduisant le public dans votre intimité ? Joignez à cela les inquiétudes dont les Muses se plaisent à affliger ceux qui s'attachent à leur culte, les embarras d'un caractère facile, l'inaptitude à la fortune, la perte des loisirs, une humeur inégale, des affections plus vives, des tristesses sans raison, des joies sans cause : qui voudrait, s'il en était le maître, acheter à de pareilles conditions les avantages incertains d'une réputation qu'on n'est pas sûr d'obtenir, qui vous sera contestée pendant votre vie, que la postérité ne confirmera pas, et à laquelle votre mort vous rendra à jamais étranger ?

La controverse littéraire sur les nouveautés du style, qu'avait excitée *Atala*, se renouvela à la publication du *Génie du Christianisme*.

Un trait caractéristique de l'école impériale, et même de l'école républicaine, est à observer : tandis que la société avançait en mal ou en bien, la littérature demeurait stationnaire ; étrangère au changement des idées, elle n'appartenait pas à son temps. Dans la comédie, les seigneurs de village, les Colin, les Babet ou les intrigues de ces salons que l'on ne connaissait plus, se jouaient (comme je l'ai déjà fait remarquer) devant des hommes grossiers et sanguinaires, destructeurs des mœurs dont on leur offrait le tableau ; dans la tragédie, un parterre plébéien s'occupait des familles des nobles et des rois.

Deux choses arrêtaient la littérature à la date du XVIIIᵉ siècle : l'impiété qu'elle tenait de Voltaire et de la Révolution, le despotisme dont la frappait Bonaparte. Le chef de l'État trouvait du profit dans ces lettres subordonnées qu'il avait mises à la caserne, qui lui présentaient les armes, qui sortaient lorsqu'on criait : « Hors la garde ! » qui marchaient en rang et qui manœuvraient comme des soldats. Toute indépendance semblait rébellion à son pouvoir ; il ne voulait pas plus d'émeute de mots et d'idées qu'il ne souffrait d'insurrection. Il suspendit l'*Habeas corpus* pour la pensée comme pour la liberté individuelle. Reconnaissons aussi que le public, fatigué d'anarchie, reprenait volontiers le joug des règles.

La littérature qui exprime l'ère nouvelle n'a régné que quarante ou cinquante ans après le temps dont elle était l'idiome. Pendant ce demi-siècle elle n'était employée que par l'opposition. C'est madame de Staël, c'est Benjamin Constant, c'est Lemercier, c'est Bonald, c'est moi enfin, qui les premiers avons parlé cette langue. Le changement de littérature dont le XIXᵉ siècle se vante lui est arrivé de l'émigration et de l'exil : ce fut M. de Fontanes qui couva ces oiseaux d'une autre espèce que lui, parce que, remontant au XVIIᵉ siècle, il avait pris la puissance de ce temps fécond et perdu la stérilité du XVIIIᵉ. Une partie de l'esprit humain, celle qui traite de matières transcendantes, s'avança seule d'un pas égal avec la civilisation ; malheureusement la gloire du savoir ne fut pas sans tache : les

Laplace, les Lagrange, les Monge, les Chaptal, les Berthollet, tous ces prodiges, jadis fiers démocrates, devinrent les plus obséquieux serviteurs de Napoléon. Il faut le dire à l'honneur des lettres : la littérature nouvelle fut libre, la science servile ; le caractère ne répondit point au génie, et ceux dont la pensée était montée au plus haut du ciel ne purent élever leur âme au-dessus des pieds de Bonaparte : ils prétendaient n'avoir pas besoin de Dieu, c'est pourquoi ils avaient besoin d'un tyran.

Le classique napoléonien était le génie du XIXe siècle affublé de la perruque de Louis XIV, ou frisé comme au temps de Louis XV. Bonaparte avait voulu que les hommes de la Révolution ne parussent à la cour qu'en habit habillé, l'épée au côté. On ne voyait pas la France du moment ; ce n'était pas de l'ordre, c'était de la discipline. Aussi rien n'était plus ennuyeux que cette pâle résurrection de la littérature d'autrefois. Ce calque froid, cet anachronisme improductif, disparut quand la littérature nouvelle fit irruption avec fracas par le *Génie du Christianisme*. La mort du duc d'Enghien eut pour moi l'avantage, en me jetant à l'écart, de me laisser suivre dans la solitude mon inspiration particulière et de m'empêcher de m'enrégimenter dans l'infanterie régulière du vieux Pinde : je dus à ma liberté morale ma liberté intellectuelle.

Au dernier chapitre du *Génie du Christianisme*, j'examine ce que serait devenu le monde si la foi n'eût pas été prêchée au moment de l'invasion des Barbares ; dans un autre paragraphe, je mentionne un important travail à entreprendre sur les changements que le christianisme apporta dans les lois après la conversion de Constantin.

En supposant que l'opinion religieuse existât telle qu'elle est à l'heure où j'écris maintenant, le *Génie du Christianisme* étant encore à faire, je le composerais tout différemment : au lieu de rappeler les bienfaits et les institutions de notre religion au passé, je ferais voir que le christianisme est la pensée de l'avenir et de la liberté humaine ; que cette pensée rédemptrice et messie est le seul fondement de l'égalité sociale ; qu'elle seule la peut établir, parce qu'elle place auprès de cette égalité la nécessité du devoir, correctif et régulateur de l'instinct démocratique. La légalité ne suffit pas pour contenir, parce qu'elle n'est pas permanente ; elle tire sa force de la loi ; or, la loi est l'ouvrage des hommes qui passent et varient. Une loi n'est pas toujours obligatoire ; elle peut toujours être changée par une autre loi : contrairement à cela, la morale est permanente ; elle a sa force en elle-même, parce qu'elle vient de l'ordre immuable ; elle seule peut donc donner la durée.

Je ferais voir que partout où le christianisme a dominé, il a changé l'idée, il a rectifié les notions du juste et de l'injuste, substitué l'affirmation au doute, embrassé l'humanité entière dans ses doctrines et ses préceptes. Je tâcherais de deviner la distance où nous sommes encore de l'accomplissement total de l'Évangile, en supputant le nombre des maux détruits et des améliorations opérées dans les dix-huit siècles écoulés de ce côté-ci de la croix. Le christianisme agit avec lenteur parce qu'il agit partout ; il ne s'attache pas à la réforme d'une société particulière, il travaille sur la société générale ; sa philanthropie s'étend à tous les fils d'Adam : c'est ce qu'il exprime avec une merveilleuse simplicité dans ses oraisons les plus communes, dans ses vœux quotidiens, lorsqu'il dit à la foule dans le temple : « Prions pour tout ce qui souffre sur la terre. » Quelle religion a jamais parlé de la sorte ? Le Verbe ne s'est point fait chair dans l'homme de plaisir, il s'est incarné à l'homme de douleur, dans le but de l'affranchissement de tous, d'une fraternité universelle et d'une salvation immense.

Quand le *Génie du Christianisme* n'aurait donné naissance qu'à de telles investigations, je me féliciterais de l'avoir publié : reste à savoir si, à l'époque de l'apparition de ce livre, un autre *Génie du Christianisme*, élevé sur le nouveau plan dont j'indique à peine le tracé, aurait obtenu le même succès. En 1803, lorsqu'on n'accordait rien à l'ancienne religion, qu'elle était l'objet du dédain, que l'on ne savait pas le premier mot de la question, aurait-on été bien venu à parler de la liberté future descendant du Calvaire, quand on était encore meurtri des excès de la liberté des passions ? Bonaparte eût-il souffert un pareil ouvrage ? Il était peut-être utile d'exciter les regrets, d'intéresser l'imagination à une cause si méconnue, d'attirer les regards sur l'objet méprisé, de le rendre aimable, avant de montrer comment il était sérieux, puissant et salutaire.

Maintenant, dans la supposition que mon nom laisse quelque trace, je le devrai au *Génie du Christianisme* : sans illusion sur la valeur intrinsèque de l'ouvrage, je lui reconnais une valeur accidentelle ; il est venu juste et à son moment. Par cette raison, il m'a fait prendre place à l'une de ces époques historiques qui, mêlant un individu aux choses, contraignent à se souvenir de lui. Si l'influence de mon travail ne se bornait pas au changement que, depuis quarante années, il a produit parmi les générations vivantes ; s'il servait encore à ranimer chez les tard-venus une étincelle des vérités civilisatrices de la terre ; si le léger symptôme de vie que l'on croit apercevoir s'y soutenait dans les générations à venir, je m'en irais plein d'espérance dans la miséricorde divine. Chrétien réconcilié, ne m'oublie pas dans tes prières, quand je serai parti ; mes fautes m'arrêteront peut-être à ces portes où ma charité avait crié pour toi : « Ouvrez-vous, portes éternelles ! *Elevamini, portæ æternales !* »

LIVRE II [656]

Ma vie se trouva toute dérangée aussitôt qu'elle cessa d'être à moi. J'avais une foule de connaissance en dehors de ma société habituelle.

---

[656] Ce livre, commencé à Paris en 1837, a été continué et terminé à Paris en 1838, il a été revu en février 1845 et en décembre 1846.

J'étais appelé dans les châteaux que l'on rétablissait. On se rendait comme on pouvait dans ces manoirs demi-démeublés demi-meublés, où un vieux fauteuil succédait à un fauteuil neuf. Cependant quelques-uns de ces manoirs étaient restés intacts, tels que le Marais[657], échu à madame de La Briche, excellente femme dont le bonheur n'a jamais pu se débarrasser[658].

---

[657] Le château du Marais, situé dans la commune du Val-Saint-Maurice, canton de Dourdan (Seine-et-Oise). Il fut construit par un M. Le Maître, homme très riche et très somptueux, qui n'eut point d'enfants et laissa toute sa fortune à sa nièce Mme de La Briche. Norvins parle longuement de cette belle habitation, où il fréquenta beaucoup dans sa jeunesse. « Le château du Marais, dit-il, n'est point un château, mais un vaste et superbe hôtel à dix lieues de Paris, de la famille de ceux que le faubourg Saint-Honoré possède sur les Champs-Élysées, mais avec des proportions plus larges pour les dépendances, les cours et les jardins. Le Marais est l'habitation d'un riche capitaliste parisien qui n'a pas voulu cesser de se croire à la ville, et non celle d'un grand seigneur que la campagne délassait de la cour et de la ville. La châtellenie n'y est nulle part, pas plus que le moindre accident de terrain ; l'art n'a rien eu à vaincre, il n'a eu qu'à inventer et à dépenser. La nature a laissé faire, elle n'avait rien à perdre ni à regretter ; aussi cette grande construction se ressent tout à fait de son origine. On voit au premier coup d'oeil que le fondateur, homme d'argent et de luxe, n'a voulu rien épargner pour que sa maison de campagne fût la plus belle et la plus somptueusement bâtie de son temps, où l'on en bâtissait beaucoup et à grands frais. » Le lecteur pourra voir la suite de cette description dans le Mémorial de Norvins, tome I, p. 71. — Dans les premières années de la Restauration, Mme de La Briche donna au Marais des fêtes brillantes, où l'on joua la comédie de société ; le récit détaillé s'en trouve dans les Souvenirs du baron de Barante et surtout dans la Correspondance de M. de Rémusat. Le château du Marais appartient aujourd'hui à la duchesse douairière de Noailles. La disposition des lieux a été respectée telle qu'elle était du temps de Mme de La Briche, en sorte que la description de Norvins demeure très exacte.

[658] Mme de La Briche, née Adelaïde-Edmée Prévost, était veuve d'Alexis-Janvier La Live de la Briche, introducteur des ambassadeurs et secrétaire des commandements de la Reine. — Norvins, qui était son cousin, le duc Pasquier, M. de Barante parlent d'elle comme Chateaubriand. « Nous disions de cette excellente dame, écrit Norvins, qu'elle prenait son bonheur en patience. » Mémorial, I, 64. — « Bien des souvenirs, dit M. Pasquier (t. III, p. 231), m'attachaient à Mme de La Briche, belle-mère de M. Molé ; bonne, douce, toujours obligeante, occupée de faire valoir les autres sans jamais penser à elle, elle a, dans la société, occupé une place que personne n'a jamais mieux méritée qu'elle. Elle avait eu la chance de traverser la Terreur sans encombre. La Révolution avait respecté sa personne comme ses propriétés. C'était d'autant plus extraordinaire que le château du Marais, par son élégance, le luxe, l'étendue du domaine, était bien fait pour tenter les appétits populaires. Les temps orageux passés, elle se trouva, avant tout le monde, en situation de réunir autour d'elle tous les débris de l'ancienne société ; quand elle eut marié sa fille à M. Molé, son salon fut le rendez-vous de tous ceux qui ne se résignaient pas à fréquenter les salons du Directoire et la société des fournisseurs enrichis. » — Voici enfin comment s'exprime le baron de Barante, dans une lettre au vicomte de Houdetot, en date du 22 juin 1825 : « Mme de La Briche est toujours de plus en plus contente : jeune, bienveillante, soigneuse à écarter toute pensée, tout jugement qui troublerait son plaisir. Elle ne

Je me souviens que mon immortalité allait rue Saint-Dominique-d'Enfer prendre une place pour le Marais dans une méchante voiture de louage, où je rencontrais madame de Vintimille et madame de Fezensac[659]. À Champlâtreux[660], M. Molé[661] faisait refaire de petites chambres au second étage. Son père, tué révolutionnairement[662], était remplacé, dans un grand salon délabré, par un tableau dans lequel Matthieu Molé était représenté arrêtant une émeute avec son bonnet carré : tableau qui faisait sentir la différence des temps. Une superbe patte d'oie de tilleuls avait été coupée ; mais une des trois avenues existait encore dans la magnificence de son vieux ombrage ; on l'a mêlée depuis à de nouvelles plantations : nous en sommes aux peupliers.

Au retour de l'émigration, il n'y avait si pauvre banni qui ne dessinât les tortillons d'un jardin anglais dans les dix pieds de terre ou de cour qu'il avait retrouvés : moi-même, n'ai-je pas planté jadis la Vallée-aux-Loups ? N'y ai-je pas commencé ces *Mémoires* ? Ne les ai-je pas continués dans le parc de Montboissier, dont on essayait alors de raviver l'aspect défiguré par l'abandon ? Ne les ai-je pas prolongés dans le parc de Maintenon rétabli tout à l'heure, proie nouvelle pour la démocratie qui revient ? Les

---

souffre pas le pli d'une rose, et malgré cela n'est point égoïste. » (Souvenirs, t. III, p. 251.)

[659] Mme de Vintimille et Mme de Fezensac étaient sœurs. La seconde, Louise-Joséphine La Live de Jully (1764-1832), « la plus gracieuse et la plus douce des femmes », dit Norvins, avait épousé le comte de Montesquiou-Fezensac. Son fils, le lieutenant-général de Fezensac (1784-1867), vicomte, puis duc par représentation de son oncle l'abbé de Montesquiou, est l'auteur des Souvenirs militaires de 1804 à 1814, une œuvre qui mérite de devenir classique.

[660] Le château de Champlâtreux, situé dans la commune d'Épinay-Champlâtreux, canton de Luzarches (Seine-et-Oise). Il appartenait à la famille parlementaire des Molé, lorsqu'en 1733 le fils aîné de cette famille, devenu puissamment riche par suite de son mariage avec une des filles du banquier Samuel Bernard, y fit des agrandissements et des embellissements considérables. Confisqué par la République en 1794, il avait été rendu, sous le Consulat, à M. Molé, l'ami de Chateaubriand. En 1838, le comte Molé, alors président du conseil eut l'honneur de recevoir à Champlâtreux la visite du roi Louis-Philippe. — Le château de Champlâtreux appartient aujourd'hui à M. le duc de Noailles.

[661] Mathieu-Louis, comte Molé, né à Paris, le 24 janvier 1781. Ministre de la Justice sous Napoléon (20 novembre 1813 — 2 avril 1814) ; ministre de la Marine sous Louis XVIII (12 septembre 1817 — 28 décembre 1818), il fut appelé par Louis-Philippe, le 11 août 1830, au ministère des Affaires étrangères, qu'il conserva seulement jusqu'au 1er novembre de la même année. Le 6 septembre 1836, il reprit le portefeuille des Affaires étrangères, avec la présidence du Conseil, et cette fois il garda le pouvoir pendant près de trois ans, jusqu'au 30 mars 1839. Après 1848, il fut envoyé par les électeurs de la Gironde à l'Assemblée constituante et à l'Assemblée législative, où il fut l'un des chefs de la majorité conservatrice. Le 20 février 1840, il avait remplacé Mgr de Quélen à l'Académie française. Il mourut à son château de Champlâtreux le 25 novembre 1855.

[662] Édouard-François-Mathieu Molé de Champlâtreux, président au Parlement de Paris, guillotiné le 1er floréal an II (20 avril 1794).

châteaux brûlés en 1789 auraient dû avertir le reste des châteaux de demeurer cachés dans leurs décombres : mais les clochers des villages engloutis qui percent les laves du Vésuve n'empêchent pas de replanter sur la surface de ces mêmes laves d'autres églises et d'autres hameaux.

Parmi les abeilles qui composaient leur ruche, était la marquise de Custine, héritière des longs cheveux de Marguerite de Provence, femme de saint Louis, dont elle avait du sang[663]. J'assistai à sa prise de possession de Fervacques[664], et j'eus l'honneur de coucher dans le lit du Béarnais, de même que dans le lit de la reine Christine à Combourg. Ce n'était pas une petite affaire que ce voyage : il fallait embarquer dans la voiture Astolphe de Custine[665], enfant, M. Berstœcher, le gouverneur, une vieille bonne alsacienne ne parlant qu'allemand, Jenny la femme de chambre, et Trim, chien fameux qui mangeait les provisions de la route. N'aurait-on pas pu croire que cette colonie se rendait à Fervacques pour jamais ? et cependant le château n'était pas achevé de meubler que le signal du délogement fut donné. J'ai vu celle qui affronta l'échafaud d'un si grand courage, je l'ai vue, plus blanche qu'une Parque, vêtue de noir, la taille amincie par la mort, la tête ornée de sa seule chevelure de soie, je l'ai vue me sourire de

---

[663] Louise-Éléonore-Mélanie de Sabran, née à Paris le 18 mars 1770, décédée à Bex, en Suisse, le 25 juillet 1826. Elle avait épousé en 1787 Armand-Louis-Philippe-François de Custine, fils d'Adam-Philippe, comte de Custine, maréchal de camp des armées du roi. Son beau-père avait été guillotiné le 28 août 1793. Son mari était monté sur l'échafaud le 4 janvier 1794. Elle-même avait été enfermée aux Carmes et n'avait dû d'échapper au bourreau qu'à la révolution du 9 Thermidor. — Sa Vie a été écrite par M. A. Bardoux, Madame de Custine, d'après des documents inédits. 1888. Voir l'Appendice, no VII : Chateaubriand et Mme de Custine.

[664] Le château et le domaine de Fervacques sont situés près de Lisieux (Calvados). Fervacques appartenait au duc de Montmorency-Laval et à sa sœur la duchesse de Luynes. Mme de Custine l'acheta, le 27 octobre 1803, en son nom et au nom de son fils, au prix de 418 764 livres et une rente de 8 691 livres. Le château de Fervacques appartient aujourd'hui à M. le comte de Montgomery, qui a conservé à cette belle demeure son caractère historique.

[665] Astolphe-Louis-Léonor, marquis de Custine (1793-1857). Son livre sur la Russie en 1839 (4 volumes in-8o, 1843) a obtenu, tant en France qu'à l'étranger, un grand et légitime succès. On lui doit, en outre, plusieurs autres ouvrages, qui furent aussi très justement remarqués : une Étude politique, mêlée de récits de voyages, en quatre volumes : L'Espagne sous Ferdinand VII (1838) ; des romans : Aloys, ou le Moine de Saint-Bernard (1827) ; Ethel (1839) ; Romuald ou la Vocation (1848) ; un drame en cinq actes et en vers, Béatrix Cenci, joué en 1833 sur le théâtre de la Porte-Saint-Martin. Merveilleusement doué, il eût pu s'élever très haut, si sa vie n'eût dégradé son talent. Philarète Chasles a dit de lui, dans ses Mémoires (tome I, p. 310). « Je n'ai connu que plus tard la véritable vie de cet être extraordinaire et malheureux, problème et type, phénomène et paradoxe, que le vice le plus odieux chevauchait, domptait, opprimait et ravalait ; qui, au vu et au su de toute la société française, y pataugeait, y vivait…, qui subissait, tête basse, le mépris public ; et qui d'autre côté était, sans se racheter, loyal, généreux, honnête, charitable, éloquent, spirituel, philosophe, distingué, presque poète. »

ses lèvres pâles et de ses belles dents, lorsqu'elle quittait Sécherons, près Genève, pour expirer à Bex, à l'entrée du Valais ; j'ai entendu son cercueil passer la nuit dans les rues solitaires de Lausanne, pour aller prendre sa place éternelle à Fervacques : elle se hâtait de se cacher dans une terre qu'elle n'avait possédée qu'un moment, comme sa vie. J'avais lu sur le coin d'une cheminée du château ces méchantes rimes attribuées à l'amant de Gabrielle :

La dame de Fervacques
Mérite de vives attaques.

Le soldat-roi en avait dit autant à bien d'autres : déclarations passagères des hommes, vite effacées et descendues de beautés en beautés jusqu'à madame de Custine. Fervacques a été vendu.

Je rencontrai encore la duchesse de Châtillon[666], laquelle, pendant mon absence des Cent-Jours, décora ma vallée d'Aulnay. Madame Lindsay[667], que je n'avais cessé de voir, me fit connaître Julie Talma[668]. Madame de Clermont-Tonnerre m'attira chez elle. Nous avions une grand'mère commune, et elle voulait bien m'appeler son cousin. Veuve du comte de Clermont-Tonnerre[669], elle se remaria depuis au marquis de Talaru[670]. Elle avait, en prison, converti M. de La Harpe[671]. Ce fut par elle

---

[666] Depuis, Mme de Bérenger.

[667] D'après Sainte-Beuve, l'original d'Ellénore, dans l'Adolphe de Benjamin Constant, était Mme Lindsay.

[668] Louise-Julie Careau, première femme de Talma, qu'elle avait épousé le 19 avril 1791. Le 6 février 1801, « sur leur demande mutuelle, faite à haute voix », le maire du Xe arrondissement de Paris, prononça entre eux le divorce. Talma se remaria l'année suivante (16 juin 1802) avec une de ses camarades de la Comédie-Française, Charlotte Vanhove, femme divorcée de Louis-Sébastien-Olympe Petit. Une séparation à l'amiable ne tarda pas du reste à éloigner l'un de l'autre Mlle Vanhove et Talma. Quant à Julie Talma, elle mourut en 1805. D'après Benjamin Constant, qui parle d'elle dans ses Mélanges de littérature et de politique, c'était une espèce de philosophe, un esprit « juste, étendu, toujours piquant, quelquefois profond » ; elle « avait, ajoute son panégyriste, une raison exquise qui lui avait indiqué les opinions saines ».

[669] Stanislas-Marie-Adélaïde, comte de Clermont-Tonnerre (1757-1792), l'un des membres les plus éloquents de l'Assemblée constituante. Le 10 août 1792, une troupe armée pénétra dans son hôtel, sous prétexte d'y chercher des armes. Conduit à la section, il fut frappé en chemin d'un coup de feu tiré à bout portant ; il se réfugia dans l'hôtel de Brissac, où la populace le poursuivit et le massacra.

[670] Louis-Justin-Marie, marquis de Talaru (1769-1850). Il fut quelque temps, sous la Restauration, ambassadeur de France à Madrid. Nommé pair de France, le 17 août 1815, par la même ordonnance que Chateaubriand, il siégea dans la Chambre haute jusqu'au 24 février 1848.

[671] On lit dans la Vie de M. Émery, par l'abbé Gosselin, t. I, p. 130 : « Mme la comtesse Stanislas de Clermont-Tonnerre, incarcérée au Luxembourg avec La Harpe, avait été l'instrument dont Dieu s'était servi pour la conversion de ce littérateur. Ce fait, rapporté sur un simple ouï-dire par M. Michaud, dans la

que je connus le peintre Neveu, enrôlé au nombre de ses cavaliers servants ; Neveu me mit un moment en rapport avec Saint-Martin.

M. de Saint-Martin[672] avait cru trouver dans *Atala* certain argot dont je ne me doutais pas, et qui lui prouvait une affinité de doctrines avec moi. Neveu, afin de lier deux frères, nous donna à dîner dans une chambre haute qu'il habitait dans les communs du Palais-Bourbon. J'arrivai au rendez-vous à six heures ; le philosophe du ciel était à son poste. À sept heures, un valet discret posa un potage sur la table, se retira et ferma la porte. Nous nous assîmes et nous commençâmes à manger en silence. M. de Saint-Martin, qui, d'ailleurs, avait de très-belles façons, ne prononçait que de courtes paroles d'oracle. Neveu répondait par des exclamations, avec des attitudes et des grimaces de peintre ; je ne disais mot.

Au bout d'une demi-heure, le nécromant rentra, enleva la soupe, et mit un autre plat sur la table : les mets se succédèrent ainsi un à un et à de longues distances. M. de Saint-Martin, s'échauffant peu à peu, se mit à parler en façon d'archange ; plus il parlait, plus son langage devenait ténébreux. Neveu m'avait insinué, en me serrant la main, que nous verrions des choses extraordinaires, que nous entendrions des bruits : depuis six mortelles heures, j'écoutais et je ne découvrais rien. À minuit, l'homme des visions se lève tout à coup : je crus que l'esprit des ténèbres ou l'esprit divin descendait, que les sonnettes allaient faire retentir les mystérieux corridors ; mais M. de Saint-Martin déclara qu'il était épuisé, et que nous reprendrions la conversation une autre fois ; il mit son chapeau et s'en alla. Malheureusement pour lui, il fut arrêté à la porte et forcé de rentrer par une visite inattendue : néanmoins, il ne tarda pas à disparaître. Je ne l'ai jamais revu : il courut mourir dans le jardin de M. Lenoir-Laroche, mon voisin d'Aulnay[673].

Je suis un sujet rebelle pour le Swedenborgisme : l'abbé Faria[674], à un dîner chez madame de Custine, se vanta de tuer un serin en le magnétisant :

Biographie universelle (Supplément, article Talaru), est positivement attesté par M. Clausel de Coussergues, dans sa lettre à M. Faillon, du 20 mars 1843. »

[672] Louis-Claude de Saint-Martin, dit le Philosophe inconnu (1743-1803). Ses principaux ouvrages sont l'Homme de désir et le Ministère de l'Homme-Esprit. Il avait publié en 1799 un poème intitulé : Le Crocodile ou la Guerre du bien et du mal, arrivée sous le règne de Louis XV, poème épico-magique en cent-deux chants, par un amateur de choses cachées.

[673] Jean-Jacques Lenoir-Laroche (1749-1825), avocat, député de Paris aux États-Généraux, ministre de la police du 16 au 28 juillet 1797, député de la Seine au Conseil des Anciens (1798-1799), membre du Sénat conservateur (1799-1814). Napoléon l'avait fait comte, Louis XVIII le fit pair de France dès le 4 juin 1814, et, par ordonnance du 31 août 1817, décida que la dignité de pair serait héréditaire dans sa famille. Chateaubriand aurait pu apprendre de son voisin d'Aulnay comment on peut cultiver, sous tous les gouvernements, l'Art de garder ses places.

[674] L'abbé Joseph Faria (et non Furia, comme on l'a imprimé dans toutes les éditions des Mémoires), né à Goa (Indes orientales) vers 1755, mort à Paris en

le serin fut le plus fort, et l'abbé, hors de lui, fut obligé de quitter la partie, de peur d'être tué par le serin : chrétien, ma seule présence avait rendu le trépied impuissant.

Une autre fois, le célèbre Gall[675], toujours chez madame de Custine, dîna près de moi sans me connaître, se trompa sur mon angle facial, me prit pour une grenouille, et voulut, quand il sut qui j'étais, raccommoder sa science d'une manière dont j'étais honteux pour lui. La forme de la tête peut aider à distinguer le sexe dans les individus, à indiquer ce qui appartient à la bête, aux passions animales ; quant aux facultés intellectuelles, la phrénologie en ignorera toujours. Si l'on pouvait rassembler les crânes divers des grands hommes morts depuis le commencement du monde, et qu'on les mît sous les yeux des phrénologistes sans leur dire à qui ils ont appartenu, ils n'enverraient pas un cerveau à son adresse : l'examen des *bosses* produirait les méprises les plus comiques.

Il me prend un remords : j'ai parlé de M. de Saint-Martin avec un peu de moquerie, je m'en repens. Cette moquerie, que je repousse continuellement et qui me revient sans cesse, me met en souffrance ; car je hais l'esprit satirique comme étant l'esprit le plus petit, le plus commun et le plus facile de tous ; bien entendu que je ne fais pas ici le procès à la haute comédie. M. de Saint-Martin était, en dernier résultat, un homme d'un grand mérite, d'un caractère noble et indépendant. Quand ses idées étaient explicables, elles étaient élevées et d'une nature supérieure. Ne devrais-je pas le sacrifice des deux pages précédentes à la généreuse et beaucoup trop flatteuse déclaration de l'auteur du *Portrait de M. de Saint-Martin fait par lui-même*[676] ? Je ne balancerais pas à les effacer, si ce que je dis pouvait nuire le moins du monde à la renommée grave de M. de

---

1819. Il avait acquis comme magnétiseur une réputation qui lui valut d'être mis à la scène, dans un vaudeville intitulé la Magnétismomanie. Tout Paris voulut voir l'abbé Faria sous les traits de l'acteur Potier. Après le théâtre, le roman. Dans le Comte de Monte-Cristo, d'Alexandre Dumas, le célèbre magnétiseur joue un rôle important. Le romancier le fait mourir au château d'If.

[675] François-Joseph Gall (1758-1828), célèbre médecin allemand, né à Tiefenbrunn, près de Pforzheim (grand-duché de Bade). Il fut naturalisé français le 29 septembre 1819. L'un des créateurs de l'anatomie du cerveau, il fonda sur un ensemble d'observations exactes et d'applications hasardées la prétendue science de la phrénologie, qui fit tant de bruit, dans les premières années de ce siècle, parmi les médecins et les philosophes. Son principal ouvrage, paru de 1810 à 1818 en 4 volumes in-4o, accompagnés de 100 planches, a pour titre : Anatomie et physiologie du système nerveux en général et du cerveau en particulier, contenant « des observations sur la possibilité de reconnaître plusieurs dispositions intellectuelles et morales de l'homme et des animaux par la configuration de leur tête ».

[676] Mon portrait historique et philosophique, par M. de Saint-Martin. Cet écrit posthume du Philosophe inconnu n'a été imprimé que tronqué et très incomplet.

Saint-Martin et à l'estime qui s'attachera toujours à sa mémoire. Je vois du reste avec plaisir que mes souvenirs ne m'avaient pas trompé : M. de Saint-Martin n'a pas pu être tout à fait frappé de la même manière que moi dans le dîner dont je parle ; mais on voit que je n'avais pas inventé la scène et que le récit de M. de Saint-Martin ressemble au mien par le fond.

« Le 27 janvier 1803, dit-il, j'ai eu une entrevue avec M. de Chateaubriand dans un dîner arrangé pour cela, chez M. Neveu, à l'École polytechnique[677]. J'aurais beaucoup gagné à le connaître plus tôt : c'est le seul homme de lettres honnête avec qui je me sois trouvé en présence depuis que j'existe, et encore n'ai-je joui de sa conversation que pendant le repas. Car aussitôt après parut une visite qui le rendit muet pour le reste de la séance, et je ne sais quand l'occasion pourra renaître, parce que le roi de ce monde a grand soin de mettre des bâtons dans les roues de ma carriole. Au reste, de qui ai-je besoin, excepté de Dieu ? »

M. de Saint-Martin vaut mille fois mieux que moi : la dignité de sa dernière phrase écrase du poids d'une nature sérieuse ma raillerie inoffensive.

J'avais aperçu M. de Saint-Lambert[678] et madame de Houdetot[679] au Marais, représentant l'un et l'autre les opinions et les libertés d'autrefois,

---

[677] Saint-Martin dit que le dîner chez M. Neveu eut lieu à l'École polytechnique. Chateaubriand nous a dit tout à l'heure que ce dîner avait eu lieu dans les « communs du Palais-Bourbon ». Les deux récits ne se contredisent point. Le dîner est du 27 janvier 1803, et à cette date l'École polytechnique était installée au Palais-Bourbon ; c'est seulement en 1804 qu'elle fut transportée dans l'ancien collège de Navarre, rue de la Montagne Sainte-Geneviève.

[678] Jean-François de Saint-Lambert (1716-1803). Son poème des Saisons, publié en 1769, le fit entrer, l'année suivante, à l'Académie française. Dans son ouvrage sur les Principes des mœurs chez toutes les nations, ou Catéchisme universel (1798, 3 vol. in-8), il enseigna que les vices et les vertus ne sont que des clauses de convention. Ce livre, outrageusement matérialiste, n'en fut pas moins désigné en 1810, par l'Institut, comme digne du grand prix de morale.

[679] Élisabeth-Françoise-Sophie de La Live (1730-1813). Elle avait épousé en 1748 le général de Houdetot. Sa liaison avec Saint-Lambert subsista pendant presque un demi-siècle, dix ans de plus que celle de Philémon et Baucis, qui dura par deux fois vingt étés. En 1803, Baucis avait 73 ans ; Philémon en avait 87. Norvins, qui vit Mme de Houdetot, en 1788, au château de Marais, a tracé d'elle ce portrait (Mémorial, I, 86) : « Mme de Houdetot était née laide, d'une laideur repoussante, tellement louche qu'elle en paraissait borgne, et cette erreur lui était favorable. Âgée seulement de cinquante-huit ans en 1788, elle était si déformée que cet automne de la vieillesse était chez elle presque de la décrépitude. Elle ne voyait d'aucun de ces deux yeux dépareillés. Le son de sa voix était à la fois rauque et tremblant. Sa taille plus qu'incertaine était inégalement surplombée par de maigres épaules. Ses cheveux tout gris ne laissaient plus deviner leur couleur primitive. Mon père, qui l'avait vu marier, me disait plaisamment qu'elle était toujours aussi jolie que le jour de ses noces. Mme de Houdetot était une véritable ruine, qui en soutenait une autre... » — La comtesse de Houdetot était la belle-sœur de Mme de La Briche, propriétaire du château du Marais. « Une fois au Marais, dit encore

soigneusement empaillées et conservées : c'était le XVIIIᵉ siècle expiré et marié à sa manière. Il suffit de tenir bon dans la vie pour que les illégitimités deviennent des légitimités. On se sent une estime infinie pour l'immoralité parce qu'elle n'a pas cessé d'être et que le temps l'a décorée de rides. À la vérité, deux vertueux époux, qui ne sont pas époux, et qui restent unis par respect humain, souffrent un peu de leur vénérable état ; ils s'ennuient et se détestent cordialement dans toute la mauvaise humeur de l'âge : c'est la justice de Dieu.

Malheur à qui le ciel accorde de longs jours !

Il devenait difficile de comprendre quelques pages des *Confessions,* quand on avait vu l'objet des transports de Rousseau : madame de Houdetot avait-elle conservé les lettres que Jean-Jacques lui écrivait, et qu'il dit avoir été plus brûlantes que celles de la *Nouvelle Héloïse ?* On croit qu'elle en avait fait le sacrifice à Saint-Lambert.

À près de quatre-vingts ans madame de Houdetot s'écriait encore, dans des vers agréables :

Et l'amour me console !
Rien ne pourra me consoler de lui.

Elle ne se couchait point qu'elle n'eût frappé trois fois à terre avec sa pantoufle, en disant à feu l'auteur des *Saisons :* « Bonsoir, mon ami ! » C'était là à quoi se réduisait, en 1803, la philosophie du XVIIIᵉ siècle.

La société de madame de Houdetot, de Diderot, de Saint-Lambert, de Rousseau, de Grimm, de madame d'Épinay, m'a rendu la vallée de Montmorency insupportable, et quoique, sous le rapport des faits, je sois bien aise qu'une relique des temps voltairiens soit tombée sous mes yeux, je ne regrette point ces temps. J'ai revu dernièrement, à Sannois[680], la maison qu'habitait madame de Houdetot ; ce n'est plus qu'une coque vide, réduite aux quatre murailles. Un âtre abandonné intéresse toujours ; mais que disent des foyers où ne s'est assise ni la beauté, ni la mère de famille, ni la religion, et dont les cendres, si elles n'étaient dispersées, reporteraient seulement le souvenir vers des jours qui n'ont su que détruire ?

Norvins, elle entrait en vacances... On avait bientôt oublié son incomparable laideur, car l'esprit et le sentiment, et jusqu'à la sociabilité, n'avaient rien perdu en elle de l'action, de la puissance, du charme qui jadis l'avaient si justement distinguée. Rien n'était encore plus imprévu, plus délicat, plus piquant que sa conversation. »

[680] Sannois, dans la canton d'Argenteuil, arrondissement de Versailles (Seine-et-Oise).

Une contrefaçon du *Génie du Christianisme*, à Avignon, m'appela au mois d'octobre 1802 dans le midi de la France[681]. Je ne connaissais que ma pauvre Bretagne et les provinces du Nord, traversées par moi en quittant mon pays. J'allais voir le soleil de Provence, ce ciel qui devait me donner un avant-goût de l'Italie et de la Grèce, vers lesquelles mon instinct et la muse me poussaient. J'étais dans une disposition heureuse ; ma réputation me rendait la vie légère : il y a beaucoup de songes dans le premier enivrement de la renommée, et les yeux se remplissent d'abord avec délices de la lumière qui se lève ; mais que cette lumière s'éteigne, elle vous laisse dans l'obscurité ; si elle dure, l'habitude de la voir vous y rend bientôt insensible.

Lyon me fit un extrême plaisir. Je retrouvai ces ouvrages des Romains que je n'avais point aperçus depuis le jour où je lisais dans l'amphithéâtre de Trêves quelques feuilles d'*Atala*, tirées de mon havresac. Sur la Saône passaient d'une rive à l'autre des barques entoilées, portant la nuit une lumière ; des femmes les conduisaient ; une nautonière de dix-huit ans, qui me prit à son bord, raccommodait, à chaque coup d'aviron, un bouquet de fleurs mal attaché à son chapeau. Je fus réveillé le matin par le son des cloches. Les couvents suspendus aux coteaux semblaient avoir recouvré leurs solitaires. Le fils de M. Ballanche[682], propriétaire, après M. Migneret, du *Génie du Christianisme*, était devenu mon hôte : il est devenu mon ami. Qui ne connaît aujourd'hui le philosophe chrétien dont les écrits brillent de cette clarté paisible sur laquelle on se plaît à attacher les regards, comme sur le rayon d'un astre ami dans le ciel ?

Le 27 octobre, le bateau de poste qui me conduisait à Avignon[683] fut obligé de s'arrêter à Tain, à cause d'une tempête. Je me croyais en

---

[681] Il quitta Paris le 18 octobre 1802. Trois jours avant son départ, il écrivait à son ami Chênedollé, alors en Normandie : Mon cher ami, je pars lundi pour Avignon, où je vais saisir, si je puis, une contrefaçon qui me ruine ; je reviens par Bordeaux et par la Bretagne. J'irai vous voir à Vire et je vous ramènerai à Paris, où votre présence est absolument nécessaire, si vous voulez enfin entrer dans la carrière diplomatique.

[682] Pierre-Simon Ballanche, membre de l'Académie française, né à Lyon, le 4 août 1778, mort à Paris, le 12 juin 1847. Il avait publié, en 1800, un volume intitulé : Du Sentiment dans ses rapports avec la littérature et les arts. Ce fut lui qui donna, avec son père, imprimeur à Lyon, la 2e et la 3e édition du Génie du Christianisme. Ses principaux ouvrages sont Antigone (1814) ; Essais sur les institutions sociales (1818) ; l'Homme sans nom (1820) ; les Essais de Palingénésie sociale et Orphée (1827-1828) ; la Vision d'Hébal, chef d'un clan écossais (1832). De 1802 jusqu'à sa mort, Ballanche fut un des plus constants amis de Chateaubriand.

[683] Quelques jours après avoir quitté Lyon, Chateaubriand écrivait à Fontanes : « Je vous avoue que je suis confondu de la manière dont j'ai été reçu partout ; tout retentit de ma gloire, les papiers de Lyon, etc., les sociétés, les préfectures ; on annonce mon passage comme celui d'un personnage important. Si j'avais écrit un livre philosophique, croyez-vous que mon nom fût même connu ? Non ; j'ai consolé quelque malheureux ; j'ai rappelé des principes chers à tous les cœurs dans le

Amérique : le Rhône me représentait mes grandes rivières sauvages. J'étais niché dans une petite auberge, au bord des flots ; un conscrit se tenait debout dans un coin du foyer ; il avait le sac sur le dos, et allait rejoindre l'armée d'Italie. J'écrivais sur le soufflet de la cheminée, en face de l'hôtelière, assise en silence devant moi, et qui, par égard pour le voyageur, empêchait le chien et le chat de faire du bruit.

Ce que j'écrivais était un article déjà presque fait en descendant le Rhône et relatif à la *Législation primitive* de M. de Bonald. Je prévoyais ce qui est arrivé depuis : « La littérature française, disais-je, va changer de face ; avec la Révolution vont naître d'autres pensées, d'autres vues des choses et des hommes. Il est aisé de prévoir que les écrivains se diviseront. Les uns s'efforceront de sortir des anciennes routes ; les autres tâcheront de suivre les antiques modèles, mais toutefois en les présentant sous un jour nouveau. Il est assez probable que les derniers finiront par l'emporter sur leurs adversaires, parce qu'en s'appuyant sur les grandes traditions et sur les grands hommes, ils auront des guides plus sûrs et des documents plus féconds. »

Les lignes qui terminent ma critique voyageuse sont de l'histoire ; mon esprit marchait dès lors avec mon siècle : « L'auteur de cet article, disais-je, ne se peut refuser à une image qui lui est fournie par la position dans laquelle il se trouve. Au moment même où il écrit ces derniers mots, il descend un des plus grands fleuves de France. Sur deux montagnes opposées s'élèvent deux tours en ruine ; au haut de ces tours sont attachées de petites cloches que les montagnards sonnent à notre passage. Ce fleuve, ces montagnes, ces sons, ces monuments gothiques, amusent un moment les yeux des spectateurs ; mais personne ne s'arrête pour aller où le clocher l'invite. Ainsi, les hommes qui prêchent aujourd'hui morale et religion donnent en vain le signal du haut de leurs ruines à ceux que le torrent du siècle entraîne ; le voyageur s'étonne de la grandeur des débris, de la douceur des bruits qui en sortent, de la majesté des souvenirs qui s'en élèvent, mais il n'interrompt point sa course, et, au premier détour du fleuve, tout est oublié[684]. »

---

fond des provinces ; on ne juge pas ici mes talents, mais mes opinions. On me sait gré de tout ce que j'ai dit, de tout ce que je n'ai pas dit, et ces honnêtes gens me reçoivent comme le défenseur de leurs propres sentiments, de leurs propres idées. Il n'y a pas de chagrin, pas de travail que cela ne doive payer. Le plaisir que j'éprouve est, je vous assure, indépendant de tout amour-propre : c'est l'homme et non l'auteur qui est touché. — J'ai vu Lyon. Je vous en parlerai à loisir. C'est, je crois, la ville que j'aime le mieux au monde… » Lettre écrite d'Avignon, le samedi 6 novembre 1802. (Voir Chateaubriand, sa femme et ses amis, par l'abbé G. Pailhès, p. 109.)

[684] L'article sur la Législation primitive parut dans le Mercure du 18 nivôse an XI (8 janvier 1803). Il figure, dans les Mélanges littéraires, au tome XXI des Œuvres complètes de Chateaubriand.

Arrivé à Avignon la veille de la Toussaint, un enfant portant des livres m'en offrit : j'achetai du premier coup trois éditions différentes et contrefaites d'un petit roman nommé *Atala*. En allant de libraire en libraire, je déterrai le contrefacteur, à qui j'étais inconnu. Il me vendit les quatre volumes du *Génie du Christianisme*, au prix raisonnable de neuf francs l'exemplaire, et me fit un grand éloge de l'ouvrage et de l'auteur. Il habitait un bel hôtel entre cour et jardin. Je crus avoir trouvé la pie au nid : au bout de vingt-quatre heures, je m'ennuyai de suivre la fortune, et je m'arrangeai presque pour rien avec le voleur[685].

Je vis madame de Janson, petite femme sèche, blanche et résolue, qui, dans sa propriété, se battait avec le Rhône, échangeait des coups de fusil avec les riverains et se défendait contre les années.

Avignon me rappela mon compatriote. Du Guesclin valait bien Bonaparte, puisqu'il arracha la France à la conquête. Arrivé auprès de la ville des papes avec les aventuriers que sa gloire entraînait en Espagne, il dit au prévôt envoyé au-devant de lui par le pontife : « Frère, ne me celez pas : dont vient ce trésor ? l'a prins le pape en son trésor ? Et il lui répondit que non, et que le commun d'Avignon l'avoit payé chacun sa portion. Lors, dit Bertrand, prévost, je vous promets que nous n'en aurons denier en notre vie, et voulons que cet argent cueilli soit rendu à ceux qui l'ont payé, et dites bien au pape qu'il le leur fasse rendre ; car si je savois que le contraire fust, il m'en poiseroit ; et eusse ores passé la mer, si retournerois-je par deçà. Adonc fut Bertrand payé de l'argent du pape, et ses gens de rechief absous, et ladite absolution première de rechief confirmée. »

Les voyages transalpins commençaient autrefois par Avignon, c'était l'entrée de l'Italie. Les géographies disent : « Le Rhône est au roi, mais la ville d'Avignon est arrosée par une branche de la rivière de la Sorgue, qui est au pape. » Le pape est-il bien sûr de conserver longtemps la propriété du Tibre ? On visitait à Avignon le couvent des Célestins. Le bon roi René, qui diminuait les impôts quand la tramontane soufflait, avait peint dans une des salles du couvent des Célestins un squelette : c'était celui d'une femme d'une grande beauté qu'il avait aimée.

Dans l'église des Cordeliers se trouvait le sépulcre de *madonna Laura* : François Ier commanda de l'ouvrir et salua les cendres immortalisées. Le vainqueur de Marignan laissa à la nouvelle tombe qu'il fit élever cette épitaphe :

---

685 Je lis, dans la lettre ci-dessus citée, de Chateaubriand à Fontanes, du 6 novembre 1802 : « Si l'on ne contrefait que les bons ouvrages, mon cher ami, je dois être content. J'ai saisi une contrefaçon d'Atala et une du Génie du Christianisme. La dernière était l'importante ; je me suis arrangé avec le libraire ; il me paie les frais de mon voyage, me donne de plus un certain nombre d'exemplaires de son édition qui est en quatre volumes et plus correcte que la mienne ; et moi, je légitime mon bâtard, et le reconnais comme seconde édition… »

En petit lieu compris vous pouvez voir
Ce qui comprend beaucoup par renommée :
Ô gentille âme, estant tant estimée,

Qui te pourra louer qu'en se taisant ?
Car la parole est toujours réprimée,
Quand le sujet surmonte le disant.

On aura beau faire, le *père des lettres*, l'ami de Benvenuto Cellini, de Léonard de Vinci, du Primatice, le roi à qui nous devons la *Diane*, sœur de l'*Apollon du Belvédère*, et la *Sainte Famille* de Raphaël ; le chantre de Laure, l'admirateur de Pétrarque, a reçu des beaux-arts reconnaissants une vie qui ne périra point.

J'allai à Vaucluse cueillir, au bord de la fontaine, des bruyères parfumées et la première olive que portait un jeune olivier :

Chiara fontana, in quel medesmo bosco
Sorgea d'un sasso ; ed acque fresche e dolci
Spargea soavemente mormorando :
Al bel seggio riposto, ombroso e fosco
Ne pastori appressavan, ne bifolci ;
Ma nimfe e muse a quel tenor cantando.

« Cette claire fontaine, dans ce même bocage, sort d'un rocher ; elle répand, fraîches et douces, ses ondes qui suavement murmurent. À ce beau lit de repos, ni les pasteurs, ni les troupeaux ne s'empressent ; mais la nymphe et la muse y vont chantant. »

Pétrarque a raconté comment il rencontra cette vallée : « Je m'enquérais, dit-il, d'un lieu caché où je pusse me retirer comme dans un port, quand je trouvai une petite vallée fermée, Vaucluse, bien solitaire, d'où naît la source de la Sorgue, reine de toutes les sources : je m'y établis. C'est là que j'ai composé mes poésies en langue vulgaire : vers où j'ai peint les chagrins de ma jeunesse. »

C'est aussi de Vaucluse qu'il entendait, comme on l'entendait encore lorsque j'y passai, le bruit des armes retentissant en Italie ; il s'écriait :

Italia mia. . . .
. . . .
O diluvio raccolto
Di che deserti strani
Per inondar i nostri dolci campi !
. . . .
Non è questo 'l terren ch' io toccai pria ?
Non è questo 'l mio nido,

Ove audrito fui si dolcemente ?
Non è questa la patria, in ch' io mi fido,
Madre benigna e pia
Chi copre l' uno et l' altro mio parente ?

« Mon Italie !... Ô déluge rassemblé des déserts étrangers pour inonder nos doux champs ! N'est-ce pas là le sol que je touchai d'abord ? n'est-ce pas là le nid où je fus si doucement nourri ? n'est-ce pas là la patrie en qui je me confie, mère bénigne et pieuse qui couvre l'un et l'autre de mes parents ? »

Plus tard, l'amant de Laure invite Urbain V à se transporter à Rome : « Que répondrez-vous à saint Pierre, » s'écrie-t-il éloquemment, « quand il vous dira : Que se passe-t-il à Rome ? Dans quel état est mon temple, mon tombeau, mon peuple ? Vous ne répondez rien ? D'où venez-vous ? Avez-vous habité les bords du Rhône ? Vous y naquîtes, dites-vous : et moi, n'étais-je pas né en Galilée ? »

Siècle fécond, jeune, sensible, dont l'admiration remuait les entrailles ; siècle qui obéissait à la lyre d'un grand poète, comme à la voix d'un législateur ! C'est à Pétrarque que nous devons le retour du souverain pontife au Vatican ; c'est sa voix qui a fait naître Raphaël et sortir de terre le dôme de Michel-Ange.

De retour à Avignon, je cherchai le palais des papes, et l'on me montra la *Glacière :* la Révolution s'en est prise aux lieux célèbres : les souvenirs du passé sont obligés de pousser au travers et de reverdir sur des ossements[686]. Hélas ! les gémissements des victimes meurent vite après elles ; ils arrivent à peine à quelque écho qui les fait survivre un moment, quand déjà la voix dont ils s'exhalaient est éteinte. Mais tandis que le cri des douleurs expirait au bord du Rhône, on entendait dans le lointain les sons du luth de Pétrarque ; une *canzone* solitaire, échappée de la tombe,

---

[686] Onze ans auparavant, les 16 et 17 octobre 1791, la Glacière d'Avignon avait été le théâtre d'un odieux massacre organisé par les chefs du parti révolutionnaire, Jourdan Coupe-Tête, Mainvielle et Duprat, dignes précurseurs des égorgeurs de septembre. « À mesure, dit M. Louis Blanc, que les patrouilles amenaient un captif, on l'abattait d'un coup de sabre ou de bâton ; puis, sans même s'assurer s'il était bien mort, on allait le précipiter au fond de la tour sanglante. Rien qui pût fléchir la barbarie des assassins ; ni la jeunesse, ni l'enfance... Dampmartin, qui était présent à l'ouverture de la fosse, assure qu'on en retira cent dix corps, parmi lesquels les chirurgiens distinguèrent soixante-dix hommes, trente-deux femmes et huit enfants... D'un autre côté, une relation semi-officielle porte que, quand on ouvrit la fosse, on trouva des corps à genoux contre le mur, dans une attitude qui prouvait qu'ils avaient été enterrés vifs... Jourdan et les siens avaient eu beau jeter des torrents d'eau et des baquets de chaux vive dans l'horrible fosse : sur un des côtés du mur, il était resté, pour dénoncer leur crime, une longue traînée de sang qu'on ne put jamais effacer. » (Louis Blanc, Histoire de la Révolution française, t. VI, p. 163 et 166.)

continuait à charmer Vaucluse d'une immortelle mélancolie et de chagrins d'amour d'autrefois.

Alain Chartier était venu de Bayeux se faire enterrer à Avignon, dans l'église de Saint-Antoine. Il avait écrit *la Belle Dame sans mercy*, et le baiser de Marguerite d'Écosse l'a fait vivre.

D'Avignon je me rendis à Marseille. Que peut avoir à désirer une ville à qui Cicéron adresse ces paroles, dont le tour oratoire a été imité par Bossuet : « Je ne t'oublierai pas, Marseille, dont la vertu est à un degré si éminent, que la plupart des nations te doivent céder, et que la Grèce même ne doit pas se comparer à toi ! » (*Pro L. Flacco*.) Tacite, dans la *Vie d'Agricola*, loue aussi Marseille, comme mêlant l'urbanité grecque à l'économie des provinces latines. Fille de l'Hellénie, institutrice de la Gaule, célébrée par Cicéron, emportée par César, n'est-ce pas réunir assez de gloire ? Je me hâtai de monter à *Notre-Dame de la Garde*, pour admirer la mer que bordent avec leurs ruines les côtes riantes de tous les pays fameux de l'antiquité. La mer, qui ne marche point, est la source de la mythologie, comme l'Océan, qui se lève deux fois le jour, est l'abîme auquel a dit Jéhovah : « Tu n'iras pas plus loin. »

Cette année même, 1838, j'ai remonté sur cette cime ; j'ai revu cette mer qui m'est à présent si connue, et au bout de laquelle s'élevèrent la croix et la tombe victorieuses. Le mistral soufflait ; je suis entré dans le fort bâti par François Ier, où ne veillait plus un vétéran de l'armée d'Égypte, mais où se tenait un conscrit destiné pour Alger et perdu sous des voûtes obscures. Le silence régnait dans la chapelle restaurée, tandis que le vent mugissait au dehors. Le cantique des matelots de la Bretagne à *Notre-Dame de Bon-Secours* me revenait en pensée : vous savez quand et comment je vous ai déjà cité cette complainte de mes premiers jours de l'Océan :

> Je mets ma confiance,
> Vierge, en votre secours, etc.

Que d'événements il avait fallu pour me ramener aux pieds de l'*Étoile des mers*, à laquelle j'avais été voué dans mon enfance ! Lorsque je contemplais ces *ex-voto*, ces peintures de naufrages suspendues autour de moi, je croyais lire l'histoire de mes jours. Virgile plaque sous les portiques de Carthage le héros troyen, ému à la vue d'un tableau représentant l'incendie de Troie, et le génie du chantre d'Hamlet a profité de l'âme du chantre de Didon.

Au bas de ce rocher, couvert autrefois d'une forêt chantée par Lucain, je n'ai point reconnu Marseille : dans ses rues droites, longues et larges, je ne pouvais plus m'égarer. Le port était encombré de vaisseaux ; j'y aurais à peine trouvé, il y a trente-six ans, une *nave*, conduite par un descendant de Pythéas, pour me transporter en Chypre comme Joinville : au rebours des hommes, le temps rajeunit les villes. J'aimais mieux ma vieille Marseille, avec ses souvenirs des Bérenger, du duc d'Anjou, du roi René, de Guise et d'Épernon, avec les monuments de Louis XIV et les vertus de Belsunce ; les rides me plaisaient sur son front. Peut-être qu'en regrettant les années qu'elle a perdues, je ne fais que pleurer celles que j'ai trouvées. Marseille m'a reçu gracieusement, il est vrai ; mais l'émule d'Athènes est devenu trop jeune pour moi.

Si les *Mémoires* d'Alfieri eussent été publiés en 1802[687], je n'aurais pas quitté Marseille sans visiter le rocher des bains du poète. Cet homme rude est arrivé une fois au charme de la rêverie et de l'expression :

« Après le spectacle, dit-il, un de mes amusements, à Marseille, était de me baigner presque tous les soirs dans la mer ; j'avais trouvé un petit endroit fort agréable, sur une langue de terre placée à droite hors du port, où, en m'asseyant sur le sable, le dos appuyé contre un rocher, qui empêchait qu'on ne pût me voir du côté de la terre, je n'avais plus devant moi que le ciel et la mer. Entre ces deux immensités qu'embellissaient les rayons d'un soleil couchant, je passais, en rêvant, des heures délicieuses ; et là, je serais devenu poète, si j'avais su écrire dans une langue quelconque. »

Je revins par le Languedoc et la Gascogne. À Nîmes, les Arènes et la Maison-Carrée n'étaient pas encore dégagées : cette année 1838, je les ai vues dans leur exhumation. Je suis aussi allé chercher Jean Reboul[688]. Je me défiais de ces ouvriers-poètes, qui ne sont ordinairement ni poètes, ni ouvriers : réparation à M. Reboul. Je l'ai trouvé dans sa boulangerie ; je me suis adressé à lui sans savoir à qui je parlais, ne le distinguant pas de ses compagnons de Cérès. Il a pris mon nom, et m'a dit qu'il allait voir si la personne que je demandais était chez elle. Il est revenu bientôt après et s'est fait connaître : il m'a mené dans son magasin ; nous avons circulé dans un labyrinthe de sacs de farine, et nous sommes grimpés par une espèce d'échelle dans un petit réduit, comme dans la chambre haute d'un moulin à vent. Là, nous nous sommes assis et nous avons causé. J'étais heureux comme dans mon grenier à Londres, et plus heureux que dans mon fauteuil de ministre à Paris. M. Reboul a tiré d'une commode un manuscrit, et m'a lu des vers énergiques d'un poème qu'il compose sur le *Dernier jour*. Je l'ai félicité de sa religion et de son talent. Je me rappelais ces belles strophes *à un Exilé* :

---

[687] Alfieri est mort en 1803. Ses Mémoires furent publiés en 1804.

[688] Jean Reboul, né à Nîmes, le 23 janvier 1796, mort dans la même ville, le 1er juin 1864. Boulanger de son état, il n'abandonna pas sa profession, lorsque la gloire vint le chercher au fond de sa boutique. Son premier recueil de Poésies (1836) eut cinq éditions. Il publia, en 1839, le Dernier Jour, poème en dix chants. En 1850, il fit jouer sur le théâtre de l'Odéon le Martyre de Vivia, mystère en trois actes et en vers. Les Traditionnelles (1857) mirent le sceau à sa réputation. En 1848, le boulanger-poète avait été envoyé à l'Assemblée constituante par les électeurs royalistes du département du Gard.

Quelque chose de grand se couve dans le monde.
Il faut, ô jeune roi, que ton âme y réponde…
Oh ! ce n'est pas pour rien que, calmant notre deuil,
Le ciel par un mourant fit révéler ta vie ;
Que quelque temps après, de ses enfants suivie,
Aux yeux de l'univers, la nation ravie
T'éleva dans ses bras sur le bord d'un cercueil !

Il fallut me séparer de mon hôte, non sans souhaiter au poète les jardins d'Horace. J'aurais mieux aimé qu'il rêvât au bord de la Cascade de Tibur, que de le voir recueillir le froment broyé par la roue au-dessus de cette cascade. Il est vrai que Sophocle était peut-être un forgeron à Athènes, et que Plaute, à Rome, annonçait Reboul à Nîmes.

Entre Nîmes et Montpellier, je passai sur ma gauche Aigues-Mortes, que j'ai visitée en 1838. Cette ville est encore tout entière avec ses tours et son enceinte : elle ressemble à un vaisseau de haut bord échoué sur le sable où l'ont laissée saint Louis, le temps et la mer. Le saint roi avait donné des *usages* et statuts à la ville d'Aigues-Mortes : « Il veut que la prison soit telle, qu'elle serve non à l'extermination de la personne, mais à sa garde ; que nulle information ne soit faite pour des paroles injurieuses ; que l'adultère même ne soit recherché qu'en certains cas, et que le violateur d'une vierge, *volente vel nolente*, ne perde ni la vie, ni aucun de ses membres, *sed alio modo puniatur.* »

À Montpellier, je revis la mer, à qui j'aurais volontiers écrit comme le roi très-chrétien à la Confédération suisse : « Ma fidèle alliée et ma grande amie. » Scaliger aurait voulu faire de Montpellier *le nid de sa vieillesse.* Elle a reçu son nom de deux vierges saintes, *Mons puellarum :* de là la beauté de ses femmes. Montpellier, en tombant devant le cardinal de Richelieu, vit mourir la constitution aristocratique de la France.

De Montpellier à Narbonne, j'eus, chemin faisant, un retour à mon naturel, une attaque de mes songeries. J'aurais oublié cette attaque si, comme certains malades imaginaires, je n'avais enregistré le jour de ma crise sur un tout petit bulletin, seule note de ce temps retrouvée pour aide à ma mémoire. Ce fut cette fois un espace aride, couvert de digitales, qui me fit oublier le monde : mon regard glissait sur cette mer de tiges empourprées, et n'était arrêté au loin que par la chaîne bleuâtre du Cantal. Dans la nature, hormis le ciel, l'océan et le soleil, ce ne sont pas les immenses objets dont je suis inspiré ; ils me donnent seulement une sensation de grandeur, qui jette ma petitesse éperdue et non consolée aux pieds de Dieu. Mais une fleur que je cueille, un courant d'eau qui se dérobe parmi des joncs, un oiseau qui va s'envolant et se reposant devant moi, m'entraînent à toutes sortes de rêves. Ne vaut-il pas mieux s'attendrir sans savoir pourquoi, que de chercher dans la vie des intérêts émoussés, refroidis par leur répétition et leur multitude ? Tout est usé aujourd'hui, même le malheur.

À Narbonne, je rencontrai le canal des Deux-Mers. Corneille, chantant cet ouvrage, ajoute sa grandeur à celle de Louis XIV :

> La Garonne et le Tarn, en leurs grottes profondes,
> Soupiraient dès longtemps pour marier leurs ondes,
> Et faire ainsi couler par un heureux penchant
> Les trésors de l'aurore aux rives du couchant.
> Mais à des vœux si doux, à des flammes si belles
> La nature, attachée à des lois éternelles,
> Pour obstacle invincible opposait fièrement
> Des monts et des rochers l'affreux enchaînement.
> France, ton grand roi parle, et ces rochers se fendent,
> La terre ouvre son sein, les plus hauts monts descendent.
> Tout cède[689]. . . . .

À Toulouse, j'aperçus, du pont de la Garonne, la ligne des Pyrénées ; je la devais traverser quatre ans plus tard : les horizons se succèdent comme nos jours. On me proposa de me montrer dans un caveau le corps desséché de la belle Paule : heureux ceux qui croient sans avoir vu ! Montmorency avait été décapité dans la cour de l'hôtel de ville : cette tête coupée était donc bien importante, puisqu'on en parle encore après tant d'autres têtes abattues ? Je ne sais si dans l'histoire des procès criminels il existe une déposition de témoin qui ait fait mieux reconnaître l'identité d'un homme : « Le feu et la fumée dont il étoit couvert, dit Guitaut, m'empêchèrent de le reconnoître ; mais voyant un homme qui, après avoir rompu six de nos rangs, tuoit encore des soldats au septième, je jugeai que ce ne pouvoit être que M. de Montmorency ; je le sus certainement lorsque je le vis renversé à terre sous son cheval mort. »

L'église abandonnée de Saint-Sernin me frappa par son architecture. Cette église est liée à l'histoire des Albigeois, que le poème, si bien traduit par M. Fauriel, fait revivre :

« Le vaillant jeune comte, la lumière et l'héritier de son père, la croix et le fer, entrent ensemble par l'une des portes. Ni en chambre, ni en étage, il ne resta pas une jeune fille ; les habitants de la ville, grands et petits,

---

[689] La pièce de Pierre Corneille à laquelle sont empruntés ces vers a pour titre : Sur le canal du Languedoc, pour la jonction des Deux Mers : Imitation d'une pièce latine de Parisot, avocat de Toulouse. Dans le premier vers, Corneille n'a pas dit : « La Garonne et le Tarn », mais :
La Garonne et l'Atax, en leurs grottes profondes...
L'Atax, c'est l'Aude, qui se jette dans la Méditerranée par les étangs de Sijean et de Vendres.

regardent tous le comte comme fleur de rosier[690]. »

C'est de l'époque de Simon de Montfort que date la perte de la langue d'*Oc* : « Simon, se voyant seigneur de tant de terres, les départit entre les gentilshommes, tant françois qu'autres, *atque loci leges dedimus ;* » disent les huit archevêques et évêques signataires.

J'aurais bien voulu avoir le temps de m'enquérir à Toulouse d'une de mes grandes admirations, de Cujas, écrivant, couché à plat ventre, ses livres épandus autour de lui. Je ne sais si l'on a conservé le souvenir de Suzanne, sa fille, mariée deux fois. La constance n'amusait pas beaucoup Suzanne, elle en faisait peu de cas ; mais elle nourrit l'un de ses maris des infidélités dont mourut l'autre. Cujas fut protégé par la fille de François Ier, Pibrac par la fille de Henri II, deux Marguerites de ce sang des Valois, pur sang des Muses. Pibrac est célèbre par ses quatrains traduits en persan. (J'étais logé peut-être dans l'hôtel du président son père.) « Ce bon monsieur de Pibrac, dit Montaigne, avoit un esprit si gentil, les opinions si saines, les mœurs si douces ; son âme étoit si disproportionnée à notre corruption et à nos tempêtes ! » Et Pibrac a fait l'apologie de la Saint-Barthélemy.

Je courais sans pouvoir m'arrêter ; le sort me renvoyait à 1838 pour admirer en détail la cité de Raimond de Saint-Gilles, et pour parler des nouvelles connaissances que j'y ai faites : M. de Lavergne[691], homme de

---

[690] Histoire de la croisade contre les hérétiques albigeois, écrite en vers provençaux par un poète contemporain, et traduite par M. Fauriel, 1837.

[691] Louis-Gabriel-Léonce Guilhaud de Lavergne, né à Bergerac, le 24 janvier 1809, mort à Versailles le 18 janvier 1880. En 1834, il avait assisté aux lectures des Mémoires, dans le salon de Mme Récamier, et il en avait rendu compte dans la Revue du Midi, dont il était alors le principal rédacteur. Il collaborait également au Journal de Toulouse, et il était depuis 1830 Maître et Mainteneur des Jeux-Floraux. Devenu en 1840, chef du cabinet de M. de Rémusat, ministre de l'Intérieur, il fut quelque peu malmené par Balzac, dans la Revue parisienne du grand romancier. « Légitimiste jusqu'en 1833, écrivait Balzac, M. Guilhaud devint doctrinaire, il vanta M. de Rémusat, soutint sa candidature à Muret et se glissa chez M. Guizot... M. Duchâtel le nomma maître des requêtes ; il convoita dès lors la place de M. Mallac, un de ces jeunes gens capables qui ont assez de cœur pour s'en aller avec leurs protecteurs, là où les Guilhaud restent ; aussi M. Guilhaud est-il aujourd'hui chef du cabinet de M. de Rémusat. Voilà comment tout se rapetisse. M. Léonce de Lavergne, incapable d'écrire dans un journal, et que l'Académie a refusé, quand il se présenta pour être reçu docteur, fait la correspondance politique au moyen de M. Havas. » Après avoir été député de Lombez de 1846 à 1848, M. Léonce de Lavergne fut envoyé par les électeurs de la Creuse à l'Assemblée nationale de 1871. Partisan de la monarchie constitutionnelle et parlementaire, il siégea d'abord au centre droit, puis, en 1874, de concert avec quelques députés flottant entre le centre droit et le centre gauche, il fonda un nouveau groupe de représentants, le « groupe Lavergne », qui ne laissa pas de contribuer par son attitude au vote définitif de la Constitution du 25 février 1875. Le 13 décembre 1875, il fut élu, par l'Assemblée nationale, sénateur inamovible, le 33e sur 75. Il était, depuis 1855, membre de l'Académie des Sciences morales et politiques. Ses principaux

talent, d'esprit et de raison ; mademoiselle Honorine Gasc, Malibran future[692]. Celle-ci, en ma qualité nouvelle de serviteur de Clémence Isaure, me rappelait ces vers que Chapelle et Bachaumont écrivaient dans l'île d'Ambijoux, près de Toulouse :

> Hélas ! que l'on seroit heureux
> Dans ce beau lieu digne d'envie,
> Si, toujours aimé de Sylvie,
> On pouvoit, toujours amoureux,
> Avec elle passer sa vie !

Puisse mademoiselle Honorine être en garde contre sa belle voix ! Les talents sont *de l'or de Toulouse :* ils portent malheur.

Bordeaux était à peine débarrassé de ses échafauds et de ses lâches Girondins[693]. Toutes les villes que je voyais avaient l'air de belles femmes relevées d'une violente maladie et qui commencent à peine à respirer. À Bordeaux, Louis XIV avait jadis fait abattre le palais *des Tutelles*, afin de bâtir le Château-Trompette : Spon[694] et les amis de l'antiquité gémirent :

> Pourquoi démolit-on ces colonnes des dieux,
> Ouvrage des Césars, monument tutélaire ?

On trouvait à peine quelques restes des Arènes. Si l'on donnait un témoignage de regret à tout ce qui tombe, il faudrait trop pleurer.

Je m'embarquai pour Blaye. Je vis ce château alors ignoré, auquel, en 1833, j'adressai ces paroles : « Captive de Blaye ! je me désole de ne pouvoir rien pour vos présentes destinées ! » Je m'acheminai vers Rochefort, et je me rendis à Nantes, par la Vendée.

Ce pays portait, comme un vieux guerrier, les mutilations et les cicatrices de sa valeur. Des ossements blanchis par le temps et des ruines noircies par les flammes frappaient les regards. Lorsque les Vendéens étaient près d'attaquer l'ennemi, ils s'agenouillaient et recevaient la bénédiction d'un prêtre : la prière prononcée sous les armes n'était point réputée faiblesse, car le Vendéen qui élevait son épée vers le ciel demandait la victoire et non la vie.

---

ouvrages sont un essai sur l'Économie rurale en Angleterre, en Écosse et en Irlande, l'Économie rurale de la France depuis 1789, et les Assemblées provinciales sous Louis XVI.

[692] « Mademoiselle Honorine Gasc, écrivait, en 1859, le comte de Marcellus, chante toujours admirablement ; mais ce n'est plus à Toulouse : c'est à Bordeaux ou à Paris, sous le nom de Ol de Kop, qu'elle partage avec le consul de Danemark, son époux ; et ses talents, contre lesquels M. de Chateaubriand la mettait en garde, ne lui ont point, que je sache, « porté malheur ». (Chateaubriand et son temps, p. 143.)

[693] Chateaubriand a jugé ici, d'un mot qui restera, ces hommes de la Gironde, dont le rôle, pendant la Révolution, a été aussi coupable que funeste. Voir la Légende des Girondins, par Edmond Biré.

[694] Joseph Spon, antiquaire français (1647-1685).

La diligence dans laquelle je me trouvais enterré était remplie de voyageurs qui racontaient les viols et les meurtres dont ils avaient glorifié leur vie dans les guerres vendéennes. Le cœur me palpita, lorsque ayant traversé la Loire à Nantes, j'entrai en Bretagne. Je passai le long des murs de ce collège de Rennes qui vit les dernières années de mon enfance. Je ne pus que rester vingt-quatre heures auprès de ma femme et de mes sœurs, et je regagnai Paris.

J'arrivai pour voir mourir un homme qui appartenait à ces noms supérieurs au second rang dans le XVIIIᵉ siècle, et qui, formant une arrière-ligne solide dans la société, donnaient à cette société de l'ampleur et de la consistance.

J'avais connu M. de La Harpe[695] en 1789 : comme Flins, il s'était pris d'une belle passion pour ma sœur, madame la comtesse de Farcy. Il arrivait avec trois gros volumes de ses œuvres sous ses petits bras, tout étonné que sa gloire ne triomphât pas des cœurs les plus rebelles. Le verbe haut, la mine animée, il tonnait contre les abus, faisant faire une omelette chez les ministres où il ne trouvait pas le dîner bon, mangeant avec ses doigts, traînant dans les plats ses manchettes, disant des grossièretés philosophiques aux plus grands seigneurs qui raffolaient de ses insolences ; mais, somme toute, esprit droit, éclairé, impartial au milieu de ses passions, capable de sentir le talent, de l'admirer, de pleurer à de beaux vers ou à une belle action, et ayant un de ces fonds propres à porter le repentir. Il n'a pas manqué sa fin : je le vis mourir chrétien courageux, le goût agrandi par la religion, n'ayant conservé d'orgueil que contre l'impiété, et de haine que contre la *langue révolutionnaire*[696].

À mon retour de l'émigration, la religion avait rendu M. de La Harpe favorable à mes ouvrages : la maladie dont il était attaqué ne l'empêchait pas de travailler ; il me récitait des passages d'un poème qu'il composait sur la Révolution[697] ; on y remarquait quelques vers énergiques contre les crimes du temps et contre les *honnêtes gens* qui les avaient soufferts :

> Mais s'ils ont tout osé, vous avez tout permis :
> Plus l'oppresseur est vil, plus l'esclave est infâme.

Oubliant qu'il était malade, coiffé d'un bonnet blanc, vêtu d'un spencer ouaté, il déclamait à tue-tête ; puis, laissant échapper son cahier, il disait d'une voix qu'on entendait à peine : « Je n'en puis plus : je sens une

---

695 Jean-François de La Harpe (1739-1803). Son principal ouvrage est le Lycée ou Cours de littérature ancienne et moderne, douze volumes in-8o.

696 La Harpe avait publié, en 1797, un éloquent écrit intitulé : Du fanatisme dans la langue révolutionnaire.

697 Ce poème parut, en 1814, sous ce titre : Le Triomphe de la Religion ou le Roi martyr, épopée en six chants. Chateaubriand, dans les notes du Génie du Christianisme, a inséré un fragment du poème de La Harpe, les portraits de J.-J. Rousseau et de Voltaire.

griffe de fer dans le côté. » Et si, malheureusement, une servante venait à passer, il reprenait sa voix de Stentor et mugissait : « Allez-vous-en ! Fermez la porte ! » Je lui disais un jour : « Vous vivrez pour l'avantage de la religion. — Ah ! oui, me répondit-il, ce serait bien à Dieu ; mais il ne le veut pas, et je mourrai ces jours-ci. » Retombant dans son fauteuil et enfonçant son bonnet sur ses oreilles, il expiait son orgueil par sa résignation et son humilité.

Dans un dîner chez Migneret, je l'avais entendu parler de lui-même avec la plus grande modestie, déclarant qu'il n'avait rien fait de supérieur, mais qu'il croyait que l'art et la langue n'avaient point dégénéré entre ses mains.

M. de La Harpe quitta ce monde le 11 février 1803 : l'auteur des *Saisons* mourait presque en même temps au milieu de toutes les consolations de la philosophie, comme M. de La Harpe au milieu de toutes les consolations de la religion ; l'un visité des hommes, l'autre visité de Dieu[698].

M. de La Harpe fut enterré, le 12 février 1803, au cimetière de la barrière de Vaugirard. Le cercueil ayant été déposé au bord de la fosse, sur le petit monceau de terre qui le devait bientôt recouvrir, M. de Fontanes prononça un discours. La scène était lugubre : les tourbillons de neige tombaient du ciel et blanchissaient le drap mortuaire que le vent soulevait, pour laisser passer les dernières paroles de l'amitié à l'oreille de la mort[699]. Le cimetière a été détruit et M. de La Harpe exhumé : il n'existait presque plus rien de ses cendres chétives. Marié sous le Directoire, M. de La Harpe n'avait pas été heureux avec sa belle femme[700] ; elle l'avait pris en horreur en le voyant, et ne voulut jamais lui accorder aucun droit.

Au reste, M. de La Harpe avait, ainsi que toute chose, diminué auprès de la Révolution qui grandissait toujours : les renommées se hâtaient de se retirer devant le représentant de cette Révolution, comme les périls perdaient leur puissance devant lui.

Tandis que nous étions occupés du vivre et du mourir vulgaires, la marche gigantesque du monde s'accomplissait ; l'homme du temps prenait le haut bout dans la race humaine. Au milieu des remuements immenses, précurseurs du déplacement universel, j'étais débarqué à Calais pour concourir à l'action générale, dans la mesure assignée à chaque soldat.

---

[698] La Harpe avait conservé jusqu'à la fin l'entière possession de son intelligence. Il ne cessait, pendant les derniers jours, de se faire lire les prières des agonisants. M. de Fontanes, étant venu le voir la veille de sa mort, s'approcha de son lit pendant qu'on récitait ces prières. « Mon ami, dit le moribond en lui tendant une main desséchée, je remercie le ciel de m'avoir laissé l'esprit assez libre pour sentir combien cela est consolant et beau. »

[699] Voir l'Appendice, no VIII : la Mort de La Harpe.

[700] La Harpe, veuf, s'était remarié, en 1797, avec Mlle de Hatte-Longuerue. — Voir l'Appendice, No VIII.

J'arrivai, la première année du siècle, au camp où Bonaparte battait le rappel des destinées : il devint bientôt premier consul à vie.

Philippoteaux del.
Bodin sc
Imp Vᵛᵉ Sarazin
UNE SOIRÉE CHEZ LUCIEN BONAPARTE

Après l'adoption du Concordat par le Corps législatif en 1802[701], Lucien, ministre de l'intérieur, donna une fête à son frère ; j'y fus invité, comme ayant rallié les forces chrétiennes et les ayant ramenées à la charge. J'étais dans la galerie, lorsque Napoléon entra : il me frappa agréablement ; je ne l'avais jamais aperçu que de loin. Son sourire était caressant et beau ; son œil admirable, surtout par la manière dont il était placé sous son front et encadré dans ses sourcils. Il n'avait encore aucune charlatanerie dans le regard, rien de théâtral et d'affecté. Le *Génie du Christianisme*, qui faisait en ce moment beaucoup de bruit, avait agi sur Napoléon. Une imagination prodigieuse animait ce politique si froid : il n'eût pas été ce qu'il était si la

---

[701] Le 8 avril 1802.

Muse n'eût été là ; la raison accomplissait les idées du poète. Tous ces hommes à grande vie sont toujours un composé de deux natures, car il les faut capables d'inspiration et d'action : l'une enfante le projet, l'autre l'accomplit.

Bonaparte m'aperçut et me reconnut, j'ignore à quoi. Quand il se dirigea vers ma personne, on ne savait qui il cherchait ; les rangs s'ouvraient successivement ; chacun espérait que le consul s'arrêterait à lui ; il avait l'air d'éprouver une certaine impatience de ces méprises. Je m'enfonçais derrière mes voisins ; Bonaparte éleva tout à coup la voix et me dit : « Monsieur de Chateaubriand ! » Je restai seul alors en avant, car la foule se retira et bientôt se reforma en cercle autour des interlocuteurs. Bonaparte m'aborda avec simplicité : sans me faire de compliments, sans questions oiseuses, sans préambule, il me parla sur-le-champ de l'Égypte et des Arabes, comme si j'eusse été de son intimité et comme s'il n'eût fait que continuer une conversation déjà commencée entre nous. « J'étais toujours frappé, me dit-il, quand je voyais les cheiks tomber à genoux au milieu du désert, se tourner vers l'Orient et toucher le sable de leur front. Qu'était-ce que cette chose inconnue qu'ils adoraient vers l'Orient ? »

Bonaparte s'interrompit, et passant sans transition à une autre idée : « Le christianisme ! Les idéologues n'ont-ils pas voulu en faire un système d'astronomie ? Quand cela serait, croient-ils me persuader que le christianisme est petit ? Si le christianisme est l'allégorie du mouvement des sphères, la géométrie des astres, les esprits forts ont beau faire, malgré eux ils ont encore laissé assez de grandeur à l'*infâme*. »

Bonaparte incontinent s'éloigna. Comme à Job, dans ma nuit, « un esprit est passé devant moi ; les poils de ma chair se sont hérissés ; il s'est tenu là : je ne connais point son visage et j'ai entendu sa voix comme un petit souffle. »

Mes jours n'ont été qu'une suite de visions ; l'enfer et le ciel se sont continuellement ouverts sous mes pas ou sur ma tête, sans que j'aie eu le temps de sonder leurs ténèbres ou leurs lumières. J'ai rencontré une seule fois sur le rivage des deux mondes l'homme du dernier siècle et l'homme du nouveau, Washington et Napoléon. Je m'entretins un moment avec l'un et l'autre ; tous deux me renvoyèrent à la solitude, le premier par un souhait bienveillant, le second par un crime.

Je remarquai qu'en circulant dans la foule, Bonaparte me jetait des regards plus profonds que ceux qu'il avait arrêtés sur moi en me parlant. Je le suivais aussi des yeux :

Chi è quel grande che non par che curi

L' incendio ?

« Quel est ce grand qui n'a cure de l'incendie ? » (*Dante*[702].)

---

[702] Inferno, ch. XIV, v. 46.

À la suite de cette entrevue, Bonaparte pensa à moi pour Rome : il avait jugé d'un coup d'œil où et comment je lui pouvais être utile. Peu lui importait que je n'eusse pas été dans les affaires, que j'ignorasse jusqu'au premier mot de la diplomatie pratique ; il croyait que tel esprit sait toujours, et qu'il n'a pas besoin d'apprentissage. C'était un grand découvreur d'hommes ; mais il voulait qu'ils n'eussent de talent que pour lui, à condition encore qu'on parlât peu de ce talent ; jaloux de toute renommée, il la regardait comme une usurpation sur la sienne : il ne devait y avoir que Napoléon dans l'univers.

Fontanes et madame Bacciochi me parlèrent de la satisfaction que le Consul avait eue de *ma conversation :* je n'avais pas ouvert la bouche ; cela voulait dire que Bonaparte était content de lui. Il me pressèrent de profiter de la fortune. L'idée d'être quelque chose ne m'était jamais venue ; je refusai net. Alors on fit parler une autorité à laquelle il m'était difficile de résister.

L'abbé Émery[703], supérieur du séminaire de Saint-Sulpice, vint me conjurer, au nom du clergé, d'accepter, pour le bien de la religion, la place de premier secrétaire de l'ambassade que Bonaparte destinait à son oncle, le cardinal Fesch[704]. Il me faisait entendre que l'intelligence du cardinal n'étant pas très remarquable, je me trouverais bientôt le maître des affaires. Un hasard singulier m'avait mis en rapport avec l'abbé Émery : j'avais passé aux États-Unis avec l'abbé Nagot et divers séminaristes, vous le savez. Ce souvenir de mon obscurité, de ma jeunesse, de ma vie de voyageur, qui se réfléchissait dans ma vie publique, me prenait par l'imagination et le cœur. L'abbé Émery, estimé de Bonaparte, était fin par sa nature, par sa robe et par la Révolution ; mais cette triple finesse ne lui

---

[703] Jacques-André Émery, né le 27 août 1732 à Gex, mort à Issy le 18 avril 1811. Sa Vie a été écrite par M. l'abbé Gosselin (1861), et par M. l'abbé Élie Méric (1894).

[704] Joseph Fesch, né à Ajaccio le 3 janvier 1763. Il était le demi-frère de la mère de Napoléon. À l'époque de la convocation des États-Généraux, il était déjà entré dans les ordres ; mais les premiers événements de la Révolution le firent renoncer à l'état ecclésiastique. D'abord commis aux vivres (garde-magasin), il devint en 1795 commissaire des guerres, et occupa cette place jusqu'au 18 brumaire. Dès que le rétablissement du culte eût été arrêté dans la pensée du Premier Consul, il reprit le costume ecclésiastique, et s'employa très activement dans les négociations qui préparèrent le Concordat (15 juillet 1801). Archevêque de Lyon en 1802, cardinal le 25 février 1803, il fut, le 4 avril suivant, nommé ambassadeur à Rome. En 1805, il fut investi de la charge de grand aumônier. Tombé en disgrâce en 1811, il fut renvoyé par l'Empereur dans son diocèse de Lyon, où il resta jusqu'en 1814. Après l'abdication de Napoléon, il se retira à Rome. Les Cent-Jours le ramenèrent en France et dans son archevêché. Après les Cent-Jours, il se réfugia de nouveau à Rome, où il fixa définitivement sa résidence. Il refusa obstinément, pendant toute la Restauration, de se démettre de son titre d'archevêque de Lyon ; mais il ne put obtenir, malgré l'appui du pape, de rentrer dans son diocèse après la révolution de 1830. Il est mort à Rome le 13 mai 1839.

servait qu'au profit de son vrai mérite ; ambitieux seulement de faire le bien, il n'agissait que dans le cercle de la plus grande prospérité d'un séminaire. Circonspect dans ses actions et dans ses paroles, il eût été superflu de violenter l'abbé Émery, car il tenait toujours sa vie à votre disposition, en échange de sa volonté qu'il ne cédait jamais : sa force était de vous attendre, assis sur sa tombe.

Il échoua dans sa première tentative ; il revint à la charge, et sa patience me détermina. J'acceptai la place qu'il avait mission de me proposer, sans être le moins du monde convaincu de mon utilité au poste où l'on m'appelait : je ne vaux rien du tout en seconde ligne. J'aurais peut-être encore reculé, si l'idée de madame de Beaumont n'était venue mettre un terme à mes scrupules. La fille de M. de Montmorin se mourait ; le climat de l'Italie lui serait, disait-on favorable ; moi allant à Rome, elle se résoudrait à passer les Alpes : je me sacrifiai à l'espoir de la sauver. Madame de Chateaubriand se prépara à me venir rejoindre ; M. Joubert parlait de l'accompagner, et madame de Beaumont partit pour le Mont-Dore, afin d'achever ensuite sa guérison au bord du Tibre.

M. de Talleyrand occupait le ministère des relations extérieures ; il m'expédia ma nomination[705]. Je dînai chez lui : il est demeuré tel dans mon esprit qu'il s'y plaça au premier moment. Au reste, ses belles façons faisaient contraste avec celles des marauds de son entourage ; ses roueries avaient une importance inconcevable : aux yeux d'un brutal guêpier, la corruption des mœurs semblait génie, la légèreté d'esprit profondeur. La Révolution était trop modeste ; elle n'appréciait pas assez sa supériorité : ce n'est pas même chose d'être au-dessus ou au-dessous des crimes.

Je vis les ecclésiastiques attachés au cardinal ; je distinguai le joyeux abbé de Bonnevie[706] : jadis aumônier à l'armée des princes, il s'était trouvé

---

[705] La lettre de Talleyrand, notifiant à l'auteur du Génie du Christianisme sa nomination de secrétaire, est du 19 floréal, an XI (9 mai 1803). En voici le texte :

« Je m'empresse, citoyen, de vous envoyer une copie de l'arrêté par lequel le Premier Consul vous nomme secrétaire de la légation de la République à Rome. Vos talents et l'usage que vous en avez fait n'ont pu que vous faire connaître d'une manière avantageuse dans votre pays et dans celui où vous allez résider, et je ne doute point du soin que vous mettrez à justifier la confiance du gouvernement. J'ai l'honneur, etc. »

[706] L'abbé de Bonnevie (Pierre-Étienne), né à Rethel le 6 janvier 1761, mort à Lyon le 7 mars 1849. Pendant l'émigration, il avait été, ainsi que le dit Chateaubriand, aumônier à l'armée des princes. Après le rétablissement du culte, il fut nommé chanoine à la Primatiale de Lyon, et accompagna le cardinal Fesch à Rome en 1803. Une étroite intimité s'établit entre l'auteur du Génie du Christianisme et le très spirituel abbé, qui ne tarda pas à conquérir l'estime et l'affection de Mme de Chateaubriand. Jusqu'à leur mort, il resta l'un de leurs plus fidèles amis. On trouvera dans le livre de M. l'abbé Pailhès sur Chateaubriand, sa femme et ses amis, quelques-unes des lettres écrites par la vicomtesse de Chateaubriand à son cher Comte de Lyon. Elles sont charmantes, surtout celle du

à la retraite de Verdun ; il avait aussi été grand vicaire de l'évêque de Châlons, M. de Clermont-Tonnerre[707], qui s'embarqua derrière nous pour réclamer une pension du saint-siége, en qualité de *Chiaramonte*. Mes préparatifs achevés, je me mis en route : je devais devancer à Rome l'oncle de Napoléon.

À Lyon, je revis mon ami M. Ballanche. Je fus témoin de la Fête-Dieu renaissante[708] : je croyais avoir quelque part à ces bouquets de fleurs, à cette joie du ciel que j'avais rappelée sur la terre.

Je continuai ma route ; un accueil cordial me suivait : mon nom se mêlait au rétablissement des autels. Le plaisir le plus vif que j'aie éprouvé, c'est de m'être senti honoré en France et chez l'étranger des marques d'un intérêt sérieux. Il m'est arrivé quelquefois, tandis que je me reposais dans une auberge de village, de voir entrer un père et une mère avec leur fils : ils m'amenaient, me disaient-ils, leur enfant pour me remercier. Était-ce l'amour-propre qui me donnait alors ce plaisir dont je parle ? Qu'importait à ma vanité que d'obscurs et honnêtes gens me témoignassent leur satisfaction sur un grand chemin, dans un lieu où personne ne les entendait ? Ce qui me touchait, du moins j'ose le croire, c'était d'avoir produit un peu de bien, consolé quelques affligés, fait renaître au fond des entrailles d'une mère l'espérance d'élever un fils chrétien, c'est-à-dire un fils soumis, respectueux, attaché à ses parents. Aurais-je goûté cette joie pure si j'eusse écrit un livre dont les mœurs et la religion auraient eu à gémir ?

---

10 juillet 1839, trop longue pour être ici donnée tout entière, mais dont voici au moins quelques lignes :

« … Je vous écris ces lignes pour vous gronder. On dit, l'abbé, que vous vous portez à merveille ; que vous êtes jeune et gai comme par le passé ; pourquoi donc ne pas venir nous voir ? On voyage à tout âge, et dans ce moment surtout que la poste vient de lancer sur les chemins des voitures de courriers qui feraient rougir une voiture d'ambassadeur. Je vous ai dit que nous avons une vilaine chambre à vous donner ; mais si vous voulez être logé comme un chanoine, vous pourrez prendre un appartement aux Missions-Étrangères ; vous serez là à notre porte, pouvant venir déjeuner, dîner et déraisonner avec nous… »

[707] Anne-Antoine-Jules, duc de Clermont-Tonnerre (1749-1830). Évêque de Châlons-sur-Marne depuis 1782, député du clergé aux États-Généraux, il avait émigré en Allemagne, et, avant sa rentrée en France, il avait remis, entre les mains du Souverain Pontife sa démission d'évêque de Châlons, conformément au Concordat. La Restauration le nomma pair de France (4 juin 1814), archevêque de Toulouse (1er juillet 1820), et obtint pour lui le chapeau de cardinal (2 décembre 1822). Il a laissé le souvenir d'un prélat imbu de l'orgueil de sa naissance et de son rang, et cependant d'un accès facile, d'un esprit aimable, pénétrant et vif.

[708] Chateaubriand fit le récit de cette fête dans une longue et admirable lettre adressée à son ami Ballanche et qui, publiée aussitôt à Lyon, y produisit une impression profonde. C'est une des plus belles pages du grand écrivain, et qui devrait figurer désormais dans toutes les éditions du Génie du Christianisme.

La route est assez triste en sortant de Lyon : depuis la Tour-du-Pin jusqu'à Pont-de-Beauvoisin, elle est fraîche et bocagère.

À Chambéry, où l'âme chevaleresque de Bayard se montra si belle, un homme fut accueilli par une femme, et pour prix de l'hospitalité qu'il en reçut il se crut philosophiquement obligé de la déshonorer. Tel est le danger des lettres ; le désir de faire du bruit l'emporte sur les sentiments généreux : si Rousseau ne fût jamais devenu écrivain célèbre, il aurait enseveli dans les vallées de la Savoie les faiblesses de la femme qui l'avait nourri ; il se serait sacrifié aux défauts mêmes de son amie ; il l'aurait soulagée dans ses vieux ans, au lieu de se contenter de lui donner une tabatière et de s'enfuir. Ah ! que la voix de l'amitié trahie ne s'élève jamais contre notre tombeau !

Après avoir passé Chambéry, se présente le cours de l'Isère. On rencontre partout dans les vallées des croix sur les chemins et des madones dans le tronc des pins. Les petites églises, environnées d'arbres, font un contraste touchant avec les grandes montagnes. Quand les tourbillons de l'hiver descendent de ces sommets chargés de glaces, le Savoyard se met à l'abri dans son temple champêtre et prie.

Les vallées où l'on entre au-dessus de Montmélian sont bordées par des monts de diverses formes, tantôt demi-nus, tantôt habillés de forêts.

Aiguebelle semble clore les Alpes ; mais en tournant un rocher isolé, tombé dans le chemin, vous apercevez de nouvelles vallées attachées au cours de l'Arche.

Les monts des deux côtés se dressent ; leurs flancs deviennent perpendiculaires ; leurs sommets stériles commencent à présenter quelques glaciers : des torrents se précipitent et vont grossir l'Arche qui court follement. Au milieu de ce tumulte des eaux, on remarque une cascade légère qui tombe avec une grâce infinie sous un rideau de saules.

Ayant traversé Saint-Jean-de-Maurienne et arrivé vers le coucher du soleil à Saint-Michel, je ne trouvai pas de chevaux : obligé de m'arrêter, j'allai me promener hors du village. L'air devint transparent à la crête des monts ; leur dentelure se traçait avec une netteté extraordinaire, tandis qu'une grande nuit sortant de leur pied s'élevait vers leur cime. La voix du rossignol était en bas, le cri de l'aigle en haut ; l'alizier fleuri dans la vallée, la blanche neige sur la montagne. Un château, ouvrage des Carthaginois, selon la tradition populaire, se montrait sur le redan taillé à pic. Là, s'était incorporée au rocher la haine d'un homme, plus puissante que tous les obstacles. La vengeance de l'espèce humaine pesait sur un peuple libre, qui ne pouvait bâtir sa grandeur qu'avec l'esclavage et le sang du reste du monde.

Je partis à la pointe du jour et j'arrivai, vers les deux heures après midi, à Lans-le-Bourg, au pied du Mont-Cenis. En entrant dans le village, je vis un paysan qui tenait un aiglon par les pieds ; une troupe impitoyable frappait le jeune roi, insultait à la faiblesse de l'âge et à la majesté tombée ;

le père et la mère du noble orphelin avaient été tués : on me proposa de me le vendre ; il mourut des mauvais traitements qu'on lui avait fait subir avant que je le pusse délivrer. Je me souvenais alors du pauvre petit Louis XVII ; je pense aujourd'hui à Henri V : quelle rapidité de chute et de malheur !

Ici, l'on commence à gravir le Mont-Cenis et on quitte la petite rivière d'Arche, qui vous conduit au pied de la montagne. De l'autre côté du Mont-Cenis, la Doire vous ouvre l'entrée de l'Italie. Les fleuves sont non-seulement des *grands chemins qui marchent,* comme les appelle Pascal, mais ils tracent encore le chemin aux hommes. [709]

Quand je me vis pour la première fois au sommet des Alpes, une étrange émotion me saisit ; j'étais comme cette alouette qui traversait, en même temps que moi, le plateau glacé, et qui, après avoir chanté sa petite chanson de la plaine, s'abattait parmi des neiges, au lieu de descendre sur des moissons. Les stances que m'inspirèrent ces montagnes en 1822 retracent assez bien les sentiments qui m'agitaient aux mêmes lieux en 1803 :

> Alpes, vous n'avez point subi mes destinées !
> Le temps ne vous peut rien ;
> Vos fronts légèrement ont porté les années
> Qui pèsent sur le mien.
> Pour la première fois, quand, rempli d'espérance,
> Je franchis vos remparts,
> Ainsi que l'horizon, un avenir immense
> S'ouvrait à mes regards.
> L'Italie à mes pieds, et devant moi le monde[710] !

Ce monde, y ai-je réellement pénétré ? Christophe Colomb eut une apparition qui lui montra la terre de ses songes, avant qu'il l'eût découverte ; Vasco de Gama rencontra sur son chemin le géant des tempêtes : lequel de ces deux grands hommes m'a prédit mon avenir ? Ce que j'aurais aimé avant tout eût été une vie glorieuse par un résultat éclatant, et obscure par sa destinée. Savez-vous quelles sont les premières cendres européennes qui reposent en Amérique ? Ce sont celles de Biorn le Scandinave[711] : il mourut en abordant à Winland, et fut enterré par ses

---

[709] Pour tous les détails de ce voyage, voir, dans le Voyage en Italie de Chateaubriand (Œuvres complètes, tome VI), ses deux lettres à M. Joubert, datées, la première de Turin, le 17 juin 1803, la seconde, de Milan, lundi matin 21 juin 1803.

[710] La pièce d'où ces vers sont extraits se trouve dans les Poésies de Chateaubriand (Œuvres complètes, tome XXII), où elle porte ce titre : les Alpes ou l'Italie.

[711] Chateaubriand lui-même ne savait sans doute cela que du matin, pour l'avoir appris de son jeune ami Jean-Jacques Ampère, le seul homme de France qui s'intéressât alors aux choses de Scandinavie.

compagnons sur un promontoire. Qui sait cela ? Qui connaît celui dont la voile devança le vaisseau du pilote génois au Nouveau Monde ? Biorn dort sur la pointe d'un cap ignoré, et depuis mille ans son nom ne nous est transmis que par les sagas des poètes, dans une langue que l'on ne parle plus.

J'avais commencé mes courses dans le sens contraire des autres voyageurs : les vieilles forêts de l'Amérique s'étaient offertes à moi avant les vieilles cités de l'Europe. Je tombais au milieu de celles-ci au moment où elles se rajeunissaient et mouraient à la fois dans une révolution nouvelle. Milan était occupé par nos troupes ; on achevait d'abattre le château, témoin des guerres du moyen âge.

L'armée française s'établissait, comme une colonie militaire, dans les plaines de la Lombardie. Gardés çà et là par leurs camarades en sentinelle, ces étrangers de la Gaule, coiffés d'un bonnet de police, portant un sabre en guise de faucille par-dessus leur veste ronde, avaient l'air de moissonneurs empressés et joyeux. Ils remuaient des pierres, roulaient des canons, conduisaient des chariots, élevaient des hangars et des huttes de feuillage. Des chevaux sautaient, caracolaient, se cabraient dans la foule comme des chiens qui caressent leurs maîtres. Les Italiennes vendaient des fruits sur leurs éventaires au marché de cette foire armée : nos soldats leur faisaient présent de leurs pipes et de leurs briquets, en leur disant comme les anciens barbares, leurs pères, à leurs bien-aimées : « Moi, Fotrad, fils d'Eupert, de la race des Franks[712], je te donne, à toi, Helgine, mon épouse chérie, en honneur de ta beauté (*in honore pulchritudinis tuæ*), mon habitation dans le quartier des Pins. »

Nous sommes de singuliers ennemis : on nous trouve d'abord un peu insolents, un peu trop gais, trop remuants ; nous n'avons pas plutôt tourné les talons qu'on nous regrette. Vif, spirituel, intelligent, le soldat français se mêle aux occupations de l'habitant chez lequel il est logé ; il tire de l'eau au puits, comme Moïse pour les filles de Madian, chasse les pasteurs, mène les agneaux au lavoir, fend le bois, fait le feu, veille à la marmite, porte l'enfant dans ses bras ou l'endort dans son berceau. Sa bonne humeur et son activité communiquent la vie à tout ; on s'accoutume à le regarder comme un conscrit de la famille. Le tambour bat-il, le garnisaire court à son mousquet, laisse les filles de son hôte pleurant sur la porte, et quitte la chaumière, à laquelle il ne pensera plus avant qu'il soit entré aux Invalides.

À mon passage à Milan, un grand peuple réveillé ouvrait un moment les yeux. L'Italie sortait de son sommeil, et se souvenait de son génie comme d'un rêve divin : utile à notre pays renaissant, elle apportait dans la

---

[712] Ce Fotrad, fils d'Eupert, est amené ici d'un peu loin. Quand l'auteur composa cette partie de ses Mémoires, il avait encore l'esprit tout plein des longues et savantes recherches qu'il avait faites pour écrire ses Études historiques et ses chapitres sur les Franks.

mesquinerie de notre pauvreté la grandeur de la nature transalpine, nourrie qu'elle était, cette Ausonie, aux chefs-d'œuvre des arts et dans les hautes réminiscences d'une patrie fameuse. L'Autriche est venue ; elle a remis son manteau de plomb sur les Italiens ; elle les a forcés à regagner leur cercueil. Rome est rentrée dans ses ruines, Venise dans sa mer. Venise s'est affaissée en embellissant le ciel de son dernier sourire ; elle s'est couchée charmante dans ses flots, comme un astre qui ne doit plus se lever.

Le général Murat commandait à Milan. J'avais pour lui une lettre de madame Bacciochi. Je passai la journée avec les aides de camp : ils n'étaient pas aussi pauvres que mes camarades devant Thionville. La politesse française reparaissait sous les armes ; elle tenait à prouver qu'elle était toujours du temps de Lautrec[713].

Je dînai en grand gala, le 23 juin, chez M. de Melzi[714], à l'occasion du baptême d'un fils du général Murat[715]. M. de Melzi avait connu mon frère ; les manières du vice-président de la République cisalpine étaient belles ; sa maison ressemblait à celle d'un prince qui l'aurait toujours été : il me traita poliment et froidement ; il me trouva tout juste dans des dispositions pareilles aux siennes.

J'arrivai à ma destination le 27 juin au soir, avant-veille de la Saint-Pierre : le prince des apôtres m'attendait, comme mon indigent

---

[713] Odet de Foix, vicomte de Lautrec, maréchal de France sous Louis XII, fit presque toutes ses armes autour de Milan. Chateaubriand aimait ce nom de Lautrec. Il le choisit ici pour personnifier en Italie la bravoure et la politesse française. Déjà, dans le Dernier Abencerage, il avait fait d'un autre Lautrec un type de vaillance et de chevalerie. Après tout, il y avait eu des alliances entre les Lautrec et les Chateaubriand. « Il était, dit Brantôme, parlant du vicomte de Lautrec, le maréchal de France, il était frère de madame de Chateaubriand, une très belle et très honnête dame que le roi aimait. »

[714] François de Melzi (1753-1826). Il était vice-président de la République cisalpine, organisée en 1797 par le général Bonaparte, et qui avait pris, en 1802, le nom de République italienne. Lorsqu'au mois de mars 1805, elle devint le Royaume d'Italie, avec Napoléon pour roi et le prince Eugène de Beauharnais pour vice-roi, M. de Melzi fut nommé grand chancelier et garde des sceaux ; il fut créé duc en 1807. Après les événements de 1814, il vécut dans la retraite. — Dans sa lettre à Joubert, du 21 juin 1803, Chateaubriand parle en ces termes du dîner de Milan : « J'ai dîné en grand gala chez M. de Melzi : il s'agissait d'une fête donnée à l'occasion du baptême de l'enfant du général Murat. M. de Melzi a connu mon malheureux frère : nous en avons parlé longtemps. Le vice-président a des manières fort nobles ; sa maison est celle d'un prince, et d'un prince qui l'aurait toujours été. Il m'a traité poliment et froidement, et m'a toujours trouvé dans des conditions pareilles aux siennes. »

[715] Napoléon-Charles-Lucien, prince Murat, second fils de Joachim Murat, né à Milan, le 16 mai 1803. Représentant du peuple en 1848 et 1849, sénateur le 26 janvier 1852, puis membre de la famille civile de l'Empereur (21 juin 1853) avec le titre d'Altesse impériale, il fut de 1852 à 1862, grand-maître de la maçonnerie. Il est mort à Paris, le 10 avril 1873.

patron[716] me reçut depuis à Jérusalem. J'avais suivi la route de Florence, de Sienne et de Radicofani. Je m'empressai d'aller rendre ma visite à M. Cacault[717] auquel le cardinal Fesch succédait, tandis que je remplaçais M. Artaud[718].

Le 28 juin, je courus tout le jour : je jetai un premier regard sur le Colisée, le Panthéon, la colonne Trajane et le château Saint-Ange. Le soir, M. Artaud me mena à un bal dans une maison aux environs de la place Saint-Pierre. On apercevait la girandole de feu de la coupole de Michel-Ange, entre les tourbillons des valses qui roulaient devant les fenêtres ouvertes ; les fusées du feu d'artifice du môle d'Adrien s'épanouissaient à Saint-Onuphre, sur le tombeau du Tasse : le silence, l'abandon et la nuit étaient dans la campagne romaine[719].

Le lendemain j'assistai à l'office de la Saint-Pierre. Pie VII, pâle, triste et religieux, était le vrai pontife des tribulations. Deux jours après, je fus présenté à Sa Sainteté : elle me fit asseoir auprès d'elle. Un volume du *Génie du Christianisme* était obligeamment ouvert sur sa table[720]. Le cardinal Consalvi, souple et ferme, d'une résistance douce et polie, était

---

[716] « L'indigent patron », c'est saint François d'Assise.

[717] François Cacault (1743-1805). Il avait débuté dans la diplomatie, en 1785, comme secrétaire d'ambassade à Naples. En 1793, il réussit à détacher la Toscane de la coalition européenne, et fut, en 1797, un des signataires du traité de Tolentino. Il remplit, de 1801 à 1803, les fonctions de ministre plénipotentiaire à Rome.

[718] Le chevalier Artaud de Montor (1772-1840). Ancien émigré, ayant servi dans l'armée des princes, il était entré en 1798 dans la diplomatie. Il a composé de nombreux ouvrages, dont le plus important est l'Histoire du pape Pie VII.

[719] Le lendemain, dans la ferveur de son enthousiasme, il écrit à Fontanes :

« Rome, 10 messidor an xi (29 juin 1803).

« Mon cher et très cher ami, un mot pour vous annoncer mon arrivée. Me voilà logé chez M. Cacault qui me traite comme son fils. Il est Breton. (M. Cacault était né à Nantes). Le secrétaire de légation (M. Artaud), que je remplace ou que je ne remplace pas (car il n'est pas encore rappelé), me trouve le meilleur enfant du monde et nous sommes les meilleurs amis. Je reçois compliments sur compliments de tous les grands du monde, et pour achever cette chance heureuse, je tombe à Rome la veille même de la Saint-Pierre, et je vois en arrivant la plus belle fête de l'année, au pied même du trône pontifical.

« Venez vite ici, mon cher ami. Toute ma froideur n'a pu tenir contre une chose si étonnante : j'ai la tête troublée de tout ce que je vois. Figurez-vous que vous ne savez rien de Rome, que personne ne sait rien quand on n'a pas vu tant de grandeurs, de ruines, de souvenirs.

« Enfin, venez, venez : voilà tout ce que je puis vous dire à présent. Il faut que mes idées se soient un peu rassemblées, avant que je puisse vous tracer l'ombre de ce que je vois... »

[720] Dès le mois de septembre 1802, Chateaubriand avait fait hommage à Pie VII de ses volumes du Génie du Christianisme. La lettre suivante accompagnait l'envoi de l'ouvrage :

TRÈS SAINT-PÈRE,

l'ancienne politique romaine vivante, moins la foi du temps et plus la tolérance du siècle[721].

En parcourant le Vatican, je m'arrêtai à contempler ces escaliers où l'on peut monter à dos de mulet, ces galeries ascendantes repliées les unes sur les autres, ornées de chefs-d'œuvres, le long desquelles les papes d'autrefois passaient avec toute leur pompe, ces Loges que tant d'artistes immortels ont décorées, tant d'hommes illustres admirées, Pétrarque, Tasse, Arioste, Montaigne, Milton, Montesquieu, et puis des reines et des rois, ou puissants ou tombés, enfin un peuple de pèlerins venu des quatre parties de la terre : tout cela maintenant immobile et silencieux ; théâtre dont les gradins abandonnés, ouverts devant la solitude, sont à peine visités par un rayon de soleil.

On m'avait recommandé de me promener au clair de la lune : du haut de la Trinité-du-Mont, les édifices lointains paraissaient comme les ébauches d'un peintre ou comme des côtes effumées vues de la mer, du bord d'un vaisseau. L'astre de la nuit, ce globe que l'on suppose un monde fini, promenait ses pâles déserts au-dessus des déserts de Rome ; il éclairait

« Ignorant si ce faible ouvrage obtiendrait quelque succès, je n'ai pas osé d'abord le présenter à Votre Sainteté. Maintenant que le suffrage du public semble le rendre digne de vous être offert, je prends la liberté de le déposer à vos pieds sacrés.

« Si Votre Sainteté daigne jeter les yeux sur le quatrième volume, elle verra les efforts que j'ai faits pour venger les autels et leurs ministres des injures d'une fausse philosophie. Elle y verra mon admiration pour le Saint Siège et pour le génie des Pontifes qui l'ont occupé. Elle me pardonnera peut-être d'avoir annoncé leur glorieux successeur qui vient de fermer les plaies de l'Église. Heureux si Votre Sainteté agrée l'hommage que j'ai rendu à ses vertus, et si mon zèle pour la religion peut me mériter sa bénédiction paternelle.

« Je suis, avec le plus profond respect, de Votre Sainteté, le très humble et très obéissant serviteur.

« de Chateaubriand.

« Paris, ce 28 septembre 1802. »

La présentation de Chateaubriand à Pie VII eut lieu le 2 juillet 1803. Il écrivait, le lendemain, à M. Joubert : « Sa Sainteté m'a reçu hier ; elle m'a fait asseoir auprès d'elle de la manière la plus affectueuse. Elle m'a montré obligeamment qu'elle lisait le Génie du Christianisme, dont elle avait un volume ouvert sur sa table. On ne peut voir un meilleur homme, un plus digne prélat, et un prince plus simple : ne me prenez pas pour madame de Sévigné. »

[721] Hercule Consalvi (1757-1824). Pie VII l'avait nommé cardinal et secrétaire d'État au lendemain de son entrée dans Rome, en 1800. Il vint en France en 1801 pour la conclusion du Concordat. Après l'arrestation du Souverain Pontife, en 1809, il reçut l'ordre de se rendre en France ; en 1810, à la suite de son refus d'assister au mariage religieux de Napoléon, il fut interné à Reims. Redevenu secrétaire d'État en 1814, il prit part au Congrès de Vienne et conserva la direction des affaires jusqu'à la mort de Pie VII (20 août 1823). Il mourut lui-même peu de temps après, le 24 janvier 1824. Il n'était que diacre, n'ayant jamais voulu recevoir la prêtrise. Ses Mémoires ont été publiés et traduits, en 1864, par J. Crétineau-Joly.

des rues sans habitants, des enclos, des places, des jardins où ne passait personne, des monastères où l'on n'entend plus la voix des cénobites, des cloîtres aussi muets et aussi dépeuplés que les portiques du Colisée.

Qu'arriva-t-il, il y a dix-huit siècles, à pareille heure et aux mêmes lieux ? Quels hommes ont ici traversé l'ombre de ces obélisques, après que cette ombre eut cessé de tomber sur les sables d'Égypte ? Non seulement l'ancienne Italie n'est plus, mais l'Italie du moyen âge a disparu. Toutefois la trace de ces deux Italies est encore marquée dans la ville éternelle : si la Rome moderne montre son Saint-Pierre et ses chefs-d'œuvre, la Rome ancienne lui oppose son Panthéon et ses débris ; si l'une fait descendre du Capitole ses consuls, l'autre amène du Vatican ses pontifes. Le Tibre sépare les deux gloires : assises dans la même poussière, Rome païenne s'enfonce de plus en plus dans ses tombeaux, et Rome chrétienne redescend peu à peu dans ses catacombes.

Le cardinal Fesch avait loué, assez près du Tibre, le palais Lancellotti : j'y ai vu depuis, en 1828, la princesse Lancellotti. On me donna le plus haut étage du palais : en y entrant, une si grande quantité de puces me sautèrent aux jambes, que mon pantalon blanc en était tout noir. L'abbé de Bonnevie et moi, nous fîmes, le mieux que nous pûmes, laver notre demeure. Je me croyais retourné à mes chenils de New-Road : ce souvenir de ma pauvreté ne me déplaisait pas. Établi dans ce cabinet diplomatique, je commençai à délivrer des passe-ports et à m'occuper de fonctions aussi importantes. Mon écriture était un obstacle à mes talents, et le cardinal Fesch haussait les épaules quand il apercevait ma signature. N'ayant presque rien à faire dans ma chambre aérienne, je regardais par-dessus les toits, dans une maison voisine, des blanchisseuses qui me faisaient des signes ; une cantatrice future, instruisant sa voix, me poursuivait de son solfège éternel ; heureux quand il passait quelque enterrement pour me désennuyer ! Du haut de ma fenêtre, je vis dans l'abîme de la rue le convoi d'une jeune mère : on la portait, le visage découvert, entre deux rangs de pèlerins blancs ; son nouveau-né, mort aussi et couronné de fleurs, était couché à ses pieds.

Il m'échappa une grande faute : ne doutant de rien, je crus devoir rendre visite aux personnes notables ; j'allai, sans façon, offrir l'hommage de mon respect au roi abdicataire de Sardaigne[722]. Un horrible cancan sortit de cette démarche insolite ; tous les diplomates se boutonnèrent. « Il est

[722] Victor-Emmanuel I (1754-1824), le souverain dépossédé que représentait alors à Saint-Pétersbourg le comte Joseph de Maistre. — Avant l'arrivée du cardinal Fesch, qu'il précédait à Rome de quelques jours, Chateaubriand avait cru pouvoir faire visite à l'ex-roi de Sardaigne. Il annonçait du reste lui-même, en ces termes, à M. de Talleyrand, la démarche qui allait attirer sur sa tête un si violent orage :
« 12 juillet 1803.
« CITOYEN MINISTRE,
« M. le cardinal Fesch présente ce soir ses lettres de créance au Pape. Avant que

perdu ! il est perdu ! » répétaient les caudataires et les attachés, avec la joie que l'on éprouve charitablement aux mésaventures d'un homme, quel qu'il soit. Pas une buse diplomatique qui ne se crût supérieure à moi de toute la hauteur de sa bêtise. On espérait bien que j'allais tomber, quoique je ne fusse rien et que je ne comptasse pour rien : n'importe, c'était quelqu'un qui tombait, cela fait toujours plaisir. Dans ma simplicité, je ne me doutais pas de mon crime, et, comme depuis, je n'aurais pas donné d'une place quelconque un fétu. Les rois, auxquels on croyait que j'attachais une importance si grande, n'avaient à mes yeux que celle du malheur. On écrivit de Rome à Paris mes effroyables sottises : heureusement j'avais affaire à Bonaparte ; ce qui devait me noyer me sauva.

Toutefois, si de prime abord et de plein saut devenir premier secrétaire d'ambassade sous un prince de l'Église, oncle de Napoléon, paraissait être quelque chose, c'était néanmoins comme si j'eusse été expéditionnaire dans une préfecture. Dans les démêlés qui se préparaient, j'aurais pu trouver à m'occuper, mais on ne m'initiait à aucun mystère. Je me pliais parfaitement au contentieux de chancellerie : mais à quoi bon perdre mon temps dans des détails à la portée de tous les commis ?

Après mes longues promenades et mes fréquentations du Tibre, je ne rencontrais en rentrant, pour m'occuper, que les parcimonieuses tracasseries du cardinal, les rodomontades gentilhommières de l'évêque de Châlons[723], et les incroyables menteries du futur évêque de Maroc. L'abbé Guillon, profitant d'une ressemblance de noms qui sonnaient à l'oreille de la même manière que le sien, prétendait, après s'être échappé miraculeusement du massacre des Carmes, avoir donné l'absolution à madame de Lamballe, à la Force. Il se vantait d'être l'auteur du discours de Robespierre à l'Être suprême. Je pariai, un jour, lui faire dire qu'il était allé en Russie : il n'en convint pas tout à fait, mais il avoua avec modestie qu'il avait passé quelques mois à Saint-Pétersbourg[724].

---

notre mission fût officiellement reconnue à Rome, je me suis empressé de voir ici toutes les personnes qu'il était honorable de voir. J'ai été présenté, comme simple particulier et homme de lettres, au roi et à la reine de Sardaigne. Leurs Majestés ne m'ont entretenu que d'objets d'art et de littérature.

« J'ai l'honneur de vous saluer respectueusement. »

[723] Monseigneur de Clermont-Tonnerre. Voir la note 1 de la page 336 (note 52 du Livre II).

[724] L'abbé Guillon (1760-1847). Il avait été aumônier, lecteur et bibliothécaire de la princesse de Lamballe. Le cardinal Fesch, l'avait emmené avec lui à Rome. Appelé à la Faculté de théologie dès sa création, il y fit avec distinction le cours d'éloquence sacrée pendant trente ans, et en devint le doyen. Promu par Louis-Philippe, en 1831, à l'évêché de Beauvais, il ne put obtenir ses bulles du pape, parce qu'il avait administré l'abbé Grégoire, évêque constitutionnel de Blois, sans avoir observé toutes les règles ecclésiastiques ; néanmoins, ayant reconnu ses torts, il fut nommé, en 1832, évêque in partibus du Maroc. On lui doit une traduction complète des Œuvres de saint-Cyprien, et une Bibliothèque choisie des

M. de La Maisonfort[725], homme d'esprit qui se cachait, eut recours à moi, et bientôt M. Bertin l'aîné, propriétaire des *Débats*[726], m'assista de son amitié dans une circonstance douloureuse. Exilé à l'île d'Elbe par l'homme qui, revenant à son tour de l'île d'Elbe, le poussa à Gand, M. Bertin avait obtenu, en 1803, du républicain M. Briot[727] que j'ai connu, la

---

Pères grecs et latins, traduits en français, 26 vol. en in-8o.

[725] Antoine-François-Philippe Dubois-Descours, marquis de La Maisonfort (1778-1827). Il était, au moment de la Révolution, sous-lieutenant dans les gardes du corps, à la compagnie de Gramont. Il émigra et fit la campagne de 1792, à l'armée des princes. Rentré en France au début du Consulat, il fut arrêté et interné à l'île d'Elbe, d'où il s'échappa et vint à Rome. C'est alors que le vit Chateaubriand. Il put gagner la Russie et ne revit la France qu'en 1814. Député du Nord, de 1815 à 1816, il fut, après la session, chargé de la direction du domaine extraordinaire de la couronne. Devenu plus tard ministre plénipotentiaire à Florence, il eut la bonne fortune d'y voir arriver, comme secrétaire de la légation, Alphonse de Lamartine. Le marquis de la Maisonfort a publié un grand nombre d'écrits politiques, notamment le Tableau politique de l'Europe depuis la bataille de Leipzig jusqu'au 13 mars 1814. Il devra de vivre à cette double chance d'avoir eu son nom inscrit dans les Mémoires de Chateaubriand et dans les Méditations de Lamartine, qui lui a dédié sa pièce intitulée : Philosophie.
Toi qui longtemps battu des vents et de l'orage,
Jouissant aujourd'hui de ce ciel sans nuage,
Du sein de ton repos contemples du même œil
Nos revers sans dédain, nos erreurs sans orgueil…

[726] Louis-François Bertin, dit Bertin l'Aîné (1766-1841). Vers la fin de 1799, Louis Bertin et son frère Bertin de Vaux acquièrent en commun avec Roux-Laborie et l'imprimeur Le Normant, moyennant vingt mille francs, le Journal des Débats et des Décrets, petite feuille qui existait depuis 1789, et qui se bornait à publier le compte rendu des discussions législatives et les actes de l'autorité. En quelques semaines, les nouveaux propriétaires l'eurent complètement transformée, et le Journal des Débats eut vite fait de gagner la faveur du public. Mais alors que le journal réussissait brillamment, son principal propriétaire et son rédacteur en chef, Louis Bertin, fut arrêté, sur le vague soupçon d'avoir pris part à une conspiration royaliste. Enfermé au Temple, il y passa l'année 1800 presque toute entière, puis à la prison succéda l'exil. Un ordre arbitraire le relégua à l'île d'Elbe. Il obtint à grand'peine la permission de passer en Italie, où la résidence de Florence, et plus tard celle de Rome, lui fut assignée. C'est à Rome qu'il connut Chateaubriand et devint son ami. Las de l'exil et de ses sollicitations sans résultat auprès du ministre de la Police, il prit, au commencement de 1804, le parti assez aventureux de revenir en France sans autorisation, mais avec un passeport que Chateaubriand lui avait complaisamment procuré. Il dut, pendant assez longtemps, se tenir caché, tantôt dans sa maison de la Bièvre, tantôt à Paris. Chateaubriand, revenu en France, mit tout en œuvre pour obtenir que M. Bertin cessât enfin d'être persécuté. (Voir l'Appendice no VII : Chateaubriand et madame de Custine.) — Lorsque Chateaubriand partit de Paris, en 1822, pour l'ambassade de Londres, il emmena avec lui comme secrétaire intime le fils aîné de son ami, Armand Bertin.

[727] Pierre-Joseph Briot (1771-1827). Député du Doubs au Conseil des Cinq-Cents, il s'était montré, au 18 brumaire, l'un des plus ardents adversaires de Bonaparte. Il n'en avait pas moins été nommé, le 28 janvier 1803, grâce à la protection de Lucien, commissaire général du gouvernement à l'île d'Elbe, et c'est en cette

permission d'achever son ban en Italie. C'est avec lui que je visitai les ruines de Rome et que je vis mourir madame de Beaumont ; deux choses qui ont lié sa vie à la mienne. Critique plein de goût, il m'a donné, ainsi que son frère, d'excellents conseils pour mes ouvrages. Il eût montré un vrai talent de parole, s'il avait été appelé à la tribune. Longtemps légitimiste, ayant subi l'épreuve de la prison du Temple et celle de la déportation à l'île d'Elbe, ses principes sont, au fond, demeurés les mêmes. Je resterai fidèle au compagnon de mes mauvais jours ; toutes les opinions politiques de la terre seraient trop payées par le sacrifice d'une heure d'une sincère amitié : il suffit que je reste invariable dans mes opinions, comme je reste attaché à mes souvenirs.

Vers le milieu de mon séjour à Rome, la princesse Borghèse arriva : j'étais chargé de lui remettre des souliers de Paris. Je lui fus présenté ; elle fit sa toilette devant moi : la jeune et jolie chaussure qu'elle mit à ses pieds ne devait fouler qu'un instant cette vieille terre[728].

Un malheur me vint enfin occuper : c'est une ressource sur laquelle on peut toujours compter.

Quand je partis de France, nous étions bien aveuglés sur madame de Beaumont : elle pleura beaucoup, et son testament a prouvé qu'elle se croyait condamnée. Cependant ses amis, sans se communiquer leur crainte, cherchaient à se rassurer ; ils croyaient aux miracles des eaux, achevés ensuite par le soleil d'Italie ; ils se quittèrent et prirent des routes diverses : le rendez-vous était Rome.

Des fragments écrits à *Paris,* au *Mont-Dore,* à *Rome,* par madame de Beaumont, et trouvés dans ses papiers, montrent quel était l'état de son âme.

Paris.

« Depuis plusieurs années, ma santé dépérit d'une manière sensible. Des symptômes que je croyais le signal du départ sont survenus sans que je sois encore prête à partir. Les illusions redoublent avec les progrès de la maladie. J'ai vu beaucoup d'exemples de cette singulière faiblesse, et je m'aperçois qu'ils ne me serviront de rien. Déjà je me laisse aller à faire des

---

qualité qu'il avait autorisé M. Bertin à passer en Italie. À l'avènement de l'Empire, Briot demanda un passeport pour l'étranger et alla à Naples, où il devint successivement, sous le roi Joseph, intendant des Abruzzes, puis de la Calabre, et, sous Joachim Murat membre du Conseil d'État. Quand Murat se tourna contre la France, il le quitta, et rentra en Franche-Comté où il s'occupa, jusqu'à sa mort, d'agriculture et d'industrie. Il n'avait jamais voulu accepter, de Joseph et de Murat, ni titres, ni décoration ; et c'est pour cela que Chateaubriand, toujours si exact, même dans les plus petits détails, l'appelle « le républicain M. Briot ».

[728] *Marie-Pauline Bonaparte*, née à Ajaccio, le 20 septembre 1780, morte à Florence, le 9 juin 1825. Elle avait été mariée deux fois : 1° en 1797, au général *Leclerc ;* 2° en 1803, au prince Camille *Borghèse.* Elle fut duchesse de Guastalla de 1806 à 1814.

remèdes aussi ennuyeux qu'insignifiants, et, sans doute, je n'aurai pas plus de force pour me garantir des remèdes cruels dont on ne manque pas de martyriser ceux qui doivent mourir de la poitrine. Comme les autres, je me livrerai à l'espérance ; à l'espérance ! puis-je donc désirer de vivre ? Ma vie passée a été une suite de malheurs, ma vie actuelle est pleine d'agitations et de troubles ; le repos de l'âme m'a fui pour jamais. Ma mort serait un chagrin momentané pour quelques-uns, un bien pour d'autres, et pour moi le plus grand des biens.

« Ce 21 floréal, 10 mai, anniversaire de la mort de ma mère et de mon frère :

« Je péris la dernière et la plus misérable !

« Oh ! pourquoi n'ai-je pas le courage de mourir ? Cette maladie, que j'avais presque la faiblesse de craindre, s'est arrêtée, et peut-être suis-je condamnée à vivre longtemps : il me semble cependant que je mourrais avec joie :

« Mes jours ne valent pas qu'il m'en coûte un soupir.

« Personne n'a plus que moi à se plaindre de la nature : en me refusant tout, elle m'a donné le sentiment de tout ce qui me manque. Il n'y a pas d'instant où je ne sente le poids de la complète médiocrité à laquelle je suis condamnée. Je sais que le contentement de soi et le bonheur sont souvent le prix de cette médiocrité dont je me plains amèrement ; mais en n'y joignant pas le don des illusions la nature en a fait pour moi un supplice. Je ressemble à un être déchu qui ne peut oublier ce qu'il a perdu, qui n'a pas la force de le regagner. Ce défaut absolu d'illusion, et par conséquent d'entraînement, fait mon malheur de mille manières. Je me juge comme un indifférent pourrait me juger et je vois mes amis tels qu'ils sont. Je n'ai de prix que par une extrême bonté qui n'a assez d'activité, ni pour être appréciée, ni pour être véritablement utile, et dont l'impatience de mon caractère m'ôte tout le charme : elle me fait plus souffrir des maux d'autrui qu'elle ne me donne de moyens de les réparer. Cependant je lui dois le peu de véritables jouissances que j'ai eues dans ma vie ; je lui dois surtout de ne pas connaître l'envie, apanage si ordinaire de la médiocrité sentie. »

Mont-Dore.
« J'avais le projet d'entrer sur moi dans quelques détails ; mais l'ennui me fait tomber la plume des mains.
« Tout ce que ma position a d'amer et de pénible se changerait en bonheur, si j'étais sûre de cesser de vivre dans quelques mois.
« Quand j'aurais la force de mettre moi-même à mes chagrins le seul terme qu'ils puissent avoir, je ne l'emploierais pas : ce serait aller contre

mon but, donner la mesure de mes souffrances et laisser une blessure trop douloureuse dans l'âme que j'ai jugée digne de m'appuyer dans mes maux.

« Je me *supplie en pleurant* de prendre un parti aussi rigoureux qu'indispensable. Charlotte Corday prétend qu'*il n'y a point de dévouement dont on ne retire plus de jouissance qu'il n'en a coûté de peine à s'y décider ;* mais elle allait mourir, et je puis vivre encore longtemps. Que deviendrai-je ? Où me cacher ? Quel tombeau choisir ? Comment empêcher l'espérance d'y pénétrer ? Quelle puissance en murera la porte ?

« M'éloigner en silence, me laisser oublier, m'ensevelir pour jamais, tel est le devoir qui m'est imposé et que j'espère avoir le courage d'accomplir. Si le calice est trop amer, une fois oubliée rien ne me forcera de l'épuiser en entier, et peut-être que tout simplement ma vie ne sera pas aussi longue que je le crains.

« Si j'avais déterminé le lieu de ma retraite, il me semble que je serais plus calme ; mais la difficulté du moment ajoute aux difficultés qui naissent de ma faiblesse, et il faut quelque chose de surnaturel pour agir contre soi avec force, pour se traiter avec autant de rigueur que le pourrait faire un ennemi violent et cruel. »

Rome, ce 28 octobre.

« Depuis dix mois, je n'ai pas cessé de souffrir ; Depuis six, tous les symptômes du mal de poitrine et quelques-uns au dernier degré : il ne me manque plus que les illusions, et peut-être en ai-je ! »

M. Joubert, effrayé de cette envie de mourir qui tourmentait madame de Beaumont, lui adressait ces paroles dans ses *Pensées :* « Aimez et respectez la vie, sinon pour elle, au moins pour vos amis. En quelque état que soit la vôtre, j'aimerai toujours mieux vous savoir occupée à la filer qu'à la découdre. »

Ma sœur, dans ce moment, écrivait à madame de Beaumont. Je possède cette correspondance, que la mort m'a rendue. L'antique poésie représente je ne sais quelle Néréide comme une fleur flottant sur l'abîme : Lucile était cette fleur. En rapprochant ses lettres des fragments cités plus haut, on est frappé de cette ressemblance de tristesse d'âme, exprimée dans le langage différent de ces anges infortunés. Quand je songe que j'ai vécu dans la société de telles intelligences, je m'étonne de valoir si peu. Ces pages de deux femmes supérieures, disparues de la terre à peu de distance l'une de l'autre, ne tombent pas sous mes yeux, qu'elles ne m'affligent amèrement :

À Lascardais, ce 30 juillet[729].

---

[729] 30 juillet 1803.

« J'ai été si charmée, madame, de recevoir enfin une lettre de vous, que je ne me suis pas donné le temps de prendre le plaisir de la lire de suite tout entière : j'en ai interrompu la lecture pour aller apprendre à tous les habitants de ce château que je venais de recevoir de vos nouvelles, sans réfléchir qu'ici ma joie n'importe guère, et que même presque personne ne savait que j'étais en correspondance avec vous. Me voyant environnée de visages froids, je suis remontée dans ma chambre, prenant mon parti d'être seule joyeuse. Je me suis mise à achever de lire votre lettre, et, quoique je l'aie relue plusieurs fois, à vous dire vrai, madame, je ne sais pas tout ce qu'elle contient. La joie que je ressens toujours en voyant cette lettre si désirée nuit à l'attention que je lui dois.

« Vous partez donc, madame ? N'allez pas, rendue au Mont-Dore, oublier votre santé ; donnez-lui tous vos soins, je vous en supplie du meilleur et du plus tendre de mon cœur. Mon frère m'a mandé qu'il espérait vous voir en Italie. Le destin, comme la nature, se plaît à le distinguer de moi d'une manière bien favorable. Au moins, je ne céderai pas à mon frère le bonheur de vous aimer : je le partagerai avec lui toute la vie. Mon Dieu, madame, que j'ai le cœur serré et abattu ! Vous ne savez pas combien vos lettres me sont salutaires, comme elles m'inspirent du dédain pour mes maux ! L'idée que je vous occupe, que je vous intéresse, m'élève singulièrement le courage. Écrivez-moi donc, madame, afin que je puisse conserver une idée qui m'est si nécessaire.

« Je n'ai point encore vu M. Chênedollé ; je désire beaucoup son arrivée. Je pourrai lui parler de vous et de M. Joubert ; ce sera pour moi un bien grand plaisir. Souffrez, madame, que je vous recommande encore votre santé, dont le mauvais état m'afflige et m'occupe sans cesse. Comment ne vous aimez-vous pas ? Vous êtes si aimable et si chère à tous : ayez donc la justice de faire beaucoup pour vous.

« LUCILE. »

Ce 2 septembre.

« Ce que vous me mandez, madame, de votre santé, m'alarme et m'attriste ; cependant je me rassure en pensant à votre jeunesse, en songeant que, quoique vous soyez fort délicate, vous êtes pleine de vie.

« Je suis désolée que vous soyez dans un pays qui vous déplaît. Je voudrais vous voir environnée d'objets propres à vous distraire et à vous ranimer. J'espère qu'avec le retour de votre santé, vous vous réconcilierez avec l'Auvergne : il n'est guère de lieu qui ne puisse offrir quelque beauté à des yeux tels que les vôtres. J'habite maintenant Rennes : je me trouve assez bien de mon isolement. Je change, comme vous voyez, madame, souvent de demeure ; j'ai bien la mine d'être déplacée sur la terre : effectivement, ce n'est pas d'aujourd'hui que je me regarde comme une de ses productions superflues. Je crois, madame, vous avoir parlé de mes chagrins et de mes agitations. À présent, il n'est plus question de tout cela, je jouis d'une paix intérieure qu'il n'est plus au pouvoir de personne de m'enlever. Quoique parvenue à mon âge, ayant, par circonstance et par goût, mené presque toujours une vie solitaire, je ne connaissais, madame, nullement le monde : j'ai fait enfin cette maussade connaissance. Heureusement la réflexion est venue à mon secours. Je me suis demandé qu'avait donc ce monde de si formidable et où résidait sa valeur, lui qui ne peut jamais être, dans le mal comme dans le bien, qu'un objet de pitié ! N'est-il pas vrai, madame, que le jugement de l'homme est aussi borné que le reste de son être, aussi mobile et d'une incrédulité égale à son ignorance ? Toutes ces bonnes ou mauvaises raisons m'ont fait jeter avec aisance, derrière moi, la robe bizarre dont je m'étais revêtue : je me suis trouvée pleine de sincérité et de force ; on ne peut plus me troubler. Je travaille de tout mon pouvoir à ressaisir ma vie, à la mettre tout entière sous ma dépendance.

« Croyez aussi, madame, que je ne suis point trop à plaindre, puisque mon frère, la meilleure partie de moi-même, est dans une situation agréable, qu'il me reste des yeux pour admirer les merveilles de la nature, Dieu pour appui, et pour asile un cœur plein de paix et de doux souvenirs. Si vous avez la bonté, madame, de continuer à m'écrire, cela me sera un grand surcroît de bonheur. »

Le mystère du style, mystère sensible partout, présent nulle part ; la révélation d'une nature douloureusement privilégiée ; l'ingénuité d'une fille qu'on croirait être dans sa première jeunesse, et l'humble simplicité d'un génie qui s'ignore, respirent dans ces lettres, dont je supprime un grand nombre. Madame de Sévigné écrivait-elle à madame de Grignan avec une affection plus reconnaissante que madame de Caud à madame de Beaumont ? *Sa tendresse pouvait se mêler de marcher côte à côte avec la sienne.* Ma sœur aimait mon amie avec toute la passion du tombeau, car elle sentait qu'elle allait mourir. Lucile n'avait presque point cessé d'habiter près des Rochers[730] ; mais elle était la fille de son siècle et la Sévigné de la solitude.

Une lettre de M. Ballanche, datée du 30 fructidor[731], m'annonça l'arrivée de madame de Beaumont, venue du Mont-Dore à Lyon et se rendant en Italie. Il me mandait que le malheur que je redoutais n'était point à craindre, et que la santé de la malade paraissait s'améliorer. Madame de Beaumont, parvenue à Milan, y rencontra M. Bertin que des affaires y avaient appelé : il eut la complaisance de se charger de la pauvre voyageuse, et il la conduisit à Florence où j'étais allé l'attendre. Je fus terrifié à sa vue ; elle n'avait plus que la force de sourire. Après quelques jours de repos, nous nous mîmes en route pour Rome, cheminant au pas

---

[730] Le château de Mme de Sévigné en Bretagne.
[731] Du 30 fructidor an XI (17 septembre 1803).

pour éviter les cahots. Madame de Beaumont recevait partout des soins empressés : un attrait vous intéressait à cette aimable femme, si délaissée et si souffrante. Dans les auberges, les servantes même se laissaient prendre à cette douce commisération.

Ce que je sentais peut se deviner : on a conduit des amis à la tombe, mais ils étaient muets et un reste d'espérance inexplicable ne venait pas rendre votre douleur plus poignante. Je ne voyais plus le beau pays que nous traversions ; j'avais pris le chemin de Pérouse : que m'importait l'Italie ? J'en trouvais encore le climat trop rude, et si le vent soufflait un peu, les brises me semblaient des tempêtes.

À Terni, madame de Beaumont parla d'aller voir la cascade ; ayant fait un effort pour s'appuyer sur mon bras, elle se rassit et me dit : « Il faut laisser tomber les flots. » J'avais loué pour elle à Rome une maison solitaire près de la place d'Espagne, sous le mont Pincio[732] ; il y avait un petit jardin avec des orangers en espalier et une cour plantée d'un figuier. J'y déposai la mourante. J'avais eu beaucoup de peine à me procurer cette retraite, car il y a un préjugé à Rome contre les maladies de poitrine, regardées comme contagieuses.

À cette époque de la renaissance de l'ordre social, on recherchait ce qui avait appartenu à l'ancienne monarchie : le pape envoya savoir des nouvelles de la fille de M. de Montmorin ; le cardinal Consalvi et les membres du sacré collège imitèrent Sa Sainteté ; le cardinal Fesch lui-même donna à madame de Beaumont jusqu'à sa mort des marques de déférence et de respect que je n'aurais pas attendues de lui, et qui m'ont fait oublier les misérables divisions des premiers temps de mon séjour à Rome. J'avais écrit à M. Joubert les inquiétudes dont j'étais tourmenté avant l'arrivée de madame de Beaumont : « Notre amie m'écrit du Mont-Dore, lui disais-je, des lettres qui me brisent l'âme : elle dit qu'elle *sent qu'il n'y a plus d'huile dans la lampe ;* elle parle des *derniers battements de son cœur.* Pourquoi l'a-t-on laissée seule dans ce voyage ? Pourquoi ne lui avez-vous point écrit ? Que deviendrons-nous si nous la perdons ? qui nous consolera d'elle ? Nous ne sentons le prix de nos amis qu'au moment où nous sommes menacés de les perdre. Nous sommes même assez insensés, quand tout va bien, pour croire que nous pouvons impunément nous éloigner d'eux : le ciel nous en punit ; il nous les enlève, et nous sommes épouvantés de la solitude qu'ils laissent autour de nous. Pardonnez, mon cher Joubert ; je me sens aujourd'hui mon cœur de vingt ans ; cette Italie m'a rajeuni ; j'aime tout ce qui m'est cher avec la même force que dans mes premières années. Le chagrin est mon élément : je ne me retrouve que quand je suis malheureux. Mes amis sont à présent d'une espèce si rare, que la seule crainte de me les voir ravir glace mon sang.

---

[732] Cette maison, située dans le voisinage de la Trinité-du-Mont, était connue sous le nom de villa Margherita.

Souffrez mes lamentations : je suis sûr que vous êtes aussi malheureux que moi. Écrivez-moi, écrivez aussi à cette autre infortunée de Bretagne. »

Madame de Beaumont se trouva d'abord un peu soulagée. La malade elle-même recommença à croire à sa vie. J'avais la satisfaction de penser que, du moins, madame de Beaumont ne me quitterait plus : je comptais la conduire à Naples au printemps, et de là envoyer ma démission au ministre des affaires étrangères. M. d'Agincourt[733], ce véritable philosophe, vint voir le léger oiseau de passage, qui s'était arrêté à Rome avant de se rendre à la terre inconnue ; M. Boguet, déjà le doyen de nos peintres, se présenta. Ces renforts d'espérances soutinrent la malade et la bercèrent d'une illusion qu'au fond de l'âme elle n'avait plus. Des lettres cruelles à lire m'arrivaient de tous côtés, m'exprimant des craintes et des espérances. Le 4 d'octobre, Lucile m'écrivait de Rennes :

« J'avais commencé l'autre jour une lettre pour toi ; je viens de la chercher inutilement ; je t'y parlais de madame de Beaumont, et je me plaignais de son silence à mon égard. Mon ami, quelle triste et étrange vie je mène depuis quelques mois ! Aussi ces paroles du prophète me reviennent sans cesse à l'esprit : *Le Seigneur vous couronnera de maux et vous jettera comme une balle.* Mais laissons mes peines et parlons de tes inquiétudes. Je ne puis me les persuader fondées : je vois toujours madame de Beaumont pleine de vie et de jeunesse, et presque immatérielle ; rien de funeste ne peut, à son sujet, me tomber dans le cœur. Le ciel, qui connaît nos sentiments pour elle, nous la conservera sans doute. Mon ami, nous ne la perdrons point ; il me semble que j'en ai au-dedans de moi la certitude. Je me plais à penser que, lorsque tu recevras cette lettre, tes soucis seront dissipés. Dis-lui de ma part tout le véritable et tendre intérêt que je prends à elle ; dis-lui que son souvenir est pour moi une des plus belles choses de ce monde. Tiens ta promesse et ne manque pas de m'en donner le plus possible des nouvelles. Mon Dieu ! quel long espace de temps il va s'écouler avant que je ne reçoive une réponse à cette lettre ! Que l'éloignement est quelque chose de cruel ! D'où vient que tu me parles de ton retour en France ? Tu cherches à me flatter, tu me trompes. Au milieu de toutes mes peines, il s'élève en moi une douce pensée, celle de ton amitié, celle que je suis dans ton souvenir telle qu'il a plu à Dieu de me former. Mon ami, je ne regarde plus sur la terre de sûr asile pour moi que ton cœur ; je suis étrangère et inconnue pour tout le reste. Adieu, mon pauvre frère, te reverrai-je ? cette idée ne s'offre pas à moi d'une manière bien distincte. Si tu me revois, je crains que tu ne me retrouves

---

[733] M. d'Agincourt (1730-1814), fermier-général sous Louis XV, avait amassé une grande fortune, qu'il consacra tout entière à l'étude et à la culture des beaux-arts. Il se fixa à Rome en 1779, ne cessa plus depuis de l'habiter et y rédigea l'Histoire de l'Art par les Monuments, depuis le ive siècle jusqu'au xvie (6 vol. in-fol., avec 336 planches). C'est le plus riche répertoire que l'on ait en ce genre.

qu'entièrement insensée. Adieu, toi à qui je dois tant ! Adieu, félicité sans mélange ! Ô souvenirs de mes beaux jours, ne pouvez-vous donc éclairer un peu maintenant mes tristes heures ?

« Je ne suis pas de ceux qui épuisent toute leur douleur dans l'instant de la séparation ; chaque jour ajoute au chagrin que je ressens de ton absence, et serais-tu cent ans à Rome que tu ne viendrais pas à bout de ce chagrin. Pour me faire illusion sur ton éloignement, il ne se passe pas de jour où je ne lise quelques feuilles de ton ouvrage : je fais tous mes efforts pour croire t'entendre. L'amitié que j'ai pour toi est bien naturelle : dès notre enfance, tu as été mon défenseur et mon ami ; jamais tu ne m'as coûté une larme, et jamais tu n'as fait un ami sans qu'il soit devenu le mien. Mon aimable frère, le ciel, qui se plaît à se jouer de toutes mes autres félicités, veut que je trouve mon bonheur tout en toi, que je me confie à ton cœur. Donne-moi vite des nouvelles de madame de Beaumont. Adresse-moi tes lettres chez mademoiselle Lamotte, quoique je ne sache pas quel espace de temps j'y pourrai rester. Depuis notre dernière séparation, je suis toujours, à l'égard de ma demeure, comme un sable mouvant qui me manque sous les pieds : il est bien vrai que pour quiconque ne me connaît pas, je dois paraître inexplicable ; cependant je ne varie que de forme, car le fond reste constamment le même. »

La voix du cygne qui s'apprêtait à mourir fut transmise par moi au cygne mourant : j'étais l'écho de ces ineffables et derniers concerts !

Une autre lettre, bien différente de celle-ci, mais écrite par une femme dont le rôle a été extraordinaire, madame de Krüdener[734], montre l'empire que madame de Beaumont, sans aucune force de beauté, de renommée, de puissance ou de richesse, exerçait sur les esprits.

Paris, 24 novembre 1803.

---

[734] Julie de Wietinghoff, baronne de Krüdener, née à Riga (Livonie), le 21 novembre 1764, doublement célèbre comme romancière et comme mystique. Elle venait de publier, précisément en 1803, le meilleur de ses romans Valérie ou Lettres de Gustave de Linar à Ernest de G... Soudain, vers 1807, au roman mondain succéda pour elle le roman religieux. Elle crut avoir reçu du ciel mission de régénérer le christianisme, se fit apôtre et parcourut l'Allemagne, prêchant en plein air, visitant les prisonniers, répandant des aumônes, et entraînant à sa suite des milliers d'hommes. Les événements de 1814 ajoutèrent encore à son exaltation. Elle prit alors sur l'Empereur Alexandre un ascendant considérable, et le tzar voulut l'avoir à ses côtés, quand il passa dans la plaine des Vertus en Champagne la grande revue de l'armée russe (11 septembre 1815). Quelques jours après, le 26 septembre, était signée à Paris, entre la Russie, l'Autriche et la Prusse, la Sainte-Alliance. Mme de Krüdener en avait été l'inspiratrice. En 1824, elle passa en Crimée, afin d'y fonder une maison de refuge pour les pécheurs et les criminels ; elle y mourut la même année, le 25 décembre, à Karasou-Bazar. Sa Vie a été écrite par M. Eynard (Paris, 1849), et par Sternberg (Leipsick, 1856).

« J'ai appris avant-hier par M. Michaud[735], qui est revenu de Lyon, que madame de Beaumont était à Rome et qu'elle était très, très-malade : voilà ce qu'il m'a dit. J'en ai été profondément affligée ; mes nerfs s'en sont ressentis, et j'ai beaucoup pensé à cette femme charmante, que je ne connaissais pas depuis longtemps, mais que j'aimais véritablement. Que de fois j'ai désiré pour elle du bonheur ! Que de fois j'ai souhaité qu'elle pût franchir les Alpes et trouver sous le ciel de l'Italie les douces et profondes émotions que j'y ai ressenties moi-même ! Hélas ! n'aurait-elle atteint ce pays si ravissant que pour n'y connaître que les douleurs et pour y être exposée à des dangers que je redoute ! Je ne saurais vous exprimer combien cette idée m'afflige. Pardon, si j'en ai été si absorbée que je ne vous ai pas encore parlé de vous-même, mon cher Chateaubriand ; vous devez connaître mon sincère attachement pour vous, et, en vous montrant l'intérêt si vrai que m'inspire madame de Beaumont, c'est vous toucher plus que je n'eusse pu le faire en m'occupant de vous. J'ai devant mes yeux ce triste spectacle ; j'ai le secret de la douleur, et mon âme s'arrête toujours avec déchirement devant ces âmes auxquelles la nature donna la puissance de souffrir plus que les autres. J'espérais que madame de Beaumont jouirait du privilège qu'elle reçut, d'être plus heureuse ; j'espérais qu'elle retrouverait un peu de santé avec le soleil d'Italie et le

---

[735] Joseph Michaud (1767-1839) ; auteur du Printemps d'un proscrit et de l'Histoire des Croisades, membre de l'Académie française et l'un des hommes les plus spirituels de son temps. Condamné à mort par contumace, après le 13 vendémiaire, proscrit après le 18 fructidor, il était ardemment royaliste, et sous la Restauration, directeur de la Quotidienne, qu'il avait fondée en 1794, il prit rang parmi les ultras. L'indépendance, chez ce galant homme, marchait de pair avec la fidélité. « Je suis comme ces oiseaux, disait-il, qui sont assez apprivoisés pour se laisser approcher, pas assez pour se laisser prendre. » Un jour, un ministre, voulant se rendre la Quotidienne favorable, le fit venir et ne lui ménagea pas les offres les plus séduisantes. « Il n'y a qu'une chose, lui dit M. Michaud, pour laquelle je pourrais vous faire quelque sacrifice. — Et laquelle ? reprit vivement le ministre. — Ce serait si vous pouviez me donner la santé. » Sa santé, toute pauvre qu'elle était, son vif et charmant esprit, sa plume alerte et vaillante, il avait mis tout cela au service de Charles X ; il faisait plus que défendre le roi, il l'aimait. Cela ne l'empêchait pas de lui parler librement, en homme qui n'est ni courtisan ni flatteur. Il avait commis dans sa jeunesse quelques vers républicains ; une feuille ministérielle, qui ne pardonnait pas à la Quotidienne de combattre le ministère Villèle, les exhuma. Charles X les lut et en parla à M. Michaud qui répondit : « Les choses iraient bien mieux si le roi était aussi au courant de ses affaires que Sa Majesté paraît l'être des miennes. » Au mois de janvier 1827, M. de Lacrételle avait soumis à l'Académie française la proposition d'une supplique au roi à l'occasion de la loi sur la presse : M. Michaud fut de ceux qui adhérèrent, ce qui lui valut de perdre sa place de lecteur du roi et les appointements de mille écus qui y étaient attachés, seule récompense de ses longs services. Charles X le fit venir, et comme il lui adressait avec douceur quelques reproches : « Sire, dit M. Michaud, je n'ai prononcé que trois paroles, et chacune m'a coûté mille francs. Je ne suis pas assez riche pour parler. » Et il se tut.

bonheur de votre présence. Ah ! rassurez-moi, parlez-moi ; dites-lui que je l'aime sincèrement, que je fais des vœux pour elle. A-t-elle eu ma lettre écrite en réponse à la sienne à Clermont ? Adressez votre réponse à Michaud : je ne vous demande qu'un mot, car je sais, mon cher Chateaubriand, combien vous êtes sensible et combien vous souffrez. Je la croyais mieux ; je ne lui ai pas écrit ; j'étais accablée d'affaires ; mais je pensais au bonheur qu'elle aurait de vous revoir, et je savais le concevoir. Parlez-moi un peu de votre santé ; croyez à mon amitié, à l'intérêt que je vous ai voué à jamais, et ne m'oubliez pas.

« B. KRÜDENER. »

Philippoteaux del.
Leguay sc
Imp Vᵛᵉ Sarazin
MADAME DE BEAUMONT
au Colysée

Le mieux que l'air de Rome avait fait éprouver à madame de Beaumont ne dura pas : les signes d'une destruction immédiate disparurent, il est vrai ; mais il semble que le dernier moment s'arrête toujours pour nous tromper. J'avais essayé deux ou trois fois une promenade en voiture avec la malade ; je m'efforçais de la distraire, en lui faisant remarquer la campagne et le ciel : elle ne prenait plus goût à rien. Un jour, je la menai au Colisée ; c'était un de ces jours d'octobre, tels qu'on n'en voit qu'à Rome. Elle parvint à descendre, et alla s'asseoir sur une pierre, en face d'un des autels placés au pourtour de l'édifice. Elle leva les yeux ; elle les promena lentement sur ces portiques morts eux-mêmes depuis tant d'années, et qui avaient vu tant mourir ; les ruines étaient décorées de ronces et d'ancolies safranées par l'automne et noyées dans la lumière. La femme expirante abaissa ensuite, de gradins en gradins jusqu'à l'arène, ses regards qui quittaient le soleil ; elle les arrêta sur la croix de l'autel, et me dit : « Allons ; j'ai froid. » Je la reconduisis chez elle ; elle se coucha et ne se releva plus.

Je m'étais mis en rapport avec le comte de La Luzerne ; je lui envoyais de Rome, par chaque courrier, le bulletin de la santé de sa belle-sœur. Lorsqu'il avait été chargé par Louis XVI d'une mission diplomatique à Londres, il avait emmené mon frère avec lui : André Chénier faisait partie de cette ambassade[736].

Les médecins que j'avais assemblés de nouveau, après l'essai de la promenade, me déclarèrent qu'un miracle seul pouvait sauver madame de Beaumont. Elle était frappée de l'idée qu'elle ne passerait pas le 2 novembre, jour des Morts ; puis elle se rappela qu'un de ses parents, je ne sais lequel, avait péri le 4 novembre. Je lui disais que son imagination était troublée ; qu'elle reconnaîtrait la fausseté de ses frayeurs ; elle me répondait, pour me consoler : « Oh ! oui, j'irai plus loin ! » Elle aperçut quelques larmes que je cherchais à lui dérober ; elle me tendit la main, et me dit : « Vous êtes un enfant ; est-ce que vous ne vous y attendiez pas ? »

La veille de sa fin, jeudi 3 novembre, elle parut plus tranquille. Elle me parla d'arrangements de fortune, et me dit, à propos de son testament, que *tout était fini ; mais que tout était à faire, et qu'elle aurait désiré seulement avoir deux heures pour s'occuper de cela*. Le soir, le médecin m'avertit qu'il se croyait obligé de prévenir la malade qu'il était temps de songer à mettre ordre à sa conscience : j'eus un moment de faiblesse ; la crainte de précipiter, par l'appareil de la mort, le peu d'instants que madame de Beaumont avait encore à vivre, m'accabla. Je m'emportai

---

[736] Chateaubriand paraît avoir fait ici une confusion. Le comte de la Luzerne, l'ambassadeur, qui avait eu pour secrétaire à Londres André Chénier et Louis de Chateaubriand, était mort à Southampton, le 14 septembre 1791. Ce n'est donc pas à lui que l'auteur des Mémoires écrivait en 1803. Le correspondant de Chateaubriand, le beau-frère de Mme de Beaumont, était le comte Guillaume de la Luzerne, neveu de l'ambassadeur et fils de César-Henri de la Luzerne, ministre de la Marine sous Louis XVI. Guillaume de La Luzerne avait épousé, en 1787, la sœur aînée de Mme de Beaumont, Victoire de Montmorin, qui, ainsi qu'on l'a vu à la note 2 de la page 255 (note 19 du Livre I), mourut en prison sous la Terreur.

contre le médecin, puis je le suppliai d'attendre au moins jusqu'au lendemain.

Ma nuit fut cruelle, avec le secret que j'avais dans le sein. La malade ne me permit pas de la passer dans sa chambre. Je demeurai en dehors, tremblant à tous les bruits que j'entendais : quand on entr'ouvrait la porte, j'apercevais la clarté débile d'une veilleuse qui s'éteignait.

Le vendredi 4 novembre, j'entrai, suivi du médecin. Madame de Beaumont s'aperçut de mon trouble, elle me dit : « Pourquoi êtes vous comme cela ? J'ai passé une bonne nuit. » Le médecin affecta alors de me dire tout haut qu'il désirait m'entretenir dans la chambre voisine. Je sortis : quand je rentrai, je ne savais plus si j'existais. Madame de Beaumont me demanda ce que me voulait le médecin. Je me jetai au bord de son lit, en fondant en larmes. Elle fut un moment sans parler, me regarda et me dit d'une voix ferme, comme si elle eût voulu me donner de la force : « Je ne croyais pas que c'eût été tout à fait aussi prompt : allons, il faut bien vous dire adieu. Appelez l'abbé de Bonnevie. »

L'abbé de Bonnevie, s'étant fait donner des pouvoirs, se rendit chez madame de Beaumont. Elle lui déclara qu'elle avait toujours eu dans le cœur un profond sentiment de religion ; mais que les malheurs inouïs dont elle avait été frappée pendant la Révolution l'avaient fait douter quelque temps de la justice de la Providence ; qu'elle était prête à reconnaître ses erreurs et à se recommander à la miséricorde éternelle ; qu'elle espérait, toutefois, que les maux qu'elle avait soufferts dans ce monde-ci abrégeraient son expiation dans l'autre. Elle me fit signe de me retirer et resta seule avec son confesseur.

Je le vis revenir une heure après, essuyant ses yeux et disant qu'il n'avait jamais entendu un plus beau langage, ni vu un pareil héroïsme. On envoya chercher le curé, pour administrer les sacrements. Je retournai auprès de madame de Beaumont. En m'apercevant, elle me dit : « Eh bien, êtes-vous content de moi ? » Elle s'attendrit sur ce qu'elle daignait appeler *mes bontés* pour elle : ah ! si j'avais pu dans ce moment racheter un seul de ses jours par le sacrifice de tous les miens, avec quelle joie je l'aurais fait ! Les autres amis de madame de Beaumont, qui n'assistaient pas à ce spectacle, n'avaient du moins qu'une fois à pleurer : debout, au chevet de ce lit de douleurs d'où l'homme entend sonner son heure suprême, chaque sourire de la malade me rendait la vie et me la faisait perdre en s'effaçant. Une idée déplorable vînt me bouleverser : je m'aperçus que madame de Beaumont ne s'était doutée qu'à son dernier soupir de l'attachement véritable que j'avais pour elle : elle ne cessait d'en marquer sa surprise et elle semblait mourir désespérée et ravie. Elle avait cru qu'elle m'était à charge, et elle avait désiré s'en aller pour me débarrasser d'elle.

Le curé arriva à onze heures : la chambre se remplit de cette foule de curieux et d'indifférents qu'on ne peut empêcher de suivre le prêtre à

Rome. Madame de Beaumont vit la formidable solennité sans le moindre signe de frayeur. Nous nous mîmes à genoux, et la malade reçut à la fois la communion et l'extrême-onction. Quand tout le monde se fut retiré, elle me fit asseoir au bord de son lit et me parla pendant une demi-heure de mes affaires et de mes intentions avec la plus grande élévation d'esprit et l'amitié la plus touchante ; elle m'engagea surtout à vivre auprès de madame de Chateaubriand et de M. Joubert ; mais M. Joubert devait-il vivre ?

Elle me pria d'ouvrir la fenêtre, parce qu'elle se sentait oppressée. Un rayon de soleil vint éclairer son lit et sembla la réjouir. Elle me rappela alors des projets de retraite à la campagne, dont nous nous étions quelquefois entretenus, et elle se mit à pleurer.

Entre deux et trois heures de l'après-midi, madame de Beaumont demanda à changer de lit à madame Saint-Germain, vieille femme de chambre espagnole qui la servait avec une affection digne d'une aussi bonne maîtresse[737] : le médecin s'y opposa dans la crainte que madame de Beaumont n'expirât pendant le transport. Alors elle me dit qu'elle sentait l'approche de l'agonie. Tout à coup elle rejeta sa couverture, me tendit une main, serra la mienne avec contraction ; ses yeux s'égarèrent. De la main qui lui restait libre, elle faisait des signes à quelqu'un qu'elle voyait au pied de son lit ; puis, reportant cette main sur sa poitrine, elle disait : « *C'est là !* » Consterné, je lui demandai si elle me reconnaissait : l'ébauche d'un sourire parut au milieu de son égarement ; elle me fit une légère affirmation de tête : sa parole n'était déjà plus dans ce monde. Les convulsions ne durèrent que quelques minutes. Nous la soutenions dans nos bras, moi, le médecin et la garde : une de mes mains se trouvait appuyée sur son cœur qui touchait à ses légers ossements ; il palpitait avec rapidité comme une montre qui dévide sa chaîne brisée. Oh ! moment d'horreur et d'effroi, je le sentis s'arrêter ! nous inclinâmes sur son oreiller la femme arrivée au repos ; elle pencha la tête. Quelques boucles de ses cheveux déroulés tombaient sur son front ; ses yeux étaient fermés, la nuit éternelle était descendue. Le médecin présenta un miroir et une lumière à la bouche de l'étrangère : le miroir ne fut point terni du souffle de la vie et la lumière resta immobile. Tout était fini[738].

---

[737] Les Saint-Germain, la femme et le mari (Germain Couhaillon), étaient depuis trente-huit ans au service de la famille Montmorin. Chateaubriand, à son tour, les prit à son service, et ils ne le quittèrent plus.

[738] Madame de Beaumont mourut le vendredi, 4 novembre 1803. Quatre jours plus tard, Chateaubriand adressa à M. Guillaume de la Luzerne une longue lettre sur les derniers moments de sa belle-sœur. Joubert a dit de cette Relation, dont il avait eu en mains une copie : « Rien au monde n'est plus propre à faire couler les larmes que ce récit. Cependant il est consolant. On adore ce bon garçon en le lisant. Et quant à elle, on sent pour peu qu'on l'ait connue, qu'elle eût donné dix ans de vie, pour mourir si paisiblement et pour être ainsi regrettée. » — La lettre de

Ordinairement ceux qui pleurent peuvent jouir en paix de leurs larmes, d'autres se chargent de veiller aux derniers soins de la religion : comme représentant, pour la France, le cardinal-ministre absent alors, comme le seul ami de la fille de M. de Montmorin, et responsable envers sa famille, je fus obligé de présider à tout : il me fallut désigner le lieu de la sépulture, m'occuper de la profondeur et de la largeur de la fosse, faire délivrer le linceul et donner au menuisier les dimensions du cercueil.

Deux religieux veillèrent auprès de ce cercueil qui devait être porté à *Saint-Louis des Français*. Un de ces pères était d'Auvergne et né à Montmorin même. Madame de Beaumont avait désiré qu'on l'ensevelît dans une pièce d'étoffe que son frère Auguste, seul échappé à l'échafaud, lui avait envoyée de l'Île-de-France[739]. Cette étoffe n'était point à Rome ; on n'en trouva qu'un morceau qu'elle portait partout. Madame Saint-Germain attacha cette zone autour du corps avec une cornaline qui renfermait des cheveux de M. de Montmorin. Les ecclésiastiques français étaient convoqués ; la princesse Borghèse prêta le char funèbre de sa famille ; le cardinal Fesch avait laissé l'ordre, en cas d'un accident trop prévu, d'envoyer sa livrée et ses voitures. Le samedi 5 novembre, à sept heures du soir, à la lueur des torches et au milieu d'une grande foule, passa madame de Beaumont par le chemin où nous passons tous. Le dimanche 6 novembre, la messe de l'enterrement fut célébrée. Les funérailles eussent été moins françaises à Paris qu'elles ne le furent à Rome. Cette architecture religieuse, qui porte dans ses ornements les armes et les inscriptions de notre ancienne patrie ; ces tombeaux où sont inscrits les noms de quelques-unes des races les plus historiques de nos annales ; cette église, sous la protection d'un grand saint, d'un grand roi et d'un grand homme, tout cela ne consolait pas, mais honorait le malheur. Je désirais que le dernier rejeton d'une famille jadis haut placée trouvât du moins quelque appui dans mon obscur attachement, et que l'amitié ne lui manquât pas comme la fortune.

La population romaine, accoutumée aux étrangers, leur sert de frères et de sœurs. Madame de Beaumont a laissé, sur ce sol hospitalier aux morts, un pieux souvenir ; on se la rappelle encore : j'ai vu Léon XII prier à son tombeau.

Chateaubriand à M. de la Luzerne a été publiée par M. Paul de Raynal dans son très intéressant volume sur les Correspondants de Joubert.

[739] Auguste de Montmorin, officier de marine, avait péri en 1793 dans une tempête en revenant de l'Île-de-France. — Dans l'enveloppe qui renfermait le testament de Mme de Beaumont, se trouvait une note ainsi conçue : « Madame de Saint-Germain ouvrira ce paquet, qui contient mon testament ; mais je la prie, si ce premier paquet est ouvert à temps, de me faire ensevelir dans une pièce d'étoffe des Indes qui m'a été envoyée par mon frère Auguste. Elle est dans une cassette. »

Fath del.
Weil sculp
Imp Vve Sarazin
MARIE JOSEPH CHENIER
Garnier frères Éditeurs

En 1828[740], je visitai le monument de celle qui fut l'âme d'une société évanouie[741] ; le bruit de mes pas autour de ce monument muet, dans une

---

[740]   Et non en 1827, comme le portent toutes les éditions des Mémoires. Chateaubriand passa toute l'année 1827 à Paris. Ce fut seulement en 1828, sous le ministère Martignac, qu'il fut nommé à l'ambassade de Rome.

[741] Ce monument, c'était Chateaubriand qui l'avait fait élever, dans l'église Saint-Louis-des-Français. Dans la première chapelle à gauche en entrant, en face du tombeau du cardinal de Bernis, un bas-relief, en marbre blanc représente madame de Beaumont étendue sur sa couche funèbre ; au-dessus, les médaillons de son père, de sa mère, de ses deux frères et de sa sœur, avec ces mots : Quia non sunt; dessous, cette inscription :

D. O. M.

Après avoir vu périr toute sa famille,

Son père, sa mère, ses deux frères et sa sœur,

pauline de montmorin,

Consumée d'une maladie de langueur,

Est venue mourir sur cette terre étrangère.

église solitaire, m'était une admonition. « Je t'aimerai toujours, dit l'épitaphe grecque ; mais toi, chez les morts, ne bois pas, je t'en prie, à cette coupe qui te ferait oublier tes anciens amis[742]. »

Si l'on rapportait à l'échelle des événements publics les calamités d'une vie privée, ces calamités devraient à peine occuper un mot dans des *Mémoires*. Qui n'a perdu un ami ? qui ne l'a vu mourir ? qui n'aurait à retracer une pareille scène de deuil ? La réflexion est juste, cependant personne ne s'est corrigé de raconter ses propres aventures : sur le vaisseau qui les emporte, les matelots ont une famille à terre qui les intéresse et dont ils s'entretiennent mutuellement. Chaque homme renferme en soi un monde à part, étranger aux lois et aux destinées générales des siècles. C'est, d'ailleurs, une erreur de croire que les révolutions, les accidents renommés, les catastrophes retentissantes, soient les fastes uniques de notre nature : nous travaillons tous un à un à la chaîne de l'histoire commune, et c'est de toutes ces existences individuelles que se compose l'univers humain aux yeux de Dieu.

En assemblant des regrets autour des cendres de madame de Beaumont, je ne fais que déposer sur un tombeau les couronnes qui lui étaient destinées.

LETTRE DE M. CHÊNEDOLLÉ.

« Vous ne doutez pas, mon cher et malheureux ami, de toute la part que je prends à votre affliction. Ma douleur n'est pas aussi grande que la vôtre, parce que cela n'est pas possible ; mais je suis bien profondément affligé de cette perte, et elle vient noircir encore cette vie qui, depuis longtemps, n'est plus que de la souffrance pour moi. Ainsi donc passe et s'efface de dessus la terre tout ce qu'il y a de bon, d'aimable et de sensible. Mon pauvre ami, dépêchez-vous de repasser en France ; venez chercher quelques consolations auprès de votre vieux ami. Vous savez si je vous

---

F.-A. de Chateaubriand a élevé ce monument
à sa mémoire.
En cette circonstance, ainsi que cela lui arrivera si souvent, Chateaubriand avait plus écouté ses sentiments qu'il n'avait fait état de sa fortune. Il écrivait à Gueneau de Mussy, le 20 décembre 1803 : « Je vous prie de veiller un peu à mes intérêts littéraires ; songez que c'est la seule ressource qui va me rester... Le monument de Mme de Beaumont me coûtera environ neuf mille francs. J'ai vendu tout ce que j'avais pour en payer une partie... »
[742] C'est une épigramme anonyme de l'Anthologie grecque (VII, 346). En voici la traduction complète : « Excellent Sabinus, que ce monument, bien que la pierre en soit petite, te soit un gage de ma grande amitié ! Je te regretterai sans cesse ; mais toi, ne vas pas, si tu le peux chez les morts, boire une seule goutte de cette eau du Léthé qui te ferait m'oublier. » — Les deux derniers vers de l'épigramme grecque se retrouvent dans l'Anthologie latine de Burmann (t. II, p. 139) :
Tu cave Lethœo contingas ora liquore,
Et cito venturi sis memor, oro, viri.

aime : venez.

« J'étais dans la plus grande inquiétude sur vous : il y avait plus de trois mois que je n'avais reçu de vos nouvelles, et trois de mes lettres sont restées sans réponse. Les avez-vous reçues ? Madame de Caud a cessé tout à coup de m'écrire, il y a deux mois. Cela m'a causé une peine mortelle, et cependant je crois n'avoir aucun tort à me reprocher envers elle. Mais, quoi qu'elle fasse, elle ne pourra m'ôter l'amitié tendre et respectueuse que je lui ai vouée pour la vie. Fontanes et Joubert ont aussi cessé de m'écrire ; ainsi, tout ce que j'aimais semble s'être réuni pour m'oublier à la fois. Ne m'oubliez pas, ô vous, mon bon ami, et que sur cette terre de larmes il me reste encore un cœur sur lequel je puisse compter ! Adieu ! je vous embrasse en pleurant. Soyez sûr, mon bon ami, que je sens votre perte comme on doit la sentir. »

23 novembre 1803.

LETTRE DE M. DE FONTANES.

« Je partage tous vos regrets, mon cher ami : je sens la douleur de votre situation. Mourir si jeune et après avoir survécu à toute sa famille ! Mais, du moins, cette intéressante et malheureuse femme n'aura pas manqué des secours et des souvenirs de l'amitié. Sa mémoire vivra dans des cœurs dignes d'elle. J'ai fait passer à M. de la Luzerne la touchante relation qui lui était destinée. Le vieux Saint-Germain, domestique de votre amie, s'est chargé de la porter. Ce bon serviteur m'a fait pleurer en me parlant de sa maîtresse. Je lui ai dit qu'il avait un legs de dix mille francs ; mais il ne s'en est pas occupé un seul moment. S'il était possible de parler d'affaires dans de si lugubres circonstances, je vous dirais qu'il était bien naturel de vous donner au moins l'usufruit d'un bien qui doit passer à des collatéraux éloignés et presque inconnus[743]. J'approuve votre conduite ; je connais votre délicatesse ; mais je ne puis avoir pour mon ami le même désintéressement qu'il a pour lui-même. J'avoue que cet oubli m'étonne et m'afflige[744]. Madame de Beaumont sur son lit de mort vous a parlé, avec

---

[743] L'amitié de M. de Fontanes va beaucoup trop loin : madame de Beaumont m'avait mieux jugé, elle pensa sans doute que si elle m'eût laissé sa fortune, je ne l'aurais pas acceptée. Ch.

[744] Madame de Beaumont avait fait son testament, non à Rome, dans sa dernière maladie, mais à Paris le 15 mai 1802. Elle avait fait à Chateaubriand le seul legs qu'il pût accepter. La disposition qui le concernait était ainsi conçue : « Je laisse tous mes livres sans exception à François-Auguste de Chateaubriand. S'il était absent, on les remettrait à M. Joubert, qui se chargerait de les lui garder jusqu'à son retour ou de les lui faire passer. » — Le fidèle Joubert non plus n'était pas oublié. « Je laisse, ajoutait-elle, à M. Joubert l'aîné ma bibliothèque en bois de rose (celle qui a des glaces), mon secrétaire en bois d'acajou ainsi que les porcelaines

l'éloquence du dernier adieu, de l'avenir et de votre destinée. Sa voix doit avoir plus de force que la mienne. Mais vous a-t-elle conseillé de renoncer à huit ou dix mille francs d'appointements lorsque votre carrière était débarrassée des premières épines ? Pourriez-vous précipiter, mon cher ami, une démarche aussi importante ? Vous ne doutez pas du grand plaisir que j'aurai à vous revoir. Si je ne consultais que mon propre bonheur, je vous dirais : Venez tout à l'heure. Mais vos intérêts me sont aussi chers que les miens et je ne vois pas des ressources assez prochaines pour vous dédommager des avantages que vous perdez volontairement. Je sais que votre talent, votre nom et le travail ne vous laisseront jamais à la merci des premiers besoins ; mais je vois là plus de gloire que de fortune. Votre éducation, vos habitudes, veulent un peu de dépense. La renommée ne suffit pas seule aux choses de la vie, et cette misérable science du *pot-au-feu* est à la tête de toutes les autres quand on veut vivre indépendant et tranquille. J'espère toujours que rien ne vous déterminera à chercher la fortune chez les étrangers. Eh ! mon ami, soyez sûr qu'après les premières caresses ils valent encore moins que les compatriotes. Si votre amie mourante a fait toutes ces réflexions, ses derniers moments ont dû être un peu troublés ; mais j'espère qu'au pied de sa tombe vous trouverez des leçons et des lumières supérieures à toutes celles que les amis qui vous restent pourraient vous donner. Cette aimable femme vous aimait : elle vous conseillera bien. Sa mémoire et votre cœur vous guideront sûrement : je ne suis plus en peine si vous les écoutez tous deux. Adieu, mon cher ami, je vous embrasse tendrement. »

M. Necker m'écrivit la seule lettre que j'aie jamais reçue de lui. J'avais été témoin de la joie de la cour lors du renvoi de ce ministre, dont les honnêtes opinions contribuèrent au renversement de la monarchie. Il avait été collègue de M. de Montmorin. M. Necker allait bientôt mourir au lieu d'où sa lettre était datée : n'ayant pas alors auprès de lui madame de Staël, il trouva quelques larmes pour l'amie de sa fille :

LETTRE DE M. NECKER.

« Ma fille, monsieur, en se mettant en route pour l'Allemagne, m'a prié d'ouvrir les paquets d'un grand volume qui pourraient lui être adressés, afin de juger s'ils valaient la peine de les lui faire parvenir par la poste : c'est le motif qui m'instruit, avant elle, de la mort de madame de Beaumont. Je lui ai envoyé, monsieur, votre lettre à Francfort, d'où elle sera probablement transmise plus loin, et peut-être à Weimar ou à Berlin. Ne soyez donc pas surpris, monsieur, si vous ne recevez pas la réponse de

---

qui sont dessus, à l'exception de l'écuelle en arabesques fond d'or, que je laisse à M. Julien. » Elle faisait son beau-frère, Guillaume de La Luzerne, son exécuteur testamentaire. — Le texte complet de ce testament a été inséré par M. A. Bardoux dans l'Appendice de son volume sur la Comtesse Pauline de Beaumont.

madame de Staël aussitôt que vous avez droit de l'attendre. Vous êtes bien sûr, monsieur, de la douleur qu'éprouvera madame de Staël en apprenant la perte d'une amie dont je lui ai toujours entendu parler avec un profond sentiment. Je m'associe à sa peine, je m'associe à la vôtre, monsieur, et j'ai une part à moi en particulier lorsque je songe au malheureux sort de toute la famille de mon ami M. de Montmorin.

« Je vois, monsieur, que vous êtes sur le point de quitter Rome pour retourner en France : je souhaite que vous preniez votre route par Genève, où je vais passer l'hiver. Je serais très empressé à vous faire les honneurs d'une ville où vous êtes déjà connu de réputation. Mais où ne l'êtes-vous pas, monsieur ? Votre dernier ouvrage, étincelant de beautés incomparables, est entre les mains de tous ceux qui aiment à lire.

« J'ai l'honneur de vous présenter, monsieur, les assurances et l'hommage des sentiments les plus distingués.

« NECKER. »
Coppet, le 27 novembre 1803.

LETTRE DE MADAME DE STAËL.
Francfort, ce 3 décembre 1803
« Ah ! mon Dieu, *my dear Francis,* de quelle douleur je suis saisie en recevant votre lettre ! Déjà hier, cette affreuse nouvelle était tombée sur moi par les gazettes, et votre déchirant récit vient la graver pour jamais en lettres de sang dans mon cœur. Pouvez-vous, pouvez-vous me parler d'opinions différentes sur la religion, sur les prêtres ? Est-ce qu'il y a deux opinions, quand il n'y a qu'un sentiment ? Je n'ai lu votre récit qu'à travers les plus douloureuses larmes. *My dear Francis,* rappelez-vous le temps où vous vous sentiez le plus d'amitié pour moi ; n'oubliez pas surtout celui où tout mon cœur était attiré vers vous, et dites-vous que ces sentiments, plus tendres, plus profonds que jamais, sont au fond de mon âme pour vous. J'aimais, j'admirais le caractère de madame de Beaumont : je n'en connais point de plus généreux, de plus reconnaissant, de plus passionnément sensible. Depuis que je suis entrée dans le monde, je n'avais jamais cessé d'avoir des rapports avec elle, et je sentais toujours qu'au milieu même de quelques diversités, je tenais à elle par toutes les racines. Mon cher Francis, donnez-moi une place dans votre vie. Je vous admire, je vous aime, j'aimais celle que vous regrettez. Je suis une amie dévouée, je serai pour vous une sœur. Plus que jamais je dois respecter vos opinions : Matthieu, qui les a, a été un ange pour moi dans la dernière peine que je viens d'éprouver. Donnez-moi une nouvelle raison de les ménager : faites que je vous sois utile ou agréable de quelque manière. Vous a-t-on écrit que j'avais été exilée à quarante lieues de Paris ? J'ai pris ce moment pour faire le tour de l'Allemagne ; mais, au printemps, je serai revenue à Paris même, si mon exil est fini, ou auprès de Paris, ou à Genève. Faites que, de quelque manière, nous nous réunissions. Est-ce que vous ne sentez pas que mon

esprit et mon âme entendent la vôtre, et ne sentez-vous pas en quoi nous nous ressemblons, à travers les différences ? M. de Humboldt m'avait écrit, il y a quelques jours, une lettre où il me parlait de votre ouvrage avec une admiration qui doit vous flatter dans un homme et de son mérite et de son opinion. Mais que vais-je vous parler de vos succès, dans un tel moment ? Cependant elle les aimait ces succès, elle y attachait sa gloire. Continuez de rendre illustre celui qu'elle a tant aimé. Adieu, mon cher François. Je vous écrirai de Weimar en Saxe. Répondez-moi là, chez MM. Desport, banquiers. Que dans votre récit il y a des mots déchirants ! Et cette résolution de garder la pauvre Saint-Germain : vous l'amènerez une fois dans ma maison.

Fath del.
Mauduison père sc
Imp Vve Sarazin
MADAME DE STAËL
Garnier frères Éditeurs

« Adieu tendrement : douloureusement adieu.
« N. DE STAËL. »

Cette lettre empressée, affectueusement rapide, écrite par une femme illustre, me causa un redoublement d'attendrissement. Madame de

Beaumont aurait été bien heureuse dans ce moment, si le ciel lui eût permis de renaître ! Mais nos attachements, qui se font entendre des morts, n'ont pas le pouvoir de les délivrer : quand Lazare se leva de la tombe, il avait les pieds et les mains liés avec des bandes et le visage enveloppé d'un suaire : or, l'amitié ne saurait dire, comme le Christ à Marthe et à Marie : « Déliez-le, et le laissez aller. »

Ils sont passés aussi mes consolateurs, et ils me demandent pour eux les regrets qu'ils donnaient à une autre.

J'étais déterminé à quitter cette carrière des affaires où des malheurs personnels étaient venus se mêler à la médiocrité du travail et à d'intimes tracasseries politiques. On n'a pas su ce que c'est que la désolation du cœur, quand on n'est point demeuré seul à errer dans les lieux naguère habités d'une personne qui avait agréé votre vie : on la cherche et on ne la trouve plus ; elle vous parle, vous sourit, vous accompagne ; tout ce qu'elle a porté ou touché reproduit son image ; il n'y a entre elle et vous qu'un rideau transparent, mais si lourd que vous ne pouvez le lever. Le souvenir du premier ami qui vous a laissé sur la route est cruel ; car, si vos jours se sont prolongés, vous avez nécessairement fait d'autres pertes : ces morts qui se sont suivies se rattachent à la première, et vous pleurez à la fois dans une seule personne toutes celles que vous avez successivement perdues.

Tandis que je prenais des arrangements prolongés par l'éloignement de la France, je restais abandonné sur les ruines de Rome. À ma première promenade, les aspects me semblaient changés, je ne reconnaissais ni les arbres, ni les monuments, ni le ciel ; je m'égarais au milieu des campagnes, le long des cascades, des aqueducs, comme autrefois sous les berceaux des bois du Nouveau Monde. Je rentrais dans la ville éternelle, qui joignait actuellement à tant d'existences passées une vie éteinte de plus. À force de parcourir les solitudes du Tibre, elles se gravèrent si bien dans ma mémoire, que je les reproduisis assez correctement dans ma *Lettre à M. de Fontanes*[745] : « Si l'étranger est malheureux, disais-je ; s'il a mêlé les

---

[745] La Lettre à M. de Fontanes sur la Campagne romaine est datée du 10 janvier 1804. Elle a paru, pour la première fois, dans le Mercure de France, livraison de mars 1804. Voici le jugement qu'en a porté Sainte-Beuve dans Chateaubriand et son groupe littéraire sous l'Empire, tome I, p. 396 : « La Lettre à M. de Fontanes sur la Campagne romaine est comme un paysage de Claude Lorrain ou du Poussin : Lumière du Lorrain et cadre du Poussin... En prose, il n'y a rien au delà. Après de tels coups de talent, il n'y a plus que le vers qui puisse s'élever encore plus haut avec son aile... « N'oubliez pas, m'écrit un bon juge, Chateaubriand comme paysagiste, car il est le premier ; il est unique de son ordre en français. Rousseau n'a ni sa grandeur, ni son élégance. Qu'avons-nous de comparable à la Lettre sur Rome ? Rousseau ne connaît pas ce langage. Quelle différence ! L'un est genevois, l'autre olympique. » — Cette belle Lettre a produit en français toute une école de peintres, une école que j'appellerai romaine. Mme de Staël, la première, s'inspira de l'exemple de Chateaubriand : son imagination en fut piquée

cendres qu'il aima à tant de cendres illustres, avec quel charme ne passera-t-il pas du tombeau de Cecilia Metella au cercueil d'une femme infortunée ! »

C'est aussi à Rome que je conçus pour la première fois l'idée d'écrire les *Mémoires de ma vie* ; j'en trouve quelques lignes jetées au hasard, dans lesquelles je déchiffre ce peu de mots : « Après avoir erré sur la terre, passé les plus belles années de ma jeunesse loin de mon pays, et souffert à peu près tout ce qu'un homme peut souffrir, la faim même, je revins à Paris en 1800. »

Dans une lettre à M. Joubert, j'esquissais ainsi mon plan :

« Mon seul bonheur est d'attraper quelques heures, pendant lesquelles je m'occupe d'un ouvrage qui peut seul apporter de l'adoucissement à mes peines : ce sont les *Mémoires de ma vie*. Rome y entrera ; ce n'est que comme cela que je puis désormais parler de Rome. Soyez tranquille ; ce ne seront point des confessions pénibles pour mes amis : si je suis quelque chose dans l'avenir, mes amis y auront un nom aussi beau que respectable. Je n'entretiendrai pas non plus la postérité du détail de mes faiblesses ; je ne dirai de moi que ce qui est convenable à ma dignité d'homme et, j'ose le dire, à l'élévation de mon cœur. Il ne faut présenter au monde que ce qui est beau ; ce n'est pas mentir à Dieu que de ne découvrir de sa vie que ce qui peut porter nos pareils à des sentiments nobles et généreux. Ce n'est pas qu'au fond j'aie rien à cacher ; je n'ai ni fait chasser une servante pour un ruban volé, ni abandonné mon ami mourant dans une rue, ni déshonoré la femme qui m'a recueilli, ni mis mes bâtards aux Enfants-Trouvés ; mais j'ai eu mes faiblesses, mes abattements de cœur ; un gémissement sur moi suffira pour faire comprendre au monde ces misères communes, faites pour être laissées derrière le voile. Que gagnerait la société à la reproduction de ces plaies que l'on retrouve partout ? On ne manque pas d'exemples, quand on veut triompher de la pauvre nature humaine[746]. »

Dans ce plan que je me traçais, j'oubliais ma famille, mon enfance, ma jeunesse, mes voyages et mon exil : ce sont pourtant les récits où je me suis plu davantage.

J'avais été comme un heureux esclave : accoutumé à mettre sa liberté au cep, il ne sait plus que faire de son loisir quand ses entraves sont brisées. Lorsque je me voulais livrer au travail, une figure venait se placer devant moi, et je ne pouvais plus en détacher mes yeux : la religion seule me fixait par sa gravité et par les réflexions d'un ordre supérieur qu'elle me suggérait.

Cependant, en m'occupant de la pensée d'écrire mes *Mémoires*, je sentis le prix que les grands attachaient à la valeur de leur nom : il y a peut-

---

d'honneur et fécondée ; elle put figurer Corinne, ce qu'elle n'eût certes pas tenté avant la venue de son jeune rival. »
[746] Cette lettre à Joubert est datée de Rome, décembre 1803.

être une réalité touchante dans cette perpétuité des souvenirs qu'on peut laisser en passant. Peut-être, parmi les grands hommes de l'antiquité, cette idée d'une vie immortelle chez la race humaine leur tenait-elle lieu de cette immortalité de l'âme, demeurée pour eux un problème. Si la renommée est peu de chose quand elle ne se rapporte qu'à nous, il faut convenir néanmoins que c'est un beau privilège attaché à l'amitié du génie, de donner une existence impérissable à tout ce qu'il a aimé.

J'entrepris un commentaire de quelques livres de la Bible, en commençant par la Genèse. Sur ce verset : *Voici qu'Adam est devenu comme l'un de nous, sachant le bien et le mal ; donc, maintenant, il ne faut pas qu'il porte la main au fruit de vie, qu'il le prenne, qu'il en mange et qu'il vive éternellement ;* je remarquai l'ironie formidable du Créateur : *Voici qu'Adam est devenu semblable à l'un de nous,* etc. *Il ne faut pas que l'homme porte la main au fruit de vie.* Pourquoi ? Parce qu'il a goûté au fruit de la science et qu'il connaît le bien et le mal ; il est maintenant accablé de maux ; *donc, il ne faut pas qu'il vive éternellemen :t* quelle bonté de Dieu que la mort !

Il y a des prières commencées, les unes pour les *inquiétudes de l'âme,* les autres pour *se fortifier contre la prospérité des méchants :* je cherchais à ramener à un centre de repos mes pensées errantes hors de moi.

Comme Dieu ne voulait pas finir là ma vie, la réservant à de longues épreuves, les orages qui s'étaient soulevés se calmèrent. Tout à coup, le cardinal ambassadeur changea de manières à mon égard : j'eus une explication avec lui, et déclarai ma résolution de me retirer. Il s'y opposa : il prétendit que ma démission, dans ce moment, aurait l'air d'une disgrâce ; que je réjouirais mes ennemis, que le premier consul prendrait de l'humeur, ce qui m'empêcherait d'être tranquille dans les lieux où je voulais me retirer. Il me proposa d'aller passer quinze jours ou un mois à Naples[747].

---

[747] On trouve la confirmation de tous ces détails dans la lettre suivante, écrite par Chateaubriand à Fontanes le 12 novembre 1803 :

« Rome, 12 novembre.

« J'espère que cette lettre, que je mets à la poste de Milan, vous parviendra presque aussi vite que le récit de la mort de ma malheureuse amie, que je vous ai fait passer par la poste directe, mercredi soir. Je vous apprends que ma résolution est changée. J'ai parlé au cardinal, il m'a traité avec tant de bonté, il m'a fait sentir tellement les inconvénients d'une retraite dans ce moment, que je lui ai promis que j'accomplirais au moins mon année, comme nous en étions convenus dans le principe.

« Par ce moyen, je tiens ma parole à ma protectrice (madame Bacciochi) ; je laisse le temps aux bruits philosophiques de Paris de s'éteindre, et, si je me retire au printemps, je sortirai de ma place à la satisfaction de tout le monde, et sans courir les risques de me faire tracasser dans ma solitude. Il n'est donc plus question pour le moment de démission ; et vous pouvez dire hautement, car c'est la vérité, que non seulement je reste, mais que l'on est fort content de moi. Mes entrées chez le

Dans ce moment même, la Russie me faisait sonder pour savoir si j'accepterais la place de gouverneur d'un grand-duc[748] : ce serait tout au plus si j'aurais voulu faire à Henri V le sacrifice des dernières années de ma vie.

Tandis que je flottais entre mille partis, je reçus la nouvelle que le premier consul m'avait nommé ministre dans le Valais. Il s'était d'abord emporté sur des dénonciations ; mais, revenant à sa raison, il comprit que j'étais de cette race qui n'est bonne que sur un premier plan, qu'il ne fallait me mêler à personne, ou bien que l'on ne tirerait jamais parti de moi. Il n'y avait point de place vacante ; il en créa une, et, la choisissant conforme à mon instinct de solitude et d'indépendance, il me plaça dans les Alpes ; il me donna une république catholique, avec un monde de torrents : le Rhône et nos soldats se croiseraient à mes pieds, l'un descendant vers la France, les autres remontant vers l'Italie, le Simplon ouvrant devant moi son audacieux chemin. Le consul devait m'accorder autant de congés que j'en désirerais pour voyager en Italie, et madame Bacciochi me faisait mander par Fontanes que la première grande ambassade disponible m'était réservée. J'obtins donc cette première victoire diplomatique sans m'y attendre, et sans le vouloir : il est vrai qu'à la tête de l'État se trouvait une haute intelligence, qui ne voulait pas abandonner à des intrigues de bureaux une autre intelligence qu'elle sentait trop disposée à se séparer du pouvoir.

Pape vont m'être rendues ; on va me traduire au Vatican, et la Gazette de Rome fait aujourd'hui même un éloge pompeux de mon ouvrage, qui, selon les chimistes, est mis à l'index. Le cardinal écrira mardi au ministre des relations extérieures pour désapprouver tous les bruits et s'en plaindre. On me donne un congé de douze jours pour Naples afin de me tirer un moment de cette ville où j'ai eu tant de chagrins.

« Je désire que cette lettre, mon cher ami, vous fasse autant de plaisir que les autres ont pu vous faire de peine ; mais je n'en suis pas moins très malheureux. J'espère vous embrasser au printemps. En attendant, souvenez-vous que je ne pars plus. Mille amitiés. » — Bibliothèque de Genève. Orig. autog.

[748] Chateaubriand parle de cette proposition dans une autre lettre à Fontanes, en date du 16 novembre 1803 : « … Je ne sais dans laquelle de vos lettres vous me parlez de mes projets pour le Nord. Par un hasard singulier, il y a ici un général russe, très aimé de l'empereur de Russie et en correspondance avec lui, qui m'a fait demander pour causer avec moi du dessein qu'avait eu la princesse de Mecklembourg de me placer gouverneur auprès du grand-duc de Russie. Cette place est très belle, très honorable, et après six ou huit ans de service (le prince a huit ans), elle me laisserait une fortune assez considérable pour le reste de mes jours. Mais un nouvel exil de huit ans me fait trembler. On m'offre aussi une place à l'Académie de Pétersbourg avec la pension ; mais, par une loi de la République, aucun Français ne peut recevoir une pension de l'étranger. Ainsi non seulement on vous persécute, mais on vous empêche encore de jouir des marques d'estime que des étrangers aimeraient à vous donner... » — Bibliothèque de Genève. Original autog.

Cette remarque est d'autant plus vraie que le cardinal Fesch, à qui je rends dans ces *Mémoires* une justice sur laquelle peut-être il ne comptait pas, avait envoyé deux dépêches malveillantes à Paris, presque au moment même que ses manières étaient devenues plus obligeantes, après la mort de madame de Beaumont. Sa véritable pensée était-elle dans ses conversations, lorsqu'il me permettait d'aller à Naples, ou dans ses missives diplomatiques ? Conversations et missives sont de la même date, et contradictoires. Il n'eût tenu qu'à moi de mettre M. le cardinal d'accord avec lui-même, en faisant disparaître les traces des rapports qui me concernaient : il m'eût suffi de retirer des cartons, lorsque j'étais ministre des affaires étrangères, les élucubrations de l'ambassadeur : je n'aurais fait que ce qu'a fait M. de Talleyrand au sujet de sa correspondance avec l'empereur. Je n'ai pas cru avoir le droit d'user de ma puissance à mon profit. Si, par hasard, on recherchait ces documents, on les trouverait à leur place. Que cette manière d'agir soit une duperie, je le veux bien ; mais, pour ne pas me faire le mérite d'une vertu que je n'ai pas, il faut qu'on sache que ce respect des correspondances de mes détracteurs tient plus à mon mépris qu'à ma générosité. J'ai vu aussi dans les archives de l'ambassade à Berlin des lettres offensantes de M. le marquis de Bonnay[749] à mon égard : loin de me ménager, je les ferai connaître.

M. le cardinal Fesch ne gardait pas plus de retenue avec le pauvre abbé Guillon (l'évêque du Maroc) : il était signalé comme un *agent de la Russie*. Bonaparte traitait M. Lainé d'*agent de l'Angleterre :* c'étaient là de ces commérages dont ce grand homme avait pris la méchante habitude dans des rapports de police. Mais n'y avait-il rien à dire contre M. Fesch lui-même ? Le cardinal de Clermont-Tonnerre était à Rome comme moi, en 1803 ; que n'écrivait-il point de l'oncle de Napoléon ! J'ai les lettres.

Au reste, à qui ces contentions, ensevelies depuis quarante ans dans des liasses vermoulues, importent-elles ? Des divers acteurs de cette époque un seul restera, Bonaparte. Nous tous qui prétendons vivre, nous sommes déjà morts : lit-on le nom de l'insecte à la faible lueur qu'il traîne quelquefois après lui en rampant ?

M. le cardinal Fesch m'a retrouvé depuis, ambassadeur auprès de Léon XII ; il m'a donné des preuves d'estime : de mon côté, j'ai tenu à le prévenir et à l'honorer. Il est d'ailleurs naturel que l'on m'ait jugé avec une sévérité que je ne m'épargne pas. Tout cela est archipassé : je ne veux pas même reconnaître l'écriture de ceux qui, en 1803, ont servi de secrétaires officiels ou officieux à M. le cardinal Fesch.

---

[749] « Je puis, dit ici M. de Marcellus (Chateaubriand et son temps, p. 149), je puis attester ce scrupuleux respect pour l'histoire et cette abnégation de soi-même. J'en ai été le confident ; j'en ai tenu les preuves dans mes mains, et, si M. de Chateaubriand a commis des fautes dans sa carrière politique, il n'a rien fait pour en supprimer les traces. »

Je partis pour Naples : là commença une année sans madame de Beaumont ; année d'absence, que tant d'autres devaient suivre ! Je n'ai point revu Naples depuis cette époque, bien qu'en 1828 je fusse à la porte de cette même ville, où je me promettais d'aller avec madame de Chateaubriand. Les orangers étaient couverts de leurs fruits, et les myrtes de leurs fleurs. Baïes, les Champs-Élysées et la mer, étaient des enchantements que je ne pouvais plus dire à personne. J'ai peint la baie de Naples dans *les Martyrs*[750]. Je montai au Vésuve et descendis dans son cratère[751]. Je me pillais : je jouais une scène de *René*[752].

À Pompéi, on me montra un squelette enchaîné et des mots latins estropiés, barbouillés par des soldats sur des murs. Je revins à Rome. Canova[753] m'accorda l'entrée de son atelier tandis qu'il travaillait à une statue de nymphe. Ailleurs, les modèles des marbres du tombeau que j'avais commandé étaient déjà d'une grande expression. J'allai prier sur des cendres à Saint-Louis, et je partis pour Paris le 21 janvier 1804, autre jour de malheur[754].

Voici une prodigieuse misère : trente-cinq ans se sont écoulés depuis la date de ces événements. Mon chagrin ne se flattait-il pas, en ces jours

---

[750] Les Martyrs, livre V.

[751] « Je propose à mon guide de descendre dans le cratère ; il fait quelque difficulté, pour obtenir un peu plus d'argent. Nous convenons d'une somme qu'il veut avoir sur-le-champ. Je la lui donne. Il dépouille son habit ; nous marchons quelque temps sur les bords de l'abîme, pour trouver une ligne moins perpendiculaire, et plus facile à descendre. Le guide s'arrête et m'avertit de me préparer. Nous allons nous précipiter. — Nous voilà au fond du gouffre... » — Voyage en Italie, au chapitre sur le Vésuve, 5 janvier 1804.

[752] « Un jour, j'étais monté au sommet de l'Etna... Je vis le soleil se lever dans l'immensité de l'horizon au-dessous de moi, la Sicile resserrée comme un point à mes pieds, et la mer déroulée au loin dans les espaces. Dans cette vue perpendiculaire du tableau, les fleuves ne me semblaient plus que des lignes géographiques tracées sur une carte ; mais tandis que d'un côté mon œil apercevait ces objets, de l'autre il plongeait dans le cratère de l'Etna, dont je découvrais les entrailles brûlantes, entre les bouffées d'une noire vapeur. » — René.

[753] « Un jour, j'étais monté au sommet de l'Etna... Je vis le soleil se lever dans l'immensité de l'horizon au-dessous de moi, la Sicile resserrée comme un point à mes pieds, et la mer déroulée au loin dans les espaces. Dans cette vue perpendiculaire du tableau, les fleuves ne me semblaient plus que des lignes géographiques tracées sur une carte ; mais tandis que d'un côté mon œil apercevait ces objets, de l'autre il plongeait dans le cratère de l'Etna, dont je découvrais les entrailles brûlantes, entre les bouffées d'une noire vapeur. » — René.

[754] Ici se termine le récit des six mois passés à Rome par l'auteur des Mémoires comme secrétaire de la légation. Sur cet épisode de sa vie, il faut lire les remarquables articles sur les Débuts diplomatiques de Chateaubriand, par M. le comte Édouard Frémy (le Correspondant, numéros de septembre et octobre 1893), et le chapitre V du livre de l'abbé Pailhès sur Chateaubriand, sa femme et ses amis.

lointains, que le lien qui venait de se rompre serait mon dernier lien ? Et pourtant, que j'ai vite, non pas oublié, mais remplacé ce qui me fut cher ! Ainsi va l'homme de défaillance en défaillance. Lorsqu'il est jeune et qu'il mène devant lui sa vie, une ombre d'excuse lui reste ; mais lorsqu'il s'y attelle et qu'il la traîne péniblement derrière lui, comment l'excuser ! L'indigence de notre nature est si profonde, que dans nos infirmités volages, pour exprimer nos affections récentes, nous ne pouvons employer que des mots déjà usés par nous dans nos anciens attachements. Il est cependant des paroles qui ne devraient servir qu'une fois : on les profane en les répétant. Nos amitiés trahies et délaissées nous reprochent les nouvelles sociétés où nous sommes engagés ; nos heures s'accusent : notre vie est une perpétuelle rougeur, parce qu'elle est une faute continuelle.

Mon dessein n'étant pas de rester à Paris, je descendis à l'hôtel de France, rue de Beaune[755], où madame de Chateaubriand vint me rejoindre[756] pour se rendre avec moi dans le Valais. Mon ancienne société, déjà à demi dispersée, avait perdu le lien qui la réunissait.

Bonaparte marchait à l'empire ; son génie s'élevait à mesure que grandissaient les événements : il pouvait, comme la poudre en se dilatant, emporter le monde ; déjà immense, et cependant ne se sentant pas au sommet, ses forces le tourmentaient ; il tâtonnait, il semblait chercher son chemin : quand j'arrivai à Paris, il en était à Pichegru et à Moreau ; par une mesquine envie, il avait consenti à les admettre pour rivaux : Moreau, Pichegru et Georges Cadoudal, qui leur était fort supérieur, furent arrêtés.

Ce train vulgaire de conspirations que l'on rencontre dans toutes les affaires de la vie n'avait rien de ma nature, et j'étais aise de m'enfuir aux montagnes.

Le conseil de la ville de Sion m'écrivit. La naïveté de cette dépêche en a fait pour moi un document ; j'entrais dans la politique par la religion : le *Génie du Christianisme* m'en avait ouvert les portes.

---

[755] Aujourd'hui l'hôtel de France et de Lorraine, au no 5 de la rue de Beaune.

[756] « M. de Chateaubriand descendit dans un modeste hôtel, rue de Beaune, et ne vit d'abord qu'un petit nombre d'amis. Un soin important le préoccupait, sa réunion avec Mme de Chateaubriand ; le sage conseil écarté d'abord avait été compris ; et, à part même la bienséance du monde, il sentait ce qu'avait d'injuste cette séparation si longue d'une personne vertueuse et distinguée, à laquelle il avait donné son nom, et qu'il ne pouvait accuser que d'une délicate et ombrageuse fierté dans le commerce de la vie. Un motif généreux venait aider, en lui, au sentiment du devoir. La perte ancienne de presque toute la fortune de Mme de Chateaubriand s'aggravait par la ruine d'un oncle débiteur envers elle. Les instances de M. de Chateaubriand durent redoubler pour obtenir enfin son retour, et, résolue de l'accompagner dans sa mission du Valais, elle vint promptement le rejoindre à Paris. » — M. de Chateaubriand, sa vie, ses écrits et son influence, par M. Villemain, p. 137.

RÉPUBLIQUE DU VALAIS
Sion, 20 février 1804.
LE CONSEIL DE LA VILLE DE SION
À monsieur Chateaubriand, *secrétaire de légation de la République française* à Rome.

« Monsieur,

« Par une lettre officielle de notre grand bailli, nous avons appris votre nomination à la place de ministre de France près de notre République. Nous nous empressons à vous en témoigner la joie la plus complète que ce choix nous donne. Nous voyons dans cette nomination un précieux gage de la bienveillance du premier consul envers notre République, et nous nous félicitons de l'honneur de vous posséder dans nos murs : nous en tirons les plus heureux augures pour les avantages de notre patrie et de notre ville. Pour vous donner un témoignage de ces sentiments, nous avons délibéré de vous faire préparer un logement provisoire, digne de vous recevoir, garni de meubles et d'effets convenables pour votre usage, autant que la localité et nos circonstances le permettent, en attendant que vous ayez pu prendre vous-même des arrangements à votre convenance.

« Veuillez, monsieur, agréer cette offre comme une preuve de nos dispositions sincères à honorer le gouvernement français dans son envoyé, dont le choix *doit plaire particulièrement à un peuple religieux*. Nous vous prions de vouloir bien nous prévenir de votre arrivée dans cette ville.

« Agréez, monsieur, les assurances de notre respectueuse considération.

« Le président du conseil de la ville de Sion,
« DE RIEDMATTEN.

« Par le conseil de la ville :
« Le secrétaire du conseil,
« DE TORRENTE. »

Deux jours avant le 21 mars[757], je m'habillai pour aller prendre congé de Bonaparte aux Tuileries ; je ne l'avais pas revu depuis le moment où il m'avait parlé chez Lucien. La galerie où il recevait était pleine ; il était accompagné de Murat et d'un premier aide de camp ; il passait presque sans s'arrêter. À mesure qu'il approcha de moi, je fus frappé de l'altération de son visage : ses joues étaient dévalées et livides, ses yeux âpres, son teint pâli et brouillé, son air sombre et terrible. L'attrait qui m'avait précédemment poussé vers lui cessa ; au lieu de rester sur son passage, je fis un mouvement afin de l'éviter. Il me jeta un regard comme pour

---

[757] Et non le 20 mars, comme le portent toutes les éditions, conformes d'ailleurs en cela au manuscrit des Mémoires. Il y a eu là évidemment une erreur de plume. L'exécution du duc d'Enghien eut lieu, non le 20, mais le 21 mars 1804.

chercher à me reconnaître, dirigea quelques pas vers moi, puis se détourna et s'éloigna. Lui étais-je apparu comme un avertissement ? Son aide de camp me remarqua ; quand la foule me couvrait, cet aide de camp essayait de m'entrevoir entre les personnages placés devant moi, et rentraînait le consul de mon côté. Ce jeu continua près d'un quart d'heure, moi toujours me retirant, Napoléon me suivant toujours sans s'en douter. Je n'ai jamais pu m'expliquer ce qui avait frappé l'aide de camp. Me prenait-il pour un homme suspect qu'il n'avait jamais vu ? Voulait-il, s'il savait qui j'étais, forcer Bonaparte à s'entretenir avec moi ? Quoi qu'il en soit, Napoléon passa dans un autre salon. Satisfait d'avoir rempli ma tâche en me présentant aux Tuileries, je me retirai. À la joie que j'ai toujours éprouvée en sortant d'un château, il est évident que je n'étais pas fait pour y entrer.

Retourné à l'hôtel de France, je dis à plusieurs de mes amis : « Il faut qu'il y ait quelque chose d'étrange que nous ne savons pas, car Bonaparte ne peut être changé à ce point, à moins d'être malade. » M. Bourrienne a su ma singulière prévision, il a seulement confondu les dates ; voici sa phrase : « En revenant de chez le premier consul, M. de Chateaubriand déclara à ses amis qu'il avait remarqué chez le premier consul une grande altération et quelque chose de sinistre dans le regard.[758] »

Oui, je le remarquai : une intelligence supérieure n'enfante pas le mal sans douleur, parce que ce n'est pas son fruit naturel, et qu'elle ne devait pas le porter.

Le surlendemain, 21 mars[759], je me levai de bonne heure, pour un souvenir qui m'était triste et cher. M. de Montmorin avait fait bâtir un hôtel au coin de la rue Plumet, sur le boulevard neuf des Invalides. Dans le jardin de cet hôtel, vendu pendant la Révolution, madame de Beaumont, presque enfant, avait planté un cyprès, et elle s'était plu quelquefois à me le montrer en passant : c'était à ce cyprès, dont je savais seul l'origine et l'histoire, que j'allais faire mes adieux. Il existe encore, mais il languit et s'élève à peine à la hauteur de la croisée sous laquelle une main qui s'est retirée aimait à le cultiver. Je distingue ce pauvre arbre entre trois ou quatre autres de son espèce ; il semble me connaître et se réjouir quand j'approche ; des souffles mélancoliques inclinent un peu vers moi sa tête jaunie, et il murmure à la fenêtre de la chambre abandonnée : intelligences mystérieuses entre nous, qui cesseront quand l'un ou l'autre sera tombé.

Mon pieux tribut payé, je descendis le boulevard et l'esplanade des Invalides, traversai le pont Louis XVI et le jardin des Tuileries, d'où je sortis près du pavillon Marsan, à la grille qui s'ouvre aujourd'hui sur la rue de Rivoli. Là, entre onze heures et midi, j'entendis un homme et une femme qui criaient une nouvelle officielle ; des passants s'arrêtaient,

---

[758] Mémoires de M. de Bourrienne, tome V, p. 348.
[759] Ici encore le manuscrit dit à tort : le 20 mars.

subitement pétrifiés par ces mots : « Jugement de la commission militaire spéciale convoquée à Vincennes, qui condamne à la peine de mort LE NOMME LOUIS-ANTOINE-HENRI DE BOURBON, NÉ LE 2 AOUT 1772 A CHANTILLY. »

Ce cri tomba sur moi comme la foudre ; il changea ma vie, de même qu'il changea celle de Napoléon. Je rentrai chez moi ; je dis à madame de Chateaubriand : « Le duc d'Enghien vient d'être fusillé. » Je m'assis devant une table, et je me mis à écrire ma démission[760]. Madame de Chateaubriand ne s'y opposa point et me vit écrire avec un grand courage. Elle ne se dissimulait pas mes dangers : on faisait le procès au général Moreau et à Georges Cadoudal[761] ; le lion avait goûté le sang, ce n'était pas le moment de l'irriter.

M. Clausel de Coussergues[762] arriva sur ces entrefaites ; il avait aussi entendu crier l'arrêt. Il me trouva la plume à la main : ma lettre, dont il me fit supprimer, par pitié pour madame de Chateaubriand, des phrases de colère, partit ; elle était au ministre des relations extérieures. Peu importait la rédaction : mon opinion et mon crime étaient dans le fait de ma démission : Bonaparte ne s'y trompa pas. Madame Bacciochi jeta les hauts cris en apprenant ce qu'elle appelait ma *défection ;* elle m'envoya chercher et me fit les plus vifs reproches. M. de Fontanes devint presque fou de peur au premier moment : il me réputait fusillé avec toutes les personnes qui m'étaient attachées[763]. Pendant plusieurs jours, mes amis restèrent dans la

---

[760] Voici le texte de la lettre de démission de Chateaubriand :

« Citoyen ministre,

« Les médecins viennent de me déclarer que Mme de Chateaubriand est dans un état de santé qui fait craindre pour sa vie. Ne pouvant absolument quitter ma femme dans une pareille circonstance, ni l'exposer au danger d'un voyage, je supplie Votre Excellence de trouver bon que je lui remette les lettres de créance et les instructions qu'elle m'avait adressées pour le Valais. Je me confie encore à son extrême bienveillance pour faire agréer au Premier Consul les motifs douloureux qui m'empêchent de me charger aujourd'hui de la mission dont il avait bien voulu m'honorer. Comme j'ignore si ma position exige quelque autre démarche, j'ose espérer de votre indulgence ordinaire, citoyen ministre, des ordres et des conseils ; je les recevrai avec la reconnaissance que je ne cesserai d'avoir pour vos bontés passées.

« J'ai l'honneur de vous saluer respectueusement,

« Chateaubriand.

« Paris, rue de Beaune, hôtel de France.

« 1er germinal an XII (22 mars 1804). »

[761] Moreau avait été arrêté le 15 février ; Pichegru, le 28, et Georges Cadoudal le 9 mars 1804.

[762] Voir l'Appendice no IX : les Quatre Clausel.

[763] « Mme Bacciochi, qui nous était fort attachée, jeta les hauts cris en apprenant ce qu'elle appelait notre défection. Pour Fontanes, il devint fou de peur ; il se voyait déjà fusillé avec M. de Chateaubriand et tous nos amis. » Souvenirs de Mme de Chateaubriand. — Voir l'Appendice no X : Le Cahier rouge.

crainte de me voir enlever par la police ; ils se présentaient chez moi d'heure en heure, et toujours en frémissant, quand ils abordaient la loge du portier. M. Pasquier vint m'embrasser le lendemain de ma démission, disant qu'on était heureux d'avoir un ami tel que moi. Il demeura un temps assez considérable dans une honorable modération, éloigné des places et du pouvoir.

Néanmoins, ce mouvement de sympathie, qui nous emporte à la louange d'une action généreuse, s'arrêta. J'avais accepté, en considération de la religion, une place hors de France, place que m'avait conférée un génie puissant, vainqueur de l'anarchie, un chef sorti du principe populaire, le *consul* d'une *république,* et non un roi continuateur d'une *monarchie* usurpée ; alors, j'étais isolé dans mon sentiment, parce que j'étais conséquent dans ma conduite ; je me retirai quand les conditions auxquelles je pouvais souscrire s'altérèrent ; mais aussitôt que le héros se fut changé en meurtrier, on se précipita dans ses antichambres. Six mois après le 21 mars, on eût pu croire qu'il n'y avait plus qu'une opinion dans la haute société, sauf de méchants quolibets que l'on se permettait à huis clos. Les personnes *tombées* prétendaient avoir été *forcées*, et l'on ne *forçait,* disait-on, que ceux qui avaient un grand nom ou une grande importance, et chacun, pour prouver son importance ou ses quartiers, obtenait d'être *forcé* à force de sollicitations[764].

Ceux qui m'avaient le plus applaudi s'éloignèrent ; ma présence leur était un reproche : les gens prudents trouvent de l'imprudence dans ceux qui cèdent à l'honneur. Il y a des temps où l'élévation de l'âme est une véritable infirmité ; personne ne la comprend ; elle passe pour une espèce de borne d'esprit, pour un préjugé, une habitude inintelligente d'éducation, une lubie, un travers qui vous empêche de juger les choses ; imbécillité honorable peut-être, dit-on, mais ilotisme stupide. Quelle capacité peut-on trouver à n'y voir goutte, à rester étranger à la marche du siècle, au mouvement des idées, à la transformation des mœurs, au progrès de la société ? N'est-ce pas une méprise déplorable que d'attacher aux événements une importance qu'ils n'ont pas ? Barricadé dans vos étroits principes, l'esprit aussi court que le jugement, vous êtes comme un homme logé sur le derrière d'une maison, n'ayant vue que sur une petite cour, ne

---

[764] « Avant la mort du duc d'Enghien, la bonne société de Paris était presque toute en guerre ouverte avec Bonaparte ; mais aussitôt que le héros se fut changé en assassin, les royalistes se précipitèrent dans ses antichambres, et quelques mois après le 21 mars, on aurait pu croire qu'il n'y avait plus qu'une opinion en France, sans les quolibets que l'on se permettait encore, à huis clos, dans quelques salons du faubourg Saint-Germain. Au surplus, la vanité causa encore plus de défections que la peur. Les personnes tombées prétendaient avoir été forcées, et l'on ne forçait, disait-on, que celles qui avaient un grand nom ou une grande importance ; et chacun, pour prouver son importance et ses quartiers, obtenait d'être forcé à force de sollicitations. » Souvenirs de Mme de Chateaubriand.

se doutant ni de ce qui se passe dans la rue, ni du bruit qu'on entend au dehors. Voilà où vous réduit un peu d'indépendance, objet de pitié que vous êtes pour la médiocrité : quant aux grands esprits à l'orgueil affectueux et aux yeux sublimes, *oculos sublimes*, leur dédain miséricordieux vous pardonne, parce qu'ils savent que vous ne *pouvez pas entendre*. Je me renfonçai donc humblement dans ma carrière littéraire ; pauvre Pindare destiné à chanter dans ma première olympique l'*excellence de l'eau*, laissant le vin aux heureux.

L'amitié rendit le cœur à M. de Fontanes ; madame Bacciochi plaça sa bienveillance entre la colère de son frère et ma résolution ; M. de Talleyrand, indifférence ou calcul, garda ma démission plusieurs jours avant d'en parler : quand il l'annonça à Bonaparte, celui-ci avait eu le temps de réfléchir. En recevant de ma part la seule et directe marque de blâme d'un honnête homme qui ne craignait pas de le braver, il ne prononça que ces deux mots : « C'est bon. » Plus tard il dit à sa sœur : « Vous avez eu bien peur pour votre ami ? » Longtemps après, en causant avec M. de Fontanes, il lui avoua que ma démission était une des choses qui l'avait le plus frappé[765]. M. de Talleyrand me fit écrire une lettre de bureau dans laquelle il me reprochait gracieusement d'avoir privé son département de mes talents et de mes services[766]. Je rendis les frais d'établissement[767], et tout fut fini en apparence. Mais en osant quitter Bonaparte je m'étais placé à son niveau, et il était animé contre moi de toute sa forfaiture, comme je l'étais contre lui de toute ma loyauté. Jusqu'à sa chute, il a tenu le glaive suspendu sur ma tête ; il revenait quelquefois à

---

[765] « La chose cependant se passa le plus tranquillement du monde, et lorsque M. de Talleyrand crut enfin devoir remettre la démission à Bonaparte, celui-ci se contenta de dire : « C'est bon ! » Mais il en garda une rancune, dont nous nous sommes ressentis depuis. Il dit plus tard à sa sœur : « Vous avez eu bien peur pour votre ami ? » Et il n'en fut plus question. Longtemps après, cependant, il en reparla à Fontanes, et lui avoua que c'était une des choses qui lui avaient fait le plus de peine. » Souvenirs de Mme de Chateaubriand.

[766] La lettre de Talleyrand ne vint que dix jours après la lettre de démission ; elle était ainsi conçue :

« 12 germinal (2 avril 1804).

« J'ai mis, citoyen, sous les yeux du Premier Consul les motifs qui ne vous ont pas permis d'accepter la légation du Valais à laquelle vous aviez été nommé.

« Le citoyen Consul s'était plu à vous donner un témoignage de confiance. Il a vu avec peine, par une suite de cette même bienveillance, les raisons qui vous ont empêché de remplir cette mission.

« Je dois aussi vous exprimer combien j'attachais d'intérêt aux relations nouvelles que j'aurais eu à entretenir avec vous ; à ce regret, qui m'est personnel, je joins celui de voir mon département privé de vos talents et de vos services. »

[767] « Nous avions reçu douze mille francs pour frais d'établissement à Sion. Pour les rendre, nous fûmes obligés de prendre cette somme sur les fonds que nous avions encore sur l'État : elle fut remise à qui de droit deux jours après la démission. » Souvenirs de Mme de Chateaubriand.

moi par un penchant naturel et cherchait à me noyer dans ses fatales prospérités ; quelquefois j'inclinais vers lui par l'admiration qu'il m'inspirait, par l'idée que j'assistais à une transformation sociale, non à un simple changement de dynastie : mais, antipathiques sous beaucoup de rapports, nos deux natures reparaissaient, et s'il m'eût fait fusiller volontiers, en le tuant, je n'aurais pas senti beaucoup de peine.

La mort fait ou défait un grand homme ; elle l'arrête au pas qu'il allait descendre, ou au degré qu'il allait monter : c'est une destinée accomplie ou manquée ; dans le premier cas, on en est à l'examen de ce qu'elle a été ; dans le second, aux conjectures de ce qu'elle aurait pu devenir.

Si j'avais rempli un devoir dans des vues lointaines d'ambition, je me serais trompé. Charles X n'a appris qu'à Prague ce que j'avais fait en 1804 : il revenait de la monarchie. « Chateaubriand, me dit-il, au château de Hradschin, vous aviez servi Bonaparte ? — Oui, sire. — Vous avez donné votre démission à la mort de M. le duc d'Enghien ? — Oui, sire. » Le malheur instruit ou rend la mémoire. Je vous ai raconté qu'un jour, à Londres, réfugié avec M. de Fontanes dans une allée pendant une averse, M. le duc de Bourbon se vint cacher sous le même abri : en France, son vaillant père et lui, qui remerciaient si poliment quiconque écrivait l'oraison funèbre de M. le duc d'Enghien, ne m'ont pas adressé un souvenir : ils ignoraient sans doute aussi ma conduite ; il est vrai que je ne leur en ai jamais parlé.

LIVRE III[768]

Comme aux oiseaux voyageurs, il me prend au mois d'octobre une inquiétude qui m'obligerait à changer de climat, si j'avais encore la puissance des ailes et la légèreté des heures : les nuages qui volent à travers le ciel me donnent envie de fuir. Afin de tromper cet instinct, je suis accouru à Chantilly. J'ai erré sur la pelouse, où de vieux gardes se traînent à l'orée des bois. Quelques corneilles, volant devant moi, par-dessus des genêts, des taillis, des clairières, m'ont conduit aux étangs de Commelle. La mort a soufflé sur les amis qui m'accompagnèrent jadis au château de la reine Blanche : les sites de ces solitudes n'ont été qu'un horizon triste, entr'ouvert un moment du côté de mon passé. Aux jours de René, j'aurais trouvé des mystères de la vie dans le ruisseau de la Thève : il dérobe sa course parmi des prêles et des mousses ; des roseaux le voilent ; il meurt dans ces étangs qu'alimente sa jeunesse, sans cesse expirante, sans cesse renouvelée : ces ondes me charmaient quand je portais en moi le désert avec les fantômes qui me souriaient, malgré leur mélancolie, et que je parais de fleurs.

---

[768] Ce livre a été écrit à Chantilly au mois de novembre 1838.

Revenant le long des haies à peine tracées, la pluie m'a surpris ; je me suis réfugié sous un hêtre : ses dernières feuilles tombaient comme mes années ; sa cime se dépouillait comme ma tête ; il était marqué au tronc d'un cercle rouge, pour être abattu comme moi. Rentré à mon auberge, avec une moisson de plantes d'automne et dans des dispositions peu propres à la joie, je vous raconterai la mort de M. le duc d'Enghien, à la vue des ruines de Chantilly.

Cette mort, dans le premier moment, glaça d'effroi tous les cœurs ; on appréhenda le revenir du règne de Robespierre. Paris crut revoir un de ces jours qu'on ne voit qu'une fois, le jour de l'exécution de Louis XVI. Les serviteurs, les amis, les parents de Bonaparte étaient consternés. À l'étranger, si le langage diplomatique étouffa subitement la sensation populaire, elle n'en remua pas moins les entrailles de la foule. Dans la famille exilée des Bourbons, le coup pénétra d'outre en outre : Louis XVIII renvoya au roi d'Espagne l'ordre de la Toison-d'Or, dont Bonaparte venait d'être décoré ; le renvoi était accompagné de cette lettre, qui fait honneur à l'âme royale :

« Monsieur et cher cousin, il ne peut y avoir rien de commun entre moi et le grand criminel que l'audace et la fortune ont placé sur un trône qu'il a eu la barbarie de souiller du sang pur d'un Bourbon, le duc d'Enghien. La religion peut m'engager à pardonner à un assassin ; mais le tyran de mon peuple doit toujours être mon ennemi. La Providence, par des motifs inexplicables, peut me condamner à finir mes jours en exil ; mais jamais ni mes contemporains ni la postérité ne pourront dire que, dans le temps de l'adversité, je me sois montré indigne d'occuper, jusqu'au dernier soupir, le trône de mes ancêtres. »

Il ne faut point oublier un autre nom, qui s'associe au nom du duc d'Enghien : Gustave-Adolphe, le détrôné et le banni[769], fut le seul des rois alors régnants qui osa élever la voix pour sauver le jeune prince français. Il fit partir de Carlsruhe un aide de camp porteur d'une lettre à Bonaparte ; la lettre arriva trop tard : le dernier des Condé n'existait plus. Gustave-Adolphe renvoya au roi de Prusse le cordon de l'Aigle-Noir, comme

---

[769] Gustave IV, roi de Suède. Né en 1778, il monta sur le trône après la mort de son père Gustave III (1792). En 1809, il se vit contraint d'abdiquer, et le duc de Sudermanie, son oncle, fut proclamé roi sous le nom de Charles XIII. Gustave vécut alors à l'étranger sous le nom de comte de Holstein-Gottorp et de colonel Gustaffson, résidant alternativement en Allemagne, dans les Pays-Bas et en Suisse. Il mourut à Saint-Gall en 1837. Une des Odes de Victor Hugo lui est consacrée :
Il avait un ami dans ses fraîches années
Comme lui tout empreint du sceau des destinées.
C'est ce jeune d'Enghien qui fut assassiné !
Gustave, à ce forfait, se jeta sur ses armes ;
Mais quand il vit l'Europe insensible à ses larmes,
Calme et stoïque, il dit : « Pourquoi donc suis-je né ? »

Louis XVIII avait renvoyé la Toison-d'Or au roi d'Espagne. Gustave déclarait à l'héritier du grand Frédéric que, « d'après les *lois de la chevalerie*, il ne pouvait pas consentir à être le frère d'armes de l'assassin du duc d'Enghien. » (Bonaparte avait l'Aigle-Noir.) Il y a je ne sais quelle dérision amère dans ces souvenirs presque insensés de chevalerie, éteints partout, excepté au cœur d'un roi malheureux pour un ami assassiné ; nobles sympathies de l'infortune, qui vivent à l'écart sans être comprises, dans un monde ignoré des hommes !

Hélas ! nous avions passé à travers trop de despotismes différents, nos caractères, domptés par une suite de maux et d'oppressions, n'avaient plus assez d'énergie pour qu'à propos de la mort du jeune Condé notre douleur portât longtemps le crêpe : peu à peu les larmes se tarirent ; la peur déborda en félicitations sur les dangers auxquels le premier consul venait d'échapper ; elle pleurait de reconnaissance d'avoir été sauvée par une si sainte immolation. Néron, sous la dictée de Sénèque, écrivit au sénat une lettre apologétique du meurtre d'Agrippine ; les sénateurs, transportés, comblèrent de bénédictions le fils magnanime qui n'avait pas craint de s'arracher le cœur par un parricide tant salutaire ! La société retourna vite à ses plaisirs ; elle avait frayeur de son deuil : après la Terreur, les victimes épargnées dansaient, s'efforçaient de paraître heureuses, et, craignant d'être soupçonnées coupables de mémoire, elles avaient la même gaieté qu'en allant à l'échafaud.

Ce ne fut pas de but en blanc et sans précaution que l'on arrêta le duc d'Enghien ; Bonaparte s'était fait rendre compte du nombre des Bourbons en Europe. Dans un conseil où furent appelés MM. de Talleyrand et Fouché, on reconnut que le duc d'Angoulême était à Varsovie avec Louis XVIII ; le comte d'Artois et le duc de Berry à Londres, avec les princes de Condé et de Bourbon. Le plus jeune des Condé était à Ettenheim, dans le duché de Bade. Il se trouva que MM. Taylor et Drake, agents anglais, avaient noué des intrigues de ce côté. Le duc de Bourbon, le 16 juin 1803, mit en garde son petit-fils[770] contre une arrestation possible, par un billet à lui adressé de Londres et que l'on conserve[771]. Bonaparte

---

[770] Il y a ici une erreur de plume. Le duc de Bourbon était le père — et non l'aïeul — du duc d'Enghien. Il faut donc lire : « Le prince de Condé mit en garde son petit-fils. » — Chose singulière ! les plus graves historiens se sont aussi trompés sur la filiation du duc d'Enghien, et peut-être chez eux n'était-ce pas simplement une erreur de plume, comme chez Chateaubriand. Au tome IV, p. 589, de l'Histoire du Consulat et de l'Empire, rappelant la lettre du 16 juin 1803, dont parle ici Chateaubriand, M. Thiers dit que le duc d'Enghien était le fils du prince de Condé. M. Lanfrey, dans son Histoire de Napoléon (T. III, p. 129), dit à son tour : « C'était le duc d'Enghien, fils du prince de Condé, jeune homme plein d'ardeur et de bravoure, toujours au premier rang dans les combats auxquels avait pris part l'armée de son père. »

[771] Ce billet du prince de Condé à son petit-fils existe en effet : « Mon cher enfant, écrivait le prince, on assure ici, depuis plus de six mois, que vous avez été faire un

appela auprès de lui les deux consuls ses collègues : il fit d'abord d'amers reproches à M. Réal[772] de l'avoir laissé ignorer ce qu'on projetait contre lui. Il écouta patiemment les objections : ce fut Cambacérès[773] qui s'exprima avec le plus de vigueur. Bonaparte l'en remercia et passa outre. C'est ce que j'ai vu dans les *Mémoires* de Cambacérès, qu'un de ses neveux, M. de Cambacérès, pair de France, m'a permis de consulter, avec une obligeance dont je conserve un souvenir reconnaissant. La bombe lancée ne revient pas ; elle va où le génie l'envoie, et tombe. Pour exécuter les ordres de Bonaparte, il fallait violer le territoire de l'Allemagne, et le territoire fut immédiatement violé. Le duc d'Enghien fut arrêté à Ettenheim. On ne trouva auprès de lui, au lieu du général Dumouriez, que le marquis de Thumery et quelques autres émigrés de peu de renom : cela aurait dû avertir de la méprise. Le duc d'Enghien est conduit à Strasbourg. Le commencement de la catastrophe de Vincennes nous a été raconté par le

---

voyage à Paris ; d'autres disent que vous n'avez été qu'à Strasbourg... Il me semble qu'à présent vous pourriez nous confier le passé et, si la chose est vraie, ce que vous avez observé dans vos voyages... » — M. Thiers se prévaut de ces lignes pour donner comme à peu prouvés les voyages du duc d'Enghien à Strasbourg, et tout à l'heure, il ne manquera pas d'en tirer un argument en faveur de Bonaparte. Il se garde bien de faire connaître à ses lecteurs la réponse du duc d'Enghien, qu'il avait pourtant sous les yeux en même temps que le billet du prince de Condé, — réponse qui ne laisse rien subsister des insinuations de l'habile historien, j'allais dire de l'habile avocat. Voici le texte de cette réponse, datée d'Ettenheim, le 18 juillet 1803 :

« Assurément, mon cher papa, il faut me connaître bien peu pour avoir pu dire ou chercher à faire croire que j'avais mis le pied sur le territoire républicain, autrement qu'avec le rang et la place où le hasard m'a fait naître. Je suis trop fier pour courber bassement la tête, et le Premier Consul pourra peut-être venir à bout de me détruire, mais il ne me fera pas m'humilier. On peut prendre l'incognito pour voyager dans les glaciers de la Suisse, comme je l'ai fait l'an passé, n'ayant rien de mieux à faire. Mais, pour la France, quand j'en ferai le voyage, je n'aurai pas besoin de m'y cacher. Je puis donc vous donner ma parole d'honneur la plus sacrée que pareille idée ne m'est jamais entrée et ne m'entrera jamais dans la tête. Des méchants ont pu désirer, en vous racontant ces absurdités, me donner un tort de plus à vos yeux. Je suis accoutumé à de pareils services, que l'on s'est toujours empressé de me rendre, et je suis heureux qu'ils soient enfin réduits à employer des calomnies aussi absurdes.

« Je vous embrasse, cher papa, et vous prie de ne jamais douter de mon profond respect comme de ma tendresse. »

[772] Pierre-François, comte Réal (1765-1834), procureur au Châtelet avant la Révolution, substitut du procureur de la Commune en 1792, historiographe de la République sous le Directoire, conseiller d'État après le 18 brumaire, préfet de police pendant les Cent-Jours. Voir sur lui les Mémoires du chancelier Pasquier, I, 268, et les Mémoires de Mme de Chastenay, tome I.

[773] Jean-Jacques-Régis de Cambacérès (1753-1824), député de l'Hérault à la Convention et aux Cinq-Cents ; second consul après brumaire ; sous l'Empire, archi-chancelier, prince, duc de Parme ; aux Cent-Jours, pair et ministre de la justice.

prince même : il a laissé un petit journal de route d'Ettenheim à Strasbourg : le héros de la tragédie vient sur l'avant-scène prononcer ce prologue :

JOURNAL DU DUC D'ENGHIEN.

« Le jeudi 15 mars, à Ettenheim, ma maison cernée, dit le prince, par un détachement de dragons et des piquets de gendarmerie, total, deux cents hommes environ, deux généraux, le colonel des dragons, le colonel Charlot de la gendarmerie de Strasbourg, à cinq heures (du matin). À cinq heures et demie, les portes enfoncées, emmené au Moulin, près la Tuilerie. Mes papiers enlevés, cachetés. Conduit dans une charrette, entre deux haies de fusiliers, jusqu'au Rhin. Embarqué pour Rhisnau. Débarqué et marché à pied jusqu'à Pfortsheim. Déjeuné à l'auberge. Monté en voiture avec le colonel Charlot, le maréchal des logis de la gendarmerie, un gendarme sur le siège et Grunstein. Arrivé à Strasbourg, chez le colonel Charlot, vers cinq heures et demie. Transféré une demi-heure après, dans un fiacre, à la citadelle . . . .
. Dimanche 18, on vient m'enlever à une heure et demie du matin. On ne me laisse que le temps de m'habiller. J'embrasse mes malheureux compagnons, mes gens. Je pars seul avec deux officiers de gendarmerie et deux gendarmes. Le colonel Charlot m'a annoncé que nous allons chez le général de division, qui a reçu des ordres de Paris. Au lieu de cela, je trouve une voiture avec six chevaux de poste sur la place de l'Église. Le lieutenant Petermann y monte à côté de moi, le maréchal des logis Blitersdorff sur le siège, deux gendarmes en dedans, l'autre en dehors. »

Ici le naufragé, prêt à s'engloutir, interrompt son journal de bord.

Arrivée vers les quatre heures du soir à l'une des barrières de la capitale, où vient aboutir la route de Strasbourg, la voiture, au lieu d'entrer dans Paris, suivit le boulevard extérieur et s'arrêta au château de Vincennes. Le prince, descendu de la voiture dans la cour intérieure, est conduit dans une chambre de la forteresse, on l'y enferme et il s'endort. À mesure que le prince approchait de Paris, Bonaparte affectait un calme qui n'était pas naturel. Le 18 mars, il partit pour la Malmaison ; c'était le dimanche des Rameaux. Madame Bonaparte, qui, comme toute sa famille, était instruite de l'arrestation du prince, lui parla de cette arrestation. Bonaparte lui répondit : « Tu n'entends rien à la politique. » Le colonel Savary[774] était devenu un des habitués de Bonaparte. Pourquoi ? parce qu'il

---

[774] Anne-Jean-Marie-René Savary, duc de Rovigo (1774-1833), général de division (7 février 1805), créé duc (23 mai 1808), ministre de la police générale (8 juin 1810), pair aux Cent-Jours, commandant de l'armée d'Algérie (1831-1832). — Aide de camp de Desaix, il était à ses côtés, à Marengo, lorsque le général fut tué par une balle qui lui traversa le cœur. À quelques jours de là, Bonaparte l'attacha à sa personne et le promut rapidement au grade de colonel, puis à celui de général de brigade (24 août 1803). Il était donc, lors de l'exécution du duc d'Enghien, général, et non colonel, comme le dit Chateaubriand. Depuis 1802, Savary dirigeait

avait vu le premier consul pleurer à Marengo. Les hommes à part doivent se défier de leurs larmes, qui les mettent sous le joug des hommes vulgaires. Les larmes sont une de ces faiblesses par lesquelles un témoin peut se rendre maître des résolutions d'un grand homme.

On assure que le premier consul fit rédiger tous les ordres pour Vincennes. Il était dit dans un de ces ordres que si la condamnation prévue était une condamnation à mort, elle devait être exécutée sur-le-champ.

Je crois à cette version, bien que je ne puisse l'attester, puisque ces ordres manquent. Madame de Rémusat[775], qui, dans la soirée du 20 mars, jouait aux échecs à la Malmaison avec le premier consul, l'entendit murmurer quelques vers sur la clémence d'Auguste ; elle crut que Bonaparte revenait à lui et que le prince était sauvé[776]. Non, le destin avait prononcé son oracle. Lorsque Savary reparut à la Malmaison, madame Bonaparte devina tout le malheur. Le premier consul s'était enfermé seul pendant plusieurs heures. Et puis le vent souffla, et tout fut fini.

COMMISSION MILITAIRE NOMMEE.

Un ordre de Bonaparte, du 29 ventôse an XII[777], avait arrêté qu'une commission militaire, composée de sept membres nommés par le général gouverneur de Paris (Murat), se réunirait à Vincennes pour juger *le ci-devant duc d'Enghien, prévenu d'avoir porté les armes contre la République*, etc.

En exécution de cet arrêté, le même jour, 29 ventôse, Joachim Murat nomma, pour former ladite commission, les sept militaires, à savoir :

Le général Hulin, commandant les grenadiers à pied de la garde des consuls, président ;

Le colonel Guitton, commandant le 1er régiment des cuirassiers ;

Le colonel Bazancourt, commandant le 4e régiment d'infanterie légère ;

Le colonel Ravier, commandant le 18e régiment d'infanterie de ligne ;

Le colonel Barrois, commandant le 96e régiment d'infanterie de

---

la police particulière et de sûreté du premier Consul. — Ses Mémoires pour servir à l'histoire de Napoléon (8 volumes in-8) ont paru en 1828.

[775] Claire-Élisabeth-Jeanne Gravier de Vergennes (1780-1821), femme du comte Antoine-Laurent de Rémusat, premier chambellan de Napoléon et surintendant des théâtres. Elle-même était dame du palais de Joséphine. Outre un roman par lettres intitulé : les Lettres espagnoles, ou l'Ambitieux, roman qui est resté inédit, — elle avait composé un Essai sur l'éducation des femmes, qui parut deux ans après sa mort, en 1823, et des Mémoires, publiés en 1880 par son petit-fils, M. Paul de Rémusat. Ces Mémoires, qui forment trois volumes in-8o, vont de l'année 1802 à l'année 1808.

[776] Mémoires de Mme de Rémusat. tome I, p. 321

[777] 20 mars 1804.

ligne ;

Le colonel Rabbe, commandant le 2e régiment de la garde municipale de Paris ;

Le citoyen Dautancourt, major de la gendarmerie d'élite, qui remplira les fonctions de capitaine-rapporteur.

INTERROGATOIRE DU CAPITAINE-RAPPORTEUR.

Le capitaine Dautancourt, le chef d'escadron Jacquin, de la légion d'élite, deux gendarmes à pied du même corps, Lerva, Tharsis, et le citoyen Noirot, lieutenant au même corps, se rendent à la chambre du duc d'Enghien ; ils le réveillent : il n'avait plus que quatre heures à attendre avant de retourner à son sommeil. Le capitaine-rapporteur, assisté de Molin, capitaine au 18e régiment, greffier, choisi par ledit rapporteur, interroge le prince.

A lui demandé ses nom, prénoms, âge et lieu de naissance ?

A répondu se nommer Louis-Antoine-Henri de Bourbon, duc d'Enghien, né le 2 août 1772, à Chantilly.

A lui demandé où il a résidé depuis sa sortie de France ?

A répondu qu'après avoir suivi ses parents, le corps de Condé s'étant formé, il avait fait toute la guerre, et qu'avant cela il avait fait la campagne de 1792, en Brabant, avec le corps de Bourbon.

A lui demandé s'il n'était point passé en Angleterre, et si cette puissance lui accorde toujours un traitement ?

A répondu n'y être jamais allé ; que l'Angleterre lui accorde toujours un traitement, et qu'il n'a que cela pour vivre.

A lui demandé quel grade il occupait dans l'armée de Condé ?

A répondu : commandant de l'avant-garde en 1796, avant cette campagne comme volontaire au quartier général de son grand-père, et toujours, depuis 1796, comme commandant de l'avant-garde.

À lui demandé s'il connaissait le général Pichegru, s'il a eu des relations avec lui ?

A répondu : Je ne l'ai, je crois, jamais vu. Je n'ai point eu de relations avec lui. Je sais qu'il a désiré me voir. Je me loue de ne l'avoir point connu, d'après les vils moyens dont on dit qu'il a voulu se servir, s'ils sont vrais.

À lui demandé s'il connaît l'ex-général Dumouriez, et s'il a des relations avec lui ?

A répondu : Pas davantage.

De quoi a été dressé le présent qui a été signé par le duc d'Enghien, le chef d'escadron Jacquin, le lieutenant Noirot, les deux gendarmes et le capitaine-rapporteur.

Avant de signer le présent procès-verbal, le duc d'Enghien a dit : « Je fais avec instance la demande d'avoir une audience particulière du premier consul. Mon nom, mon rang, ma façon de penser et l'horreur de ma situation me font espérer qu'il ne se refusera pas à ma demande. »

SEANCE ET JUGEMENT DE LA COMMISSION MILITAIRE.

À deux heures du matin, 21 mars, le duc d'Enghien fut amené dans la salle où siégeait la commission et répéta ce qu'il avait dit dans l'interrogatoire du capitaine-rapporteur. Il persista dans sa déclaration : il ajouta qu'il était prêt à faire la guerre, et qu'il désirait avoir du service dans la nouvelle guerre de l'Angleterre contre la France. « Lui ayant été demandé s'il avait quelque chose à présenter dans ses moyens de défense, a répondu n'avoir rien à dire de plus.

« Le président fait retirer l'accusé ; le conseil délibérant à huis clos, le président recueille les voix, en commençant par le plus jeune en grade ; ensuite, ayant émis son opinion le dernier, l'unanimité des voix a déclaré le duc d'Enghien coupable, et lui a appliqué l'article […] de la loi du […] ainsi conçu […] et en conséquence l'a condamné à la peine de mort. Ordonne que le présent jugement sera exécuté de suite à la diligence du capitaine-rapporteur, après en avoir donné lecture au condamné, en présence des différents détachements des corps de la garnison.

« Fait, clos et jugé sans désemparer à Vincennes les jour, mois et an que dessus et avons signé. »

La fosse étant *faite, remplie et close,* dix ans d'oubli, de consentement général et de gloire inouïe s'assirent dessus ; l'herbe poussa au bruit des salves qui annonçaient des victoires, aux illuminations qui éclairaient le sacre pontifical, le mariage de la fille des Césars ou la naissance du roi de Rome. Seulement de rares affligés rôdaient dans le bois, aventurant un regard furtif au bas du fossé vers l'endroit lamentable, tandis que quelques prisonniers l'apercevaient du haut du donjon qui les renfermait. La Restauration vint : la terre de la tombe fut remuée et avec elle les consciences ; chacun alors crut devoir s'expliquer.

M. Dupin aîné publia sa discussion ; M. Hulin, président de la commission militaire, parla ; M. le duc de Rovigo entra dans la controverse en accusant M. de Talleyrand ; un tiers répondit pour M. de Talleyrand, et Napoléon éleva sa grande voix sur le rocher de Sainte-Hélène.

Il faut reproduire et étudier ces documents, pour assigner à chacun la part qui lui revient et la place qu'il doit occuper dans ce drame. Il est nuit, et nous sommes à Chantilly ; il était nuit quand le duc d'Enghien était à Vincennes.

Lorsque M. Dupin[778] publia sa brochure, il me l'envoya avec cette lettre :

---

[778] André-Marie-Jean-Jacques Dupin, dit Dupin aîné (1783-1865), représentant aux Cent-Jours, député de 1827 à 1848, membre de l'Assemblée Constituante de 1848 et de l'Assemblée législative de 1849, sénateur du second Empire (27 novembre 1857) ; procureur général à la Cour de cassation, d'août 1830 à janvier 1852. Il

Paris, ce 10 novembre 1823.

« Monsieur le vicomte,

« Veuillez agréer un exemplaire de ma publication relative à l'assassinat du duc d'Enghien.

« Il y a longtemps qu'elle eût paru, si je n'avais voulu, avant tout, respecter la volonté de monseigneur le duc de Bourbon, qui, ayant eu connaissance de mon travail, m'avait fait exprimer son désir que cette déplorable affaire ne fût point exhumée.

« Mais la Providence ayant permis que d'autres prissent l'initiative, il est devenu nécessaire de faire connaître la vérité, et, après m'être assuré qu'on ne persistait plus à me faire garder le silence, j'ai parlé avec franchise et sincérité.

« J'ai l'honneur d'être avec un profond respect,

« Monsieur le vicomte,

« De Votre Excellence le très humble et très obéissant serviteur,

« DUPIN. »

M. Dupin, que je félicitai et remerciai, révèle dans sa lettre d'envoi un trait ignoré et touchant des nobles et miséricordieuses vertus du père de la victime. M. Dupin commence ainsi sa brochure :

« La mort de l'infortuné duc d'Enghien est un des événements qui ont le plus affligé la nation française : il a déshonoré le gouvernement consulaire.

« Un jeune prince, à la fleur de l'âge, surpris par trahison sur un sol étranger, où il dormait en paix sous la protection du droit des gens ; entraîné violemment vers la France ; traduit devant de prétendus juges qui, en aucun cas, ne pouvaient être les siens ; accusé de crimes imaginaires ; privé du secours d'un défenseur ; interrogé et condamné à huis clos ; mis à mort de nuit dans les fossés du château fort qui servait de prison d'État ; tant de vertus méconnues, de si chères espérances détruites, feront à jamais de cette catastrophe un des actes les plus révoltants auxquels ait pu s'abandonner un gouvernement absolu !

---

donna sa démission de ce dernier poste pour ne pas s'associer aux décrets qui prononçaient la confiscation des biens de la famille d'Orléans, mais cinq ans après, il acceptait d'être renommé procureur général, en même temps qu'il était appelé au Sénat impérial. Il était membre de l'Académie française depuis le 21 juin 1832. Ses Mémoires (4 vol. in-8o) ont paru de 1865 à 1868. — La brochure de M. Dupin, à laquelle se réfère Chateaubriand, fut publiée en 1823 sous ce titre : Pièces judiciaires et historiques relatives au procès du duc d'Enghien, avec le Journal de ce prince depuis l'instant de son arrestation ; précédées de la Discussion des actes de la commission militaire instituée en l'an XII, par le gouvernement consulaire, pour juger le duc d'Enghien, par l'auteur de l'opuscule intitulé. « De la Libre Défense des accusés. »

« Si aucune forme n'a été respectée ; si les juges étaient incompétents ; s'ils n'ont pas même pris la peine de relater dans leur arrêt la date et le texte des lois sur lesquelles ils prétendaient appuyer cette condamnation ; si le malheureux duc d'Enghien a été fusillé en vertu d'une sentence *signée en blanc...* et qui n'a été régularisée qu'après coup ! alors ce n'est plus seulement l'innocente victime d'une erreur judiciaire ; la chose reste avec son véritable nom : c'est un odieux assassinat. »

Cet éloquent exorde conduit M. Dupin à l'examen des pièces : il montre d'abord l'illégalité de l'arrestation : le duc d'Enghien n'a point été arrêté en France ; il n'était point prisonnier de guerre, puisqu'il n'avait pas été pris les armes à la main ; il n'était pas prisonnier à titre civil, car l'extradition n'avait pas été demandée ; c'était un emparement violent de la personne, comparable aux captures que font les pirates de Tunis et d'Alger, une course de voleurs, *incursio latronum.*

Le jurisconsulte passe à l'incompétence de la commission militaire : la connaissance de prétendus complots tramés contre l'État n'a jamais été attribuée aux commissions militaires.

Vient après cela l'examen du jugement.

« L'interrogatoire (c'est M. Dupin qui continue de parler) a lieu le 29 ventôse à minuit. Le 30 ventôse, à deux heures du matin, le duc d'Enghien est introduit devant la commission militaire.

« Sur la minute du jugement on lit : Aujourd'hui, le 30 ventôse an XII de la République, *à deux heures du matin :* ces mots, *deux heures du matin,* qui n'y ont été mis que parce qu'en effet il était cette heure-là, sont effacés sur la minute, sans avoir été remplacés par d'autre indication.

« Pas un seul témoin n'a été ni entendu ni produit contre l'accusé.

« L'accusé *est déclaré coupable !* Coupable de quoi ? Le jugement ne le dit pas.

« Tout jugement qui prononce une peine doit contenir la citation de la loi en vertu de laquelle la peine est appliquée.

« Eh bien, ici, aucune de ces formes n'a été remplie : aucune mention n'atteste au procès-verbal que les commissaires aient eu sous les yeux un *exemplaire de la loi ;* rien ne constate que le président en ait *lu le texte* avant de l'appliquer. Loin de là, le jugement, dans sa forme matérielle, offre la preuve que les commissaires ont condamné sans savoir ni la date ni la teneur de la loi ; car ils ont *laissé en blanc,* dans la minute de la sentence, et la date de la loi et le numéro de l'article, et la place destinée à recevoir son texte. Et cependant c'est sur la minute d'une sentence constituée dans cet état d'imperfection que le plus noble sang a été versé par des bourreaux !

« La délibération doit être secrète ; mais la prononciation du jugement doit être publique ; c'est encore la loi qui nous le dit. Or, le jugement du 30 ventôse dit bien : Le conseil délibérant à *huis clos ;* mais on n'y trouve pas la mention que l'on ait rouvert les portes, on n'y voit pas exprimé que le résultat de la délibération ait été prononcé en séance publique. Il le dirait, y pourrait-on croire ? Une séance publique, à deux heures du matin, dans le donjon de Vincennes, lorsque toutes les issues du château étaient gardées par des gendarmes d'élite ! Mais, enfin, on n'a pas même pris la précaution de recourir au mensonge ; le jugement est muet sur ce point.

« Ce jugement est signé par le président et les six autres commissaires, y compris le rapporteur, mais il est à remarquer que la minute *n'est pas signée par le greffier,* dont le concours, cependant, était nécessaire pour lui donner authenticité.

« La sentence est terminée par cette terrible formule : *sera exécuté* DE SUITE, *à la diligence du capitaine-rapporteur.*

« DE SUITE ! mots désespérants qui sont l'ouvrage des juges ! DE SUITE ! Et une loi expresse, celle du 15 brumaire an VI, accordait le recours en révision contre tout jugement militaire ! »

M. Dupin, passant à l'exécution, continue ainsi :

« Interrogé de nuit, jugé de nuit, le duc d'Enghien a été tué de nuit. Cet horrible sacrifice devait se consommer dans l'ombre, afin qu'il fût dit que toutes les lois avaient été violées, toutes, même celles qui prescrivaient la publicité de l'exécution. »

Le jurisconsulte vient aux irrégularités dans l'instruction : « L'article 19 de la loi du 13 brumaire an V porte qu'après avoir clos l'interrogatoire, le rapporteur dira au prévenu de *faire choix d'un ami pour défenseur.* — Le prévenu aura *la faculté de choisir ce défenseur* dans toutes les classes de citoyens présents sur les lieux ; s'il déclare qu'il ne peut faire ce choix, le rapporteur le fera pour lui.

« Ah ! sans doute le prince n'avait point d'*amis*[779] parmi ceux qui l'entouraient ; la cruelle déclaration lui en fut faite par un des fauteurs de cette horrible scène !... Hélas ! que n'étions-nous présents ! que ne fut-il permis au prince de faire un appel au barreau de Paris ! Là, il eût trouvé des amis de son malheur, des défenseurs de son infortune. C'est en vue de rendre ce jugement présentable aux yeux du public qu'on paraît avoir préparé plus à loisir une nouvelle rédaction. La substitution tardive d'une seconde rédaction, en apparence plus régulière que la première (bien qu'également injuste), n'ôte rien à l'odieux d'avoir fait périr le duc d'Enghien sur un croquis de jugement signé à la hâte, et qui n'avait pas encore reçu son complément. »

Telle est la lumineuse brochure de M. Dupin. Je ne sais toutefois si, dans un acte de la nature de celui qu'examine l'auteur, le plus ou le moins de régularité tient une place importante : qu'on eût étranglé le duc d'Enghien dans une chaise de poste de Strasbourg à Paris, ou qu'on l'ait tué dans le bois de Vincennes, la chose est égale. Mais n'est-il pas

---

[779] Allusion à une abominable réponse qu'on aurait faite, dit-on, à M. le duc d'Enghien. Ch.

providentiel de voir des hommes, après longues années, les uns démontrer l'irrégularité d'un meurtre auquel ils n'avaient pris aucune part, les autres accourir, sans qu'on le leur demandât, devant l'accusation publique ? Qu'ont-ils donc entendu ? quelle voix d'en haut les a sommés de comparaître ?

Après le grand jurisconsulte, voici venir un vétéran aveugle[780] : il a commandé les grenadiers de la vieille garde ; c'est tout dire aux braves. Sa dernière blessure, il l'a reçue de Malet, dont le plomb impuissant est resté perdu dans un visage qui ne s'est jamais détourné du boulet. *Frappé de cécité, retiré du monde, n'ayant pour consolation que les soins de sa famille* (ce sont ses propres paroles), le juge du duc d'Enghien semble sortir de son tombeau à l'appel du souverain juge ; il plaide sa cause[781] sans se faire illusion et sans s'excuser :

« Qu'on ne se méprenne point, dit-il, sur mes intentions. Je n'écris point par peur, puisque ma personne est sous la protection de lois émanées du trône même, et que, sous le gouvernement d'un roi juste, je n'ai rien à redouter de la violence et de l'arbitraire. J'écris pour dire la vérité, même en tout ce qui peut m'être contraire. Ainsi, je ne prétends justifier ni la forme, ni le fond du jugement, mais je veux montrer sous l'empire et au milieu de quel concours de circonstances il a été rendu ; je veux éloigner de moi et de mes collègues l'idée que nous ayons agi comme des hommes de parti. Si l'on doit nous blâmer encore, je veux aussi qu'on dise de

---

[780] Le général Hulin. Il avait été l'un des vainqueurs de la Bastille. Genevois d'origine, mais né à Paris vers 1759, ancien horloger, suivant les uns, engagé au régiment de Champagne, suivant d'autres, ci-devant domestique (chasseur) du marquis de Conflans, selon sa propre dire consigné dans un mémoire signé de son nom, il était, en 1789, directeur de la buanderie de la Briche, près Saint-Denis. Emprisonné sous la Terreur, il prit du service après sa libération dans la première armée d'Italie, où il se fit apprécier de Bonaparte, et se trouva tout prêt à le seconder au 18 brumaire. Il était, lors de l'affaire du duc d'Enghien, commandant des grenadiers à pied de la garde des consuls. À la suite de l'exécution du prince, Bonaparte lui témoigna sa satisfaction, en le nommant successivement général de division, grand-officier de la Légion d'honneur, comte de l'Empire avec une dotation de 25 000 francs. Il était en 1812 commandant de la place de Paris, et c'est à lui qu'on doit en partie l'échec de la conspiration du général Malet. Blessé par celui-ci d'un coup de pistolet à la mâchoire, il reçut du peuple de Paris, qui l'aimait assez à cause de sa taille colossale, le petit sobriquet d'amitié de Bouffe-la-Balle. Malgré son rôle dans l'affaire du duc d'Enghien (ou peut-être à cause de ce rôle), il fut des premiers à se rallier aux Bourbons, au mois d'avril 1814. Il est vrai qu'il revint à l'Empire avec le même empressement pendant les Cent-Jours et fut alors rappelé au commandement de Paris. Banni de France en 1816, il y put rentrer trois ans après, et ne mourut qu'en 1841. (Voir les Hommes du 14 Juillet, par Victor Fournel.)

[781] Sa brochure a pour titre : « Explications offertes aux hommes impartiaux par M. le comte Hulin, au sujet de la Commission militaire instituée en l'an XII pour juger le duc d'Enghien. — 1823.

nous : *Ils ont été bien malheureux !* »

Le général Hulin affirme que, nommé président d'une commission militaire, il n'en connaissait pas le but ; qu'arrivé à Vincennes, il l'ignorait encore ; que les autres membres de la commission l'ignoraient également ; que le commandant du château, M. Harel[782], étant interrogé, lui dit ne rien savoir lui-même, ajoutant ces paroles : « Que voulez-vous ? je ne suis plus rien ici. Tout se fait sans mes ordres et ma participation : c'est un autre qui commande ici. »

Il était dix heures du soir quand le général Hulin fut tiré de son incertitude par la communication des pièces. — L'audience fut ouverte à minuit, lorsque l'examen du prisonnier par le capitaine-rapporteur eut été fini. « La lecture des pièces, dit le président de la commission, donna lieu à un incident. Nous remarquâmes qu'à la fin de l'interrogatoire subi devant le capitaine-rapporteur, le prince, avant de signer, *avait tracé de sa propre main, quelques lignes où il exprimait le désir d'avoir une explication avec le premier consul.* Un membre fit la proposition de transmettre cette demande au gouvernement. La commission y déféra ; mais, au même instant, le général, qui était venu se poster derrière mon fauteuil, nous représenta que cette demande était *inopportune.* D'ailleurs, nous ne trouvâmes dans la loi aucune disposition qui nous autorisât à surseoir. La commission passa donc outre, se réservant, après les débats, de satisfaire aux vœux du prévenu. »

Voilà ce que raconte le général Hulin. Or, on lit cet autre passage dans la brochure du duc de Rovigo : « Il y avait même assez de monde pour qu'il m'ait été difficile, étant arrivé des derniers, de pénétrer derrière le

---

782 On trouve de curieux détails sur ce personnage dans les Mémoires de M. de Bourrienne, tome IV, pages 190 et suivantes. En 1800, le citoyen Jacques Harel, âgé de 45 ans, capitaine à la suite de la 45e demi-brigade, aigri par la destitution qui l'avait frappé, à bout de ressources, lia partie avec Céracchi, Aréna, Topino-Lebrun, Demerville et autres mécontents, et forma avec eux le projet de tuer le Premier Consul. Effrayé bientôt d'être entré dans le complot, il se résolut à le dénoncer, et ce fut Bourrienne, alors secrétaire de Bonaparte, qui reçut ses confidences. Il ne convenait pas aux desseins du Premier Consul que cette affaire fût arrêtée dans le début ; il lui importait, au contraire, de pouvoir la présenter comme très grave. Ordre fut donné au dénonciateur de continuer ses rapports avec les conjurés. Lorsqu'il vint annoncer que ceux-ci n'avaient pas d'argent pour acheter des armes, on lui remit de l'argent. Lorsqu'il vint dire, le lendemain, que les armuriers, ne les connaissant pas, refusaient de leur remettre les armes demandées, la police leur délivra, par l'intermédiaire d'Harel, l'autorisation nécessaire. Harel comparut au procès comme témoin, et sur sa déposition Demerville, Aréna, Céracchi et Topino-Lebrun furent condamnés à mort. Pour lui, il reçut sa récompense : il fut réintégré dans les cadres de l'armée et nommé commandant du château de Vincennes. — Voir, outre les Mémoires de Bourrienne, le Procès instruit par le Tribunal criminel du département de la Seine contre Demerville, Céracchi, Aréna et autres, prévenus de conspiration contre la personne du premier Consul Bonaparte ; un volume in-8o. Pluviôse an IX.

siège du président, où je parvins à me placer. »

C'était donc le duc de Rovigo qui s'était *posté derrière le fauteuil* du président ? Mais lui, ou tout autre, ne faisant pas partie de la commission, avait-il le droit d'intervenir dans les débats de cette commission et de représenter qu'une demande était *inopportune ?*

Écoutons le commandant des grenadiers de la vieille garde parler du courage du jeune fils des Condé ; il s'y connaissait :

« Je procédai à l'interrogatoire du prévenu ; je dois le dire, il se présenta devant nous avec une noble assurance, repoussa loin de lui d'avoir trempé directement ni indirectement dans un complot d'assassinat contre la vie du premier consul ; mais il avoua aussi avoir porté les armes contre la France, disant avec un courage et une fierté qui ne nous permirent jamais, dans son propre intérêt, de le faire varier sur ce point : *Qu'il avait soutenu les droits de sa famille, et qu'un Condé ne pouvait jamais rentrer en France que les armes à la main. Ma naissance, mon opinion,* ajouta-t-il, *me rendent à jamais l'ennemi de votre gouvernement.*

« La fermeté de ses aveux devenait désespérante pour ses juges. Dix fois nous le mîmes sur la voie de revenir sur ses déclarations, toujours il persista d'une manière inébranlable : *Je vois,* disait-il par intervalles, *les intentions honorables des membres de la commission, mais je ne peux me servir des moyens qu'ils m'offrent.* Et sur l'avertissement que les commissions militaires jugeaient sans appel : *Je le sais,* me répondit-il, *et je ne me dissimule pas le danger que je cours ; je désire seulement avoir une entrevue avec le premier consul.* »

Est-il dans toute notre histoire une page plus pathétique ? La nouvelle France jugeant la France ancienne, lui rendant hommage, lui présentant les armes, lui faisant le salut du drapeau en la condamnant ; le tribunal établi dans la forteresse où le grand Condé, prisonnier, cultivait des fleurs ; le général des grenadiers de la garde de Bonaparte, assis en face du dernier descendant du vainqueur de Rocroi, se sentant ému d'admiration devant l'accusé sans défenseur, abandonné de la terre, l'interrogeant tandis que le bruit du fossoyeur qui creusait la tombe se mêlait aux réponses assurées du jeune soldat ! Quelques jours après l'exécution, le général Hulin s'écriait : « Ô le brave jeune homme ! quel courage ! Je voudrais mourir comme lui. »

Le général Hulin, après avoir parlé de la *minute* et de la *seconde* rédaction du jugement, dit : « Quant à la seconde rédaction, la seule vraie, comme elle ne portait pas l'ordre *d'exécuter de suite,* mais seulement *de lire de suite* le jugement au condamné, *l'exécution de suite* ne serait pas le fait de la commission, mais seulement de ceux qui auraient pris sur leur responsabilité propre de brusquer cette fatale exécution.

« Hélas ! nous avions bien d'autres pensées ! À peine le jugement fut-il signé, que je me mis à écrire une lettre dans laquelle, me rendant en cela l'interprète du vœu unanime de la commission, j'écrivais au premier consul pour lui faire part du désir qu'avait témoigné le prince d'avoir une entrevue avec lui, et aussi pour le conjurer de remettre une peine que la rigueur de notre position ne nous avait pas permis d'éluder.

« C'est à cet instant qu'un homme[783], qui s'était constamment tenu dans la salle du conseil, et que je nommerais à l'instant, si je ne réfléchissais que, même en me défendant, il ne me convient pas d'accuser... — Que faites-vous là ? me dit-il en s'approchant de moi. — J'écris au premier consul, lui répondis-je, pour lui exprimer le vœu du conseil et celui du condamné. — Votre affaire est finie, me dit-il en reprenant la plume : maintenant cela me regarde.

« J'avoue que je crus, et plusieurs de mes collègues avec moi, qu'il voulait dire : *Cela me regarde d'avertir le premier consul.* La réponse, entendue en ce sens, nous laissait l'espoir que l'avertissement n'en serait pas moins donné. Et comment nous serait-il venu à l'idée que qui que ce fût auprès de nous *avait l'ordre de négliger les formalités voulues par les lois ?* »

Tout le secret de cette funèbre catastrophe est dans cette déposition. Le vétéran qui, toujours près de mourir sur le champ de bataille, avait appris de la mort le langage de la vérité, conclut par ces dernières paroles :

« Je m'entretenais de ce qui venait de se passer sous le vestibule contigu à la salle des délibérations. Des conversations particulières s'étaient engagées ; j'attendais ma voiture, qui n'ayant pu entrer dans la cour intérieure, non plus que celles des autres membres, retarda mon départ et le leur ; nous étions nous-mêmes enfermés, sans que personne pût communiquer au dehors, lorsqu'une explosion se fit entendre : bruit terrible qui retentit au fond de nos âmes et les glaça de terreur et d'effroi.

« Oui, je le jure au nom de tous mes collègues, cette exécution ne fut point autorisée par nous : notre jugement portait qu'il en serait envoyé une expédition au ministre de la guerre, au grand juge ministre de la justice, et au général en chef gouverneur de Paris.

« L'ordre d'exécution ne pouvait être régulièrement donné que par ce dernier ; les copies n'étaient point encore expédiées ; elles ne pouvaient pas être terminées avant qu'une partie de la journée ne fût écoulée. Rentré dans Paris, j'aurais été trouver le gouverneur, le premier consul, que sais-je ! Et tout à coup un bruit affreux vient nous révéler que le prince n'existe plus !

« Nous ignorions si celui qui a si cruellement précipité cette exécution funeste *avait des ordres : s'il n'en avait point, lui seul est responsable ; s'il en avait, la commission, étrangère à ces ordres, la commission, tenue en chartre privée,* la commission, dont le dernier vœu était pour le salut du prince, n'a pu ni en prévenir ni en empêcher l'effet. On ne peut l'en

---

[783] Le général Savary.

accuser.

« Vingt ans écoulés n'ont point adouci l'amertume de mes regrets. Que l'on m'accuse d'ignorance, d'erreur, j'y consens ; qu'on me reproche une obéissance à laquelle aujourd'hui je saurais bien me soustraire dans de pareilles circonstances ; mon attachement à un homme que je croyais destiné à faire le bonheur de mon pays ; ma fidélité à un gouvernement que je croyais légitime alors et qui était en possession de mes serments ; mais qu'on me tienne compte, ainsi qu'à mes collègues, des circonstances fatales au milieu desquelles nous avons été appelés à prononcer. »

La défense est faible, mais vous vous repentez, général : paix vous soit ! Si votre arrêt est devenu la feuille de route du dernier Condé, vous irez rejoindre, à la garde avancée des morts, le dernier conscrit de notre ancienne patrie. Le jeune soldat se fera un plaisir de partager son lit avec le grenadier de la vieille garde ; la France de Fribourg et la France de Marengo dormiront ensemble.

M. le duc de Rovigo, en se frappant la poitrine, prend son rang dans la procession qui vient se confesser à la tombe. J'avais été longtemps sous le pouvoir du ministre de la police ; il tomba sous l'influence qu'il supposait m'être rendue au retour de la légitimité : il me communiqua une partie de ses *Mémoires*. Les hommes, dans sa position, parlent de ce qu'ils ont fait avec une merveilleuse candeur ; ils ne se doutent pas de ce qu'ils disent contre eux-mêmes : s'accusant sans s'en apercevoir, ils ne soupçonnent pas qu'il y ait une autre opinion que la leur, et sur les fonctions dont ils s'étaient chargés, et sur la conduite qu'ils ont tenue. S'ils ont manqué de fidélité, ils ne croient pas avoir violé leur serment ; s'ils ont pris sur eux des rôles qui répugnent à d'autres caractères, ils pensent avoir rendu de grands services. Leur naïveté ne les justifie pas, mais elle les excuse.

M. le duc de Rovigo me consulta sur les chapitres où il traite de la mort du duc d'Enghien ; il voulait connaître ma pensée, précisément parce qu'il savait ce que j'avais fait ; je lui sus gré de cette marque d'estime, et, lui rendant franchise pour franchise, je lui conseillai de ne rien publier. Je lui dis : « Laissez mourir tout cela ; en France l'oubli ne se fait pas attendre. Vous vous imaginez laver Napoléon d'un reproche et rejeter la faute sur M. de Talleyrand ; or, vous ne justifiez pas assez le premier, et n'accusez pas assez le second. Vous prêtez le flanc à vos ennemis ; ils ne manqueront pas de vous répondre. Qu'avez-vous besoin de faire souvenir le public que vous commandiez la gendarmerie d'élite à Vincennes ? Il ignorait la part directe que vous avez eue dans cette action de malheur, et vous la lui révélez. Général, jetez le manuscrit au feu : je vous parle dans votre intérêt. »

Imbu des maximes gouvernementales de l'Empire, le duc de Rovigo pensait que ces maximes convenaient également au trône légitime ; il avait la conviction que sa brochure[784] lui rouvrirait la porte des Tuileries.

C'est en partie à la lumière de cet écrit que la postérité verra se dessiner les fantômes de deuil. Je voulus cacher l'inculpé venu me demander asile pendant la nuit ; il n'accepta point la protection de mon foyer.

M. de Rovigo fait le récit du départ de M. de Caulaincourt[785] qu'il ne nomme point ; il parle de l'enlèvement à Ettenheim, du passage du prisonnier à Strasbourg, et de son arrivée à Vincennes. Après une expédition sur les côtes de la Normandie, le général Savary était revenu à la Malmaison. Il est appelé à cinq heures du soir, le 19 mars 1804, dans le cabinet du premier consul, qui lui remet une lettre cachetée pour la porter au général Murat, gouverneur de Paris. Il vole chez le général, se croise avec le ministre des relations extérieures, reçoit l'ordre de prendre la gendarmerie d'élite et d'aller à Vincennes. Il s'y rend à huit heures du soir et voit arriver les membres de la commission. Il pénètre bientôt dans la salle où l'on jugeait le prince, le 21, à une heure du matin, et il va s'asseoir derrière le président. Il rapporte les réponses du duc d'Enghien, à peu près comme les rapporte le procès-verbal de l'unique séance. Il m'a raconté que le prince, après avoir donné ses dernières explications, ôta vivement sa casquette, la posa sur la table, et, comme un homme qui résigne sa vie, dit au président : « Monsieur, je n'ai plus rien à dire. »

M. de Rovigo insiste sur ce que la séance n'était point mystérieuse : « Les portes de la salle, affirme-t-il, étaient ouvertes et libres pour tous ceux qui pouvaient s'y rendre à *cette heure.* » M. Dupin avait déjà remarqué cette perturbation de raisonnement. À cette occasion, M. Achille Roche[786], qui semble écrire pour M. de Talleyrand, s'écrie : « La séance ne

---

[784] La brochure de Savary, comme celles de M. Dupin et du général Hulin, parut en 1823, avec ce titre : Extrait des Mémoires du duc de Rovigo, concernant la catastrophe de M. le duc d'Enghien.

[785] Armand-Louis-Augustin, marquis de Caulaincourt (1773-1827). Il reçut de l'Empereur les fonctions de grand écuyer et le titre de duc de Vicence. Ambassadeur à Saint-Pétersbourg de 1807 à 1811, ministre des relations extérieures en 1813, il représenta la France au congrès de Châtillon (janvier 1814). Rappelé au ministère des affaires étrangères pendant les Cent-Jours, il fit, après la seconde abdication, partie de la Commission de gouvernement présidée par Fouché. — L'enlèvement du duc d'Enghien à Ettenheim fut bien moins une expédition militaire qu'un coup de main de police. Caulaincourt, à ce moment général de brigade et aide de camp du premier Consul, en fut chargé avec le général Ordener. Tous les deux prêtèrent la main au guet-apens ; mais le rôle de Caulaincourt s'aggravait ici de cette circonstance qu'il avait été page du prince de Condé, et, comme tel, élevé pendant quelque temps auprès du duc d'Enghien.

[786] Achille Roche, publiciste (1801-1834). Il fut secrétaire de Benjamin Constant. Il est l'auteur de deux ouvrages qui eurent, en leur temps, quelque succès : l'Histoire de la Révolution française, en un volume (1825) ; le Fanatisme, extrait des Mémoires d'un Ligueur (4 vol. in-12), 1827. L'écrit dont Chateaubriand cite ici

fut point mystérieuse ! À minuit ! elle se tint dans la partie habitée du château ; dans la partie habitée d'une prison ! Qui assistait donc à cette séance ? des geôliers, des soldats, des bourreaux. »

Nul ne pouvait donner des détails plus exacts sur le moment et le lieu du coup de foudre que M. le duc de Rovigo ; écoutons-le :

« Après le prononcé de l'arrêt, je me retirai avec les officiers de mon corps qui, comme moi, avaient assisté aux débats, et j'allai rejoindre les troupes qui étaient sur l'esplanade du château. L'officier qui commandait l'infanterie de ma légion vint me dire, avec une émotion profonde, qu'on lui demandait un piquet pour exécuter la sentence de la commission militaire : — Donnez-le, répondis-je. — Mais où dois-je le placer ? — Là où vous ne pourrez blesser personne. Car déjà les habitants des populeux environs de Paris étaient sur les routes pour se rendre aux divers marchés.

« Après avoir bien examiné les lieux, l'officier choisit le fossé comme l'endroit le plus sûr pour ne blesser personne. M. le duc d'Enghien y fut conduit par l'escalier de la tour d'entrée du côté du parc, et y entendit la sentence, qui fut exécutée. »

Sous ce paragraphe, on trouve cette note de l'auteur du mémoire : « Entre la sentence et son exécution, on avait creusé une fosse : c'est ce qui a fait dire qu'on l'avait creusée avant le jugement. »

Malheureusement, les inadvertances sont ici déplorables : « M. de Rovigo prétend, » dit M. Achille Roche, apologiste de M. de Talleyrand, « qu'il a obéi ! Qui lui a transmis l'ordre d'exécution ? Il parait que c'est un M. Delga, tué à Wagram. Mais que ce soit ou ne soit pas ce M. Delga, si M. Savary se trompe en nous nommant M. Delga, on ne réclamera pas aujourd'hui, sans doute, la gloire qu'il attribue à cet officier. On accuse M. de Rovigo d'avoir hâté cette exécution ; ce n'est pas lui, répond-il : un homme qui est mort lui a dit qu'on avait donné des ordres pour la hâter. »

Le duc de Rovigo n'est pas heureux au sujet de l'exécution, qu'il raconte avoir eu lieu de jour : cela d'ailleurs ne changeant rien au fait, n'ôterait qu'un flambeau au supplice.

« À l'heure où se lève le soleil, en plein air, fallait-il, dit le général, une lanterne pour voir un homme à *six pas* ! Ce n'est pas que le soleil, ajoute-t-il, fût clair et serein ; comme il était tombé toute la nuit une pluie fine, il restait encore un brouillard humide qui retardait son apparition. L'exécution a eu lieu à six heures du matin, le fait est attesté par des *pièces irrécusables.* »

Et le général ne fournit ni n'indique ces pièces. La marche du procès démontre que le duc d'Enghien fut jugé à deux heures du matin et fut fusillé de suite. Ces mots, *deux heures du matin*, écrits d'abord à la première minute de l'arrêt, sont ensuite biffés sur cette minute. Le procès-

quelques passages, et qui parut en 1823, est intitulé : De Messieurs le duc de Rovigo et le prince de Talleyrand, par Achille Roche.

verbal de l'exhumation prouve, par la déposition de trois témoins, madame Bon, le sieur Godard et le sieur Bounelet (celui-ci avait aidé à creuser la fosse), que la mise à mort s'effectua de nuit. M. Dupin aîné rappelle la circonstance d'un falot attaché sur le cœur du duc d'Enghien, pour servir de point de mire, ou tenu, à même intention, d'une main ferme, par le prince. Il a été question d'une grosse pierre retirée de la fosse, et dont on aurait écrasé la tête du patient. Enfin, le duc de Rovigo devait s'être vanté de posséder quelques dépouilles de l'holocauste : j'ai cru moi-même à ces bruits ; mais les pièces légales prouvent qu'ils n'étaient pas fondés.

Par le procès-verbal, en date du mercredi 20 mars 1816, des médecins et chirurgiens, pour l'exhumation du corps, il a été reconnu que la tête était brisée, que la *mâchoire supérieure, entièrement séparée des os de la face, était garnie de douze dents ; que la mâchoire inférieure, fracturée dans sa partie moyenne, était partagée en deux, et ne présentait plus que trois dents.*

Le corps était à plat sur le ventre, la tête plus basse que les pieds ; les vertèbres du cou avaient une chaîne d'or.

Le second procès-verbal d'exhumation (à la même date, 20 mars 1816), le *procès-verbal général*, constate qu'on a retrouvé, avec les restes du squelette, une bourse de maroquin contenant onze pièces d'or, soixante-dix pièces d'or renfermées dans des rouleaux cachetés, des cheveux, des débris de vêtements, des morceaux de casquette portant l'empreinte des balles qui l'avaient traversée.

Ainsi, M. de Rovigo n'a rien pris des dépouilles ; la terre qui les retenait les a rendues et a témoigné de la probité du général ; une lanterne n'a point été attachée sur le cœur du prince, on en aurait trouvé les fragments, comme ceux de la casquette trouée ; une grosse pierre n'a point été retirée de la fosse ; le feu du piquet *à six pas* a suffi pour mettre en pièces la tête, pour *séparer la mâchoire supérieure des os de la face*, etc.

À cette dérision des vanités humaines, il ne manquait que l'immolation pareille de Murat, gouverneur de Paris, la mort de Bonaparte captif, et cette inscription gravée sur le cercueil du duc d'Enghien : « Ici est le *corps* de très-haut et puissant prince du sang, pair de France, *mort* à Vincennes le 21 mars 1804, âgé de 31 ans 7 mois et 19 jours. » Le *corps* était des os fracassés et nus ; le *haut et puissant prince*, les fragments brisés de la carcasse d'un soldat : pas un mot qui rappelle la catastrophe, pas un mot de blâme ou de douleur dans cette épitaphe gravée par une famille en larmes ; prodigieux effet du respect que le siècle porte aux œuvres et aux susceptibilités révolutionnaires ! On s'est hâté de même de faire disparaître la chapelle mortuaire du duc de Berri.

Que de néants ! Bourbons, inutilement rentrés dans vos palais, vous n'avez été occupés que d'exhumations et de funérailles ; votre temps de vie était passé. Dieu l'a voulu ! L'ancienne gloire de la France périt sous les yeux de l'ombre du grand Condé, dans un fossé de Vincennes : peut-être était-ce au lieu même où Louis IX, *à qui l'on n'alloit que comme à un saint*, s'asseyoit sous un chesne, et où tous ceux qui avoient affaire à luy venaient luy parler sans empeschement d'huissiers ni d'autres ; et quand il voyoit aucune chose à amender, en la parole de ceux qui parloient pour autrui, lui-même l'amendoit de sa bouche, et tout le peuple qui avoit affaire par-devant lui estoit autour de luy. » (JOINVILLE.)

Le duc d'Enghien demanda à parler à Bonaparte ; *il avait affaire par-devant lui ;* il ne fut point écouté ! Qui du bord du ravelin contemplait au fond du fossé ces armes, ces soldats à peine éclairés d'une lanterne dans le brouillard et les ombres, comme dans la nuit éternelle ? Où était-il placé, le falot ? Le duc d'Enghien avait-il à ses pieds sa fosse ouverte ? fut-il obligé de l'enjamber pour se mettre à la distance de *six pas*, mentionnée par le duc de Rovigo ?

On a conservé une lettre de M. le duc d'Enghien, âgé de neuf ans, à son père, le duc de Bourbon ; il lui dit : « Tous les *Enguiens* sont *heureux ;* celui de la bataille de Cerizoles, celui qui gagna la bataille de Rocroi : j'espère l'être aussi. »

Est-il vrai qu'on refusa un prêtre à la victime ? Est-il vrai qu'elle ne trouva qu'avec difficulté une main pour se charger de transmettre à une femme le dernier gage d'un attachement ? Qu'importait aux bourreaux un sentiment de piété ou de tendresse ? Ils étaient là pour tuer, le duc d'Enghien pour mourir.

Le duc d'Enghien avait épousé secrètement, par le ministère d'un prêtre, la princesse Charlotte de Rohan[787] : en ces temps où la patrie était errante, un homme, en raison même de son élévation, était arrêté par mille entraves politiques ; pour jouir de ce que la société publique accorde à tous, il était obligé de se cacher. Ce mariage légitime, aujourd'hui connu, rehausse l'éclat d'une fin tragique ; il substitue la gloire du ciel au pardon

---

[787] La princesse Charlotte de Rohan-Rochefort. C'était pour se rapprocher d'elle que le duc d'Enghien était venu habiter Ettenheim, où vivait la princesse, près du cardinal de Rohan, son oncle. « Elle était, dit M. Théodore Muret, dans son Histoire de l'armée de Condé, t. II, p. 252, elle était unie au duc d'Enghien par un lien sacré. Pour quel motif le prince de Condé avait-il refusé de sanctionner ce mariage ? on est à cet égard réduit aux conjectures. Quant à la naissance, il n'y avait pas dérogation, car le prince de Condé lui-même avait épousé une Rohan. La princesse, par ses qualités personnelles, était bien loin de donner prétexte à un refus. Voulut-on punir le duc d'Enghien d'avoir formé ce lien sans consulter son grand-père ? Le désir ardent de voir se perpétuer sa glorieuse race fut-il le seul argument du chef de la maison contre un lien demeuré stérile ?... Après la mort du duc d'Enghien, le duc de Bourbon offrit à la princesse Charlotte de sanctionner par un aveu tardif le mariage de son fils... Elle refusa cette offre, ne voulant pas de la fortune de celui dont on ne lui avait pas permis de porter le nom... Nous tenons de la source la plus respectable que, dans les premières années de la Restauration, la princesse Charlotte étant annoncée chez la duchesse de Bourbon, la duchesse s'avança vers elle en l'appelant ma fille. »

du ciel : la religion perpétue la pompe du malheur, quand, après la catastrophe accomplie, la croix s'élève sur le lieu désert.

M. de Talleyrand, après la brochure de M. de Rovigo, avait présenté un mémoire justificatif à Louis XVIII : ce mémoire, que je n'ai point vu et qui devait tout éclaircir, n'éclaircissait rien. En 1820, nommé ministre plénipotentiaire à Berlin, je déterrai dans les archives de l'ambassade une lettre du *citoyen Laforest*[788], au sujet de M. le duc d'Enghien. Cette lettre énergique est d'autant plus honorable pour son auteur qu'il ne craignait pas de compromettre sa carrière, sans recevoir de récompense de l'opinion publique, sa démarche devant rester ignorée : noble abnégation d'un homme qui, par son obscurité même, avait dévolu ce qu'il a fait de bien à l'obscurité.

M. de Talleyrand reçut la leçon et se tut ; du moins, je ne trouvai rien de lui dans les mêmes archives, concernant la mort du prince. Le ministre des relations extérieures avait pourtant mandé, le 2 ventôse, au ministre de l'électeur de Bade, « que le premier consul avait cru devoir donner à des détachements l'ordre de se rendre à Offenbourg et à Ettenheim, pour y saisir les instigateurs des conspirations inouïes qui, par leur nature, mettent hors du droit des gens tous ceux qui manifestement y ont pris part. »

Un passage des généraux Gourgaud, Montholon et du docteur Ward met en scène Bonaparte : « Mon ministre, dit-il, me représenta fortement qu'il fallait se saisir du duc d'Enghien, quoiqu'il fût sur un territoire neutre. Mais j'hésitais encore, et le prince de Bénévent m'apporta deux fois, pour que je le signasse, l'ordre de son arrestation. Ce ne fut cependant qu'après que je me fus convaincu de l'urgence d'un tel acte que je me décidai à le signer. »

Au dire du *Mémorial de Saint-Hélène*, ces paroles seraient échappées à Bonaparte : « Le duc d'Enghien se comporta devant le tribunal avec une grande bravoure. À son arrivée à Strasbourg, il m'écrivit une lettre : cette lettre fut remise à Talleyrand, qui la garda jusqu'à l'exécution. »

---

[788] Antoine-René-Charles-Mathurin de Laforest (1756-1846). Il était entré dans la diplomatie sous Louis XVI. Talleyrand, qui l'avait beaucoup connu aux États-Unis, où Laforest avait été consul général, le nomma, dès son entrée au ministère des relations extérieures (18 juillet 1797), chef de la direction de la comptabilité et des fonds. Sous le Consulat, il accompagna Joseph Bonaparte au congrès de Lunéville, en qualité de premier secrétaire de légation ; il fut ensuite envoyé à Munich, puis à la diète de Ratisbonne, comme chargé d'affaires extraordinaire. Il géra avec une grande habileté, au milieu des circonstances les plus difficiles, l'ambassade de Berlin, de 1805 à 1808, et celle de Madrid, de 1808 à 1813. Napoléon l'avait créé comte le 28 janvier 1808. À la chute de l'Empire, il dirigea par intérim le ministère des Affaires étrangères, du 3 avril au 12 mai 1814, et fut chargé par le roi de préparer le traité de Paris. La seconde Restauration le nomma ministre plénipotentiaire auprès des puissances alliées. Pair de France le 5 mars 1819, il devint, en 1825, ministre d'État et membre du Conseil privé. La Révolution de 1830 lui enleva ses emplois et dignités.

Je crois peu à cette lettre : Napoléon aura transformé en lettre la demande que fit le duc d'Enghien de parler au vainqueur de l'Italie, ou plutôt les quelques lignes exprimant cette demande, qu'avant de signer l'interrogatoire prêté devant le capitaine-rapporteur, le prince avait tracées de sa propre main. Toutefois, parce que cette lettre ne se retrouverait pas, il ne faudrait pas en conclure rigoureusement qu'elle n'a pas été écrite : « J'ai su, » dit le duc de Rovigo, « que, dans les premiers jours de la Restauration, en 1814, l'un des secrétaires de M. de Talleyrand n'a pas cessé de faire des recherches dans les archives, sous la galerie du Muséum. Je tiens ce fait de celui qui a reçu l'ordre de l'y laisser pénétrer. Il en a été fait de même au dépôt de la guerre pour les actes du procès de M. le duc d'Enghien, où il n'est resté que la sentence. »

Le fait est vrai ; tous les papiers diplomatiques, et notamment la correspondance de M. de Talleyrand avec l'*empereur* et le *premier consul*, furent transportés des archives du Muséum à l'hôtel de la rue Saint-Florentin ; on en détruisit une partie ; le reste fut enfoui dans un poêle où l'on oublia de mettre le feu : la prudence du ministre ne put aller plus loin contre la légèreté du prince. Les documents non brûlés furent retrouvés ; quelqu'un pense les devoir conserver : j'ai tenu dans mes mains et lu de mes yeux une lettre de M. de Talleyrand ; elle est datée du 8 mars 1804 et relative à l'arrestation, non encore exécutée, de M. le duc d'Enghien. Le ministre invite le premier consul à sévir contre ses ennemis. On ne me permit pas de garder cette lettre, j'en ai retenu seulement ces deux passages : « Si la justice oblige de punir rigoureusement, la politique exige de punir sans exception. . . . . J'indiquerai au premier consul M. de Caulaincourt, auquel il pourrait donner ses ordres, et qui les exécuterait avec autant de discrétion que de fidélité. »

Ce rapport du prince de Talleyrand paraîtra-t-il un jour en entier ? Je l'ignore ; mais ce que je sais, c'est qu'il existait encore il y a deux ans.

Il y eut une délibération du conseil pour l'arrestation du duc d'Enghien. Cambacérès, dans ses *Mémoires* inédits, affirme, et je le crois, qu'il s'opposa à cette arrestation ; mais, en racontant ce qu'il dit, il ne dit pas ce qu'on lui répliqua.

Du reste, le *Mémorial de Saint-Hélène* nie les sollicitations en miséricorde auxquelles Bonaparte aurait été exposé. La prétendue scène de Joséphine demandant à genoux la grâce du duc d'Enghien, s'attachant au pan de l'habit de son mari et se faisant traîner par ce mari inexorable, est une de ces inventions de mélodrame avec lesquelles nos fabliers composent aujourd'hui la véridique histoire. Joséphine ignorait, le 19 mars au soir, que le duc d'Enghien devait être jugé ; elle le savait seulement arrêté. Elle avait promis à madame de Rémusat de s'intéresser au sort du prince. Comme celle-ci revenait, le 19 au soir, à la Malmaison avec Joséphine, on s'aperçut que la future impératrice, au lieu d'être uniquement préoccupée des périls du prisonnier de Vincennes, mettait souvent la tête à la portière de sa voiture pour regarder un général mêlé à sa suite : la coquetterie d'une femme avait emporté ailleurs la pensée qui pouvait sauver la vie du duc d'Enghien. Ce ne fut que le 21 mars que Bonaparte dit à sa femme : « Le duc d'Enghien est fusillé. »

Ces *Mémoires* de madame de Rémusat, que j'ai connue, étaient extrêmement curieux sur l'intérieur de la cour impériale. L'auteur les a brûlés pendant les Cent-Jours, et ensuite écrits de nouveau : ce ne sont plus que des souvenirs reproduits par des souvenirs ; la couleur est affaiblie ; mais Bonaparte y est toujours montré à nu et jugé avec impartialité[789].

Des hommes attachés à Napoléon disent qu'il ne sut la mort du duc d'Enghien qu'après l'exécution du prince : ce récit paraîtrait recevoir quelque valeur de l'anecdote rapportée par le duc de Rovigo, concernant Réal allant à Vincennes, si cette anecdote était vraie[790]. La mort une fois arrivée par les intrigues du parti révolutionnaire, Bonaparte reconnut le fait accompli, pour ne pas irriter des hommes qu'il croyait puissants : cette ingénieuse explication n'est pas recevable.

En résumant maintenant ces faits, voici ce qu'ils m'ont prouvé :

Bonaparte a voulu la mort du duc d'Enghien ; personne ne lui avait fait une condition de cette mort pour monter au trône. Cette condition supposée est une de ces subtilités des politiques qui prétendent trouver des causes occultes à tout. — Cependant il est probable que certains hommes compromis ne voyaient pas sans plaisir le premier consul se séparer à jamais des Bourbons. Le jugement de Vincennes fut une affaire du tempérament violent de Bonaparte, un accès de froide colère alimenté par les rapports de son ministre.

---

[789] M. Paul de Rémusat raconte en ces termes comment les premiers Mémoires de sa grand'mère furent jetés au feu : « Le lendemain même du jour où le débarquement de Napoléon était public, Mme de Nansouty (Alix de Vergennes, mariée au général de Nansouty) était accourue chez sa sœur, tout effrayée et troublée des récits qu'on lui faisait, des persécutions auxquelles seraient exposés les ennemis de l'empereur, vindicatif et tout-puissant. Elle lui dit qu'on allait exercer toutes les inquisitions d'une police rigoureuse, que M. Pasquier craignait d'être inquiété, et qu'il fallait se débarrasser de tout ce que la maison pouvait contenir de suspect. Ma grand'mère, qui d'elle-même peut-être n'y eût pas pensé, se troubla en songeant que chez elle on trouverait un manuscrit tout fait pour compromettre son mari, sa sœur, son beau-frère, ses amis. Elle poursuivait en effet dans le plus grand secret, depuis bien des années, peut-être depuis son entrée à la cour, des Mémoires écrits chaque jour sous l'impression des événements et des conversations. Elle y racontait presque tout ce qu'elle avait vu et entendu... Elle songea à Mme Chéron, femme du préfet de ce nom, très ancienne et fidèle amie, qui avait déjà gardé ce dangereux manuscrit, et elle courut la chercher. Malheureusement Mme Chéron était absente, et ne devait de longtemps rentrer. Que faire ? Ma grand'mère rentra tout émue et, sans réflexion ni délai, jeta dans le feu tous ses cahiers. » Préface des Mémoires, p. 75.

[790] Voir l'Appendice no XI : Le conseiller Réal et l'anecdote du duc de Rovigo.

M. de Caulaincourt n'est coupable que d'avoir exécuté l'ordre de l'arrestation.

Murat n'a à se reprocher que d'avoir transmis des ordres généraux et de n'avoir pas eu la force de se retirer : il n'était point à Vincennes pendant le jugement.

Le duc de Rovigo s'est trouvé chargé de l'exécution ; il avait probablement un ordre secret : le général Hulin l'insinue. Quel homme eût osé prendre sur lui de faire exécuter *de suite* une sentence à mort sur le duc d'Enghien, s'il n'eût agi d'après un mandat impératif ?

Quant à M. de Talleyrand, prêtre et gentilhomme, il inspira et prépara le meurtre en inquiétant Bonaparte avec insistance : il craignait le retour de la légitimité. Il serait possible, en recueillant ce que Napoléon a dit à Sainte-Hélène et les lettres que l'évêque d'Autun a écrites, de prouver que celui-ci a pris à la mort du duc d'Enghien une très forte part. Vainement on objecterait que la légèreté, le caractère et l'éducation du ministre devaient l'éloigner de la violence, que la corruption devait lui ôter l'énergie ; il ne demeurerait pas moins constant qu'il a décidé le consul à la fatale arrestation. Cette arrestation du duc d'Enghien, le 15 de mars, n'était pas ignorée de M. de Talleyrand : il était journellement en rapport avec Bonaparte et conférait avec lui ; pendant l'intervalle qui s'est écoulé entre l'arrestation et l'exécution, M. de Talleyrand, lui, ministre instigateur, s'est-il repenti, a-t-il dit un seul mot au premier consul en faveur du malheureux prince ? Il est naturel de croire qu'il a applaudi à l'exécution de la sentence.

La commission militaire a jugé le duc d'Enghien, mais avec douleur et repentir.

Telle est, consciencieusement, impartialement, strictement, la juste part de chacun. Mon sort a été trop lié à cette catastrophe pour que je n'aie pas essayé d'en éclaircir les ténèbres et d'en exposer les détails. Si Bonaparte n'eût pas tué le duc d'Enghien, s'il m'eût de plus en plus rapproché de lui (et son penchant l'y portait), qu'en fût-il résulté pour moi ? Ma carrière littéraire était finie ; entré de plein saut dans la carrière politique, où j'ai prouvé ce que j'aurais pu par la guerre d'Espagne, je serais devenu riche et puissant. La France aurait pu gagner à ma réunion avec l'empereur ; moi, j'y aurais perdu. Peut-être serais-je parvenu à maintenir quelques idées de liberté et de modération dans la tête du grand homme ; mais ma vie, rangée parmi celles qu'on appelle heureuses, eût été privée de ce qui en a fait le caractère et l'honneur : la pauvreté, le combat et l'indépendance.

Enfin, le principal accusé se lève après tous les autres ; il ferme la marche des pénitents ensanglantés. Supposons qu'un juge fasse comparaître devant lui *le nommé Bonaparte*, comme le capitaine instructeur fit comparaître devant lui *le nommé d'Enghien ;* supposons que la minute du dernier interrogatoire calqué sur le premier nous reste ;

comparez et lisez :

À lui demandé ses nom et prénoms ?

— A répondu se nommer Napoléon Bonaparte.

À lui demandé où il a résidé depuis qu'il est sorti de France ?

— A répondu : Aux Pyramides, à Madrid, à Berlin, à Vienne, à Moscou, à Sainte-Hélène.

À lui demandé quel rang il occupait dans l'armée ?

— A répondu : Commandant à l'avant-garde des armées de Dieu. Aucune autre réponse ne sort de la bouche du prévenu.

Les divers acteurs de la tragédie se sont mutuellement chargés ; Bonaparte seul n'en rejette la faute sur personne ; il conserve sa grandeur sous le poids de la malédiction ; il ne fléchit point la tête et reste debout ; il s'écrie comme le stoïcien : « Douleur, je n'avouerai jamais que tu sois un mal ! » Mais ce que dans son orgueil il n'avouera point aux vivants, il est contraint de le confesser aux morts. Ce Prométhée, le vautour au sein, ravisseur du feu céleste, se croyait supérieur à tout, et il est forcé de répondre au duc d'Enghien qu'il a fait poussière avant le temps : le squelette, trophée sur lequel il s'est abattu, l'interroge et le domine par une nécessité du ciel.

La domesticité et l'armée, l'antichambre et la tente, avaient leurs représentants à Sainte-Hélène : un serviteur, estimable par sa fidélité au maître qu'il avait choisi, était venu se placer près de Napoléon comme un écho à son service. La simplicité répétait la fable, en lui donnant un accent de sincérité. Bonaparte était la *Destinée ;* comme elle, il trompait dans la *forme* les esprits fascinés ; mais au fond de ses impostures, on entendait retentir cette vérité inexorable : « Je suis ! » Et l'univers en a senti le poids.

L'auteur de l'ouvrage le plus accrédité sur Sainte-Hélène expose la théorie qu'inventait Napoléon au profit des meurtriers ; l'exilé volontaire tient pour parole d'Évangile un homicide bavardage à prétention de profondeur, qui expliquerait seulement la vie de Napoléon telle qu'il voulait l'arranger, et comme il prétendait qu'elle fût écrite. Il laissait ses instructions à ses néophytes : M. le comte de Las Cases apprenait sa leçon sans s'en apercevoir ; le prodigieux captif, errant dans des sentiers solitaires, entraînait après lui par des mensonges son crédule adorateur, de même qu'Hercule suspendait les hommes à sa bouche par des chaînes d'or.

« La première fois, dit l'honnête chambellan, que j'entendis Napoléon prononcer le nom du duc d'Enghien, j'en devins rouge d'embarras. Heureusement, je marchais à sa suite dans un sentier étroit, autrement il n'eût pas manqué de s'en apercevoir. Néanmoins, lorsque, pour la première fois, l'empereur développa l'ensemble de cet événement, ses détails, ses accessoires ; lorsqu'il exposa divers motifs avec sa logique serrée, lumineuse, entraînante, je dois confesser que l'affaire me semblait prendre à mesure une face nouvelle... L'empereur traitait souvent ce sujet, ce qui m'a servi à remarquer dans sa personne des nuances caractéristiques très prononcées. J'ai pu voir à cette occasion très distinctement en lui, et maintes fois, l'homme privé se débattant avec l'homme public, et les sentiments naturels de son cœur aux prises avec ceux de sa fierté et de la dignité de sa position. Dans l'abandon de l'intimité, il ne se montrait pas indifférent au sort du malheureux prince ; mais, sitôt qu'il s'agissait du public, c'était toute autre chose. Un jour, après avoir parlé avec moi du sort et de la jeunesse de l'infortuné, il termina en disant : — « Et j'ai appris depuis, mon cher, qu'il m'était favorable ; on m'a assuré qu'il ne parlait pas de moi sans quelque admiration ; et voilà pourtant la justice distributive d'ici-bas ! » — Et ces dernières paroles furent dites avec une telle expression, tous les traits de la figure se montraient en telle harmonie avec elles, que si celui que Napoléon plaignait eût été dans ce moment en son pouvoir, je suis bien sûr que, quels qu'eussent été ses intentions ou ses actes, il eût été pardonné avec ardeur… L'empereur avait coutume de considérer cette affaire sous deux rapports très distincts : celui du droit commun ou de la justice établie, et celui du droit naturel ou des écarts de la violence.

« Avec nous et dans l'intimité, l'empereur disait que la faute, au dedans, pourrait en être attribuée à un excès de zèle ; autour de lui, ou à des vues privées, ou enfin à des intrigues mystérieuses. Il disait qu'il avait été poussé inopinément, qu'on avait pour ainsi dire surpris ses idées, précipité ses mesures, enchaîné ses résultats. « Assurément, disait-il, si j'eusse été instruit à temps de certaines particularités concernant les opinions et le naturel du prince ; si surtout j'avais vu la lettre qu'il m'écrivit et qu'on ne me remit, Dieu sait par quels motifs, qu'après qu'il n'était plus, bien certainement j'eusse pardonné. » Et il nous était aisé de voir que le cœur et la nature seuls dictaient ces paroles à l'empereur, et seulement pour nous ; car il se serait senti humilié qu'on pût croire un instant qu'il cherchait à se décharger sur autrui, ou descendît à se justifier ; sa crainte à cet égard, ou sa susceptibilité, étaient telles qu'en parlant à des étrangers ou dictant sur ce sujet pour le public, il se restreignait à dire que, s'il eût eu connaissance de la lettre du prince, peut-être lui eût-il fait grâce, vu les grands avantages politiques qu'il en eût pu recueillir ; et, traçant de sa main ses dernières pensées, qu'il suppose devoir être consacrées parmi les contemporains et dans la postérité, il prononce sur ce sujet, qu'il regarde comme un des plus délicats pour sa mémoire, que si c'était à refaire, il le ferait encore. »

Ce passage, quant à l'écrivain, a tous les caractères de la plus parfaite sincérité ; elle brille jusque dans la phrase où M. le comte de las Cases déclare que Bonaparte aurait pardonné avec ardeur à un homme qui n'était pas coupable. Mais les théories du chef sont les subtilités à l'aide desquelles on s'efforce de concilier ce qui est inconciliable. En faisant la distinction *du droit commun ou de la justice établie, et du droit naturel ou des écarts de la violence,* Napoléon semblait s'arranger d'un sophisme dont, au fond, il ne s'arrangeait pas ! Il ne pouvait soumettre sa conscience de même qu'il avait soumis le monde. Une faiblesse naturelle aux gens supérieurs et aux petites gens, lorsqu'ils ont commis une faute, est de la vouloir faire passer pour l'œuvre du génie, pour une vaste combinaison que le vulgaire ne peut comprendre. L'orgueil dit ces choses-là, et la sottise les croit. Bonaparte regardait sans doute comme la marque d'un esprit dominateur cette sentence qu'il débitait dans sa componction de grand homme : « Mon cher, voilà pourtant la justice distributive d'ici-bas !» Attendrissement vraiment philosophique ! Quelle impartialité ! comme elle justifie, en le mettant sur le compte du destin, le mal qui est venu de nous-mêmes ! On pense tout excuser maintenant lorsqu'on s'est écrié : « Que voulez-vous ? c'était ma nature, c'était l'infirmité humaine. » Quand on a tué son père, on répète : « Je suis fait comme cela ! » Et la foule reste là bouche béante, et l'on examine le crâne de cette puissance et l'on reconnaît qu'elle était *faite comme cela*. Et que m'importe que vous soyez fait comme cela ! Dois-je subir cette façon d'être ? Ce serait un beau chaos que le monde, si tous les hommes qui sont *faits comme cela* venaient à vouloir s'imposer les uns aux autres. Lorsqu'on ne peut effacer ses erreurs, on les divinise ; on fait un dogme de ses torts, on change en religion des sacrilèges, et l'on se croirait apostat de renoncer au culte de ses iniquités.

Une grave leçon est à tirer de la vie de Bonaparte. Deux actions, toutes deux mauvaises, ont commencé et amené sa chute : la mort du duc d'Enghien, la guerre d'Espagne. Il a beau passer dessus avec sa gloire, elles sont demeurées là pour le perdre. Il a péri par le côté même où il s'était cru fort, profond, invincible, lorsqu'il violait les lois de la morale en négligeant et dédaignant sa vraie force, c'est-à-dire ses qualités supérieures dans l'ordre et l'équité. Tant qu'il ne fit qu'attaquer l'anarchie et les étrangers ennemis de la France, il fut victorieux ; il se trouva dépouillé de sa vigueur aussitôt qu'il entra dans les voies corrompues : le cheveu coupé par Dalila n'est autre chose que la perte de la vertu. Tout crime porte en soi une incapacité radicale et un germe de malheur : pratiquons donc le bien pour être heureux, et soyons justes pour être habiles.

En preuve de cette vérité, remarquez qu'au moment même de la mort du prince, commença la dissidence qui, croissant en raison de la mauvaise fortune, détermina la chute de l'ordonnateur de la tragédie de Vincennes. Le cabinet de Russie, à propos de l'arrestation du duc d'Enghien, adressa des représentations vigoureuses contre la violation du territoire de l'Empire : Bonaparte sentit le coup, et répondit, dans *le Moniteur*, par un article foudroyant qui rappelait la mort de Paul Ier. À Saint-Pétersbourg, un service funèbre avait été célébré pour le jeune Condé. Sur le cénotaphe on lisait : « Au duc d'Enghien *quem devoravit bellua corsica.* » Les deux puissants adversaires se réconcilièrent en apparence dans la suite ; mais la blessure mutuelle que la politique avait faite, et que l'insulte élargit, leur resta au cœur : Napoléon ne se crut vengé que quand il vint coucher à Moscou ; Alexandre ne fut satisfait que quand il entra dans Paris.

La haine du cabinet de Berlin sortit de la même origine : j'ai parlé de la noble lettre de M. de Laforest, dans laquelle il racontait à M. de Talleyrand l'effet qu'avait produit le meurtre du duc d'Enghien à la cour de Potsdam. Madame de Staël était en Prusse lorsque la nouvelle de Vincennes arriva. « Je demeurais à Berlin, dit-elle, sur le quai de la Sprée, et mon appartement était au rez-de-chaussée. Un matin, à huit heures, on m'éveilla pour me dire que le prince Louis-Ferdinand était à cheval sous mes fenêtres, et me demandait de venir lui parler. — « Savez-vous, me dit-il, que le duc d'Enghien a été enlevé sur le territoire de Baden, livré à une commission militaire, et fusillé vingt-quatre heures après son arrivée à Paris ? — Quelle folie ! lui répondis-je ; ne voyez-vous pas que ce sont les ennemis de la France qui ont fait circuler ce bruit ? En effet, je l'avoue, ma haine, quelque forte qu'elle fût contre Bonaparte, n'allait pas jusqu'à me faire croire à la possibilité d'un tel forfait. — Puisque vous doutez de ce que je vous dis, me répondit le prince Louis, je vais vous envoyer *le Moniteur*, dans lequel vous lirez le jugement. Il partit à ces mots, et l'expression de sa physionomie présageait la vengeance ou la mort. Un quart d'heure après, j'eus entre les mains ce *Moniteur* du 21 mars (30 pluviôse), qui contenait un arrêt de mort prononcé par la commission militaire, séant à Vincennes, contre le nommé *Louis d'Enghien* ! C'est ainsi que des Français désignaient le petit-fils des héros qui ont fait la gloire de leur patrie ! Quand on abjurerait tous les préjugés d'illustre naissance, que le retour des formes monarchiques devait nécessairement rappeler, pourrait-on blasphémer ainsi les souvenirs de la bataille de Lens et de celle de Rocroi ? Ce Bonaparte qui en a tant gagné, des batailles, ne sait pas même les respecter ; il n'y a ni passé ni avenir pour lui ; son âme impérieuse et méprisante ne veut rien reconnaître de sacré pour l'opinion ; il n'admet le respect que pour la force existante. Le prince Louis m'écrivait en commençant son billet par ces mots : — Le nommé Louis de Prusse fait demander à madame de Staël, etc. — Il sentait l'injure faite au sang royal dont il sortait, au souvenir des héros parmi lesquels il brûlait de se placer. Comment, après cette horrible action, un seul roi de l'Europe a-t-il pu se lier avec un tel homme ? La nécessité ! dira-t-on. Il y a un sanctuaire de l'âme où jamais son empire ne doit pénétrer ; s'il n'en était pas ainsi, que serait la vertu sur la terre ? Un amusement libéral qui ne conviendrait qu'aux paisibles loisirs des hommes privés[791] ? »

Ce ressentiment du prince, qu'il devait payer de sa vie, durait encore lorsque la campagne de Prusse s'ouvrit, en 1806. Frédéric-Guillaume, dans son manifeste du 9 octobre, dit : « Les Allemands n'ont pas vengé la mort du duc d'Enghien ; mais jamais le souvenir de ce forfait ne s'effacera parmi eux. »

---

[791] Mme de Staël, *Dix années d'exil*, p. 98.

Ces particularités historiques, peu remarquées, méritaient de l'être ; car elles expliquent des inimitiés dont on serait embarrassé de trouver ailleurs la cause première, et elles découvrent en même temps ces degrés par lesquels la Providence conduit la destinée d'un homme, pour arriver de la faute au châtiment.

Heureuse, du moins, ma vie qui ne fut ni troublée par la peur, ni atteinte par la contagion, ni entraînée par les exemples ! La satisfaction que j'éprouve aujourd'hui de ce que je fis alors, me garantit que la conscience n'est pas une chimère. Plus content que tous ces potentats, que toutes ces nations tombées aux pieds du glorieux soldat, je relis avec un orgueil pardonnable cette page qui m'est restée comme mon seul bien et que je ne dois qu'à moi. En 1807, le cœur encore ému du meurtre que je viens de raconter, j'écrivais ces lignes ; elles firent supprimer *le Mercure* et exposèrent de nouveau ma liberté :

« Lorsque, dans le silence de l'abjection, l'on n'entend plus retentir que la chaîne de l'esclave et la voix du délateur ; lorsque tout tremble devant le tyran, et qu'il est aussi dangereux d'encourir sa faveur que de mériter sa disgrâce, l'historien paraît, chargé de la vengeance des peuples. C'est en vain que Néron prospère, Tacite est déjà né dans l'empire ; il croît inconnu auprès des cendres de Germanicus, et déjà l'intègre Providence a livré à un enfant obscur la gloire du maître du monde. Si le rôle de l'historien est beau, il est souvent dangereux ; mais il est des autels comme celui de l'honneur, qui, bien qu'abandonnés, réclament encore des sacrifices ; le Dieu n'est point anéanti parce que le temple est désert. Partout où il reste une chance à la fortune, il n'y a point d'héroïsme à la tenter ; les actions magnanimes sont celles dont le résultat prévu est le malheur et la mort. Après tout, qu'importent les revers, si notre nom, prononcé dans la postérité, va faire battre un cœur généreux deux mille ans après notre vie[792] ? »

La mort du duc d'Enghien, en introduisant un autre principe dans la conduite de Bonaparte, décomposa sa correcte intelligence : il fut obligé d'adopter, pour lui servir de bouclier, des maximes dont il n'eut pas à sa disposition la force entière, car il les faussait incessamment par sa gloire et par son génie. Il devint suspect ; il fit peur ; on perdit confiance en lui et dans sa destinée ; il fut contraint de voir, sinon de rechercher, des hommes qu'il n'aurait jamais vus et, qui, par son action, se croyaient devenus ses égaux : la contagion de leur souillure le gagnait. Il n'osait rien leur reprocher, car il n'avait plus la liberté vertueuse du blâme. Ses grandes qualités restèrent les mêmes, mais ses bonnes inclinations s'altérèrent et ne

---

[792] Ces lignes sont extraites de l'article publié par Chateaubriand, dans le Mercure du 4 juillet 1807, sur le Voyage pittoresque et historique en Espagne, par M. Alexandre de Laborde. — Chateaubriand reviendra, dans le tome suivant, sur cet article du Mercure.

soutinrent plus ses grandes qualités ; par la corruption de cette tache originelle sa nature se détériora. Dieu commanda à ses anges de déranger les harmonies de cet univers, d'en changer les lois, de l'incliner sur ses pôles : « Les anges, dit Milton, poussèrent avec effort obliquement le centre du monde... le soleil reçut l'ordre de détourner ses rênes du chemin de l'équateur... Les vents déchirèrent les bois et bouleversèrent les mers. »

> *They with labor push'd*
> *Oblique the centric globe... the sun*
> *Was bid turn reins from th' equinoctial road*
> . . . . *(winds)*
> *... rend the woods, and seas upturn.*

Les cendres de Bonaparte seront-elles exhumées comme l'ont été celles du duc d'Enghien ? Si j'avais été le maître, cette dernière victime dormirait encore sans honneurs dans le fossé du château de Vincennes. Cet *excommunié* eût été laissé, à l'instar de Raymond de Toulouse, dans un cercueil ouvert ; nulle main d'homme n'aurait osé dérober sous une planche la vue du témoin des jugements incompréhensibles et des colères de Dieu. Le squelette abandonné du duc d'Enghien et le tombeau désert de Napoléon à Sainte-Hélène feraient pendant : il n'y aurait rien de plus remémoratif que ces restes en présence aux deux bouts de la terre.

Du moins, le duc d'Enghien n'est pas demeuré sur le sol étranger, ainsi que l'exilé des rois : celui-ci a pris soin de rendre à celui-là sa patrie, un peu durement il est vrai ; mais sera-ce pour toujours ? La France (tant de poussières vannées par le souffle de la Révolution l'attestent) n'est pas fidèle aux ossements. Le vieux Condé dans son testament, déclare *qu'il n'est pas sûr du pays qu'il habitera le jour de sa mort.* Ô Bossuet ! que n'auriez-vous point ajouté au chef-d'œuvre de votre éloquence, si, lorsque vous parliez sur le cercueil du grand Condé, vous eussiez pu prévoir l'avenir !

C'est ici même, c'est à Chantilly qu'est né le duc d'Enghien : *Louis-Antoine-Henri de Bourbon, né le 2 août 1772, à Chantilly,* dit l'arrêt de mort. C'est sur cette pelouse qu'il joua dans son enfance : la trace de ses pas s'est effacée. Et le triomphateur de Fribourg, de Nordlingen, de Lens, de Senef, où est-il allé avec ses *mains victorieuses et maintenant défaillantes ?* Et ses descendants, le Condé de Johannisberg et de Berstheim ; et son fils, et son petit-fils, où sont-ils ? Ce château, ces jardins, ces jets d'eau *qui ne se taisaient ni jour ni nuit,* que sont-ils devenus ? Des statues mutilées, des lions dont on restaure la griffe ou la mâchoire ; des trophées d'armes sculptés dans un mur croulant ; des écussons à fleur de lis effacées ; des fondements de tourelles rasées ; quelques coursiers de marbre au-dessus des écuries vides que n'anime plus de ses hennissements le cheval de Rocroi ; près d'un manège une haute porte non achevée : voilà ce qui reste des souvenirs d'une race héroïque ; un testament noué par un cordon a changé les possesseurs de l'héritage.

À diverses reprises, la forêt entière est tombée sous la cognée. Des personnages des temps écoulés ont parcouru ces chasses aujourd'hui muettes, jadis retentissantes. Quel âge et quelles passions avaient-ils, lorsqu'ils s'arrêtaient au pied de ces chênes ? Ô mes inutiles *Mémoires*, je ne pourrais maintenant vous dire :

> Qu'à Chantilly Condé vous lise quelquefois ;
> Qu'Enghien en soit touché[793] !

Hommes obscurs, que sommes-nous auprès de ces hommes fameux ? Nous disparaîtrons sans retour : vous renaîtrez, *œillet de poète,* qui reposez sur ma table auprès de ce papier, et dont j'ai cueilli la petite fleur attardée parmi les bruyères ; mais nous, nous ne revivrons pas avec la solitaire parfumée qui m'a distrait.

LIVRE IV[794]

Désormais, à l'écart de la vie active, et néanmoins sauvé par la protection de madame Bacciochi de la colère de Bonaparte, je quittai mon logement provisoire rue de Beaune, et j'allai demeurer rue de Miromesnil[795]. Le petit hôtel que je louai fut occupé depuis par M. de Lally-Tolendal et madame Denain, sa *mieux aimée,* comme on disait du temps de Diane de Poitiers. Mon jardinet aboutissait à un chantier et j'avais auprès de ma fenêtre un grand peuplier que M. Lally-Tolendal, afin de respirer un air moins humide, abattit lui-même de sa grosse main, qu'il voyait transparente et décharnée : c'était une illusion comme une autre. Le pavé de la rue se terminait alors devant ma porte ; plus haut, la rue ou le chemin montait à travers un terrain vague que l'on appelait *la Butte-aux-Lapins.* La Butte-aux-Lapins, semée de quelques maisons isolées, joignait à droite le jardin de Tivoli, d'où j'étais parti avec mon frère pour

---

[793] Boileau, Épître VII, À M. Racine.

[794] Ce livre a été composé à Paris en 1839. Il a été revu en décembre 1846.

[795] « Nous quittâmes la rue de Beaune au mois d'avril 1804, pour aller demeurer dans la rue de Miromesnil. » Mme de Chateaubriand, le Cahier rouge. — Le petit hôtel où s'installa Chateaubriand était situé rue de Miromesnil, no 1119, au coin de la rue Verte, aujourd'hui rue de la Pépinière. Ainsi que j'ai déjà eu l'occasion d'en faire la remarque, on numérotait alors les maisons par quartier et non par rue. Joubert, dans une lettre du 10 mai 1804, donne à Chênedollé d'intéressants détails sur la nouvelle installation de leur ami : « Il se porte bien ; il vous a écrit. Rien de fâcheux ne lui est arrivé. Mme de Chateaubriand, lui, les bons Saint-Germain que vous connaissez, un portier, une portière et je ne sais combien de petits portiers logent ensemble rue de Miroménil, dans une jolie petite maison. Enfin notre ami est le chef d'une tribu qui me paraît assez heureuse. Son bon Génie et le Ciel sont chargés de pourvoir au reste. »

l'émigration, à gauche le parc de Monceaux. Je me promenais assez souvent dans ce parc abandonné ; la Révolution y commença parmi les orgies du duc d'Orléans : cette retraite avait été embellie de nudités de marbre et de ruines factices, symbole de la politique légère et débauchée qui allait couvrir la France de prostituées et de débris.

Je ne m'occupais de rien ; tout au plus m'entretenais-je dans le parc avec quelques sapins, ou causais-je du duc d'Enghien avec trois corbeaux, au bord d'une rivière artificielle cachée sous un tapis de mousse verte. Privé de ma légation alpestre et de mes amitiés de Rome, de même que j'avais été tout à coup séparé de mes attachements de Londres, je ne savais que faire de mon imagination et de mes sentiments ; je les mettais tous les soirs à la suite du soleil, et ses rayons ne les pouvaient emporter sur les mers. Je rentrais, et j'essayais de m'endormir au bruit de mon peuplier.

Pourtant ma démission avait accru ma renommée : un peu de courage sied toujours bien en France. Quelques-unes des personnes de l'ancienne société de madame de Beaumont m'introduisirent dans de nouveaux châteaux.

M. de Tocqueville[796], beau-frère de mon frère et tuteur de mes deux neveux orphelins, habitait le château de madame de Senozan : c'étaient partout des héritages d'échafaud[797]. Là, je voyais croître mes neveux avec leurs trois cousins de Tocqueville, entre lesquels s'élevait Alexis, auteur de la *Démocratie en Amérique*. Il était plus gâté à Verneuil que je ne l'avais été à Combourg. Est-ce la dernière renommée que j'aurai vue ignorée dans ses langes ? Alexis de Tocqueville a parcouru l'Amérique civilisée dont j'ai parcouru les forêts[798].

Verneuil a changé de maître ; il est devenu possession de madame de Saint-Fargeau, célèbre par son père et par la Révolution qui l'adopta pour fille.

---

[796] Sur M. de Tocqueville, petit-gendre de Malesherbes, voir, au tome I, la note 2 de la page 232 (note 38 du Livre V).

[797] Anne-Nicole Lamoignon de Blancménil, sœur de Malesherbes et femme du président de Senozan. Elle fut guillotinée quelques jours après son frère, le 21 floréal an II (10 mai 1794), le même jour que Madame Élisabeth. La marquise de Senozan était âgée de 76 ans. Son château, devenu plus tard la propriété de son petit-neveu, le comte de Tocqueville, était le château de Verneuil (Seine-et-Oise).

[798] Alexis-Charles-Henri Cléret de Tocqueville, né à Verneuil le 29 juillet 1805, mort à Cannes le 16 avril 1859. Député de 1839 à 1848, représentant du peuple de 1848 à 1851, ministre des Affaires étrangères du 3 juin au 30 octobre 1849. Il était membre de l'Académie française depuis le 23 décembre 1841. Outre ses deux grands ouvrages sur la Démocratie en Amérique et sur l'Ancien régime et la Révolution, il a laissé des Souvenirs, publiés en 1893 par son neveu le comte de Tocqueville.

Près de Mantes, au Ménil, était madame de Rosambo[799] : mon neveu, Louis de Chateaubriand, se maria dans la suite à mademoiselle d'Orglandes, nièce de madame de Rosanbo[800] : celle-ci ne promène plus sa beauté autour de l'étang et sous les hêtres du manoir ; elle a passé. Quand j'allais de Verneuil au Ménil, je rencontrais Mézy[801] sur la route : madame de Mézy était le roman renfermé dans la vertu et la douleur maternelle. Du moins si son enfant qui tomba d'une fenêtre et se brisa la tête avait pu, comme les jeunes cailles que nous chassions, s'envoler par-dessus le château et se réfugier dans l'Île-Belle, île riante de la Seine : *Coturnix per stipulas pascens* !

De l'autre côté de cette Seine, non loin du Marais, madame de Vintimille m'avait présenté à Méréville[802]. Méréville était une oasis créée par le sourire d'une muse, mais d'une de ces muses que les poètes gaulois appellent les *docte fées*. Ici les aventures de *Blanca*[803] et de *Velléda* furent lues devant d'élégantes générations, lesquelles, s'échappant les unes des autres comme des fleurs, écoutent aujourd'hui les plaintes de mes années.

Peu à peu mon intelligence fatiguée de repos, dans ma rue de Miromesnil, vit se former de lointains fantômes. Le *Génie du christianisme* m'inspira l'idée de faire la preuve de cet ouvrage, en mêlant des personnages chrétiens à des personnages mythologiques. Une ombre, que longtemps après j'appelai Cymodocée, se dessina vaguement dans ma tête, aucun trait n'en était arrêté. Une fois Cydomocée devinée, je m'enfermai avec elle, comme cela m'arrive toujours avec les filles de mon Imagination ; mais, avant qu'elles soient sorties de l'état de rêve et qu'elles soient arrivées des bords du Léthé par la porte d'ivoire, elles changent souvent de forme. Si je les crée par amour, je les défais par amour, et l'objet unique et chéri que je présente ensuite à la lumière est le produit de mille infidélités.

Je ne demeurai qu'un an dans la rue de Miromesnil, car la maison fut vendue. Je m'arrangeai avec madame la marquise de Coislin, qui me loua

---

[799] Le château du Ménil est situé dans la commune de Fontenay-Saint-Père, canton de Limay, arrondissement de Mantes (Seine-et-Oise). Il appartient aujourd'hui à M. le marquis de Rosanbo.

[800] Sur le mariage du comte Louis de Chateaubriand avec Mlle d'Orglandes, voir, au tome I, l'Appendice no III.

[801] Le château de Mézy, dans le canton de Meulan (Seine-et-Oise).

[802] Le château de Méréville était situé en Beauce. Il avait appartenu au célèbre banquier de la cour, Jean-Joseph de La Borde, qui en avait fait une habitation d'une splendeur achevée. Le parc, dessiné par Robert, le peintre de paysages, était une merveille. (Voir, pour la description du château et du parc, la Vie privée des Financiers au xviiie siècle, par H. Thirion, p. 278 et suiv.) — Jean-Joseph de La Borde fut guillotiné le 19 avril 1794. L'une de ses filles avait épousé le comte de Noailles, depuis duc de Mouchy ; il en sera parlé plus loin.

[803] L'héroïne des Aventures du dernier Abencerage.

l'attique de son hôtel, place Louis XV[804].

Madame de Coislin[805] était une femme du plus grand air. Âgée de près de quatre-vingts ans, ses yeux fiers et dominateurs avaient une expression d'esprit et d'ironie. Madame de Coislin n'avait aucunes lettres, et s'en faisait gloire ; elle avait passé à travers le siècle voltairien sans s'en douter ; si elle en avait conçu une idée quelconque, c'était comme d'un temps de bourgeois diserts. Ce n'est pas qu'elle parlât jamais de sa naissance ; elle était trop supérieure pour tomber dans un ridicule : elle savait très bien voir les *petites gens* sans déroger ; mais enfin, elle était née du premier marquis de France. Si elle venait de Drogon de Nesle, tué dans la Palestine en 1096 ; de Raoul de Nesle, connétable et armé chevalier par Louis IX ; de Jean II de Nesle, régent de France pendant la dernière croisade de saint Louis, madame de Coislin avouait que c'était une bêtise du sort dont on ne devait pas la rendre responsable ; elle était naturellement de la cour, comme d'autres plus heureux sont de la rue, comme on est cavale de race ou haridelle de fiacre : elle ne pouvait rien à cet accident, et force lui était de supporter le mal dont il avait plu au ciel de l'affliger.

Madame de Coislin avait-elle eu des liaisons avec Louis XV ? elle ne me l'a jamais avoué : elle convenait pourtant qu'elle avait été fort aimée, mais elle prétendait avoir traité le royal amant avec la dernière rigueur. « Je l'ai vu à mes pieds, me disait-elle, il avait des yeux charmants et son langage était séducteur. Il me proposa un jour de me donner une toilette de porcelaine comme celle que possédait madame de Pompadour. — Ah !

---

[804] « Au printemps de l'année 1805, nous prîmes un appartement sur la place Louis XV. Cette maison appartenait à la marquise de Coislin. » (Souvenirs de Mme de Chateaubriand.) — C'est la maison qui fait angle sur la rue Royale, en face de l'ancien Garde-Meuble de la Couronne, aujourd'hui ministère de la Marine.

[805] Marie-Anne-Louise-Adélaïde de Mailly, de la branche de Rubempré et de Nesle, était née à la Borde-au-Vicomte, près de Melun, le 17 septembre 1732. Elle avait donc 73 ans, lorsque Chateaubriand alla loger dans son hôtel, en 1805. Fille de Louis de Mailly, comte de Rubempré, et de Anne-Françoise-Élisabeth l'Arbaleste de la Borde, elle était la cousine de Mlles de Mailly, filles du marquis de Nesle, — la comtesse de Mailly, la comtesse de Vintimille, la duchesse de Lauraguais, la marquise de la Tournelle (depuis duchesse de Châteauroux), — qui devinrent successivement les maîtresses de Louis XV.

Elle avait épousé en premières noces, le 8 avril 1750, Charles-Georges-René de Cambout, marquis de Coislin, qui devint maréchal de camp et décéda en 1771, sans postérité. Deux enfants, un fils et une fille, étaient bien nés de ce mariage, mais tous deux étaient morts au berceau.

La marquise de Coislin resta vingt ans veuve. En 1793, alors qu'elle était plus que sexagénaire, elle épousa, en second mariage, un de ses cousins, de douze ans plus jeune qu'elle, Louis-Marie, duc de Mailly, ancien maréchal de camp, qui la laissa veuve pour la seconde fois en 1795. — Il faut croire que ce mariage de 1793 ne reçut pas de consécration légale, puisque la duchesse de Mailly continua à être appelée la marquise de Coislin. Elle survécut vingt-deux ans à son second mari et mourut le 13 février 1817.

sire, m'écriai-je, ce serait donc pour me cacher dessous ! »

Par un singulier hasard j'ai retrouvé cette toilette chez la marquise de Conyngham[806], à Londres ; elle l'avait reçue de George IV, et me la montrait avec une amusante simplicité.

Madame de Coislin habitait dans son hôtel une chambre s'ouvrant sous la colonnade qui correspond à la colonnade du Garde-Meuble. Deux marines de Vernet, que Louis *le Bien-Aimé* avait données à la noble dame, étaient accrochées sur une vieille tapisserie de satin verdâtre. Madame de Coislin restait couchée jusqu'à deux heures après midi, dans un grand lit à rideaux également de soie verte, assise et soutenue par des oreillers ; une espèce de coiffe de nuit mal attachée sur sa tête laissait passer ses cheveux gris. Des girandoles de diamants montés à l'ancienne façon descendaient sur les épaulettes de son manteau de lit semé de tabac, comme au temps des élégantes de la Fronde. Autour d'elle, sur la couverture, gisaient éparpillées des *adresses* de lettres, détachées des lettres mêmes, et sur lesquelles *adresses* madame de Coislin écrivait en tous sens ses pensées : elle n'achetait point de papier, c'était la poste qui le lui fournissait. De temps en temps, une petite chienne appelée Lili mettait le nez hors de ses draps, venait m'aboyer pendant cinq ou six minutes et rentrait en grognant dans le chenil de sa maîtresse. Ainsi le temps avait arrangé les jeunes amours de Louis XV.

Madame de Châteauroux et ses deux sœurs étaient cousines de madame de Coislin : celle-ci n'aurait pas été d'humeur, ainsi que madame de Mailly, repentante et chrétienne, à répondre à un homme qui l'insultait dans l'église Saint-Roch, par un nom grossier : « Mon ami, puisque vous me connaissez, priez Dieu pour moi. »

Madame de Coislin, avare de même que beaucoup de gens d'esprit, entassait son argent dans des armoires. Elle vivait toute rongée d'une vermine d'écus qui s'attachait à sa peau : ses gens la soulageaient. Quand je la trouvais plongée dans d'inextricables chiffres, elle me rappelait l'avare Hermocrate, qui, dictant son testament, s'était institué son héritier[807]. Elle donnait cependant à dîner par hasard ; mais elle déblatérait contre le café que personne n'aimait, suivant elle, et dont on n'usait que pour allonger le repas.

Madame de Chateaubriand fit un voyage à Vichy avec madame de Coislin et le marquis de Nesle[808] ; le marquis courait en avant et faisait

---

806 Sur la marquise de Conyngham, voir au tome I la note 2 de la page 398 (note 56 du Livre VI).

807 Allusion à une épigramme de l'*Anthologie*.

808 « En quittant Méréville, M. de Chateaubriand fut passer quelque temps à Champlâtreux, et moi, par complaisance, je partis avec Mme de Coislin pour les eaux de Vichy. Cette bonne dame était très aimable, mais très difficile à vivre ; son avarice surtout était insupportable. Pendant le voyage, elle me faisait une guerre à mort sur ce que je mangeais, bien que ce ne fût pas à ses dépens. Elle prétendait

préparer d'excellents dîners. Madame de Coislin venait à la suite, et ne demandait qu'une demi-livre de cerises. Au départ, on lui présentait d'énormes mémoires, alors c'était un train affreux. Elle ne voulait entendre qu'aux cerises ; l'hôte lui soutenait que, soit que l'on mangeât, ou qu'on ne mangeât pas, l'usage, dans une auberge, était de payer le dîner.

Madame de Coislin s'est fait un illuminisme à sa guise. Crédule ou incrédule, le manque de foi la portait à se moquer des croyances dont la superstition lui faisait peur. Elle avait rencontré madame de Krüdener ; la mystérieuse Française n'était illuminée que sous bénéfice d'inventaire ; elle ne plut pas à la fervente Russe, laquelle ne lui agréa pas non plus. Madame de Krüdener dit passionnément à madame de Coislin : « Madame, quel est votre confesseur intérieur ? — Madame, répliqua madame de Coislin, je ne connais point mon confesseur intérieur ; je sais seulement que mon confesseur est dans l'intérieur de son confessionnal. » Sur ce, les deux dames ne se virent plus.

Madame de Coislin se vantait d'avoir introduit une nouveauté à la cour, la mode des chignons flottants, malgré la reine Marie Leczinska, fort pieuse, qui s'opposait à cette dangereuse innovation. Elle soutenait qu'autrefois une personne comme il faut ne se serait jamais avisée de payer son médecin. Se récriant contre l'abondance du linge de femme : « Cela sent la parvenue, disait-elle ; nous autres, femmes de la cour, nous n'avions que deux chemises ; on les renouvelait quand elles étaient usées ; nous étions vêtues de robes de soie, et nous n'avions pas l'air de grisettes comme ces demoiselles de maintenant. »

Madame Suard[809], qui demeurait rue Royale, avait un coq dont le chant, traversant l'intérieur des cours, importunait madame de Coislin. Elle

---

que c'était la plus sotte manière de dépenser son argent ; aussi, dans les auberges se contentait-elle d'une livre de cerises qu'on lui faisait payer à raison de ce que ses domestiques avaient mangé, et ils se faisaient servir comme des princes ; ils en étaient quittes pour une verte réprimande, qu'ils préféraient à la disette. Pendant la route, la conversation roulait en général sur la dépense de l'auberge que nous venions de quitter, ou sur la toilette de Mlle Lambert, sa femme de chambre. La pauvre fille était cependant fort mincement vêtue ; mais elle était propre et changeait de linge, ce qui n'avait pas le sens commun. Mme de Coislin n'en changeait jamais ; elle prétendait que c'était comme cela de son temps et qu'on possédait à peine deux chemises. Du reste, elle avait assez d'esprit pour rire la première de son avarice ; elle convenait que, ne donnant pas ce qui était nécessaire à ses gens, ils étaient obligés de le prendre : « Mais que voulez-vous, mon cœur, me disait-elle, j'aime mieux qu'on me prenne que de donner. Je sais qu'au bout du mois, c'est toujours la maîtresse qui paye : tout cela est fort triste. » — Souvenirs de Mme de Chateaubriand.

809 Mlle Panckoucke, femme de l'académicien Suard, née en 1750 à Lille, morte en 1830. Elle était sœur de l'imprimeur Panckoucke, le fondateur du Moniteur universel. Sous Louis XVI, le salon de Mme Suard, l'un des plus fréquentés de Paris, était particulièrement le rendez-vous des encyclopédistes. Elle écrivait avec agrément et a publié plusieurs ouvrages : Lettres d'un jeune lord à une religieuse

écrit à madame Suard : « Madame faites couper le cou à votre coq. »
Madame Suard renvoya le messager avec ce billet : « Madame, j'ai
l'honneur de vous répondre que je ne ferai pas couper le cou à mon coq. »
La correspondance en demeura là. Madame de Coislin dit à madame de
Chateaubriand : « Ah ! mon cœur, dans quel temps nous vivons ! C'est
pourtant cette fille de Panckouke, la femme de ce membre de l'Académie,
vous savez ? »

M. Hennin[810], ancien commis des affaires étrangères, et ennuyeux
comme un protocole, barbouillait de gros romans. Il lisait un jour à
madame de Coislin une description : une amante en larmes et abandonnée
pêchait mélancoliquement un saumon. Madame de Coislin, qui
s'impatientait et n'aimait pas le saumon, interrompit l'auteur, et lui dit de
cet air sérieux qui la rendait si comique : « Monsieur Hennin, ne pourriez-
vous faire prendre un autre poisson à cette dame ? »

Les histoires que faisait madame de Coislin ne pouvaient se retenir,
car il n'y avait rien dedans ; tout était dans la pantomime, l'accent et l'air
de la conteuse : jamais elle ne riait. Il y avait un dialogue entre *monsieur et
madame Jacqueminot,* dont la perfection passait tout. Lorsque, dans la
conversation entre les deux époux, madame Jacqueminot répliquait :
« Mais, monsieur *Jacqueminot !* » ce nom était prononcé d'un tel ton qu'un
fou rire vous saisissait. Obligée de le laisser passer, madame de Coislin
attendait gravement, en prenant du tabac.

---

italienne, imitées de l'anglais (1788) ; Soirées d'hiver d'une femme retirée à la
campagne (1789) ; Mme de Maintenon peinte par elle-même (1810) ; Essai de
Mémoires sur M. Suard (1820). Les Lettres de Mme Suard à son mari, imprimées
en 1802, au château de Dampierre, par G. E. J. Montmorency Albert Luynes, n'ont
pas été mises dans le commerce.
810 Et non Hénin, comme le portent toutes les éditions des Mémoires. Né le 30 août
1728 à Magny en Vexin, Pierre-Michel Hennin obtint, dès 1749, de M. de Puisieulx,
ministre des Affaires étrangères, la faveur de travailler au Dépôt alors établi à
Paris. Secrétaire d'ambassade en Pologne en 1759, résident du roi à Varsovie en
1763, résident à Genève en 1765, il devint en 1779 premier commis au ministère
des Affaires étrangères et rendit, à ce titre, d'éminents services jusqu'au mois de
mars 1792, époque à laquelle il fut brutalement renvoyé par le général Dumouriez,
devenu ministre et alors l'homme des Girondins. Réduit à la misère après
quarante-deux ans de services, il fut forcé de vendre sa bibliothèque, ses
collections de tableaux, d'estampes et de médailles. Privé de ce qui avait été la joie
et la consolation de sa vie, le vieil Hennin travailla jusqu'à la fin, apprenant des
langues, « barbouillant de gros romans », ébauchant un grand poème : l'Illusion,
dont il dut sans doute faire subir plus d'un fragment à son amie la marquise de
Coislin. Il mourut, à près de 80 ans, le 5 juillet 1807. — Voir, pour la vie de Pierre-
Michel Hennin, la notice qui se trouve en tête de sa correspondance avec Voltaire,
notice rédigée par son fils, et les pages que lui a consacrées M. Frédéric Masson
dans son excellent livre sur le Département des Affaires étrangères pendant la
Révolution.

Lisant dans un journal la mort de plusieurs rois, elle ôta ses lunettes et dit en se mouchant : « Il y a une épizootie sur les bêtes à couronne. »

Au moment où elle était prête à passer, on soutenait au bord de son lit qu'on ne succombait que parce qu'on se laissait aller ; que si l'on était bien attentif et qu'on ne perdît jamais de vue l'ennemi, on ne mourrait point : « Je le crois, dit-elle ; mais j'ai peur d'avoir une distraction. » Elle expira.

Je descendis le lendemain chez elle ; je trouvai monsieur et madame d'Avaray[811], sa sœur et son beau-frère, assis devant la cheminée, une petite table entre eux, et comptant les louis d'un sac qu'ils avaient tiré d'une boiserie creuse. La pauvre morte était là dans son lit, les rideaux à demi fermés : elle n'entendait plus le bruit de l'or qui aurait dû la réveiller, et que comptaient des mains fraternelles.

Dans les pensées écrites par la défunte sur des marges d'imprimés et sur des adresses de lettres, il y en avait d'extrêmement belles. Madame de Coislin m'a montré ce qui restait de la cour de Louis XV sous Bonaparte et après Louis XVI, comme madame d'Houdetot m'avait fait voir ce qui traînait encore, au XIXe siècle, de la société philosophique.

Dans l'été de l'année 1805, j'allai rejoindre madame de Chateaubriand à Vichy, où madame de Coislin l'avait menée, comme je viens de le dire. Je n'y trouvai point Jussac, Termes, Flamarens que madame de Sévigné avait *devant et après elle,* en 1677 ; depuis cent vingt et quelques années, ils dormaient. Je laissai à Paris ma sœur, madame de Caud, qui s'y était établie depuis l'automne de 1804. Après un court séjour à Vichy, madame de Chateaubriand me proposa de voyager, afin de nous éloigner pendant quelque temps des tracasseries politiques.

On a recueilli dans mes œuvres deux petits *Voyages* que je fis alors en Auvergne et au Mont-Blanc[812]. Après trente-quatre ans d'absence, des hommes, étrangers à ma personne, viennent de me faire, à Clermont, la réception qu'on fait à un vieil ami. Celui qui s'est longtemps occupé des principes dont la race humaine jouit en communauté, a des amis, des frères et des sœurs dans toutes les familles : car si l'homme est ingrat, l'humanité est reconnaissante. Pour ceux qui se sont liés avec vous par une bienveillante renommée, et qui ne vous ont jamais vu, vous êtes toujours le même ; vous avez toujours l'âge qu'ils vous ont donné ; leur attachement,

---

[811] Claude-Antoine de Besiade, duc d'Avaray (1740-1829), était, avant la Révolution, lieutenant-général et maître de la garde-robe de Monsieur, comte de Provence. Député aux États-Généraux par la noblesse du bailliage d'Orléans, il fut emprisonné pendant la Terreur, recouvra sa liberté après le 9 Thermidor, émigra et ne rentra en France qu'en 1814. Louis XVIII l'éleva à la pairie le 17 août 1815, le créa duc le 16 août 1817 et le nomma premier chambellan de la cour le 25 novembre 1820. — Ce n'est pas lui, mais son frère, le comte d'Avaray, mort en 1811, qui fut le compagnon d'exil et le principal agent du comte de Provence.

[812] Voir, au tome VI des Œuvres complètes, Cinq jours à Clermont (Auvergne) 2, 3, 4, 5 et 6 août 1805. — et le Mont-Blanc, paysages de montagnes, fin d'août 1805.

qui n'est point dérangé par votre présence, vous voit toujours jeune et beau comme les sentiments qu'ils aiment dans vos écrits.

Lorsque j'étais enfant, dans ma Bretagne, et que j'entendais parler de l'Auvergne, je me figurais que celle-ci était un pays bien loin, bien loin, où l'on voyait des choses étranges, où l'on ne pouvait aller qu'avec grand péril, en cheminant sous la garde de la sainte Vierge. Je ne rencontre point sans une sorte de curiosité attendrie ces petits Auvergnats qui vont chercher fortune dans ce grand monde avec un petit coffret de sapin. Ils n'ont guère que l'espérance dans leur boîte, en descendant de leurs rochers ; heureux s'ils la rapportent !

Hélas ! il n'y avait pas deux ans que madame de Beaumont reposait au bord du Tibre, lorsque je foulai sa terre natale, en 1805 ; je n'étais qu'à quelques lieues de ce Mont-Dore, où elle était venue chercher la vie qu'elle allongea un peu pour atteindre Rome. L'été dernier, en 1838, j'ai parcouru de nouveau cette même Auvergne. Entre ces dates, 1805 et 1838, je puis placer les transformations arrivées dans la société autour de moi.

Nous quittâmes Clermont, et, en nous rendant à Lyon, nous traversâmes Thiers et Roanne[813]. Cette route, alors peu fréquentée, suivait çà et là les rives du Lignon. L'auteur de l'*Astrée*, qui n'est pas un grand esprit, a pourtant inventé des lieux et des personnages qui vivent ; tant la fiction, quand elle est appropriée à l'âge où elle paraît, a de puissance créatrice ! Il y a, du reste, quelque chose d'ingénieusement fantastique dans cette résurrection des nymphes et des naïades qui se mêlent à des bergers, des dames et des chevaliers : ces mondes divers s'associent bien, et l'on s'accommode agréablement des fables de la mythologie, unies aux mensonges du roman : Rousseau a raconté comment il fut trompé par d'Urfé.

À Lyon, nous retrouvâmes M. Ballanche : il fit avec nous la course à Genève et au Mont-Blanc. Il allait partout où on le menait, sans qu'il y eût la moindre affaire. À Genève, je ne fus point reçu à la porte de la ville par

---

[813] « M. de Chateaubriand vint nous rejoindre à Vichy ; je dis adieu à Mme de Coislin, et nous partîmes pour la Suisse. Avant d'arriver à Thiers, nous traversâmes la petite rivière de la Dore ; son nom donna à M. de Chateaubriand une rime qu'il n'avait jamais pu trouver pour un des couplets de sa romance des Petits Émigrés. » (Souvenirs de Mme de Chateaubriand). — La romance des Petits Émigrés est devenue, dans le Dernier Abencerage, la jolie pièce : Combien j'ai douce souvenance.

Clotilde, fiancée de Clovis : M. de Barante, le père[814], était devenu préfet du Léman. J'allai voir à Coppet madame de Staël ; je la trouvai seule au fond de son château, qui renfermait une cour attristée. Je lui parlai de sa fortune et de sa solitude, comme d'un moyen précieux d'indépendance et de bonheur : je la blessai. Madame de Staël aimait le monde ; elle se regardait comme la plus malheureuse des femmes, dans un exil dont j'aurais été ravi. Qu'était-ce à mes yeux que cette infélicité de vivre dans ses terres, avec les conforts de la vie ? Qu'était-ce que ce malheur d'avoir de la gloire, des loisirs, de la paix, dans une riche retraite à la vue des Alpes, en comparaison de ces milliers de victimes sans pain, sans nom, sans secours, bannies dans tous les coins de l'Europe, tandis que leurs parents avaient péri sur l'échafaud ? Il est fâcheux d'être atteint d'un mal dont la foule n'a pas l'intelligence. Au reste, ce mal n'en est que plus vif : on ne l'affaiblit point en le confrontant avec d'autres maux, on n'est pas juge de la peine d'autrui ; ce qui afflige l'un fait la joie de l'autre ; les cœurs ont des secrets divers, incompréhensibles à d'autres cœurs. Ne disputons à personnes ses souffrances ; il en est des douleurs comme des patries, chacun a la sienne.

Madame de Staël visita le lendemain madame de Chateaubriand à Genève, et nous partîmes pour Chamouny. Mon opinion sur les paysages des montagnes fit dire que je cherchais à me singulariser ; il n'en était rien. On verra, quand je parlerai du Saint-Gothard, que cette opinion m'est restée. On lit dans le *Voyage au Mont-Blanc* un passage que je rappellerai comme liant ensemble les événements passés de ma vie et les événements alors futurs de cette même vie, et aujourd'hui également passés.

« Il n'y a qu'une seule circonstance où il soit vrai que les montagnes inspirent l'oubli des troubles de la terre : c'est lorsqu'on se retire loin du monde pour se consacrer à la religion. Un anachorète qui se dévoue au service de l'humanité, un saint qui veut méditer les grandeurs de Dieu en silence, peuvent trouver la paix et la joie sur des roches désertes ; mais ce n'est point alors la tranquillité des lieux qui passe dans l'âme de ces solitaires, c'est au contraire leur âme qui répand sa sérénité dans la région des orages. . . . . Il y a des montagnes que je visiterais encore avec un plaisir extrême : ce sont celles de la Grèce et de la Judée.

---

[814] Claude-Ignace Brugière de Barante (1745-1814). Il se lia en 1789 avec la plupart des membres marquants de l'Assemblée Constituante : Lameth, Duport, Mounier, étaient ses amis. La Terreur le jeta en prison ; le 9 Thermidor le délivra. Après le 18 brumaire, ses amis le désignèrent au choix du Premier Consul, pour faire partie de la nouvelle administration. Il devint préfet de l'Aude, puis préfet du Léman. Napoléon, qui avait fermé le salon de Mme de Staël à Paris, sut mauvais gré à son préfet d'avoir laissé ce salon se rouvrir à Coppet : M. de Barante fut brutalement destitué en 1810. Il mourut au moment où le retour des Bourbons allait lui assurer une légitime réparation. — Il sera parlé plus loin, dans les Mémoires, de son fils, le baron Prosper de Barante, l'auteur de l'Histoire des ducs de Bourgogne.

J'aimerais à parcourir les lieux dont mes nouvelles études me forcent de m'occuper chaque jour : j'irais volontiers chercher sur le Thabor et le Taygète d'autres couleurs et d'autres harmonies, après avoir peint les monts sans renommée et les vallées inconnues du Nouveau-Monde. » Cette dernière phrase annonçait le voyage que j'exécutai en effet l'année suivante, 1806.

À notre retour à Genève, sans avoir pu revoir madame de Staël à Coppet[815], nous trouvâmes les auberges encombrées. Sans les soins de M. de Forbin[816] qui survint et nous procura un mauvais dîner dans une antichambre noire, nous aurions quitté la patrie de Rousseau sans manger. M. de Forbin était alors dans la béatitude ; il promenait dans ses regards le bonheur intérieur qui l'inondait ; il ne touchait pas terre. Porté par ses talents et ses félicités, il descendait de la montagne comme du ciel, veste de peintre en justaucorps, palette au pouce, pinceaux en carquois. Bonhomme néanmoins, quoique excessivement heureux, se préparant à m'imiter un jour, quand j'aurais fait le voyage de Syrie, voulant même aller jusqu'à Calcutta, pour faire revenir les amours par une route extraordinaire, lorsqu'ils manqueraient dans les sentiers battus. Ses yeux avaient une protectrice pitié : j'étais pauvre, humble, peu sûr de ma personne, et je ne

---

[815] « Je ne sais ce qui nous empêcha d'accomplir la promesse que nous avions faite à Mme de Staël (d'aller, à leur retour de Chamonix, passer quelques jours à Coppet). Elle en fut très mécontente ; et d'autant plus qu'ayant compté sur notre visite, elle écrivit d'avance, à Paris, les conversations présumées qu'elle avait eues avec M. de Chateaubriand, et dans lesquelles elle l'avait, disait-elle, converti à ses opinions politiques. On sut que nous n'avions point été à Coppet, et que la noble châtelaine avait fait seulement un roman de plus. » (Souvenirs de Mme de Chateaubriand.)

[816] Louis-Nicolas-Philippe-Auguste, comte de Forbin (1779-1841). Homme d'esprit et peintre habile, il a publié des récits de voyage et produit un grand ombre de tableaux, qui lui ouvrirent les portes de l'Académie des Beaux-Arts. Une de ses toiles, la Chapelle dans le Colisée à Rome, figure avec honneur au Louvre. Nommé par la Restauration directeur des Musées, il réorganisa et agrandit celui du Louvre, créa le Musée Charles X, consacré aux antiquités étrusques et égyptiennes, et fonda le musée du Luxembourg, destiné spécialement aux artistes vivants. En 1805, il était chambellan de la princesse Pauline Borghèse. Plus tard il composera pour la reine Hortense des romances que la reine mettra en musique. Selon le mot de l'auteur des Mémoires, « il tenait dans ses mains puissantes le cœur des princesses ». Si Chateaubriand parle ici de M. de Forbin avec une légère pointe d'ironie, il ne laissait pas d'avoir autrefois rendu pleine justice aux mérites de ce galant homme. Rendant compte, dans le Conservateur de 1819, de son Voyage au Levant, il commençait ainsi son article : « M. le comte de Forbin, dans son Voyage, réunit le double mérite du peintre et de l'écrivain : l'ut pictura poësis semble avoir été dit pour lui. Nous pouvons affirmer que, dessinés ou écrits, ses tableaux joignent la fidélité à l'élégance. » — Le comte de Marcellus, premier secrétaire à Londres, en 1822, pendant l'ambassade de Chateaubriand, épousa la fille de M. de Forbin.

tenais pas dans mes mains puissantes le cœur des princesses[817]. À Rome, j'ai eu le bonheur de rendre à M. de Forbin son dîner du lac ; j'avais le mérite d'être devenu ambassadeur. Dans ce temps-ci on retrouve roi le soir le pauvre diable qu'on a quitté le matin dans la rue.

Le noble gentilhomme, peintre par le droit de la Révolution, commençait cette génération d'artistes qui s'arrangent eux-mêmes en croquis, en grotesques, en caricatures. Les uns portent des moustaches effroyables, on dirait qu'ils vont conquérir le monde ; leurs brosses sont des hallebardes, leurs grattoirs des sabres ; les autres ont d'énormes barbes, des cheveux pendants ou bouffis ; ils fument un cigare en guise de volcan. Ces *cousins de l'arc-en-ciel*, comme parle notre vieux Régnier, ont la tête remplie de déluges, de mers, de fleuves, de forêts, de cataractes, de tempêtes ou de carnages, de supplices et d'échafauds. Chez eux sont des crânes humains, des fleurets, des mandolines, des morions et des dolimans. Hâbleurs, entreprenants, impolis, libéraux (jusqu'au portrait du tyran qu'ils peignent), ils visent à former une espèce à part entre le singe et le satyre ; ils tiennent à faire comprendre que le secret de l'atelier a ses dangers, et qu'il n'y a pas sûreté pour les modèles. Mais combien ne rachètent-ils pas ces travers par une existence exaltée, une nature souffrante et sensible, une abnégation entière d'eux-mêmes, un dévouement sans calcul aux misères des autres, une manière de sentir délicate, supérieure, idéalisée, une indigence fièrement accueillie et noblement supportée ; enfin, quelquefois par des talents immortels, fils du travail, de la passion, du génie et de la solitude !

Sortis de nuit de Genève pour retourner à Lyon, nous fûmes arrêtés au pied du fort de l'Écluse, en attendant l'ouverture des portes. Pendant cette station des sorcières de Macbeth sur la bruyère, il se passait en moi des choses étranges. Mes années expirées ressuscitaient et m'environnaient comme une bande de fantômes ; mes saisons brûlantes me revenaient dans leur flamme et leur tristesse. Ma vie, creusée par la mort de madame de Beaumont, était demeurée vide : des formes aériennes, houris ou songes, sortant de cet abîme, me prenaient par la main et me ramenaient au temps de la sylphide. Je n'étais plus aux lieux que j'habitais, je rêvais d'autres bords. Quelque influence secrète me poussait aux régions de l'Aurore, où m'entraînaient d'ailleurs le plan de mon nouveau travail et la voix religieuse qui me releva du vœu de la villageoise, ma nourrice. Comme toutes mes facultés s'étaient accrues, comme je n'avais jamais abusé de la vie, elle surabondait de la sève de mon intelligence, et l'art, triomphant

---

[817] « Allusion à la situation du comte de Forbin auprès de la princesse Borghèse (Pauline Bonaparte), dont il était le chambellan et l'amant en titre. Sur les relations du chambellan et de la princesse, on trouve de curieux détails dans l'ouvrage de M. Frédéric Masson sur Napoléon et sa Famille, tome III, pages 339-343, et tome IV, pages 429-447. »

dans ma nature, ajoutait aux inspirations du poète. J'avais ce que les Pères de la Thébaïde appelaient des *ascensions* de cœur. Raphaël (qu'on pardonne au blasphème de la similitude), Raphaël, devant *la Transfiguration* seulement ébauchée sur le chevalet, n'aurait pas été plus électrisé par son chef-d'œuvre que je ne l'étais par cet Eudore et cette Cymodocée, dont je ne savais pas encore le nom et dont j'entrevoyais l'image au travers d'une atmosphère d'amour et de gloire.

Ainsi le génie natif qui m'a tourmenté au berceau retourne quelquefois sur ses pas après m'avoir abandonné ; ainsi se renouvellent mes anciennes souffrances ; rien ne guérit en moi ; si mes blessures se ferment instantanément, elles se rouvrent tout à coup comme celles des crucifix du moyen âge, qui saignent à l'anniversaire de la Passion. Je n'ai d'autre ressource, pour me soulager dans ces crises, que de donner un libre cours à la fièvre de ma pensée, de même qu'on se fait percer les veines quand le sang afflue au cœur ou monte à la tête. Mais de quoi parlé-je ? Ô religion, où sont donc tes puissances, tes freins, tes baumes ! Est-ce que je n'écris pas toutes ces choses à d'innombrables années de l'heure où je donnai le jour à René ? J'avais mille raisons pour me croire mort, et je vis ! C'est grand'pitié. Ces afflictions du poète isolé, condamné à subir le printemps malgré Saturne, sont inconnues de l'homme qui ne sort point des lois communes ; pour lui, les années sont toujours jeunes : « Or, les jeunes chevreaux, dit Oppien, veillent sur l'auteur de leur naissance ; lorsque celui-ci vient à tomber dans les filets du chasseur, ils lui présentent avec la bouche l'herbe tendre et fleurie, qu'ils sont allés cueillir au loin, et lui apportent sur le bord des lèvres une eau fraîche, puisée dans le prochain ruisseau[818]. »

De retour à Lyon, j'y trouvai des lettres de M. Joubert : elles m'annonçaient son impossibilité d'être à Villeneuve avant le mois de septembre. Je lui répondis :

« Votre départ de Paris est trop éloigné et me gêne ; vous sentez que ma femme ne voudra jamais arriver avant vous à Villeneuve : c'est aussi une tête que celle-là, et, depuis qu'elle est avec moi, je me trouve à la tête de deux têtes très-difficiles à gouverner. Nous resterons à Lyon, où l'on nous fait si prodigieusement manger que j'ai à peine le courage de sortir de cette excellente ville. L'abbé de Bonnevie est ici, de retour de Rome ; il se porte à merveille ; il est gai, il prêchaille et ne pense plus à ses malheurs ; il vous embrasse et va vous écrire. Enfin tout le monde est dans la joie, excepté moi ; il n'y a que vous qui grogniez. Dites à Fontanes que j'ai dîné chez M. Saget. »

---

[818] Les Cynégétiques, liv. II, v. 348.

Ce M. Saget était la providence des chanoines ; il demeurait sur le coteau de Sainte-Foix, dans la région du bon vin. On montait chez lui à peu près par l'endroit où Rousseau avait passé la nuit au bord de la Saône.

« Je me souviens, dit-il, d'avoir passé une nuit délicieuse, hors de la ville, dans un chemin qui côtoyait la Saône. Des jardins élevés en terrasse bordaient le chemin du côté opposé : il avait fait très-chaud ce jour-là ; la soirée était charmante, la rosée humectait l'herbe flétrie ; point de vent, une nuit tranquille ; l'air était frais sans être froid ; le soleil après son coucher avait laissé dans le ciel des vapeurs rouges, dont la réflexion rendait l'eau couleur de rose ; les arbres des terrasses étaient chargés de rossignols qui se répondaient de l'un à l'autre. Je me promenais dans une sorte d'extase, livrant mes sens et mon cœur à la jouissance de tout cela, et soupirant seulement un peu du regret d'en jouir seul. Absorbé dans ma douce rêverie, je prolongeai fort avant dans la nuit ma promenade, sans m'apercevoir que j'étais las. Je m'en aperçus enfin : je me couchai voluptueusement sur la tablette d'une espèce de niche ou de fausse porte, enfoncée dans un mur de terrasse : le ciel de mon lit était formé par les têtes des arbres, un rossignol était précisément au-dessus de moi ; je m'endormis à son chant : mon sommeil fut doux ; mon réveil le fut davantage. Il était grand jour : mes yeux en s'ouvrant virent l'eau, la verdure, un paysage admirable. »

Le charmant itinéraire de Rousseau à la main, on arrivait chez M. Saget. Cet antique et maigre garçon, jadis marié, portait une casquette verte, un habit de camelot gris, un pantalon de nankin, des bas bleus et des souliers de castor. Il avait vécu beaucoup à Paris et s'était lié avec mademoiselle Devienne[819]. Elle lui écrivait des lettres fort spirituelles, le gourmandait et lui donnait de très bons conseils : il n'en tenait compte, car il ne prenait pas le monde au sérieux, croyant apparemment, comme les Mexicains, que le monde avait déjà usé quatre soleils, et qu'au quatrième (lequel nous éclaire aujourd'hui) les hommes avaient été changés en magots. Il n'avait cure du martyre de saint Pothin et de saint Irénée, ni du massacre des protestants rangés côte à côte par ordre de Mandelot, gouverneur de Lyon, et ayant tous la gorge coupée du même côté. Vis-à-vis le champ des fusillades des Brotteaux, il m'en racontait les détails, tandis qu'il se promenait parmi ces ceps, mêlant son récit de quelques vers de Loyse Labé : il n'aurait pas perdu un coup de dent durant les derniers malheurs de Lyon, sous la charte-vérité.

---

[819] Jeanne-Françoise Thévenin, dite Sophie Devienne (1763-1841). Engagée en 1785 à la Comédie Française, elle fut, jusqu'à sa retraite en 1813, une des meilleures soubrettes de notre théâtre classique. Elle excellait surtout dans les pièces de Marivaux. Aussi estimée pour sa conduite que goûtée pour son talent, Mlle Devienne était née à Lyon, comme son ami M. Saget, ce bourgeois très particulier auquel elle donnait si inutilement de si bons conseils.

Certains jours, à Sainte-Foix, on étalait une certaine tête de veau marinée pendant cinq nuits, cuite dans du vin de Madère et rembourrée de choses exquises ; de jeunes paysannes très-jolies servaient à table ; elles versaient l'excellent vin du cru renfermé dans des dames-jeannes de la grandeur de trois bouteilles. Nous nous abattions, moi et le chapitre en soutane, sur le festin Saget : le coteau en était tout noir[820].

Notre *dapifer* trouva vite la fin de ses provisions : dans la ruine de ses derniers moments, il fut recueilli par deux ou trois des vieilles maîtresses qui avaient pillé sa vie, « espèce de femmes, dit saint Cyprien, qui vivent comme si elles pouvaient être aimées, *quæ sic vivis ut possis adamari.* »

Nous nous arrachâmes aux délices de Capoue pour aller voir la Chartreuse, toujours avec M. Ballanche. Nous louâmes une calèche dont les roues disjointes faisaient un bruit lamentable. Arrivés à Voreppe, nous nous arrêtâmes dans une auberge au haut de la ville. Le lendemain, à la pointe du jour, nous montâmes à cheval et nous partîmes, précédés d'un guide. Au village de Saint-Laurent, au bas de la Grande-Chartreuse, nous franchîmes la porte de la vallée, et nous suivîmes, entre deux flancs de rochers, le chemin montant au monastère. Je vous ai parlé, à propos de Combourg, de ce que j'éprouvai dans ce lieu. Les bâtiments abandonnés se lézardaient sous la surveillance d'une espèce de fermier des ruines. Un frère lai était demeuré là, pour prendre soin d'un solitaire infirme qui venait de mourir : la religion avait imposé à l'amitié la fidélité et l'obéissance. Nous vîmes la fosse étroite fraîchement recouverte : Napoléon, dans ce moment, en allait creuser une immense à Austerlitz. On nous montra l'enceinte du couvent, les cellules, accompagnées chacune d'un jardin et d'un atelier ; on y remarquait des établis de menuisier et des rouets de tourneur : la main avait laissé tomber le ciseau. Une galerie offrait les portraits des supérieurs de la Chartreuse. Le palais ducal à Venise garde la suite des *ritratti* des doges ; lieux et souvenirs divers ! Plus haut, à quelque distance, on nous conduisit à la chapelle du reclus immortel de Le Sueur.

---

[820] « Il y avait à Lyon, dans ce temps-là, un certain M. Saget, qui habitait, sur le coteau de Fourvières, la plus jolie maison du monde. Ce vieil original, riche comme un puits, dépensait la moitié de son argent en bonnes œuvres pour expier celles, assez mauvaises, auxquelles il consacrait, dit-on, l'autre moitié de sa fortune. Il avait, pour faire les honneurs de sa maison, deux vieilles demoiselles qui avaient été fort belles dans leur temps, et, pour le servir, un essaim de jeunes paysannes jolies, belles et très richement vêtues. Du reste, ses dîners étaient excellents, ses vins, les meilleurs du monde, et les convives (pour la plupart) messieurs du chapitre de Saint-Jean de Lyon. » (Souvenirs de Mme de Chateaubriand.)

Après avoir dîné dans une vaste cuisine, nous repartîmes et nous rencontrâmes, porté en palanquin comme un rajah, M. Chaptal[821], jadis apothicaire, puis sénateur, ensuite possesseur de Chanteloup et inventeur du sucre de betterave, l'avide héritier des beaux roseaux indiens de la Sicile, perfectionnés par le soleil d'Otahiti. En descendant des forêts, j'étais occupé des anciens cénobites ; pendant des siècles, ils portèrent, avec un peu de terre dans le pan de leur robe, des plants de sapins, devenus des arbres sur les rochers. Heureux, ô vous qui traversâtes le monde sans bruit, et ne tournâtes pas même la tête en passant !

Nous n'eûmes pas plutôt atteint la porte de la vallée qu'un orage éclate ; un déluge se précipite, et des torrents troublés détalent en rugissant de toutes les ravines. Madame de Chateaubriand, devenue intrépide à force de peur, galopait à travers les cailloux, les flots et les éclairs. Elle avait jeté son parapluie pour mieux entendre le tonnerre ; le guide lui criait : « Recommandez votre âme à Dieu ! Au nom du Père, du Fils et du Saint-Esprit ! » Nous arrivâmes à Voreppe au son du tocsin ; les restes de l'orage déchiré étaient devant nous. On apercevait au loin dans la campagne l'incendie d'un village, et la lune arrondissant la partie supérieure de son disque au-dessus des nuages, comme le front pâle et chauve de saint Bruno, fondateur de l'ordre du silence. M. Ballanche, tout dégouttant de pluie, disait avec sa placidité inaltérable : « Je suis comme un poisson dans l'eau. » Je viens, en cette année 1838, de revoir Voreppe ; l'orage n'y était plus ; mais il m'en reste deux témoins, madame de Chateaubriand et M. Ballanche[822]. Je le fais observer, car j'ai eu trop souvent, dans ces *Mémoires*, à remarquer les absents.

De retour à Lyon, nous y laissâmes notre compagnon et nous allâmes à Villeneuve. Je vous ai raconté ce que c'était que cette petite ville, mes promenades et mes regrets aux bords de l'Yonne avec M. Joubert. Là, vivaient trois vieilles filles, mesdemoiselles Piat ; elles rappelaient les trois amies de ma grand'mère à Plancoët, à la différence près des positions sociales. Les vierges de Villeneuve moururent successivement, et je me souvenais d'elles à la vue d'un perron herbu, montant en dehors de leur

---

[821] Jean-Antoine Chaptal, comte de Chanteloup (1756-1832) ; membre de l'Institut dès la fondation ; ministre de l'Intérieur (1800-1805), sénateur de l'Empire, pair de France de la Restauration.

[822] Les détails donnés par Mme de Chateaubriand dans ses Souvenirs confirment de tous points ceux des Mémoires. Voici la fin de son piquant récit : « Lorsque nous fûmes réchauffés et que l'orage fut un peu apaisé, nous remîmes en route, mais la pluie avait grossi les torrents au point qu'en les traversant nos chevaux avaient de l'eau jusqu'au poitrail. Comme je ne craignais que le retour de l'orage, je devins vaillante contre les autres dangers. Je mis donc ma vieille rosse au galop. Le guide, qui savait que ce n'était pas son allure, me criait d'arrêter, que j'allais tuer son cheval : « Monsieur, disait-il à mon mari, votre dame a fait la guerre ! »

maison déshabitée. Que disaient-elles en leur temps, ces demoiselles villageoises ? Elles parlaient d'un chien, et d'un manchon que leur père leur avait acheté jadis à la foire de Sens. Cela me charmait autant que le concile de cette même ville, où saint Bernard fit condamner Abailard, mon compatriote. Les vierges au manchon étaient peut-être des Héloïse ; elles aimèrent peut-être, et leurs lettres retrouvées un jour enchanteront l'avenir. Qui sait ? Elles écrivaient peut-être à leur *seigneur, aussi leur père, aussi leur frère, aussi leur époux : « domino suo, imo patri,* etc. »*,* qu'elles se sentaient honorées du nom d'amie, du nom de *maîtresse* ou de *courtisane, concubinæ vel scorti.* « Au milieu de son sçavoir, » dit un docteur grave, « je trouve Abailard avoir fait un trait de folie admirable, quand il suborna d'amour Héloïse, son escolière. »

Une grande et nouvelle douleur me surprit à Villeneuve. Pour vous la raconter, il faut retourner quelques mois en arrière de mon voyage en Suisse. J'habitais encore la maison de la rue Miromesnil, lorsque, dans l'automne de 1804, madame de Caud vint à Paris. La mort de madame de Beaumont avait achevé d'altérer la raison de ma sœur ; peu s'en fallut qu'elle ne crût pas à cette mort, qu'elle ne soupçonnât du mystère dans cette disparition, ou qu'elle ne rangeât le ciel au nombre des ennemis qui se jouaient de ses maux. Elle n'avait rien : je lui avais choisi un appartement rue Caumartin, en la trompant sur le prix de la location et sur les arrangements que je lui fis prendre avec un restaurateur. Comme une flamme prête à s'éteindre, son génie jetait la plus vive lumière ; elle en était tout éclairée. Elle traçait quelques lignes qu'elle livrait au feu, ou bien elle copiait dans des ouvrages quelques pensées en harmonie avec la disposition de son âme. Elle ne resta pas longtemps rue Caumartin ; elle alla demeurer aux Dames Saint-Michel, rue du faubourg Saint-Jacques : madame de Navarre était supérieure du couvent. Lucile avait une petite cellule ayant vue sur le jardin : je remarquai qu'elle suivait des yeux, avec je ne sais quel désir sombre, les religieuses qui se promenaient dans l'enclos autour des carrés de légumes. On devinait qu'elle enviait la sainte, et qu'allant par delà, elle aspirait à l'ange. Je sanctifierai ces *Mémoires* en y déposant, comme des reliques, ces billets de madame de Caud, écrits avant qu'elle eût pris son vol vers sa patrie éternelle.

17 janvier.

« Je me reposais de mon bonheur sur toi et sur madame de Beaumont, je me sauvais dans votre idée de mon ennui et de mes chagrins : toute mon occupation était de vous aimer. J'ai fait cette nuit de longues réflexions sur ton caractère et ta manière d'être. Comme toi et moi nous sommes toujours voisins, il faut, je crois, du temps pour me connaître, tant il y a diverses pensées dans ma tête ! tant ma timidité et mon espèce de faiblesse extérieure sont en opposition avec ma force intérieure ! En voilà trop sur moi. Mon illustre frère, reçois le plus tendre remercîment de toutes les complaisances et de toutes les marques d'amitié que tu n'as cessé de me donner. Voilà la dernière lettre de moi que tu recevras le matin. J'ai beau te faire part de mes idées. Elles n'en restent pas moins tout entières en moi. »

Sans date.

« Me crois-tu sérieusement, mon ami, à l'abri de quelque impertinence de M. Chênedollé ? Je suis bien décidée à ne point l'inviter à continuer ses visites ; je me résigne à ce que celle de mardi soit la dernière. Je ne veux pas gêner sa politesse. Je ferme pour toujours le livre de ma destinée, et je le scelle du sceau de la raison ; je n'en consulterai pas plus les pages, maintenant, sur les bagatelles que sur les choses importantes de la vie. Je renonce à toutes mes folles idées ; je ne veux m'occuper ni me chagriner de celles des autres ; je me livrerai à corps perdu à tous les événements de mon passage dans ce monde. Quelle pitié que l'attention que je me porte ! Dieu ne peut plus m'affliger qu'en toi. Je le remercie du précieux, bon et cher présent qu'il m'a fait en ta personne et d'avoir conservé ma vie sans tache : voilà tous mes trésors. Je pourrais prendre pour emblème de ma vie la lune dans un nuage, avec cette devise : Souvent obscurcie, jamais ternie. Adieu, mon ami. Tu seras peut-être étonné de mon langage depuis hier matin. Depuis t'avoir vu, mon cœur s'est relevé vers Dieu, et je l'ai placé tout entier au pied de la croix, sa seule et véritable place. »

Ce jeudi.

« Bonjour, mon ami. De quelle couleur sont tes idées ce matin ? Pour moi, je me rappelle que la seule personne qui put me soulager quand je craignais pour la vie de madame de Farcy fut celle qui me dit : — Mais il est dans l'ordre des choses possibles que vous mouriez avant elle. Pouvait-on frapper plus juste ? Il n'est rien tel, mon ami, que l'idée de la mort pour nous débarrasser de l'avenir. Je me hâte de te débarrasser de moi ce matin, car je me sens trop en train de dire de belles choses. Bonjour, mon pauvre frère. Tiens-toi en joie. »

Sans date.

« Lorsque madame de Farcy existait, toujours près d'elle, je ne m'étais pas aperçue du besoin d'être en société de pensées avec quelqu'un. Je possédais ce bien sans m'en douter. Mais depuis que nous avons perdu cette amie, et les circonstances m'ayant séparée de toi, je connus le supplice de ne pouvoir jamais délasser et renouveler son esprit dans la conversation de quelqu'un ; je sens que mes idées me font mal lorsque je ne puis m'en débarrasser ; cela tient sûrement à ma mauvaise organisation. Cependant je suis assez contente, depuis hier, de mon courage. Je ne fais nulle attention à mon chagrin, et à l'espèce de défaillance intérieure que j'éprouve. Je me suis délaissée. Continue à être toujours aimable envers moi : ce sera humanité ces jours-ci. Bonjour, mon ami. À tantôt, j'espère. »

Sans date.

« Sois tranquille, mon ami ; ma santé se rétablit à vue d'oeil. Je me demande souvent pourquoi j'apporte tant de soin à l'étayer. Je suis comme un insensé qui édifierait une forteresse au milieu d'un désert. Adieu, mon pauvre frère. »

Sans date.

« Comme ce soir je souffre beaucoup de la tête, je viens tout simplement, au hasard, de t'écrire quelques pensées de Fénelon pour remplir mon engagement :

« — On est bien à l'étroit quand on se renferme au dedans de soi. Au contraire, on est bien au large quand on sort de cette prison pour entrer dans l'immensité de Dieu.

« — Nous retrouverons bientôt ce que nous avons perdu. Nous en approchons tous les jours à grands pas. Encore un peu, et il n'y aura plus de quoi pleurer. C'est nous qui mourons : ce que nous aimons vit et ne mourra point.

« — Vous vous donnez des forces trompeuses, telles que la fièvre ardente en donne au malade. On voit en vous, depuis quelques jours, un mouvement convulsif pour montrer du courage et de la gaieté avec un fond d'agonie. »

« Voilà tout ce que ma tête et ma mauvaise plume me permettent de t'écrire ce soir. Si tu veux, je recommencerai demain et t'en conterai peut-être davantage. Bonsoir, mon ami. Je ne cesserai point de te dire que mon cœur se prosterne devant celui de Fénelon, dont la tendresse me semble si profonde et la vertu si élevée. Bonjour, mon ami.

« Je te dis à mon réveil mille tendresses et te donne cent bénédictions. Je me porte bien ce matin et suis inquiète si tu pourras me lire, et si ces pensées de Fénelon te paraîtront bien choisies. Je crains que mon cœur ne s'en soit trop mêlé. »

Sans date.

« Pourrais-tu penser que je m'occupe follement depuis hier à te corriger ? Les Blossac m'ont confié dans le plus grand secret une romance de toi. Comme je ne trouve pas que dans cette romance tu aies tiré parti de tes idées, je m'amuse à essayer de les rendre dans toute leur valeur. Peut-on pousser l'audace plus loin ? Pardonnez, grand homme, et ressouvenez-vous que je suis ta sœur, qu'il m'est un peu permis d'abuser de vos richesses. »

Saint-Michel.

« Je ne te dirai plus : Ne viens plus me voir, — parce que n'ayant désormais que quelques jours à passer à Paris, je sens que ta présence m'est essentielle. Ne me viens tantôt qu'à quatre heures ; je compte être dehors jusqu'à ce moment. Mon ami, j'ai dans la tête mille idées contradictoires de choses qui me semblent exister et n'exister pas, qui ont pour moi l'effet d'objets qui ne s'offriraient que dans une glace, dont on ne pourrait, par conséquent, s'assurer, quoiqu'on les vît distinctement. Je ne veux plus m'occuper de tout cela ; de ce moment-ci, je m'abandonne. Je n'ai pas comme toi la ressource de changer de rive, mais je sens le courage de n'attacher nulle importance aux personnes et aux choses de mon rivage et de me fixer entièrement, irrévocablement, dans l'auteur de toute justice et de toute vérité. Il n'y a qu'un déplaisir auquel je crains de mourir difficilement, c'est de heurter en passant, sans le vouloir, la destinée de quelque autre, non pas par l'intérêt qu'on pourrait prendre à moi ; je ne suis pas assez folle pour cela. »

Saint-Michel.

« Mon ami, jamais le son de ta voix ne m'a fait tant de plaisir que lorsque je l'entendis hier dans mon escalier. Mes idées, alors, cherchaient à surmonter mon courage. Je fus saisie d'aise de te sentir si près de moi ; tu parus et tout mon intérieur rentra dans l'ordre. J'éprouve quelquefois une grande répugnance de cœur à boire mon calice. Comment ce cœur, qui est un si petit espace, peut-il renfermer tant d'existence et tant de chagrins ? Je suis bien mécontente de moi, bien mécontente. Mes affaires et mes idées m'entraînent ; je ne m'occupe presque plus que de Dieu et je me borne à lui dire cent fois par jour : — Seigneur, hâtez-vous de m'exaucer, car mon esprit tombe dans la défaillance. »

Sans date.

« Mon frère, ne te fatigue ni de mes lettres, ni de ma présence ; pense que bientôt tu seras pour toujours délivré de mes importunités. Ma vie jette sa dernière clarté, lampe qui s'est consumée dans les ténèbres d'une longue nuit, et qui voit naître l'aurore où elle va mourir. Veuille, mon frère, donner un seul coup d'oeil sur les premiers moments de notre existence ; rappelle-toi que souvent nous avons été assis sur les mêmes genoux, et pressés ensemble tous deux sur le même sein ; que déjà tu donnais des larmes aux miennes, que dès les premiers jours de ta vie tu as protégé, défendu ma frêle existence, que nos jeux nous réunissaient et que j'ai partagé tes premières études. Je ne te parlerai point de notre adolescence, de l'innocence de nos pensées et de nos joies, et du besoin mutuel de nous voir sans cesse. Si je te retrace le passé, je t'avoue ingénument, mon frère, que c'est pour me faire revivre davantage dans ton cœur. Lorsque tu partis pour la seconde fois de France, tu remis ta femme entre mes mains, tu me fis promettre de ne m'en point séparer. Fidèle à ce cher engagement, j'ai tendu volontairement mes mains aux fers et je suis entrée dans ces lieux destinés aux seules victimes vouées à la mort. Dans ces demeures, je n'ai eu d'inquiétude que sur ton sort ; sans cesse j'interrogeai sur toi les pressentiments de mon cœur. Lorsque j'eus recouvré la liberté, au milieu des maux qui vinrent m'accabler, la seule pensée de notre réunion m'a soutenue. Aujourd'hui que je perds sans retour l'espoir de couler ma carrière auprès de toi, souffre mes chagrins. Je me résignerai à ma destinée, et ce n'est que parce que je dispute encore avec elle, que j'éprouve de si cruels déchirements ; mais quand je me serai soumise à mon sort… Et quel sort ! Où sont mes amis, mes protecteurs et mes richesses ! À qui importe mon existence, cette existence délaissée de tous, et qui pèse tout entière sur elle-même ? Mon Dieu ! n'est-ce pas assez pour ma faiblesse de mes maux présents, sans y joindre encore l'effroi de l'avenir ? Pardon, trop cher ami, je me résignerai ; je m'endormirai d'un sommeil de mort sur ma destinée. Mais, pendant le peu de jours que j'ai affaire dans cette ville, laisse-moi chercher en toi mes dernières consolations ; laisse-moi croire que ma présence t'est douce. Crois que, parmi les cœurs qui t'aiment, aucun n'approche de la sincérité et de la tendresse de mon impuissante amitié pour toi. Remplis ma mémoire de souvenirs agréables qui prolongent auprès de toi mon existence. Hier, lorsque tu me parlas d'aller chez toi, tu me semblais inquiet et sérieux, tandis que tes paroles étaient affectueuses. Quoi, mon frère, serais-je aussi pour toi un sujet d'éloignement et d'ennui ? Tu sais que ce n'est pas moi qui t'ai proposé l'aimable distraction d'aller te voir, que je t'ai promis de ne point en abuser ; mais si tu as changé d'avis, que ne me l'as-tu dit avec franchise ? Je n'ai point de courage contre tes politesses. Autrefois tu me distinguais un peu plus de la foule commune et me rendais plus de justice. Puisque tu comptes sur moi aujourd'hui, j'irai tantôt te voir à onze heures. Nous arrangerons ensemble ce qui te conviendra le mieux pour l'avenir. Je t'ai écrit, certaine que je n'aurais pas le courage de te dire un seul mot de ce que contient cette lettre. »

Cette lettre si poignante et tout admirable est la dernière que je reçus ; elle m'alarma par le redoublement de tristesse dont elle est empreinte. Je courus aux Dames Saint-Michel ; ma sœur se promenait dans le jardin avec madame de Navarre ; elle rentra quand on lui fit savoir que j'étais monté chez elle. Elle faisait visiblement des efforts pour rappeler ses idées et elle avait, par intervalles, un léger mouvement convulsif dans les lèvres. Je la suppliai de revenir à toute sa raison, de ne plus m'écrire des choses aussi injustes et qui me déchiraient le cœur, de ne plus penser que je pouvais jamais être fatigué d'elle. Elle parut un peu se calmer aux paroles que je multipliais pour la distraire et la consoler. Elle me dit qu'elle croyait que le couvent lui faisait mal, qu'elle se trouverait mieux dans un logement isolé, du côté du Jardin des Plantes, là où elle pourrait voir des médecins et se promener. Je l'invitai à suivre son goût, ajoutant qu'afin d'aider Virginie, sa femme de chambre, je lui donnerais le vieux Saint-Germain. Cette proposition parut lui faire grand plaisir, en souvenir de madame de

Beaumont, et elle m'assura qu'elle allait s'occuper de son nouveau logement. Elle me demanda ce que je comptais faire cet été : je lui dis que j'irais à Vichy rejoindre ma femme, ensuite chez M. Joubert à Villeneuve, pour de là rentrer à Paris. Je lui proposai de venir avec nous. Elle me répondit qu'elle voulait passer l'été seule, et qu'elle allait renvoyer Virginie à Fougères. Je la quittai ; elle était plus tranquille.

Madame de Chateaubriand partit pour Vichy, et je me disposai à la suivre. Avant de quitter Paris, j'allai revoir Lucile. Elle était affectueuse ; elle me parla de ses petits ouvrages, dont on a vu les fragments si beaux, vers le commencement de ces *Mémoires*. J'encourageai au travail le grand poète ; elle m'embrassa, me souhaita un bon voyage, me fit promettre de revenir vite. Elle me reconduisit sur le palier de l'escalier, s'appuya sur la rampe et me regarda tranquillement descendre. Quand je fus au bas, je m'arrêtai, et, levant la tête, je criai à l'infortunée qui me regardait toujours : « Adieu, chère sœur ! à bientôt ! soigne-toi bien. Écris-moi à Villeneuve. Je t'écrirai. J'espère que l'hiver prochain, tu consentiras à vivre avec nous. »

Le soir, je vis le bonhomme Saint-Germain ; je lui donnai des ordres et de l'argent pour qu'il baissât secrètement les prix de toutes les choses dont elle pourrait avoir besoin. Je lui enjoignis de me tenir au courant de tout et de ne pas manquer de me demander de revenir, en cas qu'il eût affaire de moi. Trois mois s'écoulèrent. En arrivant à Villeneuve, je trouvai deux billets assez tranquillisants sur la santé de madame de Caud ; mais Saint-Germain oubliait de me parler de la nouvelle demeure de ma sœur. J'avais commencé à écrire à celle-ci une longue lettre, lorsque madame de Chateaubriand tomba tout à coup dangereusement malade : j'étais au bord de son lit quand on m'apporta une nouvelle lettre de Saint-Germain ; je l'ouvris : une ligne foudroyante m'apprenait la mort subite de Lucile.

J'ai pris soin de beaucoup de tombeaux dans ma vie, il était de mon sort et de la destinée de ma sœur que ses cendres fussent jetées au ciel. Je n'étais point à Paris au moment de sa mort ; je n'y avais aucun parent ; retenu à Villeneuve par l'état périlleux de ma femme, je ne pus courir à des restes sacrés ; des ordres transmis de loin arrivèrent trop tard pour prévenir une inhumation commune. Lucile était ignorée et n'avait pas un ami ; elle n'était connue que du vieux serviteur de madame de Beaumont, comme s'il eût été chargé de lier les deux destinées. Il suivit seul le cercueil délaissé, et il était mort lui-même avant que les souffrances de madame de Chateaubriand me permissent de la ramener à Paris.

Ma sœur fut enterrée parmi les pauvres : dans quel cimetière fut-elle déposée ? dans quel flot immobile d'un océan de morts fut-elle engloutie ? dans quelle maison expira-t-elle au sortir de la communauté des Dames de Saint-Michel ? Quand, en faisant des recherches, quand, en compulsant les archives des municipalités, les registres des paroisses, je rencontrerais le nom de ma sœur, à quoi cela me servirait-il[823] ? Retrouverais-je le même gardien de l'enclos funèbre ? retrouverais-je celui qui creusa une fosse demeurée sans nom et sans étiquette ? Les mains rudes qui touchèrent les dernières une argile si pure en auraient-elles gardé le souvenir ? Quel nomenclateur des ombres m'indiquerait la tombe effacée ? ne pourrait-il pas se tromper de poussière ? Puisque le ciel l'a voulu, que Lucile soit à jamais perdue ! Je trouve dans cette absence de lieu une distinction d'avec les sépultures de mes autres amis. Ma devancière dans ce monde et dans l'autre prie pour moi le Rédempteur ; elle le prie du milieu des dépouilles indigentes parmi lesquelles les siennes sont confondues : ainsi repose égarée, parmi les préférés de Jésus-Christ, la mère de Lucile et la mienne. Dieu aura bien su reconnaître ma sœur ; et elle, qui tenait si peu à la terre, n'y devait point laisser de traces. Elle m'a quitté, cette sainte de génie. Je n'ai pas été un seul jour sans la pleurer. Lucile aimait à se cacher ; je lui ai fait une solitude dans mon cœur : elle n'en sortira que quand j'aurai cessé de vivre.

Ce sont là les vrais, les seuls événements de ma vie réelle ! Que m'importaient, au moment où je perdais ma sœur, les milliers de soldats qui tombaient sur les champs de bataille, l'écroulement des trônes et le changement de la face du monde ?

La mort de Lucile atteignit aux sources de mon âme : c'était mon enfance au milieu de ma famille, c'étaient les premiers vestiges de mon existence qui disparaissaient. Notre vie ressemble à ces bâtisses fragiles, étayées dans le ciel par des arcs-boutants : ils ne s'écroulent pas à la fois, mais se détachent successivement ; ils appuient encore quelque galerie, quand déjà ils manquent au sanctuaire ou au berceau de l'édifice. Madame de Chateaubriand, toute meurtrie encore des caprices impérieux de Lucile, ne vit qu'une délivrance pour la chrétienne arrivée au repos du Seigneur. Soyons doux, si nous voulons être regrettés : la hauteur du génie et les qualités supérieures ne sont pleurées que des anges. Mais je ne puis entrer dans la consolation de madame de Chateaubriand.

Quand, revenant à Paris par la route de Bourgogne, j'aperçus la coupole du Val-de-Grâce et le dôme de Sainte-Geneviève, qui domine le Jardin des Plantes, j'eus le cœur navré : encore une compagne de ma vie laissée sur la route ! Nous rentrâmes à l'hôtel de Coislin, et, bien que M. de Fontanes, M. Joubert, M. de Clausel, M. Molé vinssent passer les soirées chez moi, j'étais travaillé de tant de souvenirs et de pensées, que je n'en pouvais plus. Demeuré seul derrière les chers objets qui m'avaient quitté, comme un marin étranger dont l'engagement est expiré et qui n'a ni foyers ni patrie, je frappais du pied la rive ; je brûlais de me jeter à la nage dans un nouvel océan pour me rafraîchir et le traverser. Nourrisson du Pinde et

---

[823] L'acte de décès a été découvert depuis. Madame de Caud mourut dans le quartier du Marais, rue d'Orléans, no 6, le 18 brumaire an XIII (9 novembre 1804).

croisé à Solyme, j'étais impatient d'aller mêler mes délaissements aux ruines d'Athènes, mes pleurs aux larmes de Madeleine.

J'allai voir ma famille[824] en Bretagne, et, de retour à Paris, je partis pour Trieste le 13 juillet 1806 : madame de Chateaubriand m'accompagna jusqu'à Venise, où M. Ballanche la vint rejoindre.

Ma vie étant exposée heure par heure dans l'*Itinéraire*, je n'aurais plus rien à dire ici, s'il ne me restait quelques lettres inconnues écrites ou reçues pendant et après mon voyage. Julien, mon domestique et compagnon, a, de son côté, fait son *Itinéraire* auprès du mien, comme les passagers sur un vaisseau tiennent leur journal particulier dans un voyage de découverte. Le petit manuscrit qu'il met à ma disposition servira de contrôle à ma narration : je serai Cook, il sera Clarke[825].

Afin de mettre dans un plus grand jour la manière dont on est frappé dans l'ordre de la société et la hiérarchie des intelligences, je mêlerai ma narration à celle de Julien. Je le laisserai d'abord parler le premier, parce qu'il raconte quelques jours de voile faits sans moi de Modon à Smyrne.

ITINÉRAIRE DE JULIEN.

« Nous nous sommes embarqués le vendredi 1er août ; mais, le vent n'étant pas favorable pour sortir du port, nous y sommes restés jusqu'au lendemain à la pointe du jour. Alors le pilote du port est venu nous prévenir qu'il pouvait nous en sortir. Comme je n'avais jamais été sur mer, je m'étais fait une idée exagérée du danger, car je n'en voyais aucun pendant deux jours. Mais le troisième, il s'éleva une tempête ; les éclairs, le tonnerre, enfin un orage terrible nous assaillit et grossit la mer d'une façon effrayante. Notre équipage n'était composé que de huit matelots, d'un capitaine, d'un officier, d'un pilote et d'un cuisinier, et cinq passagers, compris Monsieur et moi, ce qui faisait en tout dix-sept hommes. Alors nous nous mîmes tous à aider aux matelots pour fermer les voiles, malgré la pluie dont nous fûmes bientôt traversés, ayant ôté nos habits pour agir plus librement. Ce travail m'occupait et me faisait oublier le danger qui, à la vérité, est plus effrayant par l'idée qu'on s'en forme qu'il ne l'est réellement. Pendant deux jours les orages se sont succédé, ce

---

[824] La famille de Chateaubriand comprenait, à cette date, Mme la comtesse de Marigny, Mme la comtesse de Chateaubourg et leurs enfants ; la fille de la comtesse Julie de Farcy ; les fils du comte de Chateaubriand.

[825] Le rapprochement entre Julien et Clarke est un peu forcé. Edward Clarke n'était pas le valet de chambre de Cook, mais son compagnon et son rival de gloire. Il fit trois fois le tour du monde. Tous deux partirent ensemble de Plymouth, le 12 juillet 1776 ; le capitaine Cook commandait la Découverte, le capitaine Clarke commandait la Résolution. Le but de leur voyage était de s'assurer s'il existe une communication entre l'Europe et l'Asie par le Nord de l'Amérique. Après la mort de Cook, tué par les naturels de l'île d'Owhihée, une des Sandwich, le 14 février 1779, Clarke lui succéda dans le commandement de l'expédition et périt, à son tour, au moment où il arrivait au Kamtchatka. La Découverte et la Résolution rentrèrent en Angleterre le 4 octobre 1780.

qui m'a aguerri dans mes premiers jours de navigation ; je n'étais aucunement incommodé. Monsieur craignait que je ne fusse malade en mer ; lorsque le calme fut rétabli, il me dit : « Me voilà rassuré sur votre santé ; puisque vous avez bien supporté ces deux jours d'orage, vous pouvez vous tranquilliser pour tout autre contretemps. » C'est ce qui n'a pas eu lieu dans le reste de notre trajet jusqu'à Smyrne. Le 10, qui était un dimanche, Monsieur a fait aborder près d'une ville turque nommée Modon, où il a débarqué pour aller en Grèce. Dans les passagers qui étaient avec nous, il y avait deux Milanais, qui allaient à Smyrne, pour faire leur état de ferblantier et fondeur d'étain. Dans les deux, il y en avait un, nommé Joseph, qui parlait assez bien la langue turque, à qui Monsieur proposa de venir avec lui comme domestique interprète, et dont il fait mention dans son *Itinéraire*. Il nous dit en nous quittant que ce voyage ne serait que de quelques jours, qu'il rejoindrait le bâtiment à une île où nous devions passer dans quatre ou cinq jours, et qu'il nous attendrait dans cette île, s'il y arrivait avant nous. Comme Monsieur trouvait en cet homme ce qui lui convenait pour ce petit voyage (*de Sparte et d'Athènes*), il me laissa à bord pour continuer ma route jusqu'à Smyrne et avoir soin de tous nos effets. Il m'avait remis une lettre de recommandation près le consul français, pour le cas où il ne nous rejoindrait pas ; c'est ce qui est arrivé. Le quatrième jour, nous sommes arrivés à l'île indiquée. Le capitaine est descendu à terre et Monsieur n'y était pas. Nous avons passé la nuit et l'avons attendu jusqu'à sept heures du matin. Le capitaine est retourné à terre pour prévenir qu'il était forcé de partir ayant bon vent et obligé qu'il était de tenir compte de son trajet. De plus, il voyait un pirate qui cherchait à nous approcher, il était urgent de se mettre promptement en défense. Il fit charger ses quatre pièces de canon et monter sur le pont ses fusils, pistolets et armes blanches ; mais, comme le vent nous était avantageux, le pirate nous abandonna. Nous sommes arrivés un lundi 18, à sept heures du soir, dans le port de Smyrne. »

Après avoir traversé la Grèce, touché à Zéa et à Chio, je trouvai Julien à Smyrne. Je vois aujourd'hui, dans ma mémoire, la Grèce comme un de ces cercles éclatants qu'on aperçoit quelquefois en fermant les yeux. Sur cette phosphorescence mystérieuse se dessinent des ruines d'une architecture fine et admirable, le tout rendu plus resplendissant encore par je ne sais quelle autre clarté des Muses. Quand retrouverai-je le thym de l'Hymette, les lauriers-roses des bords de l'Eurotas ? Un des hommes que j'ai laissés avec le plus d'envie sur des rives étrangères, c'est le douanier turc du Pirée : il vivait seul, gardien de trois ports déserts, promenant ses regards sur des îles bleuâtres, des promontoires brillants, des mers dorées. Là, je n'entendais que le bruit des vagues dans le tombeau détruit de Thémistocle, et le murmure des lointains souvenirs : au silence des débris de Sparte, la gloire même était muette.

J'abandonnai, au berceau de Mélésigène, mon pauvre drogman

Joseph, le Milanais, dans sa boutique de ferblantier, et je m'acheminai vers Constantinople. Je passai à Pergame, voulant d'abord aller à Troie, par piété poétique ; une chute de cheval m'attendait au début de ma route ; non pas que Pégase bronchât, mais je dormais. J'ai rappelé cet accident dans mon *Itinéraire ;* Julien le raconte aussi, et il fait, à propos des routes et des chevaux, des remarques dont je certifie l'exactitude.

ITINÉRAIRE DE JULIEN.

« Monsieur, qui s'était endormi sur son cheval, est tombé sans se réveiller. Aussitôt son cheval s'est arrêté, ainsi que le mien qui le suivait. Je mis de suite pied à terre pour en savoir la cause, car il m'était impossible de la voir à la distance d'une toise. Je vois Monsieur à moitié endormi à côté de son cheval, et tout étonné de se trouver à terre ; il m'a assuré qu'il ne s'était pas blessé. Son cheval n'a pas cherché à s'éloigner, ce qui aurait été dangereux, car des précipices se trouvaient très près du lieu où nous étions. »

Au sortir de la Somma, après avoir passé Pergame, j'eus avec mon guide la dispute qu'on lit dans l'*Itinéraire.* Voici le récit de Julien :

« Nous sommes partis de très bonne heure de ce village, après avoir remonté notre cantine. À peu de distance du village, je fus très étonné de voir Monsieur en colère contre notre conducteur ; je lui en demandai le motif. Alors Monsieur me dit qu'il était convenu avec le conducteur, à Smyrne, qu'il le mènerait dans les plaines de Troie, chemin faisant, et que, dans ce moment, il s'y refusait en disant que ces plaines étaient infestées de brigands. Monsieur n'en voulait rien croire et n'écoutait personne. Comme je voyais qu'il s'emportait de plus en plus, je fis signe au conducteur de venir près de l'interprète et du janissaire pour m'expliquer ce qu'on lui avait dit des dangers qu'il y avait à courir dans les plaines que Monsieur voulait visiter. Le conducteur dit à l'interprète qu'on lui avait assuré qu'il fallait être en très grand nombre pour ne pas être attaqué : le janissaire me dit la même chose. Alors, j'allai trouver Monsieur et lui répétai ce qu'ils m'avaient dit tous trois, et, de plus, que nous trouverions à une journée de marche un petit village où il y avait un espèce de consul qui pourrait nous instruire de la vérité. D'après ce rapport, Monsieur se calma et nous continuâmes notre route jusqu'à cet endroit. Aussitôt arrivé, il se rendit près du consul, qui lui dit tous les dangers qu'il courait, s'il persistait à vouloir aller en si petit nombre dans ces plaines de Troie. Alors Monsieur a été obligé de renoncer à son projet, et nous continuâmes notre route pour Constantinople. »

J'arrive à Constantinople.

MON ITINÉRAIRE.

« L'absence presque totale des femmes, le manque de voitures à roues et les meutes de chiens sans maîtres furent les trois caractères distinctifs qui me frappèrent d'abord dans l'intérieur de cette ville extraordinaire. Comme on ne marche guère qu'en babouches, qu'on n'entend point de bruit de carrosses et de charrettes, qu'il n'y a point de cloches, ni presque pas de métiers à marteau, le silence est continuel. Vous voyez autour de vous une foule muette qui semble vouloir passer sans être aperçue, et qui a toujours l'air de se dérober aux regards du maître. Vous arrivez sans cesse d'un bazar à un cimetière, comme si les Turcs n'étaient là que pour acheter, vendre et mourir. Les cimetières, sans murs et placés au milieu des rues, sont des bois magnifiques de cyprès : les colombes font leurs nids dans ces cyprès et partagent la paix des morts. On découvre çà et là quelques monuments antiques qui n'ont de rapport ni avec les hommes modernes, ni avec les monuments nouveaux dont ils sont environnés ; on dirait qu'ils ont été transportés dans cette ville orientale par l'effet d'un talisman. Aucun signe de joie, aucune apparence de bonheur ne se montre à vos yeux ; ce qu'on voit n'est pas un peuple, mais un troupeau qu'un iman conduit et qu'un janissaire égorge. Au milieu des prisons et des bagnes, s'élève un sérail, capitole de la servitude : c'est là qu'un gardien sacré conserve soigneusement les germes de la peste et les lois primitives de la tyrannie. »

Julien, lui, ne se perd pas ainsi dans les nues :

ITINÉRAIRE DE JULIEN.

« L'intérieur de Constantinople est très désagréable par sa pente vers le canal et le port ; on est obligé de mettre dans toutes les rues qui descendent dans cette direction (rues fort mal pavées) des retraites très près les unes des autres, pour retenir les terres que l'eau entraînerait. Il y a peu de voitures : les Turcs font beaucoup plus usage de chevaux de selle que les autres nations. Il y a dans le quartier français quelques chaises à porteurs pour les dames. Il y a aussi des chameaux et des chevaux de somme pour le transport des marchandises. On voit également des portefaix, qui sont des Turcs ayant de très gros et longs bâtons ; il peuvent se mettre cinq ou six à chaque bout et portent des charges énormes d'un pas régulier ; un seul homme porte aussi de très lourds fardeaux. Ils ont un espèce de crochet qui leur prend depuis les épaules jusqu'aux reins, et avec une remarquable adresse d'équilibre, ils portent tous les paquets sans être attachés. »

MON ITINÉRAIRE.

« Nous étions sur le vaisseau à peu près deux cents passagers, hommes, femmes, enfants et vieillards. On voyait autant de nattes rangées en ordre des deux côtés de l'entre-pont. Dans cette espèce de république, chacun faisait son ménage à volonté : les femmes soignaient leurs enfants, les hommes fumaient ou préparaient leur dîner, les papas causaient ensemble. On entendait de tous côtés le son des mandolines, des violons et des lyres. On chantait, on dansait, on riait, on priait. Tout le monde était dans la joie. On me disait : « Jérusalem ! » en me montrant le midi ; et je répondais : « Jérusalem ! » Enfin, sans la peur, nous eussions été les plus heureuses gens du monde ; mais, au moindre vent, les matelots pliaient les voiles, les pèlerins criaient : *Christos, Kyrie eleison !* L'orage passé, nous reprenions notre audace. »

Ici, je suis battu par Julien :

ITINÉRAIRE DE JULIEN.

« Il a fallu nous occuper de notre départ pour Jaffa, qui eut lieu le jeudi 18 septembre. Nous nous sommes embarqués sur un bâtiment grec, où il y avait au moins, tant hommes que femmes et enfants, cent cinquante Grecs qui allaient en pèlerinage à Jérusalem, ce qui causait beaucoup d'embarras dans le bâtiment.

« Nous avions, de même que les autres passagers, nos provisions de bouche et nos ustensiles de cuisine que j'avais achetés à Constantinople. J'avais, en outre, une autre provision assez complète que M. l'ambassadeur nous avait donnée, composée de très beaux biscuits, jambons, saucissons, cervelas ; vins de différentes sortes, rhum, sucre, citrons, jusqu'à du vin de quinquina contre la fièvre. Je me trouvais donc pourvu d'une provision très abondante, que je ménageais et ne consommais qu'avec une grande économie, sachant que nous n'avions pas que ce trajet à faire : tout était serré où aucun passager ne pouvait aller.

« Notre trajet, qui n'a été que de treize jours, m'a paru très long par toutes sortes de désagréments et de malpropretés sur le bâtiment. Pendant plusieurs jours de mauvais temps que nous avons eus, les femmes et les enfants étaient malades, vomissaient partout, au point que nous étions obligés d'abandonner notre chambre et de coucher sur le pont. Nous y mangions beaucoup plus commodément qu'ailleurs, ayant pris le parti d'attendre que tous nos Grecs aient fini leur tripotage. »

Je passe le détroit des Dardanelles ; je touche à Rhodes, et je prends un pilote pour la côte de Syrie. — Un calme nous arrête sous le continent de l'Asie, presque en face de l'ancien cap Chélidonia. — Nous restons deux jours en mer, sans savoir où nous étions.

MON ITINÉRAIRE.

« Le temps était si beau et l'air si doux, que tous les passagers restaient la nuit sur le pont. J'avais disputé un point du gaillard d'arrière à deux gros caloyers qui ne me l'avaient cédé qu'en grommelant. C'était là que je dormais le 30 de septembre, à six heures du matin, lorsque je fus éveillé par un bruit confus de voix : j'ouvris les yeux et j'aperçus les pèlerins qui regardaient vers la proue du vaisseau. Je demandai ce que c'était ; on me cria : *Signor, il Carmelo !* Le Carmel ! Le vent s'était levé la veille à huit heures du soir, et, dans la nuit, nous étions arrivés à la vue des côtes de Syrie. Comme j'étais couché tout habillé, je fus bientôt debout, m'enquérant de la montagne sacrée. Chacun s'empressait de me la montrer de la main ; mais je n'apercevais rien, à cause du soleil qui commençait à se lever en face de nous. Ce moment avait quelque chose de religieux et d'auguste ; tous les pèlerins, le chapelet à la main, étaient restés en silence dans la même attitude, attendant l'apparition de la Terre

Sainte ; le chef des papas priait à haute voix : on n'entendait que cette prière et le bruit de la course du vaisseau que le vent le plus favorable poussait sur une mer brillante. De temps en temps un cri s'élevait de la proue, quand on revoyait le Carmel. J'aperçus enfin, moi-même, cette montagne, comme une tache ronde au-dessous des rayons du soleil. Je me mis alors à genoux à la manière des Latins. Je ne sentis point cette espèce de trouble que j'éprouvai en découvrant les côtes de la Grèce : mais la vue du berceau des Israélites et de la patrie des chrétiens me remplit de joie et de respect. J'allais descendre sur la terre des prodiges, aux sources de la plus étonnante poésie, aux lieux où, même humainement parlant, s'est passé le plus grand événement qui ait jamais changé la face du monde.

. . . .

« Le vent nous manqua à midi ; il se leva de nouveau à quatre heures ; mais, par l'ignorance du pilote, nous dépassâmes le but... À deux heures de l'après-midi, nous revîmes Jaffa.

« Un bateau se détacha de la terre avec trois religieux. Je descendis avec eux dans la chaloupe ; nous entrâmes dans le port par une ouverture pratiquée entre des rochers, et dangereuse même pour un caïque.

« Les Arabes du rivage s'avancèrent dans l'eau jusqu'à la ceinture, afin de nous charger sur leurs épaules. Il se passa, là, une scène assez plaisante : mon domestique était vêtu d'une redingote blanchâtre ; le blanc étant la couleur de distinction chez les Arabes, ils jugèrent que Julien était le scheik. Ils se saisirent de lui et l'emportèrent en triomphe, malgré ses protestations, tandis que, grâce à mon habit bleu, je me sauvais obscurément sur le dos d'un mendiant déguenillé. »

Maintenant, entendons Julien, principal acteur de la scène :

ITINÉRAIRE DE JULIEN.

« Ce qui m'a beaucoup étonné, c'est de voir venir six Arabes pour me porter à terre, tandis qu'il n'y en avait que deux pour Monsieur, ce qui l'amusait beaucoup de me voir porter comme une châsse. Je ne sais si ma mise leur a paru plus brillante que celle de Monsieur ; il avait une redingote brune et boutons pareils, la mienne était blanchâtre, avec des boutons de métal blanc qui jetaient assez d'éclat par le soleil qu'il faisait ; c'est ce qui a pu, sans doute, leur causer cette méprise.

« Nous sommes entrés le mercredi 1er octobre chez les religieux de Jaffa, qui sont de l'ordre des Cordeliers, parlant latin et italien, mais très peu français. Il nous ont très bien reçus et ont fait tout leur possible pour nous procurer tout ce qui nous était nécessaire. »

J'arrive à Jérusalem. — Par le conseil des Pères du couvent, je traverse vite la cité sainte pour aller au Jourdain. — Après m'être arrêté au couvent de Bethléem, je pars avec une escorte d'Arabes ; je m'arrête à Saint-Saba. — À minuit, je me trouve au bord de la mer Morte.

MON ITINÉRAIRE.

« Quand on voyage dans la Judée, d'abord un grand ennui saisit le cœur ; mais lorsque, passant de solitude en solitude, l'espace s'étend sans bornes devant vous, peu à peu l'ennui se dissipe, on éprouve une terreur secrète qui, loin d'abaisser l'âme, donne du courage et élève le génie. Des aspects extraordinaires décèlent de toutes parts une terre travaillée par des miracles : le soleil brûlant, l'aigle impétueux, le figuier stérile, toute la poésie, tous les tableaux de l'Écriture sont là. Chaque nom renferme un mystère ; chaque grotte déclare l'avenir ; chaque sommet retentit des accents d'un prophète. Dieu même a parlé sur ces bords : les torrents desséchés, les rochers fendus, les tombeaux entr'ouverts, attestent le prodige ; le désert paraît encore muet de terreur, et l'on dirait qu'il n'a osé rompre le silence depuis qu'il a entendu la voix de l'Éternel.

« Nous descendîmes de la croupe de la montagne, afin d'aller passer la nuit au bord de la mer Morte, pour remonter ensuite au Jourdain. »
ITINÉRAIRE DE JULIEN.

« Nous sommes descendus de cheval pour les laisser reposer et manger, ainsi que nous, qui avions une assez bonne cantine que les religieux de Jérusalem nous avaient donnée. Après notre collation faite, nos Arabes allèrent à une certaine distance de nous, pour écouter, l'oreille sur terre, s'ils entendaient quelque bruit ; nous ayant assuré que nous pouvions être tranquilles, alors chacun s'est abandonné au sommeil. Quoique couché sur des cailloux, j'avais fait un très bon somme, quand Monsieur vint me réveiller, à cinq heures du matin, pour faire préparer tout notre monde à partir. Il avait déjà empli une bouteille en fer-blanc, tenant environ trois chopines, de l'eau de la mer Morte, pour rapporter à Paris. »
MON ITINÉRAIRE.

« Nous levâmes le camp, et nous cheminâmes pendant une heure et demie avec une peine excessive dans une arène blanche et fine. Nous avancions vers un petit bois d'arbres de baume et de tamarins, qu'à mon grand étonnement je voyais s'élever du milieu d'un sol stérile. Tout à coup, les Bethléémites s'arrêtèrent et montrèrent de la main, au fond d'une ravine, quelque chose que je n'avais pas aperçu. Sans pouvoir dire ce que c'était, j'entrevoyais comme une espèce de sable en mouvement sur l'immobilité du sol. Je m'approchai de ce singulier objet, et je vis un fleuve jaune que j'avais peine à distinguer de l'arène de ses deux rives. Il était profondément encaissé, et roulait avec lenteur une onde épaisse : c'était le Jourdain...

« Les Bethléémites se dépouillèrent et se plongèrent dans le Jourdain. Je n'osais les imiter, à cause de la fièvre qui me tourmentait toujours. »
ITINÉRAIRE DE JULIEN.

« Nous sommes arrivés au Jourdain à sept heures du matin, par des sables où nos chevaux entraient jusqu'aux genoux, et par des fossés qu'ils avaient peine à remonter. Nous avons parcouru le rivage jusqu'à dix heures, et, pour nous délasser, nous nous sommes baignés très commodément par l'ombre des arbrisseaux qui bordent le fleuve. Il aurait été très facile de passer de l'autre côté à la nage, n'ayant de largeur, à l'endroit où nous étions, qu'environ 40 toises ; mais il n'eût pas été prudent de le faire, car il y avait des Arabes qui cherchaient à nous rejoindre, et en peu de temps ils se réunissent en très grand nombre. Monsieur a empli sa seconde bouteille de fer-blanc d'eau du Jourdain. »

Nous rentrâmes dans Jérusalem : Julien n'est pas beaucoup frappé des saints lieux : en vrai philosophe, il est sec : « Le Calvaire, dit-il, est dans la même église, sur une hauteur, semblable à beaucoup d'autres hauteurs sur lesquelles nous avons monté, et d'où l'on ne voit au loin que des terres en friche, et, pour tous bois, des broussailles et arbustes rongés par les animaux. La vallée de Josaphat se trouve en dehors, au pied du mur de Jérusalem, et ressemble à un fossé de rempart. »

Je quittai Jérusalem, j'arrivai à Jaffa, et je m'embarquai pour Alexandrie. D'Alexandrie j'allai au Caire, et je laissai Julien chez M. Drovetti, qui eut la bonté de me noliser un bâtiment autrichien pour Tunis. Julien continue son journal à Alexandrie : « Il y a, dit-il, des juifs qui font l'agiotage comme partout où ils sont. À une demi-lieue de la ville, il y a la colonne de Pompée, qui est en granit rougeâtre, montée sur un massif de pierres de taille. »

MON ITINÉRAIRE.

« Le 23 novembre, à midi, le vent étant devenu favorable, je me rendis à bord du vaisseau. J'embrassai M. Drovetti sur le rivage, et nous nous promîmes amitié et souvenance : j'acquitte aujourd'hui ma dette.

« Nous levâmes l'ancre à deux heures. Un pilote nous mit hors du port. Le vent était faible et de la partie du midi. Nous restâmes trois jours à la vue de la colonne de Pompée, que nous découvrions à l'horizon. Le soir du troisième jour, nous entendîmes le coup de canon de retraite du port d'Alexandrie. Ce fut comme le signal de notre départ définitif, car le vent du nord se leva, et nous fîmes voile à l'occident.

« Le 1er décembre, le vent, se fixant à l'ouest, nous barra le chemin. Peu à peu il descendit au sud-ouest et se changea en une tempête qui ne cessa qu'à notre arrivée à Tunis. Pour occuper mon temps, je copiais et mettais en ordre les notes de ce voyage et les descriptions des *Martyrs*. La nuit, je me promenais sur le pont avec le second, le capitaine Dinelli. Les nuits passées au milieu des vagues, sur un vaisseau battu de la tempête, ne sont pas stériles ; l'incertitude de notre avenir donne aux objets leur véritable prix : la terre, contemplée du milieu d'une mer orageuse, ressemble à la vie considérée par un homme qui va mourir. »

ITINÉRAIRE DE JULIEN.

« Après notre sortie du port d'Alexandrie, nous avons été assez bien pendant les premiers jours, mais cela n'a pas duré, car nous avons toujours eu mauvais temps et mauvais vent pendant le reste du trajet. Il y avait toujours de garde sur le pont un officier, le pilote et quatre matelots. Quand nous voyions, à la fin du jour, que nous allions avoir une mauvaise nuit, nous montions sur le pont. Vers minuit, je faisais notre punch. Je commençais toujours à en donner à notre pilote et aux quatre matelots, ensuite j'en servais à Monsieur, à l'officier et à moi ; mais nous ne prenions pas cela aussi tranquillement que dans un café. Cet officier avait beaucoup plus d'usage que le capitaine ; il parlait très bien français, ce qui nous a été très agréable dans notre trajet. »

Nous continuons notre navigation et nous mouillons devant les îles Kerkeni.

MON ITINÉRAIRE.

« Un orage du sud-est s'éleva à notre grande joie, et en cinq jours nous arrivâmes dans les eaux de l'île de Malte. Nous la découvrîmes la veille de Noël ; mais, le jour de Noël même, le vent se rangeant à l'ouest-nord-ouest, nous chassa au midi de Lampedouse. Nous restâmes dix-huit jours sur la côte orientale du royaume de Tunis, entre la vie et la mort. Je n'oublierai de ma vie la journée du 28.

« Nous jetâmes l'ancre devant les îles de Kerkeni. Nous restâmes huit jours à l'ancre dans la petite Syrte, où je vis commencer l'année 1807. Sous combien d'astres et dans combien de fortunes diverses j'avais déjà vu se renouveler pour moi les années, qui passent si vite ou qui sont si longues ! Qu'ils étaient loin de moi ces temps de mon enfance où je recevais avec un cœur palpitant de joie la bénédiction et les présents paternels ! Comme ce premier jour de l'année était attendu ! Et maintenant, sur un vaisseau étranger, au milieu de la mer, à la vue d'une terre barbare, ce premier jour s'envolait pour moi, sans témoins, sans plaisirs, sans les embrassements de la famille, sans ces tendres souhaits de bonheur qu'une mère forme pour son fils avec tant de sincérité ! Ce jour, né du sein des tempêtes, ne laissait tomber sur mon front que des soucis, des regrets et des cheveux blancs. »

Julien est exposé à la même destinée, et il me reprend d'une de ces impatiences dont, heureusement, je me suis corrigé.

ITINÉRAIRE DE JULIEN.

« Nous étions très près de l'île de Malte et nous avions à craindre d'être aperçus par quelque bâtiment anglais qui aurait pu nous forcer d'entrer dans le port ; mais aucun n'est venu à notre rencontre. Notre équipage se trouvait très fatigué, et le vent continuait à ne pas nous être favorable. Le capitaine voyant sur sa carte un mouillage nommé Kerkeni, duquel nous n'étions pas éloignés, fit voile dessus, sans en prévenir Monsieur, lequel, voyant que nous approchions de ce mouillage, s'est fâché de ce qu'il n'avait pas été consulté, disant au capitaine qu'il devait continuer sa route, ayant supporté de plus mauvais temps. Mais nous étions trop avancés pour reprendre notre route, et, d'ailleurs, la prudence du capitaine a été fort approuvée, car, cette nuit-là, le vent est devenu bien plus fort et la mer très mauvaise. Ayant été obligés de rester vingt-quatre heures de plus que notre prévision dans le mouillage, Monsieur en marquait vivement son mécontentement au capitaine, malgré les justes raisons que celui-ci lui donnait.

« Il y avait environ un mois que nous naviguions, et il ne nous fallait plus que sept ou huit heures pour arriver dans le port de Tunis. Tout à coup le vent devint si violent que nous fûmes obligés de nous mettre au large, et nous restâmes trois semaines sans pouvoir aborder ce port. C'est encore dans ce moment que Monsieur reprocha de nouveau au capitaine d'avoir perdu trente-six heures au mouillage. On ne pouvait le persuader qu'il nous serait arrivé plus grand malheur si le capitaine eût été moins prévoyant. Le malheur que je voyais était de voir nos provisions baisser, sans savoir quand nous arriverions. »

Je foulai enfin le sol de Carthage. Je trouvai chez M. et madame Devoise l'hospitalité la plus généreuse. Julien fait bien connaître mon hôte ; il parle aussi de la campagne et des Juifs : « Ils prient et pleurent, » dit-il.

Un brick de guerre américain m'ayant donné passage à son bord, je traversai le lac de Tunis pour me rendre à La Goulette. « Chemin faisant, dit Julien, je demandai à Monsieur s'il avait pris l'or qu'il avait mis dans le secrétaire de la chambre où il couchait ; il me dit qu'il l'avait oublié, et je fus obligé de retourner à Tunis. » L'argent ne peut jamais me demeurer dans la cervelle.

Quand j'arrivai d'Alexandrie, nous jetâmes l'ancre en face les débris de la cité d'Annibal. Je les regardais du bord sans pouvoir deviner ce que c'était. J'apercevais quelques cabanes de Maures, un ermitage musulman sur la pointe d'un cap avancé, des brebis paissant parmi des ruines, ruines si peu apparentes que je les distinguais à peine du sol qui les portait : c'était Carthage. Je la visitai avant de m'embarquer pour l'Europe.

MON ITINÉRAIRE.

« Du sommet de Byrsa, l'œil embrasse les ruines de Carthage qui sont plus nombreuses qu'on ne le pense généralement : elles ressemblent à celles de Sparte, n'ayant rien de bien conservé, mais occupant un espace considérable. Je les vis au mois de février ; les figuiers, les oliviers et les caroubiers donnaient déjà leurs premières feuilles ; de grandes angéliques et des acanthes formaient des touffes de verdure parmi les débris de marbre de toutes couleurs. Au loin, je promenais mes regards sur l'isthme, sur une double mer, sur des îles lointaines, sur une campagne riante, sur des lacs bleuâtres, sur des montagnes azurées ; je découvrais des forêts, des vaisseaux, des aqueducs, des villages maures, des ermitages mahométans, des minarets et les maisons blanches de Tunis. Des millions de sansonnets, réunis en bataillons et ressemblant à des nuages, volaient au-dessus de ma tête. Environné des plus grands et des plus touchants souvenirs, je pensais à Didon, à Sophonisbe, à la noble épouse d'Asdrubal ; je contemplais les vastes plaines où sont ensevelies les légions d'Annibal, de Scipion et de César ; mes yeux voulaient reconnaître l'emplacement du palais d'Utique.

Hélas ! les débris du palais de Tibère existent encore à Caprée, et l'on cherche en vain à Utique la place de la maison de Caton ! Enfin, les terribles Vandales, les légers Maures, passaient tour à tour devant ma mémoire, qui m'offrait, pour dernier tableau, saint Louis expirant sur les ruines de Carthage. »

Julien achève comme moi de prendre sa dernière vue de l'Afrique à Carthage.

ITINÉRAIRE DE JULIEN.

« Le 7 et le 8 nous nous sommes promenés dans les ruines de Carthage où il se trouve encore quelques fondations à rase terre, qui prouvent la solidité des monuments de l'antiquité. Il y a aussi comme les distributions de bains qui sont submergés par la mer. Il existe encore de très belles citernes ; on en voyait d'autres qui étaient comblées. Le peu d'habitants qui occupent ces contrées cultivent les terres qui leur sont nécessaires. Ils ramassent différents marbres et pierres, ainsi que des médailles qu'ils vendent aux voyageurs comme antiques : Monsieur en a acheté pour rapporter en France. »

Julien raconte brièvement notre traversée de Tunis à la baie de Gibraltar ; d'Algésiras, il arrive promptement à Cadix, et de Cadix à Grenade. Indifférent à *Blanca*, il remarque seulement que *l'Alhambra et autres édifices élevés sont sur des rochers d'une hauteur immense*. Mon *Itinéraire* n'entre pas dans beaucoup plus de détails sur Grenade ; je me contente de dire :

« L'Alhambra me parut digne d'être remarqué, même après les temples de Grèce. La vallée de Grenade est délicieuse et ressemble beaucoup à celle de Sparte : on conçoit que les Maures regrettent un pareil pays. »

C'est dans *le Dernier des Abencerages*[826] que j'ai décrit l'Alhambra. L'Alhambra, le Généralife, le Monte-Santo se sont gravés dans ma tête comme ces paysages fantastiques que, souvent à l'aube du jour, on croit entrevoir dans un beau premier rayon de l'aurore. Je me sens encore assez de nature pour peindre la Vega ; mais je n'oserais le tenter, de peur de *l'archevêque de Grenade*. Pendant mon séjour dans la ville des sultanes, un guitariste, chassé par un tremblement de terre d'un village que je venais de traverser, s'était donné à moi. Sourd comme un pot, il me suivait partout : quand je m'asseyais sur une ruine dans le palais des Maures, il chantait debout à mes côtés, en s'accompagnant de sa guitare. L'harmonieux mendiant n'aurait peut-être pas composé la symphonie de *la Création,* mais sa poitrine brunie se montrait à travers les lambeaux de sa

---

[826] Cette Nouvelle composée sous l'Empire, a paru pour la première fois en 1827, dans le tome XVI de la première édition des Œuvres complètes, sous le titre : Les Aventures du dernier Abencerage.

casaque, et il aurait eu grand besoin d'écrire comme Beethoven à mademoiselle Breuning :

« Vénérable Éléonore, ma très chère amie, je voudrais bien être assez heureux pour posséder une veste de poil de lapin tricotée par vous. »

Je traversai d'un bout à l'autre cette Espagne où, seize années plus tard, le ciel me réservait un grand rôle, en contribuant à étouffer l'anarchie chez un noble peuple et à délivrer un Bourbon : l'honneur de nos armes fut rétabli, et j'aurais sauvé la légitimité, si la légitimité avait pu comprendre les conditions de sa durée.

Julien ne me lâche pas qu'il ne m'ait ramené sur la place Louis XV, le 5 juin 1807, à trois heures après midi. De Grenade, il me conduit à Aranjuez, à Madrid, à l'Escurial, d'où il saute à Bayonne.

« Nous sommes repartis de Bayonne, dit-il, le mardi 9 mai, pour Pau, Tarbes, Baréges et Bordeaux, où nous sommes arrivés le 18, très fatigués, avec chacun un mouvement de fièvre. Nous en sommes repartis le 19, et nous avons passé à Angoulême et à Tours, et nous sommes arrivés le 28 à Blois où nous avons couché. Le 31, nous avons continué notre route jusqu'à Orléans, et ensuite nous avons fait notre dernier coucher à Angerville[827]. »

J'étais là, à une poste d'un château[828] dont mon long voyage ne m'avait point fait oublier les habitants. Mais les jardins d'Armide, où étaient-ils ? Deux ou trois fois, en retournant aux Pyrénées, j'ai aperçu du grand chemin la colonne de Méréville ; ainsi que la colonne de Pompée, elle m'annonçait le désert : comme mes fortunes de mer, tout a changé.

J'arrivai à Paris avant les nouvelles que je donnais de moi : j'avais devancé ma vie. Tout insignifiantes que sont les lettres que j'écrivais, je les parcours, comme on regarde de méchants dessins qui représentent des lieux qu'on a visités. Ces billets datés de Modon, d'Athènes, de Zéa, de Smyrne et de Constantinople, de Jaffa, de Jérusalem, d'Alexandrie, de Tunis, de Grenade, de Madrid et de Burgos ; ces lignes tracées sur toutes sortes de papier, avec toutes sortes d'encre, apportées par tous les vents, m'intéressent. Il n'y a pas jusqu'à mes firmans que je ne me plaise à dérouler : j'en touche avec plaisir le vélin, j'en suis l'élégante calligraphie et je m'ébahis à la pompe du style. J'étais donc un bien grand personnage ! Nous sommes de bien pauvres diables, avec nos lettres et nos passe-ports à quarante sous, auprès de ces seigneurs du turban !

Osman Séïd, pacha de Morée, adresse ainsi à qui de droit mon firman pour Athènes :

---

827 Angerville est sur la grande route directe d'Orléans à Paris ; c'était, au temps de Chateaubriand, un relai de poste sur cette route.
828 Le château de Malesherbes, situé à six kilomètres d'Angerville. Il appartenait à Louis de Chateaubriand, le neveu du grand écrivain. Il est aujourd'hui la propriété de Mme la marquise de Beaufort, née de Chateaubriand.

« Hommes de loi des bourgs de Misitra (Sparte) et d'Argos, cadis, nadirs, effendis, de qui puisse la sagesse s'augmenter encore ; honneur de vos pairs et de nos grands, vaïvodes, et vous par qui voit votre maître, qui le remplacez dans chacune de vos juridictions, gens en place et gens d'affaires, dont le crédit ne peut que croître ;

« Nous vous mandons qu'entre les nobles de France, un noble (particulièrement) de Paris, muni de cet ordre, accompagné d'un janissaire armé et d'un domestique pour son escorte, a sollicité la permission et expliqué son intention de passer par quelques-uns des lieux et positions qui sont de vos juridictions, afin de se rendre à Athènes, qui est un isthme hors de là, séparé de vos juridictions.

« Voilà donc, effendis, vaïvodes et tous autres désignés ci-dessus, quand le susdit personnage arrivera aux lieux de vos juridictions, vous aurez le plus grand soin qu'on s'acquitte envers lui des égards et de tous les détails dont l'amitié fait une loi, etc., etc.

« An 1221 de l'hégire. »

Mon passe-port de Constantinople pour Jérusalem porte :

« Au tribunal sublime de Sa Grandeur le kadi de Kouds (Jérusalem), Schérif très excellent effendi :

« Très excellent effendi, que Votre Grandeur placée sur son tribunal auguste agrée nos bénédictions sincères et nos salutations affectueuses.

« Nous vous mandons qu'un personnage noble, de la cour de France, nommé François-Auguste de Chateaubriand, se rend en ce moment vers vous, pour accomplir le *saint* pèlerinage (des chrétiens). »

Protégerions-nous de la sorte le voyageur inconnu près des maires et des gendarmes qui visitent son passe-port ? On peut lire également dans ces firmans les révolutions des peuples : combien de *laissez-passer* a-t-il fallu que Dieu donnât aux empires, pour qu'un esclave tartare imposât des ordres à un vaïvode de Misitra, c'est-à-dire à un magistrat de Sparte ; pour qu'un musulman recommandât un chrétien au cadi de Kouds, c'est-à-dire de Jérusalem !

L'*Itinéraire* est entré dans les éléments qui composent ma vie. Quand je partis en 1806, un pèlerinage à Jérusalem paraissait une grande entreprise. Ores que la foule m'a suivi et que tout le monde est en diligence, le merveilleux s'est évanoui ; il ne m'est guère resté en propre que Tunis : on s'est moins dirigé de ce côté, et l'on convient que j'ai désigné la véritable situation des ports de Carthage. Cette honorable lettre le prouve :

« Monsieur le vicomte, je viens de recevoir un plan du sol et des ruines de Carthage, donnant les contours exacts et les reliefs du terrain ; il a été levé trigonométriquement sur une base de 1 500 mètres, il s'appuie sur des observations barométriques faites avec des baromètres correspondants. C'est un travail de dix ans de précision et de patience ; il confirme vos opinions sur la position des ports de Byrsa.

« J'ai repris, avec ce plan exact, tous les textes anciens, et j'ai déterminé, je crois, l'enceinte extérieure et les autres parties du Cothon, de Byrsa et de Mégara, etc., etc. Je vous rends la justice qui vous est due à tant de titres.

« Si vous ne craignez pas de me voir fondre sur votre génie avec ma trigonométrie et ma lourde érudition, je serai chez vous au premier signe de votre part. Si nous vous suivons, mon père et moi, dans la littérature, *longissimo intervallo*, au moins nous aurons tâché de vous imiter par la noble indépendance dont vous donnez à la France un si beau modèle.

« J'ai l'honneur d'être, et je m'en vante, votre franc admirateur.

« DUREAU DE LA MALLE[829]. »

Une pareille rectification des lieux aurait suffi autrefois pour me faire donner un nom en géographie. Dorénavant, si j'avais encore la manie de faire parler de moi, je ne sais où je pourrais courir afin d'attirer l'attention du public : peut-être reprendrais-je mon ancien projet de la découverte du passage au pôle nord ; peut-être remonterais-je le Gange. Là, je verrais la longue ligne noire et droite des bois qui défendent l'accès de l'Himalaya ; lorsque, parvenu au col qui attache les deux principaux sommets du mont Ganghour, je découvrirais l'amphithéâtre incommensurable des neiges éternelles ; lorsque je demanderais à mes guides, comme Heber, l'évêque anglican de Calcutta[830], le nom des autres montagnes de l'est, ils me répondraient qu'elles bordent l'empire chinois. À la bonne heure ! mais revenir des Pyramides, c'est comme si vous reveniez de Montlhéry. À ce propos, je me souviens qu'un pieux antiquaire des environs de Saint-Denis en France m'a écrit pour me demander si Pontoise ne ressemblait pas à Jérusalem.

La page qui termine l'*Itinéraire* semble être écrite en ce moment même, tant elle reproduit mes sentiments actuels.

« Il y a vingt ans, disais-je, que je me consacre à l'étude au milieu de tous les hasards et de tous les chagrins ; *diversa exsilia et desertas quærere terras :* un grand nombre des feuilles de mes livres ont été tracées sous la tente, dans les déserts, au milieu des flots ; j'ai souvent tenu la plume sans savoir comment je prolongerais de quelques instants mon existence... Si le ciel m'accorde un repos que je n'ai jamais goûté, je tâcherai d'élever en silence un monument à ma patrie ; si la Providence me refuse ce repos, je

---

829 Adolphe-Jules-César-Auguste Dureau de La Malle (1777-1857), membre de l'Académie des inscriptions et belles-lettres. Il a écrit de savants mémoires d'histoire et d'archéologie. Son principal ouvrage est l'Économie politique des Romains (1840, 2 vol. in-8o).

830 Reginald Heber (1783-1826). Né à Malpas (Cheshire), il devint en 1822 évêque de Calcutta. Il avait publié, en 1819, un petit volume de Poèmes religieux. Après sa mort, sa femme, Amélie Heber, fit paraître son Récit de voyage à travers les provinces supérieures de l'Inde, de Calcutta à Bombay (trois volumes in-8o).

ne dois songer qu'à mettre mes derniers jours à l'abri des soucis qui ont empoisonné les premiers. Je ne suis plus jeune, je n'ai plus l'amour du bruit ; je sais que les lettres, dont le commerce est si doux quand il est secret, ne nous attirent au dehors que des orages. Dans tous les cas, j'ai assez écrit si mon nom doit vivre ; beaucoup trop s'il doit mourir. »

Il est possible que mon *Itinéraire* demeure comme un manuel à l'usage des Juifs errants de ma sorte : j'ai marqué scrupuleusement les étapes et tracé une carte routière. Tous les voyageurs à Jérusalem m'ont écrit pour me féliciter et me remercier de mon exactitude ; j'en citerai un témoignage :

« Monsieur, vous m'avez fait l'honneur, il y a quelques semaines, de me recevoir chez vous, ainsi que mon ami M. de Saint-Laumer ; en vous apportant une lettre d'Abou-Gosch, nous venions vous dire combien on trouvait de nouveaux mérites à votre *Itinéraire* en le lisant sur les lieux, et comme on appréciait jusqu'à son titre même, tout humble et tout modeste que vous l'ayez choisi, en le voyant justifié à chaque pas par l'exactitude scrupuleuse des descriptions, fidèles encore aujourd'hui, sauf quelques ruines de plus ou de moins, seul changement de ces contrées, etc.

« Jules FOLENTLOT. »
Rue Caumartin, nº 23.

Mon exactitude tient à mon bon sens vulgaire ; je suis de la race des Celtes et des tortues, race pédestre ; non du sang des Tartares et des oiseaux, races pourvues de chevaux et d'ailes. La religion, il est vrai, me ravit quelquefois dans ses bras ; mais quand elle me remet à terre, je chemine, appuyé sur mon bâton, me reposant aux bornes pour déjeuner de mon olive et de mon pain bis. *Si je suis moult allé en bois, comme font volontiers les François,* je n'ai, cependant, jamais aimé le changement pour le changement ; la route m'ennuie : j'aime seulement le voyage à cause de l'indépendance qu'il me donne, comme j'incline vers la campagne, non pour la campagne mais pour la solitude. « Tout ciel m'est un, » dit Montaigne, « vivons entre les nôtres, allons mourir et rechigner entre les inconnus. »

Il me reste aussi de ces pays d'Orient quelques autres lettres parvenues à leur adresse plusieurs mois après leur date. Des Pères de la Terre sainte, des consuls et des familles, me supposant devenu puissant sous la Restauration, ont réclamé, auprès de moi, les droits de l'hospitalité : de loin, on se trompe et l'on croit ce qui semble juste. M. Gaspari m'écrivit, en 1816, pour solliciter ma protection en faveur de son fils ; sa lettre est adressée : *À monsieur le vicomte de Chateaubriand, grand maître de l'Université royale, à Paris.*

M. Caffe, ne perdant pas de vue ce qui se passe autour de lui, et m'apprenant des nouvelles de son univers, me mande d'Alexandrie : « Depuis votre départ, le pays n'est pas amélioré, quoique la tranquillité règne. Quoique le chef n'ait rien à craindre de la part des Mameluks, toujours réfugiés dans la Haute-Égypte, il faut pourtant qu'il se tienne en garde. Abd-el-Ouald fait toujours des siennes à la Mecque. Le canal de Manouf vient d'être fermé ; Méhémet-Ali sera mémorable en Égypte pour avoir exécuté ce projet, etc. »

Le 12 août 1816, M. Pangalo fils m'écrivait de Zéa :

« Monseigneur,

« Votre *Itinéraire de Paris à Jérusalem* est parvenu à Zéa, et j'ai lu, au milieu de notre famille, ce que Votre Excellence veut bien y dire d'obligeant pour elle. Votre séjour parmi nous a été si court, que nous ne méritons pas, à beaucoup près, les éloges que Votre Excellence a faits de notre hospitalité, et de la manière trop familière avec laquelle nous vous avons reçu. Nous venons d'apprendre aussi, avec la plus grande satisfaction, que Votre Excellence se trouve replacée par les derniers événements, et qu'elle occupe un rang dû à son mérite autant qu'à sa naissance. Nous l'en félicitons, et nous espérons qu'au faîte des grandeurs, monsieur le comte de Chateaubriand voudra bien se ressouvenir de Zéa, de la nombreuse famille du vieux Pangalo, son hôte, de cette famille dans laquelle le Consulat de France existe depuis le glorieux règne de Louis le Grand, qui a signé le brevet de notre aïeul. Ce vieillard, si souffrant, n'est plus ; j'ai perdu mon père ; je me trouve, avec une fortune très médiocre, chargé de toute la famille ; j'ai ma mère, six sœurs à marier, et plusieurs veuves à ma charge avec leurs enfants. J'ai recours aux bontés de Votre Excellence : je la prie de venir au secours de notre famille, en obtenant que le vice-consulat de Zéa, qui est très nécessaire pour la relâche fréquente des bâtiments du roi, ait des appointements comme les autres vice-consulats ; que d'agent, que je suis, sans appointement, je sois vice-consul, avec le traitement attaché à ce grade. Je crois que Votre Excellence obtiendrait facilement cette demande en faveur des longs services de mes aïeux, si elle daignait s'en occuper, et qu'elle excusera la familiarité importune de vos hôtes de Zéa, qui espèrent en vos bontés.

« Je suis avec le plus profond respect,

« Monseigneur,

« De Votre Excellence

« Le très humble et très obéissant serviteur,

« M.-G. PANGALO. »

Zéa, le 3 août 1816.

Toutes les fois qu'un peu de gaieté me vient sur les lèvres, j'en suis puni comme d'une faute. Cette lettre me fait sentir un remords en relisant un passage (atténué, il est vrai, par des expressions reconnaissantes) sur l'hospitalité de nos consuls dans le Levant : « Mesdemoiselles Pangalo, dis-je dans l'*Itinéraire*, chantent en grec :

Ah ! vous dirai-je, maman ?

« M. Pangalo poussait des cris, les coqs s'égosillaient, et les souvenirs d'Iulis, d'Aristée, de Simonide étaient complètement effacés. »

Les demandes de protection tombaient presque toujours au milieu de mes discrédits et de mes misères. Au commencement même de la Restauration, le 11 octobre 1814, je reçus cette autre lettre datée de Paris :

« Monsieur l'ambassadeur,

« Mademoiselle Dupont, des îles Saint-Pierre et Miquelon, qui a eu l'honneur de vous voir dans ces îles, désirerait obtenir de Votre Excellence un moment d'audience. Comme elle sait que vous habitez la campagne, elle vous prie de lui faire savoir le jour où vous viendrez à Paris et où vous pourrez lui accorder cette audience.

« J'ai l'honneur d'être, etc.

« DUPONT. »

Je ne me souvenais plus de cette demoiselle de l'époque de mon voyage sur l'Océan, tant la mémoire est ingrate ! Cependant, j'avais gardé un souvenir parfait de la fille inconnue qui s'assit auprès de moi dans la triste Cyclade glacée :

« Une jeune marinière parut dans les déclivités supérieures du morne, elle avait les jambes nues quoiqu'il fît froid, et marchait parmi la rosée. » etc.

Des circonstances indépendantes de ma volonté m'empêchèrent de voir mademoiselle Dupont. Si, par hasard, c'était la fiancée de Guillaumy, quel effet un quart de siècle avait-il produit sur elle ? Avait-elle été atteinte de l'hiver de Terre Neuve, ou conservait-elle le printemps des fèves en fleurs, abritées dans le fossé du fort Saint-Pierre ?

À la tête d'une excellente traduction des lettres de saint Jérôme, MM. Collombet et Grégoire[831] ont voulu trouver dans leur notice, entre ce saint et moi, à propos de la Judée, une ressemblance à laquelle je me refuse par respect. Saint Jérôme, du fond de sa solitude, traçait la peinture de ses combats intérieurs : je n'aurais pas rencontré les expressions de génie de l'habitant de la grotte de Bethléem ; tout au plus aurais-je pu chanter avec saint François, mon patron en France et mon hôtelier au Saint-Sépulcre, ces deux cantiques en italien de l'époque qui précède l'italien de Dante :

In foco l'amor mi mise,
In foco l'amor mi mise.

J'aime à recevoir des lettres d'outre-mer ; ces lettres semblent m'apporter quelque murmure des vents, quelque rayon des soleils, quelque émanation des destinées diverses que séparent les flots et que lient les souvenirs de l'hospitalité.

---

[831] Lettres de Saint Jérôme, traduites en français par F. Z. Collombet et J.-F. Grégoire, cinq volumes in-8o.

Voudrais-je revoir ces contrées lointaines ? Une ou deux, peut-être. Le ciel de l'Attique a produit en moi un enchantement qui ne s'efface point ; mon imagination est encore parfumée des myrtes du temple de la *Vénus au jardin* et de l'iris du Céphise.

Fénelon, au moment de partir pour la Grèce, écrivait à Bossuet la lettre qu'on va lire. L'auteur futur de *Télémaque* s'y révèle avec l'ardeur du missionnaire et du poète :

« Divers petits accidents ont toujours retardé jusqu'ici mon retour à Paris ; mais enfin, Monseigneur, je pars, et peu s'en faut que je ne vole. À la vue de ce voyage, j'en médite un plus grand. La Grèce entière s'ouvre à moi, le sultan effrayé recule ; déjà le Péloponèse respire en liberté, et l'Église de Corinthe va refleurir ; la voix de l'apôtre s'y fera encore entendre. Je me sens transporté dans ces beaux lieux et parmi ces ruines précieuses, pour y recueillir, avec les plus curieux monuments, l'esprit même de l'antiquité. Je cherche cet aréopage, où saint Paul annonça aux sages du monde le Dieu inconnu ; mais le profane vient après le sacré, et je ne dédaigne pas de descendre au Pirée, où Socrate fait le plan de sa République. Je monte au sommet du Parnasse, je cueille les lauriers de Delphes et je goûte les délices du Tempé.

« Quand est-ce que le sang des Turcs se mêlera avec celui des Perses sur les plaines de Marathon, pour laisser la Grèce entière à la religion, à la philosophie et aux beaux-arts, qui la regardent comme leur patrie ?

. . . . Arva, beata

Petamus arva divites et insulas.

« Je ne t'oublierai pas, ô île consacrée par les célestes visions du disciple bien-aimé ; ô heureuse Pathmos, j'irai baiser sur la terre les pas de l'Apôtre, et je croirai voir les cieux ouverts. Là, je me sentirai saisi d'indignation contre le faux prophète, qui a voulu développer les oracles du véritable, et je bénirai le Tout-Puissant, qui, loin de précipiter l'Église comme Babylone, enchaîne le dragon et la rend victorieuse. Je vois déjà le schisme qui tombe, l'Orient et l'Occident qui se réunissent, et l'Asie qui voit renaître le jour après une si longue nuit ; la terre sanctifiée par les pas du Sauveur et arrosée de son sang, délivrée de ses profanateurs, et revêtue d'une nouvelle gloire ; enfin les enfants d'Abraham épars sur toute la terre, et plus nombreux que les étoiles du firmament, qui, rassemblés des quatre vents, viendront en foule reconnaître le Christ qu'ils ont percé, et montrer à la fin des temps une résurrection. En voilà assez, Monseigneur, et vous serez bien aise d'apprendre que c'est ma dernière lettre, et la fin de mes enthousiasmes, qui vous importuneront peut-être. Pardonnez-les à ma passion de vous entretenir de loin, en attendant que je puisse le faire de près.

« FR. DE FENELON.

C'était là le vrai nouvel Homère, seul digne de chanter la Grèce et d'en raconter la beauté au nouveau Chrysostome.

Je n'ai devant les yeux, des sites de la Syrie, de l'Égypte et de la terre punique, que les endroits en rapport avec ma nature solitaire ; ils me plaisaient indépendamment de l'antiquité, de l'art et de l'histoire. Les Pyramides me frappaient moins par leur grandeur que par le désert contre lequel elles étaient appliquées ; la colonne de Dioclétien arrêtait moins mes regards que les festons de la mer le long des sables de la Libye. À l'embouchure pélusiaque du Nil, je n'aurais pas désiré un monument pour me rappeler cette scène peinte par Plutarque :

« L'affranchi chercha au long de la grève où il trouva quelque demourant du vieil bateau de pêcheur, suffisant pour brusler un pauvre corps nu et encore non tout entier. Ainsi, comme il les amassoit et assembloit, il survint un Romain, homme d'âge qui, en ses jeunes ans, avoit été à la guerre sous Pompée. Ah ! lui dit le Romain, tu n'auras pas tout seul cet honneur et te prie, veuille-moi recevoir pour compagnon en une si sainte et si dévote rencontre, afin que je n'aie point occasion de me plaindre en tout, ayant, en récompense de plusieurs maux que j'ai endurés, rencontré au moins cette bonne aventure de pouvoir toucher avec mes mains et aider à ensevelir le plus grand capitaine des Romains. »

Le rival de César n'a plus de tombeau près de la Libye, et une jeune esclave *libyenne* a reçu de la main d'une *Pompée* une sépulture non loin de cette Rome, d'où le grand Pompée était banni. À ces jeux de la fortune, on conçoit comment les chrétiens s'allaient cacher dans la Thébaïde :

« Née en Libye, ensevelie à la fleur de mes ans sous la poussière ausonienne, je repose près de Rome le long de ce rivage sablonneux. L'illustre Pompée, qui m'avait élevée avec une tendresse de mère, a pleuré ma mort et m'a déposée dans un tombeau qui m'égale, moi pauvre esclave, aux Romains libres. Les feux de mon bûcher ont prévenu ceux de l'hymen. Le flambeau de Proserpine a trompé nos espérances. » (*Anthologie.*)

Les vents ont dispersé les personnages de l'Europe, de l'Asie, de l'Afrique, au milieu desquels j'ai paru, et dont je viens de vous parler : l'un est tombé de l'Acropolis d'Athènes, l'autre du rivage de Chio ; celui-ci s'est précipité de la montagne de Sion, celui-là ne sortira plus des flots du Nil ou des citernes de Carthage. Les lieux aussi ont changé : de même qu'en Amérique s'élèvent des villes où j'ai vu des forêts, de même un empire se forme dans ces arènes de l'Égypte, où mes regards n'avaient rencontré que des *horizons nus et ronds comme la bosse d'un bouclier,* disent les poésies arabes, *et des loups si maigres que leurs mâchoires sont comme un bâton fendu.* La Grèce a repris cette liberté que je lui souhaitais en la traversant sous la garde d'un janissaire. Mais jouit-elle de sa liberté nationale ou n'a-t-elle fait que changer de joug ?

Je suis en quelque façon le dernier visiteur de l'empire turc dans ses vieilles mœurs. Les révolutions, qui partout ont immédiatement précédé ou suivi mes pas, se sont étendues sur la Grèce, la Syrie, l'Égypte. Un nouvel Orient va-t-il se former ? qu'en sortira-t-il ? Recevrons-nous le châtiment mérité d'avoir appris l'art moderne des armes à des peuples dont l'état social est fondé sur l'esclavage et la polygamie ? Avons-nous porté la civilisation au dehors, ou avons-nous amené la barbarie dans l'intérieur de la chrétienté ? Que résultera-t-il des nouveaux intérêts, des nouvelles relations politiques, de la création des puissances qui pourront surgir dans le Levant ? Personne ne saurait le dire. Je ne me laisse pas éblouir par des bateaux à vapeur et des chemins de fer ; par la vente du produit des manufactures et par la fortune de quelques soldats français, anglais, allemands, italiens, enrôlés au service d'un pacha : tout cela n'est pas de la civilisation. On verra peut-être revenir, au moyen des troupes disciplinées des Ibrahim futurs, les périls qui ont menacé l'Europe à l'époque de Charles-Martel, et dont plus tard nous a sauvés la généreuse Pologne. Je plains les voyageurs qui me suivront : le harem ne leur cachera plus ses secrets ; ils n'auront point vu le vieux soleil de l'Orient et le turban de Mahomet. Le petit Bédouin me criait en français, lorsque je passais dans les montagnes de la Judée : « En avant, marche ! » L'ordre était donné, et l'Orient a marché.

Le camarade d'Ulysse, Julien, qu'est-il devenu ? Il m'avait demandé, en me remettant son manuscrit, d'être concierge dans ma maison, rue d'Enfer : cette place était occupée par un vieux portier et sa famille que je ne pouvais renvoyer. La colère du ciel ayant rendu Julien volontaire et ivrogne, je le supportai longtemps ; enfin, nous fûmes obligés de nous séparer. Je lui donnai une petite somme et lui fis une petite pension sur ma cassette, un peu légère, mais toujours copieusement remplie d'excellents billets hypothéqués sur mes châteaux en Espagne. Je fis entrer Julien, selon son désir, à l'hospice des Vieillards : il y acheva le grand et dernier voyage. J'irai bientôt occuper son lit vide, comme je dormis au camp d'Etnir-Capi sur la natte d'où l'on venait d'enlever un musulman pestiféré. Ma vocation est définitivement pour l'hôpital où gît la vieille société. Elle fait semblant de vivre et n'en est pas moins à l'agonie. Quand elle sera expirée, elle se décomposera afin de se reproduire sous des formes nouvelles, mais il faut d'abord qu'elle succombe ; la première nécessité pour les peuples, comme pour les hommes, est de mourir : « La glace se forme au souffle de Dieu, » dit Job.

Printed in Poland
by Amazon Fulfillment
Poland Sp. z o.o., Wrocław
07 May 2024

7fec0124-f5e7-4e4a-bf93-410a91b4af3aR01